D1696687

Propyläen
Geschichte Deutschlands

Fünfter Band

# Propyläen
# Geschichte Deutschlands

Herausgegeben von Dieter Groh

unter Mitwirkung von
Hagen Keller
Heinrich Lutz
Hans Mommsen
Wolfgang J. Mommsen
Peter Moraw
Rudolf Vierhaus
Karl Ferdinand Werner

Fünfter Band

PROPYLÄEN VERLAG
BERLIN

Rudolf Vierhaus

Staaten
und
Stände

*Vom Westfälischen
bis zum
Hubertusburger Frieden
1648 bis 1763*

PROPYLÄEN VERLAG
BERLIN

Text- und Bildredaktion: Wolfram Mitte
Betreuung der Tabellen und Karten: Anneliese Möller
Landkarten und Graphiken: Jean Claude Lézin
Register: Jörg Riegel

Gesamtgestaltung: Andreas Brylka
Herstellung: Adalbert Reißner

Satz: Fotosatz Otto Gutfreund, Darmstadt
Offsetreproduktionen: Gries GmbH, Ahrensburg
Druck: Johs. Weisbecker, Frankfurt am Main
Buchbinderische Verarbeitung: May & Co, Darmstadt

© 1984 by Verlag Ullstein GmbH,
Frankfurt am Main · Berlin · Wien,
Propyläen Verlag

Printed in Germany 1984
ISBN 3-549-05815-2

# Inhalt

| | |
|---|---:|
| Vorwort | 9 |
| Profil und Charakter einer Epoche | 15 |
| *Deutschland in Europa:* | |
| *das Corps Germanique und die politische* | |
| *Stabilität Europas* | 15 |
| *Das deutsche Staatensystem:* | |
| *die »Monstrosität« des Reiches und die* | |
| *»Modernität« der absolutistischen Staaten* | 22 |
| *Die mitteleuropäische Wirtschaft:* | |
| *Krise und zögernder Aufschwung* | 29 |
| *Das Gefüge der Gesellschaft:* | |
| *Feudalismus und Ständegesellschaft* | 35 |
| *Die kulturelle Entwicklung:* | |
| *höfische und bürgerliche Kultur* | 39 |
| *Die »Verspätung« der deutschen Entwicklung?* | 43 |

## Nach dem Dreißigjährigen Krieg (1649–1680)

| | |
|---|---:|
| Die Herstellung des Friedens und die Bilanz des Krieges | 49 |
| Wirtschaftliche Stagnation und | |
| beginnender Wiederaufbau | 63 |
| Reich und reichsständische Libertät | 76 |
| Die Stunde der Regierungen | 98 |

## Institutionen und gesellschaftliche Kultur

| | |
|---|---:|
| Fürstlicher »Absolutismus« und | |
| landständischer Widerstand | 105 |
| Heere und Verwaltungen | 118 |
| Recht und Rechtswahrung | 127 |
| Kirchenverfassung und kirchliches Leben – | |
| Orthodoxie und Pietismus | 132 |
| Wissenschaft und Gelehrsamkeit | 141 |
| Erziehung und Bildung | 152 |
| Sprache und Literatur | 161 |

Bildende Kunst und Musik 167
Aufklärung 177

## Lebensformen und Mentalitäten

Das Land 190
Die Stadt 200
Die Welt des Adels und der Höfe 208
Alltag und Volkskultur 217

## Deutschland in den europäischen Konflikten (1680–1720)

Kriege Ludwigs XIV. und Türkenkriege 229
Der Aufstieg des Hauses Österreich 245
Kaiser, Reich und Reichsstände 254
Spanischer Erbfolgekrieg und Nordischer Krieg 263

## Staatliche Konsolidierung und innerdeutsche Konflikte (1720–1763)

Diplomatie, Administration, Ökonomie 277
Der Aufstieg Preußens 284
Krise und Stabilisierung in Österreich 301
Mittlere und kleine Staaten 309
Der Siebenjährige Krieg 327
Reichsbewußtsein, Staatspatriotismus und Nationalgeist 342

Bibliographie · Personen- und
Ortsregister · Quellennachweise der Abbildungen 347

Meiner Frau

# Vorwort

Keine Epoche der neuzeitlichen deutschen Geschichte entbehrt so sehr des einheitlichen Charakters und ist deshalb im Zusammenhang »deutscher Geschichte« so schwer darstellbar wie das Jahrhundert zwischen dem Ende des Dreißigjährigen und dem des Siebenjährigen Krieges. Konnte im vorangehenden Band der »Propyläen Geschichte Deutschlands« das »Ringen um deutsche Einheit und kirchliche Erneuerung« noch als der wesentliche historische Inhalt des behandelten Zeitalters angegeben werden, so ist nun von einer Phase zu sprechen, in der jene Einheit weder existierte noch als ein allgemeines politisches Ziel galt; und auch kirchliche Erneuerung war kein beherrschendes Thema mehr. Stärker als zuvor war das Reich – es hieß noch immer das »heilige« und »römische« – zum lockeren und konservierenden Verband einer Vielzahl von Staaten, staatsähnlichen Gebilden und Stadtrepubliken geworden. Unendlich viele politische Grenzen, die oft auch konfessionelle waren, durchzogen es. Erhebliche Unterschiede in der sozialen Struktur bestanden zwischen württembergischen Realteilungsgebieten und ostdeutschen Gutsherrschaftsgebieten, und das kulturelle Leben katholischer Tiroler Bauern hatte nur wenig gemein mit dem der lutherischen Hamburger Bürger. Ein politisches nationales Bewußtsein äußerte sich allenfalls als Empörung über deutsche Wehrlosigkeit und Zwietracht oder in der Erinnerung an einstige Größe, während eine gemeinsame deutsche Literatursprache sich erst in der zweiten Hälfte des 18. Jahrhunderts durchsetzte.

Deutschland stand politisch-militärischen Interventionen von außen weit offen. Dazu lud die Sorge der Reichsstände um ihre »Libertät« gegenüber dem habsburgischen Kaiser ebenso ein wie ihr Verhältnis untereinander; und die Erschöpfung nach langen Glaubenskämpfen und Staatenkriegen machte die sozial führenden Kreise in Deutschland gegenüber dem politischen und kulturellen Übergewicht des Westens fast wehrlos. An den großen Konflikten im europäischen Staatensystem waren fast immer einzelne deutsche Staaten, stets das österreichische Haus Habsburg beteiligt, dessen politische Interessen weniger denn je in denen des Reiches aufgingen. Deutschland als Ganzes aber war keine politisch handelnde Größe, das Reich eher Objekt als Subjekt der großen Politik. Auch die innere Entwicklung der einzelnen deutschen Staaten erfolgte unter so unterschiedlichen Bedingungen und führte zu so stark voneinander abweichenden Ergebnissen, daß generelle Aussagen darüber kaum oder nur in sehr vereinfachender Weise möglich sind. Dennoch lassen sich formale Gemeinsamkeiten, strukturelle Ähnlichkeiten und Parallelen durchaus feststellen; würde man jedoch nur sie herausarbeiten und die Unterschiede vernachlässigen, so liefe man Gefahr, die konkreten geschichtlichen Verhältnisse zu verfehlen.

Angesichts solcher, hier nur oberflächlich angedeuteter Vielfalt kann man fragen, ob es überhaupt möglich ist, »deutsche Geschichte« der zweiten Hälfte des 17. und der ersten des 18. Jahrhunderts zu schreiben. Lassen sich die Geschichten der einzelnen Staaten, Regionen und Städte in ein historisches Ganzes integrieren? Hatten die verschiedenen, in gewaltigen sozialen Abständen voneinander lebenden Schichten und Klassen der Bevölkerung wirklich eine gemeinsame Geschichte? Diese skeptische Frage kann mit prinzipiell gleichem Recht auch im Blick auf die Geschichte anderer Völker gestellt werden; das soziale Gefälle scheint allerdings in Deutschland in mancher Hinsicht wenn nicht größer, so doch stärker spürbar gewesen zu sein als in den Niederlanden, in England und Frankreich. Und auch die kulturelle Vielfalt Deutschlands bietet für eine zusammenfassende Darstellung fast unüberwindliche Schwierigkeiten.

Eben dieser Pluralismus aber macht das Charakteristische und den Reichtum der deutschen Geschichte aus. Im Gegensatz zu nationalstaatlich orientierter Geschichtsschreibung soll der deutsche Partikularismus als die konkrete Gestalt deutschen geschichtlichen Lebens über Jahrhunderte hinweg ernst genommen und ihm kein unhistorisches Einheitskonzept unterlegt werden. Weil nationalstaatliche Einheit in Deutschland erst spät und unvollständig erreicht wurde, ist ihr als politischem Ziel und höchstem politischen Gut lange überragende Bedeutung zugemessen und ihrer Erreichung eine Aufmerksamkeit gewidmet worden, die andere Traditionen verdunkelte. Demgegenüber soll gezeigt werden, wie die bis heute bestehende Vielfalt der Kulturlandschaften, der regionalen Zentren und Institutionen in der frühen Neuzeit zum konstitutiven Element deutscher historisch-politischer Wirklichkeit geworden ist. Die politische und kulturelle Konstellation des 17. und 18. Jahrhunderts hat die nachfolgende deutsche Entwicklung stärker formiert, als oft angenommen wird.

Um den Partikularismus, richtiger gesagt: die Pluralität der deutschen Geschichte in der hier zu behandelnden Zeit zu thematisieren, trägt dieser Band den Titel »Staaten und Stände«. Selbstverständlich ist keinerlei quantitative Vollständigkeit angestrebt; selbst ein bloßes Verzeichnis der Institutionen würde sie nicht erreichen. Mit den Begriffen »Staaten« und »Stände« sind vielmehr Strukturen der politischen Organisation und des sozialen Lebens angesprochen. Horizontale und vertikale Vielfalt der Institutionen, beispielhaft und typisierend dargestellt, soll als Grundelement der geschichtlichen Wirklichkeit sichtbar gemacht und darin doch Gemeinsames erkannt werden, und zwar nicht nur das, was den damals lebenden Menschen als Gemeinsamkeit bewußt war, sondern auch das, was dem zurückblickenden Historiker als strukturelle Gemeinsamkeit sichtbar wird. Mit Absicht ist vermieden worden, von einem Zeitalter des Absolutismus zu sprechen und damit eine – auch vom Verfasser – häufig verwendete Epochenbezeichnung aufzunehmen. Auch wenn von den »absolute« Gewalt beanspruchenden Monarchen in dieser Epoche die größte politische

Dynamik ausging, bleibt zu fragen, wie »absolut« sie tatsächlich regiert haben. In einigen deutschen Staaten ist der Versuch eines solchen Regimes eindeutig gescheitert, in anderen fehlten fast alle Voraussetzungen für ihn. Überdies fixiert die Epochenbezeichnung »Absolutismus« die historische Vorstellung zu stark auf die monarchische Herrschaft und den sogenannten modernen Staat, dessen Anfänge man allzu oft mit dem Aufstieg der absoluten Monarchie gleichgesetzt hat. Auch in Deutschland ist der Prozeß der Staatsbildung nicht allein »von oben« betrieben worden, auch hier darf nicht nur das Regierungshandeln in den Blick genommen werden, wenn von der wirtschaftlichen Entwicklung, vom Schulwesen oder gar vom Steuerwesen die Rede ist. So funktionsunfähig, wie oft angenommen wurde, sind regionale und ständische Institutionen auch im 18. Jahrhundert nicht gewesen, und so passiv und gehorsam, wie oft unterstellt wird, haben sich deutsche Untertanen nicht verhalten. Warum gleichwohl in Deutschland im 17. und 18. Jahrhundert der Herrschaft in ihren vielfältigen Erscheinungsformen, vor allem aber dem »Staat« eine außerordentlich große Bedeutung zugefallen ist, warum er im politischen Denken meinungsbildender Schichten einen zentralen Platz erhalten hat und warum die selbständige Dynamik der Gesellschaft relativ schwach geblieben ist, das bedarf der Erklärung, und sie kann gewiß nicht einfach ausfallen.

Nicht von großen Zeiten der deutschen Geschichte ist zu berichten, nicht von »guten alten Zeiten« der Ruhe, des Friedens und Wohlstandes, auch nicht von solchen, in denen Kunst und Dichtung geblüht hätten. Falsch wäre es jedoch, diese Zeit allein unter dem Gesichtspunkt des Mangels, des Rückstandes und der Überfremdung zu sehen. Geschichte ist stets prosaischer, weniger heroisch, als sie die Geschichtsschreiber und ihre Leser wünschen; sie ist zugleich vielfältiger und reichhaltiger, als meist gewußt wird, und es ist immer eindrucksvoll zu erkennen, wie zu allen Zeiten die Menschen versucht haben, ihr Leben zu bewältigen, ihm Sinn zu geben und – mit wechselndem Erfolg – Bleibendes zu schaffen. Was sie in den vom Dreißigjährigen Krieg oder späteren Kriegshandlungen betroffenen Gebieten und nach langem konfessionellen Hader am meisten wünschten, war Stabilität der Verhältnisse. In engen politischen Grenzen und unter oft dürftigen wirtschaftlichen Bedingungen versuchten sie, ihre Lebensverhältnisse zu verbessern, Besitzstände und Reputation zu erhalten, den Anforderungen traditioneller christlicher Moral zu genügen. Ein sehr großer Teil der Bevölkerung aber war besitzlos, abhängig und dazu bestimmt, es zu bleiben. Die Distanz zwischen Herren und Abhängigen, Reichen und Armen, Gebildeten und Ungebildeten war und blieb gewaltig; sie gehört ebenso zur Alltäglichkeit wie die Unterschiedlichkeit der Rechte und Freiheiten, der Sprache und der Verhaltensweisen. Von der Mobilität der modernen Gesellschaft war man noch himmelweit entfernt; man hätte sie sich nicht einmal vorstellen können. Gleichwohl darf man sich die ältere Gesellschaft nicht zu statisch vorstellen. Innerhalb des ständischen Gefüges gab es stets Bewegung: Neuansiedlung und Auswanderung, Kriegsdienst, Gesellenwanderung, die Mobilität der Studierten. Vor allem bewirkten Krankheit, Mißernten, Hunger, Ehelosigkeit, hohe Sterblichkeit eine vielfältige innere Bevölkerungsbewegung und häufigen Besitzwechsel.

Grundsätzlich trifft das für alle europäischen Länder zu. Im Einzelfall aber bestimmten jeweils besondere historische und gegenwärtige Bedingungen die Gestalt der Lebensverhältnisse und die Geschwindigkeit der sozialen und kulturellen Veränderungen. Daraus erklärt sich zu einem erheblichen Teil, weshalb der durch das Zusammenwirken von Industrialisierung, sozialer Mobilisierung und Demokratisierung vorangetriebene Prozeß der Modernisierung in den einzelnen Ländern zu unterschiedlichen Zeiten eingesetzt und sich auf unterschiedlichen Wegen vollzogen hat. Wer die moderne Geschichte Deutschlands verstehen will, muß in ihre »vormoderne« Phase zurückblicken. Dann wird er auch feststellen, wie lange ältere Institutionen und Ideen sich lebendig erhalten haben.

Es ist nicht die Aufgabe des Historikers zu sagen, wie die Menschen in der Vergangenheit sich hätten verhalten sollen, sondern zu erklären, warum sie sich so verhalten haben, wie er es zu erkennen meint. Sein Vorteil ist es, die ihnen verschlossen gebliebene Zukunft zu kennen und über die Folgen ihres Tuns und Lassens urteilen zu können; sein Nachteil, von ihrer Gegenwart nur unvollkommene Kenntnis zu besitzen, je nachdem, wie weit die schriftliche und materielle Überlieferung reicht. So unvollkommen sie ist – sie ist doch meist zu reichhaltig und oft zu diffus, als daß sie in einer Gesamtdarstellung voll berücksichtigt werden könnte. Verlangt ihre Bruchstückhaftigkeit rekonstruktive Ergänzung, so ihre Vielfältigkeit Reduktion auf Wesentliches. Was dabei entstehen kann, ist eben keine Totalbeschreibung der deutschen Wirklichkeit von der Mitte des 17. bis zur Mitte des 18. Jahrhunderts. Doch sollte es gelingen, die Konturen und Tendenzen eines Zeitalters der deutschen Geschichte erkennbar zu machen, das so wenig deutliche Umrisse und Entwicklungssinn aufzuweisen scheint, das in der historischen Vorstellungswelt und im Urteil vieler Deutscher so wenig bekannt und so verworren ist.

Wissenschaftliche Arbeit lebt von dem, was viele frühere und gleichzeitig tätige Forscher an Ergebnissen zusammengetragen und an Erkenntnissen formuliert haben. Dessen wird sich der Geschichtsschreiber vor allem dann bewußt, wenn ihn die Aufgabe einer Gesamtdarstellung nötigt, auch solche Sach- und Problemgebiete einzubeziehen, für die er nur eine begrenzte Zuständigkeit beanspruchen kann. Mich dankbar zur Forschung anderer und zu den vielfältigen Anregungen zu bekennen, die ich von Kollegen erhalten habe, ist mir um so mehr ein Bedürfnis, als die Form der vorliegenden Veröffentlichung Einzelnachweise nicht zuläßt.

Danken möchte ich an dieser Stelle auch denen, deren tatkräftige Hilfe das

Erscheinen des Buches möglich gemacht hat: Frau Ingeborg Bödeker und Frau Gisela Jahnke, die das Manuskript geschrieben haben, Herrn Wolfram Mitte, der es geduldig und mit erfahrener Hand redaktionell betreut hat, und meiner Frau, die es in den verschiedenen Phasen seiner Entstehung als erste Leserin kritisch, ratend und ermunternd begleitet hat.

Göttingen, im September 1983                                  Rudolf Vierhaus

# Profil und Charakter einer Epoche

## *Deutschland in Europa: das Corps Germanique und die politische Stabilität Europas*

Wie der Dreißigjährige Krieg, als er sich seinem Ende näherte, schon längst kein deutscher Krieg mehr war, sondern Teil der großen Auseinandersetzung zwischen den habsburgischen Ländern und Frankreich, wie das Ringen der Religionsparteien längst hinter dem der Staaten zurückgetreten war, in denen sich Konfessionalismus und Staatskirchentum stabilisierten, so ist auch der Westfälische Friede von 1648 kein rein deutsches Ereignis gewesen, sondern ein europäisches. In Osnabrück hatten die Bevollmächtigten Kaiser Ferdinands II. und der schwedischen Königin Christina, in Münster die Bevollmächtigten des Kaisers und des französischen Königs Ludwig XIV. die »Instrumenta Pacis« unterzeichnet. In den Frieden waren die jeweiligen Bundesgenossen und Anhänger der vertragschließenden Mächte einbegriffen, nicht nur die deutschen Reichsstände, sondern auch alle europäischen Herrscher, selbst der Großfürst von Moskau und der Fürst von Siebenbürgen. Nur der Papst hatte Protest eingelegt. Es war das erste Beispiel eines europäischen Friedensschlusses, der nach langer Kriegsära über die Regelung von Einzelfragen hinaus die erreichte Mächtekonstellation festschreiben sollte. Und zu diesem Friedenswerk gehörte auch der Pyrenäen-Friede von 1659. Als sich 1634/35 ein Friedensschluß abzeichnete, der einen Erfolg des Kaisers bedeutet hätte, war Frankreich offen in den Krieg eingetreten, in den es indirekt schon längst verwickelt war; nach dem Friedensschluß mit dem Kaiser in Münster setzte es den Kampf gegen Spanien fort, den es ein Jahrzehnt später erfolgreich beendete. Spanien war erschöpft und die von ihm ausgehende Bedrohung endgültig gebannt, Frankreichs Grenzen, auch im Norden zu den Spanischen Niederlanden, waren gesichert, und durch die Vermählung Ludwigs XIV. mit Philipps IV. ältester Tochter, der Infantin Maria Theresia, war eine dynastische Verbindung geknüpft, deren weltgeschichtliche Folgen sich wenige Jahrzehnte später erweisen sollten. Es begann die politische Präponderanz Frankreichs auf dem Kontinent, die dadurch, daß sich mit ihr eine kulturelle verknüpfte, noch spürbarer wurde – nicht zuletzt für die Deutschen.

Kaiser und Reich waren am Westfälischen Frieden als zwei unterschiedliche Mächte beteiligt: jener als Oberhaupt des habsburgischen Hauses Österreich, dieses als Gesamtheit der Reichsstände. Für das Reich bedeutete dieser Frieden weit mehr als eine diplomatische Vereinbarung. Ausdrücklich wurde in Osnabrück und Münster festgestellt, daß der Vertrag künftig ein Verfassungsbestandteil des Reiches sein und als solcher in den nächsten Reichsabschied wie auch in die kaiserliche Wahlkapitulation aufgenommen werden solle. So ist es geschehen. Im § 4 des »Jüngsten Reichsabschieds« von 1654 heißt es, daß der Friede zu Osnabrück und Münster »zu aller und jeder darin enthaltenen Pacten und Vereinigungen Gewiß- und Sicherheit ein ewiges Gesetz und Sanctio pragmatica, gleich andern des Heil. Reichs Fundamental-Satz- und Ordnungen verbündlich seyn« solle. Demzufolge waren die Friedensverträge in ihrem vollen umfangreichen Wortlaut in den Reichsabschied aufgenommen. Frankreich und Schweden als vertragschließende Parteien wurden damit Garantiemächte der Reichsverfassung, ferner des erneuerten Religionsfriedens, der Rechte der Reichsstände, zu denen nun auch das Recht gehörte, Bündnisse mit auswärtigen Mächten zu schließen, sofern sie sich nicht gegen Kaiser und Reich richteten. Vorgekommen waren derartige Bündnisse auch schon früher, nun aber erhielten sie die reichsrechtliche Sanktion. Das Reich hatte einen weiteren Schritt in Richtung auf einen Verband von zwar nicht im rechtlichen Sinne, aber praktisch souveränen Staaten getan. Kaiser und Reich waren noch deutlicher als zuvor als verschiedene Größen gekennzeichnet, nicht nur in der auswärtigen Politik, sondern auch in allen Fragen, die auf dem Reichstag verhandelt wurden.

Kein Zweifel, daß diese Entwicklung im Interesse Frankreichs lag und liegen mußte. Die seit der Mitte des 17. Jahrhunderts die europäische Diplomatie zunehmend beschäftigende Sukzessionsfrage beim Aussterben der spanischen Linie des Hauses Habsburg rief in Wien ehrgeizige Hoffnungen wach, in Paris dagegen traumatische Sorgen und in allen europäischen Hauptstädten die Erwartung unabsehbarer Konflikte. Wieviel bedrohlicher mußte die Lage Frankreichs in diesen Konflikten sein, wenn die österreichischen Habsburger bei ihren Ansprüchen auf das Gesamterbe mit der Unterstützung des Reiches oder einer großen Partei unter den Reichsständen rechnen konnten? Daß die politischen Interessen der Reichsstände nicht mit denen des Kaisers identisch seien, war indes nicht nur eine Behauptung französischer Diplomaten, sondern auch die Überzeugung der Reichsstände selber. Zwar fand der Kaiser stets Gefolgschaft unter ihnen, sie war aber keineswegs stabil, keine »Partei«. Das hatte sich nicht erst während des großen Krieges erwiesen, als selbst die katholischen Fürsten nicht eo ipso auf der Seite des Kaisers standen. Jetzt war es noch weniger der Fall; die großen Reichsstände verfolgten ihre eigenen Interessen immer selbständiger und mit immer weniger Rücksicht auf den Kaiser und das Reich als Ganzes. Sie schlossen Bündnisse mit auswärtigen Mächten auch gegen den Kaiser und nahmen des öfteren an den vom Reichstag mit Mehrheit beschlossenen Reichskriegen nicht teil.

Wie groß der Einfluß des Kaisers im Reich dennoch blieb und auf welchen Wegen er wirksam wurde, davon wird später zu reden sein, ebenso vom Funktionieren der Reichsinstitutionen. Sie waren ja keineswegs bedeutungslos; das Reich war keine Quantité négligeable, weder für die Deutschen noch für die anderen Mächte des europäischen Staatensystems. Konnten diese davon ausgehen, daß das Reich als Ganzes nach außen nicht aktiv werden würde, sich allenfalls, wenn überhaupt, nur defensiv mobilisieren lasse, so war es für sie doch in seiner politisch-militärischen Passivität eine wesentliche Voraussetzung für die Stabilität in Europa. Die Aussicht, daß der Kaiser die Reichsstände – also die regierenden weltlichen und geistlichen Fürsten und Magistrate der Reichsstädte – zu einem gemeinsam handelnden Körper zusammenschließen könnte, bestand real nicht mehr. Eher verbündeten protestantische Reichsstände sich mit auswärtigen katholischen Mächten, als daß sie sich einem habsburgischen »Despotismus« beugten, und auch den katholischen Reichsständen, allen voran Bayern, lag dieser Gedanke fern. Die europäischen Mächte aber, insbesondere Frankreich, standen stets bereit, antihabsburgische Fronten zu stützen oder aufzubauen. Der Aufstieg Brandenburg-Preußens zur zweiten deutschen Großmacht und der damit entstehende »Dualismus« haben dann auch gleichsam von innen her die Erweiterung des österreichischen Einflusses im Reich, zugleich jede wirkliche Reichsreform verhindert.

Daß die französische Diplomatie die »Libertät« der deutschen Reichsstände zu ihrem Anliegen machte, war nicht bloß scheinheiliger Vorwand, sondern nüchterne Sicherheits- und Interessenpolitik – gewiß eine realistischere als die mancher deutscher Fürsten, die eifersüchtig über ihre »Souveränität« wachten, ohne sie im Konfliktfall verteidigen zu können. Der schwedischen Krone war jene Libertät schon deshalb wichtig, weil sie selber für die Herzogtümer Vorpommern, Bremen und Verden die Reichsstandschaft besaß. Und den Niederlanden, obwohl von Frankreich bedroht, konnte ein starker Einfluß des habsburgischen katholischen Kaisers auch nicht erwünscht sein. So lassen sich viele Gründe nennen, weshalb das Heilige Römische Reich deutscher Nation, das als Gesamtverband in sich vielfältig blockiert, funktionsschwach und unfähig war, die großen Reichsstände daran zu hindern, ihren eigenen Interessen unter Mißachtung des Reiches zu folgen – weshalb dieses extraordinäre staatliche Gebilde für den Frieden in Europa konstitutiv war. Tatsächlich gab es weder 1648 noch 1763 eine reale Alternative, jedenfalls keine, die ohne sehr tiefreichende Veränderungen in Deutschland selber wie im europäischen Mächtesystem möglich gewesen wäre. An Konflikten und auch Umgestaltungen hat es in diesem System dennoch nicht gemangelt. Nach 1648 lagen ihre Zentren überwiegend außerhalb des Reiches oder an seiner Peripherie, aber sie zogen es in Mitleidenschaft, machten es oft zum Kriegsschauplatz, obschon nicht eigentlich zum Kampfobjekt. Wohl drangen die Franzosen zum Oberrhein vor und fielen in die Pfalz ein; die großen Auseinandersetzungen aber wurden um das spanische Erbe, später um die österreichische und die polnische Thronfolge, um das Dominium maris baltici und die ungarische Grenze und um Kolonialbesitz und Handelsstützpunkte in Indien, in der Karibik und in Nordamerika geführt. Erst in der letzten Phase des hier zu behandelnden Jahrhunderts nahm im Kampf um

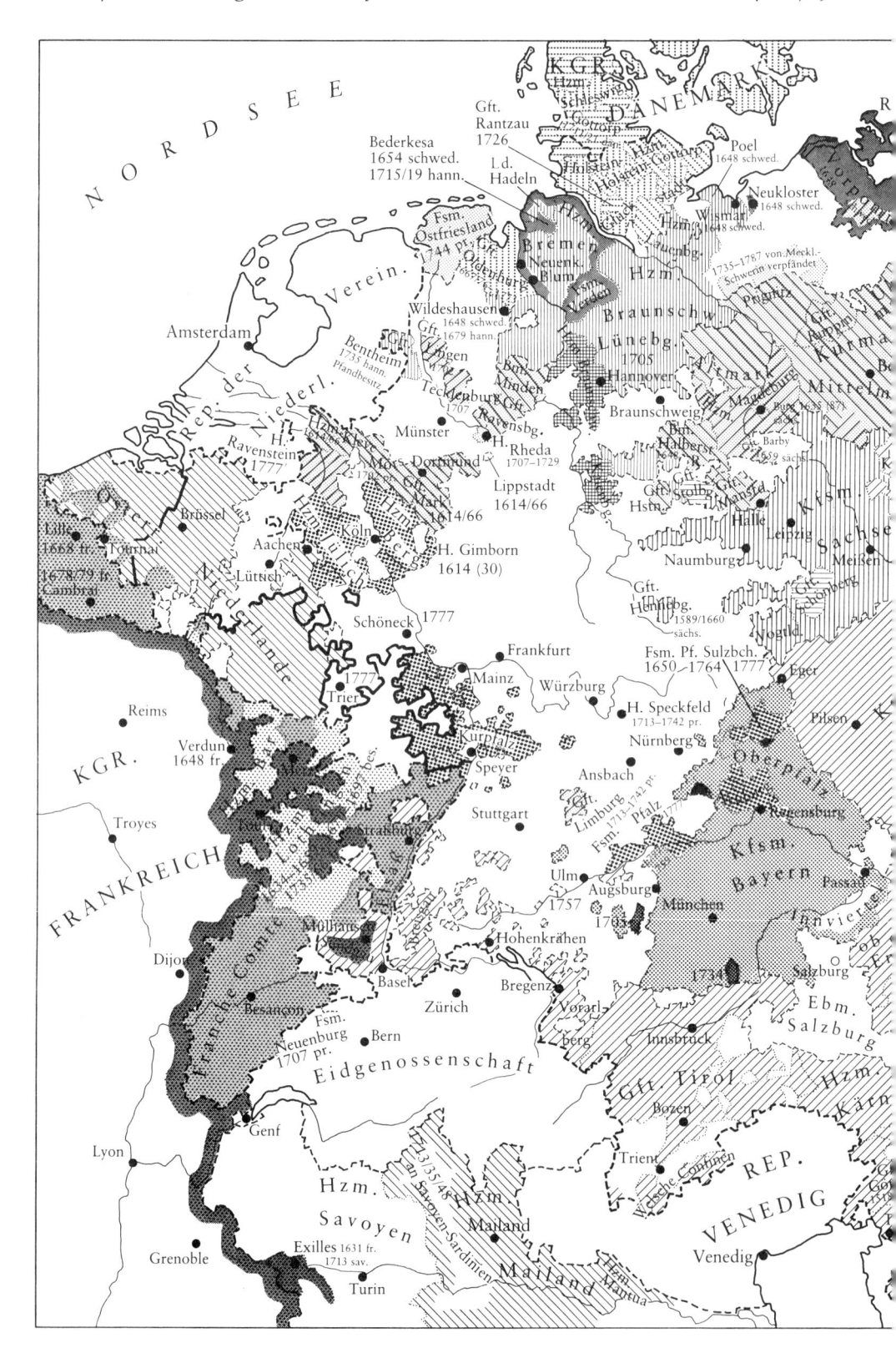

*Großmachtbildungen und europäische Mächte im Deutschen Reich 1648–1789*

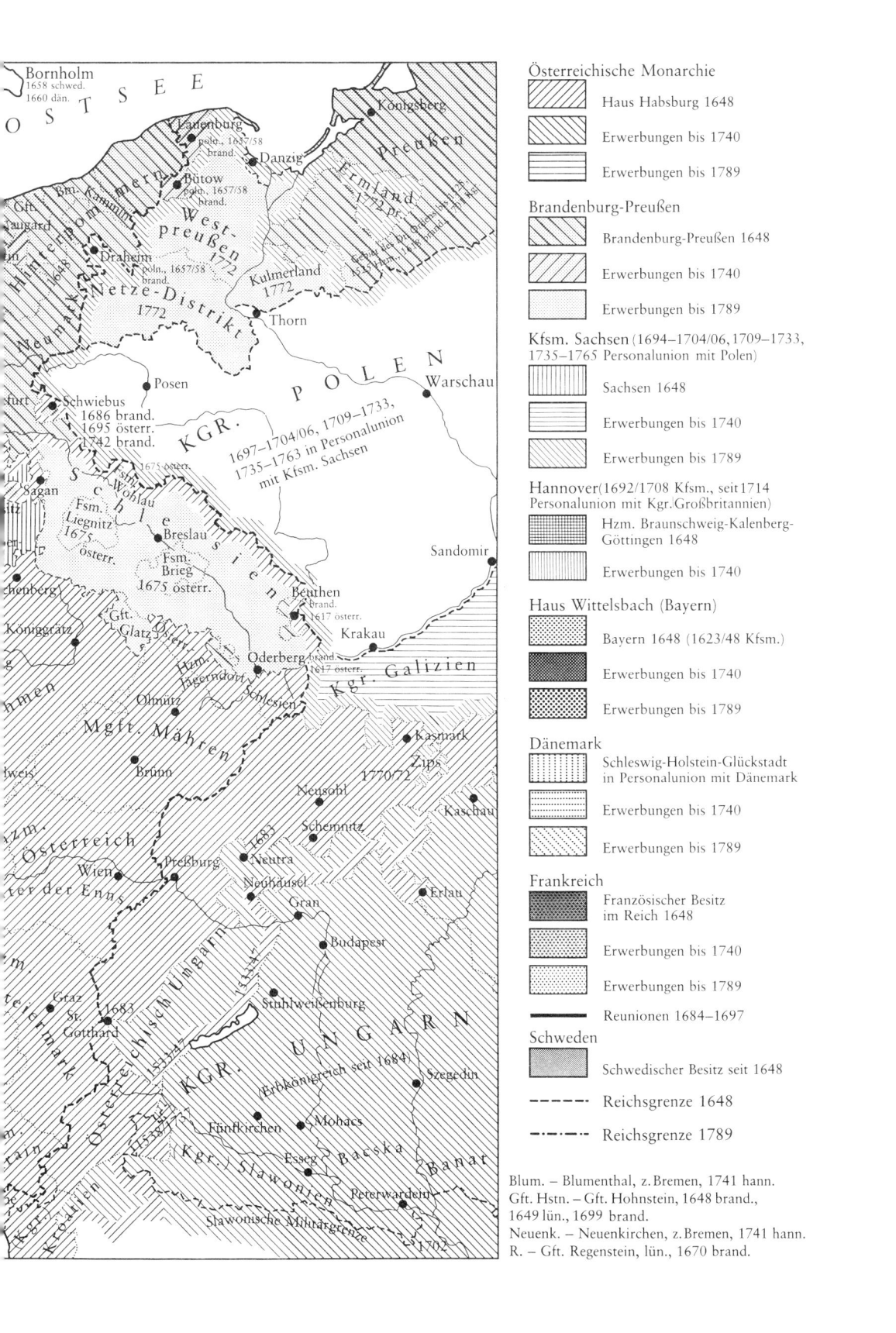

## Österreichische Monarchie

- Haus Habsburg 1648
- Erwerbungen bis 1740
- Erwerbungen bis 1789

## Brandenburg-Preußen

- Brandenburg-Preußen 1648
- Erwerbungen bis 1740
- Erwerbungen bis 1789

## Kfsm. Sachsen (1694–1704/06, 1709–1733, 1735–1765 Personalunion mit Polen)

- Sachsen 1648
- Erwerbungen bis 1740
- Erwerbungen bis 1789

## Hannover (1692/1708 Kfsm., seit 1714 Personalunion mit Kgr. Großbritannien)

- Hzm. Braunschweig-Kalenberg-Göttingen 1648
- Erwerbungen bis 1740

## Haus Wittelsbach (Bayern)

- Bayern 1648 (1623/48 Kfsm.)
- Erwerbungen bis 1740
- Erwerbungen bis 1789

## Dänemark

- Schleswig-Holstein-Glückstadt in Personalunion mit Dänemark
- Erwerbungen bis 1740
- Erwerbungen bis 1789

## Frankreich

- Französischer Besitz im Reich 1648
- Erwerbungen bis 1740
- Erwerbungen bis 1789
- Reunionen 1684–1697

## Schweden

- Schwedischer Besitz seit 1648

- - - - - - Reichsgrenze 1648
- · - · - · Reichsgrenze 1789

Blum. – Blumenthal, z. Bremen, 1741 hann.
Gft. Hstn. – Gft. Hohnstein, 1648 brand., 1649 lün., 1699 brand.
Neuenk. – Neuenkirchen, z. Bremen, 1741 hann.
R. – Gft. Regenstein, lün., 1670 brand.

Schlesien ein Konflikt innerhalb des Heiligen Römischen Reiches europäische Dimensionen an.

Wie sehr hatten sich die Machtverhältnisse am Ende des Siebenjährigen Krieges gegenüber denen von 1648 verwandelt. Spanien war nicht nur von seiner einstigen Höhe unter Philipp II. herabgesunken; es hatte seine Stellungen in Belgien, am Oberrhein und in Italien verloren, seine koloniale Herrschaft in Amerika war entscheidend geschwächt. Es war zu einer Macht zweiten Ranges geworden. Die von Spanien abgefallenen nördlichen niederländischen Provinzen hatten im Westfälischen Frieden die völkerrechtliche Anerkennung ihrer längst errungenen Unabhängigkeit erreicht. Das 17. Jahrhundert wurde zum »goldenen« ihres Handelsreichtums und ihrer Kultur. Um die Mitte des 18. Jahrhunderts aber hatte England sie auf den Meeren weit überholt, und die Zeit, da sie das Zentrum des Kampfes gegen die französischen Hegemoniebestrebungen ausmachten, lag unwiederbringlich zurück. Auch Schweden, die nordische Vormacht, der es gelungen war, die Küsten der Ostsee zu beherrschen und im Westfälischen Frieden die Nordseeküste zwischen Elbe und Weser in die Hand zu bekommen, hatte im langen Nordischen Krieg seine Stellung an Rußland verloren, das nun, von Zar Peter I. gewaltsam modernisiert, in das europäische Mächtespiel, schließlich auch in die deutschen Verhältnisse hineindrängte. Der Eintritt Rußlands in den Siebenjährigen Krieg hat Preußen an den Rand der Niederlage gebracht; sein Ausscheiden, als Peter III. den Zarenthron bestieg, hat es in letzter Stunde gerettet. Polen, durch die schwedischen Kriege innerlich ausgepowert, war zunehmend zum Gegenstand konkurrierender Einflüsse der großen Mächte geworden. Bei den Königswahlen 1764 setzte die Zarin ihren Kandidaten Stanislaus Poniatowski durch.

Während im Osten Rußland als neue Großmacht aufstieg, war im Westen Großbritannien zur ausschlaggebenden Macht geworden. Nach der Glorious Revolution (1688/89), die einen langen Prozeß erschütternder politischer Wandlungen abschloß und denjenigen wirtschaftlicher Entfaltung noch weiter freigab, trat es unter Wilhelm III. an die Spitze der antifranzösischen Koalition und beteiligte sich direkt am Spanischen Erbfolgekrieg. Der Friede von Utrecht stand im Zeichen der englischen Diplomatie, der es um die Erhaltung eines »Gleichgewichts« der Mächte auf dem Kontinent ging, während Frankreich, durch lange Kriege geschwächt, nach dem Tod Ludwigs XIV. in wachsende innere Schwierigkeiten geriet und außenpolitische Mißerfolge einstecken mußte, die den Ansehensverlust der Monarchie beschleunigten. Als Seemacht, die den Holländern den Rang abgelaufen hatte, und als Kolonialmacht, die zuletzt Frankreich in Nordamerika und Indien als Konkurrenten ausschaltete, verfügte die Insel am Westrand des Kontinents im Jahr 1763 über Ressourcen und strategische Vorteile, die es in einer für das europäische Staatensystem vorher unbekannten Weise zu nutzen wußte.

Hatten also am Ende des Siebenjährigen Krieges die Randmächte England und Rußland eine Bedeutung erlangt, die um die Mitte des 17. Jahrhunderts noch völlig außerhalb der Vorstellungsmöglichkeiten der Europäer lag, so gilt ähnliches für die kontinentalen »Mittelmächte« Österreich und Preußen. 1648 wäre es allerdings absurd gewesen, beide in einem Atemzug zu nennen. Österreich war eine Macht von europäischer Bedeutung, deren Oberhaupt überdies die deutsche Kaiserkrone trug. Doch waren die deutschen und böhmischen Erbländer des »Hauses Österreich«, wie man korrekt sagen muß, nur in Personalunion miteinander verbunden; erst die Niederschlagung des böhmischen Aufstandes 1620, energische gegenreformatorische Religionspolitik und die verstärkte Aktivität der Zentrale haben sie enger zusammengeführt, und der Doppeldruck der französischen Rhein-Politik wie des erneuten Vordringens der Türken – 1683 standen sie ein zweites Mal vor Wien – hat diese Entwicklung weiter gefördert. Mit dem Übergang von der Abwehr zum erfolgreichen Gegenangriff begann der Aufstieg Österreichs zur Großmacht aus eigener Kraft. Das Vordringen im Südosten und das Fußfassen in Italien bei der Übernahme einst spanischer Herrschaftsgebiete legten den Grund für die einzigartige Rolle, die Österreich dann für lange Zeit in Europa gespielt hat – eine Rolle, die es noch mehr als zuvor über die Grenzen des Reiches hinausführte. Und Preußen: 1648 noch das Kurfürstentum Brandenburg mit geographisch unverbundenen Herrschaftsgebieten im Westen und Osten, das Stammland vom Krieg schwer mitgenommen, das Herzogtum Preußen noch von der polnischen Krone abhängig. Alles in allem ein Bündel von weitgehend bevölkerungsarmen und dürftigen Ländern, die dann durch eine gewaltige und rücksichtslose Kraftanstrengung der Dynastie administrativ zusammengefaßt und mobilisiert wurden. Auch dies geschah in einem Prozeß, der aus dem Reich und seiner Verfassung hinauslief, ja sich gegen das Reich kehrte. Bezeichnend dafür, daß die preußische Königskrone auf ein Territorium gegründet wurde, das nicht zum Reich gehörte und dessen Kurfürst ein Herzog außerhalb des Reiches war.

Obwohl der Aufstieg der beiden deutschen »Vormächte«, der sie im 18. Jahrhundert zu scharfen Rivalen machte, die Funktionsfähigkeit des Reiches endgültig lähmte, hat er das politische Gewicht der europäischen Mitte vermehrt. Für Frankreich ergab sich dadurch eine veränderte Situation und für Ostmitteleuropa ein völlig neues Kräfteverhältnis. In Deutschland selber hatte der Polarisierungsprozeß ebenfalls nicht nur negative Folgen. Er setzte politische Energien frei, und dies auch in kleineren Staaten, die sich am Beispiel der Vormächte orientierten oder in der Sorge vor ihrer Übermacht sich stärker auf die Erhaltung ihrer Unabhängigkeit verwiesen sahen und eben deshalb ein neues Bewußtsein für die Bedeutung des Reiches zu entwickeln begannen. In scheinbarer Paradoxie stärkte der partikularistische Behauptungswille der großen und kleinen Einzelstaaten den Bestand der »veralteten, wunderlichen Reichsverfassung«. »Ich bin der Meinung«, schrieb Friedrich II. von Preußen in seinem Politischen Testament von 1752, »sie wird sich dank der Eifersucht der Reichsfürsten wie der Nachbarmächte erhalten.«

## Das deutsche Staatensystem: die »Monstrosität« des Reiches und die »Modernität« der absolutistischen Staaten

Selbstverständlich kannte Friedrich, als er von der veralteten und wunderlichen Reichsverfassung sprach, den 1667 in Genf erschienenen Bestseller »De statu imperii Germanici« (Über die Verfassung des Deutschen Reiches) des Severinus de Monzambano alias Samuel Pufendorf. Bei seinem Versuch, die Regierungsform des Reiches »nach den Regeln der Politik« zu definieren, hatte er es »einen unregelmäßigen und einem Monstrum ähnlichen Staatskörper« genannt. Ursprünglich eine Monarchie, habe es sich infolge der Nachgiebigkeit der Kaiser, des Ehrgeizes der Fürsten und der Ruhelosigkeit der Pfaffen in eine ungeschickte Staatsform verwandelt. Am nächsten komme man der Wirklichkeit, wenn man sage, die Verfassung des Reiches nähere sich »einer Föderation, in der ein mit monarchischem Scheine ausgestatteter Fürst als Bundesoberhaupt eine hervorragende Stellung einnimmt, daß aber dieser Bund von schweren Krankheiten heimgesucht wird«.

Das Reich entsprach in der Tat keiner der Kategorien der bis auf Aristoteles zurückreichenden klassischen Lehre der Regierungsformen. Monarchische und aristokratische Elemente verbanden sich in ihm, und selbst demokratische Elemente waren in den sich selbst regierenden Reichsstädten anzutreffen. Wichtiger jedoch als eine korrekte Klassifizierung und die Feststellung offenkundiger Mängel und »Krankheiten« der Reichsverfassung ist es, ihre schwer überschaubare, im einzelnen gar nicht beschreibbare Realität zu verstehen. Das kann nicht gelingen, wenn moderne Maßstäbe unitarischer oder föderativer Organisation, souveräner oder limitierter Herrschaft angelegt werden. Das Reich war kein einheitlicher Staat, sondern ein Verband von rund dreihundert Staaten und staatsähnlichen Gebilden, deren Herrscher – geistliche und weltliche Kurfürsten, Fürsten, Reichsgrafen und Reichsäbte, Magistrate freier Reichsstädte – die Landesherrschaft ausübten und die Reichsstandschaft besaßen, also auf dem Reichstag zu erscheinen berechtigt waren. Ohne solches Recht, aber im Besitz der Landeshoheit waren die Reichsritter, die über weit mehr als tausend Kleinterritorien – besonders privilegierte Grundherrschaften – verfügten. Pufendorf hatte vorsichtig gemeint, das Reich nähere sich einem Bunde (confoederatio) an, aber es war weder ein Bundesstaat noch ein Staatenbund. Ein Bundesstaat besitzt eigene Souveränität, eine nicht von den Gliedstaaten abgeleitete

Staatsgewalt und ein im einzelnen festgelegtes Gesetzgebungs- und Verordnungsrecht für die Bürger aller Gliedstaaten; ein Staatenbund verfügt über keine eigene Staatsgewalt, und gemeinsame Beschlüsse können nur durch die Organe der souverän bleibenden Einzelstaaten durchgeführt werden. Das Reich war zugleich mehr und weniger. Rechtlich waren die Reichsfürsten nicht souverän, aber sie verhielten sich oft so. Der Kaiser war gewähltes Oberhaupt des Reiches und Oberlehnsherr der Reichsfürsten; bei allen Reichsgesetzen und -ordnungen aber war er an den Beschluß des Reichstages, also der Reichsstände, gebunden. Für seine Erblande besaß er selber die Qualität des Reichsstandes. Die Reichsgerichte – das Reichskammergericht und der Reichshofrat – waren für das gesamte Reich zuständig. Doch den Kurfürsten und einzelnen Reichsfürsten zugestandene Privilegien (iura de non appellando et non evocando) untersagten es ihren Untertanen, diese Gerichte als höhere Instanz anzurufen. Beschlüsse der Reichsgerichte mußten vom Kaiser exekutiert werden, womit er die Reichskreise beauftragen mußte, die ihrerseits auf die Beiträge und Kontingente der zugehörigen Reichsstände angewiesen waren. Es gab einen Reichskanzler, aber er war der angesehenste der Kurfürsten, der Erzbischof von Mainz. Eine Reichsregierung existierte nicht, und das um 1500 eingerichtete ständische Reichsregiment war längst vergessen. Regelmäßige Reichssteuern wurden nur für die Unterhaltung des Reichskammergerichts erhoben und kamen unregelmäßig ein. Steuern für Verteidigungszwecke, also für die Aufstellung eines Reichsheeres, mußten als Sonderleistungen der Reichsstände bewilligt werden. Eine Reichsfinanzverwaltung bestand nicht.

Ein »Staat« war das Reich allenfalls im völkerrechtlichen Sinne, also als Partner völkerrechtlicher Verträge; allerdings wurde zwischen Kaiser und Reich unterschieden. Nach innen war es ein Rechtsverband, dem auch nichtdeutsche Landesherren, wie die Könige von Dänemark und Schweden, für ihre zum Reich gehörenden Provinzen angehörten – ein Verbund, der längst nicht alle Deutschen, wohl aber viele Nichtdeutsche umschloß. Neben dem Herzogtum Preußen war auch das Herzogtum Schleswig kein Teil des Reiches. Zum Reich zählten dagegen der ganze Komplex der deutschen und böhmischen Erblande des Hauses Habsburg, die Spanischen, seit 1714 Österreichischen Niederlande, ferner das Bistum Lüttich – eine Aufzählung ohne Vollständigkeit. Die Territorien der Reichsstände, von denen der Reichsritter ganz zu schweigen, waren nach Größe, Bevölkerungszahl und politischer Struktur so unterschiedlich, daß ihnen nur wenige gemeinsame »staatliche« Attribute zugeschrieben werden können und der Grad ihres faktischen Eingebundenseins in das Reich sich kaum genau definieren läßt.

Die Kurerzbistümer, Fürstbistümer und Reichsabteien waren Wahlstaaten, in denen die wählenden Dom- und Stiftskapitel während der Sedisvakanzen die Landesherrschaft ausübten. Der Zusammenfall von geistlichem Amt und weltlicher Herrschaft schloß infolge der Ehelosigkeit der Landesherren Erblichkeit, nicht aber dynastische und handfeste Interessenpolitik aus. Vor allem reichsritterschaftliche und reichsgräfliche, aber auch regierende fürstliche Familien betrachteten die Bischofs- und Abtsstühle und die durchweg gut dotierten Sitze in den Kapiteln als erstrebenswerte Ausstattungen nachgeborener Söhne sowie als politische Einflußinstanzen. Die Kumulation mehrerer Bistümer oder Abteien in einer Hand war kanonisch unstatthaft, kam allerdings – bei erlangbarem päpstlichem Dispens – durchaus vor, wie ja überhaupt keine Regel im Reich ohne Ausnahme blieb. So sind denn in der Reichskirche immer wieder die politischen Interessen großer Dynastien zur Geltung gekommen. Der Handlungsspielraum geistlicher Fürsten als gewählter Landesherren gegenüber Domkapitel und Landständen war in der Regel enger begrenzt. Wo Landstände nur schwach entwickelt waren oder gar nicht existierten wie in Würzburg, Bamberg, Fulda – hier war der landsässige Adel reichsfrei –, da konnte auch ihr Regiment absolutistische Züge annehmen. In der großen Politik haben die geistlichen Staaten nur selten eine Rolle gespielt, nämlich dann, wenn sie durch exponierte Lage, dynastische Verbindungen – wie die Kölner Erzbischöfe aus dem Hause Wittelsbach – oder persönlichen Ehrgeiz – wie der Münsterische Bischof Christoph Bernhard von Galen – in die Auseinandersetzungen anderer Mächte hineingezogen wurden. Im allgemeinen richtete sich ihr politisches Interesse auf die Erhaltung oder Erweiterung der landesherrlichen Befugnisse, auf die Sicherung oder Steigerung von Einkünften, wenn die Mittel es erlaubten, auf die Förderung der Künste, der Wissenschaft und der Schule, dazu auf die Nachfolgefrage. Daß sie eo ipso mehr für die Kirche getan hätten als weltliche katholische Landesherren, kann nicht gesagt werden. Wenn das Wahlprinzip an sich eine größere Chance bot, geeignete Regenten zu erhalten, als das Erbprinzip, so stand ihrer Ausnutzung die Tendenz der Domkapitel entgegen, nicht eben die stärksten Kandidaten zu wählen und diese möglichst an die Zusage der Erhaltung der bestehenden Verhältnisse zu binden. An der Erhaltung der Reichsverfassung mußten sie allerdings elementar interessiert sein, weil das »reichskirchliche« System untrennbar mit ihr verknüpft war. Das bedeutete nicht, daß die geistlichen Fürsten eine Parti sans phrase des Kaisers gebildet hätten. Vor allem die geistlichen Kurfürsten haben wiederholt versucht, eine vom Kaiser unabhängige Reichspolitik zu verfolgen.

Die Aufhebung der geistlichen Staaten ist bekanntlich nicht erst mit der förmlichen Auflösung des Reiches 1806 erfolgt, sondern durch den Reichsdeputationshauptschluß von 1803. Aber es war nur konsequent, daß nach der »Säkularisation« der Reichskirche auch das Reich nicht mehr bestehen konnte. Diese Feststellung kann auf die anderen Gebilde erweitert werden, die ebenfalls vor 1806 ihre »Mediatisierung« erfuhren, also in größere Staaten einbezogen wurden: die Reichsgrafschaften, die meisten Reichsstädte und die Reichsritterschaft. Auch für sie war das Reich mit seiner hergebrachten Verfassung Existenzrückhalt gewesen. Umgekehrt: Ohne sie und die Reichskirche wäre das Reich »nur« ein Fürstenbund gewesen, also das, was 1815 tatsächlich an seine Stelle getreten ist – sieht man von den vier übriggebliebenen freien Städten als Sondererscheinungen ab.

Die Reichsstädte besaßen im 17. und 18. Jahrhundert bei weitem nicht mehr die Bedeutung, die ihnen einst im 15. und 16. Jahrhundert zugekommen war. In jener Zeit war Deutschland ein Land der Städte geworden, nicht nur im Hinblick auf ihre Zahl, sondern auch auf ihre materielle und kulturelle Bedeutung. Seither waren sie, allerdings unterschiedlich stark, in den krisenhaften Prozeß der europäischen Wirtschaft hineingezogen worden; während des Krieges hatten sie weniger durch direkte Zerstörungen als durch Epidemien, Plünderungen und Kontributionen sowie durch die Behinderungen des Fernhandels gelitten. Oft schleppten sie lange eine gewaltige Schuldenlast nach. Das gilt auch für die landsässigen Städte, die sich vorher großer Selbständigkeit erfreut hatten und nun zunehmend unter landesherrliche Kontrolle gerieten. Für die Reichsstädte wirkte sich die verstärkte ökonomische Abschließung der fürstlichen Territorien hemmend aus. Gewiß blieben Nürnberg, Augsburg, Frankfurt bedeutende Städte; neben ihnen aber kamen andere Wirtschaftszentren empor: Leipzig, Berlin, Hamburg (dessen Reichsstadtcharakter bis 1770 bestritten blieb), und kulturell gewannen die fürstlichen Residenzstädte eine ganz neue Bedeutung. Mit der wirtschaftlichen Stagnation wuchs in der Regel auch die Verkrustung innerstädtischer Sozialstrukturen und politischer Machtverteilung. Interventionen des Kaisers als des obersten Stadtherrn der Reichsstädte oder der Landesherren trugen zur Regulierung der Schulden und zur Schlichtung von Streitigkeiten bei; neue Impulse für das städtische Leben gingen davon meist nicht aus. Kein Zweifel indes, daß gerade in den Reichsstädten der Geist bürgerlicher Selbständigkeit und ein Reichsbewußtsein lebendig blieben. Schließlich die Reichsritterschaft, eine eigentümliche Korporation, deren Mitglieder direkt dem Kaiser unterstanden, die jedoch auf dem Reichstag und den Kreistagen nicht vertreten war und als einzige Steuer ein freiwilliges Subsidium charitativum leistete. Ihre Organisation in Kreise und Kantone und ihre Anlehnung mehr an den Kaiser als an das Reich, allerdings auch ihre machtpolitische Bedeutungslosigkeit schützten sie nach außen; ihre eigentliche Gefahr lag in den eigenen Reihen. Denn die Reichsunmittelbarkeit hing an dem Besitz von Gütern, die in der Reichsritterschaftsmatrikel verzeichnet waren. Ihr Verkauf oder ihre Vererbung an nicht der Reichsritterschaft zugehörige Familien bedeutete stets Verlust für die Korporation. Oft fehlten den reichsritterschaftlichen Familien die Mittel, standesgemäß zu leben oder gar politische Ambitionen zu entwickeln. Deshalb traten viele ihrer Mitglieder in den Dienst des Kaisers und des Reiches, aber auch in den größerer Landesherren; für katholische Familien bedeuteten Dompfründen,

Bischofs-, Abts- und Äbtissinnenstühle Aufstiegsmöglichkeiten für nicht-erbende Söhne und Töchter. Als eine privilegierte Gruppe des grundbesitzenden Adels mit besonderem Ansehen, besonderen Ansprüchen und Chancen besaßen die Reichsritter eine politische Bedeutung, die über ihren Besitz und ihre Zahl erheblich hinausreichte.

Größte geographische Dichte erreichten reichskirchliche, reichsgräfliche, reichsstädtische und reichsritterschaftliche Gebiete im Südwesten und Westen des Reiches. Hier, wo Zersplitterung und Gemengelage des Besitzes größere geschlossene Territorialbildung verhinderten, blieb das Interesse an der Funktionsfähigkeit des Reiches am stärksten, und bis zuletzt ist hier die Überzeugung, daß eine Reform des Reiches und seiner Institutionen möglich sei, nicht ganz verschwunden. Gerade hier haben die militärischen Vorstöße Frankreichs die Verteidigungsschwäche des Reiches drastisch demonstriert und das Verlangen nach wirksamer Mobilisierung der Abwehrkräfte geweckt, freilich ohne nachhaltigen Erfolg. Den Regierungen der großen Flächenstaaten hingegen – Bayern, Sachsen, Brandenburg-Preußen – lag nichts ferner als eine Reform des Reiches mit dem Ziel, es »staatlich« zu aktivieren. So blieb es bis zu seinem Ende die zwar noch immer tragfähige, aber unmodern gewordene Dachkonstruktion für eine beträchtliche Anzahl von unterschiedlich strukturierten Staaten, die für die großen unter ihnen kein Hindernis bedeutete, für die kleineren und kleinsten jedoch die Voraussetzung einer selbständigen Existenz.

Gleichwohl ist Deutschland am Prozeß moderner Staatsbildung nicht unbeteiligt geblieben. Er vollzog sich hier auf der Ebene der einzelnen Staaten, aber nicht aller und nicht im Gleichschritt. Bei vielen von ihnen fehlten dafür die materiellen Grundlagen und die Antriebe. Die Trennung von fürstlichem Haushalt und Landesfinanzen, von Verwaltung und Justiz, die Einrichtung einer einheitlichen mehrstufigen Verwaltung oder gar eine zielstrebige Handels-, Gewerbe- und Außenpolitik waren nur in größeren Staaten möglich und sinnvoll. Gewiß lassen sich Beispiele kleiner Staaten mit pflichtbewußten und aktiven, gerechten und sparsamen Fürsten, Ministern und Räten nennen, aber sie gelangten meistens über einen wohlwollenden Patriarchalismus nicht hinaus. Allerdings darf man in der Konzeption des wohlgeordneten »Polizeistaates«, wie sie im späten 17. Jahrhundert zuerst in mitteldeutschen Kleinstaaten entwickelt wurde und zu praktischer Auswirkung gelangte, Ansätze des Gesetzgebungs- und Verwaltungsstaates sehen. Nicht nur in der Erhaltung überlieferter Ordnung, sondern in der Verbesserung und dem Ausbau der kirchlichen und rechtlichen, sozialen und wirtschaftlichen Verhältnisse sollte demnach die Aufgabe von Herrschaft und Regierung bestehen. Dafür konnten gerade im Kleinstaat, in dem es keine mächtigen Landstände, vor allem keinen einflußreichen, unabhängigen, eingesessenen Adel gab, günstige Voraussetzungen bestehen. Politik ging hier weitgehend in obrigkeitlicher »Policey«, das heißt in vorsorgender und bevormundender Verwaltung auf. Doch auch in größeren Staaten ist dieser Typus von Politik zur Wirkung gelangt und hat hier starke Impulse für das Handeln der Regierungen freigesetzt. Das Politikverständnis und der Begriff des Staates in Deutschland sind seit jener Zeit stark am Modell umfassender obrigkeitlicher Administration orientiert geblieben.

Soweit zum modernen Staat eine durchorganisierte, zentral gelenkte und kontrollierte Verwaltung mit jeweils begrenzt zuständigen Behörden und mit sachkundigen Beamten gehört, kann gesagt werden, daß einige deutsche Staaten im 18. Jahrhundert zumindest partiell modern genannt werden dürfen. Dies gilt insbesondere für Preußen, wo ehrgeizige Außen- und Erwerbspolitik und die Unterhaltung eines im Verhältnis zu den Ressourcen des Landes übergroßen Heeres zum Motor für aktive und umfassende Innenpolitik wurden. Daß allerdings die Dominanz staatlichen Handelns bei relativ geringer eigenständiger Dynamik der Bevölkerung als Hemmnis für die Ausformung einer modernen Gesellschaft gewirkt hat, darf nicht übersehen werden. Lange Erfahrung hat viele Deutsche daran gewöhnt, überall mit obrigkeitlichen Verordnungen und Beaufsichtigungen, zugleich jedoch mit Sicherheit und Fürsorge zu rechnen. Untertäniger Gehorsam war die eine Seite der sich daraus ergebenden politischen Mentalität; moralisch-politische Anforderungen an die Obrigkeit die andere, ohne daß freilich deren Erfüllung für erzwingbar galt.

Diese Einstellung zum Staat, die oft zu pauschal allen Deutschen zugeschrieben und zu einfach auf die Lehre vom leidenden Gehorsam und den politischen Quietismus des Luthertums zurückgeführt wird, hat sich doch erst nach dem Dreißigjährigen Krieg voll ausgebildet. Vorbereitet war sie durch die Territorialisierung des Reiches und, seit der Reformation, durch das konfessionelle Landeskirchentum. Nun, nachdem die kaiserliche Macht im Reich weiter reduziert war, der Krieg Adel und Städte geschwächt und gewaltige Wiederaufbauaufgaben hinterlassen hatte, zogen die Regierungen, gewollt und genötigt, zunehmend Kompetenzen an sich. Sie steigerten ihre Finanz- und Ordnungsansprüche und versuchten, eine allgemeine Kontrollgewalt durchzusetzen. Der Widerstand, der vor allem vom landsässigen Adel geleistet wurde und zu zähen Auseinandersetzungen zwischen Landesherren und Landständen führte, ist keineswegs immer erfolglos gewesen. Meist kam es zu Ausgleichen, die zwar die Ausweitung der Regierungstätigkeit beschränken, nicht aber verhindern konnten. Den Regierenden kamen die Erwartungen der Regierten entgegen, die Sicherheit, konfessionellen Frieden und materielle Verbesserungen wünschten. Vom Landesherrn erhofften sie gerechte Justiz ohne Ansehung der Person, Schutz gegenüber den Mächtigen und schlichtendes Eingreifen als neutrale Gewalt, wenn Anspruch gegen Anspruch stand; sie verlangten, was mit dem zeitgenössischen Begriff »Policey« bezeichnet war: eine vorsorgende Verwaltung. Für das 17. und 18. Jahrhundert trägt das Wort »Polizeistaat« keinen negativen Akzent. Die Entgegensetzung des »Rechtsstaates« ist erst im 19. Jahrhundert erfolgt, als sich der Polizeistaat für die Liberalen als ein politisches System darstellte, das die Bürger noch immer wie Untertanen bevormundete und freiheitliche Regungen mit den Instrumenten alltäglicher Überwachung unterdrückte. Zwar gehörten Bevormundung und Kontrolle auch zur Politik der Regierungen des vorangegangenen Zeitalters; noch aber waren diese weit davon entfernt, wirklich bis unten durchzugreifen und den letzten Untertan zu erreichen. Weder verfügten die Landesherren bereits über das hinreichende Personal, noch war der Bereich des zu Verwaltenden schon so ausgedehnt wie später.

Allerdings bestanden erhebliche Unterschiede in der Reichweite und Effizienz der »Policey«. Daß eine Dynastie über mehrere Generationen hinweg die gesamte Verwaltung auf einen bestimmten Zweck ausrichtete, wie es in Brandenburg-Preußen geschah, blieb Ausnahme und hat nur zögernd Schule gemacht. In vielen Klein- und Kleinststaaten fehlten solche Zielsetzungen, und die Beanspruchung der Untertanen war dementsprechend gering; aber hier wurde bei engen räumlichen und sozialen Verhältnissen die Gegenwart der regulierenden Verwaltung ebenso stark verspürt, vor allem, wenn der Landesherr sich mit patriarchalischem Ernst und frommem Amtseifer um alles und jedes zu kümmern bemüht war. Die zahlreichen kleinstaatlichen Polizeiordnungen sind dafür Zeugnis: Kleider-, Begräbnis-, Ehe-, Erb-, Arbeitsordnungen und andere. Auch zeitgenössische Traktate, Staats- und Verwaltungshandbücher sind hier zu nennen; sie beschreiben einen umfassenden Zuständigkeitsbereich der Regierung.

Bei allem Unterschied zwischen Absicht und Realität – in jener Zeit entstand der obrigkeitliche Verwaltungsstaat, dessen Leistungen und Grenzen schwierig gegeneinander abzuwägen sind. Er wollte nicht bloß Steuern eintreiben und Gehorsam erzwingen, nicht nur Mißstände beseitigen, sondern das soziale Leben planend und vorausschauend steuern. Gerade wo er darin erfolgreich war, ist die historische Bilanz zwiespältig. Sie verbietet, die Selbstinterpretation der Regierenden und Verwaltenden unkritisch für die Realität zu nehmen; sie sollte ebensowenig blind machen für tatsächliche Leistungen beim Wieder- und Landesausbau, in der Bevölkerungs- und Siedlungspolitik, in der Gewerbeförderung, im Aufbau des Schulwesens und in der Stabilisierung der inneren Sicherheit.

Es waren die deutschen Einzelstaaten, in denen mit mehr oder minder großem Erfolg im 17. und 18. Jahrhundert die Instrumente und die Praktiken ausgebildet wurden, die zum modernen Staat gehören. Das gilt auch für das Militärwesen – damals entstanden die ersten stehenden Heere – wie für die Außenpolitik. Ständige diplomatische Beziehungen wurden etabliert; ein nie kodifiziertes Jus publicum entstand, das der Interessenpolitik der Staaten die Balance halten sollte. Demgegenüber erscheint das ständische Wesen mit seinem beherrschenden Interesse der Besitzstandserhaltung als traditionell. Doch auch diese Feststellung bedarf der Einschränkung. Nicht nur hatten die Stände ihren Anteil am frühmodernen Staatsbildungsprozeß; die ständischen Repräsentationen sind auch die geschichtlichen Vorläufer der modernen Parlamente gewesen. Gerade im Hinblick auf politische und soziale Institutionen gehört die Beobachtung von Kontinuitäten im Wandel zu den wichtigsten Aufgaben des Historikers.

## *Die mitteleuropäische Wirtschaft: Krise und zögernder Aufschwung*

Die Feststellung und Beschreibung dessen, was in der Vergangenheit geschehen ist, macht nicht die volle Aufgabe des Geschichtsschreibers aus. Er muß darüber hinaus zu erklären versuchen, warum es geschehen ist, um es verstehbar zu machen. Im Grunde ist schon eine zutreffende Beschreibung ein Stück Erklärung; denn so wenig wie die Geschichte als vergangenes Geschehen ein einliniger kausaler Ablauf von Ereignissen war, so wenig kann sich dargestellte Geschichte in einer Reihung von Fakten erschöpfen. Erst ihre Einordnung in einen erklärenden Zusammenhang macht Sinn. Ein solcher Zusammenhang liegt selbstverständlich nicht im Belieben des Historikers; er kann ihn aber auch nicht allein an der stets fragmentarischen Überlieferung ablesen. Vielmehr muß er eine Konzeption, eine »Theorie« menschlichen Denkens und Handelns gleichsam mitbringen, um die Quellenaussagen ausschöpfen zu können – eine Theorie, die er an den Quellen immer wieder überprüfen muß.

Ein politisches System kann weder aus den Entscheidungen der Regierenden noch aus den politischen Vorstellungen der Regierten hinreichend erklärt werden. Deshalb muß nach der sozialen Struktur, den ökonomischen und demographischen Verhältnissen, ja nach den naturalen Lebensbedingungen der Menschen gefragt werden, die in diesem System leben. Es war eine der modernes geschichtliches Denken begründenden Einsichten des 18. Jahrhunderts, daß man die politische »Verfassung« eines Landes nicht nach einer abstrakten Typologie definieren, sondern aus den bestehenden besonderen Bedingungen erklären müsse. Zu diesen gehören die Weise der materiellen Produktion und Konsumtion – also das, was mit einem modernen Terminus die »Wirtschaft« genannt wird und die Besitzverhältnisse wie die Arbeitsverfassung, die Produktionstechniken wie den Warenverkehr, das Lohn-Preisgefüge, die Gewinnverteilung wie das Steuersystem einschließt. Daß davon das alltägliche Leben sowohl der arbeitenden wie der verzehrenden Teile der Gesellschaft und auch der Handlungsspielraum der Regierungen abhängen, ist offenkundig. Deshalb spricht vieles dafür, bei politischen Veränderungen zunächst nach ökonomischen Ursachen zu fragen.

Seit mehr als zwei Jahrzehnten wird über die »Krise des 17. Jahrhunderts« diskutiert und gestritten, ob von einer allgemeinen Krise oder von einer Kette von krisenhaften Prozessen gesprochen werden müsse. In Frage steht auch der Charakter der Krise. War sie letztlich eine ökonomisch-soziale oder eine Krise im Verhältnis zwischen Staat und Gesellschaft? Oder muß man nach den Erschütterungen des konfessionellen Bürgerkrieges, des Bevölkerungsanstiegs und der Preisrevolution vielmehr die Erreichung neuer Stabilität als die wichtigste Tendenz des Jahrhunderts ansehen? Solche Fragen lassen sich selbstverständlich nicht allein in bezug auf Deutschland und in dieser Begrenzung nicht eindeutig beantworten. Das wird besonders deutlich bei der Beurteilung der Folgen des Dreißigjährigen Krieges. Weder sind alle deutschen Gebiete gleichmäßig vom Kriegsgeschehen und seinen unmittelbaren Auswirkungen betroffen worden, noch waren wirtschaftliche Krisen und Bevölkerungsrückgang allein deutsche Erscheinungen. Was die englische Geschichtswissenschaft im Hinblick auf so entscheidende Vorgänge wie den Bürgerkrieg, die Beseitigung der Monarchie, die Entstehung und den Niedergang des Commonwealth, die Restauration und die Glorious Revolution, die französischen Historiker in der Beurteilung des krisenhaften Aufstiegs der absoluten Monarchie von Heinrich IV. bis Ludwig XIV. einsehen mußten, gilt auch für die deutschen Historiker, die sich mit dem großen Krieg, der Reichs- und Territorialpolitik der zweiten Hälfte des 17. Jahrhunderts beschäftigen: Sie dürfen sich nicht auf die nationale Geschichte beschränken.

Die neuere Forschung hat überzeugend nachgewiesen, daß die demographische, ökonomische und soziale Krise, die mit zeitlichen Verzögerungen große Teile Europas ergriff, in Deutschland durch den Dreißigjährigen Krieg dramatisch verschärft wurde. Nachdem schon zu Beginn des 17. Jahrhunderts Anzeichen einer Absatz- und Kreditkrise sichtbar geworden waren, setzte um 1620/30 ein rapider Bevölkerungsrückgang und Preisverfall ein. Für den ersteren waren nicht nur Krieg, Hungersnöte und epidemische Krankheiten verantwortlich; vielmehr vollzog sich damals allgemein eine Umkehr des Bevölkerungstrends. Das starke vorhergegangene Wachstum hatte den Nahrungsspielraum überschritten, und als dies elementar spürbar wurde, stieg das Heiratsalter, sank die Geburtenzahl; die Bevölkerung pendelte sich wieder auf die begrenzten ökonomischen Möglichkeiten ein und ging infolge des Kriegsgeschehens weit darunter zurück. Damit sank auch die Nachfrage, und das Preisniveau für Agrarprodukte zerfiel. Beide Prozesse griffen ineinander und führten zur Reduzierung der landwirtschaftlichen Produktion, zur Aufgabe von Äckern und Höfen, zum Verlassen ganzer Dörfer.

In großen Teilen Deutschlands haben mehr die Begleiterscheinungen der militärischen Aktionen als diese selber zu Verwüstungen geführt, welche noch für Jahrzehnte sichtbar blieben. Manche Stadt hat ihre vorherige Bedeutung nicht zurückgewonnen und an Selbständigkeit verloren, weil Schuldenlast und darniederliegendes Gewerbe den Zugriff der landesherrlichen Verwaltung erleichterten. In welchem Maße es zu Besitzveränderungen kam, läßt sich kaum mehr genau feststellen. Bekannt ist, daß es in den ostelbischen Gebieten mit dominierender Gutsherrschaft, insbesondere in Mecklenburg, noch einmal zu einem großen Schub der Umwandlung von Bauernland in Gutsland, damit zu einer Verschlechterung der bäuerlichen Rechtsstellung gekommen ist. Andererseits müssen Landlose ansässig geworden sein, wo die Fluren wüst lagen; es muß manche ungelenkte Bevölkerungsbewegung neben den planmäßigen Ansiedlungen durch die Landesherren gegeben haben. »Peuplierung« wurde damals zu einem Schlagwort der inneren Politik, und auch die politisch-kameralistische Literatur der Zeit erklärte die Bevölkerungszahl zum wichtigsten Faktor für den Wohlstand und die politische Bedeutung eines Staates – ein Reflex der starken Bevölkerungsverluste, aber auch des wachsenden Geldbedarfs der Regierungen, der nur durch höhere Steuereinkünfte gedeckt werden konnte. Daß für die Aufnahme von vertriebenen Hugenotten, Salzburger Exulanten und anderen Glaubensflüchtlingen in Brandenburg-Preußen, Hessen-Kassel, Ansbach nicht allein konfessionelle Solidarität ausschlaggebend war, sondern vor allem fiskalisches Interesse, bedarf kaum besonderer Erwähnung. Die untrennbare Verquickung religiöser, politischer und ökonomischer Motive in der Geschichte der frühen Neuzeit wird hier deutlich erkennbar.

Die Ansiedlungspolitik der Landesherren, die in einzelnen Fällen übrigens von den Landständen unterstützt wurde, blieb nicht auf den Ersatz von Bevölkerungsverlusten beschränkt. Sie konnte darüber hinaus zu einer Politik des Landesausbaus werden. Durch die Wiener Aufrufe zur Einwanderung in die Gebiete der ungarischen Militärgrenze, die seit 1689 ergingen, wurde ein anhaltender Strom bäuerlicher Siedler vor allem aus Süd- und Südwestdeutschland in Bewegung gesetzt, der um 1750 sein größtes Ausmaß erreichte. Um diese Zeit fing der Bevölkerungsanstieg bereits an, in einigen Gebieten einen neuen Bevölkerungsüberdruck zu erzeugen. Am Ende des 18. Jahrhunderts überschritt er wieder die Kapazität der landwirtschaftlichen Produktion unter den Bedingungen der älteren Agrarverfassung.

Der Zusammenhang zwischen Bevölkerung, Agrarproduktion, Entwicklung von Gewerbe und Handel, Preisen und Löhnen einerseits, sozialer Struktur und politischem System andererseits im 17. und 18. Jahrhundert ist infolge unzureichender Überlieferung im einzelnen schwer rekonstruierbar. Für den europäischen Markt produzierende ostelbische Gutsbesitzer gerieten in eine schwierige Lage, wenn das Getreide schlechte Preise brachte; um so mehr waren sie daran interessiert, die Produktionskosten durch verschärfte Inanspruchnahme der Dienste erbuntertäniger Bauern niedrig zu halten. Wo diese Möglichkeit nicht bestand, gerieten sie unter den Druck hoher Lohnkosten, insbesondere in

Gebieten, wo starke Bevölkerungsverluste eingetreten waren und viele Dörfer und Äcker lange wüst lagen. Zahlreich sind die überlieferten Klagen, es sei besser Knecht als Herr zu sein, denn jener könne seine Forderungen stellen und so gut verdienen, daß er selber entscheiden könne, wieviel er arbeiten wolle. Solange der Arbeitskräftemangel fortbestand, blieben die vielen Polizeiordnungen, mit denen die Landesherren Arbeit und Löhne zu regulieren versuchten, ohne durchgreifende Wirkung. Die während des Krieges in die geschützteren Städte gewanderten Landbewohner stellten für das Gewerbe dennoch kein nennenswertes Arbeitskräftereservoir dar. So mußten auch hier hohe Löhne gezahlt werden, obwohl die Nachfrage nach gewerblichen Gütern infolge Menschen- und Geldmangels und stark reduzierten Verkehrs in den vom Krieg betroffenen Gebieten nur langsam wieder anstieg. Hohe Löhne bei niedrigen Preisen wegen geringen Absatzes bewirkten für einige Jahrzehnte eine allgemeine Stagnation und Depression, die vom Handel und Gewerbe insgesamt früher überwunden wurde als von der Landwirtschaft. Freilich konnte die alte Blüte in vielen Städten nicht wieder erreicht werden. Die Nachfrage nach Gütern des höheren Bedarfs von seiten der bürgerlichen Oberschicht und des Landadels blieb längere Zeit gering; der wohlhabende Adel und die Höfe tendierten dazu, ihren Bedarf der Mode entsprechend im Ausland zu decken.

Wie die lange Kriegsära die Produktionsweisen und sozialen Strukturen nicht aufgelöst hatte und der Wiederaufbau in zerstörten Gebieten im wesentlichen in überlieferten Formen geschah, so blieb auch das Zunftwesen die herrschende Form des städtischen Gewerbes. Ebensowenig kam es in der Organisation des Handels zunächst zu grundlegenden Veränderungen. Unter den Bedingungen wirtschaftlicher Stagnation gaben die hergebrachten Formen der städtischen Wirtschaft einen Rückhalt; auf längere Dauer aber wurden sie zum Hemmnis. Die personelle Überbesetzung des Handwerks ließ restriktive und prohibitive Verhaltensweisen entstehen. Die Zünfte wurden zu geschlossenen Korporationen, in denen die Tendenz der Besitzstandserhaltung und der Wettbewerbsverhinderung dominierte. Streiks und Aufstände von Gesellen führten nach jahrzehntelangen Ansätzen zur Reichshandwerksordnung von 1731, die – mit ihren Erneuerungen und Ergänzungen von 1764 und 1772 – zu den letzten gesetzgeberischen Maßnahmen des Reiches gehörte, jedoch nur so weit zur Wirkung kam, als sie in die landesherrlichen Zunftordnungen einging. Der Zugang zu den Zünften wurde erleichtert, ihre Autonomie eingeschränkt, ihre interterritoriale Korrespondenz verboten. Damit sollten Mißbräuche beseitigt werden; tatsächlich aber verstärkte sich die landesherrliche Kontrolle, ohne daß ein nachhaltiger wirtschaftlicher Aufschwung eintrat.

Das städtische Handwerk blieb im wesentlichen auf die Versorgung des lokalen und regionalen Marktes beschränkt. Die darüber hinausgehenden Anforderungen des Fernhandels, des Luxuskonsums und des Heeresbedarfs wur-

# Verordnung Friedrich Wilhelms, des Großen Kurfürsten, vom 7. Januar 1679 über die von ihm neu eingeführte Kopfsteuer

## Berlin, Geheimes Staatsarchiv Preußischer Kulturbesitz

Nach dem Sieg über die in die Mark Brandenburg eingefallenen Schweden am 28. Juni 1675 bei Fehrbellin war es dem Großen Kurfürsten gelungen, das schwedische Vorpommern ganz zu erobern. Doch im Frieden von Nymwegen 1678 verlangte Ludwig XIV. die Rückgabe dieser Eroberung an seinen Verbündeten. Um dem Nachdruck zu verleihen, drangen im November 1678 schwedische Truppen von Livland aus ins Herzogtum Preußen ein. Der Kurfürst zog daher sofort nach Osten. Zuvor hatten seine Beamten in Berlin den Auftrag erhalten, eine Steuerverordnung auszuarbeiten, die er aus Neu-Stettin erließ, einem Ort an der Grenze zwischen Pommern und Polen.

Laut dieser Verordnung sollte jeder Einwohner der Mark Brandenburg ab dem zwölften Lebensjahr eine einmalige, nach dem jeweiligen Vermögen gestaffelte Abgabe leisten. Von ihr waren der Kurfürst und dessen Familie nicht ausgenommen. Die Steuer traf gleichmäßig alle Stände, also auch den sonst von solchen Belastungen befreiten Adel. Sie war somit gerechter als die üblichen Abgaben, für die Stadt und Land je nach politischem Gewicht ihrer Führungsschichten unterschiedliche Anteile ausgehandelt hatten. Die Aufstellung sagt freilich mehr darüber aus, wie man sich in der kurfürstlichen Verwaltung die Vermögenslage in der Mark Brandenburg vorstellte, als daß sie die wirklichen Vermögensverhältnisse widerspiegelt. Dennoch gibt sie einen guten Einblick in die Vermögensunterschiede zwischen den einzelnen Gruppen und Schichten.

Die Bevölkerung ist hier zunächst grob in Amtsträger und Hofbedienstete des Kurfürsten, Ritterschaft und Landbewohner sowie städtische Einwohner gegliedert. Innerhalb dieser großen Gruppen erfolgt eine Auflistung, die ziemlich genau die soziale Schichtung in der Mark wiedergibt. Die Kopfsteuer war in Reichstalern zu entrichten, einer Silbermünze, die in Norddeutschland dem Wert von vierundzwanzig Groschen entsprach. In normalen Erntejahren und bei üblicher Preislage dürfte ein Reichstaler ausgereicht haben, eine fünfköpfige Familie in einfachen Verhältnissen für rund einen Monat mit dem Hauptnahrungsmittel jener Zeit, mit Roggenbrot, zu versorgen. Bei den damaligen Lebensgewohnheiten solcher Familien war ihr gesamter Lebensbedarf damit ungefähr zur Hälfte abgedeckt. Die Steuer war also recht hoch. Im Gegensatz zur ersten Kopfsteuer dieser Art, die der Große Kurfürst zur Deckung seines durch den Krieg enorm gestiegenen Geldbedarfs 1677 verordnet hatte, wurden 1679 deshalb nur zwei Drittel der erwarteten Höhe erreicht.

Der Kurfürst, seine Gemahlin und seine beiden erwachsenen Söhne waren als die Finanzstärksten am höchsten veranlagt; denn bei ihnen machte sich die nach dem Dreißigjährigen Krieg noch lange anhaltende Kapitalknappheit wenig bemerkbar. Ähnliches galt für diejenigen, die in landesherrlichen Diensten standen, vor allem für die höheren Amtsträger. In der ersten Gruppe ist die Auflistung sicherlich am zutreffendsten. Sie zeigt deutlich, wie vielfältig Verwaltung und Hofdienst bereits damals aufgefächert und wie viele Personen schon in dieser frühen Phase des brandenburgisch-preußischen »Absolutismus« abhängig vom Kurfürsten waren. Die hohen Ränge der Beamtenschaft waren höher veranlagt als adelige Grundherren oder Mitglieder der städtischen Oberschichten wie Kaufleute und Bürgermeister. Dies hing einerseits sowohl mit dem Preisverfall für landwirtschaftlich genutzten Grund und Boden zusammen – der wiederum auf die allgemeine Kapitalknappheit zurückzuführen ist – als auch mit der niedrigen Verdienstspanne beim Verkauf von Agrarerzeugnissen, andererseits damit, daß die städtische Wirtschaft sich von den Dauerschäden des Dreißigjährigen Krieges und der anhaltenden Kriegshandlungen nach 1648 ebenfalls nur langsam erholte.

Interessante Unterschiede ergeben sich auch bei der Betrachtung der Steuersätze für das Hof-, das Stadt- und das Dorfhandwerk. Wie bei den oberen Rängen der Gesellschaft waren bei diesen mittleren und unteren Schichten die mit dem Hof Verbundenen offenbar besser gestellt. Daß geistige Berufe damals sehr niedrig eingeschätzt wurden, zeigen in der letzten Spalte die Professorengehälter, die hinter denen für den Stall-, Tanz- und Fechtmeister der

Ritterakademie zu Frankfurt an der Oder, einer Ausbildungsstätte für junge Adelige, zurückblieben. Weniger überraschend sind die hohen Ansätze für Angehörige verachteter Berufe am Schluß, für Scharfrichter und Abdecker, deren Wohlhabenheit gleichwohl groß war. Ähnliches läßt sich für die verschiedenen Schichten der jüdischen Bevölkerung erkennen.

Die Verordnung, die in dieser Form später nicht wiederholt worden ist, stellt einen ersten Ansatz zu mehr Steuergerechtigkeit unter Hintanstellung von Steuerprivilegien dar. Sie nimmt die Steuerpraxis seit dem 19. Jahrhundert vorweg, zumal in ihr bereits der Gedanke der Steuerprogression enthalten ist. Zur Zeit des Großen Kurfürsten konnte dieser Ansatz freilich nicht fortgeführt werden, da er die Vorrechte des Adels verletzt hätte, was nur in einer Notlage wie der von 1678/79 möglich war. Deshalb ist der Wert dieser Verordnung als Quelle für die Sozialgeschichte Brandenburgs höher zu veranschlagen als der für die Finanzgeschichte dieses Staatswesens.

(Michael Erbe)

den zunehmend durch die Ausweitung der gewerblichen Warenproduktion auf dem Lande und durch die Anlage von Manufakturen beantwortet. Während man die gesamtwirtschaftliche Bedeutung der letzteren nicht überschätzen darf – und deshalb auch nicht von einer »Manufakturperiode« sprechen sollte –, kommt nach den Ergebnissen neuerer Forschung der »proto-industriellen« Produktion auf dem Lande ein bedeutsamer Platz im Prozeß der Ausbildung des Industriekapitalismus zu. Veranlaßt durch die geringe Elastizität des zünftisch organisierten Handwerks, vergleichsweise hohe Löhne in der Stadt und regionale Unterbeschäftigung auf dem Lande, vor allem auch durch steigende Nachfrage nach billigen Textilien auf dem sich ausbildenden Weltmarkt gingen Kaufleute und Unternehmer, sogenannte Verleger, zunehmend dazu über, die Produktion auf das Land zu verlagern beziehungsweise das Potential heimgewerblicher ländlicher Spinner und Weber zu nutzen und zu entfalten. Hier konnten sie ungehindert von Zunftbestimmungen die Produktion und die Löhne bestimmen, und in den meisten Fällen mußten die Produzenten sich fügen, weil sie auf den Verdienst angewiesen waren und über keine andere Möglichkeit verfügten, ihre Ware abzusetzen. Andererseits konnten sie ihre Produktionskosten durch die Mitarbeit aller Familienmitglieder, auch der Kinder, und durch kleine Neben-Landwirtschaft niedrig halten. So entstanden Orte und Regionen sich verdichtenden Gewerbes mit einer Bevölkerung, die sich in Verhaltensweise und Mentalität zunehmend von ihrer Umgebung unterschied, und es traten Unternehmerkaufleute eines neuen Typs in Erscheinung, die Warenproduktion und Handel miteinander verknüpften und ihre Aktivitäten am internationalen Markt orientierten. Schon im späten 17. Jahrhundert überflügelte in einigen Gebieten die ländliche Textilerzeugung die städtische. Ihre Marktabhängigkeit machte sie allerdings in hohem Maße anfällig für wirtschaftliche und politische Krisen und auch für wechselnde Moden und sich verändernde Produktionstechniken. Denn die Anpassungsfähigkeit des Heimgewerbes blieb begrenzt. Nicht alle Verlagsunternehmen des 18. Jahrhunderts und nicht alle »proto-industriellen« Gebiete haben Anschluß an die voll entwickelte Industriewirtschaft gefunden. Außerdem ist nicht selten ein Vorgang der De-Industrialisierung eingetreten.

An Manufakturen – also ganz oder teilweise zentralisierte, noch nicht mechanisierte Produktionsstätten – knüpften sich im 18. Jahrhundert beträchtliche Erwartungen. Sie fanden staatliche Förderung im Rahmen »merkantilistischer« Gewerbepolitik. In manchen Fällen waren sie Regiebetriebe, denen zwangsweise Arbeitskräfte aus Zucht-, Waisen- und Arbeitshäusern zugeführt wurden. Die Regierungen versprachen sich von ihnen, die hauptsächlich für den Export, für den höheren Bedarf im Lande – Porzellan, Seidenstoffe, Gold- und Silbergewebe, Teppiche, Tapeten – und für spezielle Nachfrage – Uniformstoffe, Waffen – produzierten, besonders hohen und schnellen Gewinn, und sie glaubten, durch Monopolgewährung den Absatz lenken zu können. Generelle Aussagen über ihren Erfolg sind nicht möglich. Nicht wenige erwiesen sich schon bald als Fehlgründungen, weil der Bedarf falsch eingeschätzt war, die Qualität der Waren zu wünschen übrigließ oder die Betriebsleitung versagte. Eine wirtschaftlich interessante Erscheinung sind die Manufakturen dennoch gewesen: Vorläufer fabrikmäßiger und arbeitsteiliger Produktion, die die Arbeit aus dem Zusammenhang des Hauses herauslöste und den Arbeiter zum fremdbestimmten Lohnempfänger machte. Scharf abgrenzen läßt sich die Manufaktur allerdings nicht; so wie es Kombinationen von zentralisierten Arbeitsvorgängen mit »verlegter« Heimarbeit gab, so sind noch im frühen 19. Jahrhundert die Übergänge zwischen Manufaktur und Fabrik fließend gewesen.

Wie bedeutsam der Anteil staatlicher Förderung an der Entwicklung von Gewerbe und Handel tatsächlich gewesen ist, läßt sich schwer einschätzen. Die deutsche Wirtschaftsgeschichtsschreibung hat ihn unter dem Eindruck eines umfangreichen Quellenmaterials lange hoch veranschlagt. Die einschlägigen Bände der »Acta Borussica« geben in der Tat ein eindrucksvolles Bild von den wirtschaftspolitischen Aktivitäten der preußischen Behörden und können die Vermutung nahelegen, sie seien praktische Anwendung der theoretischen Literatur des »Kameralismus« gewesen. Die Wirklichkeit sah indes erheblich bescheidener aus. Längst nicht alle ökonomischen Impulse gingen von den Behörden aus. Zweifellos hat die Tendenz zur staatswirtschaftlichen Abschließung der Territorien und zum ökonomischen Dirigismus auch hinderlich gewirkt, nicht zuletzt durch die Gewöhnung der Regierten an die Intervention der Regierenden. Gleichwohl kann nicht übersehen werden, daß in vielen deutschen Staaten nach dem Dreißigjährigen Krieg für wirtschaftspolitische Initiative mancher Anlaß bestand. Während jedoch die Erfolge der Peuplierung und im Landesausbau eindeutig sind, müssen Aussagen über die Entwicklung von Gewerbe und Handel differenzierter ausfallen. Ohnehin konnten hier staatliche Maßnahmen in der Regel nur indirekter Natur sein, sich also zum Beispiel auf die Anwerbung und Ansiedlung von Spinnern und Webern, die Privilegierung des Absatzes, den Erlaß von Arbeitsordnungen oder die Überlassung von Gebäuden für Manufakturen erstrecken; die Inlandnachfrage konnte eben nur in sehr begrenztem Umfang gesteigert werden.

Durch die zahllosen Grenzen und Zölle, die unterschiedlichen Maß- und Münzsysteme sowie den insgesamt schlechten Zustand des Straßennetzes blieb der deutsche Binnenhandel erschwert. Besser war es um die Wasserwege bestellt, deren Netz in Nord- und Mitteldeutschland durch Kanalbauten – merkantilistische Lieblingsprojekte – ergänzt wurde. Der deutsche Anteil am internationalen Fernhandel stieg im 18. Jahrhundert langsam an. Das gilt insbesondere für Osteuropa, wenngleich die große Bedeutung der Hanse der Vergangenheit angehörte und der Ostseehandel von Holländern und Engländern beherrscht wurde. Vom Übersee- und Kolonialhandel waren deutsche Kaufleute weitgehend ausgeschlossen; brandenburgisch-preußische und österreichische Versuche, überseeische Handelsfaktoreien anzulegen, scheiterten nach kurzer Zeit. So blieb Deutschland wirtschaftlich überwiegend binnenorientiert. Die »Verlagerung der Pole wirtschaftlichen Wachstums von den Kontinentalstaaten zu den Seemächten« (P. Kriedte), die mit den Entdeckungen in Gang kam, aber erst im 17. Jahrhundert sich entschied, ist in seiner allgemeinen Bedeutung auch für Deutschland ein kaum zu überschätzender Vorgang gewesen.

## Das Gefüge der Gesellschaft: Feudalismus und Ständegesellschaft

Wer vom 19. Jahrhundert zurückblickte, der mußte den Eindruck haben, daß »damals«, im 17. und 18. Jahrhundert, das soziale Gefüge in Deutschland relativ stabil, unbeweglicher sogar als zuvor gewesen sei. Dieser Eindruck aber entsprach nicht den Erfahrungen sehr vieler Menschen jener Zeit. Schon mehrfach wurde auf die zwar ungleich über Deutschland verteilten, gebietsweise jedoch verheerenden Schäden hingewiesen, die der große Krieg hinterlassen hatte. Sie wurden nur langsam überwunden, und dabei ist es zu mancher Veränderung gekommen, ohne daß ihr Ausmaß genau bestimmt werden könnte. In verlassene Höfe rückten zum Teil Ortsfremde ein. Neusiedler, selbst landfremde und fremdsprachige, wurden angesetzt, Abwanderer verließen Dorf und Stadt. Während des hier betrachteten Jahrhunderts zog der Militär- und Verwaltungsdienst viele »Ausländer« an, und in manchen Fällen bevorzugten die Fürsten in ihrem Dienst Adelige, die nicht dem eingesessenen Ritterstand angehörten. Künstler und Musiker fanden an den zahlreichen Höfen und in den großen Klöstern Aufgaben. In neuangelegten oder sich vergrößernden Residenzstädten trafen Menschen aus vielen Orten zusammen. Aus den mittleren sozialen Schichten drängten junge Leute zu den Universitäten, um Zugang zu weltlichen, in evangelischen Gebieten auch zu kirchlichen Ämtern zu finden. Die katholische Kirche rekrutierte den niederen Klerus weitgehend aus der bäuerlichen und kleinbürgerlichen Bevölkerung; für den Adel bot sie zahlreiche Pfründen und selbst den Aufstieg zu fürstlichem Rang. Bringt man dazu das gar nicht seltene Aussterben von Familien in Anschlag, den Besitzwechsel von Gütern auf dem Erbweg oder durch Verkauf, schließlich den zunächst langsamen, dann spürbaren Bevölkerungsanstieg, dann kann nicht undifferenziert von einer Erstarrung des sozialen Gefüges gesprochen werden.

Diese Feststellung bedarf jedoch sofort der einschränkenden Präzisierung, und zwar in doppelter Hinsicht. Gewiß trifft es zu, daß die Dynamik des sozialen Lebens in Deutschland im 17. und 18. Jahrhundert hinter derjenigen Westeuropas, aufs Ganze gesehen, erheblich zurückblieb; dennoch muß angenommen werden, daß sich das alltägliche Leben in der französischen oder englischen »Provinz« nicht wesentlich von dem der deutschen unterschied. Was anders war und dem Dasein in Deutschland stärker das Gepräge der sozialen und politischen Enge und der Verkrustung gab, das waren die Kleinstaaterei, das Fehlen eines tonangebenden Mittelpunkts, die Unzahl von Loyalität verlangenden Herrschaften, die Vielzahl der Höfe, die Dominanz einer vielgliedrigen Aristokratie. Dazu die enge Verflechtung von Landesherrschaft und Landeskirchentum – nicht nur in lutherischen Gebieten –, die häufige Identität von Grundherrschaft und Ortsobrigkeit, in die der Staat nicht hineinreichte, und die ökonomische Schwäche des Reiches, dessen Ressourcen und Potentiale nicht zusammengefaßt und mobilisiert werden konnten. Kameralistische Politik in den einzelnen Staaten strebte zwar die Hebung der »Opulenz« der Bevölkerung an, aber sie hielt überall an den älteren sozialen Strukturen fest.

Das geschah nicht nur im Interesse der Machterhaltung der Regierenden, sondern auch, weil – wie überall im Europa jener Zeit – eine bewußte Veränderung und Mobilisierung der Gesellschaft außerhalb des Vorstellbaren und Erstrebenswerten lag. Ökonomische und soziale Kräfte, die selbständig und ungeplant sich ihren Weg gesucht und den Prozeß der Gesellschaft vorangedrängt hätten, gab es in Deutschland noch nicht in hinreichender Stärke. Auch in den Städten mit weitgehender Selbstverwaltung, vor allem in den republikanischen Reichsstädten, herrschte durchweg das Bestreben vor, die gesellschaftliche Ordnung zu erhalten, und dazu hat die wirtschaftliche Stagnation erheblich beigetragen. Bezeichnend der Stillstand alter Gewerbe- und Handelsstädte und das Erstarren ihrer Verfassung, während Residenzstädte wuchsen. Bezeichnend auch, daß, während das ältere städtische Ratsbürgertum seinen Status verteidigte, junge gebildete Bürgerliche in Ämter und Dienste drängten, wohin, ebenfalls verstärkt, die nachgeborenen Söhne des Adels strebten. Infolge der Vielzahl der Staaten, der Höfe und Verwaltungen war das Stellenangebot beträchtlich. Der Dienst als Versorgung und statusverleihende Tätigkeit erhielt seit jener Zeit eine außerordentliche Bedeutung als erstrebenswertes Ziel für die am stärksten motivierte, aber zahlenmäßig kleine und materiell unselbständige soziale Gruppe. Das soziale System als Ganzes in Bewegung zu setzen – dazu war sie nicht in der Lage. Deshalb versuchte sie, in diesem System, gleichsam als besonderer Stand, Platz zu finden, und als ein solcher sind die »Staatsdiener«, die Beamten, im späten 18. Jahrhundert auch angesehen und anerkannt worden. Die Folgen dieser Entwicklung sind bis heute im Geltungssystem der deutschen Gesellschaft erkennbar.

Beherrschende Tendenz in der sozialen Entwicklung von der Mitte des 17. bis über die Mitte des 18. Jahrhunderts hinaus war die Verfestigung des ständischen Gefüges. Der Begriff des Ständischen bezieht sich nicht nur auf die landständischen Institutionen, also die repräsentativen Einrichtungen der drei Herrschaftsstände Klerus, Adel und Magistrate der landtagsberechtigten Städte; sie bildeten nur die oberste Ebene des »ständischen Wesens« (D. Gerhard). Dieses umfaßte das ganze vielgliedrige System lokaler und regionaler Selbstverwaltung, an der natürlich nie alle Bewohner einer Stadt oder einer Landschaft, sondern nur die jeweils Bevorrechtigten beteiligt waren. Begriff und Wirklichkeit des Ständischen schlossen prinzipiell Gleichheit aus. In einer gesellschaftlichen Ordnung, in der soziale Unterschiede rechtlich sanktioniert waren und politische Rechte nur den Privilegierten zukamen, einer Ordnung, die durchgehend durch Gruppenrechte bestimmt war und jeden Menschen einem Stande zuordnete, hatte der Begriff des Ständischen allgemeine Bedeutung. In einer ständischen Ordnung zu leben war so sehr selbstverständliche Realität für alle Menschen, daß ihr Denken und Verhalten völlig davon geprägt waren. Ihr Selbstverständnis und ihre sozialen Erwartungen bewegten sich in ständischen Vorstellungen. Die Zugehörigkeit zu einem Stande bestimmte ihren sozialen »Ort« in der Gesellschaft, und nicht bloß zu höheren und niederen, sondern auch zu anderen Ständen. Die hierarchisch-vertikale war nur eine Gliederungsdimension der ständischen Gesellschaft; zu ihr gehörte auch eine funktional-horizontale, die den Menschen nach ihren Berufen den Platz zuwies.

Selbstverständlich war diese ständische Struktur der Gesellschaft keine deutsche Besonderheit. In Deutschland aber verfestigte sie sich besonders auffällig und nachhaltig, und die ihr zugehörigen Verhaltensformen und Mentalitäten konnten hier ausgeprägte Gestalt annehmen. Eifersüchtig beachtete und betonte man soziale Unterschiede und Standesehre, Vorrang und Vorrecht, Amt und Beruf – auch oder gerade weil man in Dorf und Stadt eng zusammenlebte. Das alltägliche Dasein war eingespannt in ein System sozialer Kontrolle, in dem die Kirche eine große, weltliche Obrigkeit eine stets gegenwärtige Rolle spielte und ständige gegenseitige Beobachtung stattfand. Von jedermann wurde erwartet, daß er sich seinem Stande und seiner Reputation entsprechend verhielt; es nicht zu tun, bedeutete Ansehensverlust und konnte Sanktionen nach sich ziehen. Idyllisch war dieses Leben nicht; es war anstrengend und ließ wenig Raum für individuelle Neigungen und private Glückserwartungen. Für die ganz überwiegende Mehrheit der Menschen war Dürftigkeit ebenso selbstverständlich wie Abhängigkeit, das lebenslange Verbleiben in dem Stande, in dem sie geboren waren, ebenso wie das Verharren am gleichen Ort oder doch in der Nachbarschaft. Wichtiger als der Abstand zwischen Armen und Reichen war der zwischen Besitzenden und Besitzlosen, zwischen Herren und Abhängigen. Auch mancher adelige Grundbesitzer und Offizier lebte ärmlich, aber er blieb Herr, und das gehörte zu seinem Selbstverständnis, zu seinem Verhalten gegenüber anderen.

Herr-Sein bedeutete ja weit mehr als Besitzer, Arbeitgeber, Lohnzahler zu sein. Die »feudale« Grundstruktur der älteren europäischen Gesellschaft existierte noch und besaß noch verhaltensprägende Kraft, als das Feudalsystem schon in der Auflösung begriffen war. Die Grundlage feudaler Ordnung bildete der adelige Grundbesitz, der dem Eigentümer nicht nur Nutzungsrechte, sondern auch Herrschaftsbefugnisse über sein Land und seine Leute verlieh. Die rechtlich an das Land gebundenen Leute waren nicht bloß Arbeitskräfte, sondern auch Untertanen. Sie waren zu Dienstleistungen und Abgaben verpflichtet, die auch im 17. und 18. Jahrhundert noch in direkten Frondiensten und Naturalabgaben bestehen oder schon durch Geldzahlungen abgelöst sein konnten. Sie unterlagen darüber hinaus, ebenfalls in regional unterschiedlicher Weise, der Gerichtsbarkeit, in manchen Gebieten auch der Orts- und Polizeiobrigkeit des Grundherrn, der zudem Kirchenpatron sein konnte – also modern, das heißt zumindest partiell anachronistisch gesprochen: aus eigenem Besitzrecht eine Reihe von »öffentlichen« Funktionen wahrnahm. Im Prinzip schließen sich Feudalismus einerseits, fürstliche oder staatliche Souveränität und Zentralisation andererseits aus. Im Feudalismus als System vielfältiger Herrschaft sind Rechtsprechung und Verwaltung auf viele Träger verteilt und werden von ihnen nicht als Auftrag oder überlassene Aufgabe, sondern aus eigenem Recht wahrgenommen. Fürstlicher Souveränitätsanspruch und praktische Erweiterung der staatlichen Verwaltung mußten also mit dem Feudalismus notwendig in Konflikt geraten. Diese Auseinandersetzung ist mit unterschiedlichem Ergebnis in den Jahrhunderten der frühen Neuzeit ausgetragen worden. Hier ist nur anzudeuten, daß auch dort, wo sich die landesherrliche Gewalt durchsetzte und der Prozeß der Verstaatlichung erfolgreich voranschritt, feudale Strukturen auf lokaler und regionaler Ebene weiterbestehen konnten und im Ständewesen ihren institutionellen Ausdruck besaßen. Sie konnten staatlich überformt und kontrolliert werden; das aber mußte für die Lebenswirklichkeit der großen Menge der grund- und gutsherrlichen Untertanen noch keine Änderung bedeuten, zumal dann nicht, wenn die staatliche Gewalt außerstande war, einen oberherrlichen Rechtsschutz der Untertanen durchzusetzen.

Nicht allein durch den Aufstieg der Staatsgewalt und ihre Reformmaßnahmen ist das Feudalsystem zur allmählichen Auflösung gebracht worden, sondern ebenso durch den Prozeß der gesellschaftlichen Entwicklung – also durch die Entwicklung der Geldwirtschaft und die wachsende Bedeutung der Städte, durch den Übergang eines Teiles des Adels zur rentenverzehrenden Lebensweise, durch beginnende Kommerzialisierung des Bodens und der Landwirtschaft. Dieser Prozeß ist in den deutschen Territorien unterschiedlich schnell und weit, im Vergleich mit Westeuropa langsamer vorangekommen. Gründe dafür sind schon genannt worden und bedürfen infolge ihrer komplexen Natur weiterer Erörterung. Trotz der geringeren, zurückgeworfenen sozialen Dynamik ist auch in Deutschland nicht alle vorantreibende und mobilisierende Energie von ehrgeizigen Fürsten und ihren Verwaltungen ausgegangen. Auch hier gab es Kräfte, die den Prozeß der gesellschaftlichen Entwicklung weiterdrängten. Einfache Erklärungen reichen allerdings nicht aus, um diesen Prozeß erkennbar zu machen. Aufsteigendes Bürgertum hat nicht den Adel als herrschende Klasse abgelöst oder ablösen wollen. Ist es schon nicht sinnvoll, von »dem« Bürgertum zu sprechen – der Abstand vom kleinbürgerlichen Handwerker zum unternehmenden Kaufmann und erst gar zum hohen bürgerlichen Beamten war riesengroß –, so noch weniger zutreffend, einen allgemeinen Aufstieg der Mittelschichten anzunehmen. Man muß nach denjenigen Gruppen fragen, die nach größerer Bedeutung und mehr Bewegungsspielraum im Rahmen des bestehenden sozialen Gefüges strebten. Selbst wenn insbesondere in Messe- und Hafenstädten immer einige unternehmende Männer als Verleger, Kaufleute und Bankiers hervortraten und ihrem Gemeinwesen Impulse vermittelten, kann im 17. und 18. Jahrhundert noch nicht von einem Wirtschaftsbürgertum gesprochen werden, das sich mit dem niederländischen oder englischen oder mit dem deutschen des ausgehenden 15. und beginnenden 16. Jahrhunderts hätte messen können. Anders die gebildeten Bürgerlichen, die als Beamte, Gelehrte, Pfarrer im sich verdichtenden institutionellen System Funktionen wahrnahmen, Einfluß ausübten und zunehmend spezifisch soziale Vorstellungen entwickelten und die Erwartung formulierten, daß Bildung, Können und Leistung neben und vor Herkunft und Privileg soziale Anerkennung fänden.

Auch der Adel darf nicht unterschiedslos als konservativer, Privilegien verteidigender Stand angesehen werden. Neben dem Unterschied zwischen regierendem und nichtregierendem Adel bestand ein tiefer reichender zwischen altem und ritterschaftlichem Adel einerseits, neuem Amtsadel andererseits. Beträchtliche Teile des Adels schöpften nicht nur die Arbeitserträge ihrer Untertanen ab, sie waren in Militär-, Verwaltungs- und Hofdiensten, im katholischen Deutschland auch im Kirchendienst tätig. Nicht wenige Adelige haben am Bildungsprozeß der Zeit teilgenommen und den Ideen der Aufklärung zugestimmt. Daß der Adel gerade in Deutschland lange eine dominierende Rolle behauptet hat, findet eine Erklärung in der Tatsache, daß er nicht in dem Maße politisch funktionslos wurde wie etwa in der französischen Monarchie.

## *Die kulturelle Entwicklung: höfische und bürgerliche Kultur*

Politische, wirtschaftliche, soziale und kulturelle Entwicklung lassen sich ohne Gewaltsamkeit nicht synchronisieren. Dasselbe gilt für die Periodisierung der verschiedenen Bereiche von Kunst, Wissenschaft und Kultur. Wenn man für die Zeit von 1648 bis 1763 die beiden Stilbegriffe »Barock« und »Aufklärung«

verwendet und versucht, sie auf alle Kulturbereiche auszuweiten, so stößt man auf unüberwindbare Schwierigkeiten schon bei ihrer zeitlichen Abgrenzung. Sie müßte für die Literatur an anderer Stelle vorgenommen werden als für die Architektur, für die Malerei an anderer als für die Musik, von den Wissenschaften, der Bildung und Erziehung, dem Geschmack der Mode nicht zu reden. Betrachtet man Kultur, wie es hier geschieht, im historisch-gesellschaftlichen Zusammenhang als Teilaspekt des geschichtlichen Prozesses, dann scheint es sich zu empfehlen, mit sozialen Bezugskategorien zu arbeiten. Von höfischer und bürgerlicher Kultur wird hier nicht im Sinne eines zeitlichen Nacheinanders, sondern der Gleichzeitigkeit gesprochen. Ein bürgerliches Zeitalter, also eine Epoche, in der die bürgerlichen Mittelschichten wirtschaftlich, kulturell und politisch den Ton angaben, war in Deutschland noch lange nicht erreicht; noch immer war der Adel die dominierende soziale Schicht und die Classe régnante. Aus ihren Reihen hatten sich die Höfe abgehoben. Sie prägten die repräsentative Kultur der Zeit, bestimmten, was als fein und weltläufig galt, diktierten Moden, Umgangsformen und Redeweisen, die man beherrschen mußte, um à jour und à la mode zu sein.

Gleichrangige soziale Verbindungen zwischen höfischer und bürgerlicher Welt bestanden nirgendwo. In den Hofgesellschaften brachte man für bürgerliches Verhalten und bürgerliche Mentalität nur Geringschätzung auf, während man sich in bürgerlichen Kreisen weit von der Welt der Höfe entfernt fühlte. Diese Kluft, die das 16. Jahrhundert so augenscheinlich noch nicht kannte, wurde vertieft durch die Orientierung des höfischen Geschmacks, Verhaltens und Redens am französischen, in der Musik und Architektur lange am italienischen Vorbild, in Wien dazu am spanischen Zeremoniell. Auch in Residenzstädten blieben höfische und bürgerliche Welt in gesellschaftlichem Umgang scharf voneinander getrennt. Zwischen höfischer und bürgerlicher Erziehung vergrößerte sich der Abstand mit der Einrichtung besonderer Ritterakademien und Kadettenschulen, auch mit dem Üblichwerden der aristokratischen Kavalierstour; die bürgerliche Bildungsreise kam erst in der zweiten Hälfte des 18. Jahrhunderts häufiger vor. Für die bürgerlichen Gebildeten, die Stellen und Wirkungsmöglichkeiten anstrebten, war die Anpassung an höfische Verhaltensweisen notwendig: das bewußte Lernen und Aneignen einer Sprache, eines Geschmacks und einer Umgangsfähigkeit, die den am Hofe und in seinem Umkreis Großgewordenen wie selbstverständlich zur Verfügung standen. Sie taten es keineswegs nur widerwillig; waren doch diese bürgerlichen Gebildeten selber meist von der Überlegenheit der gesellschaftlichen Kultur an den Höfen überzeugt. Dort glaubten sie zu finden, woran es ihnen nach eigenem Gefühl mangelte: Weltkenntnis, höhere Geschmacksbildung und Sicherheit des Auftretens. Zugleich wünschten sie, hier ihre Gelehrsamkeit und ihren Arbeitsfleiß zur Geltung zu bringen und dafür Lohn und Anerkennung zu erlangen. Für sie war der Hof »die größte Schule der Welt«, aber auch »das Fegfeuer der Redlichkeit« (J.M. von Loen) und nur zu oft ein Ort der Enttäuschung und Demütigung. Erst im letzten Drittel des 18. Jahrhunderts lassen sich an einzelnen deutschen Höfen eine höhere Schätzung bürgerlicher Bildung und das Eindringen bürgerlicher Formen der Geselligkeit beobachten.

Die Dominanz der höfischen Kultur trat in Deutschland, wo es den zentralen Hof wie in Versailles oder in London nicht gab, aber viele kleine und kleinste Residenzen und Hofhaltungen, an denen man größere zu kopieren versuchte, sozusagen massenhaft in Erscheinung, zumal sich die geistlichen von den weltlichen Höfen in Aufwand und Stil kaum unterschieden. Die zahlreichen Neubauten und Ausbauten von Schloßanlagen mit großen Gärten, Opernhäusern, Orangerien, die planmäßige Anlage ganzer Residenzstädte in dieser Zeit beweisen einen entschiedenen fürstlichen Repräsentationswillen, und oft waren die Pläne noch viel großartiger als die Ausführung. Das kirchliche Äquivalent stellen in katholischen Gebieten die Dom-, Kloster- und Wallfahrtskirchen und vor allem die gewaltigen Klosteranlagen reicher Orden dar, die im 17. und 18. Jahrhundert in großer Zahl neu geschaffen oder großzügig umgestaltet wurden. Die Repräsentation war aber nur eine Funktion der Höfe; darüber hinaus waren sie Herrschaftszentren, gesellschaftliche Mittelpunkte und als große Haushalte auch Wirtschaftsfaktoren von Bedeutung, da an ihnen ein gehobener Bedarf entwickelt wurde und viele Menschen Beschäftigung fanden. Sie als Denkmäler der Ausbeutung des Landes zu bezeichnen, wäre einseitig und sicherlich unzutreffend, obwohl ihre Größe und Pracht oft im krassen Gegensatz zur Dürftigkeit im Lande standen. Infolge der Unterschiedlichkeit der zahlreichen Höfe in Deutschland kann von einer einheitlichen Erscheinungsform der höfischen Gesellschaft und Kultur keine Rede sein. Zwischen den Höfen in Wien und in Rastatt, in Dresden und in Dessau klaffte ein gewaltiger Abstand, ebenso zwischen den geistlichen Höfen in Bamberg und in Konstanz, von den kleineren Höfen und den Neben-Höfen nichtregierender fürstlicher Linien zu schweigen. Nicht allein die Höhe der jeweiligen Einkünfte, sondern auch der dynastische Ehrgeiz und das Selbstbewußtsein einzelner Herrscher kamen in der Hofhaltung zum Ausdruck. Gleichwohl lassen sich allgemeine Strukturen der Höfe erkennen. Sie waren Mittelpunkte der Staaten, von denen umfassende Verwaltung und unablässige Impulse für wirtschaftliche Tätigkeit ausgehen und auf die hin sich die Aufmerksamkeit der Untertanen richten sollte: demonstrativ sichtbare Zentren der Macht, Spitzen der sozialen Hierarchie, Parketts der Mode und des guten Tons, Anziehungspunkte für Künstler und Reisende, Orte des Mäzenatentums, der Gnadenerweise, der Karrieren.

Daß die deutschen Höfe in der zweiten Hälfte des 17. und der ersten Hälfte des 18. Jahrhunderts unter fremdem kulturellen Einfluß standen, ist im Zeichen betont nationaler Geschichtsschreibung oft bedauert worden. Mit Recht, insofern die Kluft zwischen höfischer und nichthöfischer Kultur sich vertiefte, die deutsche Sprache geringgeschätzt und zu wenig den Anforderungen des gesellschaftlichen Verkehrs, der Diplomatie und der Politik ausgesetzt war; so blieb sie lange vergleichsweise umständlich und unelegant. Zu Unrecht indes, wenn dabei übersehen wird, wie viel die höfische Rezeption italienischer Musik und Malerei, französischer Literatur, Mode und Konversationskultur dazu beigetragen hat, daß Deutschland im Kontakt mit der westeuropäischen zivilisatorischen Entwicklung blieb. Zudem darf die Bedeutung der »Überfremdung« als Herausforderung für die Suche nach eigenem Ausdruck nicht unterschätzt werden. Hat diese in den sprachreinigenden Gesellschaften des 17. oder in der Bardendichtung des 18. Jahrhunderts einerseits zu nationalen Überzogenheiten geführt, so hat sie andererseits zur Vorbereitung der kulturellen Blüte im letzten Drittel des 18. Jahrhunderts beigetragen.

Wichtiger für ihre Entfaltung sind allerdings die nichthöfische Barocklyrik, das evangelische Kirchenlied und das pietistische Erbauungsschrifttum gewesen, dazu die im 18. Jahrhundert zunehmende Zahl der Zeitschriften und deutsch geschriebenen wissenschaftlichen und populärwissenschaftlichen Bücher und Abhandlungen. In ihnen drückte sich eine bürgerliche und gelehrte Kultur aus, die ihre konfessionellen und moralisierenden Engen zunehmend überwand und an Selbstsicherheit gewann. Ähnliches gilt für die bürgerliche Musikkultur, insbesondere in Mittel- und Norddeutschland. Das kulturelle Profil der bürgerlichen Messestadt Leipzig hob sich von dem der Residenzstadt Dresden eigenständig ab, dasjenige Hamburgs wies schon früh im 18. Jahrhundert unverwechselbar eigene Züge auf. In der bürgerlichen moralisch-satirischen Literatur klangen offen antihöfische Töne an, wobei freilich weniger das bürgerliche Arbeitsleben als das hof-ferne adelige Landleben idealisiert wurde. Stark trat in der bürgerlichen Literatur das humanistisch-gelehrte Element hervor. Diejenigen, die eine deutschsprachige Literatur erstrebten, welche sich mit derjenigen anderer europäischer Nationen vergleichen lasse, waren überzeugt, sie könne nur von den gelehrten Schriftstellern geschaffen werden. Deshalb behielten die Sprachgesellschaften und literarischen Gesellschaften, die im 17. und 18. Jahrhundert in großer Zahl entstanden, einen gelehrten Charakter. Gelehrte Interessen bildeten indes eine Brücke zwischen bürgerlicher und adelig-höfischer Welt. Unter den zahlreichen deutschen Höfen gab es solche, die – zumindest zeitweilig – im Rufe der Gelehrsamkeit und der Förderung der Wissenschaften standen. Von größerer Bedeutung war das wachsende Interesse der Regierungen an praktischen Ergebnissen der Wissenschaften, an wissenschaftlicher Ausbildung, überhaupt an Bildung und Erziehung. Damit nahmen sie bürgerliche Leitvorstellungen auf.

Es waren die bürgerlichen Gelehrten, die nicht nur den Nutzen der Wissenschaften und der Bildung für den Staat betonten, sondern darüber hinaus

Bildung zum Kriterium für die gesellschaftliche Stellung des Menschen zu machen versuchten und dem Staat die Sorge für die Kinder als eine seiner wichtigsten Aufgaben zuwiesen. Sie waren es jedoch auch, die mit der Überbetonung des gelehrten Charakters der Bildung den Abstand zwischen der kleinen bürgerlichen Elite, der sie angehörten, und den Massen der Nichtgebildeten erweiterten und für lange Zeit zu einer der grundlegenden Tatsachen im kulturellen Haushalt des deutschen Volkes machten. Er wurde auch nicht überwunden, als unter dem Einfluß der Aufklärung im 18. Jahrhundert der humanistisch-gelehrte Typus des bürgerlichen Gebildeten zurücktrat und dem des tätigen, patriotischen, verbesserungsfreudigen Mannes, der am Geschehen in Staat und Gesellschaft teilnimmt, also des gebildeten Staatsbürgers, Platz machte. In diesem Prozeß entstand jene bürgerliche Welt- und Lebensanschauung, die, wenngleich von den bürgerlichen Gebildeten formuliert, sich als allgemeinmenschlich verstand. In ihrem Kontext wurde die ständische Qualität des Bürgerbegriffs von einer allgemein-politischen überholt.

## Die »Verspätung« der deutschen Entwicklung?

Das Bedürfnis nach griffiger Erklärung komplexer geschichtlicher Entwicklungen hat immer wieder zu generellen Charakterisierungen von angeblichen nationalen Charakteren und zum Versuch ihrer Herleitung von bestimmten, angeblich prägenden Vorgängen und Entscheidungen in der Vergangenheit Anlaß gegeben. In der deutschen Geschichte glaubte man sie in der Erneuerung des Kaisertums durch Otto den Großen oder in der Unterbrechung der staufischen Reichspolitik durch den frühen Tod Heinrichs VI. und die Doppelwahl von 1198, in der lutherischen Reformation, im Dreißigjährigen Krieg oder in der Entstehung des österreichisch-preußischen Dualismus seit 1740 erkennen zu können – oder in dem Ausbleiben einer erfolgreichen modernen Revolution, in der preußisch-deutschen Reichsgründung, im politischen Versagen des deutschen Bürgertums. Man hat die staatliche Zersplitterung und die konfessionelle Spaltung, die französische Rhein-Politik und die Hegemonie Napoleons I. als Ursachen für besondere Schwierigkeiten und Unausgeglichenheiten in der deutschen Geschichte bezeichnet. Durch sie sei eine verhängnisvolle »Verspätung« in der Entwicklung der deutschen Nation eingetreten. Gemeint ist die im Vergleich mit anderen europäischen Nationen späte staatliche Einigung der Deutschen. »Die wesentliche Differenz zwischen den Deutschen und den Völkern des alten Westens, die ihre national-staatliche Basis im 16. und 17. Jahrhundert gefunden hatten und auf ›goldene Zeitalter‹ zurücksehen können (was wir nicht können), liegt in dieser Zeitverschiebung, die eine innere Verbindung zwischen den

Mächten der Aufklärung und der Formung des Nationalstaates in Deutschland verhindert hat.«

Für diese These Helmuth Plessners, die auf einer geistesgeschichtlichen Interpretation beruht, lassen sich auch politik- und sozialgeschichtliche Befunde geltend machen: die im Westfälischen Frieden von 1648 nur bestätigte, in ihren Anfängen jedoch weit ins Mittelalter zurückreichende, durch die Kirchenspaltung des frühen 16. Jahrhunderts verschärfte Territorialisierung des Reiches, die demographischen und ökonomischen Rückschläge während der ersten Hälfte des 17. Jahrhunderts, die materielle und politische Schwäche der bürgerlichen Mittelschichten, der Mangel an nationalen Interessen und nationaler Kultur des Adels. Der Prozeß der Aufklärung, der Emanzipation von hergebrachten Autoritäten und der politisch-sozialen Bewußtseinsentwicklung der Mittelschichten – dieser Prozeß, der am Beginn der neuzeitlichen Nationenbildung stand, mußte sich in Deutschland ohne den Rahmen einheitlicher Staatlichkeit vollziehen. Er erfolgte zögernd, in einer Vielzahl diffuser, oft ungleichzeitiger Einzelentwicklungen mit unterschiedlichen Ergebnissen. So entstand gerade unter den Gebildeten eine ebenso problematische wie folgenreiche Einstellung zu Gesellschaft und Staat: Der Einzelne fand zu seiner moralischen Identität in der Vervollkommnung seiner individuellen Bildung und in seinem Beruf innerhalb eines institutionellen Systems, das er als gegeben hinnahm, in dem er jedoch seinen Vorstellungen Geltung zu verschaffen hoffte. Die deutschen Gebildeten neigten dazu, ihre spezifische Erfahrung auf die gesamte Gesellschaft zu übertragen und deren Entwicklung als Lern- und Bildungsprozeß zu verstehen. Indem sie den Machtcharakter der Politik unterschätzten, liefen sie Gefahr, die Macht idealistisch zu verklären oder vor ihr zu kapitulieren.

Die »Verspätung« der deutschen sozialen und politischen Entwicklung gegenüber derjenigen westeuropäischer Nationen ist bereits im 18. Jahrhundert von deutschen und ausländischen Beobachtern festgestellt worden, wobei ihnen vor allem Rückstände, unvollkommene Nachahmungen, Enge und Provinzialismus auffielen. Schon seit dem Mittelalter gehörten Vergleiche zwischen den Nationen und Staaten zu den europäischen Gesprächsthemen. In ihnen läßt sich neben nationalem Identitätsbemühen und Wettbewerbsdenken die Vorstellung erkennen, daß die europäischen Nationen unterschiedliche Aufgaben zu erfüllen haben und unterschiedliche politische Wertsysteme und Mentalitäten entwickeln. In Deutschland aber entstand in der zweiten Hälfte des 17. Jahrhunderts die Sorge, daß die Deutschen unter dem Eindruck der politischen Schwäche des Reiches und der Vorstöße Frankreichs an der Westgrenze sowie seines kulturellen Übergewichts ihre politische Identität verlören. So ist es verständlich, daß das im Laufe des 18. Jahrhunderts sich verstärkt regende deutsche Nationalbewußtsein neben der Klage über Uneinigkeit und neben der Berufung auf einstige Größe auch die Abwehr französischer Vorherrschaft artikulierte.

Es ist jedoch Vorsicht geboten. Nicht mit Sicherheit kann gesagt werden, wie viele Deutsche die politische Machtlosigkeit des Reiches nach außen, seine Verteidigungsschwäche und die Unmöglichkeit, seine Kräfte zu gemeinsamer Aktion zu mobilisieren, wirklich als einen bedrückenden Mangel empfanden. In Südwestdeutschland, wo das lebendigste Reichsbewußtsein existierte, war dieses Gefühl erheblich stärker als in Brandenburg oder Hessen. Dort auch waren gewiß nicht nur die Gebildeten davon erfaßt. Die Vorstöße der Armeen Ludwigs XIV. zum Rhein und über ihn hinweg bekamen ja nicht allein die Professoren der Universität Heidelberg oder die Juristen des Reichskammergerichts in Speyer zu spüren, sondern viel stärker noch die Masse der Bevölkerung in verwüsteten Dörfern und Städten. Umgekehrt haben die Türkensiege des Prinzen Eugen wie später die Siege Friedrichs von Preußen über die Franzosen im Siebenjährigen Krieg auch beim Volk Resonanz gefunden. Aus der Erschöpfung nach dem Dreißigjährigen Krieg und der demütigenden Erfahrung, daß das Reich zum Objekt der Politik der großen Mächte geworden war, erwuchs beides: Gleichgültigkeit und ein unklares Verlangen nach Symbolen nationaler Bedeutung. In dem hier zu betrachtenden Jahrhundert blieben jedoch die Einzelstaaten die Träger des politischen Geschehens, und in ihrem engen Rahmen gewannen das wirtschaftliche, kulturelle und öffentliche Leben nur selten einen freien, vorandrängenden Zug.

Während Frankreich zur politischen und kulturellen Hegemonie strebte und um 1700 die stärkste europäische Macht war, während Holland und England den Überseehandel beherrschten, während das Zarenreich in den Kreis der europäischen Großmächte hineindrängte, blieben in Deutschland die ökonomischen und politischen Energien aufgesplittert. Was hier an Aufbau und Fortschritt erreicht wurde – es war insgesamt nicht wenig –, bewirkte noch keinen allgemeinen Aufschwung. Die Disparität der Entwicklung der einzelnen deutschen Staaten nahm zu. Wie weit es berechtigt ist, darüber hinaus von einem allgemeinen Rückstand der deutschen Entwicklung gegenüber Westeuropa zu sprechen, bedarf genauerer Prüfung. Nach welchen Kriterien kann allgemeiner Fortschritt ganzer Völker und Nationen – wenn überhaupt – gemessen werden? Spricht man von einer deutschen »Verspätung«, dann sollte sie nicht im Vergleich mit der Entwicklung in anderen Ländern festgestellt werden, denn es gibt kein Normaltempo, von dem aus ein »früher« oder »später« zu bestimmen wäre. Wohl aber lassen sich gerade seit dem 17. Jahrhundert in der deutschen Geschichte Aufstauungen, Verzögerungen, dadurch auftretende Ungleichzeitigkeiten und Verzerrungen der gesamtgesellschaftlichen Entwicklung beobachten. Dabei sind in der Tat »Verspätungen« eingetreten, die zu starken Unausgeglichenheiten in der politischen Kultur der Deutschen geführt haben.

# Nach dem Dreißigjährigen Krieg
(1649–1680)

Allegorie auf den Vanitas-Gedanken. Titelkupfer der Ausgabe letzter Hand der 1663 in Breslau und Leipzig erschienenen Sammlung »Freuden- und Trauerspiele auch Oden und Sonette« von Andreas Gryphius. Wolfenbüttel, Herzog August-Bibliothek

# ITINERARIUM GERMANIÆ.

Das ist:

# REISSBUCH

Durch

## Hoch= und Nider=Teutschland/

Auch angrånzende/ und benachbarte Königreiche/
Fürstenthümer und Länder/ als
Ungarn/ Siebenbürgen/ Polen/ Dännemarck/ Schweden/ ꝛc.
So vor alters zu Teutschland gerechnet worden sein:

Darinnen/

Neben vielen underschiedlichen Reyßen und Verzeichnußen der Meilen/
Die Vergleichung des Alten und Jetzigen Teutschlandes/
auch/

Eine kurtze/ aber doch Eigentliche Benenn=und Beschreibung desselben vornehmbsten Länder/
Städte/ Bißthumb/ Clöster/ Vestungen/ Schlösser/ Marcktflecken und Dörffer:

Ingleichen

Der Berge/ Wälder/ Haupt= und andere Flüsse/ heylsamen Warmen= und Wild=Bädern/ Saur=Brunnen/
Lustgärten/ Gold=Silber= Eisen und Kupfferreichen Bergs und Müntzwercken/ Mineralien und dergleichen:
Wie nicht weniger

Der bestellten Regimenten/ Hohenschulen/ Bibliothecken/ ansehnlich=kunstreicher Gebäwen/
Kunst=Kammeren/ Antiquitäten/ Korn= und Zeughäusser/ Wasserwerck/ Monumenta, Epitaphia,
und anderer merckwürdiger Sachen mehr:
zusamt

Der Keyser= König= Chur= und Fürst= auch vieler Gräff= Freyherr= und Adelichen Geschlechte
und Häuser Allerhöchst= Höchst= Hoch= und Wohl= Denckwürdiger
Ankunfft und Genealogien:

Auch

Der Länder vorigen und jetzigen Inwohner/ Sitten/ Gebräuche/ Krieges=Thaten:
Und viel anmuthige denckwürdige Historische und Politische Discursen
und Sachen/ underschiedlich zufinden.

Meistentheils auß eigener Erfahrung/ und bewehrten Historien/ auch geschriebenen und getruckten Reyßbücheren/
und anderen Scribenten/ mit sonderem fleiß colligirt/ und auff Begehren mehr Verständiger/
Dem geliebten Vatterlande zu Ehren/ Beystand/ und Nutzen/

in offenen Druck gegeben/
Durch
MARTINUM ZEILLERUM.

Straßburg und Franckfurt/
In Verlegung Simonis Paulli/ Buchhändlers in Straßburg.

M. DC. LXXIV.

Reisebeschreibung durch Deutschland. Titelblatt einer 1674 in Straßburg erschienenen Ausgabe des ersten »Baedekers« von Martin Zeiller. Wolfenbüttel, Herzog August-Bibliothek

# Die Herstellung des Friedens und die Bilanz des Krieges

»Nach Leiden, Leid und Ach und letzt ergrimmten Nöten,
Nach dem auf uns gezuckt – und eingesteckten Schwert,
Indem der süße Fried ins Vaterland eingekehrt
Und man ein Dank-Lied hört statt rasender Trompeten:
Indem wir eins aus Lust und nicht durch Glut erröten,
Schließ ich dies rauhe Jahr und was mein Herz beschwert.
Mein Herz, das nicht die Angst, die unser Land verheert,
Vermocht, durch rauhen Sturm und linde Gift zu töten,
Gott, wir haben dies erlebet, was du uns verheißet hast,
Daß der unerhörten Schmerzen und der überhäuften Last
Letztes Ziel ist angebrochen.
Bisher sind wir tot gewesen, kann nun Fried ein Leben geben,
Ach so laß uns, Friedenskönig, durch dich froh und friedlich leben,
Wo du Leben uns versprochen!«

So begrüßte Andreas Gryphius das Jahr 1650 – noch immer mehr um Frieden bittend als dafür dankend. Auch das zu Ende gehende erste Jahr nach dem Friedensschluß war rauh gewesen, die Herzen der Menschen waren beschwert geblieben, und diese hatten noch nicht wirklich zu leben vermocht. Zwar waren die Kampfhandlungen in Deutschland zum Abschluß gekommen, doch verspürten viele Deutsche noch wenig vom Frieden. Zwar griff der noch ein ganzes Jahrzehnt weitergehende Krieg zwischen Frankreich und Spanien nicht mehr direkt auf das Reich über, aber auch im Reich verabschiedete sich der Krieg nur zögernd. Über Jahre zog sich die Entlassung und Rückführung der Truppen hin, und das bedeutete für die Gebiete, in denen sie sich aufhielten, daß Unsicherheit, Ausplünderung, kriegsähnliche Zustände andauerten. Für Offiziere, Soldaten und Troß war der Krieg eine gewohnte und einträgliche Lebensform geworden. Einige Generäle hatten gewaltige Vermögen und Ländereien zusammengebracht, Heereslieferanten lukrative Geschäfte gemacht, Geld und Gut war schnell durch die Hände vieler Menschen gegangen, die sich vom Frieden nichts versprechen konnten. Während die ausgesogene Bevölkerung den wirklichen Frieden herbeisehnte, zögerte die Soldateska ihr Auseinandergehen hinaus, weil Lohnzahlungen ausstanden oder Abfindungen erwartet wurden oder auch nur weil der Frieden ihnen so wenig attraktiv erschien. Schon bei den Verhandlungen in Osnabrück und Münster war die Abfindung der Militärs hart umstritten gewesen; sie ist »für Deutschland fast die schwerste von allen Kriegslasten« geworden (F. Dickmann). Auf fünf Millionen Reichstaler war, nach zähem Tauziehen, die Satisfaktion für die unter schwedischem Kommando stehenden Truppen festgesetzt worden; sie sollten von den evangelischen Reichskreisen aufgebracht werden. Waren diese an möglichst schnellem Abzug interessiert, so wünschte die schwedische Regierung, die Truppen möglichst lange als Druckmittel für die Exekution der Friedensbedingungen zusammenzuhalten.

Obwohl Schweden von anfänglichen Forderungen abrücken mußte, wozu nicht zuletzt die wachsende Unzufriedenheit unter den verbündeten Reichsständen beitrug, erreichte es doch, daß die Räumung und Truppenentlassung im Maße der Erfüllung der Friedensbestimmungen erfolgten und damit die Herstellung des Friedens zu einer Angelegenheit des Militärs wurde. Der im April 1649 eröffnete Nürnberger »Exekutionstag« stand bezeichnenderweise unter der Leitung der Oberfeldherren: des Fürsten Ottavio Piccolomini auf kaiserlicher, des Pfalzgrafen Karl Gustav von Zweibrücken auf schwedischer Seite. Hartnäckig und rabiat sicherten die Schweden ihren Gewinn aus dem Krieg. Zugleich erzwangen sie eine weitgehende Durchführung der Restitutionsbestimmungen des Friedens zugunsten der protestantischen Reichsstände. Man kann sagen, daß erst der am 26. Juni 1650 unterzeichnete »Friedensexekutions-Hauptabschied« den Schlußpunkt hinter den Westfälischen Frieden gesetzt hat. Die Truppenentlassung, die Räumung der Festungen und die noch offenen Restitutionen kamen jetzt voll in Gang, aber es dauerte noch Monate, bis der Nürnberger Kongreß – im Juli 1651 – auseinanderging. Die spanische Besatzung der Festung Frankenthal zog sogar erst im Mai 1652 ab.

Nicht der Kaiser oder der Reichstag und die Reichskreise waren es – und das kennzeichnet die Lage –, welche die Ausführung der Bestimmungen des Friedens in die Hand genommen hatten. Der Kaiser war selber Partei, und die einzelnen Reichsstände verfolgten ihre eigenen Ziele. Da Frankreich durch den Krieg mit Spanien und innenpolitische Unruhen beansprucht war, hat noch einmal Schweden weitgehend den Gang der Dinge bestimmt. Schon im Westfälischen Frieden war ihm der größte Gewinn zugefallen. Zwar hatte es nicht ganz Pommern behalten können, auf das auch Brandenburg Ansprüche erhob, aber es hatte bei der unter französischer Vermittlung zustande gekommenen Teilung das wichtigere Vorpommern mit Rügen zugesprochen bekommen, dazu Stettin, einige hinterpommersche Städte, die Insel Wollin, das Frische Haff und einen Landstreifen an der rechten Oder-Seite bis zur Mündung, über dessen Grenzen bis 1653 gestritten wurde, so daß sich auch die Räumung Hinterpommerns von schwedischen Truppen verzögerte. Erbittert mußte Kurfürst Friedrich Wilhelm die Oder-Mündung verloren geben, für die er Magdeburg, Halberstadt und Minden einzutauschen bereit gewesen wäre; und er mußte damit große handelspolitische Zukunftspläne aufgeben. Selbst an den Seezöllen in den hinterpommerschen Häfen blieb Schweden zur Hälfte beteiligt.

Die Reichslehen Vorpommern und Rügen – dazu die Anwartschaft auf

Hinterpommern im Falle des Aussterbens der Hohenzollern – machten indes nur einen Teil des schwedischen Gewinns aus. Hinzu kamen Wismar mit seinem Umland, ferner das Recht, in allen mecklenburgischen Häfen Seezölle zu erheben; mit der Besetzung von Warnemünde kontrollierte es auch Rostock. Praktisch hatte es die gesamte mecklenburgische und pommersche Küste handelspolitisch in der Hand – ein wichtiger Schritt auf dem Weg zum Dominium maris baltici. Auch auf die Nordseeküste hatte die schwedische Macht ausgegriffen, als sie in Osnabrück die Bistümer Verden und Bremen als weltliche Herzogtümer und Reichslehen erwarb, mit Ausnahme der Stadt Bremen. Dieser wurde die Erhaltung ihres Rechtsstatus und Landbesitzes zugesichert, allerdings die ausdrückliche Bestätigung ihres Charakters als Reichsstadt, der vorher nicht bestritten war, von der schwedischen Diplomatie verhindert. Als der Kaiser wegen gewaltsamen Widerstandes gegen die Erhebung des Elsflether Weser-Zolls durch Oldenburg 1652 über Bremen die Reichsacht verhing, ließ der schwedische Statthalter in den Herzogtümern, Graf Königsmarck, die bremischen Ämter an der Weser besetzen, dort Schanzen anlegen und die Schiffahrt blockieren. Der sogenannte Bremische Krieg – einer der vielen kleinen Konflikte, die deutlich machen, wie wenig mit dem Westfälischen Frieden ein dauerhafter Friede in Deutschland hergestellt war – endete 1654 nach vielfältigen diplomatischen Vermittlungen im Vergleich von Stade mit einer Zwischenlösung. Bremen mußte beträchtliches Landgebiet abtreten, einer Huldigung des schwedischen Königs zustimmen, ohne jedoch die Anerkennung seiner Reichsunmittelbarkeit zu erreichen, obgleich der Reichstag sie ausdrücklich festgestellt hatte. Wie so vieles im Reich blieb das Problem »Bremen« offen, bis Schweden 1666 erneut angriff, allerdings vergeblich. Im Vertrag von Habenhausen im November desselben Jahres akzeptierte Schweden die Reichsunmittelbarkeit der tapferen Stadt. Wie wenig man die schwedische Politik als ruppige Ausnahme ansehen darf, zeigt die Tatsache, daß der Kurfürst von Hannover und englische König, als ihm am Ende des Nordischen Krieges die Herzogtümer Bremen und Verden zufielen, die Stadt ebenfalls unter Druck setzte – ebenfalls vergeblich.

Dänemark, das einst mit großen Erwartungen in den Krieg eingegriffen und sich Hoffnungen auf die nordwestdeutschen Bistümer gemacht hatte, war durch den Rivalen und Nachbarn Schweden überspielt worden und am Friedensschluß nicht mehr aktiv beteiligt. Es blieb jedoch in Schleswig und Holstein bei der engen politischen und kulturellen Verbindung deutscher und dänischer Gebiete unter der Herrschaft der glückstädtischen und der gottorpischen Linie des Hauses Oldenburg. Den wiederholten Versuchen der dänischen Krone, ihre Hoheit über Hamburg auszuweiten, ist kein Erfolg beschieden gewesen.

Der andere Gewinner des Krieges, anders als Schweden jedoch ein Gewinner auf Dauer, war Frankreich. Sein Anspruch auf Satisfaktionen war bei den Friedensverhandlungen in Münster von niemandem ernstlich bestritten worden.

Die endgültige Abtretung der Bistümer Metz, Toul und Verdun, die seit 1552 französischer Hoheit unterstanden, vollzog sich fast selbstverständlich, ebenso die des Reichslehens Pinerolo, das sich seit langem in savoyischem Besitz befand. Neue Tatsachen dagegen schuf der massive Einbruch Frankreichs in das Elsaß auf Kosten des Reiches wie des Hauses Österreich. Es erwarb die Stadt Breisach, die Landgrafschaft Ober- und Niederelsaß, den Sundgau und die Landvogtei über zehn Reichsstädte, darunter Kolmar, Schlettstadt und Hagenau, mit ihren Territorien. Darüber hinaus erhielt es das Besatzungsrecht für die rechtsrheinische Festung Philippsburg, während eine Reihe deutscher Festungen am Rhein geschleift werden sollte. Andere vertragliche Bestimmungen waren mit Absicht von französischer wie von kaiserlicher Seite unklar formuliert worden, um spätere Entwicklungen offenzuhalten. Bei seinem weiteren Ausgreifen im Elsaß hat sich Ludwig XIV. dieses Umstandes mit ebensoviel Geschick wie Erfolg zu seinen Gunsten bedient. Das gilt insbesondere für die elsässischen Reichsstädte, die ihre Reichsunmittelbarkeit auch unter der Vogtei der französischen Krone behalten sollten, obwohl der französische König anders als der schwedische oder dänische kein Reichsstand war. Aus der hier eingetretenen, rechtlich unentschiedenen Situation hätte das Reich Vorteile ziehen können; die französische Politik aber agierte zielstrebiger, handlungsfähiger, und hinter ihr stand eine überlegene militärische Macht. Schon im Dezember 1647 hatte Kardinal Mazarin an den Feldherrn Turenne geschrieben, er solle das Elsaß als ein Land betrachten, »das dem König von Frankreich ebenso angehört wie die Champagne«. Ludwig XIV. hat diese Linie entschlossen fortgeführt. Nur wenn die innere Opposition in Frankreich, die Fronde, und der äußere Gegner Spanien erfolgreich gewesen wären und die spanische Politik mit der österreichischen zusammengearbeitet hätte, wäre eine andere Entwicklung an der Südwestgrenze des Reiches möglich gewesen.

Die Friedensschlüsse von Osnabrück und Münster sollten mehr sein als ein Waffenstillstand, mehr auch als eine Regelung von Streitfragen. Deshalb reichten ihre Bestimmungen weit über das hinaus, worum gekämpft worden war. Eine neue und haltbare Friedensordnung in Mitteleuropa sollte entstehen. Deshalb sollte der Vertrag für alle europäischen Staaten gelten; für das Reich aber sollte er künftig »ein immerwährendes Grundgesetz und Verfassungsbestandteil... sein und fortan gleich den anderen Fundamentalgesetzen und Verfassungsbestimmungen des Reiches namentlich in den nächsten Reichsabschied und in die kaiserlichen Wahlkapitulationen einbezogen werden«. Das bedeutete nichts anderes, als daß die vor allem von Franzosen und Schweden, zum Teil im Zusammenwirken mit den Reichsständen gegen den Kaiser, zum Teil von diesem als österreichischem Landesherrn durchgesetzten Abtretungen, Herrschaftswechsel, innerdeutschen Besitzstandsveränderungen und verfassungspolitisch relevanten Bestimmungen – wie der erneuerte Religionsfriede – reichs- und völkerrechtlich sanktioniert wurden und auswärtige Mächte ihre Beachtung garantierten. Wenn diese Verkoppelung friedenssichernd sein sollte, so enthielt sie doch auch reichen Stoff für neue Konflikte. In nicht wenigen Fällen hat es sich dabei um die Fortführung älterer Gegensätze und den Austrag alter Probleme gehandelt, deren Lösung in Osnabrück und Münster nicht erreicht oder absichtlich umgangen oder vertagt worden war.

Daß die schweizerische Eidgenossenschaft die Anerkennung ihrer vollen Souveränität erhielt und damit rechtlich aus dem Reichsverband ausschied und daß die Vereinigten Provinzen der Niederlande, bis dahin nominell Teil des burgundischen Reichskreises, in einem Nebenvertrag in Münster die Anerkennung ihrer Unabhängigkeit von der Krone Spanien erreichten und somit ebenfalls definitiv das Reich verließen, bedeutete nur den völkerrechtlichen Nachvollzug längst bestehender Tatsachen. Die nominell beim Reich verbleibenden südlichen Niederlande sind zwar 1714 aus spanischer unter österreichische Herrschaft gekommen, aber auch dann ein Außengebiet geblieben, während das Herzogtum Lothringen, das nicht in den Westfälischen Frieden einbezogen worden war, nach wechselvollen Schicksalen 1735 beziehungsweise 1766 ganz an Frankreich übergegangen ist. Auch für die Reichsgebiete in Italien kam es 1648 zu keinen neuen Regelungen. Die Herzöge von Savoyen blieben Reichsfürsten; die anderen Teile »Reichsitaliens« wurden vor allem durch ihre Bindung an das Haus Habsburg beim Reich gehalten. Bis in die Endphase seiner Existenz sind sie Objekte der europäischen Politik, vor allem der Auseinandersetzungen zwischen Österreich und Frankreich geblieben; für die deutsche Geschichte haben sie nur eine periphere Rolle gespielt.

Auch im Innern des Reiches hatte der Westfälische Friede viele Fragen offengelassen. Daß die Beratung und Regelung einer Reihe von verfassungspolitischen Problemen auf den nächsten Reichstag vertagt wurde, war ein Erfolg der kaiserlichen Diplomatie, konnten doch auf diese Weise Franzosen und Schweden herausgehalten werden. Praktisch freilich führte es dazu, daß manche dieser Probleme auf Dauer ungelöst geblieben sind. Die Vorstellung, nach allen Schrecken des Krieges und aufgrund der Erfahrung, daß innere Gegensätze das Eingreifen äußerer Mächte geradezu herausforderten, hätten Kaiser und Reichsstände gemeinsam an eine Restabilisierung des Reiches herangehen müssen, wäre ganz unhistorisch. Zu sehr schon hatten sich die deutschen Territorien »staatlich« verfestigt; zu selbstverständlich schon ging europäische Politik davon aus, daß das Reich in der Mitte Europas ein vielgliedriges staatliches Gebilde darstellte, in dem zusammenhaltende und auseinanderstrebende Tendenzen sich gegenseitig hemmten und Kaiser und Reich zwei Pole in einem labilen Kräftefeld ausmachten. Keine Reform des Reiches stand bei den Friedensschlüssen zur Debatte, sondern die Festschreibung der tatsächlichen Machtverhältnisse, also die rechtliche Anerkennung der Koexistenz mehrerer

Konfessionen und die Sanktionierung der deutschen Libertät, das heißt der weitgehenden politischen Selbständigkeit der Reichsstände. Der bestehende Dezentralismus und Pluralismus wurde rechtlich legitimiert. Aber ein befriedeter Zustand ohne konfessionelle Bedrückungen und ohne Mißtrauen der Reichsstände gegenüber dem habsburgischen Kaiser, ohne langwierige Prozesse vor den Reichsgerichten und ohne militärische Konflikte der Reichsstände untereinander trat nicht ein. Im Gegenteil. Bitter schrieb Friedrich von Logau:

»Luthrisch, Päbstisch und Calvinisch,
Diese Glauben alle drey
Sind vorhanden; doch ist Zweiffel,
Wo das Christenthum dann sey.«

So mochte mancher zweifeln und angesichts der Hinterlassenschaft des Krieges Logaus bitteres Epigramm zitieren:

»Wer wird,
Nun Friede wird,
Bey solcherley verwüsten
Zum ersten kummen auff?
Die Hencker und Juristen.«

Von den Zerstörungen und Verlusten, die der große Krieg verursacht hat, läßt sich kein eindeutiges Bild gewinnen. Generelle Behauptungen für ganz Deutschland sind oft dramatisch übertrieben worden; kritische Einwände dagegen, die auf wenig betroffene Landschaften, Städte und Produktionszweige hinweisen und im Blick auf allgemeine Trends der europäischen Bevölkerungs- und Wirtschaftsentwicklung in Deutschland keine besonders schweren Rückschläge erkennen wollen, verharmlosen die damalige Wirklichkeit. Noch fehlt es an genügend Untersuchungen über einzelne Dörfer, Städte und Regionen; noch gibt es keine hinreichend genaue Kenntnis der Finanzierung des Krieges, der Schuldenberge und ihrer Abtragungen. Daß nicht drei Jahrzehnte lang unablässig kriegerische Operationen stattfanden, daß nicht alle deutschen Gebiete von ihnen gleichermaßen, ja überhaupt direkt betroffen wurden, daß umgekehrt manche Gebiete mehrere Male den Durchzug von Armeen erlebt haben – das alles ist bekannt. Noch während des Krieges hat es vielfachen Wiederaufbau und erneute Zerstörung gegeben. Gerade das Auf und Ab hat die betroffenen Menschen zermürbt und jene Vanitas-Stimmung entstehen lassen, die aus so vielen Zeugnissen der Zeit klingt.

Selbst wenn es im einzelnen nicht durchführbar ist, müssen in der Gesamtbilanz unmittelbare Wirkungen des kriegerischen Geschehens, indirekte Begleiterscheinungen und Folgen des Krieges und allgemeine, also gesamteuropäische Tendenzen des Zeitalters unterschieden werden. Mit Sicherheit läßt sich sagen, daß die Opfer und Zerstörungen bei Kämpfen erheblich geringer waren als diejenigen, die – unter Soldaten wie in der Bevölkerung – durch Krankheit, Hunger, Plünderung, Raub und andere Gewaltverbrechen entstanden. Hinzu kommen die kaum abschätzbaren langfristigen Folgen des Wüstliegens von Feldern und Weiden, der Zerstörung von Viehbeständen, des Verlassenseins ganzer Dörfer. Viele Gebäude waren ausgeplündert und zerfielen, so daß ihre Reparatur immer schwieriger wurde. Vielfach fehlten Menschen, Werkzeuge und Geld zum Neuaufbau. Nicht selten mangelte es an Zukunftsvertrauen und Arbeitsdisziplin. Gewiß ist bei Aussagen über die moralischen Folgen des Krieges größte Vorsicht am Platz. Zeitgenössische Klagen beruhen auf partikularen Erfahrungen und sind oft ebenso barock stilisiert wie die satirische Erzählung Grimmelshausens. In und hinter ihnen aber wird eine Wirklichkeit sichtbar, die für viele Menschen deprimierend und kümmerlich, unsicher und brüchig geworden war. Der Leidensfähigkeit der Menschen in den Hauptkriegsgebieten war viel zugemutet worden. Der Überlebenswille und das Bestreben, im Wandel des Geschehens das Glück zu greifen, wo immer es sich bot, hatten nicht wenige auf abenteuerliche, auch auf gesetzlose Wege geführt. Während sie von der Predigt zur Einkehr und Buße nicht mehr erreicht wurden, sahen andere in den Leiden des Krieges die Strafe für die Sündhaftigkeit der Menschen.

Selbstverständlich konnte der Verfall von Ordnung und Sicherheit, Kirchenzucht und öffentlicher Moral, wie tief er immer gewesen sein mag, nach dem Friedensschluß nicht schlagartig rückgängig gemacht oder auch nur aufgehalten werden. Entlassene Soldaten und aufgelöster Troß, land- und herrenlos gewordene Leute mußten reintegriert werden; zahllose Besitz-, Entschädigungs-, Schuldfälle bedurften der Regelung, und nicht immer konnte dies auf dem Weg überkommenen und gewohnten Rechtes geschehen. In solchen Situationen wächst demjenigen Macht und Einfluß zu, der zu handeln bereit und in der Lage ist. Es waren keineswegs nur die Landesherren und ihre Regierungen, aufs Ganze gesehen aber ergaben sich aus der Situation am Ende des Krieges für sie Aufgaben und Chancen, die sie – mit mehr oder weniger Erfolg – genutzt haben. Nicht bloß Ehrgeiz und Machtstreben haben sie dazu veranlaßt, obwohl solche Antriebe naturgemäß im Spiel waren, sondern auch die Unsicherheit auf den Straßen, die Zahl der Bettler und Heimatlosen, die Klagen über mangelhafte Justiz. An vielen Orten wurde über unterbliebene Dienst- und Naturalleistungen, über Zahlungsrückstände und unrechtmäßige Aneignung fremden Gutes, über Widerspenstigkeit von Untertanen und Übergriffe von Grundherren geklagt. Aus den einstigen Kriegsgebieten war die Klage der Pfarrer über materielle und seelische Not in ihren Gemeinden zu hören. Kirchen, Pfarr- und Schulhäuser seien beschädigt oder ganz zerstört, der Kirchenbesuch und die Teilnahme an Beichte und Kommunion seien zurückgegangen, ebenso die Bereitschaft, die pflichtmäßigen Abgaben für die Kirche zu leisten. Brutal hatte der Krieg demonstriert, daß das platte Land und die meisten Städte ihm widerstandslos ausgeliefert waren, vor allem dann, wenn der eigene Landesherr über keine Truppen gebot und nicht durch mächtige Verbündete Schutz erfuhr. Überdies hatte es die Art der Kriegführung mit sich gebracht, daß es für die Masse der Bevölkerung kaum einen Unterschied ausmachte, ob feindliche oder verbündete Truppen das Land durchzogen oder für längere Zeit darin ihre Lager aufschlugen. Allein von der Strenge ihrer Disziplin hing es ab, wie sehr sie die Einwohner schröpften und drangsalierten. Kein Wunder, daß schlimme Erinnerungen an Schweden und Kaiserliche im Volke zäh fortlebten, an Orten, Schanzen und Wüstungen hafteten oder in Liedern überliefert wurden. Welch tiefe Spuren der Krieg hinterlassen hat, wird auch in der Tatsache sichtbar, daß manche spätere Zerstörung wie selbstverständlich als Folge des großen Krieges ausgegeben wurde.

Wagt man trotz der entgegenstehenden Bedenken den Versuch einer Gesamtbilanz des Krieges, dann ist zunächst von der Bevölkerungsentwicklung zu sprechen. Zu unterscheiden sind Schongebiete und Zerstörungsgebiete; zu den ersteren gehören Nordwestdeutschland und die Alpenländer, zu den letzteren Ost- und Mitteldeutschland, Hessen, Pfalz, Elsaß, Baden, Württemberg, Bayern, Unterfranken. Sachsen ist ein Übergangsgebiet. Damit ist nicht gesagt, daß innerhalb der genannten Gebiete Bevölkerungsverluste allerorten gleich sichtbar gewesen wären. Schleswig und Holstein waren bis auf einige Städte vom Krieg fast unberührt geblieben, Friesland und Oldenburg gar nicht betroffen. Hamburg blühte auf wie nie zuvor. Bremen, Emden und Lübeck wuchsen ebenfalls. Außerhalb der direkten Kriegseinwirkungen hatte auch Preußen gelegen; der Getreideexport über Danzig und Königsberg florierte. Verschont geblieben waren weitgehend auch die welfischen Herzogtümer, mit Ausnahme des Leine-Tales, des Harz-Randes und des hannoverschen Wendlandes. Städte wie Münden, Göttingen, Northeim und Einbeck waren durch mehrfache Belagerung und Besatzung stark mitgenommen worden. Im Wendland soll erst 1750, zum Teil sogar erst im 19. Jahrhundert der Bevölkerungsstand des 16. Jahrhunderts wieder erreicht worden sein. Große Teile Westfalens und der Rheinlande waren nicht zum Kriegsgebiet geworden, andere wie das Vest Recklinghausen, Höxter und Corvey, die Stadt Soest, das Bistum Paderborn, Teile der Grafschaft Lippe waren sowohl durch Zerstörungen als auch durch Einquartierungen hart mitgenommen, wobei die jeweils in einzelnen Orten festzustellenden Bevölkerungsrückgänge nicht eo ipso als definitive Verluste anzusehen sind, denn wie in anderen Gegenden kehrten Teile derjenigen, die aus den Städten geflohen waren oder das Land verlassen hatten, nach einiger Zeit zurück. Ein anderer Grund für den Bevölkerungsrückgang konnte die Pest sein, die 1634/36 in Westdeutschland auftrat, ein wieder anderer das Weglaufen junger Bauernburschen, um sich anwerben zu lassen oder aber um der Zwangsrekrutierung zu entgehen. Häufig kehrten einstige Bewohner nicht zurück, weil sie an anderer Stelle seßhaft geworden waren, andere gingen verloren; niemand wußte etwas von ihrem Verbleib. Für die Grafschaft Lippe schätzt man während der Kriegszeit einen Rückgang der städtischen Bevölkerung um über 60 Prozent, so daß ihr Anteil an der Gesamtbevölkerung von 28 auf 16 Prozent absank; der Verlust der Landbevölkerung belief sich auf »nur« 25 Prozent, was – wenigstens vorübergehend – eine beträchtliche strukturelle Verschiebung bedeutete. Erst rund ein halbes Jahrhundert später konnte die Bevölkerungzahl der Vorkriegszeit wieder erreicht werden – offenbar weitgehend ohne fremde Zuwanderung, vielmehr durch hohe Geburtlichkeit oder durch regionalen Ausgleich.

Die nieder- und mittelrheinischen Gebiete gehörten zu den mehr oder weniger verschonten. Eine Ausnahme bildete das Herzogtum Jülich, für das ein Rückgang bis zu 28 Prozent angenommen wird. Auch die österreichischen Erblande waren kaum direkt in den Krieg hineingezogen worden. Erst in der letzten Phase waren die Schweden nach Niederösterreich vorgestoßen; zwar hatte dieses, wie Oberösterreich, durch die Vertreibung und Abwanderung von Protestanten nach 1621 und durch Bauernaufstände Verluste erlitten, doch waren diese vergleichsweise gering. In der neutralen Schweiz hingegen stieg die Bevölkerung an. Die Verlustgebiete des Krieges erstreckten sich von Pommern und Mecklenburg im Nordosten bis nach Bayern, Württemberg, Elsaß und Lothringen im Süden und Südwesten. Für Vorpommern wird ein Rückgang der städtischen Bevölkerung um 32 Prozent, der Gesamtbevölkerung um 40 Prozent geschätzt; für Hinterpommern ein höherer. Noch schwerer betroffen war Mecklenburg: 1638 berichtete der schwedische General Bauer an Kanzler Oxenstierna, dort sei »nichts als Sand und Luft... Alles ist bis auf den Erdboden verheert.« Das Ausmaß der Wüstungen war hier größer als in Pommern. Von den 79 Dörfern des Amtes Stavenhagen lagen 1648 noch immer 30 ganz wüst, in anderen waren viele Bauernstellen unbesetzt. Eine etwas frühere Zählung (1640) ergab für 12 Ämter, daß nur etwa 12 Prozent der fast 3.000 Stellen besetzt waren. Ein anderes Beispiel: Im Kreis Hagenow war 1651 die Zahl der Bauernstellen um 64 Prozent geringer als hundert Jahre zuvor – sei es, daß sie noch immer wüst lagen oder daß sie zum Herrenland eingezogen worden waren. Der mecklenburgische Bauernstand hat diesen tiefen Einbruch nie wieder wettmachen können, zumal das »Bauernlegen« durch die adeligen Gutsherren auch nach dem Krieg sich fortsetzte und die Landesherren – anders als in Brandenburg – nicht in der Lage waren, es zu unterbinden. Diese Entwicklung hatte in Mecklenburg auch deshalb schwerwiegende Folgen, weil das ohnehin schwache städtische Element nach einem Bevölkerungsrückgang von rund 40 Prozent sich bis zum 19. Jahrhundert nicht wieder ganz erholte.

Obwohl lange Kriegs-, Durchmarsch- und Quartiergebiet, hat die Kurmark Brandenburg insgesamt weniger schwere Bevölkerungsverluste erlitten als ihre nördlichen Nachbarn; die lokalen und regionalen Rückschläge waren allerdings

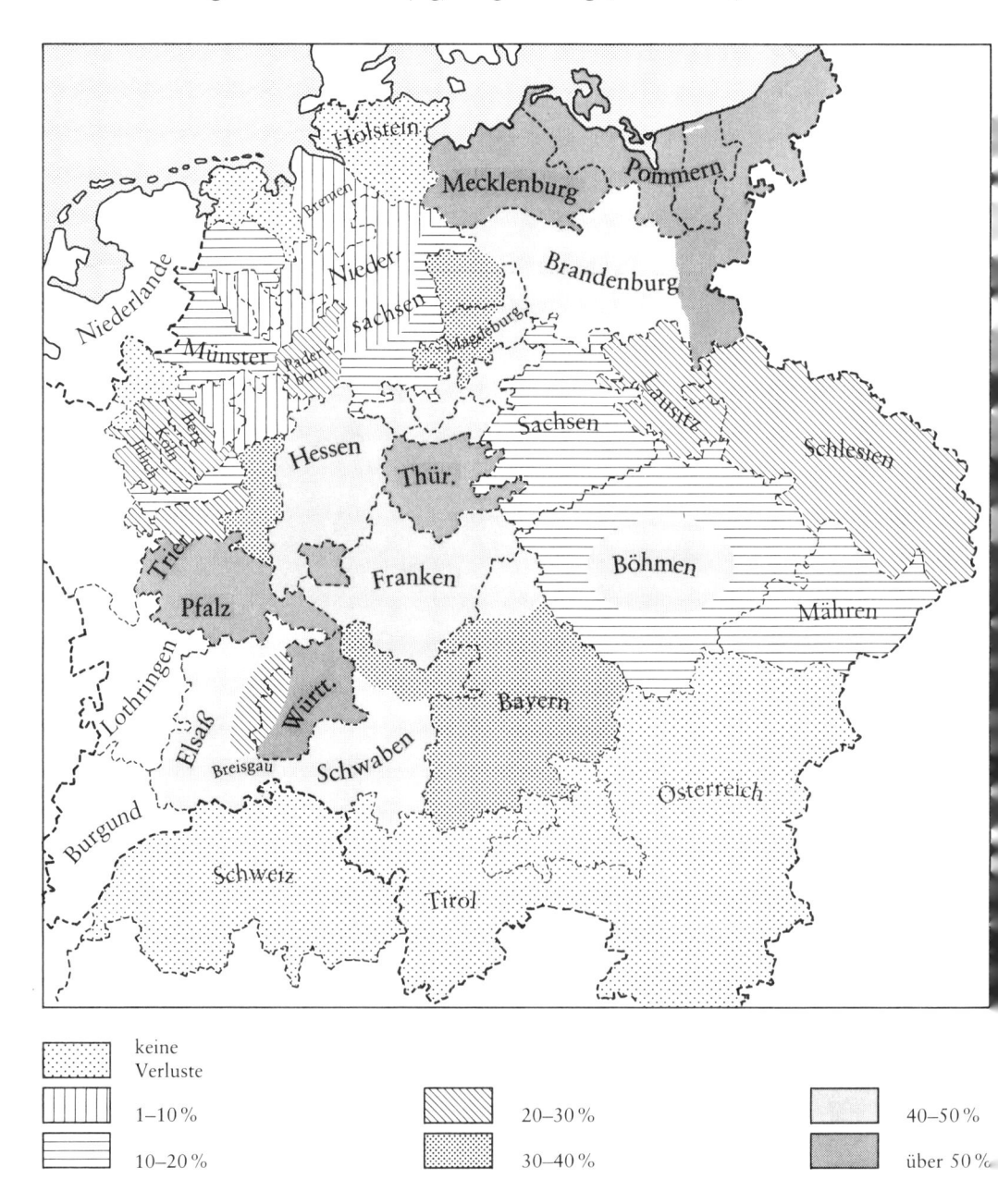

*Bevölkerungsverluste im Dreißigjährigen Krieg (nach Franz)*

- keine Verluste
- 1–10 %
- 10–20 %
- 20–30 %
- 30–40 %
- 40–50 %
- über 50 %

erschreckend. Eine Zählung aus dem Jahr 1652 gibt viele noch gänzlich wüste Dörfer an; in anderen Dörfern und Landstädten waren nur 10 bis 15 Prozent der Feuerstellen besetzt. Solche Orte müssen selbst für die im Lande Verbliebenen, die sich an so vieles gewöhnt hatten, einen deprimierenden Eindruck gemacht haben. Interessant ist die Tatsache, daß in manchen Gebieten die gutsherrlichen Dörfer schwerer gelitten haben als die landesherrlichen Amtsdörfer. Offenbar waren Gutsbauern eher bereit, ihre Stellen zu verlassen, als Amtsbauern, oder diese wurden wirksamer daran gehindert. Besonders große Verluste hatten die kleinen unbefestigten Landstädte erlitten; in der Neumark soll noch 1660 die Hälfte der Häuser in ihnen leergestanden haben. Gerade solche Angaben über das langsame Wiederauffüllen von Städten und Dörfern beweisen, daß es sich nicht nur um vorübergehendes Ausweichen der Menschen handelte. Die Minusziffer von 50 Prozent der Gesamtbevölkerung der Mark Brandenburg noch im Jahr 1652, selbst wenn sie überzogen ist, spricht eine deutliche Sprache.

Schlesien hatte durch Kriegseinwirkungen und Protestantenvertreibung mehr als 20 Prozent seiner Vorkriegsbevölkerung verloren, die Oberlausitz (nach einer Erhebung von 1647) 28 Prozent, die Herrschaft Sorau 75 Prozent, Böhmen 45 Prozent, Mähren 25 Prozent. Sehr schwer dezimiert war die thüringische Bevölkerung an den Haupttheerstraßen. Viele Dörfer waren völlig verlassen. 1642 sollen von 82.000 Äckern im Herzogtum Weimar nur 21.000 bestellt worden sein. Die Stadt Naumburg hatte von 1621 bis 1645 über die Hälfte ihrer Einwohner verloren. Erfurts Bevölkerung war, infolge der Pest, um 32 Prozent gesunken, die der Grafschaft Henneberg von 1631 bis 1659 um 53 Prozent. Während die Verlustzahl der Stadt Coburg durch den Zuzug von Flüchtlingen auf ein Drittel beschränkt blieb, war sie für die umliegenden Dörfer auf 75 Prozent gestiegen; der Gesamtverlust der Pflege Coburg betrug (nach einer Zählung von 1650) 60 Prozent. Zwanzig Jahre später belief er sich noch immer auf 40 Prozent; in einigen Ämtern ist selbst zu Beginn des 19. Jahrhunderts der Stand von zweihundert Jahren zuvor nicht wieder erreicht gewesen. In der Landgrafschaft Hessen-Kassel hatten der Raum um die Residenzstadt und noch mehr das Durchzugsgebiet zwischen Thüringer Wald und Hessischem Bergland besonders gelitten. Hersfeld, Marburg und Wetzlar verloren rund die Hälfte ihrer Bevölkerung. Friedberg, mit einem Verlust von Dreivierteln seiner Bevölkerung, wies noch 1770 weniger Häuser und Bewohner auf als zu Beginn des 17. Jahrhunderts, und Marburg hat erst im 19. Jahrhundert seine alte Zahl wieder erreicht. Stark dezimiert war auch die Bevölkerung im Odenwald und im Umland Darmstadts. Unterschiedlich starke Verluste hatte Unterfranken erlitten. Es gab Dörfer, deren Bevölkerung um 80 Prozent gefallen war; insgesamt wird mit einem Verlust von 30 bis 40 Prozent gerechnet. Geradezu katastrophal ist der Befund für die Pfalz und Teile des oberen Rhein-Gebiets. Große Landstriche in der Pfalz waren verödet. Kaiserslautern hatte Ende des 18. Jahrhunderts die Bevölkerungszahl vor Kriegsausbruch noch nicht wieder erreicht. Im Oberamt Lautern lagen noch 1684 10 Dörfer völlig wüst; in dem Dorf Weilerbach lebten in diesem Jahr lediglich 14 Familien, von denen vermutlich keine zu den

*Die Herstellung des Friedens und die Bilanz des Krieges*

vor dem Krieg dort ansässigen 57 Familien gehörte. Im Herzogtum Zweibrücken soll noch 1685 nur ein Zehntel der Bevölkerung von 1600 gelebt haben. Die Stadt Mainz war durch schwedische Besatzung stark dezimiert worden, und das Kurerzbistum Trier soll 1640 nach Aussage des Bischofs nur noch zur Hälfte bewohnt gewesen sein. Nicht weniger hart betroffen war das Elsaß. Während hier mit einem Bevölkerungsverlust von rund 50 Prozent gerechnet wird, scheint Lothringen insgesamt besser davongekommen zu sein; allerdings hat es hier eine Reihe von Dauerverwüstungen gegeben. Stark mitgenommen war auch die Oberrhein-Ebene, wo in manchen Orten die Vorkriegsbevölkerung erst im Laufe des 18. Jahrhunderts wieder erreicht wurde. Hier wie noch mehr im Blick auf die Pfalz ist zu bedenken, daß sie vom Reunionskrieg Ludwigs XIV. erneut hart betroffen wurden.

Württemberg war spät direkt vom Kriegsgeschehen erreicht worden, dann aber schwer, allerdings weniger durch Kämpfe als durch Einquartierungen und Durchmärsche. Bis 1750 hat es gedauert, ehe der Bevölkerungsstand der Zeit vor dem großen Krieg wiederhergestellt war. Im allgemeinen hatten die Städte sich besser behauptet als die Dörfer, die Gebiete des Schwarzwaldes besser als die der Alb. Die oberschwäbischen Reichsstädte, deren Bedeutung schon vor dem Kriegsausbruch rückläufig war, verloren weiter, Ulm zum Beispiel hat sich bis ins 19. Jahrhundert davon nicht erholt. Dasselbe gilt – mit Unterschieden im einzelnen – für Augsburg, Memmingen, Nördlingen. Auch Bayern hatte erheblich gelitten, insbesondere der Bezirk um München und die Oberpfalz; unmittelbar vor Kriegsende waren die Schweden noch einmal bis zum Inn vorgestoßen. Bei erheblich höheren Raten im Einzelfall muß für ganz Kurbayern und die Oberpfalz mit einem Verlust von über 40 Prozent gerechnet werden; ähnliches dürfte für das Bistum Bamberg gelten.

Auch wenn man im Unterschied zu früheren Schätzungen, die höher liegen, heute annimmt, daß die Landbevölkerung infolge Kriegseinwirkungen, Hunger, Seuchen »nur« um etwa 40 Prozent und die Stadtbevölkerung um gut 30 Prozent abgenommen hat, so mindert das nicht die tiefgreifende Bedeutung des Vorgangs, der sich hinter diesen Zahlen verbirgt. Ein schwerer Rückschlag im Bevölkerungsprozeß, ein gar nicht abschätzbarer Verlust an wirtschaftlicher und sozialer Dynamik war eingetreten. Sein Ausmaß wird erst voll erkennbar, wenn den Bevölkerungsdaten andere hinzugefügt werden, die die materiellen Verluste anzeigen. In wüst liegenden Dörfern und Einzelhöfen fielen Saat und Ernte oft lange aus. In vielen Städten standen Häuser leer oder waren zerstört. In Göttingen sollen von 818 Einliegerhäusern 450 abgerissen worden, in Einbeck noch 1670 94 Häuser unbewohnt gewesen sein. An den Durchmarschstraßen und in Einquartierungsgebieten waren die Viehbestände gewaltig dezimiert oder praktisch vernichtet worden; das galt noch mehr für Pferde und Ochsen, also für Zugtiere. Viehbestände aber lassen sich ebensowenig schnell wiederherstellen, wie länger wüst gelegene, verkrautete Äcker sofort wieder ertragfähig gemacht werden können. Auch andere Folgen müssen beachtet werden. Wüst liegende oder unterbesetzte Bauernstellen oder solche, die erst wieder neu besetzt waren, erbrachten keine Steuern. Die Einkünfte der Grundherren wie der Landesherren sanken erheblich, den Gutswirtschaften fehlte es an Arbeitskräften. Oft waren auch diese in den vom Krieg betroffenen Gebieten verwüstet und verlassen worden. Im schlesischen Herzogtum Brieg sollen 100 Rittersitze zerstört worden sein. In den Städten wirkte sich der Rückgang der Steuereinkünfte um so schwerwiegender aus, als gerade sie im Krieg den Forderungen sowohl der eigenen Landesherren als auch wechselnder Besatzungen ausgesetzt waren und sich oft gewaltig verschuldet hatten. Nicht wenige von ihnen konnten ihre einstige wirtschaftliche Bedeutung und ihre politische Selbständigkeit nie wiedererlangen, manche wurden von anderen, die weniger gelitten hatten, auf Dauer an Größe und Wohlstand überrundet. Frankfurt an der Oder, vor dem Krieg größer als Berlin, fiel nach dem Verlust von mehr als der Hälfte seiner Bevölkerung in ein Kleinstadtdasein zurück; ähnliches gilt für Naumburg im Vergleich mit Leipzig.

Daneben aber gab es, das muß noch einmal betont werden, Regionen, die vom Krieg verschont geblieben waren, Städte, die sogar einen Bevölkerungszustrom erfahren hatten. Und in den betroffenen Gebieten ist die Mehrzahl der wüst gewordenen Höfe und Dörfer, wenn auch oft mit nur wenigen arbeitsfähigen Personen, bald wieder bewohnt worden. Rückständige Abgaben und Steuern wurden oft gestundet oder erlassen; als Anreiz wurden Steuerfreijahre gewährt. Selbst dann kehrten nicht alle einstigen Bewohner zurück, die dazu in der Lage gewesen wären; entweder hatten sie an anderer Stelle ihre Nahrung gefunden oder die Bereitschaft zur harten ländlichen Arbeit unter oft miserablen Bedingungen verloren. Auch dies gehört zur Bilanz des Krieges: die Lockerung und zeitweilige Auflösung der hergebrachten Lebensverhältnisse mit ihren lokalen und sozialen Bindungen. Viele Menschen waren entwurzelt worden; sie hatten mehr als ihre Vorfahren die Veränderlichkeit der Lebensumstände kennengelernt und besaßen nur geringes Vertrauen auf die Dauer von Frieden und Wohlstand. Viele junge und schon nicht mehr ganz junge Leute hatten die ältere Beständigkeit dörflichen und städtischen Lebens nicht mehr erfahren. Waisen- und Soldatenkinder, entlassene und invalide Soldaten wußten wenig von regelmäßiger ländlicher und gewerblicher Arbeit, und oft eigneten sie sich auch nicht mehr dazu. Über ihr Schicksal weiß man wenig, ebenso über den Verbleib der einst im Troß der Heere mitziehenden Mädchen und Frauen.

Selbst wo die Überlieferung besser ist, reichen Information und Phantasie nicht aus, die Realität der Lebensverhältnisse am Ende des Krieges und manchmal noch lange danach, zumindest in Teilen Deutschlands, ganz vorstellbar zu machen. Was wissen wir von den Mühen der Pfarrer in heruntergekommenen

*Die Herstellung des Friedens und die Bilanz des Krieges*

Gemeinden, in denen auch die Kirche arm und das Verlangen der Menschen nach geistlicher Versorgung gering geworden war? Kaum zu ahnen ist, in welchem Ausmaß das mit Krieg, Zerstörung und tiefer Entfremdung der Kirchen endende konfessionelle Jahrhundert zu einer Erschöpfung der theologischen Diskussion, zur Verfestigung der Orthodoxie und des Landeskirchentums geführt hat. Wie in Frankreich ein halbes Jahrhundert zuvor, so war nun in Deutschland schmerzhaft erfahren worden, daß, wo konfessionelle Kontroversen zum Bürgerkrieg führen, nur politische Gewalt den Frieden sichern kann. Schon der Augsburger Religionsfriede von 1555 war ein politisches Abkommen – ein »Reichsabschied« – gewesen, und 1648 war der Religionsfriede im Reich Teil eines internationalen Vertrages. Das neue Zeitalter war ein politisches.

# Wirtschaftliche Stagnation und beginnender Wiederaufbau

Nicht allerorten in Deutschland setzte nach dem Westfälischen Frieden der Wiederaufbau ein. In manchen Gegenden hatte das Kriegsgeschehen früher geendet, an anderen dagegen war sein Nachspiel kaum weniger belastend für die Bevölkerung. Vor allem fehlten in vielen Territorien die Voraussetzungen: Menschen und Geld, Hoffnung und Energie. Gesamtwirtschaftlich befand man sich in ganz Europa noch in einer Stagnationsphase. Was die Bevölkerungsentwicklung als wichtigsten Einzelfaktor betrifft, so läßt sich für Europa insgesamt mit einem leichten Wachstum rechnen. Davon weicht Deutschland – wie Oberitalien und Spanien – ab. Hier ist erst am Ende des 17. Jahrhunderts die Gesamtzahl von 1600 wieder erreicht worden. Berücksichtigt man jedoch die hohen Verluste der Kriegsära, dann ergibt sich für die zweite Jahrhunderthälfte ein starkes Wachstum – ein erheblich stärkeres als in England, den Niederlanden oder gar in Frankreich, wo um 1700 die Bevölkerung zurückging. Und dieser Anstieg hat im 18. Jahrhundert angehalten. Nach neueren Schätzungen wird angenommen, daß in Mitteleuropa, also in Deutschland, der Schweiz, Böhmen, Mähren und Polen, um 1500 rund 18,5 Millionen Menschen gelebt haben, um 1600 rund 24 Millionen, um 1700 vielleicht 24,5 Millionen, um 1800 aber 33,5 Millionen.

Solche globalen Zahlen sind eindrucksvoll, vermögen jedoch keine Vorstellung von dem konkreten Bevölkerungsprozeß zu geben. Die Auffüllung der Verluste geschah in einer Fülle von Einzelvorgängen. Neben hoher Geburtlichkeit sind Einwanderung, Bevölkerungsaustausch zwischen Regionen, zwischen Stadt und Land, Veränderungen in der Altersstruktur, schließlich landesherrliche Bevölkerungspolitik zu beachten. Noch keine Rolle spielten verbesserte Hygiene und ein dadurch bewirktes Absinken der Kindersterblichkeit, also ein Wachstum der durchschnittlichen Lebenserwartung. Epidemische Krankheiten sind weiterhin aufgetreten; die Pest allerdings war auf dem Rückzug und verschwand um 1720 praktisch aus Europa. Auch Hungerkrisen, die auf regionale Ernteschwankungen und Preissteigerungen zurückgingen und die ländlichen und städtischen Unterschichten besonders hart trafen, haben in der zweiten Hälfte des 17. Jahrhunderts wie im 18. Jahrhundert nicht gefehlt, wenngleich in einigen Staaten die Wirtschaftspolitik der Regierungen mit einer Reihe von Maßnahmen gegensteuerte.

Man wird annehmen dürfen, daß in der sich auffüllenden deutschen Bevölkerung der prozentuale Anteil der Kinder, Jugendlichen und jungen Leute besonders hoch war. Eine andere, keineswegs nur für diese Zeit spezifische Erscheinung trat vermehrt auf: schnelle Wiederverheiratung beim Tod eines der Ehepartner, auch bei großem Altersunterschied. Um in eine Bauernstelle oder ein

Handwerk einzuheiraten, verbanden sich jüngere Männer mit viel älteren Frauen; und Männer, die wiederheirateten, nahmen oft sehr junge Frauen. Daß trotz allem auch in dieser Zeit die Zahl der Unverheirateten hoch blieb, muß angenommen werden. Schwerer zu erfassen ist das Ausmaß der Orts- und Besitzwechsel und insbesondere des Aufstiegs aus der Besitzlosigkeit durch rechtmäßiges oder illegales Einrücken in verlassene Bauernstellen. Daß dies nicht selten vorkam, beweist ein Mandat für das Erzstift Magdeburg vom 26. März 1650. Es werde berichtet, heißt es dort, daß während des Krieges »fast ein jeder Kotsaß, Häusling, Knecht und Magd, so eine oder ein paar Kühe bezahlen können, sich auf das Ackern und Pflügen begeben und von denen verledigten wüsten Ackerhöfen die Äcker gebrauchen, auch hierzu das Gesinde an sich ziehen«, während die Grundherren für die von ihnen zu vergebenden Höfe niemanden fänden und ihnen deshalb die Dienste entgingen. Gegen dieses »unordentliche Wesen« wird angeordnet, »daß niemand, der kein Ackergut hat, oder dessen vor Alters berechtigt gewesen, sich des Ackerns und Pflügens gebrauchen, sondern vielmehr ein jeder in seiner Ordnung, Beruf und Arbeit bleiben« soll. Die Geistlichen sollen über ihre Pfarräcker hinaus keine anderen Äcker bestellen, stellenlose Leute nicht geduldet werden, wenn sie sich nicht häuslich niederlassen; kein Gesinde soll angenommen werden, wenn eine ordentliche Entlassung aus vorherigem Dienst nicht nachgewiesen werden kann; in die Stadt gezogene Dorfbewohner sollen innerhalb von drei Monaten zurückkehren, wenn sie ihre Güter nicht verlieren wollen. Solche und weitere Bestimmungen mit dem Ziel, jedermann in seine »Ordnung, Beruf und Arbeit« zurückzuführen und darin festzuhalten, werfen Licht auf die Erschütterungen, die das hergebrachte soziale und ökonomische System erfahren hatte. Wenn zwei Jahre später, ebenfalls in Magdeburg, bestimmt wird, daß Müßiggänger, die arbeiten können, im Lande nicht geduldet werden sollen und deshalb jedes halbe Jahr oder öfter in Stadt und Land von Haus zu Haus nachzufragen sei, »was für Leute sich bei ihnen aufhalten und was Nahrung jeder treibt«, um Beschäftigungslose zur Arbeit zu nötigen und sie zu besteuern, dann wird damit ein anderer Sachverhalt sichtbar: die Abneigung offenbar nicht weniger Menschen gegen die Rückkehr in ältere Arbeitsverhältnisse, ihre Neigung, die bei Arbeitskräftemangel hohen Löhne vor allem in der Erntezeit auszunutzen, um den übrigen Teil des Jahres ohne Dienst zu sein, in manchen Fällen auch tatsächliche Arbeitsunlust und die angenommene Gewohnheit, mit Gelegenheitsbeschäftigungen durchzukommen.

Bauern und selbstwirtschaftende Gutsherren klagten, daß selbst gegen guten Lohn keine Arbeitskräfte zu bekommen seien, daß das Gesinde mehr verdiene als sie selber, daß es unbeständig, unzuverlässig und anmaßend sei, sich nicht an hergebrachte Ordnung halte, sondern sich vorher nicht gekannte Eigenmächtigkeiten herausnehme. Den Widerhall solcher Klagen findet man in den Landes-

Samuel Pufendorf. Kupferstich von Joachim von Sandrart, um 1686. Berlin, Privatsammlung. – Veit Ludwig von Seckendorff. Kupferstich von Elias Hanzelmann, 1690. Berlin, Geheimes Staatsarchiv Preußischer Kulturbesitz. – Die Verfassungsschrift Pufendorfs. Titelblatt der 1667 in Genf erschienenen Ausgabe. Wolfenbüttel, Herzog August-Bibliothek. – Seckendorffs Regierungs- und Verwaltungslehre. Titelblatt der 1656 in Frankfurt am Main erschienenen Ausgabe. Wolfenbüttel, Herzog August-Bibliothek

Allegorie auf die Justitia: Witwenstand und Armut beim Flehen um Gerechtigkeit; Habgier und Falschheit an der Kette; Herrschsucht mit verlorener Krone und zerbrochenem Zepter; bewaffnete Macht und Spott in aggressiver Haltung. Lavierte Zeichnung von Johann Heinrich Schönfeld, kurz vor 1660. Basel, Öffentliche Kunstsammlung, Kupferstichkabinett

und Gesindeverordnungen, die von den Landesherren meist auf Drängen ihrer Stände erlassen wurden. In der »Mecklenburgischen Landesordnung« von 1654 ist von der »täglichen Erfahrung« die Rede, »daß die Baursleute und Untertanen, Mannes- und Weibespersonen«, ohne Vorwissen ihrer Herren »zusammengesellen, verloben und befreien«, auch solle »das mutwillige, heimliche Entlaufen der Untertanen von Tag zu Tag mehr zunehmen«. Dagegen wird erinnert, es sei in Mecklenburg »kundbarer Gebrauch«, daß die Bauern ihrer Herrschaft »mit Knecht- und Leibeigenschaft samt ihren Weib und Kindern verwandt, und dahero ihrer Personen selbst nicht mächtig, noch sich ohne ihrer Herren Bewilligung ihnen zu entziehen und zu verloben, einigermaßen befüget« seien. Es folgen dann nicht nur Verbote und Strafandrohungen, sondern auch Bestimmungen, die die veränderten Verhältnisse legalisieren, die Ansprüche der Grundherren wieder zur Geltung bringen und sie, soweit möglich, entschädigen sollen. Neben solchen Erlassen stehen andere, die noch lange nach Kriegsende landesherrliche Bemühungen um die Wiederbesetzung wüster Güter bezeugen. Eine Resolution des Kurfürsten Johann Georg von Sachsen vom November 1659 zeigt an, wie weit man zu gehen bereit war. Die Amtsleute sollen alle diejenigen, die »wüste Häuser, Güter und Gärten... anzunehmen gesonnen«, zu einem Termin zusammenrufen und versuchen, »anstatt des Kaufgeldes etwas Leidliches zu erheben«, das dann zur einen Hälfte an die »Kirchen- und Schuldiener« oder an Gläubiger, zur anderen an das Amt gehen soll. Gelinge das nicht, so solle Haus oder Gut den Bewerbern auch unentgeltlich »erb- und eigentümlich« zugeschlagen werden; auch sollen rückständige Zinsen und andere Abgaben den neuen Besitzern erlassen und sie überdies für drei Jahre von Steuern befreit sein, jedoch nur »wofern sie auch würklichen wieder anzubauen, das Feld zu bestellen, und die Häuser oder Güter, so viel möglichen wieder in Stand zu bringen sich bemühen«.

Um Käufer zu finden, war in Bayern schon 1644 erlaubt worden, daß große Meierhöfe geteilt werden konnten. Vor allem trat hier die Kirche als Käufer auf, so daß sie um 1700 etwa ein Drittel des Bodens besaß. In Württemberg ging die Besitzersplitterung weiter, während in den welfischen Herzogtümern in Nordwestdeutschland die alten Meierhöfe wiederhergestellt und für geschlossen erklärt wurden – eine Maßnahme, die sich auf Dauer segensreich ausgewirkt hat, wenngleich nicht übersehen werden darf, daß den Nichterbenden unter solchen Bedingungen nichts anderes übrigblieb, als auf anderen Höfen als Einlieger, Heuerlinge, Kossäten Arbeit zu suchen, hausgewerblich tätig zu werden oder in die Stadt abzuwandern.

Die Frage, ob und wie erfolgreich die Regierungen auf die wirtschaftliche und soziale Entwicklung der bäuerlichen Bevölkerung Einfluß nehmen konnten und wollten, ist nicht generell zu beantworten. Ihre Eingriffsmöglichkeiten in die lokalen grundherrlichen Rechte waren eng begrenzt. In Mecklenburg mußte sie die dezimierte Landbevölkerung den adeligen Gutsherren praktisch ausliefern; in Brandenburg dagegen konnte sie das »Bauernlegen« und die Vertreibung der Bauern aus ihren Stellen weitgehend unterbinden. Die Erkenntnis, daß die Erhaltung eines rechtlich gesicherten produktiven Bauerntums von staatswirtschaftlichem Nutzen sei, hat auch hier über die landesherrlichen Domänen hinaus nur zögernd zu praktischen Konsequenzen des Bauernschutzes geführt, zögernder als zum Beispiel in den österreichischen Erbländern. In Altdeutschland hingegen, wo die bäuerlichen Besitzrechte meist besser abgesichert und die Formen dörflicher Selbstverwaltung weiter entwickelt waren, haben die Regierungen mit zahlreichen Gesinde- und anderen Ordnungen die überkommenen Lebens- und Rechtsverhältnisse zu restabilisieren oder zu regulieren versucht. Mit welchem Erfolg, ist im einzelnen schwer zu erkennen; insbesondere ist oft nicht genau zu bestimmen, wo aus Wiederherstellung Neugestaltung wurde. Im übrigen muß sorgsam geschieden werden zwischen dem, was durch Regierungshandeln bewirkt wurde, und anderem, was sich gleichsam selbständig normalisierte.

Das gilt auch für die Bevölkerungsentwicklung. Nicht jede Neuansiedlung, jeder Zuzug von Neusiedlern war das Ergebnis planmäßiger Politik. Oft sickerten diese ein, wurden von extrem niedrigen Güterpreisen angelockt, und manche von ihnen zogen wieder weiter, um bessere Böden und Häuser zu erwerben. In den meisten Fällen handelte es sich nicht um einzelne Familien, sondern um Gruppen und oft sogar um erhebliche Teile ganzer Gemeinden. Viele Zuwanderer in Süd-, Südwest- und Westdeutschland, zumal im Elsaß, kamen aus der Schweiz, wo während des Krieges der hier immer wieder auftretende Bevölkerungsüberdruck besonders groß geworden war und nach Kriegsende, unter anderem durch den Wegfall von Heereslieferungen, eine scharfe Depression einsetzte. Das Scheitern des Bauernaufstandes von 1653 in den Kantonen Bern, Luzern, Basel war ein wichtiges, nicht das einzige Motiv für die Abwanderung; zugleich sind offensichtlich auch viele Ortsarme abgeschoben worden. In einzelnen kurpfälzischen und speyerischen Dörfern bestand um 1680 mehr als die Hälfte der Einwohner aus Schweizern. Andere Zuwanderer kamen aus Flandern und Wallonien, einzelne aus Savoyen und Holland. In der Regel siedelten sie sich an solchen Orten an, die ihrer Konfession entsprachen. Wohl haben sich Reformierte manchmal dem vorherrschenden Luthertum angeschlossen, aber das blieb die Ausnahme. In nicht wenigen Territorien wurde fremdkonfessionellen Siedlern der Zugang untersagt; nur in einigen kleinen Grafschaften, zum Beispiel in Erbach, fanden religiöse Minderheiten offene Aufnahme und das Recht freier Religionsausübung. Auch religiöse Sondergruppen, die ihres Glaubens wegen vertrieben waren, befanden sich unter den Einwanderern: Mennoniten aus der Schweiz, Waldenser aus Savoyen.

Nach Schwaben und Franken strömten neben Schweizern Auswanderer aus den übervölkerten österreichischen Alpenländern. Oberösterreichische Exulanten wandten sich schon seit etwa 1630 vor allem den evangelischen Teilen Frankens zu. Hier gab es fast keinen Ort, in dem sie nicht anzutreffen waren, in einigen machten sie zeitweilig die Mehrheit aus. Daneben gab es kleine Gruppen anderer Herkunft, beispielsweise aus Böhmen, Mähren, Schlesien, auch aus Bayern und aus der Oberpfalz, wo die Gegenreformation wirksam geworden war. Gewiß darf man die vornehmlich unter Mennoniten, Salzburger Exulanten und Hugenotten anzutreffenden hohen Arbeitstugenden und den großen Anteil von qualifizierten »Fachkräften« nicht bei allen Auswanderern, auch nicht bei denen voraussetzen, die ihre Heimat aus religiösen Gründen verließen. Gleichwohl waren sie überdurchschnittlich aktive und motivierte Kräfte, die von den Landesherren gern gesehen und durch Abgabenbefreiung begünstigt wurden. Sie haben sich erstaunlich schnell eingerichtet und trugen durch relativ hohe Kinderzahl beträchtlich zur Wiederauffüllung der Bevölkerung bei. Unter ihnen befanden sich viele Handwerker und Bauleute. In manchen Fällen brachten die Einwanderer Erfahrungen in der Viehhaltung oder im Anbau bestimmter Früchte mit, die vorher an den neuen Siedlungsorten wenig oder unbekannt gewesen waren. In Sachsen, wohin eine große Zahl von böhmischen Exulanten zog, wurden viele von ihnen im Bergbau, im Textilgewerbe und in der Glasbläserei tätig. Auch die Oberlausitz nahm Exulanten auf, und zwar nicht nur deutschsprechende. Daß in Thüringen, Magdeburg, Anhalt, Brandenburg nach dem Krieg Neusiedler aus Nachbarländern anzutreffen waren, nimmt weniger wunder, als daß es auch solche gab, die von entfernten Orten und selbst aus dem Ausland kamen. Offenbar befanden sich darunter auch ehemalige Soldaten; insgesamt machten sie nur einen kleinen Teil der großen Wanderbewegung aus, die damals über weite Teile Mitteleuropas hinwegging.

Aus der Mark Brandenburg weiß man, daß ein erheblicher Teil der Bevölkerungsveränderung sich innerterritorial vollzog. Zunächst wurde in der Nachbarschaft nach freien Stellen und besseren Böden gesucht und dabei nicht selten mehrfach der Ort gewechselt. Die von weiter her kommenden Einwanderer stammten zu großen Teilen aus der Niederlausitz, aus Sachsen und aus Holstein, aus den Stiften Bremen und Verden; sogar einige Dänen und Schweden waren darunter. Planmäßig angesiedelt wurden Kolonisten vom Niederrhein, aus Holland und aus der Schweiz. Kurfürst Friedrich Wilhelm versprach sich von ihnen Impulse für intensive Landwirtschaft und Viehzucht. Dieser zunehmend organisierte Zuzug in die Mark Brandenburg hat sich über Jahrzehnte erstreckt. Die schweizerische Einwanderung erreichte um 1690 ihr größtes Ausmaß und führte zur Entstehung geschlossener Siedlungen. Um diese Zeit war auch schon die Einwanderung von Waldensern und Pfälzern im Gange – und vor allem die der Hugenotten, die nicht erst mit der Aufhebung des Edikts von Nantes (1685) begann, dann aber sich gewaltig verstärkte. Viele von ihnen zogen nach Preußen

*Grundbesitzverhältnisse in der Neumark um 1720*

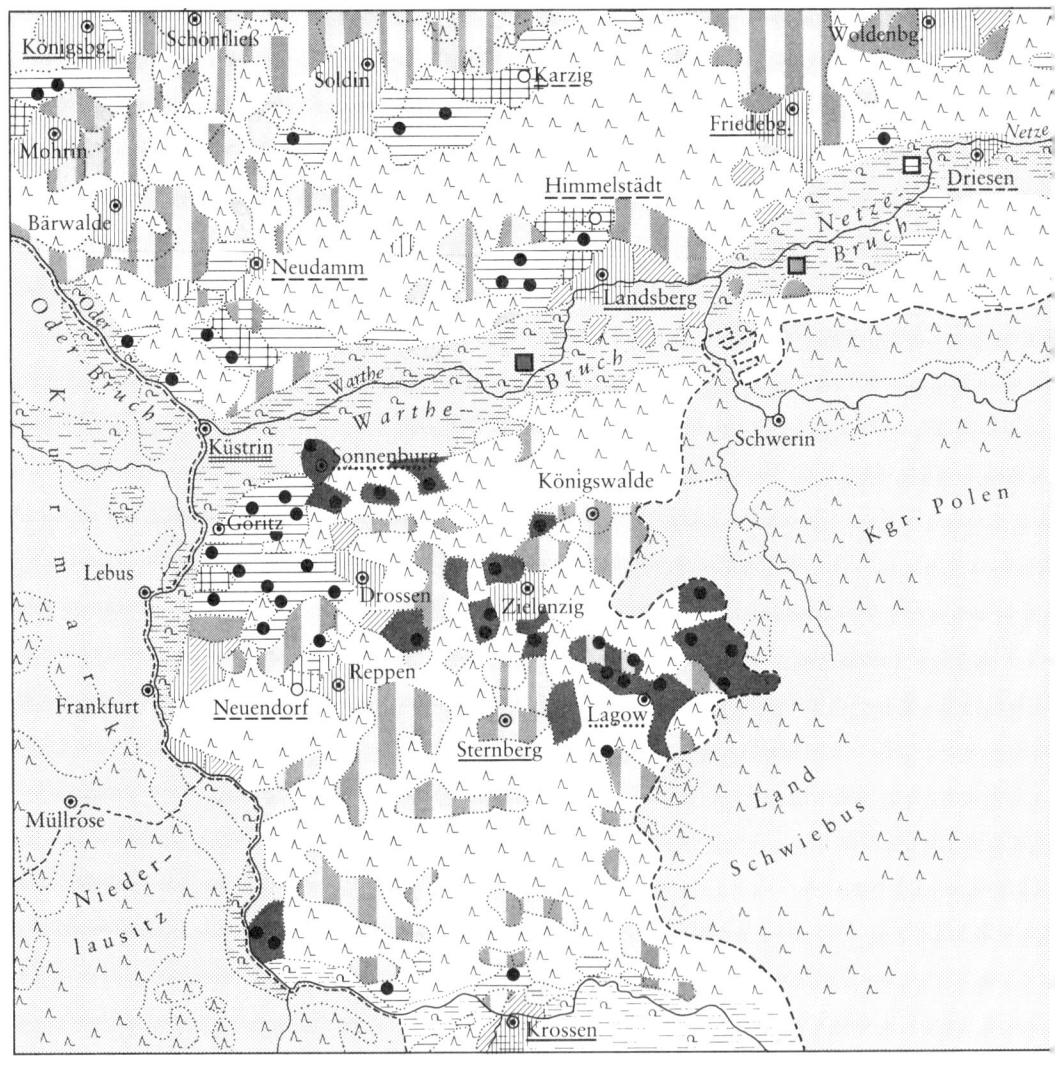

weiter. Im Jahr 1725 sollen die neuen Siedler und ihre Nachkommen ein Fünftel der Bevölkerung der Kurmark ausgemacht haben. In Verbindung mit der Trockenlegung von Sümpfen und Brüchen, der Rekultivierung brachliegenden Landes und der Anlage von Manufakturen ist die Ansiedlungspolitik der Hohenzollern weit ins 18. Jahrhundert fortgesetzt worden. Die Aufnahme von etwa 18.000 Salzburger Exulanten in Ostpreußen im Jahr 1732 stellt darin nach der Hugenotteneinwanderung den zweiten, im Reich viel beachteten Höhepunkt dar.

Schließlich noch ein Blick zur Ostseeküste. Im schwedisch gewordenen Vorpommern wurden neben Mecklenburgern auch Schweden, Dänen und Finnen ansässig, offenbar weniger hängengebliebene Soldaten als arme Zuzügler. Besonders langsam füllte sich die Bevölkerung in Mecklenburg auf. Obwohl gerade hier ein hoher Menschenbedarf bestand, hielt sich die Einwanderung in engen Grenzen. Wie weit dafür die verschlechterten Besitzrechte verantwortlich waren, zu denen die adeligen Gutsbesitzer Neusiedler ansetzten, ist kaum zu entscheiden. Das Herabdrücken der Bauern in die Hörigkeit und Schollenpflichtigkeit mit nicht-erblichem, »lassistischem« Besitz, die sich damals in den Gebieten östlich der Elbe – außer Kursachsen – vollzog, nahm in Mecklenburg die bedrückendsten Formen an.

Alles in allem ein erstaunlicher Vorgang der Binnen- und Fernwanderung, der ungesteuerten und gesteuerten horizontalen Mobilität, der die demographische Struktur des deutschen Volkes veränderte, nicht aber seine soziale Verfassung – abgesehen von der Verschlechterung der bäuerlichen Rechtslage in Ostdeutschland. Sie bedeutete nicht eo ipso eine Reduzierung ihrer materiellen Situation, zumal der Bauer im Gutsverband mit einer gewissen Absicherung in Notzeiten rechnen durfte und mancher Gutsherr nicht nur sein Recht auf Leistungen in Anspruch, sondern auch seine Pflicht zum Schutz seiner Untertanen ernst nahm. Das paternalistische System, das wirtschaftlich auf der Ausbeutung menschlicher Arbeitskraft beruhte, hat einerseits, und noch über die Bauernbefreiung zu Beginn des 19. Jahrhunderts hinaus, die Erhaltung der sozialen und politischen Führungsrolle des grundbesitzenden Adels, namentlich in Preußen, ermöglicht, selbst noch, als seine ursprüngliche wirtschaftliche Bedeutung nicht mehr bestand und seine militärische Funktion überholt war. Zum anderen hat es die Entstehung einer »untertänigen« Mentalität begünstigt, mit der die in solchen Verhältnissen erzogene preußische und mecklenburgische Bürokratie zu rechnen sich gewöhnte.

Günther Franz hat wiederholt betont, im Zuge der Kriegsverwüstungen, der Wanderungen und Neusiedlungen seien die sozialen Grenzen innerhalb des deutschen Bauerntums verwischt worden. Häusler, Hirten und andere vorher Besitzlose seien zu Hintersassen und selbst zu Bauern aufgestiegen, andere dagegen zu Tagelöhnern abgesunken. Das war zweifellos der Fall. Doch nicht

*Leistungen der Bauern und Leistungsempfänger vor den Bauernbefreiungen (nach Henning)*

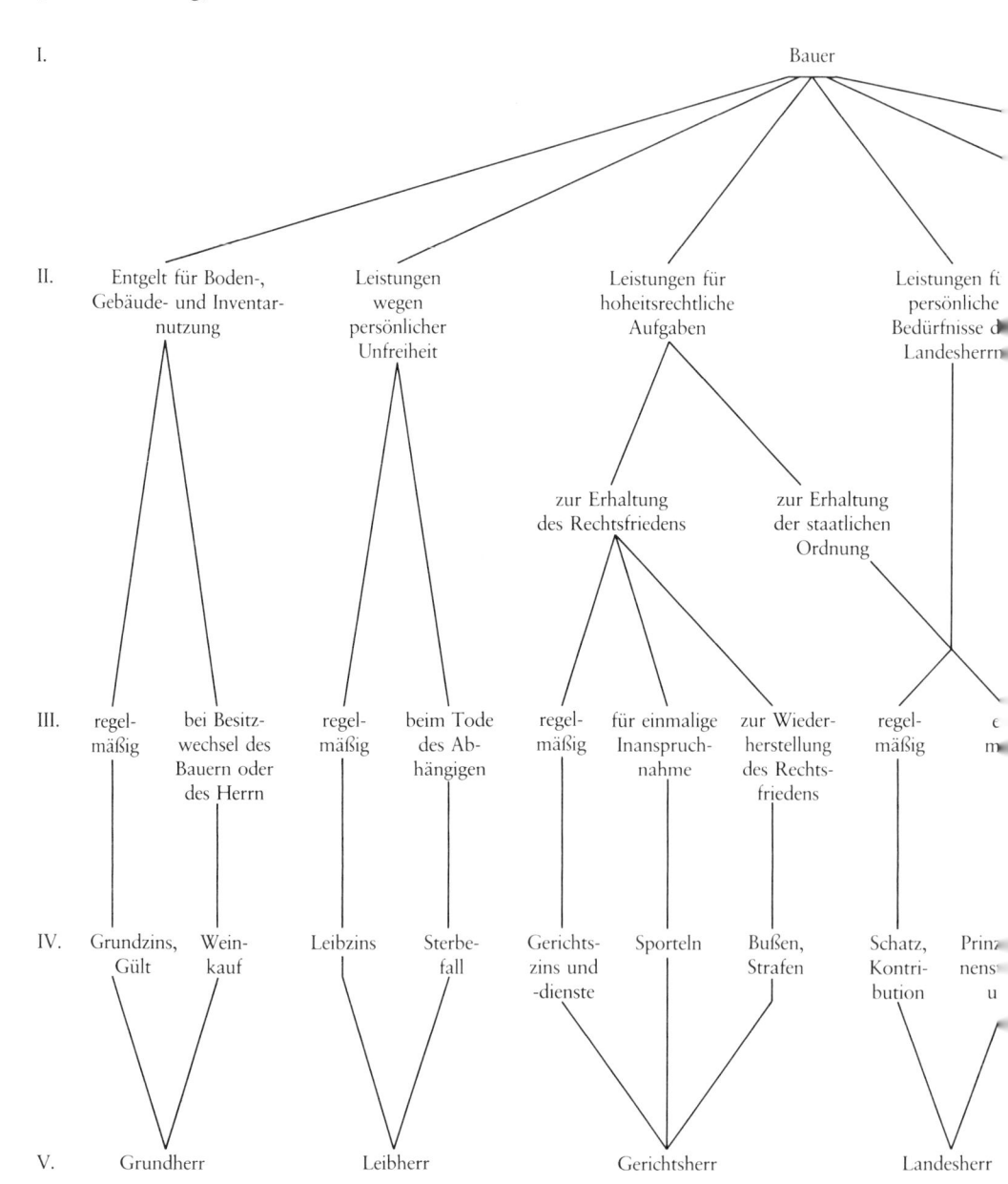

I. Bauer

II.
- Entgelt für Boden-, Gebäude- und Inventarnutzung
- Leistungen wegen persönlicher Unfreiheit
- Leistungen für hoheitsrechtliche Aufgaben
- Leistungen für persönliche Bedürfnisse des Landesherrn

Leistungen für hoheitsrechtliche Aufgaben:
- zur Erhaltung des Rechtsfriedens
- zur Erhaltung der staatlichen Ordnung

III.
- regelmäßig
- bei Besitzwechsel des Bauern oder des Herrn
- regelmäßig
- beim Tode des Abhängigen
- regelmäßig
- für einmalige Inanspruchnahme
- zur Wiederherstellung des Rechtsfriedens
- regelmäßig
- e… m…

IV.
- Grundzins, Gült
- Weinkauf
- Leibzins
- Sterbefall
- Gerichtszins und -dienste
- Sporteln
- Bußen, Strafen
- Schatz, Kontribution
- Prinzensteuer u…

V.
- Grundherr
- Leibherr
- Gerichtsherr
- Landesherr

I. Belasteter
II. Rechtsgrund oder Zweck der Belastung
III. Leistungszeitpunkt
IV. Allgemeine Bezeichnung der Leistung
V. Empfänger der Leistung

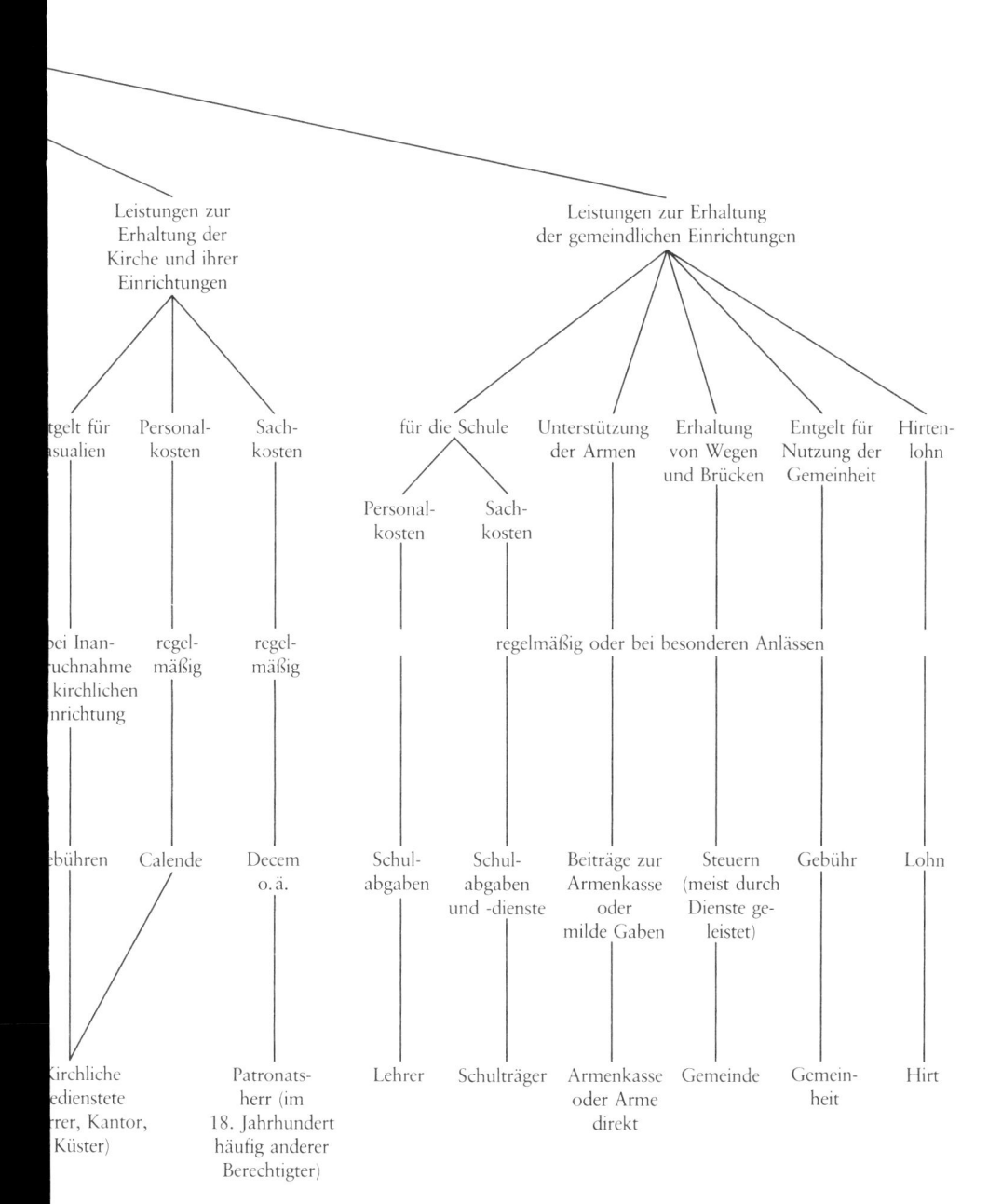

|  | Leistungen zur Erhaltung der Kirche und ihrer Einrichtungen | | | Leistungen zur Erhaltung der gemeindlichen Einrichtungen | | | | | |
|---|---|---|---|---|---|---|---|---|---|
| tgelt für sualien | Personal- kosten | Sach- kosten | für die Schule | | Unterstützung der Armen | Erhaltung von Wegen und Brücken | Entgelt für Nutzung der Gemeinheit | Hirten- lohn |
|  |  |  | Personal- kosten | Sach- kosten | | | | |
| ei Inan- uchnahme kirchlichen nrichtung | regel- mäßig | regel- mäßig | regelmäßig oder bei besonderen Anlässen | | | | | |
| ebühren | Calende | Decem o. ä. | Schul- abgaben | Schul- abgaben und -dienste | Beiträge zur Armenkasse oder milde Gaben | Steuern (meist durch Dienste ge- leistet) | Gebühr | Lohn |
| Kirchliche edienstete rrer, Kantor, Küster) | | Patronats- herr (im 18. Jahrhundert häufig anderer Berechtigter) | Lehrer | Schulträger | Armenkasse oder Arme direkt | Gemeinde | Gemein- heit | Hirt |

jeder, der aufgestiegen war, konnte sich im Zeichen der Agrardepression halten. Nicht jede Stelle ist damals überhaupt wieder besetzt worden, viele wurden schon vorhandenem Besitz zugeschlagen, andere für nicht geleistete Abgaben zum Herrenland gezogen, während an wieder anderen Orten größere Güter zerschlagen wurden. Auch eine Veränderung im Heiratsverhalten hat zu größerer Fluktuation innerhalb der bäuerlichen Bevölkerung beigetragen. Zumindest vorübergehend fielen sonst beachtete Schranken weg. Nach einiger Zeit aber stellte sich dann trotz aller Besitzverschiebungen die ältere Schichtung innerhalb des Dorfes wieder her, und dazu trugen die Bemühungen der Landesherren um die Retablierung der Agrarverfassung, die die Grundlage des Steuersystems bildete, erheblich bei. Besonders erfolgreich in Nordwestdeutschland sorgten sie für die Wiederherstellung zerschlagener oder zum Herrenland gezogener Bauernhöfe. Gesindeordnungen sollten die Arbeitskräfte auf dem Lande festhalten und das soziale Gefüge des Dorfes erhalten.

Auch für die gewerbliche Wirtschaft war die Bevölkerungsentwicklung von entscheidender Bedeutung. Kleinere Städte waren in den Kriegsgebieten oft verwüstet, geplündert und gebrandschatzt worden, und gerade in ihnen hatten Epidemien ihre meisten Opfer gefunden; außerdem waren nicht selten die Produktionsmittel vernichtet. Die großen Städte hatten zum Teil erheblich unter dem Zusammenbruch des Fernhandels gelitten. Die befestigten und unzerstört gebliebenen Städte hatten Zustrom vom Lande erhalten. Soweit das städtische Handwerk den örtlichen Markt versorgte, konnte es sich behaupten; für eine darüber hinausgehende gewerbliche Produktion fehlte es an Kapital, Energie und Beweglichkeit. Aufs Ganze gesehen haben Gewerbe und Handel die Stagnation früher überwunden als die Landwirtschaft. Mit dem Bevölkerungsanstieg wuchs die Nachfrage, die in hergebrachter Weise von dem traditionell zünftisch organisierten Handwerk befriedigt wurde. Daneben gewannen zunftfreie Gewerbe auf dem Lande zunehmende Bedeutung, die für den überregionalen Markt produzierten. Erst in letzter Zeit hat sich die Forschung verstärkt dem Vorgang ihrer Verdichtung in bestimmten Regionen zugewandt – einem Vorgang, für den sich der Begriff der Proto-Industrie einzubürgern beginnt. Gemeint ist damit eine »Industrialisierung vor der Industrialisierung« (Kriedte/Medick/Schlumbohm), die sich vor allem in der Textilherstellung vollzog. Familienwirtschaftliche Heimproduktion für den Export nahm hier Organisationsformen an, die auf die kapitalistische Industrie vorausweisen. Voraussetzung dafür war sowohl regionale Unterbeschäftigung in der Landwirtschaft, die zu anderen subsistenzsichernden Tätigkeiten nötigte, als auch die steigende Nachfrage vor allem in der kolonialen Welt nach preisgünstigen Textilien, die vom zunftmäßig organisierten städtischen Handwerk nicht gedeckt werden konnte. Dazu reichten – nach dem Krieg – seine Kapazitäten nicht aus; es stand ihm aber auch seine Unfähigkeit im Wege, sich rechtzeitig veränderten Marktlagen anzupassen.

Tauschhandel brandenburgischer Unterhändler mit Eingeborenen an der afrikanischen Küste beim Fort Groß-Friedrichsburg. Lavierte Zeichnung von Rutger von Langerfeld, um 1690. Berlin, Staatliche Museen Preußischer Kulturbesitz, Kupferstichkabinett

Kaufmann mit einem Wechsel auf das Augsburger Haus Fugger in Händen. Teilvergoldete Silberstatuette von Tobias Zeiler, wohl 1643. Bern, Historisches Museum

Fördertürme, Schachtanlagen und arbeitende Bergleute der Grube St. Anna bei Freiberg in Sachsen. Rückseite der Ausbeutemedaille von Martin Heinrich Omeis, 1690. Dresden, Staatliche Kunstsammlungen, Münzkabinett

Arbeiten in einer Porzellan-Manufaktur. Kupferstich eines Unbekannten, erste Hälfte des 18. Jahrhunderts. Wien, Bildarchiv der Österreichischen Nationalbibliothek. – Der Färbereibetrieb der Wolltuch-Manufaktur in Oberleutensdorf in Böhmen. Kupferstich eines Unbekannten, 1728. München, Deutsches Museum

Die exportorientierte Proto-Industrie entstand nicht naturwüchsig durch bloße Vermehrung der Kleinproduzenten und durch deren kooperativen Zusammenschluß, obwohl es in einzelnen Weberdörfern Ansätze dazu und auch in einzelnen Fällen den Aufstieg vom Tuchweber zum Kleinunternehmer gegeben hat. Vielmehr sind es kapitalkräftige Kaufleute und Verleger gewesen, die den Webern das Garn lieferten und ihnen die fertige Ware abnahmen, um sie auf den Markt zu bringen. Das Verlagssystem hat sich, nicht nur im Textilgewerbe, bis tief ins 19. Jahrhundert erhalten, und zwar in unterschiedlicher Gestalt. Gewährten die Verleger-Kaufleute in einem Falle Darlehen gegen die Verpflichtung, ihnen die produzierte Ware zum Weiterverkauf zu überlassen, wovon sie einen Teil als Rückzahlung abzogen, so stellten sie in anderen Fällen das Rohmaterial, gelegentlich auch die Produktionsmittel, also die Webstühle, und nahmen die Ware zum festgesetzten Preis ab. Es kam ebenso vor, daß sie selber Arbeiter ansetzten und für sie Wohnhäuser errichteten. Oft aber beschränkten sie sich auf die Abnahme der produzierten Stücke zum weiteren Vertrieb gegen eine Gebühr in Ware oder Geld. Zu einer Verknüpfung des Verlagssystems mit dem Zunfthandwerk konnte es bei dem sogenannten Zunftkauf kommen, wenn die Verleger mit den städtischen Zünften Lieferverträge abschlossen, welche die Abnahme der Ware garantierten sowie Qualitäts- und Preiskontrolle durch Zunft und Magistrat einschlossen. Mit derartigen Kontrollen setzte in einigen Gebieten die staatliche Aufsicht ein. Die Weber mußten ihre fertigen Stücke pflichtgemäß zur Schau stellen und prüfen lassen, bevor sie sie verkaufen durften.

Die Hauptgebiete der proto-industriellen Leineweberei lagen im schlesischen Bergland, in Oberhessen, am Niederrhein und in Ost- und Nordwestfalen. Verbreiteter noch war das Verlagssystem in der Baumwoll-, Woll- und Seidenweberei. Die Baumwolle wurde von Westindien, aus der Levante und vom Balkan bezogen; das Schwergewicht ihrer Verarbeitung hat sich im 18. Jahrhundert von Schwaben nach Sachsen verlagert. Woll- und Seidenweberei war in Ost- und Mitteldeutschland vor allem in der Stadt, in Mitteldeutschland auch auf dem Lande lokalisiert, allerdings – wie im Westen zum Beispiel in Monschau und Aachen – in Stadtnähe. Die Seidenwirkerei hatte ihre Zentren in Krefeld, Berlin und Wien, die Strumpfwirkerei in Thüringen. An anderen Organisationsformen größerer Produktion kann die Einrichtung der Zwischenmeister in Nürnberg genannt werden oder auch die Übertragung der Uniformherstellung in brandenburgisch-preußischen Garnisonstädten an die Schneiderzünfte, die das ihnen gelieferte Tuch gemeinsam kauften und die bestellte Ware gemeinsam ablieferten. Dieses System, das vornehmlich in Zeiten sinkender Preise stark ausbeuterische Züge annehmen konnte, ermöglichte die Produktion in marktfernen Gebieten, deren Bevölkerung von der Landwirtschaft allein nicht ernährt werden konnte. In der proto-industriellen Bevölkerung bestanden bestimmte

Ehehindernisse nicht, so daß das Heiratsalter hier erheblich niedriger und die Kinderzahl höher lag. Kinder aber bedeuteten mithelfende Arbeitskräfte in den sich früh selbständig machenden Familien. Auf seiten der Verleger bildete sich unternehmerisches Kapital, das wieder investiert werden konnte.

Der Anteil der verlagsmäßig organisierten Produktion an der gewerblichen Gesamtproduktion soll nach einer viele Einzelangaben verknüpfenden Berechnung am Ende des 18. Jahrhunderts, also schon jenseits der hier behandelten Zeit, 43,1 Prozent betragen haben. Demgegenüber blieb der Anteil der von den Regierungen besonders geförderten manufakturellen Produktionen sehr viel geringer. Die größten Manufakturen waren die »dezentralisierten«, solche also, in denen nur ein Teil der im übrigen in Heimarbeit ausgeführten Produktionsvorgänge erfolgte. So sollen in der von der Leyenschen Seidenmanufaktur in Krefeld im Jahr 1763 rund 2.800 Personen beschäftigt gewesen sein. Insgesamt noch größere und komplexere Unternehmen waren die 1650 begründete Calwer Zeughandelskompanie und die ursprünglich privat in Gang gebrachte, 1754 vom Staat übernommene Linzer Wollzeugmanufaktur.

Manufakturen haben trotz starker staatlicher Förderung erst im 18. Jahrhundert eine gewisse wirtschaftliche Bedeutung erreicht. Wie gering ihre Erfolgsaussichten waren, zeigen die nicht wenigen Fälle, in denen die Regierungen sie nach einiger Zeit in eigene Regie nahmen. So geschah es mit dem für die Herstellung von Uniformtuch 1713 gegründeten Berliner Lagerhaus, das dann verpachtet wurde. Die Porzellanmanufakturen – an ihnen ist der Name heute noch haftengeblieben –, sind durchweg staatliche Gründungen gewesen. Die erste in Europa entstand 1710 in Meißen; es folgten Wien, Höchst, Nymphenburg, Fürstenberg, Frankenthal, Berlin. Offensichtlich kamen ihre Produkte einem realen Bedarf entgegen; trotzdem gerieten sie immer wieder in Absatzschwierigkeiten. Zwar gab es in Deutschland viele Höfe und einen zahlreichen Adel, doch ihr Lebenszuschnitt blieb oft bescheiden. Hinzu kam, daß die Gewerbeförderungspolitik der Regierungen zu gegenseitig sich behindernder Konkurrenz führte.

Staatliche Wirtschaftspolitik nach dem Ende des Dreißigjährigen Krieges ist trotz großer Aufgaben, die sie vor sich sah, keineswegs immer erfolgreich gewesen. Bei solcher Feststellung muß allerdings bedacht werden, wie ungünstig die Rahmenbedingungen für die wirtschaftliche Entwicklung in Deutschland aufs Ganze gesehen waren. Der letzte Hansetag, der unter nur geringer Beteiligung 1669 in Lübeck stattfand, und der erste deutsche Versuch einer überseeischen Koloniegründung, die Anlage Groß-Friedrichsburg an der afrikanischen Westküste durch Friedrich Wilhelm von Brandenburg im Jahr 1683, lagen zeitlich dicht beieinander, aber sie symbolisieren keinen Wandel. Das durch holländisches Beispiel angeregte Unternehmen vermochte sich gegen die Konkurrenz der Holländer nicht zu behaupten und mußte 1721 an sie verkauft werden. Die zum Zwecke dieses Unternehmens zunächst in Königsberg errichtete und bald nach Emden verlagerte Afrikanische Handelsgesellschaft, in der viel holländisches Kapital steckte, machte bankrott. Auch den wenigen anderen Versuchen, die in Holland und England so überaus erfolgreichen Überseehandels-Aktiengesellschaften nachzuahmen, war kein besseres Ergebnis beschieden. Die 1667 in Wien gegründete Orientalistische Handelskompanie hat nur bis 1683, eine andere, mit dem Mittelpunkt in Triest, von 1719 bis 1737 bestanden, während die im gleichen Jahr errichtete Ostindische Kompanie im Wiener Frieden von 1731 auf Druck Englands und Hollands geschlossen werden mußte. Auch ein neuer preußischer Versuch, die Asiatische Handlungs-Kompanie in Emden, hat nur von 1750 bis 1765 existiert.

# Reich und reichsständische Libertät

Artikel X, § 3 des Westfälischen Friedens hatte bestimmt, daß der nächste Reichstag innerhalb eines halben Jahres nach der Ratifikation des Vertrages stattfinden müsse und dabei eine Reihe von offengebliebenen Verfassungsfragen geregelt, ältere Mängel abgestellt werden sollten. Es hat dann allerdings fünf Jahre gedauert, bis er zusammentrat. Der nach vielen Schwierigkeiten und langen Verhandlungen am 17. Mai 1654 in der Form eines von Ferdinand III. unterzeichneten kaiserlichen Mandats publizierte sogenannte Recessus imperii novissimus enthält im § 5 den vollständigen Text der Friedensinstrumente von Osnabrück und Münster, dazu den Nürnbergischen Friedens-Exekutionsrezeß vom September 1649 sowie zwei weitere kaiserliche Edikte. Unter verfassungsgeschichtlichem Aspekt müssen also der Westfälische Frieden von 1648 und der »Jüngste Reichsabschied« von 1654 als Einheit gesehen werden. Mit ihnen trat das alte Reich in die letzte Phase seiner Geschichte ein; tatsächlich aber markierten sie eher das Ende seiner Verfassungsentwicklung, als daß sie neue Wege eröffnet hätten. Sofern sie ein besseres Funktionieren der Institutionen des Reiches bewirken sollten, blieben sie erfolglos. Gleichwohl hat das Reich noch anderthalb Jahrhunderte standgehalten. Und bei Abwägung aller Umstände muß gesagt werden, daß dazu die Bestimmungen von 1648 und 1654 direkt und indirekt erheblich beigetragen haben.

Sie waren im wesentlichen restaurativer, bestätigender und feststellender Natur. Wiederhergestellt wurde die pfälzische Kurwürde, aber die bayerische blieb erhalten und damit das katholische Übergewicht im Kurfürstenkolleg. Bestätigt wurden allen Reichsständen ihre alten Rechte und Privilegien, die freie Ausübung ihres Jus territoriale in geistlichen und weltlichen Dingen, ihr Stimmrecht bei allen Beratungen über Reichsangelegenheiten. Über Gesetzgebung, Steuerausschreibung, über Krieg und Frieden, über Werbung und Einquartierung, über die Anlage und Besatzung von Festungen, soweit das ganze Reich betroffen war, sollte künftig nur mit Einwilligung aller Reichsstände beschlossen werden. Formell, nicht aber praktisch neu war, daß den Reichsständen das Recht zugesprochen wurde, untereinander und mit ausländischen Mächten Bündnisse zu ihrer Erhaltung und Sicherheit abzuschließen, mit der, keineswegs immer beachteten, Einschränkung, daß solche Bündnisse sich nicht gegen Kaiser und Reich, gegen die Wahrung des Landesfriedens und gegen die Bestimmungen des Westfälischen Friedens richten sollten. Gemeinsam mit der Anerkennung ihres Jus territoriale bedeutete das die reichsrechtliche Sanktionierung der Souveränität der Territorialfürsten, soweit sie mit ihrer Zugehörigkeit zum Reichsverband vereinbar war. Noch war das Reich Lehnsverband, der Kaiser Oberlehnsherr der Reichsfürsten, weshalb denn auch nach dem Friedensschluß in allen Fällen Neu- und Wiederbelehnung erfolgen sollte, in denen sie während des Krieges nicht erfolgt oder die Lehnspflicht verletzt worden war. Von einer vollen Souveränität der Landesherren in rechtlichem Sinne kann also keine Rede sein, wenngleich sie sie verbal in Anspruch nahmen und die größeren unter ihnen sich auch praktisch wie souveräne Herrscher verhielten.

Neu festgestellt wurde in Osnabrück und Münster der Passauer Religionsfrieden von 1555, nun aber in einer modifizierten Gestalt, in der die Geschehnisse und Erfahrungen eines Jahrhunderts Ausdruck fanden. Nach Passau hatte sich die Reformation weiter ausgebreitet; die alte, in vieler Hinsicht erneuerte Kirche war zum Gegenstoß angetreten und hatte Terrain zurückgewonnen. Im Dreißigjährigen Krieg war es noch einmal um konfessionelle Besitzstände, selbst um den Bestand oder die Unterdrückung des Protestantismus gegangen. Unter diese Auseinandersetzung war nun ein Schlußstrich gezogen worden. Auch die Reformierten fanden Aufnahme in den Religionsfrieden. Der Bekenntnisstand und der Besitzstand der geistlichen Territorien und Güter vom 1. Januar 1624 war als Norm festgelegt worden. Zwar behielten die Reichsstände – jetzt auch die Reichsstädte und die Reichsritter – das alleinige Reformationsrecht, ihren Untertanen aber wurde zugestanden, die private und öffentliche Ausübung des Bekenntnisses beizubehalten, dem sie im Normaljahr angehört hatten, oder aus konfessionellen Gründen freiwillig auszuwandern. Dazu gezwungen werden durften sie nicht; ebensowenig durfte ein Landesherr fremde Untertanen zu seiner Konfession bekehren oder aus konfessionellen Gründen unter seinen Schutz nehmen. Reichstagsausschüsse sollten künftig paritätisch besetzt werden, und bei Entscheidungen in Religionsdingen sollte der Reichstag in zwei Kurien auseinandertreten: in ein Corpus catholicorum und ein Corpus evangelicorum, wie man sie dann genannt hat. Überstimmung war damit unmöglich und statt dessen gütlicher Vergleich gefordert. Unter den obwaltenden Umständen war das eine optimale Lösung, selbst wenn damit nicht aller konfessioneller Hader endete. Über Religionsbeschwerden ist auch später häufig vor den Reichsgerichten geklagt worden, und der Reichstag hat sich oft mit Fragen des konfessionellen Besitzstandes beschäftigen müssen. Streit um die paritätische Besetzung von Reichsinstitutionen hat ihn zeitweilig stark belastet und sogar völlig handlungsunfähig gemacht. Die mit den entsprechenden Artikeln des Westfälischen Friedens geschaffene Rechtsgrundlage aber hat sich insgesamt als tragfähig erwiesen. Der damals fixierte Konfessionsstand blieb im großen und ganzen bis ins 20. Jahrhundert erhalten.

In den Friedensinstrumenten von Osnabrück und Münster war dem nächsten Reichstag aufgetragen, über folgende Gegenstände zu beraten und zu beschließen: das Verfahren der Königswahlen, den Entwurf einer ständigen kaiserlichen Wahlkapitulation, die Erklärung der Reichsacht über Reichsstände, die Wiederherstellung der Reichskreise, die Neuaufstellung der Reichsmatrikel und die

*Die Staatsverwaltung in Brandenburg-Preußen im 17./18. Jahrhundert (nach Hintze)*

```
┌─────────────────────────────────────────────────┐
│ Der Kurfürst, seit 1701 König als souveräner    │
│ Herrscher in den brandenburgisch-preußischen    │
│ Landen aufgrund der Entwicklung der Reichs-     │
│ verfassung und der Aufhebung der polnischen     │
│ Lehnshoheit über Preußen                        │
└─────────────────────────────────────────────────┘
                        │
┌─────────────────────────────────────────────┐
│ Geheimer Rat (Gründung 1651): Behörde für   │
│ den Gesamtstaat, Gliederung in Departements,│
│ Ausgliederung gesamtstaatlicher Fachbehörden│
└─────────────────────────────────────────────┘
```

- **Generalkriegskommissariat** (seit 1660, 1674) für das Heerwesen mit betreffendem Steuer-, Finanz- und Wirtschaftswesen
- **Geheime Hofkammer** (seit 1651, 1689) **Generalfinanzdirektorium** (seit 1713) für Finanzen und Domänenverwaltung

**1723 Zusammenfassung zum**

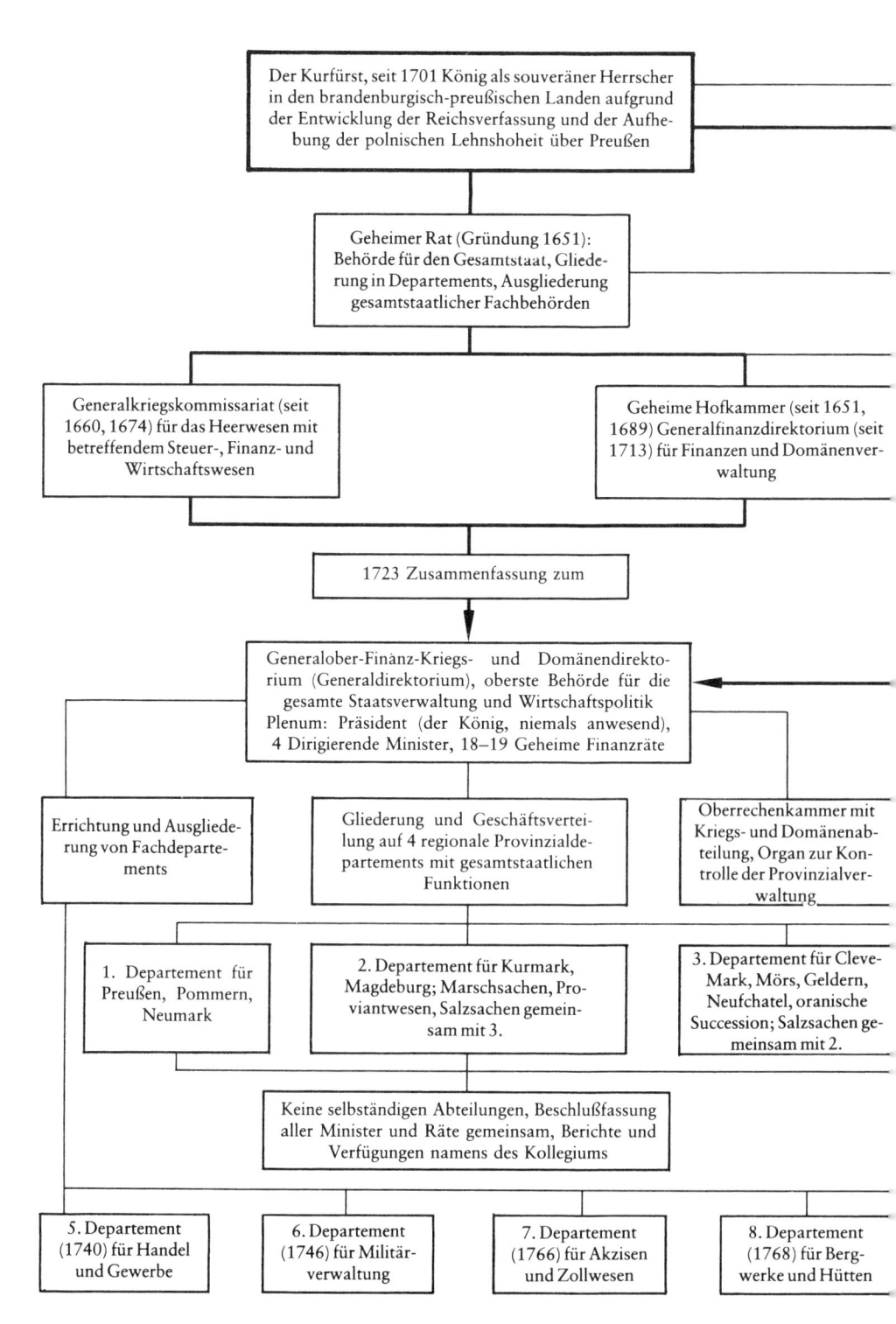

**Generalober-Finanz-Kriegs- und Domänendirektorium (Generaldirektorium)**, oberste Behörde für die gesamte Staatsverwaltung und Wirtschaftspolitik
Plenum: Präsident (der König, niemals anwesend), 4 Dirigierende Minister, 18–19 Geheime Finanzräte

| Errichtung und Ausgliederung von Fachdepartements | Gliederung und Geschäftsverteilung auf 4 regionale Provinzialdepartements mit gesamtstaatlichen Funktionen | Oberrechenkammer mit Kriegs- und Domänenabteilung, Organ zur Kontrolle der Provinzialverwaltung |

| 1. Departement für Preußen, Pommern, Neumark | 2. Departement für Kurmark, Magdeburg; Marschsachen, Proviantwesen, Salzsachen gemeinsam mit 3. | 3. Departement für Cleve-Mark, Mörs, Geldern, Neufchatel, oranische Succession; Salzsachen gemeinsam mit 2. |

Keine selbständigen Abteilungen, Beschlußfassung aller Minister und Räte gemeinsam, Berichte und Verfügungen namens des Kollegiums

| 5. Departement (1740) für Handel und Gewerbe | 6. Departement (1746) für Militärverwaltung | 7. Departement (1766) für Akzisen und Zollwesen | 8. Departement (1768) für Bergwerke und Hütten |

*Seit der Zeit des Großen Kurfürsten war die verwaltungsmäßige Zusammenfassung der hohenzollernschen Territorien stetig fortgeschritten. Namentlich Friedrich Wilhelm I. hatte für die Zentralisation des Staatswesens Außerordentliches geleistet. Zumindest nach außen erschien der Staat um 1740 als ungeteilte Einheit, als*

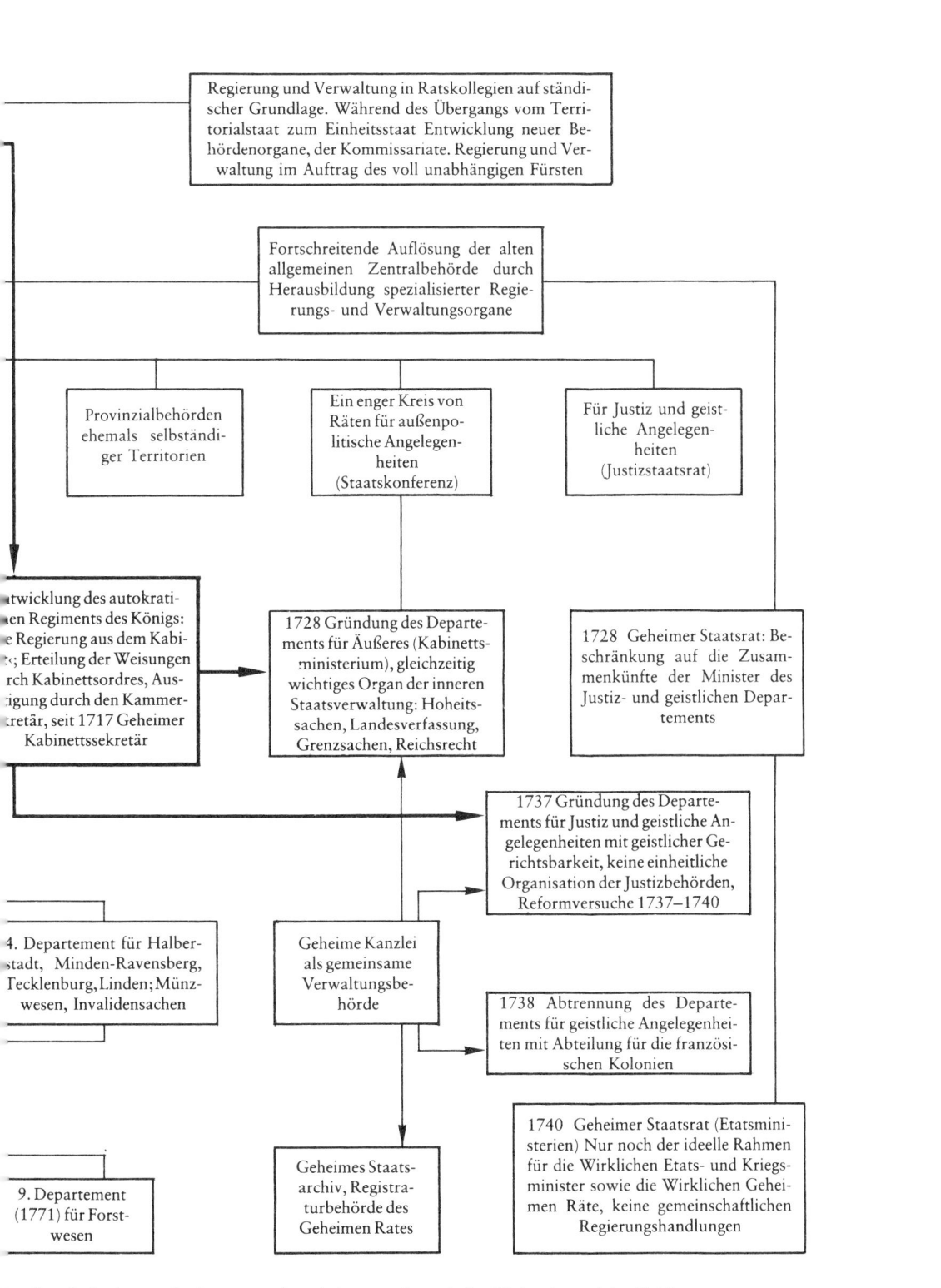

```
                    ┌─────────────────────────────────────┐
                    │ Regierung und Verwaltung in Rats-   │
                    │ kollegien auf ständischer Grundlage.│
                    │ Während des Übergangs vom Terri-    │
                    │ torialstaat zum Einheitsstaat Ent-  │
                    │ wicklung neuer Behördenorgane, der  │
                    │ Kommissariate. Regierung und Ver-   │
                    │ waltung im Auftrag des voll un-     │
                    │ abhängigen Fürsten                  │
                    └─────────────────────────────────────┘
```

Fortschreitende Auflösung der alten allgemeinen Zentralbehörde durch Herausbildung spezialisierter Regierungs- und Verwaltungsorgane

| Provinzialbehörden ehemals selbständiger Territorien | Ein enger Kreis von Räten für außenpolitische Angelegenheiten (Staatskonferenz) | Für Justiz und geistliche Angelegenheiten (Justizstaatsrat) |

…twicklung des autokrati…en Regiments des Königs: …e Regierung aus dem Kabi… …; Erteilung der Weisungen …rch Kabinettsordres, Aus- …igung durch den Kammer- …:retär, seit 1717 Geheimer Kabinettssekretär

1728 Gründung des Departements für Äußeres (Kabinettsministerium), gleichzeitig wichtiges Organ der inneren Staatsverwaltung: Hoheitssachen, Landesverfassung, Grenzsachen, Reichsrecht

1728 Geheimer Staatsrat: Beschränkung auf die Zusammenkünfte der Minister des Justiz- und geistlichen Departements

1737 Gründung des Departements für Justiz und geistliche Angelegenheiten mit geistlicher Gerichtsbarkeit, keine einheitliche Organisation der Justizbehörden, Reformversuche 1737–1740

4. Departement für Halberstadt, Minden-Ravensberg, Tecklenburg, Linden; Münzwesen, Invalidensachen

Geheime Kanzlei als gemeinsame Verwaltungsbehörde

1738 Abtrennung des Departements für geistliche Angelegenheiten mit Abteilung für die französischen Kolonien

9. Departement (1771) für Forstwesen

Geheimes Staatsarchiv, Registraturbehörde des Geheimen Rates

1740 Geheimer Staatsrat (Etatsministerien) Nur noch der ideelle Rahmen für die Wirklichen Etats- und Kriegsminister sowie die Wirklichen Geheimen Räte, keine gemeinschaftlichen Regierungshandlungen

…reußen‹. In den inneren Regierungsangelegenheiten sprach man in den Ministerien und dem Kabinett nur …n des Königs ›Staaten und Provinzen‹.

Reform der Reichsfinanzen, des Reichskammergerichts und der Arbeitsweise des Reichstages. Ein umfangreiches Programm, das – auf dem Papier – den Willen von Kaiser und Reichsständen anzuzeigen schien, Mängel der Reichsverfassung abzustellen und die Reichsinstitutionen wirksamer zu machen. Tatsächlich aber sah der Kaiser dem Reichstag mit Besorgnis entgegen und fand Gründe, ihn immer wieder zu verschieben. Und unter den Reichsständen herrschte tiefes Mißtrauen gegenüber den Plänen des Hauses Habsburg, zumal sich Spanien noch im Krieg mit Frankreich befand und die Gefahr bestand, daß das Reich durch den Kaiser in neue Verwicklungen hineingezogen werde. So war, als der Reichstag 1653 im Regensburger Rathaus zusammentrat, von einer Bereitschaft, schnell zu konstruktiven Ergebnissen zum Zwecke der Stärkung des Reiches zu kommen, keine Rede, obwohl die seit dem Friedensschluß vergangene Zeit dazu hätte angetan sein können, Kaiser und Ständen deutlich vor Augen zu führen, wie notwendig die Wiederherstellung der Funktionsfähigkeit des Reiches war.

Schon im August 1650 hatten sich die dem oberrheinischen Reichskreis angehörenden Stände über friedliche und kriegerische Hilfsleistungen zur Erhaltung des Friedens geeinigt und die Verbindung auch mit dem kurrheinischen Kreis aufgenommen, mit dessen wichtigsten Mitgliedern – außer der Pfalz – im folgenden Jahr ein Verteidigungsbündnis zustande kam; der Beitritt für Stände anderer Reichskreise wurde offengehalten. Damit war eine Politik der Ständeeinigung eingeschlagen, die zwar in diesem Fall folgenlos blieb, aber in den Jahrzehnten darauf zu einem charakteristischen Element der Reichsgeschichte geworden ist. Im gleichen Jahr gingen die braunschweigischen Herzogtümer Wolfenbüttel, Celle und Calenberg ein Schutzbündnis ein und beschlossen, zur Sicherung ihrer Gebiete Truppen aufzustellen. Auch sie sahen den Beitritt anderer Stände vor. Anfang 1652 kam es zur Bildung der sogenannten Hildesheimer Allianz mit Hessen-Kassel und dem schwedischen Bremen-Verden, der später der Bischof von Paderborn beitrat. Das gemeinsame politische Interesse der Verteidigung und Sicherheit hatte einzelne Reichsstände zu selbständigem Handeln gebracht, ohne auf das Reich zu warten, und sogar die Zusammenarbeit über konfessionelle Unterschiede hinweg möglich gemacht.

Problematischer war die Selbständigkeit Brandenburgs, das 1651 mit bewaffneter Macht in das Herzogtum Berg einrückte und damit den »Jülichschen Krieg« vom Zaune brach. Beide Teilungsmächte, Brandenburg und Pfalz-Neuburg, betrachteten die Teilung von Jülich-Cleve noch immer als provisorisch. 1647, nach einem Versuch Brandenburgs, Berg zu besetzen, hatte der katholisch gewordene Wolfgang Wilhelm zustimmen müssen, daß in beiden Teilungsgebieten für die private und öffentliche Religionsausübung das Stichjahr 1612, für den Kirchenbesitz und die Einkünfte das Jahr 1609 gelten solle. Nun, nach dem Westfälischen Frieden, vertrat er die Auffassung, daß auch für die

Allegorie auf den Handel. Gouache von Joseph Werner d. J. für einen Augsburger Handelsherrn, 1668. Bern, Kunstmuseum

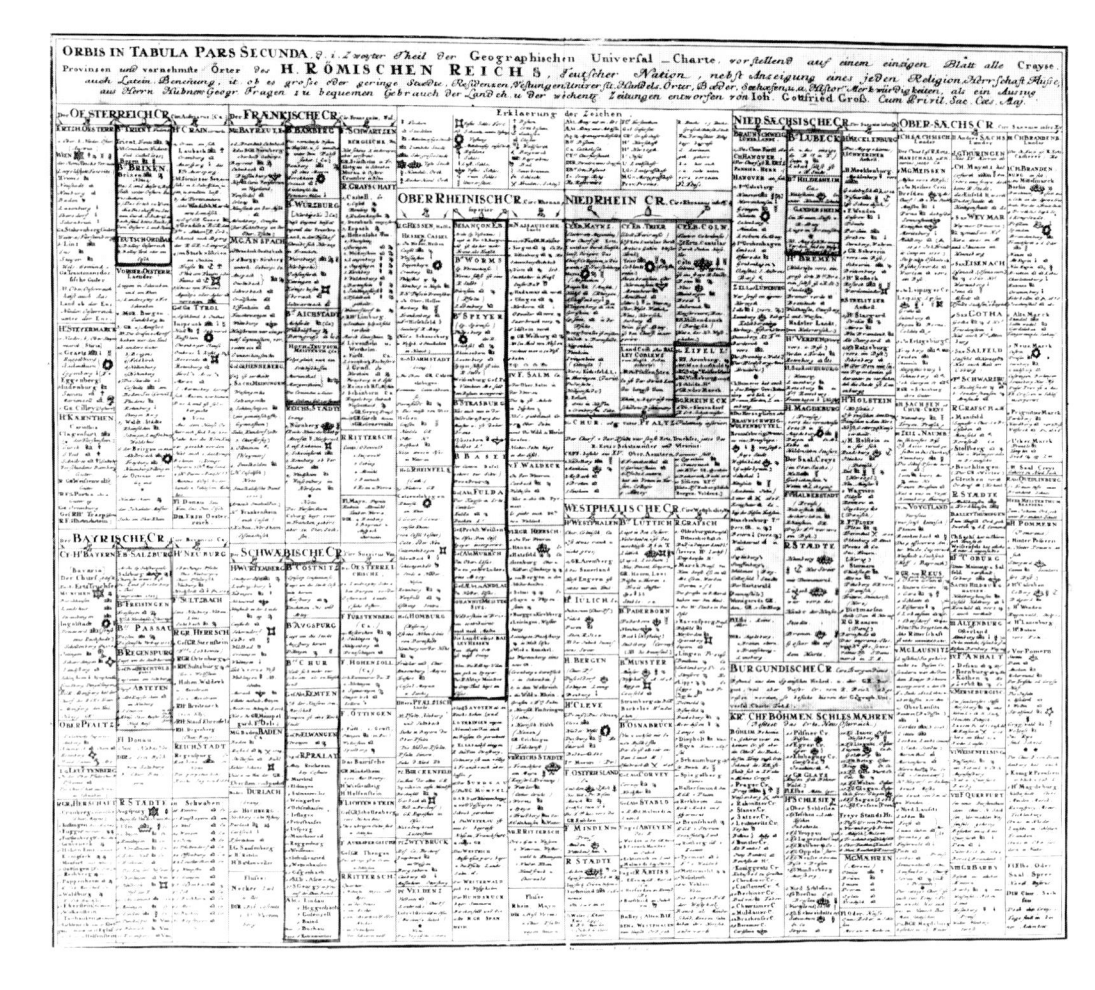

Die Einteilung der Kreise des Deutschen Reiches mit Angabe ihrer Territorien, Residenzen, Städte, Festungen und Klöster. Kolorierte Tabelle nach einem Entwurf von Johann Gottfried Groß, um 1700. Köln, Stadtmuseum

Herzogtümer das Normaljahr 1624 gelte, und damit fand er die Unterstützung des Kaisers und Spaniens. Friedrich Wilhelm von Brandenburg dagegen bestand auf dem für die Protestanten günstigeren Vertrag von 1647; seine Absichten gingen allerdings weiter und richteten sich auf den Gewinn Jülichs und Bergs. Als von der pfälzischen Seite lothringische Truppen zur Hilfe gerufen wurden, brach Friedrich Wilhelm die Aktion ohne Ergebnis ab und näherte sich vorübergehend dem Kaiser, dessen Vermittlung diese Episode beendete. Sie ließ den Brandenburger als Friedensstörer erscheinen, brachte seine ehrgeizige und wechselhafte Politik in schlechten Ruf und demonstrierte, wie leicht es im Reich, dazu an so exponierter Stelle, wie es der Niederrhein war, zu neuen kriegerischen Konflikten kommen konnte. Kennzeichnend für die allgemeine Situation im Reich war es im übrigen, daß die Konfessionsfrage einer paritätischen Reichskommission zur Entscheidung übertragen wurde, diese aber nicht zu einem Ergebnis gekommen ist. Erst der Erbvergleich zwischen Brandenburg und Pfalz-Neuburg im Jahr 1666, wie er im Vertrag von Cleve festgehalten ist, hat zu einem Religionsvergleich geführt.

Und noch einer weiteren Episode in der Reichsgeschichte ist hier zu gedenken: der Wahl des Erzherzogs Ferdinand zum Römischen König. Es war alte, gerade von den Habsburgern erfolgreich geübte Praxis, daß die Kaiser zu Lebzeiten ihre Nachfolger vorschlugen und vorwählen ließen. Bei den Verhandlungen in Osnabrück und Münster war dieses Verfahren in Frage gestellt und dem Reichstag zur Beratung übertragen worden, ebenso die Ausarbeitung einer Capitulatio perpetua. Angesichts des zu erwartenden unsicheren Ausgangs der Beratung drängte Ferdinand III. auf vorherige Wahl seines Sohnes. Es war ein geschickt geplanter Schachzug, mußten doch die Kurfürsten eine Infragestellung ihres ausschließlichen Wahlrechts und eine Abschaffung der Praxis erwarten, daß sie allein in jedem neuen Fall eine Wahlkapitulation aushandelten, also einen Katalog von Zusagen des zu Wählenden im Hinblick auf seine künftige Amtsführung. Deshalb fanden sie sich zur Wahl Ferdinands (IV.) bereit – als letzter auch der Brandenburger, nachdem er vom Kaiser die offizielle Erklärung erhalten hatte, daß Schweden für seine neuerworbenen Reichsgebiete weder Belehnung noch Sitz und Stimme auf dem Reichstag erhalten solle, wenn es nicht zuvor Hinterpommern geräumt habe. Als dies endlich geschehen war – inzwischen hatte auch die Krönung stattgefunden –, konnte am 30. Juni 1653 der Reichstag endlich eröffnet werden.

Der äußere Rahmen war großartig. Der Kaiser selber war anwesend, und sein Hofstaat soll dreitausend Personen umfaßt haben. Allein für ein Singspiel im Stil der italienischen Oper, das mit italienischen Akteuren in einem eigens dafür errichteten Gebäude dem staunenden Publikum als Novität dargeboten wurde, soll er über 40.000 Gulden ausgegeben haben. Die politischen Ergebnisse indes blieben dürftig, da der Kaiser und die mächtigen Reichsstände keiner Regelung zuzustimmen bereit waren, die sie in ihren Rechten und Interessen beschränkt hätte. Weder eine Neuregelung der Königswahl noch eine ständige Wahlkapitulation kam zustande, auch keine neue Geschäftsordnung des Reichstages. Die Bestimmung des Friedensvertrags, wonach dem Reichsstädtekollegium auf den Reichstagen nicht nur eine beratende, sondern eine beschließende Stimme zustehe, wurde dahingehend eingeschränkt, daß das Votum der Städte erst dann abgegeben werden sollte, wenn die Kurien der Kurfürsten und der Fürsten sich bereits geeinigt hatten. Der Kaiser erreichte die Aufnahme von neuen Mitgliedern in das Fürstenkollegium – acht davon katholisch und seine Parteigänger. Allerdings wurde der Fortführung solcher Praxis mit der Maßgabe ein Hindernis gesetzt, daß nur rezipiert werden könne, wer zuvor ein fürstenmäßiges Reichsgut erworben hatte.

Zu wirklichen Verbesserungsansätzen kam es im Reichsjustiz- und im Reichssteuerwesen. Schon im Westfälischen Frieden war die paritätische Besetzung des Reichskammergerichts bestimmt und die Zahl der von den Reichsständen zu benennenden Assessoren auf fünfzig erhöht worden, um die schleppenden Verfahren zu beschleunigen. Diese Zahl ist allerdings bis zum Ende des Reiches nicht erreicht worden, weil die ihrer Besoldung dienenden Matrikularbeiträge der Stände, die »Kammerzieler«, nie regelmäßig und vollzählig einliefen. Die Neuregelung der Appellations- und Revisionsverfahren war gute juristische Arbeit und nützlich; dagegen ist die paritätische Reichsdeputation zur Aufarbeitung älterer Revisionssachen, deren Mitglieder jährlich wechseln sollten, erst hundertunddreizehn Jahre später aktiv geworden, ohne auch dann zum Erfolg zu kommen. Das zweite Reichsgericht, der mit konkurrierender Jurisdiktion ausgestattete kaiserliche Reichshofrat in Wien, erhielt zwar die dringend erforderliche neue Ordnung, aber nicht auf dem vorgesehenen Weg. Um allen Ansprüchen des Reichstages auf Mitwirkung zuvorzukommen, erließ im März 1654 Ferdinand III. ohne Hinzuziehung des Reichstages eine neue Reichshofratsordnung, die trotz Protestes insbesondere evangelischer Stände in Geltung geblieben ist. Der Reichshofrat – im übrigen zugleich oberstes Hofgericht für die habsburgischen Erblande – blieb das kaiserliche Gericht, während das Reichskammergericht als das ständische galt. Gegenüber allem zeitgenössischen Zweifel an seiner Unparteilichkeit muß betont werden, daß der Reichshofrat, der in der Folgezeit auch sechs evangelische Mitglieder erhielt, vor allem im 18. Jahrhundert eine in vieler Hinsicht bemerkenswerte Rechtsprechung entwickelt hat. Er schützte das Lehnssystem des Reiches, die kleinen Reichsstände und die Reichsritterschaft gegen die Ambitionen der Mächtigen und die Rechte der Landstände gegenüber ihren Landesherren, sofern diese nicht die Jura de non appellando et evocando besaßen. Tatsächlich ist ihm in gewisser Weise die Funktion eines obersten Verfassungsgerichts zugewachsen. Seine praktische Überlegenheit im Vergleich mit dem Reichskammergericht gründete in seiner höheren Funktionsfähigkeit; er arbeitete zügiger, freier von Formalitäten und unbelastet von ständischen Eifersüchteleien.

Auch in der Frage der Reichssteuern ist 1653/54 praktisch nur wenig erreicht worden. Die längst überfällige Revision der Reichsmatrikel wurde vertagt, weil keine Einigung in der Frage erzielt werden konnte, ob die bei gegebenem Anlaß vom Reichstag jeweils mit Mehrheit zu bewilligenden Wehrsteuern, die »Römermonate«, auch von denen zu entrichten seien, die ihnen nicht zugestimmt hatten. Der Kaiser bejahte sie konsequent, eine Gruppe von überwiegend protestantischen Fürsten unter braunschweigischer Führung verneinte sie aus der nicht unbegründeten Sorge, mit ihrem Steuerbeitrag weniger Reichs- als habsburgische Politik zu unterstützen. Es war dies ein Grundproblem des Reiches. Obwohl es theoretisch durchaus möglich war, daß ein anderer als der Chef der Casa d'Austria zum Kaiser gewählt wurde, ist dies nicht geschehen – mit der einen Ausnahme des Wittelsbachers Karl VII. (1742–1745), die nur in einer besonderen Situation eintreten konnte. Mit seinen zahlreichen Herrschaftsgebieten und weitgespannten machtpolitischen Interessen, die weit über das Reich hinausgriffen, konnte dieses Haus gar nicht auf die Kaiserkrone verzichten; umgekehrt konnte auch das Reich nicht auf Habsburg verzichten, obwohl es stets Gefahr lief, in Pläne und Verwicklungen der habsburgischen Politik hineingezogen zu werden, die nicht mit den Interessen des Reiches identisch waren. Hinzu kam, daß Habsburg sich seit Ferdinand II. als Führungsmacht der Gegenreformation verstand, was den Kaiser notwendig im Licht konfessioneller Parteigängerschaft erscheinen ließ. Zwar verhinderte schon das Libertätsstreben auch der katholischen Reichsstände, voran Bayerns, eine katholische »kaiserliche« Partei, doch die katholische Interessenorientierung des habsburgischen Kaisers blieb eine faktische Konstante der Reichspolitik, die das Mißtrauen der evangelischen Stände wachhielt.

Es kam also vieles zusammen, was die Mehrheit der Reichsstände Reformen widerstreben ließ, die eine Erweiterung der kaiserlichen Macht bedeutet hätten, und was sie untereinander mit dem – zumindest so verkündeten – Ziel vereinigen konnte, die Reichsverfassung gegen den Kaiser zu verteidigen. In Regensburg allerdings hemmten Gegensätze unter den Ständen die Arbeit mindestens ebensosehr. Schien es zunächst so, als könne man in der Steuerfrage zu einer Einigung auf der Linie der kaiserlichen Propositionen kommen, so scheiterten die Verhandlungen an der sich verhärtenden Fürstenopposition in der Frage der paritätischen Zusammensetzung der Reichstagsdeputation und des Vorrangs der Kurfürsten in ihr. In dieser Situation schwenkte Brandenburg aus der Front der Kurfürsten ab und gab damit den Ausschlag. Brandenburgs spektakuläre Wendung brachte ihm noch nicht, wie gehofft, das Direktorium des Corpus evangelicorum ein, doch ein Signal für die künftige Rolle Brandenburgs in der deutschen Politik war bereits gegeben.

In einer anderen Frage kam dagegen ein folgenreicher Beschluß zustande. Er fand Niederschlag in dem – wie Gerhard Oestreich, einer der besten Kenner der Verfassung des alten Reiches, ihn genannt hat – »berühmten« Paragraphen 180 des »Jüngsten Reichsabschieds«. Er klingt zunächst recht harmlos: Jedes Reichsstandes »Landsassen, Unterthanen und Bürger« sollen zum Zwecke der Besatzung und Erhaltung der den Reichsständen gehörenden »Vestungen, Plätze und Guarnisonen ihren Landes-Fürsten, Herrschafften und Obern mit hülfflichem Beytrag gehorsamlich an Hand zu gehen schuldig seyn«. Diese Bestimmung ist später durch ein kaiserliches Kommissionsdekret von 1671 noch einmal bestätigt worden, das die »Landsassen und Unterthanen« anwies, zu allem zu »contribuiren«, was die Landesverteidigung gegen welchen Angreifer auch immer erfordere. Es wurde ihnen untersagt, sich um Hilfe an andere Fürsten und Staaten zu wenden, und den Landesherren zugestanden, wenn es dennoch geschehe, mit Gewalt, auch mit Unterstützung benachbarter Fürsten, dagegen vorzugehen.

Das bedeutete die klare reichsrechtliche Feststellung, daß die Landstände und Untertanen nicht nur verpflichtet waren, zur Militärorganisation des Reiches beizutragen, sondern auch zu derjenigen ihrer Landesherren. Diesen wurde die Beanspruchung ihrer Untertanen für militärische Zwecke nicht bloß im konkreten Verteidigungsfalle, sondern ebenso für die Erhaltung permanenter Einrichtungen im Frieden zugestanden. Gewiß wird man nicht behaupten wollen, erst die reichsrechtliche Legitimation der Wehrsteuerhoheit der Reichsstände habe den Weg für die Aufstellung stehender Heere und die Einführung regelmäßiger Steuern freigegeben, aber zweifellos hat sie diese Entwicklung begünstigt. Schon in die Wahlkapitulation von 1658 wurde – vor allem auf Drängen Brandenburgs – die Bestimmung aufgenommen, daß den Landständen in den einzelnen Staaten keine Disposition über die Landsteuern und kein Recht auf Selbstversammlung zustehe und daß es ihnen verboten sei, sich in diesen Fragen wie in allen Angelegenheiten der Militärverfassung klagend an die Reichsgerichte zu wenden. Damit war den Landständen, also denjenigen Institutionen, die allein Widerstand gegen fürstlichen Absolutismus leisten konnten, der Weg der Klage vor einer externen Instanz abgeschnitten.

Auch nach 1648 beziehungsweise 1654 hat es Ansätze zur Verbesserung der Reichsverfassung gegeben. Sie beschränkten sich auf solche Bereiche, in denen sich Funktionsmängel als besonders nachteilig erwiesen hatten. Keine von ihnen brachte durchgreifende Veränderungen. Hinfort verlagerte sich die Entwicklung des politischen Lebens in Deutschland zunehmend auf die Ebene der Territorialstaaten. Wohl aber blieben das Reich, seine Geschichte und seine Verfassung ein Diskussions- und Lehrgegenstand der Rechts- und Staatswissenschaften und der politischen Philosophie. Knapp zwei Jahrzehnte nach dem Westfälischen Frieden erschien 1667 unter dem Titel »De statu imperii Germanici« der bedeutendste

Versuch, die Verfassung des Reiches zu beschreiben und zu erklären. Hinter dem fiktiven Verfassernamen Severinus de Monzambano verbarg sich der damals fünfunddreißigjährige Heidelberger Professor für Naturrecht und Politik Samuel Pufendorf, ein sächsischer Pfarrerssohn, der sich vom Studium der Theologie in Leipzig ab- und der Rechtswissenschaft zugewandt hatte. In der Form einer für den Bruder Lelius in Verona verfaßten Abhandlung trug er eine Analyse vor, die wegen ihrer kritischen Schärfe in Deutschland keinen Drucker fand, dennoch bald bekannt und sozusagen ein Bestseller wurde. Die angenommene Rolle eines reisenden weltmännischen Italieners gab ihm die Möglichkeit, unter Verzicht auf gelehrten Ballast, der sonst die juristische Literatur der Zeit charakterisiert, distanzierte Urteile zu fällen. Das ungewöhnlich schmale Buch war in elegantem Latein geschrieben und frei von schwerfälliger Polemik. Es war an eine Leserschaft gerichtet, die sich auskannte. Noch im Erscheinungsjahr kam die erste deutsche Übersetzung auf den Markt, und 1710 versicherte ein anderer Übersetzer, allein in Deutschland seien 300.000 Exemplare gedruckt worden. Zu dieser Zeit lagen auch französische, englische und holländische Ausgaben vor, ebenso zahlreiche Gegenschriften, auf die Pufendorf mit noch immer anonymen Streitschriften antwortete. Daß der 1668 in schwedischen, 1688 in brandenburgischen Dienst getretene, zu europäischem Ruhm gelangte Natur- und Völkerrechtslehrer der Verfasser des »Monzambano« war, war natürlich längst bekannt und hat dieser Schrift zusätzliche Aufmerksamkeit eingetragen.

Nach einem Rückblick auf die Anfänge des deutschen Reiches behandelt Pufendorf dessen Glieder, also die Reichsstände, und deren institutionelle Entwicklung. Danach geht er auf den Kaiser, seine Wahl, seine Befugnisse und deren Begrenzung durch die Verfassungswirklichkeit des Reiches ein, um dann die Frage nach der Staatsform des Reiches aufzuwerfen und sie nach einer kurzen Musterung der Verfassungen in den einzelnen Territorien mit der berühmt gewordenen Feststellung zu beantworten, sie sei weder eine absolute noch eine eingeschränkt monarchische, weder eine wahrhaft aristokratische noch gar eine demokratische, sondern eine unregelmäßige. Wolle man das Reich nach den Regeln der Staatslehre klassifizieren, so müsse man es »monstro simile«, einem Monstrum ähnlich, nennen. Seine Realität paßte tatsächlich in die auf Aristoteles zurückgehende Systematik der Staatsformen nicht hinein, und es ist bis heute ein Problem geblieben, wie die Reichsverfassung begrifflich zutreffend bestimmt werden kann. Nicht aber weil es ein irreguläres Gebilde war, krankte das Reich nach Pufendorfs Auffassung an schweren Gebrechen, sondern weil es aus disparaten Elementen zusammengesetzt war, die sich gegenseitig blockierten, so daß Deutschland keine seiner Größe entsprechende politische Rolle spielte. Bei dieser Feststellung blieb Pufendorf nicht stehen; er empfahl auch »Heilmittel für das fieberkranke Deutschland«. Da ohne gewaltige Umwälzung eine streng monarchische Verfassung nicht herzustellen sei und die bestehende Verfassung

*Die Verfassungsstruktur des Reiches und die Staatsverwaltung in Österreich im 17./18. Jahrhundert (nach Gschliesser)*

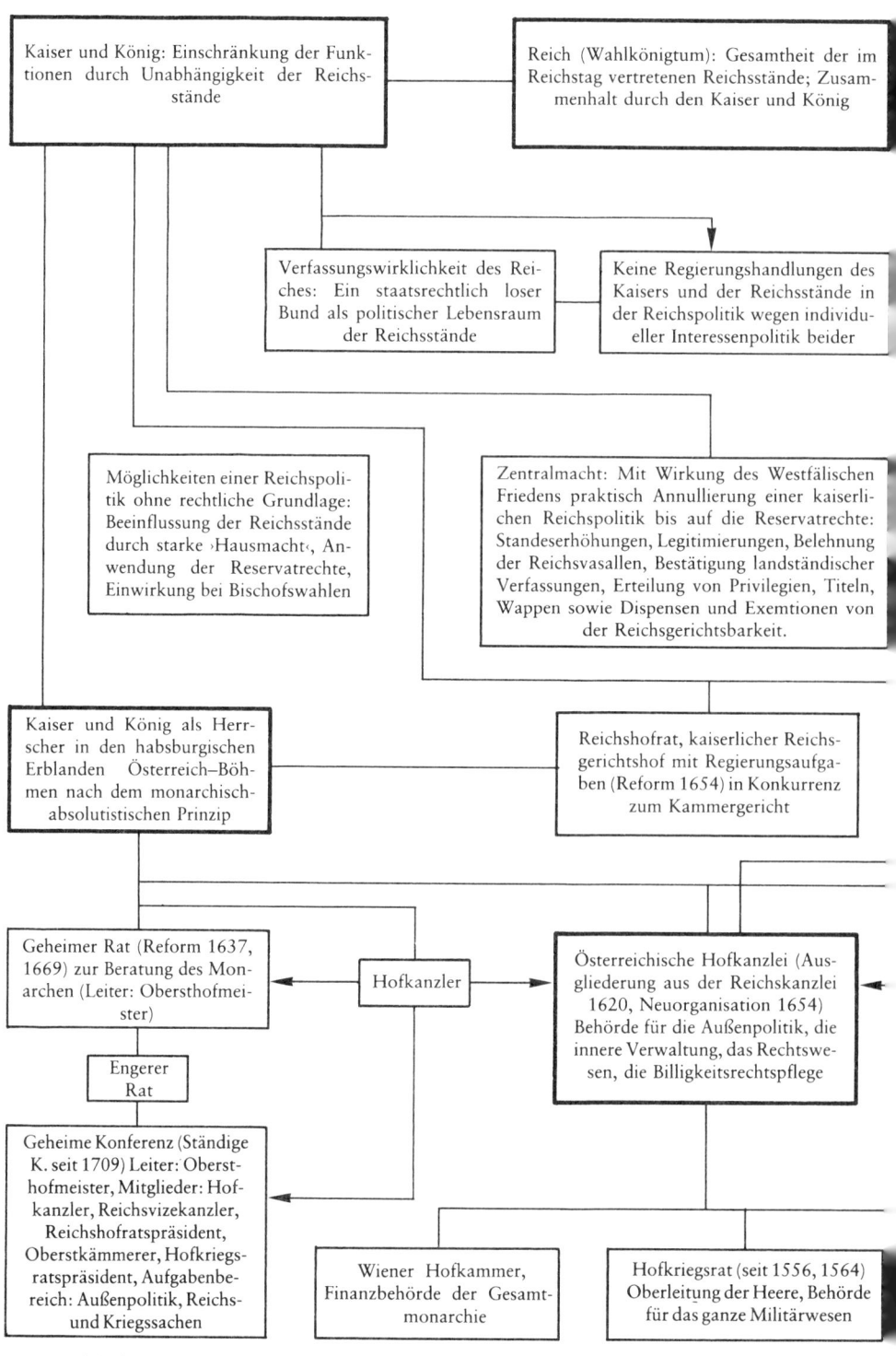

```
┌─────────────────────────────────────┐        ┌─────────────────────────────────────┐
│ Kaiser und König: Einschränkung der │────────│ Reich (Wahlkönigtum): Gesamtheit der│
│ Funktionen durch Unabhängigkeit der │        │ im Reichstag vertretenen Reichsstände;│
│ Reichsstände                        │        │ Zusammenhalt durch den Kaiser und König│
└─────────────────────────────────────┘        └─────────────────────────────────────┘
```

- Verfassungswirklichkeit des Reiches: Ein staatsrechtlich loser Bund als politischer Lebensraum der Reichsstände
- Keine Regierungshandlungen des Kaisers und der Reichsstände in der Reichspolitik wegen individueller Interessenpolitik beider
- Möglichkeiten einer Reichspolitik ohne rechtliche Grundlage: Beeinflussung der Reichsstände durch starke ›Hausmacht‹, Anwendung der Reservatrechte, Einwirkung bei Bischofswahlen
- Zentralmacht: Mit Wirkung des Westfälischen Friedens praktisch Annullierung einer kaiserlichen Reichspolitik bis auf die Reservatrechte: Standeserhöhungen, Legitimierungen, Belehnung der Reichsvasallen, Bestätigung landständischer Verfassungen, Erteilung von Privilegien, Titeln, Wappen sowie Dispensen und Exemtionen von der Reichsgerichtsbarkeit.
- Kaiser und König als Herrscher in den habsburgischen Erblanden Österreich–Böhmen nach dem monarchisch-absolutistischen Prinzip
- Reichshofrat, kaiserlicher Reichsgerichtshof mit Regierungsaufgaben (Reform 1654) in Konkurrenz zum Kammergericht
- Geheimer Rat (Reform 1637, 1669) zur Beratung des Monarchen (Leiter: Obersthofmeister) ←Hofkanzler→ Österreichische Hofkanzlei (Ausgliederung aus der Reichskanzlei 1620, Neuorganisation 1654) Behörde für die Außenpolitik, die innere Verwaltung, das Rechtswesen, die Billigkeitsrechtspflege
- Engerer Rat
- Geheime Konferenz (Ständige K. seit 1709) Leiter: Obersthofmeister, Mitglieder: Hofkanzler, Reichsvizekanzler, Reichshofratspräsident, Oberstkämmerer, Hofkriegsratspräsident, Aufgabenbereich: Außenpolitik, Reichs- und Kriegssachen
- Wiener Hofkammer, Finanzbehörde der Gesamtmonarchie
- Hofkriegsrat (seit 1556, 1564) Oberleitung der Heere, Behörde für das ganze Militärwesen

*Der Westfälische Friede brachte die Verfassungsentwicklung im Reich zum Abschluß, nachdem die Versuche der Kaiser, eine römisch-katholische Universalmonarchie zu errichten, gescheitert waren. Die Reichsstände besaßen nun die fast vollkommene Landeshoheit und Handlungsfreiheit in der Außen-, Innen- sowie*

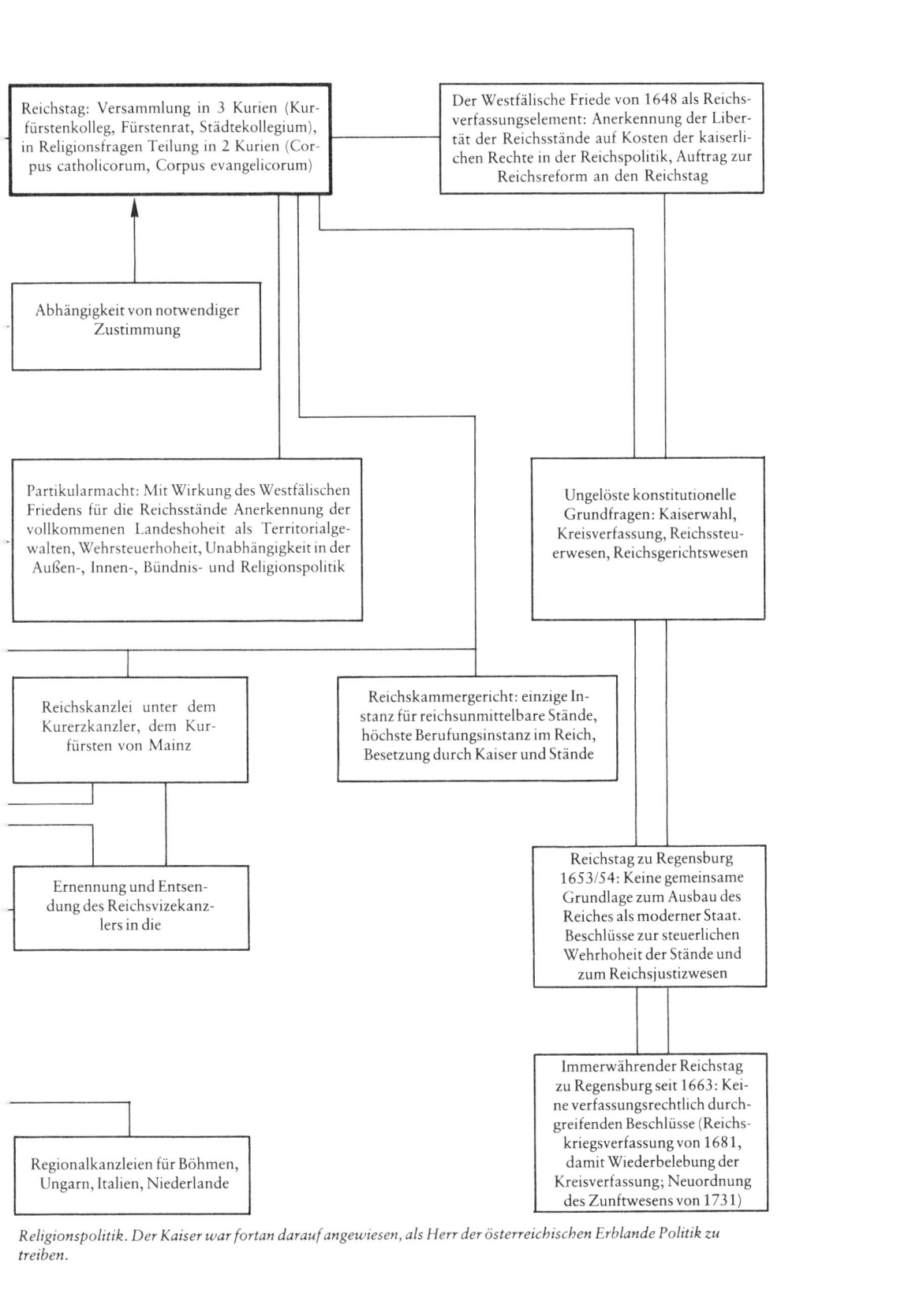

| Reichstag: Versammlung in 3 Kurien (Kurfürstenkolleg, Fürstenrat, Städtekollegium), in Religionsfragen Teilung in 2 Kurien (Corpus catholicorum, Corpus evangelicorum) | Der Westfälische Friede von 1648 als Reichsverfassungselement: Anerkennung der Libertät der Reichsstände auf Kosten der kaiserlichen Rechte in der Reichspolitik, Auftrag zur Reichsreform an den Reichstag |

Abhängigkeit von notwendiger Zustimmung

Partikularmacht: Mit Wirkung des Westfälischen Friedens für die Reichsstände Anerkennung der vollkommenen Landeshoheit als Territorialgewalten, Wehrsteuerhoheit, Unabhängigkeit in der Außen-, Innen-, Bündnis- und Religionspolitik

Ungelöste konstitutionelle Grundfragen: Kaiserwahl, Kreisverfassung, Reichssteuerwesen, Reichsgerichtswesen

Reichskanzlei unter dem Kurerzkanzler, dem Kurfürsten von Mainz

Reichskammergericht: einzige Instanz für reichsunmittelbare Stände, höchste Berufungsinstanz im Reich, Besetzung durch Kaiser und Stände

Ernennung und Entsendung des Reichsvizekanzlers in die

Reichstag zu Regensburg 1653/54: Keine gemeinsame Grundlage zum Ausbau des Reiches als moderner Staat. Beschlüsse zur steuerlichen Wehrhoheit der Stände und zum Reichsjustizwesen

Regionalkanzleien für Böhmen, Ungarn, Italien, Niederlande

Immerwährender Reichstag zu Regensburg seit 1663: Keine verfassungsrechtlich durchgreifenden Beschlüsse (Reichskriegsverfassung von 1681, damit Wiederbelebung der Kreisverfassung; Neuordnung des Zunftwesens von 1731)

*Religionspolitik. Der Kaiser war fortan darauf angewiesen, als Herr der österreichischen Erblande Politik zu treiben.*

einer »aus mehreren Einzelstaaten gebildeten Föderation« am nächsten komme, müsse man solche Mittel einsetzen, die für zusammengesetzte Staaten angemessen sind, »welche... mehr auf die Erhaltung ihres Besitzes als auf seine Vermehrung bedacht sein müssen«: Ihre Oberhäupter dürfen nicht zu Herrschern werden, sie müssen an bestimmte Gesetze gebunden werden und einen Rat mit weitgehender Zuständigkeit als Vertretung der Reichsstände zur Seite haben. Nicht diese Vorschläge, deren Verwirklichung der Autor selber bloß geringe Chancen einräumte, machen die Bedeutung seiner Schrift aus, sondern die hellsichtige Analyse der Mängel, die der Verfassung des Reiches innewohnten, wenn man es auf seinen staatlichen Charakter befragte. Unter den Bedingungen der Zeit und vom staatstheoretischen Ansatz Pufendorfs her war diese Frage konsequent; ob sie allerdings eine im Hinblick auf die Geschichte des Reiches adäquate Fragestellung gewesen ist, darauf wird später eine Antwort zu geben sein.

In der deutschen und europäischen Politik spielte das Reich als Ganzes nach 1648/54 nur noch eine geringe Rolle. Daß Leopold I., Kaiser seit 1658, erst 1663 den nächsten Reichstag berief, war nicht ein Zeichen seiner Stärke im Reich. Ebensowenig darf die Tatsache, daß dieser Reichstag nicht wieder auseinanderging, sondern zum »immerwährenden« wurde, als ein Sieg der Reichsstände über den Kaiser verstanden werden. Von nun an ließ sich der Kaiser durch einen Prinzipalkommissar vertreten, und auch die Fürsten erschienen nicht mehr selber. Der Reichstag wurde zu einem permanenten Kongreß von »Komitial-Gesandten«, die aus Gründen der Kosteneinsparung oft die Stimmen mehrerer Stände führten. Da sie nur über geringe Entscheidungsvollmachten verfügten und deshalb ständig bei ihren Regierungen rückfragen mußten, da überdies die Itio-in-partes-Regelung bei allen Fragen von konfessionellem Belang die Arbeit erschwerte, funktionierte der Reichstag immer mühsamer. Um so mehr Erwartungen setzten die kleinen Reichsstände auf die Reichskreise. Gab es doch zahlreiche Aufgaben, die das Reich als Ganzes nicht erfüllte und die von den kleinen Ständen nicht selber durchgeführt werden konnten. Dazu gehörten Militär-, Polizei- und Münzangelegenheiten, ferner die Vollstreckung von Urteilen der Reichsgerichte und die Durchführung von Reichs- und Kreisordnungen. Die verfassungsmäßige Funktion der Kreise bestand also in einer Auftragsverwaltung des Reiches. In Wirklichkeit aber funktionierten schon lange nur noch wenige der zehn Reichskreise, nämlich diejenigen, denen viele kleine, aber keine übermächtigen Reichsstände angehörten, vor allem der Schwäbische und der Fränkische, mit Abstand auch der Oberrheinische und der Kurrheinische Kreis.

Der Westfälische Friede hatte die Wiederbelebung und Stärkung der Reichskreise vorgesehen, wobei die Absicht einer Reorganisation der Heeresverfassung im Vordergrund stand. Gerade sie aber war nicht vorangekommen. Ausgabenscheu, überzogene Betonung reichsständischer Libertät und – vor allem im Westfälischen Kreis – konfessionelle Eifersucht verhinderten die Aufstellung »stehender« Kreistruppen. So blieb es bei der Praxis, daß im Bedarfsfall von den einzelnen Ständen Kontingente gestellt beziehungsweise entsprechende Zahlungen geleistet wurden. In den aktiven Kreisen hat das, mühevoll genug, funktioniert, aber die Verteidigungskraft des Reiches wurde damit nicht erhöht. Deshalb entwickelten die Reichsstände vor allem in bedrohten Gebieten eigene Initiativen, die zum Teil unterhalb der Ebene der Reichskreise verblieben, zum Teil über sie hinausgriffen. Zahlreiche Assoziationen und Verteidigungsbündnisse von oft nur kurzer Dauer und häufig wechselnder Zusammensetzung entstanden. Dabei überkreuzten sich oft politische und kirchliche Interessen, und in manchen Fällen wurde Anlehnung bei ausländischen Mächten gesucht. Denn noch lange blieb es praktisch unmöglich, eine selbständige reichsständische Position zwischen Habsburg und Frankreich aufzubauen. Das zeigte schon der Unionsplan Georg Friedrichs von Waldeck, den dieser 1653 dem brandenburgischen Kurfürsten vorlegte. Er sah ein antihabsburgisches Bündnis der protestantischen Reichsstände – einschließlich Schwedens für seine deutschen Gebiete – unter Führung Brandenburgs vor, dem katholische Reichsstände sollten beitreten können; es sollte abgestützt werden durch ein Bündnis mit Frankreich. Das Ziel dieses Projekts war allerdings egoistischer Natur: der Erwerb der jülich-clevischen Erbschaftsgebiete in Gänze, wodurch Brandenburg-Preußen sehr viel stärker im Westen des Reiches verankert worden wäre. Zudem sollte bei der nächsten Wahl die Kaiserkrone an die bayerischen Wittelsbacher übertragen werden. Über ein Bündnis mit den drei welfischen Herzögen in Celle, Wolfenbüttel und Hannover ist der Plan jedoch nicht hinausgediehen. Brandenburg selber wurde schon bald in den schwedisch-polnischen Krieg hineingezogen. Zum Teil im Gegenzug dazu hatte sich Ende 1654 die Kölner Allianz der geistlichen Fürsten von Köln, Trier und Münster und des bedrohten Pfalzgrafen von Neuburg, des Erben von Jülich-Berg, gebildet. Außerdem bestand seit 1651 ein kurrheinisches Bündnis unter Führung von Mainz. Beide wurden 1655 in der Frankfurter Konvention miteinander verknüpft, und damit war eine Vorstufe für den ersten »Rheinbund« von 1658 erreicht.

Diese Konstellation im Westen des Reiches darf besondere Aufmerksamkeit beanspruchen. Noch war der Krieg zwischen Frankreich und Spanien nicht beendet, und da der Kaiser, obwohl im Frieden mit Frankreich, die Spanier kräftig unterstützte, drohten größere Konflikte. Wie tief das Mißtrauen der Reichsstände gegenüber der habsburgischen Politik saß, läßt ein braunschweigisches Gutachten bei Abschluß des Reichstages von 1654 erkennen: Die Politik des Kaisers versuche nach wie vor, »das aristocraticum regimen allgemach in einen statum monarchicum zu verkehren«. In dieser Situation trat mit dem Tod Ferdinands III. am 2. April 1657 die Frage der Kaiserwahl in ein akutes Stadium, denn im Juli 1654 war der bereits zum Römischen König gewählte Ferdinand (IV.) unerwartet gestorben. Sofort hatten Spekulationen und Verhandlungen eingesetzt, zumal sein Bruder Leopold das Wählbarkeitsalter noch nicht erreicht hatte. Mazarin eröffnete eine großangelegte diplomatische und finanzielle Kampagne, um die Mehrheit der Kurfürsten für die Wahl des bayerischen Kurfürsten zu gewinnen. Zeitweilig hat er, vornehmlich in taktischer Absicht, sogar die Wahl des jungen Königs Ludwig XIV. propagiert. Nach fünfzehnmonatigem Tauziehen fiel die Wahl auf Leopold. Eine bayerische Chance hatte ernsthaft kaum bestanden, zumal Kurfürst Ferdinand Maria selber uninteressiert geblieben war. Es erhebt sich die Frage, wie die Reichsstände das Interregnum genutzt haben?

Als die interessanteste politische Erscheinung in den Jahren des Wahlgeschäfts tritt der Mainzer Kurfürst Johann Philipp von Schönborn in den Blick, der erste bedeutende Vertreter einer aus dem Lahn-Gebiet stammenden reichsritterschaftlichen Familie, die über mehrere Generationen nicht nur Erzbischöfe und Bischöfe in Mainz, Trier, Würzburg, Bamberg, Speyer und Worms gestellt und eine außerordentliche Rolle in der Politik des Reiches gespielt, sondern sich auch in der Geschichte der barocken Architektur und Kunstförderung einen bleibenden Namen gemacht hat. Johann Philipp hatte Ferdinand III. 1647/48 zum Frieden gedrängt; danach bemühte er sich, einen Bund der Reichsstände zustande zu bringen, der gleichsam als eine neutrale dritte Kraft zwischen Habsburg und Frankreich/Schweden den Frieden sichern sollte. Daß er mit einer Bindung der Kaisergewalt und mit der Begrenzung des habsburgischen Einflusses zugleich ehrgeizigen Traditionen Mainzer Reichsreformpolitik folgte, die eine selbständige Stellung des Erzkanzlers des Reiches an der Spitze des Kurkollegs anstrebte, ist unbestreitbar. Da er die Wahl Leopolds nicht verhindern konnte, machte er sich das französische Verlangen zu eigen, in die Wahlkapitulation die Verpflichtung des Kaisers aufzunehmen, auf alle Teilnahme am Krieg zwischen Spanien und Frankreich in Italien und den Niederlanden zu verzichten. Auf der Linie dieser Politik lag auch der Rheinbund von 1658 unter französischer Protektion, dessen Initiator Schönborn war.

Von der Frankfurter Konvention ausgehend bemühte er sich auch um protestantische Mitglieder; sein Ziel war ein deutscher Fürstenbund, der zwar gegen die habsburgische Politik, nicht aber gegen den Kaiser als Oberhaupt des Reiches gerichtet war. Das hätte die Umwandlung des Reiches in einen Staatenbund bedeutet. Ob dieser allerdings wirklich verteidigungsfähiger gewesen wäre und sich zwischen den großen Mächten hätte behaupten können, ist sehr unwahrscheinlich. Zu gering war die Einigungsfähigkeit der Reichsstände untereinander, die bei der Verfolgung ihrer Interessen wechselnde Bündnisse vorzogen. Nur einige traten dem Bund bei; sie versicherten sich des gegenseitigen Beistands im Falle des Angriffs auf eines der Mitglieder, während der König von

Frankreich jeder Aktion gegen einen der Vertragspartner sowie gegen Kaiser und Reich entsagte. Daß für Mazarin der Bund in erster Linie ein Instrument antihabsburgischer Politik war, wußte auch Schönborn, aber er wußte ebenso, daß ohne französischen Rückhalt der Bund bedeutungslos bleiben würde. Zweimal ist er erneuert worden, hat im Türkenkrieg loyal seine Reichspflicht erfüllt und ist schließlich 1668 zerfallen, nachdem Frankreich im »Devolutionskrieg« um die Spanischen Niederlande zum Angriff auf das Reich übergegangen war und die ehrgeizigen Absichten des jungen Königs Ludwig XIV., aber auch die Überlegenheit seiner glänzend geführten Armeen offen zutage traten.

Unmittelbar vorausgegangen war eine Schrift des Pariser Parlamentsadvokaten Antoine Aubery »Des justes prétentions des rois de France sur l'empire« (1667). Auf sie hatte der kaiserliche Diplomat Franz von Lisola in seiner Gegenschrift »Le bouclier d'état et de justice« geantwortet und die Absichten der französischen Politik in bedrohlichen Farben ausgemalt, um dann zu einer großen europäischen Koalition gegen Frankreich aufzurufen. Für Jahrzehnte ist eine derartige Koalition eines der großen Themen der europäischen Diplomatie geblieben. Es sind dann allerdings die Seemächte England und Holland, denen sich auch Schweden anschloß, gewesen, die den Frieden von Aachen (1668) vermittelten, während Kaiser und Reichsstände sich zu keiner festen Haltung aufraffen konnten. Im Gegenteil: Leopold I. fand sich sogar zu einem verhängnisvollen geheimen Vertrag über die künftige Verteilung der spanischen Länder bereit.

Obwohl Ludwig XIV. die Franche-Comté räumen und in Flandern zurückstecken mußte, war der erste seiner Expansionskriege ein Erfolg. Zwölf Festungen in den Spanischen Niederlanden blieben in seiner Hand, und die spanische Erbfrage war offengehalten. Kaiser und Reich waren ihm nicht geschlossen entgegengetreten, aber er hatte sich auch als Protektor des Rheinbundes nicht in seinen Aktionen behindern lassen. Dennoch verfolgte Johann Philipp von Schönborn den Gedanken einer dritten Partei im Reich weiter. Aus dem Umkreis seiner Bestrebungen stammen Leibniz' Gutachten über die Sicherheit des Reiches von 1670 wie sein sogenannter Ägyptischer Plan, der das Interesse des französischen Königs auf koloniale Unternehmungen ablenken sollte. Aber schon 1672 setzte Ludwig zum Angriff auf die Generalstaaten an. Vorausgegangen waren eine diplomatische Offensive Frankreichs und einer jener vielen Bündniswechsel, die für die europäische Politik jener Zeit kennzeichnend sind. Die Tripel-Allianz der Seemächte löste sich auf, Frankreich schloß Bündnisse mit dem englischen König, mit Schweden, Hannover, Württemberg und rheinischen Fürsten. Der pfälzische Kurfürst vermählte seine Tochter Elisabeth Charlotte mit dem Herzog von Orléans, dem Bruder Ludwigs XIV. – eine Verbindung, die sich für die Pfalz als verhängnisvoll herausgestellt, allerdings auch Anlaß für eine der originellsten Korrespondenzen der Zeit gegeben hat. Bayern ließ sich mit weitgehenden

Zusagen von Frankreich gewinnen, und der wittelsbachische Erzbischof Maximilian Heinrich von Köln öffnete unter dem Einfluß des Domherrn Wilhelm Egon und seines Bruders, des Straßburger Bischofs Franz Egon von Fürstenberg, gut dotierten Parteigängern Frankreichs, sein Land für den Aufmarsch der Truppen Ludwigs. Und selbstverständlich fand sich der streitlustige und unruhige Bischof Christoph Bernhard von Münster bereit, gegen seine alten Gegner, die Holländer, mit denen er über Grenzgebiete prozessierte, bei hinreichenden Subsidien eigene Truppen ins Feld zu führen. Auch der Einfall einer französischen Armee in Lothringen 1670 und die Vertreibung des Herzogs Karl IV. dienten der Vorbereitung des Niederländischen Krieges.

1672 eröffnete England den dritten Seekrieg gegen die Niederlande, nur wenige Wochen später erklärten Frankreich, der Kurfürst von Köln und der Fürstbischof von Münster ihnen den Krieg. Unter dem Eindruck französischer Anfangserfolge und des Vorrückens der münsterischen Truppen kam es in Holland zur Restauration der Oranier: Wilhelm III. wurde zum Generalstatthalter der Republik ernannt. Auf Drängen Friedrich Wilhelms von Brandenburg verbündete sich nun der Kaiser mit Brandenburg und Holland. Es charakterisiert die Politik der Zeit und die Funktion, die sie Verträgen beimaß, daß beide ihre älteren Bündnisse mit Frankreich aufrechterhielten. Sie wollten ihre Politik nur als Defensivmaßnahme zur Wahrung des Friedens im Reich verstanden wissen. Entsprechend hat die kaiserlich-brandenburgische Armee unter Montecuccoli am Mittelrhein, dann in der Grafschaft Mark und in Westfalen, gegenüber Turenne hoffnungslos unterlegen, rein defensiv agiert.

Mochte der Kaiser kein anderes Ziel als das einer Demonstration verfolgt haben, so mußte Kurfürst Friedrich Wilhelm sich den völligen Fehlschlag seiner Politik eingestehen. In abrupter Wendung – es war nicht seine erste und blieb nicht seine letzte – schloß er nun im Juni 1673 mit Ludwig XIV. Frieden, verzichtete auf alle Unterstützung der Holländer und ließ sich dafür, stets geldbedürftig, kräftig bezahlen. An solchem politischen Opportunismus ist nichts zu beschönigen. Er war übliche Praxis unter den Bedingungen einer instabilen europäischen Staatenkonstellation, die durch den Expansionismus Frankreichs, die Frage der Zukunft des spanischen Herrschaftsbereichs, den Kampf um die Vorherrschaft im Norden und die Erneuerung des Türkenkrieges im Südosten in eine kritische Phase eingetreten war. Und er entsprach einer Phase der Reichsgeschichte, in der neben Habsburg noch keine andere stärkere Einzelmacht sich ausgebildet hatte und keine Ständeeinigung selbständige Bedeutung erlangen konnte. Im Falle Brandenburgs nahm solche Politik deshalb besonders krasse Formen an – und fiel schon damals besonders auf –, weil der Ehrgeiz des Fürsten und seiner Berater und ihr Wille, jede Gelegenheit zur Machterweiterung zu nutzen, mit den Ressourcen des Landes im Widerspruch standen. Ein Staat jedoch, der nicht genug politisches Eigengewicht auf die

Waage zu bringen hat, muß durch Bündnisse, durch das Mitmachen auf der einträglichsten Seite zulegen. Das war – nicht nur in Brandenburg – Praxis, ehe es diplomatische Theorie wurde.

Während Brandenburg im Frieden von Vossem aus dem Krieg ausschied, ohne allerdings aktiv auf die Seite Frankreichs zu treten, engagierte sich die Wiener Politik. Sie hatte dafür zwei Gründe. Zunächst das habsburgische Gesamtinteresse; denn daß Ludwig XIV. sich an den Spanischen Niederlanden und der Franche-Comté schadlos halten werde, war zu erwarten. Als zweiter Grund kam die Anwesenheit französischer Truppen auf westdeutschem Boden hinzu, der mit Neutralität schlechterdings nicht mehr zu begegnen war. Die kaiserliche Armee, wieder unter Montecuccoli, operierte jetzt glücklich am Mittelrhein, vereinigte sich mit den Truppen Wilhelms von Oranien. Die kurkölnische Residenzstadt Bonn mußte kapitulieren, während die Niederlande von den Franzosen geräumt werden mußten. Anfang 1674 schloß Karl II. von England auf Druck des Parlaments Frieden mit Holland. Der Bischof von Münster gab auf und schlug sich umgehend auf die Gegenseite, und auch der Kurfürst von Köln schied aus dem Krieg aus. Mehr noch: Am 24. Mai beschloß der Reichstag in Regensburg den Reichskrieg gegen Frankreich. Nur der Kurfürst von Bayern und der Herzog von Hannover hielten sich auf französischer Seite, während der Brandenburger eine erneute Schwenkung vollzog und sich gegenüber dem Kaiser, Holland und Spanien verpflichtete, eine Armee von 16.000 Mann aufzubieten – natürlich gegen Subsidien.

In dieser Situation wandte sich Ludwig leichter zu erreichenden Zielen zu: Die Pfalz, das Elsaß, das Rhein-Neckar-Gebiet und Flandern wurden zum Kriegsschauplatz. Deutsche Armeen mußten jetzt die Hauptlast des Kampfes tragen. Trotz ansehnlicher Anfangserfolge blieb der Sieg aus. Schlechte militärische Führung, vor allem die Mängel der Koordination zwischen dem kaiserlichen Befehlshaber Bournonville und dem brandenburgischen Kurfürsten, zwangen schließlich zum Rückzug auf das rechte Rhein-Ufer. Inzwischen hatte Ludwig XIV. die Vorbereitungen für die Eröffnung einer neuen Front getroffen. Anfang 1675 fielen schwedische Truppen in Brandenburg ein und zwangen Friedrich Wilhelm, die Winterquartiere in Franken aufzugeben. Nun allein operierend, konnte er jenen lang erstrebten ersten Erfolg erringen, der das militärische Ansehen seines Landes begründet hat. Auch politisch war der Sieg bei Fehrbellin am 28. Juni 1675 bedeutungsvoll, denn zum einen verhinderte er eine französisch-schwedische Zangenoperation, zum anderen schien er die Möglichkeit zu eröffnen, die Machtstellungen Schwedens auf deutschem Boden zu zerschlagen. In Regensburg wurde der Reichskrieg auch gegen Schweden beschlossen. Die Generalstaaten und Dänemark traten in den Krieg ein, in dessen Verlauf Vorpommern, Stettin, Stralsund, Greifswald und Rügen besetzt und schwedische Entsatzunternehmen in Preußen zurückgeschlagen wurden.

*Reich und reichsständische Libertät*

»Aber indem alles gewonnen schien, war doch in Wirklichkeit bereits alles so gut wie verloren« (B. Erdmanndörffer). Der Krieg im Norden war eben doch nur Teil des viel größeren Niederländischen Krieges, und in diesem bestimmten noch immer die französischen Heere und Diplomaten das Geschehen. Zwar operierten die Reichstruppen unter Montecuccoli und Karl V. von Lothringen während des Feldzuges von 1675 insgesamt nicht unglücklich, und im folgenden Jahr konnte Karl die starke rechtsrheinische Festung Philippsburg erobern und nach Lothringen vorstoßen. Aber die Franzosen nahmen Freiburg und kämpften in den Niederlanden erfolgreich. In Holland erlahmte der Eifer für einen Krieg, der nicht zu gewinnen war, zumal die Spanier erschöpft waren und die Engländer auf Frieden drängten. Auf ihre und päpstliche Vermittlung hin hatten sich schon seit dem Frühjahr 1676 in Nymwegen Gesandte der kriegführenden Mächte versammelt, die allerdings erst nach langen Zeremonialstreitigkeiten die Friedensverhandlungen aufnehmen konnten. Dabei gelang es der französischen Diplomatie, die Koalition der Gegner zu sprengen und mit ihnen zu separaten Vereinbarungen zu kommen. Mit dem Angebot der Integrität ihrer Grenzen und eines günstigen Handelsvertrags wurden die Generalstaaten, gegen die Mahnungen des Oraniers, für einen Separatfrieden gewonnen (10. August 1678). Es folgte der Friedensschluß mit Spanien, das mit der Abtretung der Franche-Comté und weiterer südniederländischer Städte die größten Opfer bringen mußte. Während der Brandenburger den Krieg fortzusetzen verlangte, setzte sich am Wiener Hof angesichts der Kriegsunlust vieler Reichsstände, neuer Pläne zur Schaffung einer »dritten Partei«, des Mißtrauens gegenüber Brandenburg, aber auch der Unruhen in Ungarn und der Wahrscheinlichkeit eines neuen Türkenkrieges die Bereitschaft zum Friedensschluß mit Frankreich und Schweden durch. Er wurde am 5. Februar 1679 in Nymwegen unterzeichnet – zugleich für das Reich, obwohl die kaiserlichen Gesandten dafür keinen Auftrag des Reichstages hatten. Der Vertrag bestätigte noch einmal die Friedensschlüsse von Münster und Osnabrück, damit auch den schwedischen Besitz Vorpommerns. Frankreich verzichtete auf das Besatzungsrecht von Philippsburg, behielt aber Freiburg und Hüningen; es erreichte die Restitution der Brüder Fürstenberg, stimmte zwar der Wiedereinsetzung des Herzogs Karl in sein Erbland Lothringen zu, verlangte jedoch die Abtretung von Nancy und Longwy und das Gebiet für mehrere Militärstraßen – eine Bestimmung, die Karl abgelehnt hat. Kaiser und Reich verpflichteten sich, die noch im Krieg mit Schweden stehenden Staaten nicht zu unterstützen, und überließen dem König von Frankreich bis zur Herstellung des Friedens acht feste Plätze an Mosel, Rhein und im Bistum Lüttich.

Es kennzeichnet die Reichsverhältnisse, daß es Frankreich überlassen blieb, den im Namen des Reiches geschlossenen Frieden bei den Reichsständen durchzusetzen. Noch am gleichen Tag wurde zwischen den Welfenherzögen in Celle und Wolfenbüttel und Frankreich ein Vertrag unterzeichnet, in dem jene die besetzten Herzogtümer Bremen und Verden an Schweden zurückgaben – bis auf die Vogtei Dorwern und das Amt Thedinghausen; sie erhielten dafür 300.000 Reichstaler. Auch der Bischof von Münster erhielt für die Rückgabe bremischen Gebietes eine Geldzahlung. So befanden sich nur noch Brandenburg und Dänemark im Krieg, jetzt in aussichtsloser Lage. Als der für die Einräumung von Wesel und Lippstadt bewilligte Waffenstillstand abgelaufen war, rückte Marschall Créqui gegen zähen brandenburgischen Widerstand bis vor Minden. Am 29. Juni 1679 mußte Friedrich Wilhelm den tief enttäuschenden Frieden von St.-Germain-en-Laye schließen, in dem er alle eroberten Gebiete in Vorpommern an Schweden zurückzugeben hatte, mit Ausnahme eines schmalen Landstreifens auf dem rechten Oder-Ufer, der nicht befestigt werden durfte. Schweden verzichtete auf die ihm 1648 zugestandene Hälfte der Seezölle in hinterpommerschen Häfen. Wenige Wochen später war auch Dänemark gezwungen, im Vertrag von Fontainebleau alle Plätze, die es erobert hatte, an Schweden herauszugeben.

So endete ein sieben Jahre währender europäischer Krieg für das Reich zwar ohne Gewinn und ohne größeren Gebietsverlust, insgesamt aber mit negativer Bilanz. Im wesentlichen wurden die politischen Ergebnisse des Westfälischen Friedens bestätigt, doch Frankreich stand weit stärker da als drei Jahrzehnte zuvor. Bereits 1673 hatte es sich die zehn elsässischen Reichsstädte völlig einverleibt, über die es schon vorher die Landvogtei ausübte. Im übrigen hatte es im Frieden von Nymwegen eine definitive Klärung der Lage im Elsaß verhindert. Lothringen blieb in seiner Hand, und in den nominell noch zum Reich gehörenden Spanischen Niederlanden hatte es zahlreiche Plätze als militärische Ausgangsbasen für künftige Aktionen erworben. Trotz der Erklärung des Reichskrieges war kein Reichsheer zustande gekommen, da ein Teil der Reichsstände sich seiner Pflicht entzogen hatte oder gar auf der Gegenseite stand; andere protestierten gegen die Einquartierung während der Feldzüge. Brandenburg-Preußen – seit den Verträgen von Wehlau 1657 und Oliva 1660 besaß der Kurfürst das aus polnischer Oberlehnsherrschaft entlassene Herzogtum Preußen iure supremi dominii – hatte an Ansehen und Mißgunst gewonnen, doch war es seinen Erwerbungszielen nicht nähergekommen. Es fühlte sich vom Kaiser im Stich gelassen und dazu von ihm brüskiert durch die Einziehung der 1675 nach dem Tod des letzten Piastenherzogs freigewordenen schlesischen Fürstentümer Liegnitz, Brieg und Wohlau als heimgefallene Lehen, obwohl die brandenburgischen Hohenzollern aus einer Erbverbrüderung im Jahr 1537 Ansprüche herleiteten. Enttäuscht und wendig, wie man es von ihm kannte, kehrte sich Friedrich Wilhelm erneut Frankreich, der eindeutig stärksten europäischen Macht zu. Die geheime Allianz, die sein Unterhändler am 25. Oktober 1679 schloß, machte ihn zum Satelliten Ludwigs XIV. Für die Zahlung von jährlich 100.000 Livres, die er für die Aufrechterhaltung seiner Armee benötigte, verpflichtete er sich, französi-

*Reich und reichsständische Libertät*

schen Truppen freien Durchgang durch sein Land, gegebenenfalls auch Rückzug in seine Festungen zu gewähren, in Polen für die Königswahl des französischen Kandidaten zu wirken, bei der nächsten Kaiserwahl gegen einen habsburgischen Kandidaten zu stimmen und sich für einen Frankreich genehmen Mann einzusetzen. Weitere Verträge in diesem Sinne folgten 1681 und 1682. Auch ohne nationale Urteilsperspektive, die für jene Zeit unangemessen wäre, muß solche fast bedingungslose Unterwerfung eines Kurfürsten des Reiches unter die Politik Frankreichs, die sich unübersehbar gegen Kaiser und Reich richtete, als schwerer Bruch des Reichsrechts und als rücksichtslos egoistisches Vorgehen bezeichnet werden, das in der Tat dem Reich geschadet hat. Es brachte Brandenburg selber nichts ein, das doch nur eine minderwichtige Figur auf dem Brett der französischen Politik darstellte.

Übrigens hatten auch andere deutsche Fürsten keine Bedenken, sich nun ganz dem mächtigen König von Frankreich anzuschließen: so insbesondere Ferdinand Maria von Bayern und Johann Georg II. von Sachsen, ganz abgesehen von den rheinischen Erzbischöfen und dem Pfälzer Kurfürsten, denen schon die Lage ihrer Länder geboten erscheinen ließ, gute Beziehungen, ja die Protektion Ludwigs XIV. zu suchen. Und dieser zögerte nicht, seine Überlegenheit auszunutzen. Seine jetzt einsetzende »Reunionspolitik« enthüllte mit der Unterwerfung der Reichsstadt Straßburg am 31. August 1681, mitten im Frieden, ihr wahres Gesicht. Damit war ein Punkt erreicht, an dem sich nicht nur publizistisch nationalpatriotische Empörung regte. Es bildete sich die Frankfurter Assoziation des Oberrheinischen und des Fränkischen Kreises (1681), die sich im Jahr darauf mit dem Kaiser zur Laxenburger Allianz erweiterte, und nun kam endlich der Reichstag in für ihn erstaunlich kurzer Zeit zum Beschluß einer Reform der Reichskriegsverfassung. Der Antrag, den der Kaiser dazu schon Anfang des Jahres eingebracht hatte, war weniger durch die Politik Ludwigs XIV. als durch die drohende Türkengefahr veranlaßt; er zielte jedoch auf eine allgemeine Erhöhung der Verteidigungsfähigkeit des Reiches. Als einer der letzten Ansätze zur Reform des Reiches ist er hier etwas näher zu betrachten.

Vorgesehen war ein stehendes Reichsheer, dessen normale Stärke, »Simplum«, von 40.000 Mann – 28.000 Mann Infanterie, 10.000 Mann Reiter, 2.000 Dragoner – bei Bedarf verstärkt werden sollte. Unter Abschaffung der Wormser Reichsmatrikel von 1521 sollten nun die Reichskreise anteilig für die Aufstellung, Ausrüstung, Finanzierung und Ausbildung der Truppen verantwortlich sein. Dazu sollten Kreiskriegskassen auf der Basis von Kreismatrikeln und eine Reichsoperationskasse eingerichtet werden. Wie sie ihre Kontingente aufbringen würden, ob durch Truppengestellung der einzelnen Stände oder durch entsprechende Zahlung für die Werbung, blieb den einzelnen Kreisen überlassen. Wieder also hing es von den einzelnen Reichsständen ab, ob die Reform erfolgreich sein würde; unter den Bedingungen der Reichsverfassung

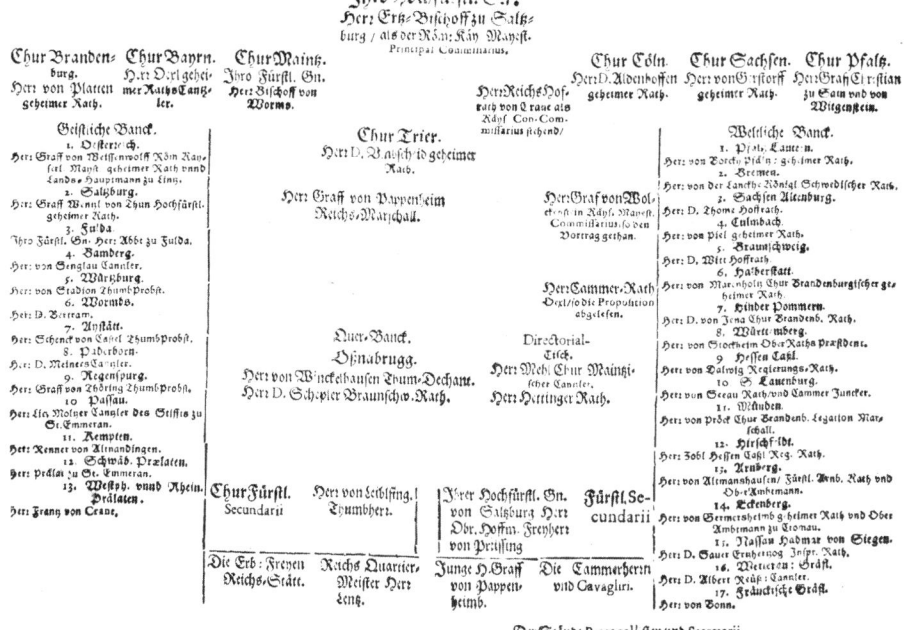

Eröffnung des Reichstages von 1663 in Regensburg mit dem Verzeichnis der anwesenden Reichsstände. Einblattdruck mit einem Kupferstich von Christian Fischer, 1663/64. Regensburg, Reichstagsmuseum

Die Schlacht bei Fehrbellin im Kreis Neuruppin am 28. Juni 1675: Sieg Friedrich Wilhelms, des Großen Kurfürsten, über die Schweden. Wandteppich nach einem Entwurf von Pierre Mercier, 1699. Berlin, Schloß Charlottenburg

war kein anderer Weg gangbar. Die neue Reichsdefensionalordnung blieb bis zum Ende des Reiches in Kraft, wirklich funktioniert aber hat sie nie. Der eine Grund dafür lag in der geringen Gewalt der Kreise, ihre Mitglieder zur Erfüllung ihrer Pflichten zu nötigen, der andere in der ganz unterschiedlichen Zusammensetzung der Kreise. Wo ihnen große Stände mit eigenem Miles perpetuus angehörten, konnten diese kaum veranlaßt werden, einen Teil davon für das Reichsheer abzustellen, zumal dann, wenn sie – wie Brandenburg – mehreren Kreisen angehörten. Daß sie allein das jeweilige Kontingent stellten und dadurch einen Teil ihrer eigenen Truppen von ihren Mitständen finanzieren ließen, machte ihr Übergewicht nur noch spürbarer. Lediglich in den vielgliedrigen »vorderen« Reichskreisen an der Westgrenze ist die neue Ordnung Gegenstand gemeinsamen Interesses geworden. Zwar entstanden auch hier keine ständig verfügbaren, gut ausgebildeten, doch mit der Zeit immerhin funktionsfähige Kreistruppen, die sich im Spanischen Erbfolgekrieg im Rahmen ihrer Möglichkeiten bewährt haben.

# Die Stunde der Regierungen

Schon mehrfach wurde betont, daß der Frieden nach drei Jahrzehnten der kriegerischen Aktionen und des Nicht-Friedens, obwohl als großes Ereignis gefeiert, keine völlig andere Epoche einleitete und vom »Jüngsten Reichsabschied« von 1654 keine Wende für die Reichsverfassung ausging. Gleichwohl erscheint es berechtigt, in der staats- und völkerrechtlichen Festschreibung des Rechtes der Reichsstände, Bündnisse auch mit auswärtigen Mächten zu schließen, und in der Feststellung der Wehrsteuerhoheit der Fürsten repräsentative Ereignisse in der Ausbildung der Selbständigkeit der deutschen Einzelstaaten zu sehen. Der politische Handlungsspielraum deutscher Landesherren hatte sich damit formal vergrößert; ob sie ihn zu nutzen, auszufüllen und noch zu erweitern in der Lage sein würden, war abhängig von so zufälligen Faktoren wie dem politischen Verstand und der Energie des einzelnen Herrschers, dem Vorhandensein und der Eignung des Nachfolgers, der Qualität seiner Minister und Räte. Und natürlich hing er ab von so elementaren Faktoren wie der Finanzkraft des Landes, der Stärke von Landständen und den Zwängen und Chancen der großen Politik. Den Zusammenhang von auswärtiger und innerer Politik brauchte man nicht erst bei Machiavelli begreifen zu lernen. Jeder deutsche Fürst kannte ihn aus der Praxis, ohne freilich wie der »Principe« handeln zu wollen oder zu können. Krieg und Nachkrieg lehrte ihn, in der auswärtigen Politik alles auf Assoziationen, Allianzen und dynastische Verbindungen, auf Subsidienverträge und eigene militärische Rüstung, in der inneren Politik auf die Erschließung neuer Finanzquellen, die Ausschließung ständischer Einflüsse auf der zentralen Ebene in Herrschaft und Verwaltung und auf die demonstrative Hervorhebung monarchischer Gewalt abzustellen.

»Absolutistisches« Regiment begann nicht erst nach 1648, und es hat sich dann auch keineswegs überall in Deutschland entfalten und durchsetzen können; aber die Chancen dafür waren größer, die Widerstände dagegen in toto schwächer geworden. Man tut indes gut daran, bei der Charakterisierung des Vorgangs zunehmender Regierungstätigkeit den Begriff des Absolutismus zunächst zu vermeiden. Er weckt zu leicht die unzutreffende Vorstellung uneingeschränkter monarchischer Herrschaftsgewalt als Quelle allen politischen Willens und als Ausgangspunkt allen politischen Handelns. Davon blieb selbst der Kurfürst von Brandenburg und König in Preußen weit entfernt. Mancher deutsche Duodezfürst regierte uneingeschränkter als jener, obgleich seine Herrschaft nicht viel mehr als eine erweiterte patriarchalische und grundherrliche war. Erhob aber ein Fürst den Anspruch auf absolute Gewalt und versuchte er, diesen Anspruch in Wort, Habitus und Hofhaltung zu präsentieren, so stand die Wirklichkeit dazu oft in krassem Widerspruch.

Die verstärkte Regierungstätigkeit in deutschen Staaten und die Ausweitung landesherrlicher Zuständigkeiten konnten Schritte auf dem Weg zum Absolutismus sein, haben aber nicht notwendig dahin geführt. Dennoch ließen sie die staatliche Obrigkeit als entscheidende Instanz stärker in Erscheinung treten. Das geschah in doppelter Richtung: Während die Regierungen zunehmend mit Polizeiordnungen regulierend eingriffen, kamen ihnen von seiten der Regierten größere Erwartungen auf Sicherheit, gerechte Justiz und Unterstützung entgegen. Es charakterisiert die Situation, daß auch die politische Theorie in Deutschland sich mehr als vorher mit der Regierung, ihren Rechten und Pflichten, ihren Aufgaben und ihren Mitteln befaßte. 1656 erschien Veit Ludwig von Seckendorffs »Teutscher Fürsten-Staat«, ein Werk, das bis 1754 nicht weniger als zwölf Auflagen erfahren hat. Sein Verfasser war Hof- und Justitienrat in Sachsen-Gotha und wurde 1664 Kanzler dieses von Ernst dem Frommen beispielhaft regierten mitteldeutschen Herzogtums. Obwohl das Buch an Verhältnissen dieses Kleinstaates orientiert ist, beschreibt sein Autor die wesentlichen Strukturen des damaligen deutschen Territorialstaates; darüber hinaus entwickelt er eine umfassende Lehre der Staatsaufgaben, eine Regierungs- und Verwaltungslehre. Für Seckendorff steht es außer Frage, daß ein deutscher Fürst nicht absolut ist, sondern im Kaiser sein Oberhaupt hat und verpflichtet ist, sich, sein Land und seine Untertanen »bei dem Römischen Reich und unter dessen höchster Botmäßigkeit« zu erhalten. »Landesfürstliche Regierung« ist »nichts anders als die oberste und höchste Botmäßigkeit des ordentlich regierenden Landesfürsten oder Herrn, welche von ihm über die Stände und Untertanen des Fürstentums, auch über das Land selbst und dessen zugehörige Sachen, zu Erhaltung und Behauptung des gemeinen Nutzens und Wohlwesens im geist- und weltlichen Stande und zur Erteilung des Rechtens gebrauchet und verführet wird«. Seine Macht ist keine willkürliche wie die eines Hauswirts über sein Gesinde; seine Aufgabe ist es, daß seine Untertanen »regiert und in Gehorsam gehalten werden wie Freigeborne und unter seinem rechtmäßigen Regiment zu ihrer Leibes- und Seelenwohlfahrt versammelte Leute, von einer christlichen und an göttliche, natürliche und des Reichs Rechte angewiesenen Obrigkeit von rechtswegen geschützet und in Acht genommen werden«. Erster Hauptzweck der Regierung ist die Erhaltung des Standes und Ansehens des Landesherrn, damit er seine Aufgaben erfüllen kann, zweiter Hauptzweck die »Aufrichtung guter Gesetze und Ordnungen, dadurch Gerechtigkeit, Friede und Ruhe samt dem Vermögen des Landes und der Leute, in Schwang gebracht, erhalten und also das Böse und Schädliche abgeschafft und das Gute und Löbliche gehandhabt werde«.

Zwar ist hier noch viel von der Erhaltung der Gerechtigkeit, des äußeren Friedens und der inneren Ruhe die Rede, aber die Aufgaben der Regierung erstrecken sich auch auf die Entwicklung der Wohlfahrt des Landes. Und als

Mittel dazu wird der Regierung zur Pflicht gemacht, nicht nur herkömmliches Recht zu schützen, sondern »gute Gesetze und Ordnungen« zu schaffen, also aktiv gestaltend zu handeln. Im »wohlgeordneten Polizeistaat« (M. Raeff), wie er von Seckendorff vorgestellt wird, also in einem Staat mit umfassender Verwaltung, der noch keine Trennung von Legislative und Exekutive, von Gesetz und Verordnung kennt, hat die Regierung die Aufgabe, sowohl in weltlichen als auch in geistlichen Dingen alles zu tun, um den gemeinen Nutzen zu fördern. Seckendorff meint nicht, daß es dazu einer neuen Verfassung des »Fürstenstaats« bedarf, sondern nur der gerechten, nützlichen, überlegten und unablässigen Aktivität seiner Regierung. Auch aus der von ganz anderen Voraussetzungen ausgehenden naturrechtlichen Staatslehre Samuel Pufendorfs, die dieser 1672 zuerst in seinen »Acht Büchern vom Natur- und Völkerrecht« systematisch entwickelte, konnten die Regierenden sich zu umfassender Aktivität legitimiert sehen. Der durch Vertrag entstandene Staat ist hier als die vollkommenste Form der menschlichen Gemeinschaft verstanden, in der alles Regierungshandeln zum Wohl des Ganzen der Räson des Staates folgen muß. Im Staat wird natürliches Recht zum geltenden positiven Recht. Die Regierung hat ihre Herrschaft durch einen zweiten Vertrag übertragen bekommen; sie übt sie souverän und uneingeschränkt aus, da, wenn der Staat seinen Zweck, Regierung ihre Aufgabe erfüllen soll, es nur einen bestimmenden Willen geben darf. Allerdings kann für die Willensbildung laut Grundgesetz die Zustimmung von Ständen oder Räten erforderlich sein. Folgt der Herrscher nicht der Staatsräson, verletzt er seine Herrscherpflichten und bricht er damit den Vertrag, so tritt ein Widerstandsrecht der Gesamtheit der Untertanen ein, das allerdings an der Souveränität des Herrschers eine praktische Grenze findet, welcher letztlich entscheidet, was dem Wohl des Staates entspricht. Die Erfüllung der Herrscherpflichten also sichert und stärkt die Souveränität der herrschenden Gewalt. Schließlich ist die neostoizistische Staats- und Verwaltungslehre des Niederländers Justus Lipsius zu nennen. Seine zuerst 1589 veröffentlichten »Sechs Bücher über die Politik« erlebten zahllose Auflagen und Übersetzungen. Sie lehrten eine Prudentia civilis, die von den Fürsten, deren Räten, Beamten und Offizieren als obrigkeitliche politische Leitlinie aufgenommen wurde. Disziplinierte und funktionsfähige Verwaltung und Heeresorganisation erschienen als die Mittel effektiver Politik im monarchischen Staat.

Selbstverständlich ist nicht anzunehmen, daß deutsche Landesherren im späten 17. und frühen 18. Jahrhundert nach politischen Theorien und philosophischen und juristischen Lehren gehandelt haben, obwohl man bei Friedrich Wilhelm von Brandenburg oder Maximilian I. von Bayern Einflüsse lipsianischer Lehren nachweisen und mit Fug und Recht behaupten kann, daß Seckendorffs »Fürstenstaat« zu einer Art Handbuch der Regierungskunst geworden ist. Christian Thomasius hat darüber in Halle auf ausdrücklichen Wunsch Friedrich

Wilhelms I. Vorlesungen gehalten. Dennoch ist es eine bemerkenswerte Konstellation, daß in den ersten Jahrzehnten nach dem Ende des Dreißigjährigen Krieges politische Praxis und politische Theorie den Regierungen als handelnden Kräften und hauptsächlichen Trägern des politischen Geschehens eine erhöhte Bedeutung gaben. Nicht allein den Fürsten! Tatsächlich waren es nicht immer die Herrscher, von denen die Initiativen zu verstärkter Gesetzgebungs- und Verwaltungstätigkeit ausgingen, sondern ihre Minister und Räte. Wie in Frankreich die großen Minister Richelieu, Mazarin, Colbert, Fleury die Macht der Krone vertraten und die vom König eingesetzten Intendanten sie in den Provinzen repräsentierten und durchzusetzen versuchten, so sind es auch in deutschen Staaten Männer im Umkreis der Fürsten, häufig Landfremde und im Dienst Aufgestiegene, sowie die sich bildende Beamtenschaft gewesen, die am erfolgreichsten an der Stärkung der landesherrlichen Gewalt – und damit zugleich für ihren eigenen Einfluß – gearbeitet haben.

Institutionen
und
gesellschaftliche Kultur

# Fürstlicher »Absolutismus« und landständischer Widerstand

Der beiläufig erwähnte Konflikt zwischen dem Landesherrn und den Landständen in Mecklenburg war kein Vorgang von bloß marginaler Bedeutung. Sein Verlauf wie sein Ergebnis demonstrieren eine extreme Möglichkeit deutscher staatlicher Entwicklung in der frühen Neuzeit. Nach dem Dreißigjährigen Krieg, in dem das Herzogtum Mecklenburg besonders schwer gelitten hatte, wurde es von heftigen Auseinandersetzungen zwischen den Landständen, die durch die Alte Union von 1523 und die Übernahme landesherrlicher Schulden eine starke Position innehatten, und den Herzögen, die ihre Macht zu erweitern suchten, schwer erschüttert. Als 1671 eine Kontribution zur Erhaltung von Festungen und Garnisonen durchgesetzt werden sollte, wandten sich die Stände klagend an den Reichshofrat, der nach langen Verhandlungen einen Vergleich zustande brachte. Ein Zwist in der herzoglichen Familie machte aufs neue kaiserliches Eingreifen und 1701 die Teilung des Herzogtums nötig. Beiden Landesteilen, Schwerin und Strelitz, blieben die Landeskirche, die Universität Rostock, Hof- und Landgerichte und vor allem die Landstände gemeinsam, was deren Selbstbewußtsein weiter verstärkte. Als der Schweriner Herzog Friedrich Wilhelm den Versuch machte, sich die ständische Steuerverwaltung zu unterstellen, klagten die Stände erneut in Wien, suchten aber zugleich Unterstützung in Hannover. Der autokratische Nachfolger Karl Leopold (seit 1713) verstärkte seinen Druck und verband sich mit dem Zaren, dessen Truppen 1711 in Mecklenburg aufgetaucht waren. Auf sie gestützt, nach ihrem Abzug mit eigenem Militär, ging er gegen den Adel vor, konfiszierte die Güter geflohener Besitzer und versuchte, ein absolutistisches Regiment aufzurichten. Es dauerte lange, ehe die Klage der Landstände in Wien und die Debatten des Reichstages zu Regensburg über den Fall Mecklenburg zur Anordnung einer Reichsexekution durch Hannover und Braunschweig-Wolfenbüttel führten, und noch länger, bis sie in Gang kam. Erst nach Überwindung militärischen Widerstandes konnte eine Kommission im Namen des Kaisers die Regierungsmacht übernehmen; sie setzte 1728 den Bruder des suspendierten Herzogs, Christian Ludwig II., als Administrator ein und beendete ihre Tätigkeit erst mit dem Tod Karl Leopolds 1747. Der »landesgrundgesetzliche Erbvergleich«, den Christian Ludwig schließlich 1755 mit der »Ritter- und Landschaft« eingehen mußte, bedeutete einen vollen Sieg der Stände. Über die Bestätigung ihrer alten Rechte und Freiheiten hinaus wurde festgestellt, daß für alle Regierungsmaßnahmen, die ihre Interessen berührten, ihre Zustimmung erforderlich sei und daß ihnen bei erfolglosen Beschwerden der Weg zu den Reichsgerichten freistehe. Die Steuererhebung – der wichtigste Streitpunkt in allen Ständekonflikten – wurde genau geregelt und dabei der grundbesitzende Adel extrem begünstigt, unter anderem dadurch, daß er bei der ordentlichen Kontribution nur zur Hälfte seines Besitzes steuerpflichtig sein sollte. Bis 1918 (!) ist dieser Vergleich Verfassungsgrundlage für Mecklenburg gewesen, auch für das erheblich kleinere Herzogtum Strelitz; beide Teile behielten einen gemeinsamen Landtag, der das innere Staatsleben weitgehend beherrsche.

Ein bemerkenswerter Fall, der so gar nicht in das Klischeebild eines Zeitalters des »Absolutismus« hineinpassen will. In der Tat war ein »absolutes« landesherrliches Regiment hier auf Dauer verhindert worden, und zwar nicht allein durch den Widerstand der Landstände, sondern auch durch das Zur-Geltung-Bringen des Reichsrechtes. Es war also doch noch möglich, daß Untertanen – allerdings privilegierte Untertanen – erfolgreich gegen ihren Landesherrn wegen Rechtsbruchs klagen konnten und daß eine reichsgerichtliche Entscheidung zuungunsten des Landesherrn durch den zuständigen Reichskreis exekutiert wurde. Diese Feststellung muß indes im Blick auf die besonderen Umstände des Falles Mecklenburg erheblich eingeschränkt werden. Die Verquickung des inneren Zwistes mit dem Geschehen des äußeren Krieges, die Anwesenheit russischer Truppen im Lande und deren Verwendung zum Druck auf die opponierenden Stände machten das Eingreifen des Kaisers und des Reiches politisch erwünscht, nötig und möglich. Ein Einspruch von anderen Reichsständen war nicht zu erwarten, selbst von Preußen nicht, obwohl es bei der Exekution bewußt übergangen worden war; und der Zar hatte anderes im Sinn, als sich in innerdeutsche Streitigkeiten einzulassen. Zu den besonderen Umständen gehörte ferner der Charakter der mecklenburgischen Stände, die nach der Teilung des Landes dessen Einheit verkörperten. Durch das völlige Überwiegen des grundbesitzenden Adels wiesen sie eine hohe Homogenität der sozialen Zusammensetzung und der wirtschaftlichen Interessen auf. Auch darauf ist hinzuweisen, daß die Herzöge von Mecklenburg noch nicht das Jus de non appellando besaßen und deshalb ihren Untertanen nicht verbieten konnten, an die Reichsgerichte zu appellieren. Vermochte sich also in Mecklenburg fürstliche Gewalt nicht durchzusetzen, so hatten der Sieg der Landstände und ihre Mitregierung dennoch keiner freiheitlichen und fortschrittlichen Entwicklung den Weg geebnet. Der ritterschaftliche Adel mit seinem starren Festhalten an der gutswirtschaftlichen Agrarverfassung und seinem Bemühen, die Leibeigenschaft der Bauern noch zu verschärfen, wurde vielmehr zum Hemmnis für notwendige Reformen und machte Mecklenburg zum verfassungspolitisch rückständigsten deutschen Staat.

Eine ganz andere Richtung nahm die Entwicklung im Herzogtum Württemberg. Auch hier sind im 18. Jahrhundert die Landstände als Sieger aus langwierigen Konflikten mit dem Landesherrn hervorgegangen; auch hier griffen auswärtige Mächte und der Kaiser ein. Dennoch unterschieden sich Verlauf, Ergebnis und Folgen des »Ständekampfes« in beiden Ländern erheblich. Seit der grundbesitzende Adel in Württemberg im frühen 16. Jahrhundert reichsfrei geworden und das Land zur Reformation übergegangen war, setzte sich der Landtag aus den Vertretern der Ämter und – für die säkularisierten Klöster – den evangelischen Prälaten, also aus Repräsentanten eines relativ homogenen bürgerlichen Honoratiorentums, zusammen. Hartnäckig verteidigte er seine im Tübinger Vertrag von 1514 festgelegten Rechte, vor allem das ihm für die Übernahme fürstlicher Schulden zugestandene Recht auf Steuerbewilligung. Nach dem Dreißigjährigen Krieg haben die Stände, die »Landschaft«, die regelmäßig zu Landtagen zusammenkam, praktisch mitregiert. Als die Herzöge, wie überall, ihre Gewalt auszuweiten versuchten, wurde die Frage der Unterhaltung eines stehenden Heeres zum hauptsächlichen Streitpunkt. Es kennzeichnet die veränderte Lage, daß nach 1699 für fast vier Jahrzehnte kein Landtag mehr berufen wurde, sondern nur die Ausschüsse arbeiteten. Als Klagen der Stände beim Reichshofrat gegen die eigenmächtige Ausschreibung von Heeressteuern durch Herzog Eberhard Ludwig erfolglos blieben, bewilligte der Große Ausschuß 1724 zwar einen Militärbeitrag, doch die eigentliche Machtfrage blieb unentschieden. Herzog Karl Alexander versuchte, mit Hilfe finanzieller Transaktionen des jüdischen Hoffaktors Süß Oppenheimer ohne die Stände auszukommen. Seine Politik fand durch den Übertritt zur katholischen Kirche zusätzlichen Widerstand. Daß die Stände eine Garantie der Religionsreversalien, denen er bei Regierungsantritt zur Sicherung des lutherischen Charakters des Landes hatte zustimmen müssen, durch England, Dänemark und Preußen erreicht hatten, sollte sich als eine wichtige Stärkung ihrer Position erweisen. Das zeigte sich schon beim frühen Tod des Herzogs (1737), als über sein Testament, in dem er eine katholische Vormund- und Regentschaft für seinen Sohn Karl Eugen vorgesehen hatte, ein heftiger Streit ausbrach. Die Stände erreichten jetzt die Einberufung eines Landtages, der außerordentlich lange – von 1737 bis 1739 – tagte, eigenmächtige Finanzmaßnahmen des verstorbenen Herzogs aufhob, auf die Verurteilung Süß Oppenheimers drängte und die Rechte der Landschaft auf Mitberatung und Kontrolle wiederherstellte. Als Gegenleistung stimmten die Stände der Erhaltung eines »gemäßigten militis conducti« und der Erhebung entsprechender Steuern zu.

Ein Sieg der Landschaft, nach dem diese dennoch zur Ausschußarbeit ohne Plenarlandtage zurückkehrte. Hatten Weiterer und Engerer Ausschuß vorher die Einberufung von Landtagen bei der Regierung nicht durchsetzen können, so hielten sie sie jetzt nicht für nötig und wünschten sie auch nicht, da sie um ihre Selbständigkeit in der Zusammenarbeit mit den herzoglichen Räten fürchteten. Noch befanden sich allerdings unter ihren Mitgliedern so hervorragende Männer wie der Prälat Johann Albrecht Bengel und, als Konsulent, der Jurist Johann Jakob Moser, der bedeutendste Vertreter landständischer Rechte, beide überdies

Exponenten des württembergischen Pietismus, der weit mehr als eine religiöse Erweckungsbewegung war, nämlich eine starke, tief in die Bevölkerung hineinreichende meinungs- und verhaltensbildende Kraft auch im sozialen und politischen Leben. Dadurch wie durch die anhaltende Konfliktsituation wurde die allen Landständen drohende Gefahr der Selbstausschaltung als Folge einer Oligarchisierung der praktischen Arbeit in Württemberg noch aufgehalten. Schon bald verschlechterte sich das Verhältnis zwischen Landesherrn und Landschaft erneut; es setzte ein von der deutschen Öffentlichkeit stark beachteter, auch publizistisch geführter Abwehrkampf gegen den fürstlichen Absolutismus ein.

In dem Bestreben, die Mitwirkung der ständischen Ausschüsse auszuschalten, sah sich der begabte, ehrgeizige und bedenkenlose Karl Eugen durch den Ausbruch des Siebenjährigen Krieges begünstigt, an dem er als Reichsfürst und Subsidienempfänger Frankreichs teilnahm, da er weder das Eingreifen der Garantiemächte noch die Unterstützung der Landschaft durch den Reichshofrat befürchten mußte. Jetzt scheuten seine Minister weder Verfassungsbruch noch Gewalttätigkeit, nicht den Griff in die Landschaftskasse und die Verhaftung Mosers, der ohne rechtmäßiges Verfahren über fünf Jahre auf dem Hohentwiel festgehalten wurde. Doch mit dem Ausgang des Krieges veränderte sich die Situation. Als der Herzog nach dem Wegfall der Subsidien versuchte, die Erhaltung des Militärs dem Lande aufzulasten und einseitig Militärsteuern ausschrieb, die Landschaft dagegen mit einer Klage in Wien drohte, gab Karl Eugen der Forderung auf Einberufung eines Landtages nach. Mit Unterbrechungen, Auflösungen und Wiedereinberufungen und begleitet von zahlreichen Übergriffen der Regierung im Lande hat er von 1763 bis 1770 gedauert und durch die von den Garantiemächten nachdrücklich unterstützte Klage der Landschaft in Wien insofern einen besonderen politischen Akzent erhalten, als die österreichisch-preußische Rivalität in den innerterritorialen Machtkampf hineinwirkte. Der Reichshofrat gab der Klage der Stände im wesentlichen recht, der Kaiser indes empfahl ein außergerichtliches Vergleichsverfahren, das nach zähen, mehrfach vom Scheitern bedrohten Verhandlungen und erheblichen ständischen Geldzahlungen schließlich zum Erbvergleich vom 15. Januar 1770 führte, dem »letzten großen Staatsgrundgesetz des alten Württemberg« (W. Grube). Der Herzog mußte Landtag und Ausschüsse als »Corpus repraesentativum des gesamten lieben Vatterlandes« anerkennen und die Rückkehr zu den hergebrachten Formen des Umgangs zwischen Regierung und Landschaft zusichern.

Dieser neue Triumph der Stände, der der württembergischen Verfassung europäische Berühmtheit eintrug, war ein Behauptungssieg und eröffnete keine neuen Bahnen. Die Landschaft hatte keine neuen Rechte gewonnen, sondern nur ihre alten verteidigt, und obwohl der Landtag während der Auseinandersetzungen mit der Regierung breite Zustimmung im Land fand, war er nicht zu einer wirklichen Vertretung der Bevölkerung geworden; er behielt seine altständische Zusammensetzung und – sogar in verstärkter Position – die oligarchisierten Ausschüsse, die in der Folgezeit erneut zur Politik der Vermeidung von Plenarlandtagen zurückkehrten. Es wirft ein dunkles Schlaglicht auf diese Entwicklung, daß der bedeutendste Verteidiger der Rechte der Landschaft, Johann Jakob Moser, zum erbittertsten, ja maßlosen Gegner der Ausschußherrschaft wurde und man ihn noch im Jahr des Vergleichs aus dem Landtag verstieß. Die ständische Mitwirkung an der Regierung verkam zum Arrangement einer kleinen Gruppe von versippten Ausschußmitgliedern und Landschaftsassessoren, die die Öffentlichkeit scheuen, mit den herzoglichen Räten. Trotz des Stolzes der Württemberger auf ihre Verfassung wuchs die Kritik an den Ausschüssen, während die Volkstümlichkeit des Herzogs und die Zustimmung zu seiner in den späten Jahren von aufgeklärten Ideen bestimmten Politik zunahmen.

Wie das mecklenburgische ist auch das württembergische Beispiel exzeptioneller Art. Nicht nur deshalb, weil hier der Konflikt zwischen Landesherren und Landständen zugunsten der letzteren ausging, sondern auch, weil er so offen und so entschieden ausgetragen wurde. In vielen anderen Fällen erreichte er solche Heftigkeit nicht und blieb eine innerstaatliche Auseinandersetzung, in der der Landesherr nach zähen Verhandlungen die alte Landesverfassung und insbesondere die Privilegien der Stände bestätigte, während die Stände außerordentlichen Steuern zustimmten und sich zur Übernahme von fürstlichen Schulden bereiterklärten. Bei allen Auseinandersetzungen dieser Art ging es um Geld, stets aber standen die Macht- und die Verfassungsfrage im Hintergrund. Die ältere europäische Geschichte kannte keine Pflicht der Regierten zur Leistung allgemeiner und permanenter Steuern an die Landesherrschaft. Die zahlreichen, am Boden haftenden ständigen Abgaben und Dienstleistungen der Untertanen wurden den Grundherren entrichtet, die ihrerseits prinzipiell steuerfrei waren. Die Einkünfte des Landesherrn waren solche, die ihm als Grundherrn zuflossen. Er hatte vom Eigenen zu leben, das beträchtlich sein konnte; war er doch oft, in katholischen Gebieten nächst der Kirche, der größte Grundbesitzer des Landes. Darüber hinaus standen ihm für die Zwecke der Landesverwaltung die Einkünfte aus dem Kammergut beziehungsweise den Domänen zur Verfügung. Der Umfang des »staatlichen« Besitzes variierte erheblich; über ihn konnte der Landesherr nicht frei verfügen, ihn nicht veräußern, zwar beleihen, aber nicht verpfänden. Ob und wie weit die Landstände über ihren Bestand wachen und die aus ihnen gezogenen Einkünfte kontrollieren konnten, war nicht selten ein Streitpunkt mit den Landesherren.

Alle weiteren finanziellen Leistungen der Regierten waren ursprünglich freiwillig, und auch wenn sie eine gewisse Regelmäßigkeit angenommen hatten, hielten die Stände daran fest, daß sie nur mit ihrer Zustimmung ausgeschrieben werden durften. Vielfach hatten sie die Verteilung, Erhebung und Verwaltung der Steuern in die Hand genommen, weil sie über die erforderlichen regionalen und lokalen Organe verfügten und so eine gewisse Kontrolle über die Verwendung ausüben konnten. Da viele Landesherren infolge anhaltender Verschuldung als wenig kreditwürdig galten, sahen sie sich zu immer neuen Kompromissen genötigt, es sei denn, sie fanden Wege, ohne ständische Bewilligung auszukommen. Das war bei steigendem Geldbedarf für wachsende Verwaltung, expandierende Hofhaltung und zunehmende Militärausgaben nur möglich durch Steigerung der Einkünfte aus dem Domanialbesitz, durch Vergabe von Regalen und Monopolen, durch die Annahme von Subsidien auswärtiger Mächte. Alle solche Aushilfen reichten indes nicht aus und funktionierten in der Regel nur vorübergehend.

Besondere Bedeutung erhielten in den großen Staaten die Militärausgaben. Daß zum Zweck der Verteidigung außerordentliche Steuern erhoben werden konnten, stand außer Diskussion. Seit jedoch die Landesherren auch in Friedenszeiten eine größere Militärmacht beizubehalten und Festungen besetzt zu halten strebten, versuchten sie, ihre Landstände zur Bewilligung dauernder und regelmäßiger Militärsteuern zu bewegen. Verständlicherweise sperrten sich diese; befürchteten sie doch eine entscheidende Aushöhlung ihres Einflusses, aber auch die Verwicklung des Landes in auswärtige Kriege und den Einsatz des Militärs als Instrument fürstlicher Willkürherrschaft in inneren Konflikten.

Zum Militäreinsatz gegen opponierende Stände ist es nur in wenigen Fällen gekommen. Aber schon die bloße Existenz stehender Heere, die ständige Verfügung des Landesherrn über militärische Gewalt und die neue Hochschätzung des Militärischen stellten eine sichtbare Veränderung der Machtverhältnisse zuungunsten der Stände dar. Stehende Heere, deren Notwendigkeit mit der Sicherheit des Landes begründet wurde, brachten unvermeidlich einen erhöhten und ständigen Geldbedarf, eine neue Priorität der Ausgaben und dort, wo es dem Fürsten gelang, den Einfluß der Stände auf das Militär ganz auszuschalten, die Entstehung einer besonderen Militärverwaltung mit sich. Wie weit die Folgen dieser Entwicklung reichten, hat sich erst später gezeigt – nicht allein in Preußen, wo der Aufbau und die Unterhaltung des Heeres die »Verfassung« des gesamten Staates in einem Maße bestimmten, daß gesagt werden konnte, dieser Staat habe kein Heer, sondern das Heer habe einen Staat. Nicht aufgrund eigener Erfahrungen, aber vielfältiger Beobachtungen hat Friedrich Karl Moser, der Sohn des großen Verteidigers der Rechte der württembergischen Landschaft, 1767 in seinen »Patriotischen Briefen« den »Miles perpetuus« als »Hauptwerkzeug zur Niederdrückung der deutschen Freiheit und je länger je mehr die Quelle des Unglücks und Verderbens von ganz Deutschland« bezeichnet. Die derart bedrohte »deutsche Freiheit« war für Moser ein System ständischer Freiheiten, das von den Reichsständen prinzipiell bis zum letzten Untertanen hinabreiche und in dem den Landständen eine zentrale Bedeutung zukomme. Das Verhältnis zwischen den Landesherren und ihren »Lehnsleuten und Untertanen« verstand er in Analogie zum Verhältnis zwischen dem Kaiser und den Reichsständen, denen er Landeshoheit, aber keine Souveränität zusprach, da sie als Lehnsträger dem Kaiser gegenüber in Pflicht und Verantwortung stünden. Hier wie dort regelten Privilegien, Verträge und Vereinbarungen Beziehungen, in denen auf der einen Seite pflichtgemäß Gehorsam und Abgaben geleistet, auf der anderen Seite die »wohlhergebrachten Rechte und Freiheiten« beachtet würden.

Selbstverständlich wußte Moser, daß die Wirklichkeit anders aussah. Eben diese unbefriedigende Wirklichkeit hat der in den sechziger Jahren des 18. Jahrhunderts geführten Diskussion über den Charakter oder, wie es im Anschluß an den großen französischen politischen Denker Montesquieu hieß, über den »Geist« der deutschen »Verfassung« ihren politischen Akzent verliehen. Indem Moser die Realität mit dem Ideal einer durchgehend ständisch strukturierten Verfassung des deutschen Reiches konfrontierte, strich er die freiheitsgefährdenden Folgen des »monarchisch-militärischen Systems« – also des Absolutismus – heraus. Ihre Ursachen fand er sowohl in der Entwicklung des Reiches seit dem Westfälischen Frieden und in der Politik vor allem der großen Reichsstände als auch in der Gleichgültigkeit und dem Egoismus der Landstände selber. Aber er blieb überzeugt, daß – wie er im Anschluß an Montesquieu sagt – »Mittelcorpora« unerläßlich seien als »Wächter« der Freiheit des Volkes und »Vormünder« für seine Rechte, um diese gegen die Ausdehnung der landesherrlichen Gewalt zu verteidigen. Sie sollten das Beste des Landes wahren und seien daher berechtigt und verpflichtet, in den wichtigsten Angelegenheiten der Landesverwaltung mit dem Herrscher gemeinsam zu handeln. In vielen deutschen Staaten sei das zwar nicht mehr der Fall, und oft würden die Landstände von den Landesherren nur noch gebraucht, um zu Geld und Kredit zu kommen, alte Schulden abzahlen und neue machen zu können, dennoch sei ihr Vorhandensein wertvoll und gebe den Grundsätzen der »deutschen Freiheit« noch institutionellen Rückhalt bis zu Zeiten, in denen sie vielleicht wieder größere Anerkennung fänden. Dieser bescheidenen Hoffnung stellte Moser die drastische Darstellung der Schäden gegenüber, die nach seiner Meinung der Niedergang der ständischen Freiheiten in Deutschland mit sich gebracht habe. Der Despotismus nehme allerorten zu, blinder und knechtischer Gehorsam werde von den Untertanen verlangt und auch geleistet, Freiheitssinn und patriotischer Geist zerfielen. Der Adel, der nicht selten mit oder ohne eigene Schuld verarmt sei, passe sich an und trete in Hof-, Verwaltungs- und Militärdienste ein, die Unkenntnis des Reichs- und Landesrechtes führe zu Gleichgültigkeit, und die von den Landesherren besoldeten Staatsrechtslehrer seien keine »Lehrer der deutschen Freiheit« mehr.

Die Kritik Friedrich Karl Mosers, der sich als ein solcher Lehrer verstand, kam aus der Welt der südwestdeutschen Kleinstaaten; sie war durch die bitteren

Erfahrungen seines Vaters und den eigenen politischen Moralismus geprägt. Es war allerdings auch die Kritik eines Mannes, der dem aufgeklärten Gedanken individueller Freiheitsrechte fernstand. Wenn man gegen ihn einwendet, sein ständischer Freiheitsbegriff sei rückwärts gewandt gewesen, habe hierarchisch abgestufte, eben »ständische« Freiheiten, nicht aber allgemeine Freiheit gemeint, so ist doch auf die Konkretheit seines verfassungspolitischen Denkens hinzuweisen. Moser traute historisch begründeten Institutionen zur Beschränkung der fürstlichen Macht mehr als den Ideen von allgemeinen Menschenrechten oder der Regierungspraxis aufgeklärter Monarchen und Regierungen mit ihrem Programm wohltätiger Erziehung der Untertanen zu Staatsbürgern. Dagegen überschätzte er die realen Möglichkeiten für eine Reform der Reichsverfassung und für die Erneuerung und Modernisierung landständischer Verfassungen in den Einzelstaaten. Wie so oft bei klugen konservativen Kritikern: Seine Analysen der Mängel waren treffender als seine Reformforderungen praktikabel. Sie deckten ein Grundproblem der deutschen politischen Entwicklung im Jahrhundert nach dem Westfälischen Frieden auf.

Man kann es als doppeltes Verfassungsproblem formulieren: Konnte das Reich, wenn schon nicht im Sinne verstärkter Staatlichkeit, so doch als freiheitssichernder, also landesherrlichen »Despotismus« verhindernder Rechtsverband, als Verteidigungsgemeinschaft und Institution zur Regelung gemeinsamer Interessen in der Weise reformiert werden, daß die in ihm angelegten Möglichkeiten wirksamer gemacht wurden? Und wie konnten die nach souveräner und »absoluter« monarchischer Gewalt strebenden Fürsten daran gehindert werden, nach außen so aufzutreten, als seien sie völlig unabhängig, und nach innen so zu handeln, als geböten sie unbeschränkt über ihre Untertanen? Unterschiedliche Antworten waren möglich und sind gegeben worden. Eine Reform des Reiches hätte entweder auf die Stärkung der kaiserlichen Gewalt hinauslaufen müssen, die weder im Interesse der Reichsstände noch in dem der europäischen Großmächte lag. Oder das Reich hätte in eine Föderation von eingeschränkt souveränen Staaten mit funktionsfähigen gemeinsamen Institutionen umgewandelt werden müssen. Dem aber widersetzte sich der Kaiser, und auch viele kleine Reichsstände fanden darin angesichts des dann verstärkt zur Geltung kommenden Übergewichts der großen Staaten keinen Vorteil. Zur wirksamen Einschränkung monarchischer Gewalt in den einzelnen Staaten wären neben einer starken Reichsgewalt kräftige Landstände erforderlich gewesen mit dem Willen, die allgemeinen Interessen des Landes gegenüber den Landesherren energisch zu vertreten.

In zahlreichen deutschen Staaten aber gab es keine Landstände; sie waren infolge der geringen Größe des Landes entweder nie zustande oder nach Anfängen wieder zum Erliegen gekommen. Wo sie indes existierten, waren sie Inhaber von lokaler Herrschaft, Korporationen von Privilegierten, nicht wirk-

Grenadiere vom Regiment der Langen Kerls. Gemälde vermutlich von Johann Christoph Merck, um 1714. Ehemals Potsdam, Stadtschloß

Soldatenwerbung und Einnahme einer Festung. Kupferstiche in dem 1726 in Leipzig erschienenen Lehrbuch »Der vollkommene teutsche Soldat« von Hans Friedrich von Fleming. Berlin, Staatliche Museen Preußischer Kulturbesitz, Kunstbibliothek

liche Vertreter des ganzen Landes, geschweige der gesamten Bevölkerung. In der Regel hielt der nach Besitz, Einfluß und Ansehen mächtigste Stand, die Ritterschaft, also der grundbesitzende landsässige Adel, die Institution der Landstände aufrecht. Die landsässigen und landtagsberechtigten Städte fielen im 17. und 18. Jahrhundert nur noch wenig ins Gewicht; sie wurden vom Adel nicht als gleichberechtigt anerkannt. Oft entstanden unüberbrückbare, meist auf finanzielle Ursachen zurückgehende Spannungen zwischen ihnen und der Ritterschaft, die von den Landesherren genutzt wurden, um sie zu isolieren. Nicht selten hat jedoch auch das Verhalten der Ritterschaft dazu beigetragen, die politische Bedeutung der Landstände zu schmälern. Viele ihrer Mitglieder scheuten die Kosten der Landtage, und oft reichten die Interessen von Adelsfamilien über das einzelne Land hinaus. Hinzu kam, daß viele von ihnen durch Ämter und Würden eng mit den Landesherren verbunden waren, so daß geschlossene und anhaltende ständische Opposition gegen den Landesherrn eine Ausnahme blieb.

Auch die Landesherren vermieden normalerweise den Konflikt mit den Ständen; waren sie doch finanziell und administrativ auf sie angewiesen, solange es eine bis auf die lokale Ebene hinabreichende »staatliche« Verwaltung nicht gab. Überdies fürchteten sie eine Klage ihrer Stände beim Kaiser und den Prozeß vor dem Reichshofrat. Im 18. Jahrhundert verbreitete sich unter ihnen die Meinung, daß in Wien die von »widerspenstigen Vasallen und Untertanen« vorgebrachten »Querelen« mit besonderem Wohlwollen behandelt würden.

Nicht Konflikt, Klage und Prozeß kennzeichnen das Normalverhältnis der Landstände zu den Landesherren, sondern Kooperation und – manches Mal mühsamer – Ausgleich der beiden institutionellen Ebenen, die gemeinsam den frühneuzeitlichen Ständestaat ausmachten. Im 18. Jahrhundert begnügten sich die Landstände oft damit, sich die Huldigung eines neuen Herrschers, die Zustimmung zu besonderen Steuern und die Schuldenübernahme durch die Bestätigung ihrer Vorrechte und »Freiheiten« honorieren zu lassen. Ihre Politik war mehr auf Erhaltung als auf Veränderung gerichtet – eine Einstellung, mit der sie politisch zunehmend in die Defensive, wenn nicht ins Abseits gerieten. Dabei liefen sie Gefahr, notwendige oder als notwendig ausgegebene Regierungsmaßnahmen zu hemmen und sich als egoistische Verteidiger von Privilegien zu diskreditieren. Je erfolgreicher die Landesherren und ihre Regierungen dem Besitzstandsdenken und dem Anspruch der Stände, das ganze Land zu vertreten, mit ihrem eigenen Anspruch entgegentraten, tatsächlich für das Ganze des Landes zu sorgen, das allgemeine Wohl zum Ziel zu haben und gerechte Justiz für jedermann zu gewährleisten, desto mehr sank die Bedeutung der Stände als aktive politische Kräfte.

Die Beispiele Mecklenburg und Württemberg haben indes gezeigt, wie unterschiedlich das Verhältnis zwischen Landesherren und Landständen in den

*Fürstlicher »Absolutismus« und landständischer Widerstand*

einzelnen deutschen Territorien sich entwickeln konnte. In jedem einzelnen Fall trafen besondere Bedingungen und Umstände zusammen. So standen im Kurfürstentum Hannover der einen Regierung sechs landständische Vertretungen gegenüber, die an keine Vereinigung dachten. In ihnen dominierte infolge der geringen Bedeutung der Städte der Adel vollständig. Seitdem die Landesherren die englische Krone trugen und ihr Stammland nur noch besuchsweise betraten, hat der ritterschaftliche Adel konkurrenzlos in ihm geschaltet und gewaltet, allerdings mehr dadurch, daß die Regierung in Hannover sich aus seinen Reihen rekrutierte, als durch die Einflußnahme der Landtage auf die Politik. Plenarlandtage kamen kaum vor; die Regierung verhandelte, sofern es nötig war, mit den landständischen Ausschüssen. In den geistlichen Territorien Nordwestdeutschlands hatten die stiftsadeligen Familien Sitz und Stimme nicht nur auf den Landtagen, sondern – durch Söhne, die in den geistlichen Stand getreten waren – auch in den Domkapitaln, die als Korporationen zwar nicht den Landständen angehörten, aber manchmal in praxi als erster Stand auftraten oder ganz an seine Stelle rückten.

Eine strikte Funktions- und Kompetenztrennung zwischen landesherrlichem und landständischem Bereich darf nicht angenommen werden, selbst wenn sie sozusagen auf dem Papier bestand. Vor allem in der Steuerverwaltung wie in der Justiz waren beide Bereiche vielfach und weitgehend miteinander verzahnt. Überdies bestand eine elementare soziale Solidarität zwischen Landesherren und landsässigem Adel, deren Bedeutung im einzelnen allerdings schwer abzuschätzen ist. Denn da die Landesherren oft über mehrere einst selbständige Territorien mit besonderen landständischen Institutionen geboten, konnte es vorkommen, daß der Adel neu hinzugekommener Länder am Hofe schwächer vertreten war und sich stärker zurückhielt als derjenige des Stammlandes. Gegen landfremde Adelige, die von den Fürsten in den Dienst genommen und besonders gefördert wurden, sperrte sich der landsässige Adel hartnäckig. Daß bei dynastischen Landesteilungen die Landstände sich ihrer Aufteilung widersetzten, ist im Falle Mecklenburg deutlich geworden. Nach der Teilung Hessens in die Grafschaften Kassel und Darmstadt und nach der Teilung Jülich-Bergs zwischen Brandenburg und Pfalz-Neuburg hielten die Landstände lange, schließlich nur deklaratorisch, an der Einheit des Landes fest. Umgekehrt lag ihnen der Gedanke der Vereinigung mit anderen Landständen, die derselben Landesherrschaft unterstanden, völlig fern, wenngleich dadurch die ständische Position insgesamt möglicherweise hätte gestärkt werden können. »Die Stände blieben in der Regel auf älterem Stande stehen« (W. Näf).

In den letzten Jahrzehnten hat sich die historische Forschung intensiver mit den ständischen Institutionen in frühneuzeitlichen deutschen Staaten, ihrem Funktionieren und ihrer Zuständigkeit, ihrem Anteil an der Verwaltung und ihrer politischen Vorstellungswelt beschäftigt – und zwar nicht mehr, wie es lange geschehen war, vornehmlich unter dem Aspekt der Regierungen, sondern mit besonderer Aufmerksamkeit für die lokalen und regionalen Ebenen des »öffentlichen« Lebens und für ihren eigenständigen Anteil am Prozeß der Staatsbildung. Waren sie aufgrund des überlieferten Aktenmaterials der landesherrlichen Behörden als die einer rationalen Behördenorganisation und der Zusammenfassung aller Kräfte des Landes widerstehenden Kräfte erschienen, die letztlich auf der Seite der geschichtlichen Verlierer verblieben, so ergibt sich ein erheblich anderes Bild, sobald man das »ständische Wesen« (D. Gerhard) als Strukturelement der alteuropäischen Gesellschaft erfaßt. Herrschaftliche und genossenschaftliche Institutionen dürfen nicht als sich ausschließende Gegensätze verstanden werden. Sie haben sich selbst im 17. und 18. Jahrhundert noch vielfältig ergänzt, überschnitten oder ungestört nebeneinander behauptet. Offene Konflikte zwischen dem Landesherrn und seinen Räten und Beamten auf der einen, den Landständen und ihren Wortführern auf der anderen Seite haben keineswegs in allen Ländern stattgefunden. Wo es solche Konflikte gegeben hat, haben sie sich oft in einzelnen Vorgängen der Verschiebung und Verdrängung, der zunehmenden Kontrolle durch die Zentrale und des Nachgebens der Stände abgespielt. Bei ihrer historischen Beurteilung ist zu bedenken, daß den Landständen – also den landsässigen Besitzern von adeligen Grundherrschaften und den Magistraten landtagsfähiger Städte, in katholischen Ländern dazu den Prälaten als geistlichen Inhabern von Grundherrschaften – keine Landeshoheit und deshalb prinzipiell auch kein Recht auf die Ausübung landesherrlicher Befugnisse zukam. Der Eindruck, daß es oft anders gewesen sei, beruht zum Teil auf Mißverständnissen. Landesherrschaft ist normalerweise in einem längeren Prozeß des Zuwachses, der Ausweitung und Monopolisierung von Zuständigkeiten entstanden. Viele der Befugnisse, die die landesherrlichen Behörden wahrnahmen, hatten sie erst allmählich an sich gezogen. Wo die Landstände tatsächlich an der Regierung beteiligt waren und sogar eine Art von Mitregierung praktizierten, da hatten, wie in Mecklenburg, außerordentliche Umstände sie in diese Lage gebracht. Die Ausübung landesherrlicher Befugnisse in vollem Umfang durch die Domkapitel während der Sedisvakanzen in geistlichen Staaten kann nicht als Gegenbeispiel gelten; sie resultierte aus der besonderen Verfassung von Wahlstaaten. Die Kapitel bildeten keinen Stand, sie waren Wahlkörperschaften, die allerdings im Ständestaat als solche auftreten konnten. Angesichts der bei Neuwahlen oft entstehenden Rangeleien um die Nachfolge ließen sich die Kapitel nicht selten dazu bewegen, der rechtzeitigen Wahl von Koadjutoren zuzustimmen. In den weltlichen Staaten, wo ausschließliches Erbrecht galt, setzte sich die klare Primogenitur durch und ergänzte den Grundsatz der Unteilbarkeit, der reichsrechtlich für die Kurfürstentümer schon seit der »Goldenen Bulle« von 1356 galt, in anderen Territorien sich jedoch nur zögernd durchsetzte.

Auch die Landstände sind am frühneuzeitlichen Staatsbildungsprozeß beteiligt gewesen. Sie haben den jeweils besonderen Charakter älterer Länder als Provinzen und Regionen in zentral verwalteten Staaten erhalten, und das wirkt in der Vielfalt deutscher Landschaften bis heute nach, zumal im 19. Jahrhundert der Praxis des »absolutistischen« Polizeistaates und auch schon der Idee der Volkssouveränität der von bürgerlichen Schichten getragene Gedanke lokaler und regionaler Selbstverwaltung entgegengestellt worden ist. Ohne die freiwillige, ausgehandelte oder aufgenötigte Unterstützung durch die Landstände wäre effektive Regierung in Staaten, in denen es Stände gab, lange nicht möglich gewesen, denn die Steuerverteilung, -erhebung und -verwaltung lag weitgehend in ihren Händen. Berücksichtigt man, daß niedere Gerichtsbarkeit, lokale Polizeigewalt und oft auch das Kirchenpatronat von den Grundherren und städtischen Magistraten wahrgenommen wurden, so wird erkennbar, ein wie großer Teil des »öffentlichen« Lebens nicht staatlich, sondern ständisch verfaßt war. Erst allmählich haben die Landesherren, mit jeweils unterschiedlichem Erfolg, Kontrolle über die von den Ständen ausgeübte Verwaltung und Justiz, schließlich ausschlaggebenden Einfluß auch auf der regionalen und lokalen Ebene erlangt. In die Verwaltung der Städte griffen sie, wenn es zwischen Magistrat und Bürgern zu Streitigkeiten kam oder Schulden zu regulieren waren, mit Handwerks- und Gewerbe-, Kredit- und Zahlungsordnungen ein und erreichten eine zunehmende Kontrolle über das Wirtschaftsleben. Die Steuerkommissare in Brandenburg-Preußen, die zunächst nur einen begrenzten, außerordentlichen Auftrag hatten, wurden zu permanenten Aufsichtsorganen. Auf dem Lande dagegen konnte ein wirksamer landesherrlicher Bauernschutz nur mühsam, wenn überhaupt durchgesetzt werden, obgleich die Regierungen aus steuerpolitischen Gründen daran interessiert sein mußten.

Obwohl sich das Verhältnis zwischen Landständen und Landesherren in jedem Fall unterschiedlich entwickelte und deshalb einzeln untersucht werden muß, läßt sich doch als gemeinsame Tendenz ein zunehmendes Gewicht der zentralen Regierungsinstanzen erkennen. Von ihnen gingen die stärkeren politischen Energien aus. Bewußter, planvoller und demonstrativer als zuvor nahmen sie im 17. und 18. Jahrhundert umfassende und übergeordnete Ordnungsgewalt in Anspruch, ohne jedoch ein administratives Monopol zu erreichen und alle Untertanen direkt zu erfassen. Landesherrschaft überwölbte die Vielzahl ständischer Herrschaftsbezirke und -funktionen, beseitigte sie aber nicht. Maximilian I. von Bayern hatte schon im frühen 17. Jahrhundert die Selbständigkeit der Landstände beschnitten. Als 1669 der Landtag ohne einen »Abschied« auseinandergegangen war, wurde er nicht wieder berufen; statt dessen übte ein sechzehnköpfiger, sich selbst ergänzender Ausschuß, die »Landschaftsverordnung«, die ständischen Rechte aus und kooperierte mit der Regierung. In Kursachsen, wo die Konversion des Landesherrn zum Katholizismus und die herrschende lutherische Orthodoxie die Landstände stärkten, konnte Friedrich August I. dennoch nach 1710 die landesherrliche Verwaltung ausbauen. Dem ständisch zusammengesetzten Geheimen Rat wurde ein von den Ständen unabhängiges Kabinett übergeordnet, das für die auswärtige, die innere und die Militärpolitik zuständig war. Hinzu traten Maßnahmen der Justizreform und der merkantilistischen Wirtschaftsförderung, und selbst mit der Unterstützung des Pietismus und der Herrnhuter Brüdergemeine weitete die Regierung im Rahmen der ständischen Verfassung ihren Handlungsspielraum aus. Als ihre expansionistische Außenpolitik, die nach August des Starken Tod 1733 von dem Grafen Brühl und auch von Friedrich August II. fortgeführt wurde, Sachsen in verlustreiche Kriege verwickelte und seine innere Entwicklung belastete, ist es wiederum die Regierung gewesen, die nach dem Ende des Siebenjährigen Krieges eine Restaurationskommission unter Leitung des Ministers Thomas von Fritsch einrichtete. An dem nun einsetzenden Retablissement hatten die Stände keinen aktiven Anteil.

Dieses Beispiel – wie das zeitlich vorangehende der österreichischen Staatsreform von 1748 – unterstreicht noch einmal, daß im 18. Jahrhundert, insbesondere nach Kriegen und Krisen, die Regierungen in wachsendem Maße bereit waren, nicht nur einzelnen Mißständen abzuhelfen und Verbesserungen anzustreben, sondern umfassende Reformen in Angriff zu nehmen. Wenn sie sich dabei auf das allgemeine Wohl und das Interesse des »Staates« beriefen, so kann doch nicht übersehen werden, daß der wichtigste Antrieb ein fiskalischer war. Längst entsprachen die politischen Verhältnisse nicht mehr dem Rechtsgrundsatz, daß Steuern nur als außerordentliche, durch äußere und innere Not des Landes begründete Abgaben von den Untertanen gefordert werden konnten, nachdem Landesherr und Stände zuvor sich darüber vereinbart hatten. Mit den wachsenden Aufgaben der Regierungen entstand ein zunehmender und permanenter Geldbedarf. Waren einst die Landstände als Repräsentanz des Landes und Verhandlungspartner des Landesherrn zur staatsbildenden Institution geworden, so entwickelten sie sich zu Hemmnissen der Landesherrschaft, als diese die Forderungen steigerte und auf Dauer stellte, womit die Bewilligungsfunktion der Stände ausgehöhlt, schließlich beseitigt wurde. Damit war ihre politische Bedeutung entscheidend geschmälert. Gleichzeitig wuchs der Umfang der Zuständigkeit der landesherrlichen Behörden.

# Heere und Verwaltungen

Der Krieg ist das große Schwungrad für den gesamten politischen Betrieb des modernen Staates geworden«, schrieb der bedeutende Verfassuingshistoriker Otto Hintze 1931 und wies hin auf »die stehenden Heere mit all ihren Folgen, die Kriegsflotten, die Rüstungsindustrien, die neuen Steuersysteme, deren Rückgrat die Kriegssteuern sind, die neue bürokratische Finanzverwaltung, die Ansammlung eines Kriegsschatzes und das neue Staatsschuldenwesen... Wo... zunächst der monarchische Absolutismus vordringt in der Begleitung von Militarismus und Bürokratie, da kommt es zur Ausbildung einer intensiven und rationalen Verwaltungstechnik, die auch die wirtschaftliche Entwicklung treibhausartig zu befördern versucht, um den schweren Druck der Staatslasten erträglicher zu machen.« Solche idealtypische Beschreibung des »souveränen Machtstaats« überzeichnet bewußt, um wesentliche Elemente dieses Staatstypus hervorzuheben, der in Deutschland während des 17. und 18. Jahrhunderts am ausgeprägtesten in Preußen zur Verwirklichung gekommen ist, aber keineswegs allein hier. Im europäischen Staatensystem galten der Krieg als selbstverständliches Mittel der auswärtigen Politik und permanente militärische Rüstung als notwendige Bedingung für die geachtete, unabhängige Stellung einer Macht unter anderen Mächten. Das hatte weitgehende Auswirkungen auf die innere Politik, für die Heer und Heeresausgaben eine wachsende Rolle spielten. Gewiß gab es im einzelnen viel Soldatenspielerei und aufwendige militärische Repräsentation. Manche kleinstaatliche Hofordung wies absurd viele hohe Offiziersränge auf; mancher kleine Landesherr und hochrangige Adelige suchte im Dienst größerer Herren militärischen Ruhm, der mehr als je zuvor eine der Möglichkeiten war, in einer so prestigebewußten Zeit sich hervorzutun. Dennoch genügt es nicht, das Militärische als bloß äußerliche Erscheinung der Zeit, die Heere als Instrumente allein der staatlichen Machtentfaltung zu sehen. Sie waren weit darüber hinaus wichtige Elemente in der Ausformung und Konsolidierung zwischenstaatlicher Beziehungen, Institutionen der sozialen Integration insbesondere des Adels und bedeutende Wirtschaftsfaktoren. Sie stellten Regierung und Verwaltung vor neue Aufgaben, die mit den herkömmlichen Mitteln der Finanzierung nicht mehr zu lösen waren.

Auch die Rekrutierung nahm mit den stehenden Heeren neue Dimensionen an und verlangte neue Methoden. Zwar blieben sie Söldnerheere, aber als solche änderten sie ihren Charakter erheblich. Ein immer größerer Teil der Soldaten war nicht freiwillig angeworben, sondern mit oft fragwürdigen Mitteln zum Dienst gepreßt. Dadurch wurden im Frieden wie noch mehr im Krieg drakonische Kontrollen und Strafen nötig, um Disziplin zu erhalten und Desertion zu verhindern. Zum Teil in Anknüpfung an ältere Formen des Aufgebots, zum Teil mit den neuen Praktiken der Enrollierung und Ziehung und der Schaffung von festen Rekrutierungsbezirken, sogenannten Kantonen, griffen die Regierungen zunehmend auf die eigene Bevölkerung zurück. Dabei trat der Typus des lebenslang dienenden Berufssoldaten in den Hintergrund zugunsten des zwar auf lange, aber begrenzte Zeit Dienstpflichtigen, der allerdings in Friedenszeiten während des größten Teils des Jahres beurlaubt war, um seinen Unterhalt selber zu verdienen, womit sich die Militärausgaben beschränken ließen. Wie hoch der militärische Wert solcher Truppen veranschlagt werden durfte, hing von der materiellen Versorgung der Soldaten, von ihrer Ausbildung und Ausrüstung, ihrer Kriegserfahrung und der Qualität der Truppenführung ab. Allgemein gilt, daß die stehenden Heere disziplinierter auftraten als die vagabundierenden älteren Söldnerhaufen. Im Krieg waren geordnetere, rationale Operationen mit ihnen möglich, die darauf angelegt waren, Verluste in Grenzen, Aufwand und Erfolg in einem kalkulierten Verhältnis zu halten. Diesem Bestreben kam die Kriegswissenschaft der Zeit entgegen, die planmäßig vorbereitete und durchgeführte Operationen in den Mittelpunkt stellte. Mit solcher militärischen Disziplinierung des Krieges ging seine politische Domestizierung einher. In strikterem Sinne als vorher wurde er ein Mittel der Politik. Neben den Feldherrn trat der Diplomat, für den Verträge wichtiger als Konflikte, Friedensschlüsse wichtiger als Schlachten waren.

Neuralgischer Punkt der Erhaltung stehender Heere war und blieb die Finanzierung. Sie konnte weder allein aus den Kammereinkünften des Landesherrn – Erträgen aus Domänenbesitz und Regalien – noch auf längere Dauer mit Hilfe fremder Subsidien bestritten werden. Nur regelmäßige Steuereinkünfte, also Kontributionen, halfen weiter, die von den Landständen bewilligt werden mußten, wobei diese ihre Einziehung und Verwaltung in der Hand zu halten versuchten. Der Kampf zwischen Ständen und Landesherren um die Einführung und Fortdauer solcher Steuern, um die Kontrolle über ihre Erhebung und die Kassenführung hat nicht überall zum gleichen Ergebnis geführt. Brandenburg-Preußen, das als paradigmatisches Beispiel für die Durchsetzung der monarchischen Gewalt und die Konsequenzen der Unterhaltung eines großen stehenden Heeres für die gesamte staatliche Verwaltung gilt, blieb – gemessen am Erfolg dieser Politik – eine Ausnahme, der allerdings vielfach nachgeeifert worden ist. Auch die in diesem Staat neben der Kontribution nach holländischem Vorbild eingeführte Akzise, eine von ständischer Bewilligung unabhängige städtische Verbrauchssteuer, deren Erträge weitgehend der Heeresfinanzierung dienten, ist wiederholt imitiert worden. In Österreich dagegen blieben die Stände der einzelnen Länder erheblich an der Militär- und Kriegsfinanzierung beteiligt. Kurbayern ist nie ohne beträchtliche Subsidien ausgekommen und blieb dennoch mit schweren Schulden aus den Türkenkriegen und dem Spanischen Erbfolgekrieg belastet; noch 1724 beliefen sich die Militärschulden auf 4,5

*Heere und Verwaltungen*

Millionen Gulden, von denen mehr als die Hälfte in Soldrückständen aus den Jahren seit 1715 bestanden. In Sachsen hielten die Stände die aus dem Lande aufzubringenden Heeresausgaben in Grenzen, wodurch August der Starke für seine ehrgeizige polnische Politik auf Subsidien und Anleihen angewiesen war, für die er sich auf umfangreiche Verpfändungen einlassen mußte. Nach dem Ende des Nordischen Krieges nötigten die politischen Rückschläge und Schulden zu starker Reduzierung des Heeres, allerdings nicht zu so weitgehender wie in Bayern. Obwohl die Bevölkerungszahl Sachsens um die Mitte des 18. Jahrhunderts nicht hinter derjenigen Preußens zurücklag und seine gewerbliche Entwicklung weiter fortgeschritten war, fiel die sächsische Armee nun neben der preußischen kaum ins Gewicht.

1688, am Ende der Regierungszeit des Kurfürsten Friedrich Wilhelm, hatte Brandenburg-Preußen über eine Armee von 30.000 Mann verfügt; 1740, beim Tod Friedrich Wilhelms I., des sogenannten Soldatenkönigs, war sie auf 83.000 Mann vergrößert. Daß für sie zweiundsiebzig Prozent der Gesamtausgaben des Staates verwendet wurden, unterstreicht mehr als alles andere, welche Rolle die Armee in diesem »Militärstaat« spielte. Dennoch träfe die Behauptung, sie sei zum Selbstzweck geworden, allenfalls für die Regierungszeit Friedrich Wilhelms I. zu. Unter seinem Sohn diente sie ganz dem politischen Zweck der Machtexpansion und -erhaltung, worauf Theodor Schieder erneut hingewiesen hat. Allerdings: »Soweit dieser Zweck der staatlichen Macht, die zugleich die Macht des Königs war, Staat und Gesellschaft durchdrang, hatten das Heer und seine Bedürfnisse gegenüber der Wirtschaft, seine gesellschaftlichen Ansprüche und sein Menschenbedarf unbedingten Vorrang.« Damit ist nicht gesagt, alle Politik sei in Preußen eine militärische gewesen. Gleichwohl waren auch die großen Aufbau- und Entwicklungsaufgaben in diesem relativ dürftigen und lange menschenarmen Land stets auf die Macht des Staates ausgerichtet und fanden darin ihre Grenze. Ausgaben für andere Bereiche, zum Beispiel für das Schul- und Bildungswesen, selbst für die Versorgung invalider Soldaten, mußten demgegenüber weit zurückstehen. Nur bei äußerster Inanspruchnahme aller Kräfte für die Erhaltung eines großen und stets kampfbereiten Heeres, so glaubten die Monarchen, könne Preußen die politische Stellung erwerben und ausbauen, die es anstreben müsse, um sich gegenüber seinen Feinden zu behaupten und nicht in die Bedeutungslosigkeit der Kleinstaaterei zu versinken. Diese Interpretation der preußischen Staatsräson verband sich vollkommen mit dem dynastischen Ehrgeiz der Maison de Brandenbourg.

In engster Wechselwirkung zwischen monarchischem Machtwillen, dynastischem Prestigebedürfnis, rationaler Institutionenentwicklung, Disziplinierung der Bevölkerung und praktischem Erfolg ist in Preußen infolge der extrem einseitigen Abstützung seiner Machtpolitik auf militärische Stärke das Heer mit seinen Bedürfnissen zum wichtigsten Antrieb seiner – ebenfalls extrem einseitigen – inneren Staatsbildung geworden. Sie weist, aus historischer Distanz betrachtet, eindrucksvolle Konsequenz auf, hat jedoch hohe soziale Kosten verursacht. Wenngleich es eine für jene Zeit außerordentliche Leistung war, daß der Heeresausbau und die Kriege Friedrichs II. ohne äußere Verschuldung überstanden wurden, konnte das im Siebenjährigen Krieg nur noch mit fragwürdigen Maßnahmen erreicht werden, unter anderem mit Kontributionen in Mecklenburg und Sachsen, Münzverschlechterung, Gehalts- und Pensionszahlung in Kassenscheinen, Privatdarlehen bei reichen Hofjuden. Nach dem Krieg, als Friedrich trotz der belastenden Kriegsfolgen seine Armee auf 200.000 Mann verstärkte und (1774) den Anteil der Militärausgaben am Gesamtetat auf fast achtzig Prozent steigerte, griff er zu umfänglichen Steuermanipulationen. All dies hätte ohne eine funktionierende und streng kontrollierte landesherrliche Administration wenig bewirkt. Der Prozeß ihrer Entstehung war ein wichtiger Teil der preußischen Staatsbildung; er ist jedoch keineswegs so störungsfrei und zügig abgelaufen, wie er oft dargestellt wird. Auch darf der dunkle Schatten nicht übersehen werden, den die beherrschende Ausrichtung auf die Bedürfnisse des Heeres und die »Militarisierung« der Beamtenschaft in Auftreten und Stil, in Gehorsamshaltung nach oben und Befehlshabitus nach unten auf das Bild der preußischen Verwaltung werfen.

Armee und Beamtenschaft standen in einem besonderen Dienst- und Treueverhältnis zum Monarchen; zugleich waren beide Instrumente der Entpersonalisierung des Staates, seiner Umwandlung in einen Organisationsapparat, der die gesamte Staatsbevölkerung vom König bis zum letzten Untertanen umfassen und in Dienst nehmen sollte. Dieser Apparat ist indes selbst im absolutistischen Preußen nur eingeschränkt zustande gekommen. In der administrativen Erfassung aller Einwohner blieb der absolutistische Staat weit hinter dem zurück, was heute selbstverständlich ist. Vor allem die vielfältigen grundherrlichen Rechte, denen die Landbevölkerung unterstand, setzten seinem direkten Zugriff eine Grenze. Heer und Verwaltung stellten gleichwohl wichtige und wirksame Vermittlungen zwischen Regierenden und Regierten dar. Ihre Entwicklung ließ in einem komplizierten und konfliktreichen Prozeß das Offizierskorps und die Beamtenschaft als neue Berufsstände entstehen. Zunächst mußten ständische Ansprüche ausgeschaltet oder, wenn das nicht gelang, in Zugeständnisse des Landesherrn umgeformt werden. Mit der Zeit trat der Adel – gezwungen und dann freiwillig – in den landesherrlichen Dienst ein. Unter Behauptung seiner sozialen Privilegien arrangierte er sich mit den Anforderungen des Monarchen, wofür er mit außerordentlichen Vorzügen belohnt wurde. Bis zum Untergang der Monarchie 1918 hat der eingesessene Adel daran festgehalten, daß Preußens Aufstieg ohne seinen Beitrag unmöglich gewesen wäre. In der Tat besetzte er – mit wenigen Ausnahmen – unter Friedrich II. alle Offiziersstellen. Vorher war der aristokratische Charakter des Offizierskorps noch nicht so ausgeprägt

*Heere und Verwaltungen* 121

gewesen, erst mit der schwierigen wirtschaftlichen Lage des Adels wuchs sein Interesse am landesherrlichen Dienst. Friedrich Wilhelm I. hatte ihn genötigt, seine Söhne schon im Kindesalter für den Offiziersstand zu bestimmen und in Kadettenanstalten zu schicken. Sein Nachfolger konnte ihn bereits als einen Stand ansehen, dessen Funktion und Ehre darin bestehe, der Armee die Offiziere zu stellen, die sie zu einem Instrument überlegener militärischer Stärke machte. Aus solchen Gründen, nicht aus besonderer Sympathie, hat er den Adel begünstigt und wirtschaftlich unterstützt. Um seiner Erhaltung willen sollten Rittergüter nicht mehr von Bürgerlichen erworben werden; zugleich verbot er ihm, den Dienst anderer Mächte zu suchen. Wie starr Friedrich die ständische Ordnung der Gesellschaft funktional und etatistisch verstand, wird daraus ersichtlich, daß er nach dem Siebenjährigen Krieg die infolge der hohen Verluste in Offiziersränge aufgerückten Nichtadeligen bis auf wenige Ausnahmen rücksichtslos entließ.

»Die Stellung des Adels als eine Art Kriegerkaste... ist nirgends mit so eiserner Konsequenz in eine neue Form einer staatlich disziplinierten Militäraristokratie verwandelt worden wie in der Monarchie Friedrich Wilhelms I. und Friedrichs des Großen« (Th. Schieder). Diesen Disziplinierungsprozeß zu idealisieren, gibt es keinen Anlaß. Er war durch nüchterne Interessen auf beiden Seiten bestimmt, verlangte Entbehrungen, erzeugte ein arrogantes Ehr- und Überlegenheitsbewußtsein im Offizierskorps und strikte Loyalitätserwartungen auf seiten des Monarchen. Wurde dem adeligen Offizier als Gegenleistung eine exzeptionell bevorzugte Stellung im Staat eingeräumt, so nahm er diese als sein Recht und als Ausgleich für seine nicht selten dürftige materielle Lage in Anspruch. Die Eigenwirtschaft des durchschnittlichen preußischen Adeligen warf nicht so viel ab, daß eine größere Familie davon standesgemäß hätte leben können. Aber auch der militärische Dienst trug keinen Wohlstand ein, weshalb viele Offiziere ehelos blieben – eine Tendenz, die der König aus Gründen der Disziplin förderte und die den Kastencharakter des Offizierskorps verstärkte.

Der Aufstieg von Nichtadeligen in höhere und höchste Positionen im Verwaltungsdienst kam unter Friedrich II. seltener vor als während der Regierung seines Vaters, denn nachdem der Adel weitgehend in den Dienst des Monarchen integriert war und sich mit ihm identifizierte, vertraute der König leitende Aufgaben lieber Adeligen als Bürgerlichen an, weil er bei jenen nicht nur größere Umgangssicherheit und Befehlsgewohnheit, sondern auch ein empfindlicheres Ehrbewußtsein erwartete. Unmöglich freilich war der Aufstieg nicht, und das bewirkte bei den bürgerlichen Beamten, trotz schlechter Behandlung durch den Monarchen, eine fast bedingungslose Dienstbereitschaft; hingen doch sozialer Status und Selbstbewußtsein an ihrer Amtsführung. Wenn man im Hinblick auf Preußen von erfolgreicher »Sozialdisziplinierung« (G. Oestreich) gesprochen hat, so gilt das in erster Linie für diejenigen, die im Staatsdienst standen. Sie haben das »Ordre pariren« und das »travailler pour le roi de Prusse« gleichsam vorexerziert und es zur dominierenden Mentalität in der preußischen Bevölkerung gemacht. Ein ambivalenter Prozeß! In ihm formierte sich ein – nach den Maßstäben der Zeit – effektiver Staatsapparat, dessen Erfolg insbesondere in der Mobilisierung aller materiellen Kräfte für die Erhaltung einer übergroßen Armee und in der bevormundenden Überwachung der Bevölkerung bestand.

Dieses System zumindest teilweise nachzuahmen, ist in der zweiten Hälfte des 18. Jahrhunderts mehrfach versucht worden, so in Hessen-Kassel und in Österreich, wobei allerdings nirgendwo sonst die Armee eine so überragende Bedeutung als Motor der Entwicklung und eine derartige Priorität für innerstaatliches Handeln erhielt. Ein quantitativer Ausbau und eine qualitative Verbesserung der Administration und ihre zentrale Steuerung wurden hingegen überall angestrebt; überall nahmen der Bedarf an staatlicher Regelung wie auch der Wille der Regierenden zu, ihre Zuständigkeit und Kontrolle über die Regierten auszudehnen. Als erster und wichtigster Schritt in diese Richtung galten die Reorganisation der Zentrale, die straffere Unterstellung der regionalen und lokalen Behörden unter die Aufsicht der Regierung und die Errichtung neuer unmittelbarer Behörden und Ämter.

Brandenburg-Preußen betrat diesen Weg nicht am frühesten, beschritt ihn aber am konsequentesten. 1651 schuf Kurfürst Friedrich Wilhelm – unter maßgeblichem Einfluß des Grafen Georg Friedrich von Waldeck – durch seine »Geheime Ratsordnung« die Voraussetzungen für die Entwicklung einer einheitlichen Behördenorganisation. In ihrem Verlauf wurde die ältere Behörde für die Domänenverwaltung, die seit 1713 »Generalfinanzdirektion« hieß, mit der neuen des Generalkriegskommissars verknüpft und 1723 ein Generaldirektorium geschaffen: eine kollegialische oberste Zentralbehörde für die gesamte Verwaltung und Wirtschaftspolitik, die in Provinzialdepartements und einige Sachressorts untergliedert war. Friedrich II. hat weitere Sonderressorts errichtet. Daneben standen der alte Geheime Rat für Justiz- und Kultusangelegenheiten, dessen Chef 1747 den Titel eines Großkanzlers erhielt, und das für die Außenpolitik zuständige Kabinettsministerium. Zusammengefaßt wurde das Behördensystem durch die Person des Monarchen, bei dem die letzte Entscheidung lag. Er regierte tatsächlich persönlich, und das führte dazu, daß er aus den kollegialen obersten Behörden heraustrat, mit denen er mehr und mehr schriftlich verkehrte. Es entstand, schon zur Zeit Friedrich Wilhelms I., die für Preußen kennzeichnende königliche Selbstregierung »aus dem Kabinett«, die dann Friedrich II. auf die Spitze getrieben hat. Ihr Funktionieren setzte einen fleißigen, entscheidungsstarken, sachkundigen Herrscher voraus; ein schwacher Nachfolger mußte das ganze System in eine Führungskrise stürzen, wie sie nach Friedrichs Tod auch eingetreten ist. Auf der Provinzebene wurde ebenfalls die Domänenverwaltung mit dem Kriegskommissariat verknüpft. Hier erhielten die

Kriegs- und Domänenkammern auch verwaltungsgerichtliche Funktionen, so daß die landesherrlichen Behörden den ständischen Einrichtungen wirksam gegenübertreten konnten. Zwischen den Kammern und den lokalen Behörden – also den Magistraten der Städte und den Gutsbesitzern oder Domänenamtmännern auf dem Lande – stand der Steuerrat beziehungsweise der Landrat. Der erstere war ein rein landesherrlicher Beamter, der aus seiner ursprünglichen Aufgabe der Aufsicht über die Akzise hinauswuchs; der Landrat hingegen war ein ständischer Amtsträger, durchweg ein kreiseingesessener Adeliger, der vom Landesherrn zugleich mit Polizeiaufgaben, nicht jedoch mit gerichtlichen Funktionen betraut war. Bis ins 20. Jahrhundert hinein blieb der adelige Landrat eine charakteristische Figur der preußischen Beamtenschaft: ein Mann, für dessen amtliche Stellung die soziale Herkunft eine wesentliche Voraussetzung war und der bei Bewährung gute Chancen für weiteren Aufstieg in der Ämterhierarchie besaß.

Wie der Monarch allein über Ernennung und Beförderung der Offiziere entschied, so wählte er auch die »Bedienten« – den allgemeinen Begriff des Beamten gab es noch nicht, er war nur für die Domänenamtmänner üblich – selber aus oder behielt sich ihre Bestätigung vor. Er bestimmte die Anforderungen an Vorbildung und Dienstleistung, belohnte und strafte. Er erwartete von ihnen ein Funktionsverhalten, das Friedrich Wilhelm I. unüberbietbar drastisch charakterisiert hat: »Sie sollen nach meiner Pfeife danzen oder der Deifel hole mir.« Zweifellos hat die scharfe, manchmal rabiate und menschenverachtende Kontrolle der Amtsträger durch den Monarchen Korruption und Unterschleif vermindert, Mißbräuche allerdings nicht ausgeschaltet. Verdeckten Ämterkauf durch Zahlungen an die Rekrutenkasse gab es zumindest bis 1740, und die Versorgung von inaktiven Unteroffizieren und Offizieren im Verwaltungsdienst sowie das ausgedehnte Sportelwesen sind auch von Friedrich II. nicht beseitigt worden. Nach den Maßstäben der Zeit und im Vergleich mit anderen Staaten aber konnte die preußische Verwaltung in hohem Grade als leistungsfähig und als Muster für die Vermittlung und Umsetzung des Regierungswillens in gleichartige administrative Praxis in allen Landesteilen gelten. Am ausgeprägtesten lassen sich hier die Anfänge neuer, durch ihre Funktion definierter Berufsstände erkennen: des Standes der Offiziere und des – für die weitere staatliche Entwicklung noch wichtigeren – der Beamten. Dabei blieb im zivilen Dienst der Unterschied zwischen den vornehmeren, unabhängigeren studierten Justizbeamten und den Verwaltungsbeamten bestehen, bei denen die Grenze zwischen subalternen und höheren Beamten lange fließend war. Examina und Vorbereitungsdienst wurden für sie in Preußen erst 1770 festgelegt. Lange auch konnten sie jederzeit aus ihrem noch ganz persönlich verstandenen Dienstverhältnis entlassen werden. Dieses Verhältnis war in Preußen schärfer ausgebildet als in anderen deutschen Staaten; in dem Maße aber, wie sich die Monarchie in einen

Staat verwandelte, erhielt es einen staatlichen, sozusagen öffentlich-rechtlichen Charakter. Damit formierte sich in der Beamtenschaft das anspruchsvolle Bewußtsein einer besonderen, der Masse der Untertanen nicht zukommenden Partizipation am Staat.

Von »Bürokratie« wird man, selbst im Falle Preußens, in der hier behandelten Zeit noch nicht sprechen dürfen. Noch besaßen die Verwaltung und ihre Funktionäre, die Beamten, nicht das institutionelle Eigengewicht, das sie im 19. Jahrhundert erreicht haben. Noch umfaßte die Administration nicht alle Bereiche des öffentlichen Lebens, und noch war die Beamtenschaft kein strikt funktionalisiertes, durch Laufbahnbestimmungen, Bezahlung, Stellensicherheit, Altersversorgung konsolidiertes Personalsystem. Landesherrliche Gunst und Gnade spielten nach wie vor eine große Rolle, während Ungnade vernichtend sein konnte. Zudem galten nicht für alle Bereiche des Dienstes die gleichen Anforderungen. Für höhere Hofämter kamen Nichtadelige nicht in Betracht. Günstlinge und Scharlatane, die schnelle finanzielle Erfolge versprachen, konnten noch immer zu einträglichen Ämtern gelangen. Mit der zunehmenden Rationalität staatlichen Handelns stiegen allerdings die Anforderungen an den Dienst. In einer Instruktion des preußischen Generaldirektoriums von 1722 hieß es: »Es müssen aber so geschickte Leute sein, als weit und breit zu finden, und zwar von evangelisch-reformirter und lutherischer Religion, die treu und redlich sind, die offene Köpfe haben, welche die Wirthschaft verstehen und sie selber getrieben, die von Commercien, Manufactur und anderen dahin gehörigen Sachen gute Information besitzen, dabei auch der Feder mächtig, vor allen Dingen aber unsere angeborne Unterthanen sein, ... so müssen es solche Leute sein, die zu allem capable, worzu man sie gebrauchen will.«

Wo man solche Anforderungen stellte, mußte man größeren Wert auf Können und Fleiß als auf Herkunft legen, die Ausbildung der Staatsdiener regulieren und zu diesem Zweck auch in den Unterricht an den Universitäten eingreifen, der sich vorher kaum auf die Staatsgeschäfte bezogen hatte. 1727 wurden an den preußischen Universitäten in Frankfurt an der Oder und in Halle – hier hatte Thomasius schon zuvor über Seckendorffs »Fürstenstaat« Vorlesungen gehalten – kameralistische Lehrstühle eingerichtet. Es folgten die Universitäten Rinteln (1730), Leipzig (1742), Wien (1752), Göttingen (1755), im letzten Jahrhundertdrittel weitere Hochschulen auch in Süddeutschland. In einigen Staaten wurden spezielle Ausbildungsstätten für künftige Staatsdiener geschaffen: so das Collegium Carolinum in Kassel (1709), das Collegium Carolinum in Braunschweig (1745), das Collegium Illustre in Tübingen, das später in die Universität aufging. Das Lehrprogramm des neuen staatswissenschaftlichen Ausbildungszweigs wird in der »Einleitung in die ökonomischen-, Policey- und Cameral-Wissenschaften« erkennbar, die Justus Christoph Dithmar, der Frankfurter Kameralist, 1727 veröffentlichte. Ökonomie ist hier als Hauswirtschaft und Haushaltung verstanden, Kameralwissenschaft als Lehre vom fürstlichen und öffentlichen Einkommen aus der Land- und Stadtwirtschaft, Polizeiwissenschaft als Lehre vom inneren und äußeren Staatswesen – und zwar stets mit der praktischen Absicht der Erhaltung und Verbesserung.

Selbstverständlich besagen die Veränderungen in der Beamtenausbildung noch nicht viel über die Verwaltungswirklichkeit; das gilt auch für die vielen Rats-, Kanzlei-, Amts-, Kammer-, Gerichtsordnungen, die in allen großen und kleinen Staaten erlassen wurden und im Laufe der Zeit eine zunehmende Systematisierung erkennen lassen. Ihre große Zahl und häufige Erneuerung spricht eher für ihre Wirkungslosigkeit oder doch dafür, daß sie sich nach einiger Zeit als überholt erwiesen. Immerhin läßt sich an ihnen und ihrer Abfolge im 18. Jahrhundert deutlich der Gestaltungswille der Landesherren und ihrer leitenden Berater ablesen.

# Recht und Rechtswahrung

Als Gemeines Recht galt in Deutschland im 17. und 18. Jahrhundert noch das Römische Recht, allerdings in der modifizierten Form des sogenannten Usus modernus. Seit Hermann Conrings Schrift »De origine juris Germanici« von 1643 – sie wurde bis 1730 sechsmal neu aufgelegt – war es möglich geworden, die Rezeption in historischer Perspektive zu sehen und hinter ihr deutsche Wurzeln der geltenden Rechtsordnung zu erkennen. Die daraus sich ergebende »Kräftigung des selbständigen deutschen Rechtsbewußtseins« (F. Wieacker) führte zu einem freieren Umgang mit der Autorität der römischen Rechtsquellen und zur Anerkennung auch solchen alten und neuen Rechts, das nicht aufgezeichnet war. An den Universitäten wandelte sich der juristische Unterricht. Die juristische Literatur bezog neue Stoffgebiete ein und brachte neue Gattungen hervor. Neben dem gemeinen deutschen Recht wurden die Territorialrechte Gegenstand der praktisch orientierten Rechtslehre, die nicht zuletzt durch die Gutachter- und Spruchtätigkeit gelehrter Juristen zur Wirkung gelangte. Bedeutendes Beispiel dafür ist Samuel Stryck, Professor in Frankfurt an der Oder, Wittenberg und Halle, wo er zugleich Direktor der 1694 neugegründeten Universität war. In zahlreichen Disputationen hat er zwar systematisch am »Corpus juris« Justinians festgehalten, aber im Sinne des Usus modernus ging es ihm um den tatsächlichen Gebrauch des Gemeinen Rechts und der Partikularrechte. Das Römische Recht galt ihm als subsidiäres Recht für die deutschen Rechtsgewohnheiten; außerdem versuchte er, es dem Vernunftrecht im Sinne Pufendorfs anzupassen, während sein Schüler Thomasius das Römische Recht ganz verwarf. Im Staatsrecht unterstrich Stryck das allgemeine Wohl als höchsten Wert und sprach allen Einrichtungen zwischen den Individuen und dem Landesherrn öffentlichen Charakter ab, wodurch er die fürstliche Gewalt stärkte. Die Kirchenhoheit des Landesherrn begründete er streng territorialistisch und leitete von ihr die Forderung nach konfessioneller Toleranz im Staat ab. Die Strafbarkeit der Ketzerei an sich hat er verneint und nur ihre Verbreitung für strafwürdig gehalten; als erster deutscher Jurist, schon 1665, kritisierte er die Praxis der Hexenprozesse.

Die hier an einem frühen Beispiel aufgezeigte Entwicklung in der deutschen Rechtswissenschaft und Rechtspraxis gehört bereits in die Anfänge des Übergangs zum Vernunftrecht des Zeitalters der Aufklärung. Es war ein sich lang hinziehender und uneinheitlicher Prozeß, auf dessen Verlauf das Wirken einzelner Juristen, Philosophen und Schulen ebenso Einfluß nahm wie die Rechtspolitik der Regierungen. In Deutschland, wo der institutionelle Zusammenhang von Wissenschaft, Rechtspflege, Verwaltung und Landesherrschaft enger war als in England oder Frankreich, hat die Rechtsentwicklung, vornehmlich das sogenannte Naturrecht in seinen verschiedenen Ausprägungen, erhebliche politische Bedeutung erlangt – in der Gesetzgebung und Verwaltung früher als in der Rechtswissenschaft im engeren Sinne und in der Rechtsprechung. War doch das Naturrecht der Aufklärung, das Vernunftrecht, in erster Linie eine Rechts- und Staatstheorie, und als solche wirkte es stärker auf das öffentliche als auf das Privatrecht. Doch ist auch dieses vom vernunftrechtlichen Denken erreicht worden. Denn die Forderung, daß positives Recht vernünftig sein müsse, wie sie vor allem Christian Thomasius aufstellte, war unteilbar und wies der Gesetzgebung und Rechtspflege Aufgaben zu, die das gesellschaftliche und private Leben umfaßten. So wirkte das Vernunftrecht als Teil der praktischen Philosophie weit über die Rechtswissenschaft im engeren Sinne hinaus; viele der höheren Beamten im 18. Jahrhundert waren juristisch ausgebildet und brachten vernunftrechtliche Gedanken in der Rechtspolitik ihrer Staaten – hauptsächlich in Preußen und Österreich – zur Wirkung.

In beachtenswertem Ausmaß ist es dazu erst in den großen Kodifikationsunternehmungen des späten 18. Jahrhunderts gekommen: im »Allgemeinen Landrecht der preußischen Staaten«, das 1794, und im »Allgemeinen Bürgerlichen Gesetzbuch für die deutschen Erblande«, das erst 1811 in Österreich in Kraft gesetzt wurde. Die Anfänge beider Gesetzbücher aber reichen weit zurück. Leibniz' Kodifikationsprojekt von 1672, das »Corpus juris reconcinnatum«, war eine Utopie, und der Versuch eines allgemeinen Gesetzbuches, den Joachim Georg Darjes 1748 mit seinen »Institutiones juris-prudentiae Romano-Germanicae« unternahm, ist ein Plan geblieben. Ein erster Schritt zur Verwirklichung, der freilich noch immer stark in älteren römisch-rechtlichen Traditionen verhaftet blieb, wurde in Bayern getan, wo der bedeutende Jurist Wiguläus Xaverius Aloysius von Kreittmayr von 1751 bis 1756 die drei Teile eines umfassenden Gesetzbuches vorlegte: Strafgesetzbuch, Zivilprozeßordnung, Zivilgesetzbuch. Noch war dabei nicht aufgeklärte Reform die leitende Absicht, sondern Vereinheitlichung des Rechts, Stärkung der Rechtssicherheit, Ordnung der Rechtspflege. Das galt auch für die Anfänge der preußischen Kodifikation, auf die sich Kreittmayr übrigens berufen hat. Sie reichten bis in die Jahre 1713/14 zurück; aber erst die Kabinettsordre Friedrichs II. vom 30. Dezember 1746 an den Kanzler Samuel von Cocceji, in der Verständlichkeit der Gesetze und deren Begründung auf die Vernunft und die historische Verfassung der einzelnen Landesteile gefordert wird, hat dem großen Werk eine moderne Richtung gewiesen und es auf den Weg gebracht. Zwar war das »Corpus juris Fridericiani« (1749–1751) noch kaum von vernunftrechtlichen Ideen geprägt, es bestätigte indes die Reform der Rechtspflege als umfassende staatliche Aufgabe. Wenngleich eine Trennung von Justiz und Verwaltung noch nicht vorgesehen war, strebte Cocceji eine Stärkung und größere Selbständigkeit der Justiz an – nicht zuletzt durch die qualitative Besserung des Juristenstandes und der Rechtspraxis.

Gerichtsverhandlung auf einem Dorf unter Vorsitz des adeligen Gutsbesitzers. Kupferstich in der 1701 in Nürnberg erschienenen »Georgica curiosa« von Wolfgang Helmhard von Hohberg, einem Bericht vom adeligen Land- und Feldleben. Nürnberg, Germanisches Nationalmuseum. – Anwendung rechtlicher Vorsichtsmaßnahmen beim Erwerb eines Bauerngutes. Kupferstich in dem 1750/51 in Nürnberg erschienenen Erziehungswerk für den Pfalzgrafen Franz Philipp von Sulzbach, dem sogenannten Florinus. Berlin, Staatliche Museen Preußischer Kulturbesitz, Kunstbibliothek

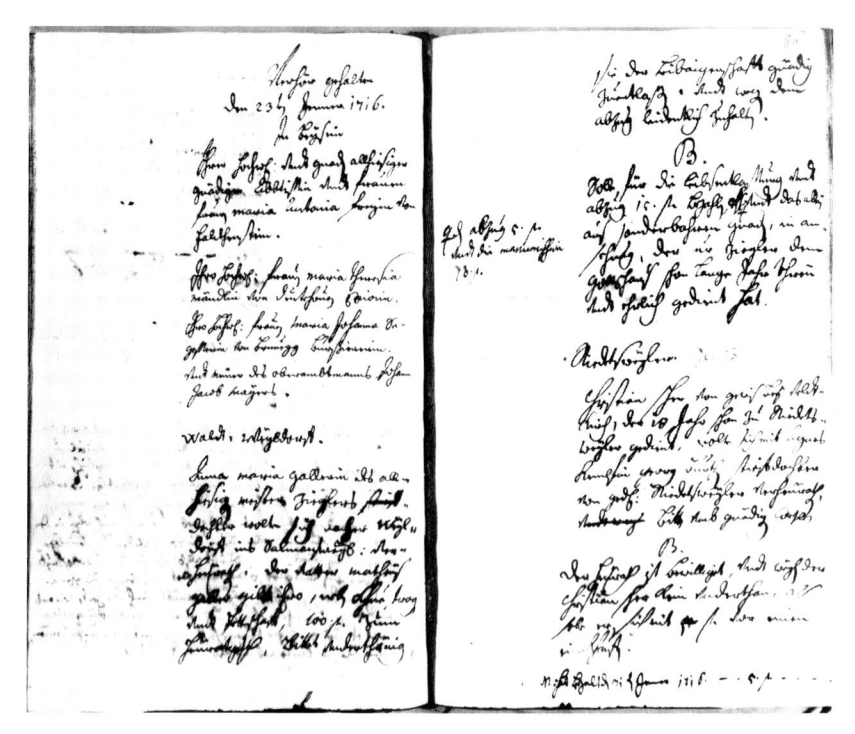

Eine Entlassung aus der Leibeigenschaft. Protokollierung der Manumission durch die Äbtissin von Wald am 23. Januar 1716. Sigmaringen, Staatsarchiv. – Rechtsversprechungen für die Neusiedler von Berlin-Friedrichstadt. Zwei Seiten des gedruckten Patentes vom 29. Oktober 1732. Berlin, Privatsammlung

Sukkot, das Laubhüttenfest. Lavierte Federzeichnung von Bernard Picart, 1722. Amsterdam, Museum Fodor

Nikolaus Ludwig Graf von Zinzendorf. Gemälde von Balthasar Denner, 1731. Herrnhut, Brüdergemeine. – August Hermann Francke. Gemälde von Antoine Pesne, vor 1720. Ehemals Privatsammlung. – Johann Christian Günther. Titelkupfer der 5. Auflage der 1735 in Breslau erschienenen Gesamtausgabe seiner Gedichte. Privatsammlung. – Das biblische Epos von Friedrich Gottlieb Klopstock. Incipit-Seite des ersten Gesanges in den 1748 in Bremen und Leipzig erschienenen »Neuen Beyträgen zum Vergnügen des Verstandes und des Witzes«. Göttingen, Niedersächsische Staats- und Universitätsbibliothek

Während des Siebenjährigen Krieges ist das Reformwerk zum Stillstand und erst erheblich später, nach dem Sturz des Großkanzlers Fürst (1779), wieder in Gang gekommen, nun vorangetrieben vom Impetus entschieden aufgeklärter Männer, die ihr Tun als Vollzug des aufgeklärt-absolutistischen Regierungssystems Friedrichs des Großen verstanden.

Die Anfänge der österreichischen Kodifikation lassen sich auf das Jahr 1735 datieren, als Maria Theresia eine Kommission einsetzte, die ein allgemeines Privatrecht für die Erblande – nach dem Gemeinen Recht und dem Recht der Vernunft – ausarbeiten sollte. Zustande kamen zunächst umständliche, überwiegend traditionalistische Entwürfe, die nach einem Gutachten Kaunitz' verworfen wurden. 1786 ist dann, nach neuen Entwürfen, der erste Teil des »Josephinischen Gesetzbuches« veröffentlicht worden, der nach weiteren Überarbeitungen eine der preußischen Kodifikation entsprechende Gestalt erhielt. »Modern« war auch diese schon bei ihrem Inkrafttreten nicht mehr, weil sie strikt an der ständischen Gesellschaftsstruktur festhielt.

Zieht man die Linie so weit aus, greift man so weit vor, dann entsteht leicht der Eindruck einer Entwicklungskonsequenz, die es so eindeutig nicht gegeben hat. Rechtsgewohnheiten und Rechtsverhältnisse ändern sich nur zögernd, und Juristen, die mit dem jeweils geltenden Recht großgeworden sind, in ihm denken und mit ihm arbeiten, sperren sich in der Regel gegen den Wandel, weil sie ihre Aufgabe in der Auslegung und Anwendung, nicht in der Kritik und Neuschaffung von Gesetzen sehen. So lange wie möglich hatten sie an der Autorität des »Corpus juris« festgehalten und sich dabei zu immer artifizielleren Auslegungen genötigt gesehen, um die gesellschaftliche Praxis nicht völlig zu verfehlen. Wohl hatte der Usus modernus eine partielle und methodische Anpassung gebracht, aber mit dem Wandel des Weltbildes sowohl durch die heraufkommende moderne Naturwissenschaft als noch mehr durch die Krise religiöser und politischer Traditionen im 17. Jahrhundert war mehr gefordert: eine neue Begründung des positiven Rechts und eine Reform der Rechtspflege, die den praktischen Anforderungen genügte. Andere Antriebe dazu resultierten aus dem Bestreben der Fürsten, ihre Macht in den verschiedenen Landesteilen gegenüber den jeweils besonderen, ständisch gestützten Rechten stärker zur Geltung zu bringen. Ein wichtiges Mittel dazu stellte die Vereinheitlichung des Rechts und die stärkere Bindung der Gerichte und der administrativen Behörden an die Staatsgesetze dar, die nun in zunehmender Zahl erlassen wurden. In ihnen sind praktische Reformtendenzen und der Einfluß vernunftrechtlichen Denkens früher erkennbar als in den Ansätzen der großen Kodifikationsunternehmungen, die nur mühsam über die systematisierende Bestandsaufnahme hinausgelangten.

Das gilt insbesondere für das Strafrecht. Lange blieb hier die ältere Auffassung von Strafe und Sühne geltend, wie sie mit weithin anerkannter Autorität der

Leipziger Jurist Benedikt Carpzow in den zwanziger und dreißiger Jahren des 17. Jahrhunderts vertrat. Für ihn bedeutete das Verbrechen noch zugleich eine Sünde und eine Verletzung staatlicher Normen; Strafe müsse deshalb sowohl die Versöhnung Gottes bewirken als auch den Respekt vor der Obrigkeit wiederherstellen. Sie sei von Gott und weltlicher Obrigkeit geboten, sei notwendig als Unschädlichmachung des Verbrechers, als Abschreckung für andere und als Mittel der Sicherung öffentlicher Ruhe und Ordnung. Hugo Grotius und Samuel Pufendorf dagegen hatten ihrer Straftheorie eine säkularisierte und rationalisierte Auffassung von Strafe zugrunde gelegt. Für Pufendorf war sie eine Sache der Zweckmäßigkeit und der Nützlichkeit für den Staat. Indem sie künftiges Verbrechen verhindere, bewirke sie Gerechtigkeit. Der Obrigkeit erwachse das Recht zu strafen aus dem Gesellschafts- und Staatsvertrag, durch den sie zur Sorge für das Staatswohl verpflichtet sei. Da sich auch die Strafzumessung am Staatswohl orientieren solle, habe die Obrigkeit das Recht, die durch die Gesetze absolut festgesetzten Strafen zu modifizieren. Es liegt auf der Hand, daß diese Theorie den Intentionen der Landesherren entgegenkam; sie fand aber auch Eingang in die Rechtswissenschaft.

Daraus ergab sich in der Praxis einerseits die Einschränkung althergebrachter barbarischer Bestrafungen, andererseits die neue Kriminalisierung mancher Handlungen von Staats wegen. Und das stellte die Richter vor die Aufgabe, für die Abweichungen von überkommenen Gesetzen im konkreten Fall Gründe und Verfahren zu entwickeln und überdies eine rationale Beweisaufnahme durchzuführen, was manchen älteren Prozeß, vor allem den Hexenprozeß, ad absurdum führen mußte. Von großer Bedeutung war dabei das neue Verständnis der Zurechenbarkeit strafbarer Handlungen, dem Pufendorf Bahn gebrochen hatte. Für die weitere Entwicklung der Rechtswissenschaft waren damit grundlegende Weichen gestellt. Die Auswirkungen in der Praxis der Strafrechtspflege konnten allerdings in den einzelnen deutschen Staaten nicht einheitlich sein, zumal die Einflußnahme der Landesherren oft mehr von den Maximen rein machtpolitisch verstandener Staatsräson als von Rechtsnormen diktiert wurde. Allgemein hielt man aus Gründen der Abschreckung lange an den älteren peinlichen Strafen fest oder wandelte sie in Leibesstrafen neuer Art um, nämlich in lebenslängliche, aber nutzbringende Körperstrafen wie zum Beispiel Festungsbauarbeiten. Neu war im 17. Jahrhundert die Freiheitsstrafe mit Verweisung in Zucht- und Arbeitshäuser. Sie bildete sich in Verbindung mit der Bekämpfung des Bettels und der Absicht zwangsmäßiger Erziehung zur Arbeit vor allem in protestantischen Territorien aus. Nach einzelnen, holländischem Vorbild folgenden Ansätzen entstanden zahlreiche Zuchthäuser als neue Instrumente des Strafvollzugs. In sie wurden Straftäter zunächst wohl auf dem Weg der Begnadigung, dann mit dem Nebenzweck der Erziehung und Disziplinierung eingewiesen. Diese Zielsetzung ist im 18. Jahrhundert oft von merkantilistischen Interessen überlagert und behindert worden, erschienen doch die Zuchthausinsassen als billige und unbegrenzt zwingbare Arbeitskräfte. Schon bei der Entstehung des Zuchthauses in Spandau im Jahr 1687 gehörte die Förderung der Woll- und Seidenmanufaktur zu den Gründungsintentionen, und wirtschaftliche Gründe waren es auch, die in einzelnen Fällen zur Verpachtung von Zuchthäusern an Entrepreneurs und damit zur Korruption aller erzieherischen und moralischen Absichten geführt haben. In der Prozeßpraxis setzte sich der Inquisitionsprozeß mehr und mehr durch, der die gesamte Prozeßführung in die Hand des Richters legte. Er entschied von der Anklage bis zum Urteil, auch darüber, was zur Feststellung der Wahrheit und zur möglichen Entlastung des Angeklagten, der nur Objekt der Verhandlungen war, herangezogen werden sollte. Unter verstärktem polizeistaatlichen Druck wurden formale, justizförmige Garantien weitgehend beseitigt.

Wie die Aufklärung das positive Recht daraufhin musterte, ob es vernünftiger Kritik standhalte, so überprüfte sie auch die praktische Rechtspflege und das Gerichtsverfahren. Während ihre Wirkungen in der Strafrechtswissenschaft erst in den sechziger Jahren des 18. Jahrhunderts erkennbar sind, kamen sie in der kriminalpolitischen Praxis schon früher zur Geltung. Bereits 1740 schaffte Friedrich II. in Preußen die Folter bis auf wenige Fälle und 1754 auch diese ab, allerdings nicht ohne Rechtsunsicherheiten zu hinterlassen, die es weiterhin möglich machten, Geständnisse zu erzwingen. Die Probleme des Strafrechts und des Strafvollzugs ließen sich eben nicht ohne eine Reform des ganzen Rechtssystems lösen. Eine solche war zwar angebahnt, kam jedoch erst im späten 18. und im frühen 19. Jahrhundert zur Verwirklichung.

Das Rechtswesen ist ein äußerst ausgedehnter und komplexer Bereich von Ideen, Institutionen, durch Gewohnheit und positive Norm geregelten Formen des gesellschaftlichen Lebens, der hier weder eingehend in seinem alltäglichen Funktionieren beschrieben noch vollständig in seinem Wandel analysiert werden kann. So viel aber läßt sich sagen: Noch war nicht Veränderung die für ihn charakteristische Erscheinung; es lassen sich allenfalls Systematisierung, Versuche der Vereinheitlichung und partielle Verbesserung feststellen. Mit dem Zurücktreten der religiösen Begründung des Rechts und der zunehmenden Erkenntnis des historischen Charakters des geltenden Rechts, mit erweiterter Gesetzgebungs- und Verordnungstätigkeit der Regierungen zum Zweck der Rationalisierung und höheren Effizienz des Staatsapparates, schließlich mit der zunehmenden Vernunftkritik am positiven Recht und an der praktischen Rechtspflege wuchs die Einsicht, daß umfassende Veränderung notwendig und auch möglich sei.

# Kirchenverfassung und kirchliches Leben – Orthodoxie und Pietismus

Im späten 17. Jahrhundert hatte »die Kirchenhoheit der weltlichen Gewalt den gedanklichen Rahmen des obrigkeitlichen Kirchenregiments längst verlassen und sich auf dem konfessionsneutralen Boden des Staatsrechts neu angesiedelt« (D. Willoweit). Das zeigte sich in den exzeptionellen Fällen des Konfessionswechsels von Landesherren, die dabei keinen Gebrauch ihres Jus reformandi mehr machten, und an ihren üblich werdenden regulierenden Eingriffen in das Kirchenwesen. Sie handhabten die Kirchenhoheit als selbstverständliche landesherrliche Kompetenz, und zwar in katholischen Staaten kaum zurückhaltender als in reformierten und lutherischen, wobei unter den ersteren die geistlichen Staaten insofern eine Sonderstellung einnahmen, als hier die Fürsten stärker an das kanonische Recht gebunden waren als ihre weltlichen Standesgenossen. Oft erstreckten sich die landesherrlichen Kirchenordnungen über den Bereich der Jura circa sacra hinaus und nahmen, wenn sie den alltäglichen Lebenswandel der Untertanen regulierten, den Charakter von Polizeiordnungen an. Daß dem Kirchenregiment auch das Schul-, Armen- und Hospitalwesen unterstand, zeigt seine sozialen Dimensionen an.

Grundsätzliche Veränderungen in der Verfassung der Kirchen erfolgten im 17. und 18. Jahrhundert nicht. Das Verhältnis zwischen Kirche und Staat warf bei unangefochtener Dominanz des Staates offenbar keine grundsätzlichen Probleme mehr auf. Selbst wo pietistische Gruppen gegen den Willen der Konsistorien und der Geistlichkeit die Förderung des Landesherrn erfuhren und sich deshalb – in der Kirche, an ihrem Rande oder sogar außerhalb – behaupten konnten, entstanden keine größeren Konflikte. Nach der Unruhe des konfessionellen Zeitalters überwog offensichtlich das Bedürfnis nach Stabilität in den kirchlichen Verhältnissen, wobei den Landesherren und ihren Regierungen sehr wohl bewußt war, welch ein unvergleichbares Instrument der sozialen Kontrolle und der Vermittlung ihrer politischen Ziele bis in die untersten Schichten der Bevölkerung hinein die Kirchen darstellten. Die Kanzel wurde zum Ort der Abkündigung landesherrlicher Anordnungen, der Ermahnung zu Gehorsam und Fleiß; die Pfarrer traten der Gemeinde zunehmend als Vertreter der Obrigkeit gegenüber, und sie verstanden sich selber weitgehend so, insbesondere in den protestantischen Landeskirchen. Gewiß gab es unter den Landesherren noch immer fromme Christen, die ihr Amt als von Gott gegeben ansahen und streng über die Verkündigung der reinen Lehre und den seelsorgerischen Eifer der Geistlichen, über christliche Tugenden und Kirchenzucht wachten. Aufs Ganze gesehen aber trat dieser Typus zurück gegenüber dem des weltlich und politisch gesinnten, religiös nicht selten indifferenten Fürsten. Ein aufgeklärter Agnostiker wie Friedrich II. von Preußen blieb indes eine Ausnahme. Seine Überzeugung, daß es für die Politik völlig belanglos sei, ob ein Herrscher religiös sei oder nicht, daß er nur vermeiden müsse, eine der Kirchen gegenüber anderen zu bevorzugen oder durch Neuerungen Unruhe und Bürgerkrieg entstehen zu lassen, wurde lediglich in ihrem letzten Teil von der Mehrheit seiner Standesgenossen geteilt. Maria Theresia hielt im Gegensatz dazu am absoluten Vorrang der katholischen Kirche und an der traditionsgeheiligten Aufgabe des Hauses Habsburg fest, den katholischen Glauben zu schützen und zu fördern. Das aber hinderte sie nicht daran, in kirchliche Besitzstände und kirchliches Leben ordnend einzugreifen. Die kirchenpolitischen Reformen, die mit dem Begriff des Josephinismus bezeichnet werden, sind bereits von der Kaiserin eingeleitet worden.

In lutherischen Gebieten stand für den Wiederaufbau nach dem Dreißigjährigen Krieg das Instrument der Visitationen zur Verfügung, das einst als Noteinrichtung den Anfang der nachreformatorischen Kirchenorganisation ausgemacht hatte. Superintendentur und Konsistorium waren daraus als dauernde Institutionen hervorgegangen und das letztere zur obersten kirchlichen Verwaltungsbehörde unter dem Summepiskopat des Landesherrn geworden. Dieser regierte die Kirche nicht mehr als dazu berufenes Mitglied, sondern als Inhaber der über ihr stehenden Staatsgewalt. Eine Repräsentation der Gemeinde gab es weder auf lokaler noch auf höherer Ebene. Wo es im Luthertum Synoden gab, waren sie Pfarrerversammlungen unter der Leitung des Superintendenten.

Die Organisation und Behördenstruktur der reformierten Kirchen war uneinheitlich. In deutschen Territorien hatte sich die Presbyterial- und Synodalverfassung des westeuropäischen Calvinismus nirgendwo voll ausgebildet. Vielmehr war hier die den deutschen Verhältnissen mehr entsprechende Verfassung der Kirchen der Augsburgischen Konfession weitgehend übernommen oder beibehalten worden, wenn der Landesherr, sozusagen in einem zweiten Schritt, zum reformierten Bekenntnis überging. Nur in einigen kleinen hessischen, rheinischen und westfälischen Grafschaften entstanden Einrichtungen der calvinistischen Gemeindeordnung mit der für sie charakteristischen strengen Kirchenzucht. Besonders zu erwähnen sind die Hugenottengemeinden in Brandenburg-Preußen und in Hessen-Kassel, denen die Beibehaltung der mitgebrachten Verfassung wie auch der französischen Sprache im Gottesdienst gestattet wurde, allerdings unter der Oberaufsicht des landesherrlichen Kirchenregiments.

Wie in der Entwicklung des Rechtswesens so klaffte auch in der des Kirchenwesens ein erheblicher Abstand zwischen den Anordnungen des Kirchenregiments und dem wirklichen kirchlichen Leben. Die vielen das Gemeindeleben berührenden Verordnungen, unter anderem im Hinblick auf die Schule oder die Friedhöfe, das Almosengeben oder den Aufwand bei Taufen, Hochzeiten und Begräbnissen, in katholischen Gebieten auf die Zahl der lokalen Feiertage, Wallfahrten, Kirchenfeste und frommen Stiftungen, hatten nicht sofort durchschlagende Wirkung. Lange verlief das Gemeindeleben in hergebrachten Bahnen, an denen die Menschen hingen. Gerade diese Beharrlichkeit in kirchlich-religiösen Gewohnheiten, das Festhalten am Glauben der Väter, konnte in Widerstand gegen obrigkeitliche Eingriffe umschlagen und dann zu Unterdrückung, Verfolgung und Auswanderung führen. Das aufsehenerregendste Beispiel dafür boten 1731 die Salzburger Exulanten, die zum großen Teil in Brandenburg-Preußen aufgenommen wurden.

Nach dem Dreißigjährigen Krieg hatte der Konfessionalisierungsprozeß an politischer Bedeutung verloren, war aber keineswegs zu Ende gekommen. Noch immer konnten Bekenntnisfragen die Menschen bis in die untersten Schichten hinein bewegen; noch immer gab es Proselytenmacherei, Konversionsbemühungen und Bedrückung konfessioneller Minderheiten. Während in katholischen Staaten der organisatorische Ausbau und die theologische und gottesdienstliche Erneuerung und Festigung der Kirche im Sinne der Gegenreformation sich fortsetzten, wofür Kirchen- und großartige Klosterbauten, aber auch die Blüte der Jesuitengymnasien und die einflußreiche Rolle von fürstlichen Beichtvätern charakteristisch sind, zogen sich in protestantischen Gebieten nicht selten alte und neue Lehrstreitigkeiten lange hin. In der rheinischen Pfalz, wo lutherische und reformierte Landesteile nebeneinander existierten, ließ Kurfürst Karl Ludwig 1677 eine gemeinsame Agende für beide Konfessionen ausarbeiten und 1680 in Mannheim als sichtbares Zeichen die Konkordienkirche errichten. Doch auch dieser Versuch blieb, wie schon vorhergehende Bemühungen im 16. Jahrhundert, erfolglos. Selbst die Bedrückung der Protestanten durch die Franzosen während des Pfälzischen Krieges und durch die katholisch gewordenen Landesherren der Neuburgischen Linie, die wesentlich zu der lang anhaltenden Massenauswanderung nach Nordamerika beitrug, vermochten nicht, dogmatische Gegensätze und theologische Bedenken zu überwinden. In Brandenburg-Preußen ist die Frage einer Union von Lutheranern und Reformierten erst im 19. Jahrhundert vorangekommen – nachdem nicht nur die den Bekenntnisstand von 1624 im wesentlichen konservierende Verfassung des alten Reiches weggefallen war, sondern auch Pietismus und Aufklärung das Beharren auf konfessionellen Lehrunterschieden in Frage gestellt hatten. Bis dahin war es jedoch ein weiter Weg. Auf ihm ist innerkirchlich die theologische und kirchendisziplinarische Orthodoxie erst allmählich überwunden worden, sowohl im Protestantismus als auch, mit zeitlicher Verzögerung, im Katholizismus. Hier muß in erster Linie von der Entwicklung im protestantischen Deutschland gesprochen werden, denn in ihm vollzog sich am frühesten und folgenreichsten die für das 18. Jahrhundert charakteristische Neuformierung des Verhältnisses zwischen religiöser und profaner Kultur.

Die Wurzeln der Orthodoxie reichen in den Konfessionalismus des 16. und 17. Jahrhunderts zurück. Die oft mit ihr verknüpfte Vorstellung von einer erstarrten und spitzfindigen Theologie, einer eifernden, rechthaberischen und unduldsamen, formalistischen und freudlosen Frömmigkeit ist zumindest einseitig. In Zeiten des religiösen Streits und der weltlichen Not bot sie Halt und gab eine Richtschnur für den Wiederaufbau des kirchlichen Lebens nach dem großen Krieg. Ihrer schnellen Verurteilung steht auch die Tatsache gegenüber, daß mit ihr die Blüte des evangelischen Kirchenliedes und der evangelischen Kirchenmusik nicht nur zeitlich einherging. Das außerordentlich erfolgreiche Berliner Gesangbuch »Praxis pietatis melica« von Johann Crüger erschien bis zur Mitte des 18. Jahrhunderts in über vierzig Auflagen; in ihm fanden sich unter anderen die unvergänglichen Lieder Paul Gerhardts, mit denen er nach dem großen Krieg dem religiösen Leben aufhelfen wollte:

»Habt fröhliches Vertrauen
und Glauben, der da siegt!
So wird Gott wiederbauen,
was itzt darniederliegt.«

Von Heinrich Schütz und Dietrich Buxtehude bis zu Johann Sebastian Bach entfalteten sich das Orgelspiel und das geistliche Konzert, die Kantate und das Oratorium zum bedeutendsten Bestandteil deutscher Musikkultur und zum stärksten Ausdruck lebendiger Frömmigkeit, die im festen Vertrauen auf die göttliche Ordnung der Welt die Musik als Widerspiegelung dieser Ordnung und als Lobpreis Gottes begriff. 1738 definierte Bach den Generalbaß als »das vollkommenste Fundament der Musik«, der so gespielt werde, daß »eine wohlklingende Harmonie ... zur Ehre Gottes und zulässiger Ergötzung des Gemüts« entstehe. »Und soll wie aller Musik also auch des Generalbasses Finis und Endursache anders nicht als nur zu Gottes Ehre und Rekreation des Gemüts sein.«

Spätbarocke, zugleich innige und pathetische Frömmigkeit spricht ebenso aus Christian Scrivers fünfbändigem »Seelenschatz«, einem der wichtigsten lutherischen Erbauungsbücher, wie aus den Liedern Benjamin Schmolcks und den protestantischen Kirchenbauten in Dresden, Hamburg, Potsdam. Die in Norddeutschland vornehmlich auf Johann Arndt, in Schlesien auf Jakob Böhme und in Württemberg auf Johann Valentin Andreae zurückgehenden mystisch-spiritualistischen Glaubens- und Frömmigkeitshaltungen sind auch während der Zeit der herrschenden theologischen Orthodoxie nicht zum Erliegen gekommen; sie gehören zu ihrem historischen Erscheinungsbild. Zugleich lockerten sie den geistigen Boden für den Pietismus auf, der seinerseits nicht bloß als Reaktion auf seelenlos gewordene Orthodoxie und herrschaftsgewohnte Pastorenkirche verstanden werden darf.

In ganz Europa traten gegen Ende des 17. Jahrhunderts mystische, spiritualistische und gnadentheologische Frömmigkeitsbewegungen hervor. In ihnen klang die Erregung der Glaubenskämpfe des konfessionellen Zeitalters nach, die sich nun in dem Bedürfnis nach persönlicher, in kleinen Gruppen Gleichgesinnter und in der Lebenspraxis sich bestätigender Glaubensgewißheit äußerte – einem Bedürfnis, das in den etablierten Staatskirchen nur unzureichende Erfüllung fand. Zur Buße riefen auch diese auf, aber ihre Verkündigung und ihre Gnadenmittel erschienen denen ungenügend, die nach persönlicher Bekehrungserfahrung und steter Bekundung des Bekehrtseins verlangten und im offiziellen Kirchentum auf Skepsis und Abneigung trafen. Betrachteten die Kirchenoberen solches Verlangen doch als ungeduldigen, eigensinnigen und das pädagogische Programm der Kirche störenden Individualismus. Wieweit solche Bewegungen im Raum der bestehenden Kirchen verblieben, ihnen sogar neue Impulse vermittelten oder aber sich konventikelhaft abschlossen und ganz aus ihnen austraten, hing ebenso von der Art ihres religiösen Aktivismus wie von der Reaktion der Kirchen ab. In England setzten die Quäker das Sektentum des Revolutionszeitalters fort, stellten das »innere Licht« als Quelle der Offenbarung in jedem Menschen, also die Erweckung und das daraus hervorgehende neue Leben, in den Mittelpunkt, entwickelten einen starken praktischen Moralismus und setzten sich durch ihren Rigorismus der politischen Verfolgung aus. Im französischen Katholizismus gerieten zwei so unterschiedliche, beide allerdings auf intellektuelle Eliten beschränkt bleibende Bewegungen wie der Quietismus und der Jansenismus bald unter Häresieverdacht und kuriale Zensur. Der Quietismus knüpfte an die spanische Mystik der Teresa de Jesús und des Juan de la Cruz an und steigerte sich zum völligen Verzicht auf alles eigene Wollen in der Vereinigung mit Gott. Religiöse Wirkungen, die von den Schriften der Jeanne Marie de Guyon und ihres Beichtvaters, François de Fénelon, ausgingen, sind in Deutschland erst im späten 18. Jahrhundert und dann fast noch mehr bei Protestanten als bei Katholiken auszumachen. Auch der Jansenismus erreichte das katholische Deutschland erst spät. Von Flandern ausgehend hatte die von dem Bischof Cornelius Jansen entwickelte augustinische Gnadenlehre, trotz ihrer Verwerfung durch den Papst, im Zisterzienserkloster Port Royal bei Paris einen Stützpunkt gefunden, um den sich eine Gruppe gebildeter Kleriker und Laien scharte, unter ihnen Blaise Pascal, der »vielleicht tiefsinnigste Christ des 17. Jahrhunderts« und der »erste unter den großen einsamen Christen der Neuzeit« (B. Moeller). Nicht allerdings seine verinnerlichte Religiosität, sondern die Kritik an der herrschenden Theologie und der mangelhaften Seelsorge der Kirche, vor allem aber seine antijesuitische Frontstellung hat den Jansenismus im Laufe des 18. Jahrhunderts zu einem Element der katholischen Aufklärung gemacht. In dieser Gestalt ist er um die Mitte des 18. Jahrhunderts in den italienischen Ländern des Hauses Österreich und in Wien spürbar geworden, wo Maria Theresias Leibarzt Gerard van Swieten über die Bücherrevisionskommission (1752) und die Studienhofkommission (1760) jansenistischen und aufgeklärten Gedanken den Weg ebnete.

Abendmahlsfeier in einer norddeutschen evangelischen Kirche. Gemälde von Otto Wagenfeldt, 1649–1651. Hamburg, Kunsthalle

Paul Gerhardt. Gemälde von Gottlieb Wernsdorff, nach 1676. Lübben, Paul Gerhardt-Kirche. – Angelus Silesius. Gemälde eines Unbekannten, nach 1677. Grüssau, Kloster

Kurfürst Max II. Emanuel von Bayern. Wachsrelief von Charles Claude Dubut, 1725. Berlin, Staatliche Museen Preußischer Kulturbesitz, Skulpturengalerie. – Reichserzkanzler Lothar Franz Graf von Schönborn. Gemälde von Ottmar Elliger d. J. (?), vor 1715. Köln, Wallraf-Richartz-Museum

Das Altöttinger Gnadenbild über der Fraueninsel. Gemälde eines Unbekannten als Votivgabe aus Anlaß des Klosterneubaus von Frauenwörth, 1730. Altötting, Wallfahrts- und Heimatmuseum

Sehr viel breiter war in Deutschland die Wirkung des Pietismus. Ihn scharf von der Reformorthodoxie zu trennen, ist nicht leicht möglich; gleichwohl läßt sich seit 1670 sein eigenes Profil erkennen. Aus dem Luthertum hervorgehend strebte er eine Fortsetzung der Reformation, eine neue Reformation an, durch die das religiöse Leben gegenüber der kirchlichen Lehre, der Geist gegenüber dem Amt zu stärkerer Geltung gebracht werden sollten. Nicht auf den rechten, sondern den lebendigen und in der Liebe sich beweisenden Glauben sollte es ankommen. Damit trat statt der Rechtfertigung die Wiedergeburt in den Mittelpunkt der pietistischen Theologie. Griff sie einerseits auf Luthers Glaubensringen und seine Erkenntnis zurück, daß allein durch den Glauben die Gnade Gottes erfahren werde, so andererseits auf Gedanken des Spiritualismus des frühen 17. Jahrhunderts. Nicht zufällig erschienen die »Pia desideria« Philipp Jakob Speners, die erste Programmschrift der Bewegung aus dem Jahr 1675, als Vorwort zu Johann Arndts vielgelesener Kirchenpostille. Darin forderte Spener intensives Bibelstudium der Theologen und Laien, frommes Gemeindeleben, eine zur Gottseligkeit führende Wiedergeburt. Sie solle durchaus innerhalb der Kirche erfolgen, obgleich die kirchliche Lehrtradition sie nicht bewirken, sondern nur fördern könne.

Speners Reformgedanken fanden durch Schüler und zahllose Briefe Verbreitung über das protestantische Deutschland hinaus nach Skandinavien und in die Schweiz – allerdings auch bald Widerstand. In Hamburg, Leipzig, Gotha und anderen Städten kam es zu heftigen Auseinandersetzungen mit der Orthodoxie. Wichtigster Ort für die weitere Entwicklung des Pietismus ist Halle geworden. Ein Jahr nach der Eröffnung der Universität, die durch Speners Einfluß – er war zu dieser Zeit Konsistorialrat und Probst zu St. Nicolai in Berlin – von Anfang an dem Pietismus geöffnet war, gründete August Hermann Francke hier 1695 eine Armenschule und ein Waisenhaus, dem er – mit staatlicher und privater Unterstützung – mehrere pädagogische Anstalten, darunter ein Lehrerseminar, ferner Wirtschafts- und Handelsunternehmungen hinzufügte. Ihre Erträge benutzte dieser außerordentliche Seelsorger, Pädagoge, Theologieprofessor und Unternehmer dazu, den Komplex seiner Anstalten ständig zu erweitern. Studenten der durch Francke und seine Freunde reformierten hallischen theologischen Fakultät wurden zum Unterricht an seinen Schulen herangezogen und hier pädagogisch ausgebildet; und die von hier kommenden Lehrer sind, jedenfalls in Preußen, bevorzugt eingestellt worden. Praxis pietatis und Berufsausbildung sollten Hand in Hand gehen, damit der Christ »zu allem guten Werke geschickt und ausgerüstet« sei und alle Welt erkenne, daß es keine nützlicheren Menschen gebe als »diejenigen, die Christo Jesu angehören«. Als Ziel schwebte Francke ein »Seminarium universale« vor, von dem pietistisch ausgebildete Pfarrer und Lehrer in alle Teile des Landes und der Erde gehen sollten, um missionierend, lehrend und reformierend zu wirken. Obschon dieses Ziel nicht erreicht wurde, ist die Wirkung des hallischen Pietismus erheblich gewesen, und zwar als religiöse, pädagogische und soziale Reformbewegung, die zwar nicht die Gesellschaft in ihrer Struktur verändern, wohl aber die Menschen in ihrem jeweiligen Stande und damit die Gesellschaft insgesamt verbessern wollte. Viele Pfarrer, Beamte und Lehrer in Preußen sind von ihrem Impetus erfaßt worden, zumal dieser Staat für einige Jahrzehnte Franckes Arbeit stark förderte; er hat sie freilich auch für sich in Dienst genommen und damit dem religiös motivierten Erziehungswerk zunehmend eine primär politisch-pädagogische Richtung gegeben.

Eine andere, in mancher Hinsicht nachhaltigere Wirkung entfaltete der Pietismus in Württemberg. Hier wies er auch im 18. Jahrhundert noch eine spekulativ-biblizistische Komponente auf, die sich mit seinem vorherrschenden pädagogischen, patriarchalischen und kleinbürgerlichen Charakter offenbar vertrug. Sein bedeutendster Vertreter, Johann Albrecht Bengel, hat nicht nur die kritische neutestamentliche Textforschung über westeuropäische Arbeiten hinaus auf einen Höhepunkt geführt, er hielt auch am spekulativen Offenbarungsglauben fest und berechnete mit scheinbarer Exaktheit und starker Resonanz den Zeitpunkt der Wiederkehr Christi auf das Jahr 1836. Friedrich Christoph Oetinger, sein origineller Schüler, fand im Begriff des Lebens die Differenz zwischen Geist und Materie aufgehoben. Dem cartesianischen Rationalismus stellte er eine Philosophia sacra entgegen, die in den Erscheinungen der Welt Gott erkennt. Sein Kampf gegen den Rationalismus der Aufklärung hat in Württemberg weitreichenden Widerhall gefunden und über das Tübinger Stift auf Schelling, Hölderlin, Hegel und den philosophischen Idealismus gewirkt. Allgemein hat der württembergische Pietismus das kirchliche Leben und die Mentalität breiter Bevölkerungsschichten stärker geprägt als im übrigen Deutschland.

Der in reformierten Gebieten am Niederrhein und in Bremen auftretende Pietismus ging auf niederländische Ursprünge zurück, die mit quietistischen und mystischen Elementen zusammenflossen und in den innerkirchlichen Konventikeln der »Stillen im Lande« Gestalt gewannen. Gerhard Tersteegen, einstiger Bandwirker und theologischer Autodidakt, Seelenführer, Liederdichter und Erbauungsschriftsteller, hat dieser spezifischen Frömmigkeit den Ausdruck uneingeschränkter Ergebenheit in Gottes Willen und inbrünstiger Jesus-Liebe gegeben. Geistesgeschichtlich größere Bedeutung kommt der Herrnhuter Brüdergemeine des Grafen Nikolaus Ludwig von Zinzendorf zu. Mann und Werk nehmen insofern eine Ausnahmestellung im deutschen Pietismus ein, als die Brüdergemeine zu einer zwar klein bleibenden, aber beständigen Sonderkirche wurde. Zinzendorf selber, aus protestantischem niederösterreichischen Adel, war Schüler Franckes im hallischen Pädagogium, Jurastudent im orthodoxen Wittenberg gewesen, hatte in Paris Ideen des Jansenismus und der Aufklärung aufgenommen, sich zunehmend ganz von der deutschen Schultheologie abgewandt und in strikter Trennung von Verstand und Herz, das allein die Wahrheit der Offenbarung in Jesus Christus fassen könne, zu einer radikalen christozentrischen Theologie gefunden. Diese Entwicklung verknüpfte sich bei ihm mit der Praxis religiöser Gemeinschaftsbildung. Auf seinem Gut in der Oberlausitz sammelte er mährische Glaubensflüchtlinge und gründete dort 1722 die Siedlung Herrnhut. Den bald ausbrechenden separatistischen Bestrebungen wirkte er durch die 1727 erfolgte Gründung der »Erneuerten Brüderunität« entgegen. In ihr entfaltete sich ein außerordentlich reges und aktives Gemeindeleben, das bald auch als Missionsbewegung – erfolgreicher als die des hallischen Pietismus – nach außen wirkte, unter anderem nach Westindien, Grönland, Nordamerika, Rußland. Gemeindegründungen nach Herrnhuter Beispiel entstanden, ebenso Kreise von Förderern und Freunden vor allem unter dem Adel und an Höfen. Die Brüdergemeine mit besonderem Status im Verband der Landeskirchen zu halten, gelang Zinzendorf nur in Sachsen; in Preußen wurde sie 1742 als besondere Religionsgemeinschaft anerkannt. Bemerkenswert ist, daß trotz mancher religiösen und sprachlichen Überspanntheiten und Verhaltenseigentümlichkeiten die Herrnhuter mit ihrer selbstsicheren Frömmigkeit und ihrem praktischen Wirken starken Eindruck gemacht haben. Daß später die zentrale Gestalt der protestantischen Theologie des 19. Jahrhunderts, Friedrich Daniel Schleiermacher, aus ihren Reihen hervorgegangen ist, sei hier nur angemerkt.

Damit ist das vielfältige und schillernde Bild des deutschen Pietismus noch nicht vollständig. Zu ihm gehören auch die separatistischen Randgruppen und Einzelgestalten des heftig bekämpften »Radikalpietismus«, deren Wirkungen verborgene Wege gingen und zum Teil erst im letzten Drittel des 18. Jahrhunderts wieder faßbar werden – für den heutigen Historiker allerdings nur dann, wenn er hinter die von der Geschichtsschreibung des 19. und frühen 20. Jahrhunderts aufgestellten Kulissen schaut. Schwärmerische und mystisch-spiritualistische Tendenzen waren im deutschen Pietismus nie ganz verschwunden. Sie haben sich im späten 17. Jahrhundert mit der pietistischen Kritik an der theologischen Orthodoxie und am Allerweltschristentum der Volkskirche verknüpft. Eine noch von Spener in Frankfurt ins Leben gerufene Pietistengruppe um Johann Jakob Schütz entfernte sich von der offiziellen Kirche, näherte sich schließlich den Quäkern und plante die Auswanderung nach Pennsylvanien. Andere Pietisten, wie Petersen und Hochmann, verkündeten schreibend oder als Wanderprediger den bevorstehenden Anbruch des Tausendjährigen Reiches, visionäre Frauen sprachen von neuen Offenbarungen. In einzelnen Fällen vermischten sich religiöse Inbrunst, Endzielerwartung und erotische Exaltiertheit. Zum radikalen Pietismus gehört indes auch eine so bedeutende Gestalt wie Gottfried Arnold. Seine Kritik an der Kirche, sein pietistischer Subjektivismus und sein Spiritualismus verwiesen ihn auf die Geschichte der Urchristenheit und der wahren, unsichtbaren Kirche, die er von der etablierten Kirche verdeckt glaubte. Seine voluminöse »Unpartheiische Kirchen- und Ketzerhistorie«, die in den Jahren 1699 und 1700 erschien und deren Darstellung bis in die Gegenwart führte, sollte den als Häretikern Diffamierten Gerechtigkeit widerfahren und die wiedergeborenen Menschen als Träger der Geschichte der Kirche sichtbar werden lassen. Dieses Werk, das die Kirchengeschichtsschreibung auf ein ganz neues Niveau hob und die Frömmigkeit, nicht die Kirche als Institution zu ihrem eigentlichen Thema machte, ist eins der meistgelesenen Bücher der Zeit geworden und hat ein unkonfessionelles, unorthodoxes Verständnis des Christentums erheblich gefördert.

Die Bedeutung des Pietismus für die Entwicklung des Protestantismus – nicht allein in Deutschland – ist kaum zu überschätzen. Seine Betonung der persönlichen, das tätige Leben prägenden Frömmigkeit, seine ethische und individualistische Religiosität sind Bestandteile evangelischer Lebensgestaltung geworden, haben jedoch weit darüber hinaus auf die gesellschaftliche Kultur gewirkt. Die Sprache des Pietismus fand neue Ausdrucksformen, die auch die profane Sprache des Gefühls bereicherten, und die pietistische Selbstbeobachtung war eine der Wurzeln für das anthropologische Interesse des 18. Jahrhunderts, für die moderne Autobiographie und die psychologisch vertiefte Biographie. Ohne den Pietismus kann die Begrifflichkeit und Emotionalität des moralisch-politischen Patriotismus des 18. Jahrhunderts nicht verstanden werden, noch weniger die ungeheure Bedeutung, die die Idee individueller Entwicklung als »Bildung« im letzten Drittel des Jahrhunderts erhalten hat. Gewiß gehen Empfindsamkeit und Irrationalismus, Idealismus und Historismus in Deutschland nicht allein auf den Pietismus zurück; seine Einflüsse sind indes an vielen Stellen auszumachen. Sie haben dazu beigetragen, im intellektuellen Diskurs und in der gesellschaftlichen Kultur auch bei zunehmender Säkularisierung eine starke religiöse Komponente zu erhalten.

# Wissenschaft und Gelehrsamkeit

Zu den grundlegenden Veränderungen der frühen Neuzeit gehört die Ausbildung der modernen Wissenschaft. Sie hat im 16. und 17. Jahrhundert zu einem völligen Wandel des Weltbildes, der Erkenntnis- und Erklärungsmethoden geführt, zu einer »Wissenschaftlichen Revolution«, die als ein »entscheidender Wendepunkt in der Weltgeschichte« (H. Kearny) bezeichnet worden ist, insofern sie die hauptsächliche Ursache für den Übergang vom traditionellen, autoritätsgebundenen zum modernen, rationalen und kritischen Denken gewesen sei. Um das Ausmaß dieses Vorgangs zu verstehen, muß bedacht werden, daß er sowohl die Vorstellungen von der Natur als auch diejenigen vom Menschen und der menschlichen Gesellschaft erfaßte. Die frühesten rationalen Systeme der Neuzeit sind bekanntlich Staatstheorien gewesen: Bestimmungen des Wesens und der Funktion des Staates als legitime, ordnungsverbürgende Herrschaft über Ständen, Konfessionen und konkurrierenden Machteliten. Daneben entstanden Entwürfe eines rationalen Völkerrechts zur Erklärung und Regelung des Verhältnisses der Staaten untereinander. Sie standen bereits unter dem Eindruck der Entfaltung der modernen Naturwissenschaften und deren Methode, Hypothesen zu formulieren und sie unter Ausklammerung dogmatischer und traditionaler Bestimmungen experimentell zu beweisen. Auch im Handeln der Menschen und im Prozeß der Kultur suchte man Gesetzmäßigkeiten zu erkennen. Diese Erkenntnis zu verallgemeinern und zu praktischer Anwendung zu bringen, war hauptsächlicher Inhalt der Wissenschaftsentwicklung des 18. Jahrhunderts.

Zweifellos hat der Aufstieg des frühmodernen Staates diesen Entfaltungsprozeß der modernen Wissenschaft gefördert. Er benötigte zunehmend qualifizierte Kräfte, für deren Ausbildung neben den bestehenden und stark traditionsgebundenen Universitäten neue Einrichtungen geschaffen wurden. In Deutschland ist diese Entwicklungskomponente besonders wichtig gewesen, da hier die von Handel, Verkehr und überseeischen Entdeckungen ausgehenden innovativen Antriebe seit dem späten 16. Jahrhundert ermattet und im 17. weithin zum Erliegen gekommen waren. Die landesherrlichen Hohen Schulen und einige bedeutende städtische Gymnasien wie das Johanneum in Hamburg waren die fast einzigen Stätten der Wissenschaft, richtiger gesagt: einer erstarrenden späthumanistischen Gelehrsamkeit. Auch an einigen deutschen Höfen stand diese noch in hohem Ansehen, so in Braunschweig-Wolfenbüttel, wo Herzog August d. J. die größte Büchersammlung seiner Zeit zusammentrug, die sein Nachfolger erweiterte und deren Bibliothekar Gottfried Wilhelm Leibniz siebenundzwanzig Jahre lang nebenamtlich gewesen ist. Unter ihren frühen Beständen nahmen im Sinne des humanistisch-barocken polyhistorischen Wissenschaftsbegriffs Theologica, Juridica und Historica den breitesten Raum ein. Mit gewissen Modifikationen im einzelnen boten die großen Bibliotheken bayerischer und oberschwäbischer Benediktinerabteien dasselbe Bild. Nirgendwo in Europa ist dieser Wissenschaftsbegriff mit einem Schlag durch einen neuen abgelöst worden; in Deutschland aber hat er sich besonders lange erhalten und nur langsam verändert. Wie weit dafür die lange Vorherrschaft der Theologie nicht nur als Wissenschaft an den Universitäten, sondern auch als Gegenstand intellektueller, politischer und ideologischer Auseinandersetzungen und als Kontrollinstanz des geistigen Lebens verantwortlich gemacht werden darf, ist nicht mit Sicherheit zu sagen; doch kann die gesamte intellektuelle Entwicklung des 17. und 18. Jahrhunderts ohne Berücksichtigung dieser Tatsache nicht erklärt werden.

Wenngleich der originale deutsche Beitrag zur Geschichte der Naturwissenschaften im 17. und 18. Jahrhundert, verglichen mit Westeuropa, insgesamt gering war, so fehlte doch der Typus des experimentell arbeitenden Forschers nicht. Otto von Guericke, Bürgermeister von Magdeburg, Jurist und Diplomat, der seine Versuche selber finanzierte, ging wie die meisten Naturforscher seiner Zeit noch von kosmologischen Fragestellungen aus; aber er bewies seine Entdeckung des Vakuums experimentell und demonstrierte sie während des Reichstages zu Regensburg, als sechzehn Pferde auf beiden Seiten vergeblich versuchten, die Halbkugeln auseinanderzureißen. Und Albrecht von Haller, der 1736 als Professor der Anatomie, Chirurgie und Botanik nach Göttingen berufen wurde, hat hier – in Fortführung der Leidener Schule Boerhaaves – nicht nur die theoretische Medizin erheblich weiterentwickelt, sondern ebenso für die Praxis und die Ausbildung künftiger Ärzte wichtige Anstöße gegeben. In seinem Auftreten, vor allem in der Breite seiner wissenschaftlichen Bildung und seiner schriftstellerischen Tätigkeit gehörte er noch dem barocken Späthumanismus an, in seiner ärztlichen und lehrenden Tätigkeit bereits einer neuen Zeit.

Die außerordentlichste Gelehrtengestalt auf der Schwelle vom 17. zum 18. Jahrhundert war Gottfried Wilhelm Leibniz. Jurist, Diplomat, Gelehrter von internationalem Ansehen und mit weitgespannter Korrespondenz, beschäftigte er sich in kaum vorstellbarer Universalität mit Mathematik, Mechanik, Physik, Physiologie und Chemie, mit philosophischen und theologischen, linguistischen, völkerrechtlichen und historischen Problemen. 1676 trat er als Bibliothekar und Hofrat in hannoverschen Dienst, wo er 1685 eine auf Dokumenten beruhende Geschichte des welfischen Hauses zu schreiben begann. Er war der Anreger und erste Präsident der »Societät der Wissenschaften« in Berlin und schlug entsprechende Akademien für Wien, Dresden und St. Petersburg vor. Hielt Leibniz einerseits am Ideal der Einheit der Wissenschaft und an der Annahme einer universalen Methode, einer »Mathesis universalis« fest, so trat er andererseits für die praktische Anwendung der Wissenschaften und für einen neuen Stil aktiver, in die Öffentlichkeit hineinwirkender Gelehrsamkeit ein. Dabei blieb

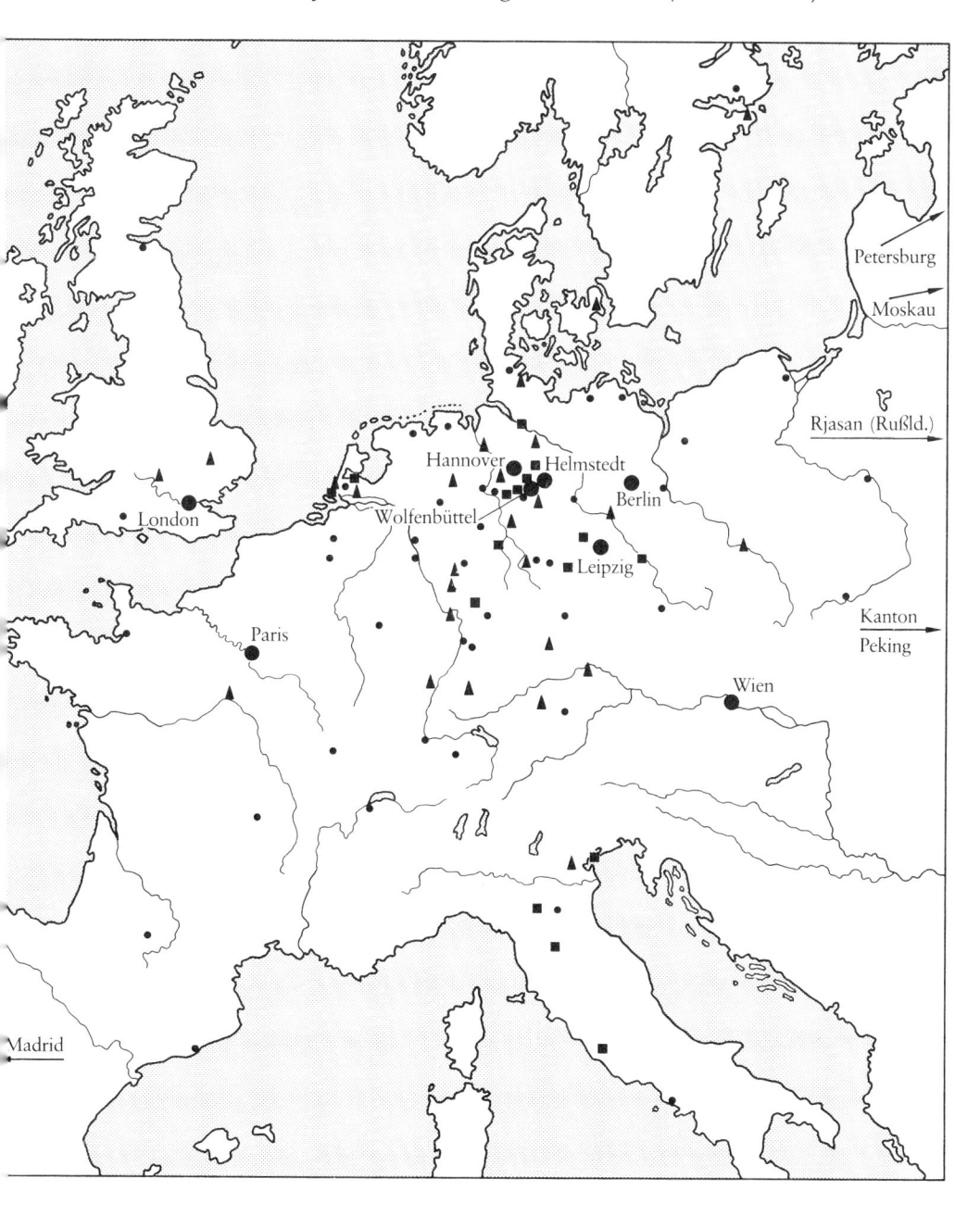

*Leibniz und seine Korrespondenz mit der gelehrten Welt (nach Gebert)*

rte mit • 1–3, ▲ 4–10, ■ 10–30, ● über 31 Korrespondenten.

m häufigsten korrespondierte Leibniz mit Personen in Berlin (ca. 80), Hannover (ca. 80), London (ca. 62), Paris (ca. 80), ien (ca. 61). Die weit gestreuten Briefkontakte zeigen die überragende und universelle Stellung Leibniz' im wissen- haftlichen, kulturellen und politischen Leben Europas, denn seine Briefpartner stammten keineswegs nur aus der Welt der issenschaften, sondern ebenso aus allen Bereichen des öffentlichen Lebens und der Kultur.

*Wissenschaft und Gelehrsamkeit*

seine Welterklärung metaphysisch begründet: Gott sei nicht im Sinne des Deismus erste Ursache, sondern hinreichender Grund für Ursachen; die Welt funktioniere mechanistisch, lasse sich aber nicht mechanistisch erklären; sie sei die beste aller möglichen Welten, weil ihre prästabilisierte Harmonie notwendiger Ausdruck der göttlichen Ordnung aller Monaden in Raum und Zeit sei. Indem er jedoch für die Religion und die Metaphysik eine Basis von mathematischer Gewißheit und als deren Organ eine Lingua rationalis schaffen wollte, bahnte er der Aufklärung den Weg. Auf seine Empfehlung wurde 1707 Christian Wolff als Professor der Mathematik nach Halle berufen, wo er mit strenger Systematik das gesamte Feld der Philosophie behandelte und mit seinen gründlich angelegten Lehrbüchern einen großen Teil der deutschen philosophischen Terminologie schuf. Bis zu Kant hin haben diese Werke, die erst nachträglich in lateinischer Übersetzung vorgelegt wurden, die deutsche Schulphilosophie mit ihrem dogmatischen Rationalismus weithin beherrscht. Daß Wolff auf pietistische Denunziation hin 1723 von König Friedrich Wilhelm I. des Landes verwiesen und 1740 von Friedrich II. triumphal von Marburg zurückgeholt wurde, hat seinen Ruhm als »Fürst der Aufklärung« noch vermehrt. Leibniz' Universalität und Genialität besaß er nicht, und die Rede von der leibniz-wolffschen Philosophie muß schon deshalb eingeschränkt werden, weil er die Monadologie Leibniz' nicht übernahm. Daß er die Philosophie von der Theologie ablöste, gab jener neue Selbständigkeit und eine neue Bedeutung für die gesamte Wissenschaftsentwicklung, auch für die Theologie.

An den Universitäten nahm die Theologie als erste Fakultät eine Vorrangstellung ein, die dadurch noch unterstrichen wurde, daß sie über die anderen Fakultäten, vor allem über die »Artistenfakultät« eine Rechtgläubigkeitsaufsicht ausübte. Mit der Emanzipation der Philosophie und der Einzelwissenschaften aber stellte sich auch für sie die Frage nach ihrem Wissenschaftscharakter neu. Das führte zur Aufbrechung des orthodoxen Theologiebegriffs und zur Unterscheidung zwischen Theologie und Religion sowie zwischen historischer und dogmatischer Theologie. Dieser Prozeß ist zuerst an der Universität Halle ausgetragen worden, hat sich aber durch das ganze 18. Jahrhundert hingezogen. Während der Pietismus die Theologie in den Dienst der Praxis pietatis gestellt wissen, zur Theologie der Bibel und zu einem auf der Geschichtlichkeit der Offenbarung beruhenden »lebendigen« Glauben zurückkehren wollte, versuchte der aufgeklärte Deismus eine der »natürlichen Religion« entsprechende neue Theologie zu konzipieren und den Glauben wissenschaftlich zu begründen. In gewisser Weise hat der Neologe Johann Salomo Semler, der vom Pietismus herkam und zum Schüler Siegmund Jakob Baumgartens, des maßgeblichen Vertreters des Wolffianismus in der Theologie, wurde, beide Richtungen verbunden und durch sein Wirken als Professor in Halle die historisch-kritische Theologie in Deutschland begründet. Für ihn war sie eine Wissenschaft unter

Die Jenaer Universität. Kupferstich von Johann Dürr, 1661. Jena, Stadtmuseum

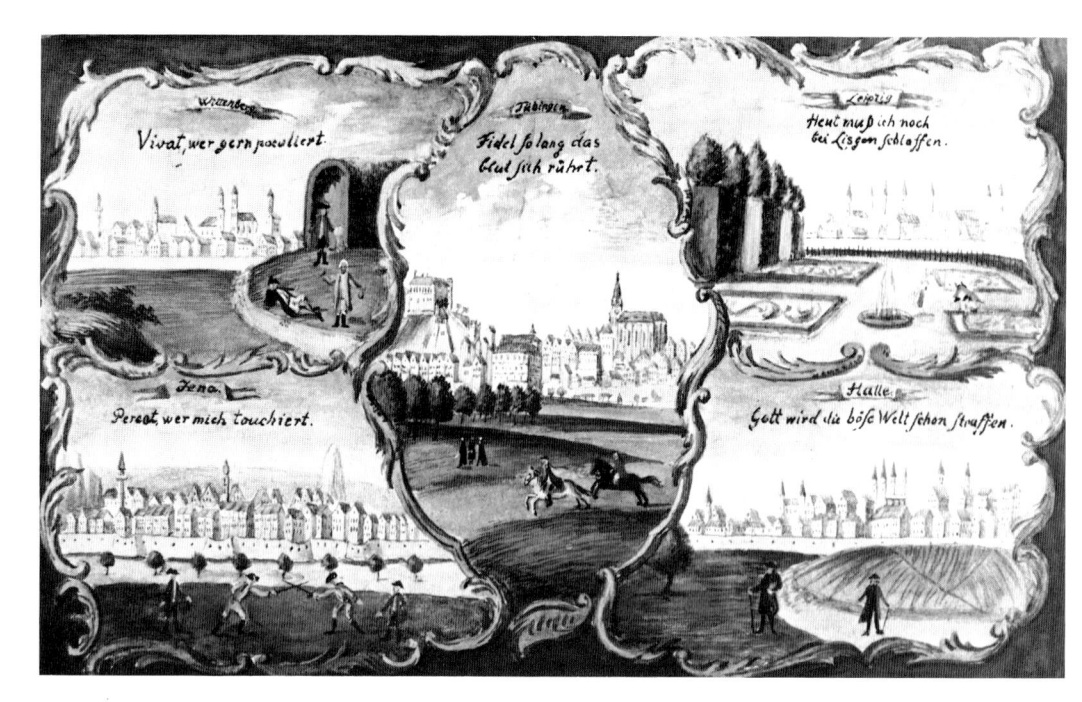

Tübingen »im Rahmen« der Universitätsstädte Wittenberg, Leipzig, Jena und Halle. Kopie einer Stammbuchminiatur von 1755. Tübingen, Universitätsarchiv, Sammlung Schmidgall. – Die Bibliothek der 1737 eingeweihten Universität in Göttingen. Kupferstich von Georg Daniel Heumann, um 1750. Nürnberg, Germanisches Nationalmuseum

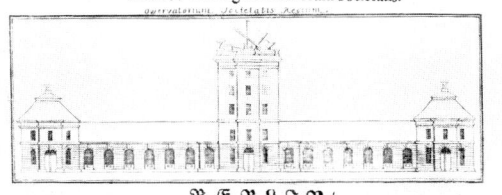

Biographien bildender Künstler. Titelblatt des 1675 in Nürnberg und Frankfurt am Main erschienenen Quellenwerkes der deutschen Barockkunst von Joachim von Sandrart. München, Bayerische Staatsbibliothek. – Die durch Friedrich I. im Jahr 1700 gestiftete Vereinigung von Gelehrten mit Gottfried Wilhelm Leibniz als erstem Präsidenten. Titelblatt der 1711 in Berlin erschienenen Satzung der Akademie der Wissenschaften zu Berlin. Berlin, Deutsche Staatsbibliothek

Unterricht in einer geistlichen und in einer weltlichen Schule zur Zeit Maria Theresias. Gemälde eines Unbekannten, um 1750. Wien, Historisches Museum der Stadt

anderen und als solche nicht glaubensnotwendig. Durch die Übersetzung und Kommentierung englischer, holländischer und französischer Werke schaltete er sie in die internationale wissenschaftliche Diskussion ein. Die spätere radikale Aufklärungskritik an der Offenbarung und an der Kirche hat der Aufklärer Semler allerdings nicht mitgemacht, sondern scharf bekämpft.

Die Philosophie ist nicht umbruchartig an die Stelle der Theologie als zentrale und leitende Wissenschaft getreten. Diese hat – bis an die Grenze der Selbst-Infragestellung – Themen und Methoden der rationalen Philosophie aufgenommen, jene enge Beziehungen mit der Theologie aufrechterhalten. Leibniz bemühte sich, die metaphysischen Traditionen mit dem neuzeitlichen wissenschaftlichen Denken zu verknüpfen, und Wolff arbeitete in Fortentwicklung der älteren Schulphilosophie ein rationales System aus, das auch die Metaphysik und die Theologie umfaßte. Lange versuchten die Aufklärungsphilosophen, den vernünftigen Gehalt der Offenbarung aufzuweisen, bis Lessing schließlich die Frage nach Gott in den Bereich der Erfahrung rückte und sein Wirken in der Geschichte zu erkennen trachtete. Bis zur Mitte des 18. Jahrhunderts blieben Metaphysik und Logik die wichtigsten philosophischen Teilgebiete; erst die sogenannten Popularphilosophen haben vermehrt moralische und politische Probleme thematisiert und dafür neue, publikumsnähere literarische Formen gefunden. Verstärkt rezipierten sie auch die westeuropäische Philosophie und übersetzten deren wichtigste Werke.

In mehr als einer Hinsicht setzten die Popularphilosophen die vom Wolffianismus weithin verdeckte Philosophie des dem Pietismus nahestehenden Christian Thomasius fort, dessen Name für die erste, vor-wolffsche Phase der deutschen Aufklärungsphilosophie und zugleich der Universität Halle steht. Vorrangig an praktischen Fragen des Rechts, der Moral, der Bildung und Erziehung interessiert, sah er, der Jurist, seine Aufgabe darin, die Menschen zum angemessenen Gebrauch ihres Verstandes anzuleiten, woraus eine Verbesserung ihres Willens resultieren werde. 1710 veröffentlichte er einen »Kurtzen Entwurff der Politischen Klugheit«; er trat gegen die Hexenverfolgung, gegen religiöse und politische Intoleranz auf, forderte Meinungs- und Redefreiheit und hielt – als Eklektiker, der philosophische Lehrmeinungen nach ihrer moralischen Nützlichkeit beurteilte – die Erneuerung der Wissenschaft in ihrer praktischen Funktion für einen Weg der Erneuerung der Gesellschaft. Große Wirkung übte seine an Pufendorf und Grotius geschulte Rechtslehre aus, in deren Zentrum das Naturrecht stand. Bezeichnend, daß auch hier die praxisorientierten Fragen nach der Qualität von Moral- und Rechtsvorschriften und nach ihrer Erzwingbarkeit für ihn am wichtigsten waren. Obschon kein origineller Kopf, war Thomasius doch ein eindrucksvoller Repräsentant der praktischen Tendenz der deutschen Aufklärungsphilosophie – vorurteilsfreier als die meisten seiner Zeitgenossen, mutiger als die meisten seiner Berufskollegen, ein Mann wirklichkeitsbezogener

Verbesserungen und der unerschütterlichen Überzeugung, daß Aufklärung und Bildung die Voraussetzung dafür seien. Als akademischer Lehrer, Schriftsteller und Publizist, der der Staatsgewalt, deren Zweck er in der Erhaltung des Friedens und der Vermehrung des Wohlstandes sah, Recht und Pflicht zu gestaltendem Handeln zuschrieb, hat er durch zahlreiche Schüler eine bis heute nicht voll aufgehellte Wirkung ausgeübt.

Eine eigentliche Schule hat Thomasius dennoch nicht hinterlassen, ganz im Gegensatz zu Christian Wolff, der Hauptgestalt der zweiten Phase der deutschen Aufklärungsphilosophie. Seit Ende der dreißiger Jahre des 18. Jahrhunderts haben Wolffs Schüler an deutschen protestantischen Universitäten eine dominierende Stellung eingenommen; später ist seine Philosophie auch in das katholische Deutschland vorgedrungen. Ihr starrer Rationalismus und ihre scholastische Systematik riefen indes auch Gegner auf den Plan, unter ihnen Joachim Georg Darjes, Andreas Rüdiger und Christian August Crusius. Die etwas jüngeren und bedeutenderen, Johann Heinrich Lambert und Johannes Nikolaus Tetens, ferner Moses Mendelssohn, Gotthold Ephraim Lessing und gar Johann Georg Heinrich Feder, Christoph Meiners, Johann Jakob Engel, Johann August Eberhardt und Christian Garve, alle Schüler der frühen deutschen und der europäischen Aufklärung, sind erst im letzten Drittel des Jahrhunderts zur Wirkung gekommen. Eine Sonderstellung nahm Hermann Samuel Reimarus ein, der, noch vor der Wende zum 18. Jahrhundert geboren, zum »größten Systematiker des Deismus« in Deutschland wurde (G. Gawlik). Seine die Offenbarung für überflüssig erklärende »Apologie oder Schutzschrift für die vernünftigen Verehrer Gottes« ist erst zwischen 1774 und 1777 von Lessing anonym und nur teilweise, aber unter gewaltigem Aufsehen veröffentlicht und rund zweihundert Jahre später, 1972, vollständig ediert worden, während in England die darin vorgetragenen Gedanken zur Zeit ihrer Niederschrift längst offizieller Diskussionsgegenstand waren.

Mit dieser Feststellung sei noch einmal auf die zeitliche Differenz zwischen westeuropäischer und deutscher Aufklärung und auf ihre lang andauernde Nähe zur Theologie verwiesen. Als ein weiterer Unterschied ist die Tatsache zu nennen, daß die deutschen Philosophen mit wenigen Ausnahmen keine wohlhabenden oder von wohlhabenden Privatleuten geförderten Schriftsteller, sondern durchweg Professoren waren. Sie waren finanziell und beruflich abhängig, schrieben Lehrbücher für den Unterricht und blieben lange der Tradition umständlich gelehrter Rede und Argumentation verpflichtet. Sich öffentlich kritisch über Regierung, Verfassung und Gesellschaftsordnung ihres Landes zu äußern, war ihnen kaum möglich; auch Kritik an der Kirche und der christlichen Religion war riskant – mit der vielgepriesenen, aber auch fragwürdigen Ausnahme Preußens unter Friedrich II. Aber sie glaubten fest an die verbessernde Kraft der Vernunft, für die sie plädierten.

Es fällt auf, daß die deutschen Philosophen des 17. und frühen 18. Jahrhunderts Mathematiker, Physiker und Mediziner, Inhaber von Lehrstühlen der Rhetorik und Moralistik waren. Noch nahm die Philosophie an den Universitäten nicht die Stellung einer selbständigen, allenfalls die einer propädeutischen Disziplin unter den Artes liberales ein. Wie bei der Geschichte, der klassischen Philologie, der Archäologie und Kunstgeschichte und der Pädagogik änderte sich das im Laufe des Jahrhunderts, vor allem, als sich, an der Göttinger Universität, die Anfänge einer philosophischen Fakultät abzeichneten, die dann im 19. Jahrhundert zum Zentrum der deutschen Universitäten geworden ist. Damit ist jedoch die Bedeutung der Universitäten für die Entwicklung der Wissenschaften in Deutschland nur unzureichend gekennzeichnet. Philosophie, Geschichte, später Ökonomie und Staatswissenschaften konnten sich auch im Rahmen der juristischen Fakultät, Philologie und Archäologie im Rahmen der theologischen Fakultät durchaus entfalten. In die dritte der alten Fakultäten, die medizinische, fand moderne Naturwissenschaft allerdings nur soweit Eingang, als sie sich mit anatomischen und physiologischen Problemen beschäftigte, und auch dann nur zögernd. Der durch die Namen von Johann Friedrich Blumenbach und Samuel Thomas Sömmerring gekennzeichnete bedeutsame Aufschwung der Anatomie und Anthropologie kam erst im ausgehenden Jahrhundert zum Durchbruch.

Eine besonders folgenreiche Entwicklung vollzog sich im Bereich der Rechtswissenschaft und der politischen Wissenschaft. Natur-, Völker- und Staatsrecht, Kameral- und Polizeiwissenschaft erlangten dabei eine ganz neue Bedeutung. Im Mittelpunkt des Interesses ihrer Vertreter, die die Aufgabe hatten, künftige Staatsdiener auszubilden, standen der Staat, also der Problemkomplex der logischen, historischen und religiös-moralischen Begründung von Herrschaft, der Bestimmung ihrer Funktionen und ihrer Grenzen, und die Politik, also das staatliche Handeln. So sehr sich ihre oft umständlich und mit gelehrter Eitelkeit vorgetragenen Theorien unterschieden – sie waren mitgeprägt von der komplexen Realität des geltenden Reichs-, Staats- und Landesrechts, von der problematischen, zumeist beschränkten Staatlichkeit deutscher Territorien. Ihre Autoren standen zwischen hergebrachter Vielfalt des geltenden Rechts und der Institutionen und dem Verlangen nach Vereinheitlichung und Rationalität, zwischen Machtpolitik, Rechtsgrundsätzen und der Aufgabe, eine realitätsbezogene »Staatswissenschaft« zu lehren. Bis dahin war Politik ein Teil der praktischen Philosophie gewesen, hatte also zu den Artes liberales gehört und war lange im wesentlichen nach aristotelischem Grundmuster traktiert worden, so auch noch von Christian Wolff. Mit der Emanzipation der Wissenschaften von der Vormundschaft der orthodoxen Theologie hatte bereits im späten 17. Jahrhundert eine Abkehr von der aristotelischen Politik, am deutlichsten bei Thomasius, begonnen. In dem nun zu größerer akademischer Selbständigkeit gelangenden Öffentlichen Recht – dem Staatsrecht, der Kameralistik und der Polizeiwissenschaft – nahm die Autorität des Aristotelismus schnell ab. Als ein aus der Natur des Menschen und nach vernünftigen Prinzipien entwickeltes Recht bot das rationale Naturrecht die Möglichkeit, unter Absehung von Traditionen eine Staatsgewalt allein von ihren Aufgaben her zu begründen. Begrenzte es damit prinzipiell die Regierungsgewalt, so lieferte es zugleich die Rechtfertigung für »souveräne« Herrschaft und für ihr Streben nach »absoluter« Gewalt über konfessionellen, ständischen und regionalen Sonderrechten. »Wissenschaft und Absolutismus, kooperationsbereit und -bedürftig auch auf anderen Feldern, traten hier in ein enges Abhängigkeitsverhältnis« (M. Stolleis). Aber indem das Naturrecht die Staatsgewalt rational begründete und dafür das Rechtsmittel des Vertrages benutzte, löste es die sakrale Würde der Herrschaft und des Staates als gottgewollte Erziehungsanstalt auf und stellte Argumente zur Kritik des Absolutismus, zum Widerstand gegen eine Herrschaft zur Verfügung, welche ihre Vertragspflichten verletzt. So konnten sich auch die Gegner des Absolutismus auf das Naturrecht berufen. Diese doppelte Wirkung des Naturrechts entsprach derjenigen der Aufklärung, mit der es geschichtlich eng verbunden, allerdings nicht identisch war.

Enger noch als das Öffentliche Recht waren die Kameral- und Polizeiwissenschaften mit dem Staat verbunden. In dem Maße, in dem die Regierungen über die Verhinderung von Not hinaus die wirtschaftliche Erschließung und Entwicklung ihrer Länder anstrebten, wobei sich die Ziele der Hebung des Wohlstandes, der Disziplinierung und der Machtsteigerung gegenseitig durchdrangen, förderten sie die Entwicklung einer Wirtschafts- und Verwaltungslehre, die seit ihren Anfängen im 16. Jahrhundert praktische Zielsetzung besaß. »Denn«, so formulierte der Kameralist Johann Joachim Becher 1680, »alles Werk ohne die Theoria ist ungewiß, und die Theoria ohne Praxi liegt eben an diesem Fieber. Doch muß die Theoria vor der Übung und Praxi einhergehen.« Es kennzeichnet diese Disziplin, deren akademischer Status sich erst im 18. Jahrhundert festigte, daß ihre frühen Vertreter fürstliche Räte, Beamte, gelegentlich auch Unternehmer, überdies Vielschreiber waren. Überzeugt vom Zusammenhang aller Bereiche des gesellschaftlichen Lebens, von deren rechter Ordnung der Wohlstand abhänge, und beseelt von einem grenzenlosen, oft naiven Glauben an den praktischen Erfolg, wenn nur die richtige Theorie befolgt werde, gaben sie ihren Büchern anspruchsvolle und vielversprechende Titel. Zu ihnen gehört die Schrift Philipp Wilhelm von Hörnigks aus dem Jahr 1684: »Oesterreich über alles / wann es nur will. Das ist: wohlmeinender Fürschlag Wie mittels einer wohlbestellten Landes-Oeconomie die Kayserl. Erblande in Kurzem über alle andere Staat in Europa zu erheben / und mehr als einiger derselben / von den anderen indepent zu machen.« 1764 erschien ihre zwölfte Auflage, und es war nicht die letzte. Was in zahlreichen Werken dieser Art vorgetragen wurde und mit der Zeit den Charakter seriöser Wissenschaftlichkeit annahm, kann mit einem modernen Begriff »politische Ökonomie« genannt werden. Ihren Höhepunkt erreichte sie in den Werken des aus Thüringen stammenden, ein unstetes Leben in österreichischen, hannoverschen, preußischen und dänischen Diensten führenden Johann Heinrich Justi. Sein Hauptwerk »Staatswirtschaft oder systematische Abhandlung aller Oeconomischen und Cameralwissenschaften, die zur Regierung eines Landes erfordert werden« erschien 1755. Im Jahr darauf ließ er »Grundsätze der Policey-Wissenschaft« folgen, 1758 und 1761 erschienen zwei Bände »Vollständige Abhandlung von denen Manufacturen und Fabriken«.

Man hat den Kameralismus die deutsche Form des Merkantilismus genannt und sogar behauptet, daß ihm in seiner Eigenart, zugleich Staats-, Verwaltungs- und Wirtschaftslehre zu sein, in den westeuropäischen Staaten der Zeit nichts Vergleichbares an die Seite gestellt werden könne. Einer ihrer Vertreter, Georg Heinrich Zincke, hat sie 1755 als »gelehrte und practische Wissenschaft« bezeichnet, deren Zweck es sei, »alle Nahrungsgeschäfte gründlich zu erkennen und kraft dieser Erkenntnis gut Policey einzuführen und die Nahrung des Landes immer florisanter zu machen, solcher Gestalt aber das breiteste Vermögen der Regenten und Staaten nicht nur immer besser zu gründen und zu erhalten und gerecht und weislich zu vermehren, sondern auch mittels kluger Einnahmen und Ausgaben wohl zu verwalten«. Voraussetzung und Entfaltungsraum dieser Wirtschaftslehre war der deutsche Territorialstaat als Organisationsform einer Gesellschaft, deren wirtschaftliche Kräfte »von Staats wegen« mobilisiert und gelenkt werden sollten. Ähnliches gilt für die Polizeiwissenschaften, für die es ebenfalls kein Äquivalent in anderen Staaten gab. Nach der älteren Bedeutung des Wortes meinte »Policey« den ganzen Bereich der inneren Verfassung eines Staates. In diesem Sinne umgriff die Polizeiwissenschaft auch die Kameralistik, aber im Laufe des 18. Jahrhunderts verselbständigten sich beide. Wurde die Kameralistik zur allgemeinen Verwaltungslehre, so beschränkte sich die Polizeiwissenschaft auf die Aufgabe, die Bedingungen für die Wohlfahrt der Untertanen zu schaffen und zu sichern und sie mit dem allgemeinen Besten im Gleichgewicht zu halten. Mit dieser vor allem von Justi vorgenommenen Trennung war ein Ansatz gegeben für die »liberale« Unterscheidung zwischen der Wohlfahrt des einzelnen, für die dieser selber sorgt, und dem »allgemeinen Besten«, für das der Staat durch »Policey« zu sorgen hat. Im Wohlfahrtsstaat, wie Justi ihn sich vorstellte, bedeutete das praktisch noch immer die Befugnis der »Policey«, die Untertanen zur Wohlfahrt zu nötigen.

Auch die Statistik ist hier zu nennen – nicht das, was heute darunter verstanden wird, sondern eine materialreiche Staatenkunde, die insbesondere an quantitativen Informationen über Bevölkerungsstand, Gewerbe und Handel, Bodenschätze, Steueraufkommen und dergleichen interessiert war. 1660 hatte Hermann Conring in Helmstedt erstmals eine »Notitia rerumpublicarum« öffentlich gelehrt: eine systematisierte, ganz unhistorische Beschreibung von

Sachverhalten, die für die Einrichtung und das Funktionieren des Staates für wichtig angesehen wurden. Diese Staatenkunde hat an der neuen Universität Göttingen wissenschaftliches Niveau erreicht, als Gottfried Achenwall tätig wurde und 1749 seinen »Abriß der neuesten Staatswissenschaft der vornehmsten Europäischen Reiche und Republicken« veröffentlichte. Er unterschied zwischen einer philosophischen und einer historischen Staatskunde, welche er in Staats-, Landes- und Volkskunde untergliederte. Sie bestand im wesentlichen aus Zahlen und Tatsachen zum Verständnis der bestehenden »Verfassung« der einzelnen Staaten und ihrer geschichtlichen Entwicklung. Diese Disziplin hat dann August Ludwig Schlözer in Göttingen mit außerordentlichem Erfolg weiterentwickelt. Seine Vorlesungen, seine Bücher und vor allem die von ihm herausgegebenen Zeitschriften haben in den siebziger und achtziger Jahren des 18. Jahrhunderts erheblich dazu beigetragen, den Stand der politischen Kenntnisse und die Aufmerksamkeit für politische Verhältnisse im gebildeten Publikum zu erhöhen.

Zu den Staatswissenschaften, wie sie in Göttingen gelehrt wurden, gehörte auch die Geschichte. Vorher in den Artistenfakultäten als Universalgeschichte vom Professor für Rhetorik vertreten und in der Theologen- wie in der Juristenfakultät als Hilfswissenschaft fungierend, erreichte sie an der neugegründeten Universität bald den Status einer eigenständigen Wissenschaft, und zwar im außergewöhnlich fruchtbaren Kontext von Reichs- und Landesrecht, Statistik, Theologie und Philologie, deren Vertreter, trotz mancher persönlichen Rivalität, durch den Geist pragmatischer, unspekulativer wissenschaftlicher Arbeit und durch das Interesse an historischer Erklärung verbunden waren. Am Anfang stand der Nürnberger Kleinbürgersohn Johann Christoph Gatterer. Vom Theologiestudium hatte er sich der Jurisprudenz und bei der Beschäftigung mit der Reichshistorie – als Einführung in das Reichsstaatsrecht – ganz der Geschichte zugewandt. Sie zum Inhalt seiner akademischen Tätigkeit zu machen, fand er Gelegenheit, als er 1759 nach Göttingen berufen wurde. Nicht auf seinen Büchern gründet seine Bedeutung, obwohl sein »Abriß der Universalhistorie« als Lehrbuch erfolgreich war, sondern auf seinen Bemühungen, Geschichte zu einer pragmatischen und exakten Wissenschaft zu machen. »Der höchste Grad des Pragmatismus in der Geschichte«, so schrieb er 1767, »wäre die Vorstellung des allgemeinen Zusammenhanges der Dinge in der Welt... Denn keine Begebenheit in der Welt ist, so zu sagen, insularisch. Alles hängt an einander, veranlaßt einander, zeugt einander, wird veranlaßt, wird gezeugt und veranlaßt und zeugt wieder.« Geschichtswissenschaft begnügt sich danach nicht mit der Beschreibung von Ereignissen und Abläufen, von außerordentlichen Geschehnissen und »Staatsveränderungen«; vielmehr will sie methodisch Zusammenhänge und Beziehungen aufweisen und diese im Rückgang auf Ursachen erklären. Dazu muß sie prinzipiell alle materiellen Bedingungen und kulturellen Verhältnisse menschlichen Handelns einbeziehen. Zwar hat Gatterer selber die mit dem Programm einer pragmatischen Historie sich ergebenden methodischen und darstellerischen Probleme nicht gelöst, aber er hat sie formuliert und damit die Geschichtsschreibung zur Geschichtswissenschaft mit systematischem Anspruch erhoben. Von ihr forderte er, daß sie auf Urkunden und verläßlicher Überlieferung gründe. Er baute die historischen Hilfswissenschaften aus und suchte die Urkundenkritik der Mauriner in Frankreich mit der philologischen Textkritik von Johann David Michaelis und Christian Gottlob Heyne in Göttingen zu verbinden, und er verlangte vom Historiker, daß er zur größtmöglichen Wahrscheinlichkeit der historischen Erklärung vordringe. Am Anfang der wissenschaftlichen Geschichte hat Gatterer »auf in seiner Zeit einzigartige Weise kritische Reflexion der Verstehensprozesse mit einem umfassenden Blick für soziale und politische Sachverhalte« verknüpft (P.H. Reill).

Mit Schlözer, Ludwig Timotheus Spittler, Arnold Ludwig Hermann Heeren hat die Göttinger Geschichtswissenschaft in kurzer Zeit eine führende Position bezogen und eine erste entscheidende Etappe des steilen Aufstiegs dieser Wissenschaft gerade in Deutschland zurückgelegt. Er kann als ein Beispiel für die besondere Verlaufsform und innere Struktur der kulturellen Entwicklung in Deutschland gelten. Nach vielfältigen Verzögerungen im Vergleich mit westeuropäischen Nationen wurde am Ende des zweiten Drittels des 18. Jahrhunderts eine Situation neuer Selbstsicherheit und Dynamik erreicht. Während die Aufklärung zu breiter praktischer Wirkung kam, drängten bereits sowohl die von ihr in der intellektuellen Diskussion überlagerten als auch die von ihr freigesetzten Kräfte zu neuen kulturellen Synthesen.

Ein weiter Weg war seit der Mitte des 17. Jahrhunderts zurückgelegt worden. Schwerfällige, gleichsam zünftisch betriebene Gelehrsamkeit und schulmäßiges Lernen von dogmatisch fixierten Lehrmeinungen hatten aktiven, praxisorientierten Wissenschaften und an manchen Universitäten einem breiteren Lehrangebot Platz gemacht. Die Vorherrschaft der Theologie an protestantischen Hochschulen war gebrochen oder wenigstens erheblich eingeschränkt; alte propädeutische und neue Spezialwissenschaften hatten sich eigenständig gemacht. Neben und vor den Gelehrten, der nur für Gelehrte schrieb und sich – unter Absehung von der politischen Welt – einer abgeschlossenen »Gelehrtenrepublik« zugehörig fühlte, trat der lesende und schreibende Gebildete, der an der sich entfaltenden öffentlichen Diskussion über eine rapide wachsende Vielfalt von wissenschaftlichen und alltagspraktischen Themen teilnahm und von der Verbesserungsbedürftigkeit der öffentlichen Verhältnisse überzeugt war, wenngleich nicht immer in gleicher Weise von ihrer Verbesserungsmöglichkeit. Denn im intellektuellen Klima um 1760 fehlte neben aufgeklärtem Optimismus doch auch die rationalistische Skepsis nicht.

# Erziehung und Bildung

Zu den Veränderungen, die sich seit dem späten 17. Jahrhundert in und mit der Wissenschaft und in der gelehrten Bildung vollzogen, gehörten die Ausweitung und der Stilwandel der »Respublica litteraria« und das steigende Interesse einer entstehenden »Öffentlichkeit« an den Themen und Ergebnissen der Wissenschaft, an Fragen nach der Natur des Menschen und der Gestalt der Gesellschaft. Der Buchmarkt expandierte, Zeitschriften entstanden, und es wuchs die Bereitschaft der Gelehrten, für ein größeres gebildetes Publikum zu schreiben, zunehmend nun auch in deutscher Sprache. Die seit 1682 in Leipzig erschienenen, von Otto Mencke, danach von seinem Sohn Johann nach dem Vorbild des französischen »Journal de Savants« herausgegebenen »Acta Eruditorum« waren noch lateinisch geschrieben. Bereits 1687 hielt Thomasius in derselben Stadt seine Vorlesungen in deutscher Sprache und brachte im Jahr darauf die erste Nummer seiner »Monatsgespräche über allerhand vornehmlich aber über neue Bücher« heraus – nach dem Vorbild der »Nouvelles de la République des Lettres« von Pierre Bayle, aber deutsch geschrieben.

Der anhebende Wandel der Gelehrtenrepublik, der Gelehrsamkeit, des intellektuellen Diskurses, der Lesekultur vollzog sich noch weitgehend im sozialen Rahmen der höfisch-barocken Repräsentationskultur, stand jedoch schon im Zeichen der »bürgerlichen« Frühaufklärung. Aufklärung ist in allen ihren Stadien, zunächst in rudimentären Formen, durch literarische Diskussion und Öffentlichkeit gekennzeichnet gewesen. Gewiß gab es im 18. Jahrhundert noch keine allgemeine Pressefreiheit; die Zensurpraktiken wurden jedoch in den vielen deutschen Staaten unterschiedlich streng gehandhabt und gelegentlich gelockert. Es wirkte sich überdies aus, daß es im territorialisierten Deutschland zahlreiche Druckorte und Drucker gab, die zugleich Verleger waren. Der bei weitem größte Teil der 175.000 Veröffentlichungen, die man für das gesamte 18. Jahrhundert geschätzt hat, stammt zwar erst aus der Zeit nach dem Ende des Siebenjährigen Krieges, aber die quantitative Zunahme setzte schon früher ein. Dabei veränderten sich die Anteile an der literarischen Produktion. Während die Zahl der theologischen Titel und Erbauungsschriften abnahm, stieg die der Publikationen aus dem Bereich der Erziehung, der praktischen Wissenschaften und vor allem der schönen Künste. Die Zahl der neuen periodischen Schriften belief sich von 1730 bis 1740 auf 176, bis 1765 auf weitere 754, von denen allerdings viele bloß kurzlebig waren und nur wenige eine höhere Auflage erreichten. Mit dem Anstieg der Zahl der Autoren und der Lesenden wandelte sich auch der Typus der Schreibenden und der Leser. Mit den Zeitschriften kamen die Verfasser von kurzen Beiträgen und Rezensionen stärker zur Geltung. Diejenigen Leser, die wenige, meist religiöse Bücher immer wieder lasen, traten hinter denen zurück, die vielerlei lasen. Dieser Wandel wurde ebenfalls erst um die Mitte des 18. Jahrhunderts deutlicher sichtbar.

Über die soziale Ausweitung des Lesens, des Bücherkaufs und -besitzes ist noch zu wenig bekannt, um gut begründete Aussagen machen zu können. Ironische und pädagogisch besorgte Kritik über die Lesewut vor allem der Frauen und der Dienstboten, die zu viel schlechte Romane konsumierten, wurde erst in den letzten Jahrzehnten des Jahrhunderts laut; doch schon vorher beobachteten viele Gelehrte die Veränderungen auf dem Buchmarkt insofern mit Mißbehagen, als sie einen Einbruch in ihre Domäne befürchteten. Andere hingegen wurden selber als Popularisatoren des Schreibens, Autoren galanter und politischer Romane und Herausgeber der seit dem dritten Jahrzehnt des Jahrhunderts zahlreich erscheinenden »Moralischen Wochenschriften« tätig. Die Leser solcher Literatur waren neben Adeligen vor allem akademisch gebildete Bürgerliche in Hofnähe oder auf dem Wege dorthin. Sie suchten aus derartigen Schriften Umgangsformen, Denkweisen und Sprache der »Welt« kennenzulernen, wollten ihre »Curiosität« befriedigen und politisch unterrichtet werden, sowohl für den Hof als auch für das private Leben zu Hause. »Politik« in diesem Sinne – sie spielt eine zentrale Rolle in den satirischen Romanen des Weißenfelser Professors der Beredsamkeit und Zittauer Gymnasialrektors Christian Weise wie in den Traktaten des Christian Thomasius – war eine Klugheitslehre vornehmlich für den angemessenen Gebrauch der Rede wie für ein kluges Verhalten im Amt, im gesellschaftlichen und im häuslichen Leben. Sollte nicht, so fragte Weise 1694, eine Lehre vonnöten sein, »darin ein jedweder Mensch insonderheit angewiesen würde, wie er sein Privatglück erhalten und alle besorgliche Unfälle klüglich vermeiden könnte«? In solcher politischen Klugheitslehre kamen das soziale Selbstverständnis und die Erfahrung bürgerlicher gebildeter Beamten zum Ausdruck, die, um Erfolg zu haben, sich in der höfischen Welt zu bewegen wissen und, um sich moralisch zu behaupten, mit häuslicher Klugheit ihre private Existenz pflegen mußten. Die hier greifbare Unterscheidung zwischen Politik und Moral ist allerdings nicht so zu verstehen, daß dem Adel die Politik, dem Bürger die Moral zugewiesen worden wäre. Bürgerliche Hofkritik, die sich im Laufe des 18. Jahrhunderts verschärfte, richtete sich nicht gegen den Adel schlechthin; denn höfisches Verhalten erschien den gebildeten Bürgern in vieler Hinsicht als vorbildlich. Bei allem Bildungsstolz empfanden sie die Umgangsdefizite ihres Standes und wünschten sie durch Belehrung auszugleichen. Und auch unter den Adeligen gab es Kritiker des Hoflebens, die die höhere Moral des Landlebens priesen.

Belehrung zum Zweck der Information, der Befriedigung legitimer Neugier auf Novitäten aus aller Welt, der gebildeten Unterhaltung, der moralischen Erbauung und der Selbstvergewisserung – auch durch Satire und karikierende Darstellung von Fehlverhalten –, das war die Funktion des von etwa 1720 bis

1760 erfolgreichsten Zeitschriftentyps: der Moralischen Wochenschriften. Unterhaltsamer, weltlicher als die Erbauungsliteratur, dennoch der christlichen Ethik verpflichtet, stärker als die gelehrten Zeitschriften auf die alltägliche Praxis und deren Verbesserung gerichtet, vermieden sie sowohl den Eingriff der geistlichen Zensur als auch die Langeweile; sie strebten Vielfalt der Beiträge an und suchten einen Ton einzuhalten, der zwischen didaktischer Absicht, gefühlvoller Ansprache und anspielungsreicher Reflexion die Waage hielt, was natürlich nicht immer gelang. Als Vorbild diente der 1711/12 in London erschienene »Spectator« von Addison und Steele; auf ihn beriefen sich als erste deutschsprachige Nachfolger Johann Jakob Bodmer und Johann Jakob Breitinger in Zürich, als sie 1721 ihre Wochenschrift »Die Discourse der Mahlern« herausbrachten. Weit erfolgreicher entwickelte sich in Hamburg der von einem Kreis von Gelehrten, Juristen und Literaten um den Dichter und Ratsherrn Barthold Heinrich Brockes herausgegebene »Patriot«. Mehrere der Autoren hatten zuvor einer Gesellschaft zur Pflege der deutschen Sprache angehört, und Jahrzehnte später, 1765, als sich aus privaten Vereinigungen ähnlicher Zusammensetzung die »Gesellschaft zur Beförderung der Künste und nützlichen Gewerbe« formierte, hat diese sich sowohl auf Vorbilder in London und Paris als auch auf die erste »Patriotische Gesellschaft« um Brockes berufen und ihren Namen wieder aufgenommen. Im gleichen Jahr erschien die vierte gebundene Auflage des »Patrioten«. Von der »Botschaft der Tugend« (W. Martens), die in den zahlreichen Wochenschriften mit so demonstrativ didaktischen Titeln wie »Vernünfftige Tadlerinnen«, »Der Menschenfreund«, »Der Freygeist«, »Der Redliche« unermüdlich verkündet wurde, bis zu dem Programm nützlicher Aufklärung der vielen »Patriotischen« und »Gemeinnützigen Gesellschaften« und den entsprechenden Zeitschriften »vornehmlich« politischen, statistischen, ökonomischen, historischen Inhalts, die in der zweiten Jahrhunderthälfte erschienen, führt eine gerade Linie. Dabei verlagerten sich die inhaltlichen Gewichte und die Ziele der Argumentation von den Fragen der privaten Moral und der Bildung des Geschmacks, die als Aufgabe gleichermaßen der moralischen wie der ästhetischen Erziehung verstanden wurden, zu solchen der gesellschaftlichen und politischen Ordnung.

Wie sehr einzelne der Moralischen Wochenschriften durch ihre Herausgeber und Autoren ein eigenes Profil erhalten konnten, erweist sich am »Biedermann«, den Johann Christoph Gottsched als sein zweites Periodikum dieser Art von 1727 bis 1729 in Leipzig herausgab. In ihm nahmen Fragen der Rhetorik und Poesie, vor allem solche des Gebrauchs der deutschen Sprache, einen breiteren Raum als üblich ein. Auch ihre Behandlung diente jedoch dem »vornehmsten Zweck« – mit diesen Worten verabschiedete sich der Herausgeber nach dem hundertsten »Blatt« von seinen Lesern –, »die Unvernunft und das Laster auszurotten; hingegen Verstand und Tugend unter meinen Landsleuten zu befördern... Denn da ich gern alle meine Mitbürger glücklich machen wollte, die wahre Glückseligkeit aber aus guten Handlungen der Menschen entsteht; Die Handlungen auch aus Verstand und Willen hervorfließen: So muste ich nothwendig auf diese Beyde Gemüths-Kräffte sehen, und dieselben zuförderst auszubessern suchen. Ich habe aber auch die Zufriedenheit der Gemüther zu befördern, von der weisen und untadeligen Regierung GOttes in der Welt, zuweilen gehandelt. Dadurch habe ich das Murren der Mißvergnügten zu dämpfen gesucht, welche sich immer über die Vorsehung beschweren, sich aber dadurch nur das Leben sauer machen, weil sie nehmlich wieder den Stachel lecken.« Diese Verkündigung von Aufklärung, Glückseligkeitsstreben und christlicher Ergebenheit darf als charakteristisch für die frühe deutsche Aufklärung gelten.

Nicht erst die Aufklärer haben der Erziehung als einer planvollen, auf ein bestimmtes Ziel ausgerichteten, nicht nur privaten Veranstaltung eine überragende Bedeutung für den einzelnen Menschen und die Gesellschaft zugeschrieben. Von den Anfängen des Christentums an kam der Gemeinde die Aufgabe zu, die Mitglieder mit den Glaubenswahrheiten bekanntzumachen und ihre Lebensführung zu überwachen. Im Mittelalter übte die Kirche eine alle Lebensbereiche umfassende Erziehung aus, die jedoch weder eine allgemeine »Volksbildung« noch ein allgemeines Schulwesen anstrebte; die zahlreichen Dom- und Klosterschulen, erst recht die Klöster selbst blieben Ausbildungsstätten für Minderheiten. In Aufnahme antiker Traditionen hatte der Humanismus ein Programm literarisch-philosophischer Bildung entwickelt, das erheblichen Einfluß auf das gesamte höhere Bildungswesen ausübte, zumal in Verbindung mit den starken Impulsen der Reformation. Diese hat dann der häuslichen wie der schulischen Erziehung gleichermaßen hohe Bedeutung zugemessen und dem Hausvater wie dem Landesvater die Sorge für christliche Erziehung, für Schule im allgemeinsten Sinne aufgetragen. Bei der Wahrnehmung dieser Aufgabe verfolgten die Landesherren zugleich das Interesse, die Untertanen zu Arbeitsamkeit und Gehorsam zu erziehen. Hinter den Verordnungen und Maßnahmen zur Einführung einer allgemeinen Schulpflicht standen stets Zielsetzungen der geistlichen Fürsorge wie der weltlichen »Policey«.

Parallel dazu und in einem Wechselverhältnis damit entwickelte sich die theoretische und praktische Pädagogik. Mit dem Wandel des Bildes der Natur und des Menschen veränderten sich die Ansichten über Inhalt und Ziel der Erziehung. Hatte sie noch zu Beginn des Jahrhunderts die Menschen anleiten sollen, das Wirken Gottes zu erkennen und dementsprechend zu leben, so stand im Zentrum der »Didactica« des 17. Jahrhunderts das Ziel, das Böse von den Menschen fernzuhalten, das Gute in ihnen zu entfalten und ihr Wissen zu mehren. Um der Verbesserung der Menschen und ihrer Welt willen wollte Johann Amos Comenius, bei dem sich die Frömmigkeit der mährischen Brüdergemeine mit universeller Gelehrsamkeit verband, das Wissen seiner Zeit zu einer großen vernunftdurchdrungenen Synthese, der Pansophia, zusammenfassen und dadurch die Harmonie der Gotteswelt demonstrieren. Seine »Didactica magna« enthielt nichts Geringeres als den Plan einer umfassenden Erziehungs- und Schulreform als wichtigstes Mittel zur Weltverbesserung. War er doch fest davon überzeugt, daß sie mit der Verbesserung der Schulen beginnen müsse. Sprachbildung und die mit ihr Hand in Hand gehende Wissensvermittlung sollten gleichzeitig der formalen Gedächtnisschulung, der Gotteserkenntnis und der Willensbildung dienen; denn nur am Wissen orientiertes Handeln bilde und führe zur Seligkeit. Obwohl Comenius' Anspruch, die natürliche, dem Lernprozeß vom Kleinkindalter bis zum Erwachsensein angemessene Methode entwickelt zu haben, schon bald bestritten wurde, stellte sein überaus einflußreiches Werk einen der wesentlichen Ansätze der modernen Pädagogik dar.

Mehr oder weniger glaubten alle, die sich mit Fragen der Erziehung und Menschenbildung befaßten – und eine ständig anwachsende Menge von Schriften produzierten –, an die Möglichkeit, das individuelle und gesellschaftliche Leben zu verbessern, ohne freilich eine Änderung der sozialen Struktur anzustreben. Sie lag außerhalb des konkret Vorstellbaren. Vielmehr sollten die Menschen in ihrem Stand und für ihn erzogen werden. So beschränkten sich die Vorschläge für den Unterricht der unteren Volksschichten auf die Vermittlung weniger Kenntnisse und Fertigkeiten, die über die religiöse Unterweisung hinausgingen. Die Praxis der Pfarr- und Küsterschulen, der Dorf- und städtischen Winkelschulen wurde allerdings noch lange von pädagogischen Theorien nicht erreicht, weil die Lehrkräfte fehlten, die sie hätten umsetzen oder auch nur verstehen können. Deshalb ist neben der finanziellen Unterhaltung von öffentlichen Schulen und der Durchsetzung der obrigkeitlichen Schulaufsicht die Lehrerbildung zum Grundproblem der Entwicklung des öffentlichen Erziehungswesens geworden. Die Wirkung der vielfältigen kirchlichen und kommunalen Erziehungseinrichtungen im 17. und 18. Jahrhundert sollte dennoch nicht unterschätzt werden. Und daß alle Kinder Schulunterricht erhalten sollten, war immerhin eine anerkannte Forderung und eine öffentliche Aufgabe geworden.

Über die am meisten ausgearbeitete Ausbildungspraxis verfügten die Jesuitengymnasien. Sie waren Ausbildungsstätten einer adelig-bürgerlichen Elite, in denen nicht nur der Intellekt geschult, sondern auch der Charakter gebildet und kluger Umgang gelehrt wurde. In den Internatsgymnasien evangelischer Staaten, zum Beispiel den sächsischen Fürstenschulen, lebte das humanistisch-gelehrte Ausbildungskonzept Melanchthons für künftige Geistliche und Beamten lange fort. Neben solche Gelehrtenschulen traten seit dem späten 17. Jahrhundert die Ritterakademien, in denen auch neue Sprachen, insbesondere das Französische, ferner praktische Disziplinen, ebenso die Beredsamkeit, das Fechten und Tanzen, also gewandtes Verhalten, unterrichtet wurden. Ihr Bildungsziel unterschied sich erheblich von dem der älteren Universitäten; es war standesspezifisch geprägt und, wie das der Gymnasia illustra, berufsorientiert.

Daß die Regierungen sich der Förderung des Schulwesens aus Gründen der Staatsräson annehmen sollten – dazu forderten schon die frühen Kameralisten auf. 1668 stellte Johann Joachim Becher fest, es könne den Regenten und Herren nichts Besseres vorgeschlagen werden, als eine »gute Auferziehung der Jugend«, denn sie sei »Fundament und vornehmste Maxime des Staats«. Die Bedeutung nützlichen, auf das Gemeinwesen bezogenen Wissens betonte auch Veit Ludwig von Seckendorff: Ein jeder solle lernen, was ein »künftiger Hausvater, Bürger und Inwohner des Landes« von der Beschaffenheit »natürlicher und vernünftiger Sachen des Landesregiments« wissen und verwenden könne. So tauchte denn in der sächsisch-gothaischen Schulordnung eine Bürgerlehre als Fach auf. Von der Regierung angeordnet wurde der allgemeine Schulbesuch zuerst 1619 in Weimar. Die von Andreas Reyher ausgearbeitete gothaische Schulordnung von 1642 gab bereits im Titel an, daß eine Volksschule im wahrsten Sinne angestrebt werde: »Spezial- und sonderbarer Bericht, wie nächst göttlicher Verleihung die Knaben und Mägdlein auf den Dorfschaften und in den Städten die unter dem untersten Haufen der Schuljugend begriffenen Kinder im Fürstentum Gotha kurz und nützlich unterrichtet werden können und sollen.« Dieser »Methodus«, wie die späteren Fassungen genannt wurden, ist oft verändert und ergänzt worden; so wurde 1672 der Unterricht um »natürliche und andere nützliche Wissenschaften« erweitert. Daneben organisierte Herzog Ernst der Fromme die Schulaufsicht neu. Schulordnungen wurden auch in Braunschweig-Wolfenbüttel (1651), in Hessen (1656), in Hanau und in Magdeburg (1658) erlassen, um nur die frühesten zu nennen. Daß die mitteldeutschen Kleinstaaten vorangingen, erklärt sich nicht zuletzt aus der Tatsache, daß hier weniger außenpolitische und militärische Aufgaben von innerstaatlicher »Policey« ablenkten und daß fromme und gebildete Fürsten ihr Amt ernstnahmen. In Preußen führte Friedrich Wilhelm I. 1716/17 die allgemeine Schulpflicht ein, und in dem berühmt gewordenen »Generallandschulreglement« von 1763 wurde sie für das fünfte bis vierzehnte Lebensjahr festgesetzt.

Der Unterschied zwischen Verordnung und Wirklichkeit, insbesondere auf dem Dorfe, braucht kaum erneut betont zu werden. Viele Eltern waren schwer oder gar nicht von der Notwendigkeit eines regelmäßigen Schulbesuchs zu überzeugen, zumal dafür Schulgeld aufgebracht werden mußte; sie wollten auf die Hilfe ihrer Kinder in Haus und Hof nicht verzichten, vor allem nicht während des Sommers. In vielen Gemeinden fehlten die Mittel, ein eigenes Schulhaus zu errichten oder instand zu halten, einen Lehrer fest zu besolden und eine für diese Aufgabe geeignete Person zu finden. Daß Dorflehrer nebenher ein Gewerbe betreiben oder ihre Ernährung am »Reihentisch« suchen mußten, war keine Ausnahme. Zur materiellen Not kam die soziale Geringschätzung, die in

*Erziehung und Bildung* 157

krassem Widerspruch zu den landesherrlichen und kirchlichen Erklärungen stand, daß die Schule ein Hauptaugenmerk christlicher und wohlwollender Regierung sei. Oft reichten alle Mahnungen der Pfarrer nicht aus, Gleichgültigkeit oder Unwillen der Eltern zu überwinden, und ebenso oft zeigte sich die lokale Obrigkeit vom Nutzen der Schule nicht überzeugt. In den Städten herrschte ein breiteres, allerdings unterschiedliches Interesse der Einwohner an Schulen, die zum Teil von den Kirchen und mit Unterstützung der Magistrate unterhalten, zum Teil als »Winkelschulen« privat angeboten wurden. Armenkinder erhielten in der Regel keinen Schulunterricht, es sei denn, daß durch die Initiative Einzelner etwas für sie geschah.

Es muß indes betont werden, daß bei weitem nicht alle Erziehung schulisch vermittelt worden ist. Die Kirche übte eine permanente erziehliche Wirkung auf alle Teile der Bevölkerung aus, auch und gerade auf die sogenannten einfachen Leute. Das Zunftwesen formte nicht nur die soziale Vorstellungswelt der Lehrlinge, Gesellen und Meister, es vermittelte auch Wissen und berufliche Kenntnisse. Dasselbe galt für die Ausbildung des künftigen Kaufmanns im Kontor, des künftigen Hofjunkers im Pagendienst. Manches Kind lernte von Familien- oder Hausangehörigen das Lesen, Schreiben und Rechnen. In gebildeten Familien unterrichteten die Väter ihre Söhne, oft mit dem Ziel, sie für das Studium vorzubereiten, während die Mädchenbildung noch ganz am Leitbild der Ehefrau, Mutter und Hausfrau orientiert blieb. Adelige und wohlhabende Bürgerfamilien stellten Hauslehrer an. Eine relativ hohe Lesefähigkeit und Schriftlichkeit war bei Sondergruppen anzutreffen, etwa in pietistischen Kreisen, aber auch in gutsituierten Bauerngemeinden, die überdies durch eine vorteilhafte Verkehrslage begünstigt waren. Zweifellos sind die Ergebnisse einer Untersuchung der oldenburgischen Küstenmarsch exzeptionell: Fast 100 Prozent der Erwachsenen und Jugendlichen konnten 1750 lesen, fast 60 Prozent der Erwachsenen und über 75 der Jugendlichen schreiben, mehr als 21 Prozent der Erwachsenen und fast 35 der Jugendlichen auch rechnen. Dieses Resultat gibt dennoch zu denken und läßt pauschale Behauptungen vom überwiegenden Analphabetismus der Landbevölkerung noch im 18. Jahrhundert als vorschnell erscheinen.

Einer der wichtigsten Anstöße, vielleicht der folgenreichste für pädagogische Reformen zu Beginn des 18. Jahrhunderts, ging von Halle, von der Franckeschen Stiftung, vom pietistischen Ideal einer Erziehung zum lebendigen, tätigen, die Menschen und die Welt verbessernden Christentum aus. August Hermann Francke setzte bei den armen Kindern an. 1695, wenige Jahre nach Antritt seiner Pfarrstelle in Glaucha bei Halle, gründete er eine Armenschule, der im Jahr darauf ein Pädagogium, also eine lateinische Internatsschule zur Vorbereitung auf das Studium, und ein Lehrerseminar, 1697 dazu ein Waisenhaus, 1698 eine Erziehungsanstalt für Mädchen angegliedert wurden. Bald schon besuchten auch Kinder begüterter Bürger und adeliger Familien die Anstalten, an denen bedürftige Theologiestudenten unterrichteten, einen Freitisch im Waisenhaus erhielten und zugleich in einem Seminarium praeceptorum ausgebildet wurden. Mit diesem schnell erweiterten Seminar begann die planmäßige Lehrerausbildung in Deutschland. In der Lerntheorie knüpfte Francke, der in Gotha das Gymnasium besucht hatte, an Comenius an, betonte aber stärker als dieser die Realien; in der praktischen Pädagogik stand für ihn die Erziehung zur Arbeit, zur unablässigen, gottgefälligen und mitmenschlich nützlichen Tätigkeit im Mittelpunkt. »In Summa, es ist dieses der Weg, wodurch dem verfallenen Kirchen- und gemeinen Wesen, wo nicht gäntzlich aufgeholffen, doch dergestalt succuriret werden kann, daß man sich einer augenscheinlichen Beßerung in allen Stücken zu versehen haben wird; wann GOtt aus überschwenglicher Gnade und Barmhertzigkeit wie biß anhero, also auch ferner denen gemachten Anstalten einen gesegneten Fortgang verleihen, und wohlgesinnte Gemüther zu christlicher Handreichung aufwecken wird.« So schrieb Francke selbstbewußt bereits 1689, als er erst am Anfang der sich pädagogisch wie wirtschaftlich schnell entwickelnden »Stiftungen« stand. Bald wurden sie zum Vorbild zahlreicher Waisenhaus- und Schulgründungen in Preußen. In Halle ausgebildete Lehrkräfte fanden bevorzugt eine Anstellung und trugen die Erziehungsideale und schulorganisatorischen Vorstellungen Franckes weiter.

Auch der Berliner Pfarrer Johann Julius Hecker, der das »Generallandschulreglement« von 1763 maßgeblich ausgearbeitet hat, war Schüler Franckes und Lehrer am hallischen Pädagogium gewesen. Konsequenter und konkreter als Francke setzte er sich für den Realienunterricht ein, durch den nicht nur im allgemeinen Sinne nützliches, sondern auch beruflich verwendbares Wissen vermittelt werden sollte. Über die Inhalte solchen Wissens und die Zielsetzung solchen Unterrichts, dessen Entwicklung als der bedeutendste Beitrag der Pädagogik der ersten Hälfte des 18. Jahrhunderts zur Geschichte des Schul- und Erziehungswesens angesehen werden darf, gab es unterschiedliche Auffassungen. Neben den vom hallischen Pietismus ausgehenden Antrieben, die Johann Friedrich Groß mit betont berufspraktischer Orientierung weiterführte, wirkten Anstöße fort, die von dem erfinderischen Mathematiker Erhard Weigel in Jena ausgingen. 1682 hatte er einen »Kurtzen Entwurf der freudigen Kunst- und Tugend-Lehr vor Trivial- und Kinderschulen« veröffentlicht. In anderen Schriften kritisierte er den üblichen lateinischen Sprachunterricht, dem er einen mathematisch-naturwissenschaftlichen Unterricht gegenüberstellte; überdies empfahl er Handarbeit und praktische Übungen. Seine Gedanken wurden von dem Prediger Christoph Semler konkretisiert, der 1705 »nützliche Vorschläge von Aufrichtung einer mathematischen Handwerks-Schule bei der Stadt Halle« vorlegte. Während seiner Schulgründung der Erfolg versagt blieb, florierte Heckers ökonomisch-mathematische Realschule in der Berliner Dreifaltigkeitsgemeinde, die er seit 1738 mit königlicher Förderung aufbaute, denn ihr Erziehungskonzept kam den merkantilistischen Interessen des Staates entgegen. Die Orientierung des Unterrichts am nützlichen, wirtschaftlich brauchbaren Wissen fand große Zustimmung in bürgerlichen und adeligen Kreisen, lief allerdings Gefahr, ins Enzyklopädische auszuufern, da ihm eine ordnende Idee fehlte. Deshalb wurden noch zu Heckers Lebzeiten die Realienfächer wieder beschränkt, während das Latein und die Theologie mehr Platz erhielten. Nach seinem Tod im Jahr 1768 wurde die Realschule zur Kunstschule; die anderen Teile bestanden weiter als Deutsch- und Lateinschule. Heckers Realschule und das ihr angeschlossene Lehrerseminar haben für Schulgründungen nicht nur in Preußen als Vorbild gedient. Besonders bemerkenswert ist die Ausstrahlung nach Österreich. 1774 berief Maria Theresia den Abt des Augustinerklosters in Sagan, Johann Ignaz Felbiger, der in seinem Zuständigkeitsbereich das Schulwesen im Sinne Heckers reformiert und nach 1765 für das definitiv preußisch gewordene Schlesien eine Schulordnung ausgearbeitet hatte, nach Wien mit dem Auftrag, die deutschen Schulen in Österreich neu zu ordnen.

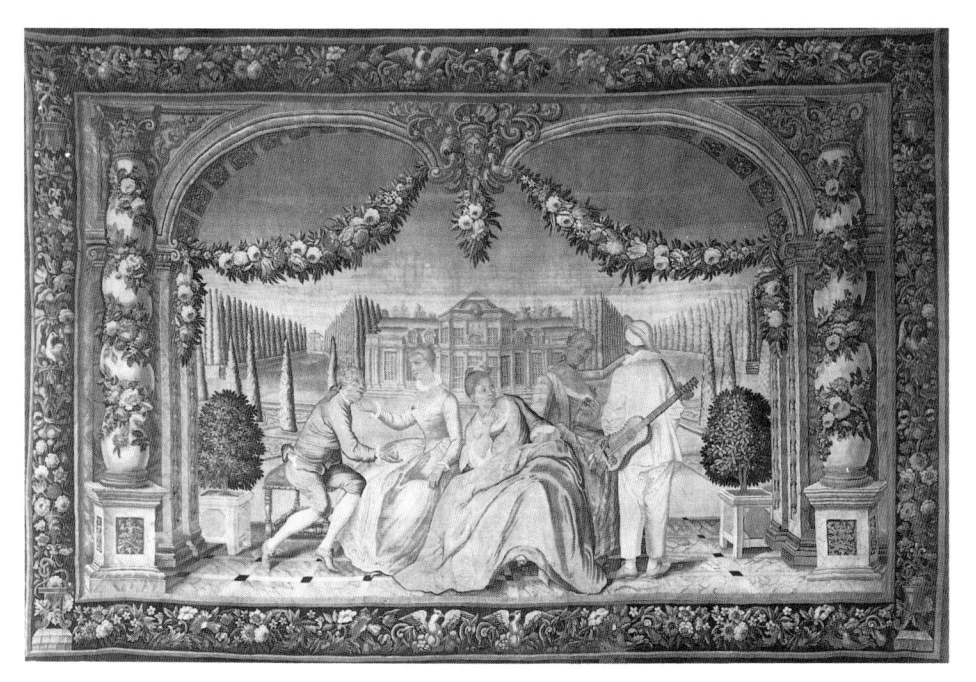

Komödianten vor dem von Andreas Schlüter erbauten Landhaus Kamecke. Wandteppich aus der Berliner Manufaktur des Charles Vigne, vielleicht nach einem Entwurf von Antoine Pesne, um 1748. Hamburg, Museum für Kunst und Gewerbe. – Aufführung einer Komödie im Breslauer Redoutensaal. Aquarell im Stammbuch Jaenisch, zwischen 1740 und 1746. Ehemals Breslau, Museum der Stadt

Heinrich Schütz. Gemälde eines Unbekannten, um 1670. Leipzig, Stadt- und Universitätsbibliothek. – Johann Sebastian Bach. Gemälde von Elias Gottlieb Haussmann, 1746. Leipzig, Museum für Geschichte der Stadt. – Auflistung der Gagen für die Musiker am Hof Friedrichs II. Zwei Seiten im Etat-Exemplar eines königlichen Kammerherrn, 1752/53. Berlin, Geheimes Staatsarchiv Preußischer Kulturbesitz

Johann Christoph Gottsched. Gemälde von Leonhard Schorer, 1744. Leipzig, Stadt- und Universitätsbibliothek. – Gottscheds zweite moralische Wochenschrift. Incipit-Seite der ersten Nummer. Wolfenbüttel, Herzog August-Bibliothek

Dame bei der Näharbeit an einer Freimaurerschürze für ihren Kavalier. Meißner Porzellangruppe nach dem Entwurf von Johann Joachim Kändler, um 1741. Berlin, Staatliche Museen Preußischer Kulturbesitz, Kunstgewerbemuseum

# Sprache und Literatur

»Von dieser Deutschen Poeterey nun zue reden, sollen wir nicht vermeinen, das unser Land unter so einer rawen und ungeschlachten Lufft liege, das es nicht eben dergleichen zue der Poesie tüchtige ingenia könne tragen, als jergendt ein anderer ort unter der Sonnen.« So schrieb Martin Opitz in seinem 1624 erschienen »Buch von der deutschen Poeterey«, mit dem er einer deutschen Literatur, die den anderen europäischen Literaturen ebenbürtig sein sollte, die Regeln gab: Regeln einer Poetik, die ganz an der ständischen Gesellschaft und am Ideal einer höfischen und zugleich gelehrten Literatur orientiert war. Gut hundert Jahre später, 1730, erschien Johann Christoph Gottscheds »Versuch einer critischen Dichtkunst vor die Deutschen« – die weithin anerkannte Poetik der Aufklärung, die in Ablehnung des barocken Formideals Regeln für eine »vernünftige« und geschmackvolle Nachahmung der »natürlichen Dinge« in der Dichtung setzte. Beide Schriften enthielten keine neuen Perspektiven, sondern faßten zusammen, was – allerdings nicht in so gebietender und erfolgreicher Weise – bereits von anderen gesagt und praktiziert worden war. Beide waren keine bedeutenden literarischen Leistungen, haben indes eine Maßstäbe setzende Rolle gespielt, die dadurch unterstrichen wurde, daß ihre Autoren in eigenen Werken ihre poetischen und rhetorischen Regeln demonstrierten und als Kunstrichter und Großliteraten erheblichen Einfluß ausübten. Gegen ihre Theorien und das poetische Diktat, das sie, insbesondere Gottsched, ausübten, haben sich bald Gegner erhoben; doch selbst sie sind mehr oder weniger durch ihre Schule gegangen. Opitz' und Gottscheds Bedeutung für die Entwicklung der literarischen Sprache in Deutschland ist anerkannt, obschon nicht unumstritten. Gleiches gilt für ihren Beitrag zur Überwindung der Provinzialität deutscher Dichtung, die von Andreae und Balde, Gryphius, Harsdörffer, Rist, von Zesen und Lohenstein bis zu Brockes, von Haller, Hagedorn, Gellert und Gleim einen ansehnlichen Weg zurücklegte. Wenn er im Rückblick kürzer erscheint, als er tatsächlich war, dann ist das die Folge des Durchbruchs der deutschen Dichtung zur Klassik um 1770. Von ihr her gesehen steht Gottsched dichter bei Opitz als bei Schiller.

Opitz folgte den antiken und neulateinischen Dichtern und den niederländischen Theoretikern, Gottsched empfahl die französischen Dichter als Vorbilder, von denen die deutschen lernen und europäisches Niveau erreichen sollten. Am gelehrten Gepräge, das jener der deutschen Dichtung gab, hielt dieser fest, und die Überwindung der Kluft zwischen den gebildeten und nichtgebildeten Lesern strebte auch er nicht an. Beide verknüpften Dichtung und Theorie so eng miteinander, daß Dichtung gleichsam als Ergebnis angewandter Theorie erschien; praktisch bedeutete das ein Übergewicht der theoretischen Reflexion und die Kultivierung eines literarischen Klassizismus. Für beide stand die gesellschaftliche Funktion der Dichtung im Vordergrund: die Vermittlung eines aristokratisch-humanistischen Verhaltens- und Moralkodex bei Opitz, eines bürgerlich aufgeklärten bei Gottsched. Daß beide, Gottsched definitiv, nachdem Luthers Bibelübersetzung vorausgegangen war, das Obersächsisch-Meißnische als neudeutsche Literatursprache durchsetzten, gehört zu den bedeutsamen Beiträgen, die sie zur literarischen Entwicklung des 17. und 18. Jahrhunderts geleistet haben.

Zweifellos hat die späte Ausbildung einer anerkannten und allgemein benutzten Literatur- und Hochsprache diese Entwicklung im Vergleich mit derjenigen west- und südeuropäischer Länder verzögert. Die Sprache der gelehrten Autoren und Dichter war lange das Humanistenlatein geblieben; an den Höfen pflegte man das Italienische, dann zunehmend das Französische als Sprache der Diplomatie, der Kunst und der «Monde». Gegen die von beiden Seiten erfolgenden Überfremdungen der gebildeten deutschen Umgangssprache und für eine reine dichterische Formgebung traten die Sprach- und Dichtergesellschaften des 17. Jahrhunderts ein. Wie sehr sie selbst noch in der Tradition des europäischen Humanismus standen, zeigt sich darin, daß der Gründer der ersten dieser Gesellschaften in Deutschland – der »Fruchtbringenden Gesellschaft« oder des »Palmenordens« (1617) –, Fürst Ludwig von Anhalt-Köthen, Mitglied der florentinischen Academia della Crusca war. Auch die gelehrten Auseinandersetzungen sowohl im Kreis der Mitglieder als auch mit Opitz und seinen Anhängern um eine an Übersetzungen entwickelte neue deutsche Versform trugen den Charakter akademischer Diskussionen. In den vierziger Jahren des Jahrhunderts gehörten praktisch alle bedeutenden deutschen Dichter und Literaten dieser Gesellschaft an, und selbst Opitz wurde in sie aufgenommen. In ihr bildete sich ein literarischer Diskussionszusammenhang aus, der nicht nur territoriale, sondern auch soziale Schranken übergriff. Die Korrespondenz wuchs ins Uferlose, wobei viel aneinander vorbeigeredet und kaum eine allgemeinverbindliche Auffassung entwickelt, dennoch eine Sensibilisierung für deutsche Sprache und Dichtung erzielt wurde. Die Bedeutung der »Fruchtbringenden Gesellschaft« als erstes Beispiel einer Literatur- und Bildungsgesellschaft, als Anregerin und als »Clearing-house« philologischer, rhetorischer, poetologischer und dichterischer Bemühungen kann schwerlich überschätzt werden. Lockerer miteinander verbunden waren die Mitglieder des Königsberger Dichterkreises um Simon Dach und des Nürnberger Kreises der »Pegnitzschäfer«, bei denen das Interesse an der Pflege der Sprache hinter der Gelegenheits- und Gesellschaftsdichtung zurücktrat. Den »Frauenzimmer-Gesprächspielen« Harsdörffers, die von 1641 bis 1649 erschienen, lag die Absicht zugrunde, Anleitung und Beispiele für kultivierte Geselligkeit zu geben. Ähnliche Ziele verfolgte Johann Rist, der 1660 in Lübeck den »Elbschwanorden« gründete, mit seinen »Monatsgesprächen«. Wie ernsthaft bei mancher oberflächlichen Vielschreiberei in diesen Kreisen an der Sprache gearbeitet wurde, offenbart die 1663 edierte »Ausführliche Arbeit von der teutschen Haubtsprache« des Wolfenbütteler Konsistorialrats Justus Georg Schottelius.

Eine individuelle Handschrift wies im 17. Jahrhundert am ehesten die Dichtung auf, die sich aus mystischen Überlieferungen und Bedürfnissen nährte, insbesondere in Schlesien. Hier, wo die massive Gegenreformationspolitik die Protestanten zwar tolerierte, aber vom öffentlichen Leben ausschloß, wirkte der Einfluß Jakob Böhmes als starker Impuls für eine spiritualistische Dichtung fort, die sich, auch auf den katholischen Raum ausstrahlend, eng an die Kirchen anlehnte. Mystische Verinnerlichung und konfessionelle Rechtgläubigkeit brachten um die Mitte des Jahrhunderts die geistliche Lyrik, vor allem das evangelische Kirchenlied, zu einer nicht wieder erreichten Blüte. Zwar blieb das religiöse Element in der deutschen Dichtung auch weiterhin stark, zumal bei solchen Autoren, die vom Pietismus erreicht wurden, aber es drängten sich zunehmend höfische, »politische«, belehrend-unterhaltende Themen und Formen in den Vordergrund. Trotz der Arbeit der Sprachgesellschaften und trotz Opitz führte die Nachahmung antiker, insbesondere hellenistischer Kunstformen in Verbindung mit der auch von Opitz geforderten »Verzierung« der Sprache und unter dem Eindruck des höfischen Absolutismus zur barocken Übertreibung – ein Prozeß, der sich an der Entwicklung von Andreas Gryphius zu Lohenstein und Hofmannswaldau ablesen läßt.

In die Phase des »marinistischen« Hochbarock trat die deutsche Dichtung erst ein, als die anderen europäischen Literaturen sie bereits hinter sich hatten. Vielleicht gerade deshalb kamen so extreme Formen weitschweifig gelehrter Geschichtsallegorese, schwülstig-pathetischer Schicksalsdramatik, weithergeholter emblematischer Verweisungen zustande, wie man sie vor allem in den historisch-politischen Dramen und umfangreichen Romanen der Zeit antrifft, die nicht selten bei beachtlichem technischen Können durch geringe Formkraft, unsicheren Geschmack und engen sozialen Konformismus charakterisiert sind. Der Gewinn an sprachlicher Gewandtheit und Erfahrung im Umgang mit den literarischen Gattungen darf jedoch nicht unterschätzt werden, ebensowenig die Bedeutung der dichtungstheoretischen Diskussion, an der praktisch alle Schriftsteller teilnahmen. Schließlich ist an die sich entfaltende Selbst- und Fremdeinschätzung der Dichter zu erinnern. Der »Poeta doctus« – fast alle deutschen Dichter dieser Zeit hatten kirchliche oder weltliche Ämter inne, waren Professoren, Gymnasiallehrer und Verwaltungsbeamte, nicht wenige waren bestallte Hofdichter, manche erhielten den Adelstitel –, der gelehrte Dichter also, sah sich dem Adel und dem Hof näher als dem Kleinbürgertum und dem Volk. Nicht ohne Selbstüberschätzung, doch mit zunehmender Resonanz bei einem langsam wachsenden Lesepublikum schrieb er sich eine pädagogische und politische

*Sprache und Literatur*

Aufgabe zu. Daneben blieben mystische Einzelgänger wie Quirinus Kuhlmann und verbummelte Studenten wie Christian Reuter und Johann Christian Günther Dichtergestalten am Rande.

Der Übergang vom späten Barock zur frühen Aufklärung vollzog sich in der Dichtung vielsträhnig und fließend. Dabei wandelte sich der soziale Typus des Dichters nicht, aber der Umkreis der dichterischen Themen erweiterte sich hinein in die bürgerliche Lebenswelt mit ihren spezifischen moralischen und emotionalen Bedürfnissen. Es wirkten sich die allmähliche Auflösung der barocken christlichen Ordo-Vorstellungen und das Vordringen eines weltfrommen »frühaufklärerischen Pragmatismus« (D. Kimpel) aus. Unter dem Eindruck der naturwissenschaftlichen Methode und Terminologie, der Auswirkungen auswärtiger und innerstaatlicher Politik auf das gesellschaftliche Leben auch in Friedenszeiten, schließlich des wachsenden Interesses der bürgerlichen Gebildeten an der eigenen Lebensgestaltung verlor das Pathos des Barock seine Überzeugungskraft und der Rationalismus des Barock seine metaphysische Begründung zugunsten einer empirischen und praktischen Vernunft. Mehr als zuvor wurde wissenschaftlich gesicherte und literarisch vermittelte Bildung zur Leitvorstellung der bürgerlichen Schriftsteller. Zugleich erkannten sie in ihr das Mittel, ihre sozial prekäre Zwischenstellung zu festigen und ihre politische Machtlosigkeit auszugleichen.

Zweifellos ging mit dem Abbau von rhetorischem Schwulst und artifizieller Komposition auch ein Verlust an hochentwickeltem barocken Kunstsinn einher. Sprache und Dichtung wurden natürlicher, wirklichkeitsnäher, kommunikativer, aber zugleich dürrer und stärker auf didaktische und praktische Zwecke abgestellt – solche sowohl des gesellschaftlichen Umgangs als auch der moralischen und psychologischen Selbstkontrolle. Die Betrachtung der Natur in ihrer physikalischen Gesetzmäßigkeit, die More-geometrico-Analyse der gesellschaftlichen Ordnungen und die physico-theologische Bemühung, Naturforschung und christlichen Schöpfungsglauben zu vereinen, mußten verarbeitet und neue Mittel gefunden werden, Natürlichkeit und Poesie, Gelehrsamkeit und Geschmack, Moral und Politik, Vernunft und Gefühl gleichermaßen in der Dichtung zum Ausdruck zu bringen. Gottscheds »Poetik«, die dafür verbindliche Regeln zu geben beanspruchte, hat in den vierziger Jahren des 18. Jahrhunderts die deutsche Literatur weitgehend beherrscht. Wenig später jedoch wurde sein durch geschickte Literaturpolitik unterstützter Einfluß in Frage gestellt, als Lessing in den »Literaturbriefen« den Angriff gegen seine Dramentheorie begann und Shakespeare als Beispiel hinstellte.

Obwohl in der ersten Hälfte des 18. Jahrhunderts keine große Dichtung entstand, darf doch gesagt werden, daß sich in dieser Zeit Ansätze zu einer nationalen Literatur ausbildeten. Barthold Heinrich Brockes »Irdisches Vergnügen in Gott«, Friedrich von Hagedorns Fabeln, Oden und Lieder, Johann

Gottfried Schnabels »Insel Felsenburg«, Albrecht von Hallers »Alpen«, Christian Fürchtegott Gellerts »Leben der schwedischen Gräfin von G…«, Ewald Christian von Kleists »Frühling«, Gottlieb Wilhelm Rabeners Satiren lassen zunehmende Formsicherheit und sprachliche Gewandtheit erkennen. Zentren dieser Entwicklung waren Halle und hauptsächlich Leipzig: »bürgerliche« Universitätsstädte, Leipzig zudem eine Handels- und Messestadt mit wohlhabender bürgerlicher Oberschicht und einer eleganten Geselligkeit, mit Theater, Konzerten, Kaffeehäusern, eine Stadt überdies, die durch die Zahl der Verlage und die Buchmesse zum Mittelpunkt des deutschen Buchhandels wurde. Obwohl sich an der Universität die theologische Orthodoxie behauptete, entfaltete sich daneben vor allem infolge der rührigen Tätigkeit Gottscheds eine aufgeklärte Diskussion. Mit seinem Kompendium »Erste Gründe der gesamten Weltweisheit« popularisierte er die Wolffsche Philosophie im Sinne eines optimistischen Nützlichkeitsdenkens. Er übersetzte Pierre Bayles »Dictionnaire«, das Grundbuch der französischen Aufklärung, und auch das französische Original von Leibniz' »Theodizee«. Für zwei Jahrzehnte gingen von Leipzig die wichtigsten Anstöße zur Reform der deutschen Dichtung aus. In vorher nicht gekannter Weise wurde Literatur zu einem Medium der intellektuellen und moralischen Bildung, der überregionalen Kommunikation, der Meinungs- und Geschmacksbildung.

Die Gegner Gottscheds – voran die »Bremer Beiträger« und die Zürcher Bodmer und Breitinger – erreichten seine Wirkung bei weitem nicht; für die weitere Entwicklung der deutschen Literatur sind sie dennoch von wesentlicher Bedeutung gewesen. Zunächst Gottscheds Adepten, wandten sich die »Beiträger« gegen seinen Doktrinarismus, um dem Gefühl und der Empfindung größeren Raum zu gewähren. In ihren »Neuen Beyträgen zum Vergnügen des Verstandes und des Witzes« erschienen Fabeln von Gellert, Satiren von Rabener und die gewaltiges Aufsehen erregenden ersten Gesänge des »Messias« von Klopstock, für den Miltons »Paradise lost« als Vorbild diente. Die Übersetzung dieses Epos durch Bodmer und seine Kanonisierung als vorbildliche Dichtung durch ihn und Breitinger führten zum Bruch mit Gottsched und leiteten die Abwendung vom französischen Klassizismus ein, den Gottsched für beispielhaft erklärt hatte. In den darüber geführten theoretischen Auseinandersetzungen erweiterten die Zürcher die Aufgabe der Dichtung, die nicht nur das Wirkliche, sondern auch das Mögliche darstellen und das Unsichtbare der Phantasie zugänglich machen sollte. Ihre ästhetische Wirkung erhielt gegenüber der belehrenden den Vorzug. Verkünder dieser neuen Poesie wurde Klopstock.

Die damit anhebende neue, bis 1770 reichende Phase der deutschen Literaturgeschichte ist mit dem Begriff »Empfindsamkeit« nur ungenau charakterisiert. Gleich dem Pietismus stand die Empfindsamkeit, die keineswegs bloß als Fortsetzung des Pietismus verstanden werden darf, nicht im Gegensatz zur Aufklärung, sondern machte mit der Anerkennung des Gefühls als gleichberech-

*Sprache und Literatur* 165

tigten Vermögens des Menschen der Vernunft nur die Alleinherrschaft streitig. Beide, die Freisetzung der Vernunft und die des Gefühls, machten den Emanzipationsprozeß des 18. Jahrhunderts aus – eines Jahrhunderts, das die Erfahrung nicht nur der äußeren, sondern auch der inneren Welt, der Seele des Menschen, zu erweitern und zu verarbeiten, die Beziehungen der Menschen untereinander nicht bloß unter dem Aspekt der Zweckmäßigkeit, sondern ebenso unter dem der Religiosität, der Moralität und der Emotionalität zu erklären suchte. Gellerts erfolgreiche Fabeln, Komödien und Romane, die eine nichtständische gesellschaftliche Kultur repräsentierten, die ländlichen Idyllen Salomon Gessners, das religiös-moralische und patriotische Pathos der Oden Klopstocks bereicherten die deutsche Dichtung um neue Themen und Aussagemöglichkeiten, die zu den Voraussetzungen der Klassik gehörten. Daneben erreichte die Literaturkritik eine neue Dimension und in Gotthold Ephraim Lessing ihren Höhepunkt. Philosophisch reflektierter Kunstverstand, unbestechliches ästhetisches Urteil, Sprachgefühl, Theaterinstinkt und Mut zur literarischen Existenz durchdrangen sich bei ihm in einzigartiger Weise. Mit ihm und mit Christoph Martin Wieland, dessen 1761 begonnene, 1766/67 abgeschlossene »Geschichte des Agathon« am Anfang des großen deutschen Bildungsromans steht, erreichte die deutsche Literatur endlich europäischen Rang.

# Bildende Kunst und Musik

Alle Bemühungen, die politische Geschichte mit der Wirtschafts-, Wissenschafts-, Literatur- und Kunstgeschichte mehr als bloß oberflächlich zu synchronisieren, führen schnell in unüberwindbare Schwierigkeiten. Dessen eingedenk darf dennoch versucht werden, eine großlinige und typologische Zuordnung vorzunehmen. Mit guten Gründen kann der Barock als Kunst der Gegenreformation und der absoluten Monarchie bezeichnet werden. Die Ecclesia triumphans wie die ausschließliche politische Gewalt anstrebenden Landesherren fanden in der barocken Architektur, Malerei, Plastik und Musik den adäquaten Ausdruck ihres Selbstverständnisses und Repräsentationswillens, und sie trugen ihrerseits durch Aufträge und durch die Förderung von Künstlern und Dichtern entscheidend zur Entfaltung dieses Stils im Raum der Kirche und der Höfe bei. Von hier aus drang er in die ländliche Adelswelt und partiell in die städtische Bürgerkultur ein, auch in protestantischen Ländern. Ausgehend von Italien, insbesondere von Rom, ist die Kunst des Barock in den europäischen Ländern mit zeitlichen Verschiebungen und mit unterschiedlichen Schwerpunkten zur Wirkung gekommen. In der Architektur hat sie in Frankreich und Mitteleuropa die stärkste Eigenprägung gefunden, in der Malerei in den Niederlanden und Spanien, in der Musik in Deutschland. Wo und in welchen Werken sie ihre Höhepunkte erreichte, ist hier nicht zu entscheiden; ebensowenig kann in die unerschöpfliche Diskussion um die zeitliche Abgrenzung der Barock-Epoche und die Unterscheidung zwischen Früh-, Hoch- und Spätbarock eingetreten werden. Es genüge die Feststellung, daß der Barock in chronologischer Hinsicht als deutlich bestimmbarer Stil der europäischen Kunst zwischen Renaissance und Klassizismus und in genetischer Betrachtung als »Reaktion gegen den internationalen Manierismus« (E. Hubala) verstanden werden muß – als ein Stil, der in den bildenden Künsten und der Musik stärker zur Geltung kam als in der Dichtung, der aber auch mehr als spätere Kunststile dem Ziel des Gesamtkunstwerkes nahegekommen ist.

Der Übergang von der Kunst der Renaissance zu der des Barock vollzog sich fließend. Im wesentlichen bediente sich diese der formalen Elemente und Chiffren der Renaissance, brachte jedoch neue Gestaltungsintentionen zur Geltung. Die statische Harmonievorstellung der Renaissance-Kunst wandelte sich in eine dynamische; das Ideal natürlicher Schönheit wurde ergänzt und gesteigert durch das Ziel, unter Beibehaltung rationaler Ordnungsstrukturen die Herrlichkeit des Übernatürlichen durch Kühnheit der Formen, Betonung der pathetischen Gebärde, der Farbe, des Klanges darzustellen. Die aus dieser Zielsetzung resultierende Spannung kam am deutlichsten in der Architektur zum Ausdruck, wo die Gleichzeitigkeit von strikter mathematischer Rationalität des Grundrisses und üppiger Dekoration, Verschiebung der Proportionen, Dynamisierung der Linien, illusorischer Öffnung des Begrenzten ins Unbegrenzte eine starke Bewegtheit erzeugte. Perspektivische Erweiterungen und Verkürzungen, Lichteffekte und Durchblicke sollten den Blick ins Weite führen und den gestalteten Raum als zentralen Ausschnitt des Universums erscheinen lassen, künstlerische und künstliche Steigerung der sinnlichen Wirklichkeit und symbolische Darstellung sollten transzendentale Ordnung erfahrbar machen. Alle Künste sollten dazu beitragen, die große architektonische Anlage, in die der Garten als gestaltete Natur einbezogen ist, das höfische Fest, die Oper als Abbild der Vollkommenheit augenfällig werden zu lassen.

Gesamtkunstwerke vergleichbarer sozialer Repräsentanz, Herrschaftsarchitektur, die in so weitgehendem Maße ideologische und politische Intentionen künstlerisch zum Ausdruck brachte wie in den barocken Schloßanlagen und Residenzen, sind später nicht wieder entstanden. Das durchkomponierte Ensemble von Wohn- und Staatsräumen, Festsälen, Theatern, Kirchen, Gärten mit Alleen, Seen, Lusthäusern und Orangerien war als herausgehobener Lebensraum einer höfischen Gesellschaft angelegt – als artifizielle Staffage für eine elaborierte Selbstdarstellung und für die gesellschaftliche Disziplinierung des Widerstreits zwischen strikter Hofordnung und leidenschaftlichem Geltungsdrang. Die barocke Kirche, ob Dom-, Kloster- oder Stadtkirche, wurde als Raum der Anwesenheit Gottes, der Repräsentanz der spirituellen und materiellen Macht der Kirche und der anbetenden Gemeinde ausgestaltet – als Raum nicht nur der Belehrung, sondern des ekstatischen Ergriffenseins vom übersinnlichen Heilsgeschehen. Zu den höfischen wie den kirchlichen Festen mit ihren allegorischen Aufzügen, theatralischen und musikalischen Aufführungen leisteten alle Künste ihren Beitrag. In einer Gesellschaft aber, die alles zum Fest zu machen strebte – den Gottesdienst wie die Jagd, die Taufe wie die Parade – und auch das flüchtige Ereignis des Festes noch in Bild und Wort festgehalten wissen wollte, fielen dem Künstler große Aufgaben, oft reicher Lohn und steigendes soziales Ansehen zu.

In Deutschland kam die Kunst des Barock vor allem in den Ländern des Hauses Habsburg, in Bayern, Oberschwaben, Franken und in Gebieten am Rhein zur Entfaltung, strahlte jedoch auch in die protestantischen Länder Mittel- und Norddeutschlands aus. Einen evangelischen barocken Kirchenbau hat es selten, allenfalls in Residenzstädten – in Berlin, Bückeburg, Wolfenbüttel, in Dresden die Frauenkirche als bürgerliches Gegenstück zur katholischen Hofkirche – und bei der Neuausstattung einzelner Stadtkirchen gegeben. Im katholischen Deutschland hingegen erreichte der barocke Kirchen- und Klosterbau im ausgehenden 17. Jahrhundert seinen Höhepunkt, auf dem er sich bis in die Mitte des 18. Jahrhunderts hielt. Von der Münchener Theatinerkirche, der Benediktbeurer Klosterkirche, der Jesuitenkirche St. Martin in Bamberg und der

Serenade im Wiener Redoutensaal aus Anlaß der Hochzeit Josephs II. mit Isabella von Parma am 24. Januar 1760. Gemälde von Martin van Meytens, 1760/61. Wien, Schloß Schönbrunn

Der Dresdener Zwinger. Titelblatt des vom Baumeister Daniel Pöppelmann 1729 in Dresden herausgegebenen Prachtwerkes über die Zwinger-Anlagen zu Dresden. Berlin, Staatliche Museen Preußischer Kulturbesitz, Kupferstichkabinett

Das Treppenhaus des Schlosses Pommersfelden in der von Johann Lucas von Hildebrandt entworfenen Gestaltung. Kupferstich von Georg Daniel Heumann in dem 1728 in Augsburg erschienenen Werk »Wahrhaffte Vorstellung beyder... Schlösser Weissenstein ob Pommersfeld und Geibach«. Berlin, Staatliche Museen Preußischer Kulturbesitz, Kunstbibliothek

Rokoko-Veduten von Bernardo Bellotto: Dresden. Blick vom rechten Elbe-Ufer unterhalb der Augustus-Brücke auf Frauen- und Hofkirche. Dresden, Staatliche Kunstsammlungen. – Schloß Nymphenburg bei München. Blick auf die Gartenanlagen. München, Schloß Nymphenburg. – Schloß Schönbrunn bei Wien. Blick auf die Gartenseite der Residenz. Wien, Kunsthistorisches Museum

## Barocke Baukunst im Deutschen Reich

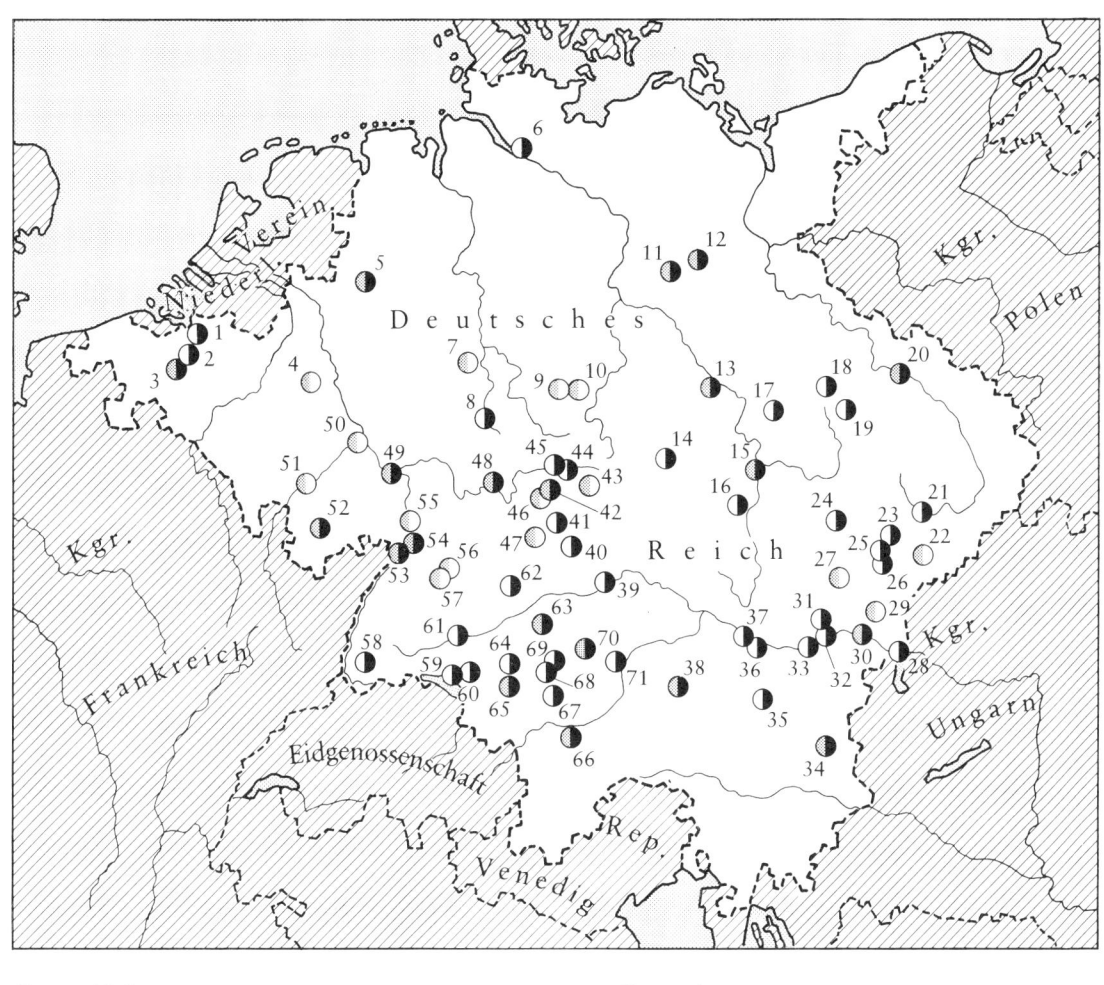

◐ Kirchliche Bauten          ○ Profane Bauten

1. Antwerpen
2. Mecheln
3. Brüssel
4. Brühl
5. Münster
6. Hamburg
7. Kassel
8. Fulda
9. Erfurt
10. Weimar
11. Potsdam
12. Berlin
13. Dresden
14. Karlsbad
15. Prag
16. Woborischt
17. Deutsch-Gabel
18. Hirschberg
19. Grüssau
20. Breslau
21. Olmütz
22. Buchlowitz
23. Kiritein
24. Saar
25. Brünn
26. Raigern
27. Frain
28. Altenburg
29. Klosterneuburg
30. Wien
31. Dürnstein
32. Göttweig
33. Melk
34. Graz
35. Admont
36. St. Florian
37. Wilhering
38. Salzburg
39. Weltenburg
40. Freistadt
41. Nürnberg
42. Bamberg
43. Bayreuth
44. Vierzehnheiligen
45. Banz
46. Pommersfelden
47. Ansbach
48. Würzburg
49. Mainz
50. Koblenz
51. Trier
52. Saarbrücken
53. Karlsruhe
54. Bruchsal
55. Schwetzingen
56. Ludwigsburg
57. Stuttgart
58. St. Blasien
59. Friedrichshafen
60. Weingarten
61. Zwiefalten
62. Neresheim
63. Augsburg
64. Ottobeuren
65. Kempten
66. Innsbruck
67. Ettal
68. Wessobrunn
69. Dießen
70. München
71. Rott

*Stadt und Residenz Dresden*

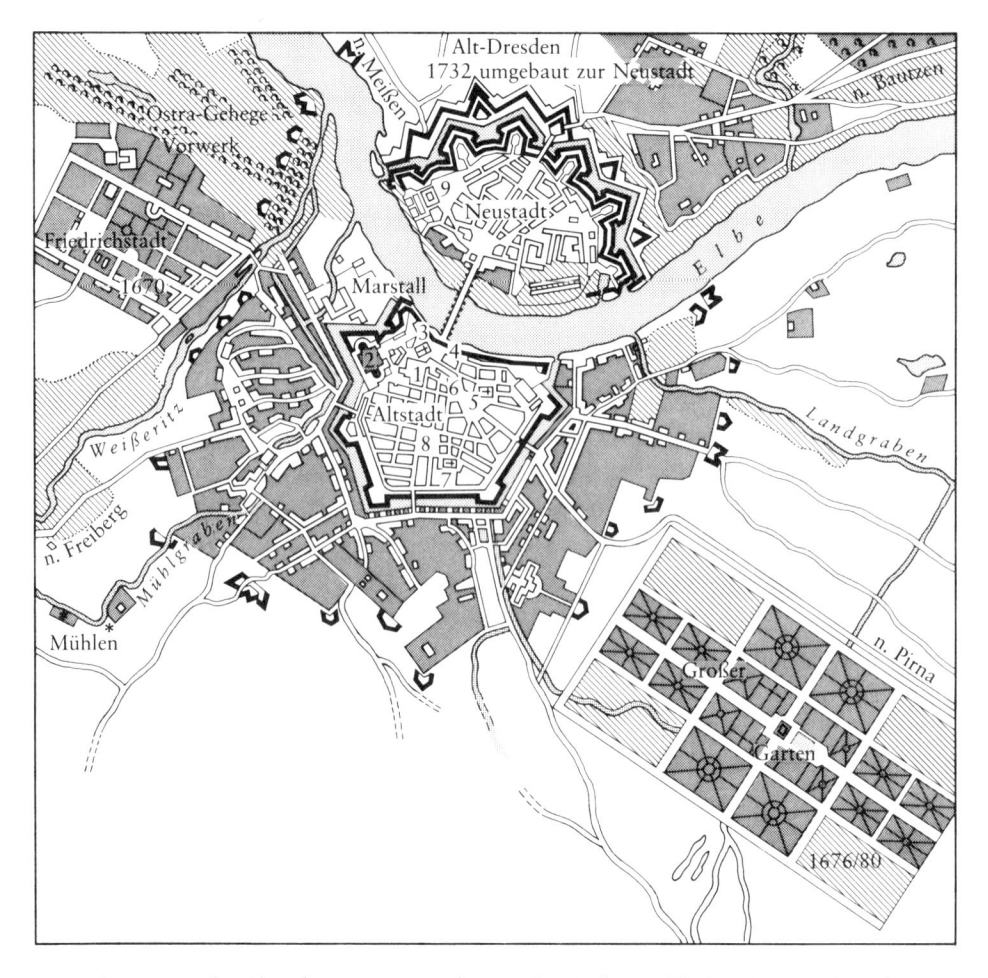

Die Befestigungen der Altstadt stammen aus der Zeit des Kurfürsten Moritz (1547–53), die Befestigungen der Neustadt aus dem Jahr 1632.

1 Schloß 1534/1701
2 Zwinger 1711–22 (Pöppelmann)
3 Hofkirche 1738–54
4 Palais Brühl 1737
5 Frauenkirche 1726–40 (Bähr)
6 Johanneum (Kunstgalerie)
7 Kreuzkirche und Kreuzschule
8 Altmarkt
9 Japanisches Palais 1715 (Pöppelmann)

Kollegienkirche in Salzburg über die Kirchen der Klöster Melk, Weltenburg, Ettal, Weingarten, Banz und Amorbach bis zu den Wallfahrtskirchen Ochsenhausen, Vierzehnheiligen, Steinhausen, Zwiefalten, Birnau, Andechs, Wies und Neresheim, nicht zu vergessen die Karlskirche in Wien, die katholische Hofkirche in Dresden, reicht die Reihe großartiger, ebenso prachtvoller wie glaubensintensiv gestalteter Gotteshäuser. Neben ihnen die noch größer angelegten barokken Schloßbauten in Wien und München, Würzburg und Bamberg, Ludwigsburg, Bruchsal, Rastatt, Fulda und Mannheim, Darmstadt, Hanau und Kassel, Brühl und Münster, Berlin und Potsdam. Standen am Anfang dieser Blütezeit barocker Architektur noch Italiener wie Zuccalli und Barelli, so rückten schon bald deutsche Architekten nach. Johann Bernhard Fischer von Erlach baute in Salzburg und Wien – hier die Karlskirche und Schloß Schönbrunn –, Johann Lukas von Hildebrandt das obere Belvedere; Vater und Sohn Dientzenhofer arbeiteten in Prag, Bamberg und Fulda, Balthasar Neumann in Würzburg, Matthäus Daniel Pöppelmann und Georg Bähr in Dresden. In Österreich wurde Jakob Prandtauer zum führenden Klosterbaumeister. In Bayern und Oberschwaben bauten die Brüder Asam, Dominikus Zimmermann und Joseph Effner, in Brühl und Münster Johann Conrad Schlaun. Das Wirken Andreas Schlüters, Johann Friedrich Eosanders und Georg Wenzeslaus von Knobelsdorffs verlieh Berlin und Potsdam königlichen Glanz.

In keiner anderen Epoche sind Schlösser, Plätze und Gärten in solcher Zahl und von vergleichbar großartiger Planung entstanden. Oft ging diese noch über das hinaus, was davon verwirklicht werden konnte, wofür Fischers kühne Pläne für Schloß Schönbrunn und Hildebrandts Entwürfe für das Kloster Göttweig Beispiele sind. Zum vollständigen Bild des architektonischen Schaffens gehören auch die zahlreichen Jagd- und Lustschlösser, Amts- und Zeughäuser, Kasernen, Stadthäuser des Adels und kleinere Pfarrkirchen, ebenso die Anlage ganzer Städte – ob die Pläne ausgeführt wurden wie in Karlsruhe und Mannheim, auch in Karlshafen an der Weser, oder auf dem Papier blieben wie die schwedische Konkurrenzgründung zu Bremen, Friedrichstadt an der unteren Weser. Festungen und befestigte Städte waren Lieblingsprojekte barocker Architektur; gerade bei ihnen aber klaffte zwischen Plan und Ausführung oft eine gewaltige Lücke. Große Projekte machen jedoch nur eine Seite der Architektur des Barock aus; eine andere ist durch die künstlerische Gestaltung der Details charakterisiert. Hinreißende Treppen und Treppenhäuser in der Würzburger Residenz, in den Schlössern Pommersfelden und Brühl, großartige Plätze wie der des Dresdener Zwingers, Wasserspiele im Wiener Belvedere und in Kassel, daneben Portale, Supraporten, Deckengemälde, Wandbekleidungen, Bodenparkette waren als Teile der Gesamtanlage zugleich eigenständige Kunstwerke. Die streng geometrisch angelegten Gärten von Schwetzingen und Herrenhausen, Schleißheim und Kassel enthielten kunstvolle Labyrinthe, Nischen und exotische Staffagen. In ihnen fand die illusionäre Komponente aller barocken Kunst charakteristischen Ausdruck, sollte doch für eine naturferne höfische Geselligkeit die Illusion einer vollkommenen Natur geweckt werden – einer Natur ohne Schmutz, Gefahr und mühselige Arbeit.

Zwar hat die barocke Herrschafts- und Kirchenarchitektur tief ins 18. Jahrhundert hinein gereicht, dennoch vollzog sich von etwa 1740/50 ab – zunächst in

*Bildende Kunst und Musik* 171

der Innenausstattung – ein Wandel. Der Übergang zum Rokoko bedeutete nicht bloßes Abgleiten ins Verspielte oder ein Nachlassen gestalterischer Energie, sondern zugleich Gewinn an Intimität durch Zurückdrängung des Pathetischen. In den gelungensten Werken kam eine unvergleichliche Symbiose von Intellektualität und Sinnlichkeit, Humanität und Perfektion zustande, entfalteten sich in reicher Fülle Dekoration und Ornament. Neben dem architektonischen trat jetzt das malerische und plastische Element stärker hervor. Innenräume erhielten durch formbaren Stuck und zarte Farbgebung eine geradezu musikalische Beschwingtheit; die pathetische Barock-Gebärde entspannte sich zu graziöser Leichtigkeit. Das gilt für die spätbarocken Kirchen der Brüder Zimmermann ebenso wie für die innere Ausgestaltung der Residenzen in München, Ansbach, Würzburg, Potsdam. Spiegelglas und Porzellan, Seide und Email wurden beliebte Materialien, Tafelaufsätze, Leuchter, Öfen, zierliche Möbel die begehrten Produkte eines hochentwickelten Kunsthandwerks.

Dieser Stil- und Geschmackswandel begleitete und reflektierte das Abklingen der Herrschaftsform der absoluten Monarchie »von Gottes Gnaden«. Von einer beginnenden »Verbürgerlichung« zu sprechen wäre allerdings verfrüht. Noch immer war es eine rein höfisch-aristokratische Gesellschaft, die sich in den intimer werdenden Räumen und Gärten lockerer und leichtsinniger als zuvor bewegte, der Musik der Vorklassik lauschte und galante Verse ebenso goutierte wie aufgeklärtes Räsonnement. Ihre überwiegend französisch geführte Konversation und ihr literarischer Geschmack bewegten sich weit entfernt vom bürgerlichen Moralismus. Und obschon der Rokoko-Stil mit seiner Leichtigkeit und Spiritualität manchem bürgerlich Gebildeten als Ausdruck einer intelligenten und mühelosen Zivilisation erschien, blieben ihm die verschwenderische Genußfreude und die Exklusivität der Rokoko-Gesellschaft fremd. Dagegen fand die sinnliche Schönheit und himmlisch-irdische Harmonie katholischer Rokoko-Kirchen volkstümliche Zustimmung.

Die Malerei des Barock und Rokoko erreichte in Deutschland kaum Eigenständigkeit und europäisches Niveau. Tiepolos Fresken in der Würzburger Residenz haben kein gleichwertiges deutsches Gegenstück. Dem niederländischen, italienischen und französischen Tafelbild, insbesondere dem Landschaftsbild und dem Porträt, ist von deutschen Künstlern lange nichts Vergleichbares an die Seite gestellt worden. Um die Mitte des 18. Jahrhunderts wurden Kassel, wo Johann Heinrich Tischbein – erster Vertreter einer großen Malerfamilie – wirkte, und vor allem Dresden Zentren der Bildkunst. Hier arbeiteten Bernardo Bellotto, genannt Canaletto, von 1746 bis 1758 als Hofmaler und Adam Friedrich Oeser als Theatermaler, ehe er in Leipzig, wo er 1764 Direktor der neugegründeten Kunstakademie wurde, eine erfolgreiche Tätigkeit entfaltete. Aus diesem Umkreis sind die bedeutenden Porträtisten des späten Jahrhunderts, Anton Graff und Raphael Mengs, hervorgegangen, die beide, wie schon Oeser, unter dem Einfluß von Johann Joachim Winckelmann zum Klassizismus tendierten; nicht anders der junge Goethe, der, als er Ende 1765 nach Leipzig kam, Zeichenunterricht bei Oeser erhielt und ein begeisterter Leser Winckelmanns wurde. Von dessen 1755 erschienenen »Gedanken über die Nachahmung der Griechischen Werke in der Malerei und Bildhauerkunst« und der neun Jahre später veröffentlichten »Geschichte der Kunst des Altertums« sind tiefreichende Wirkungen für die deutsche Kunst und Kunstlehre ausgegangen. Beide Schriften haben starke Wirkung auf Lessing ausgeübt, dessen »Laokoon: oder über die Grenzen der Mahlerey und Poesie« 1766 erschien und sofort die Bewunderung Winckelmanns fand.

Barocker Ausdruckswille fand nicht nur in der Architektur adäquate Gestalt, sondern ebenso in der Musik. In der ersten Hälfte des 18. Jahrhunderts sind in Deutschland und von Deutschen großartige musikalische Meisterwerke geschaffen worden. Das wäre kaum möglich gewesen, wenn es nicht eine breite und hochentwickelte Musikkultur gegeben hätte, insbesondere in Mittel- und Norddeutschland, wo neben den Höfen einige große Bürgerstädte, vor allem Hamburg und Leipzig, hervortraten. Zur gleichen Zeit wurden die Musikinstrumente und die musikalische Technik erheblich verbessert, und es wandelte sich das Publikum. Von alters her nahm die Musik einen ebenso ehrwürdigen wie selbstverständlichen Platz in der Kirche und im religiösen Leben ein. Von der Liturgie der Messe und des evangelischen Gottesdienstes, vom Gesang der Mönche und der Gemeinde, von den kirchlichen Festen und den frommen Andachten in Haus und Konventikel sind stärkste Impulse für die Musik ausgegangen. Hinzu kamen die Unterhaltungsbedürfnisse der höfisch-aristokratischen Gesellschaft und der gebildeten bürgerlichen Oberschicht. Was die an den zahlreichen weltlichen und geistlichen Höfen in Deutschland tätigen Hofkomponisten an Opern und Konzerten, allegorischen Festspielen, Tafel- und Gartenmusiken zur Aufführung brachten, war meist gekonnt, aber selten originell. Wie in der Dichtung standen Begriff und Vorstellung von Individualität und Originalität noch weit hinter dem Ziel der virtuosen Beherrschung anerkannter kompositorischer Regeln und Stile zurück. Bei einem beträchtlichen Teil der umfangreichen musikalischen Produktion des Barock handelte es sich um die Nutzung, Erweiterung, Ausschöpfung vorgegebener Formen und Stile. Schlichte Orgelchoräle wurden zu Variationen und Phantasien ausgebaut – Max Reger hat Bachs Choralvorspiele »symphonische Dichtungen en miniature« genannt –, Motetten durch reiche Instrumentierung entfaltet, Konzerte durch die Heraushebung und Gegenüberstellung von Instrumentalgruppen zu Concerti grossi oder durch Aneinanderreihung verschiedener Teile zu umfangreichen Orchestersuiten erweitert. Zwar stand auch die Musik in Deutschland lange in Abhängigkeit von ausländischen, besonders italienischen Vorbildern, doch nicht in demselben Maße wie die bildenden Künste. Am längsten wirkte sich diese Abhängigkeit in der Oper aus, wo sie nicht nur durch italienische Kapellmeister und Sänger erhalten wurde, sondern auch durch deutsche Komponisten, die im italienischen Stil arbeiteten. Eindrucksvollstes Beispiel dafür ist Johann Adolf Hasse, ein Schüler Scarlattis, der in Dresden einen glanzvollen »neo-neapolitanischen« Opernstil entfaltete. Das Orchesterkonzert dagegen erfuhr auf dem Wege von Corelli zu Händel eine selbständige deutsche Fortentwicklung.

Der bedeutendste deutsche Beitrag zur europäischen Barock-Musik ist aus der protestantischen geistlichen Musik erwachsen. Bereits in der ersten Hälfte des 17. Jahrhunderts erreichte diese in den Symphoniae sacrae und in den Oratorien von Heinrich Schütz, dem »Vater der deutschen Musik«, einen ersten Höhepunkt. Bei ihm verband sich die deutsche Kantoreitradition mit der venetianischen Schule Gabrielis und dem starken Eindruck Monteverdis. Die mit ihm beginnende Tradition des Oratoriums, das als geistliche Parallele zur Oper bezeichnet werden kann, ist besonders in Lübeck durch Buxtehude, in Hamburg durch Telemann und in Leipzig durch Johann Sebastian Bach fortgeführt worden. Geistliche Musik beschränkte sich indes nicht auf den Kirchenraum; sie war wesentlicher Teil einer Musikpflege, die weit in das adelige und bürgerliche Haus hineinreichte. Einen Höhepunkt erreichte diese zu Beginn des 18. Jahrhunderts in Hamburg, wo Reinhard Keiser, Johann Mattheson, Georg Philipp Telemann Kantaten, Oratorien und Passionen, aber auch Opern, weltliche Tafel- und Kammermusik schufen. Werke für Orgel, Cembalo und Klavier entstanden in großer Zahl und Qualität, wobei von der verfeinerten Technik gerade dieser Instrumente – man denke an die unvergleichlichen Orgeln der aus dem Erzgebirge stammenden Brüder Andreas und Gottfried Silbermann – ein kräftiger Impuls ausging. Dresden, wo am sächsisch-polnischen Hof nach der Konversion Augusts des Starken der italienisch-österreichische Einfluß dominierte, blieb eines der musikalischen Zentren Deutschlands, neben dem sich das bürgerliche und lutherische Leipzig Johann Sebastian Bachs aufschwang. In Wien entfaltete Johann Joseph Fux von 1696 an als Organist an der Schottenkirche, später als Hofkapellmeister eine reiche, stark traditionsgebundene kompositorische und musiktheoretische Aktivität. Gemeinsam mit dem seit 1716 in der Kaiserstadt tätigen, ungeheuer fruchtbaren Venezianer Antonio Caldara legte er für lange Zeit die Grundlagen der katholischen Kirchenmusik in Deutschland.

Ihre Vollendung erreichte die deutsche Barock-Musik im Schaffen Johann Sebastian Bachs, das einen Höhepunkt der gesamten abendländischen Musikgeschichte bildet. Als Sohn eines Stadtmusikus 1685 in Eisenach geboren, also in der lutherischen musikalischen Zentrallandschaft seiner Zeit, vervollkommnete er sein Orgelspiel bei Meistern in Hamburg, Celle und Lübeck – hier bei Dietrich Buxtehude –, wurde Organist in Arnstadt und Mühlhausen, Hoforganist und Konzertmeister in Weimar, Leiter der Hofkapelle in Köthen; 1723 folgte er Kuhnau als Thomaskantor in Leipzig. Durch und durch bürgerlich, fromm und von sicherer Würde, wurzelte er religiös in der Reformationszeit. Wegen seiner großen, erst im 19. Jahrhundert in ihrer Bedeutung erkannten kirchenmusikalischen Werke ist er nicht ohne Berechtigung neben Luther gestellt worden – allerdings nicht als ein Reformator; denn ein Neuerer war er weder theologisch noch musikalisch. Sein Werk ist durch unermüdlichen Fleiß und kompositorische Meisterschaft, durch Kenntnis der musikalischen Traditionen und Kühnheit in ihrer Verwendung und Vollendung charakterisiert. Dafür ist die Fuge das eindrucksvollste Beispiel. In ihrer strengen, aber kunstvoll-ornamental entfalteten Polyphonie klingt bei Bach eine höhere Harmonie auf, in der sein Denken und musikalisches Wollen am reinsten zum Ausdruck kommt. Gewiß waren seine Kantaten und Passionen kirchliche, seine Suiten und Konzerte weltliche »Gebrauchsmusik« wie die gesamte musikalische Produktion des Zeitalters; in ihnen ist jedoch die außerordentliche künstlerische und ethische Kraft spürbar, die seine kontrapunktischen Spätwerke gleichsam zur Metaphysik der Musik macht.

Bachs Todesjahr 1750 bezeichnet das Ende der Barock-Epoche in der deutschen Musikentwicklung. Ihre Größe wie ihre Bedeutung für die Klassik und Romantik ist – ähnlich wie die der Literatur – erst im 20. Jahrhundert wiederentdeckt worden. Und noch immer können Neuentdeckungen aus dem riesigen, lange schlecht überlieferten Schatz des kompositorischen Schaffens der Zeit gemacht werden. Neue Anerkennung hat auch die Musik der sogenannten Vorklassik gefunden. Derartige Epochenbezeichnungen machen Einordnungsschwierigkeiten deutlich und wecken den Eindruck, als habe das, was in solchen Zeiten entstanden ist, seine historische Bedeutung in der Vorläuferschaft für Größeres. Damit würde man den Bach-Söhnen Carl Philipp Emanuel und Johann Christian und dem Reformer der Oper, Christoph Willibald Gluck, nicht gerecht. Selbst bei den weniger Bedeutenden wie Johann Stamitz, Johann Joachim Quantz, Karl Heinrich Graun, Johann Adam Hiller lassen sich neue Elemente erkennen. Am Rande kann Johann Adolf Hasse dieser Gruppe zugeordnet werden, ebenso Georg Christoph Wagenseil, der Nachfolger von Fux in Wien. Von ihnen haben Haydn und Mozart gelernt, die selber mit ihren frühen Werken der Epoche angehörten.

Carl Philipp Emanuel Bach wirkte lange in Berlin, ehe er 1767 in Hamburg Telemanns Nachfolge antrat. Von ihm ging eine neue Phase der Klaviermusik aus, während sein Bruder Johann Christian, der in Mailand gewirkt hatte und 1762 wie vor ihm Händel und nach ihm Haydn an den Londoner Hof ging, als Opern- und Konzertkomponist zwischen den Epochen stand. Auch Gluck hatte in Italien gelernt und erste Opern im neapolitanischen Stil, dann im Sinne Hasses komponiert. 1752 wurde er Hofkomponist in Wien, wo er durch den Italiener Calzabigi auf die Antike als idealen Gegenstand hingewiesen wurde und gegen den allbeherrschenden Librettisten Pietro Metastasio auftrat. »Orfeo ed Euridice« war 1762 der erste Versuch zur Reform der Opera seria – ein Unternehmen, dessen Fortsetzung ihn in Paris in einen mit öffentlicher Resonanz geführten, für ihn siegreichen Parteienstreit verwickelt hat.

Tradition, Reform und Suche nach neuen Formen der Konzertmusik, Bevorzugung des Klaviers gegenüber dem Cembalo, Vorliebe für Violine und Flöte, für kleinere Stücke und einen leichteren, geselligeren Klang – so läßt sich, in Parallele zum Rokoko in der bildenden Kunst und zur Anakreontik in der Poesie, das ästhetische und künstlerische Profil der musikalischen Vorklassik skizzieren. Sie wurde an Höfen des aufgeklärten Absolutismus gepflegt, vor allem in Potsdam, aber auch in Bürgerhäusern, wo das Klavier, das Lied und die Kammermusik ihren für die Musikkultur des 19. Jahrhunderts so bedeutsamen Platz errangen. 1758 erschienen die »Geistlichen Oden und Lieder« nach Gellert von Carl Philipp Emanuel Bach, nachdem 1752 Christian Gottfried Krause in Berlin mit seiner Schrift »Von der musikalischen Poesie« die dem Zeitempfinden entsprechende Musikästhetik vorgetragen hatte. Das Werk des großen Thomaskantors schien weit zurückzuliegen, Ernst und Spannung der großen Kirchenmusik waren erlahmt. Die unterhaltenden Elemente der Musik, ihre gefälligeren kleinen Formen gewannen an Beliebtheit, zumal sie der sich ausbreitenden aufgeklärten Gesprächskultur zu entsprechen schienen. Damit setzte eine neue Breitenwirkung ein. Erste Anfänge eines öffentlichen bürgerlichen Konzertlebens regten sich in Hamburg, Frankfurt, Leipzig. Daß viele literarische Zeitschriften des späten 18. Jahrhunderts regelmäßig Lieder mit Noten veröffentlichten, kann als Indiz für diese Entwicklung gelten. Auch in der Musik also formierten sich gegen Ende des zweiten Drittels des 18. Jahrhunderts auf dem Fundament einer reichhaltigen Musikkultur die gestaltenden Kräfte neu.

Geselligkeit in der Kakao-Stube. Gemälde von Peter Horemans, nach 1750. Würzburg, Kunsthandel Albrecht Neuhaus

Höfische Vergnügungen nach dem Vorbild von Versailles: Tanz und Konzert im Freien. Gemälde von Georg Wenzeslaus von Knobelsdorff, 1739. Berlin, Schloß Charlottenburg

# Aufklärung

Wie die bildenden Künste als repräsentativer Ausdruck des Barock gelten können, so Philosophie und Literatur als charakteristische Medien der Aufklärung. Das geschriebene und gedruckte Wort war das Instrument der Aufklärung, und durch die Ausbreitung des Lesens und Schreibens, durch Information, Belehrung und Meinungsbildung kam sie zur Wirkung. Das entsprach ihrem Charakter als intellektuelle Bewegung mit dem Ziel praktischer Verbesserung des Denkens und Handelns der Menschen. Allerdings hat sie nie alle Menschen erreicht, und es lassen sich weder alle wesentlichen Erscheinungen des 18. Jahrhunderts, das oft das »Zeitalter der Aufklärung« genannt wird, unter diesem Begriff vereinen, noch kann ein solches Zeitalter scharf von dem des Barock unterschieden werden. Die Übergänge erfolgten fließend und keineswegs in allen Bereichen und Ländern zur gleichen Zeit.

Die Aufklärung gehört zu den wenigen Bewegungen in der Geschichte, die ihren Namen nicht erst nachträglich erhalten, sondern sich selbst gegeben haben. Kein Geringerer als Immanuel Kant hat 1784 behauptet, man lebe zwar noch nicht in einem aufgeklärten, doch in einem »Zeitalter der Aufklärung«, und dieses sei das »Jahrhundert Friedrichs«. Dieser Anspruch ist bereits von Zeitgenossen kritisch in Frage gestellt worden. In der Tat ist es leicht, die geringe Reichweite der Aufklärung im 18. Jahrhundert aufzuweisen und zu zeigen, daß die Menschen auf dem Weg des Ausgangs aus ihrer »selbstverschuldeten Unmündigkeit«, den Kant in einer berühmt gewordenen Formulierung als Charakteristikum der Aufklärung definiert hat, nicht weit gekommen waren. Das hätte Kant selber am allerwenigsten bestritten: »Daß die Menschen... im Ganzen genommen, schon im Stande wären, oder darin auch nur gesetzt werden könnten, in Religionsdingen sich ihres eigenen Verstandes ohne Leitung eines anderen zu bedienen, daran fehlt noch sehr viel. Allein, daß jetzt ihnen doch das Feld geöffnet wird, sich dahin frei zu bearbeiten, und die Hindernisse der allgemeinen Aufklärung, oder des Ausgangs aus ihrer selbstverschuldeten Unmündigkeit, allmälig weniger werden, davon haben wir doch deutliche Anzeigen.«

Aufklärung also ein lang andauernder Lernprozeß, in dem selbständiger Verstandesgebrauch »in Religionsdingen« und die politische Gewährleistung der Freiheit des Gebrauchs der eigenen Vernunft in Gewissensangelegenheiten den ersten, aber entscheidenden, wenngleich noch längst nicht von allen zurückgelegten Schritt ausmachen. Diese Definition versteht Aufklärung geschichtsphilosophisch als Emanzipation, in deren Voranschreiten mit zunehmender Fähigkeit der Menschen zum selbständigen Vernunftgebrauch der »Geist der Freiheit« sich unwiderstehlich ausbreitet. Dafür glaubte Kant, der im Hinblick auf den guten Willen der Menschen »im Ganzen genommen« ein Skeptiker blieb, im monarchischen System günstige Voraussetzungen zu erkennen, weil hier die Aufklärung einen gesetzlich geregelten Gang nehmen könne. Hier, wie auch in Kants »protestantischer« Einschätzung der Glaubens- und Gewissensfreiheit als Grundlage aller Aufklärung, werden spezifische Züge der deutschen Aufklärung erkennbar. Bei gleichartiger Grundstruktur als europäische Bewegung hat die Aufklärung doch unterschiedliche nationale und konfessionelle Erscheinungsformen angenommen.

Daß es in Deutschland eine Aufklärung gegeben hat, die nicht als bloßer Ableger westeuropäischer Ideen, als deren unzulängliche Imitation abgetan werden kann; daß sie infolge anderer Ausgangs- und Entwicklungsbedingungen später aufgetreten und in anderer Weise zur Wirkung gekommen ist als in England, den Niederlanden und Frankreich; daß sie ein eigenes historisches Profil besaß – dies dürfte heute nicht mehr bestritten werden. Zu dieser Besonderheit hat die konfessionelle Spaltung beigetragen, die ein zeitliches und sachliches Gefälle im Vordringen der Aufklärung zwischen protestantischen und katholischen Gebieten bewirkte, ebenso die bedeutende Rolle der Auseinandersetzung mit der Theologie und schließlich die Tatsache, daß der Pietismus mit der Aufklärung einherging. Hinzu traten die vielfältigen Hemmnisse der wirtschaftlichen, sozialen und wissenschaftlichen Entwicklung, die aus den Rückschlägen des 17. Jahrhunderts resultierten. Es fehlte der Mittelpunkt, die Hauptstadt, in der Meinungen und Ideen umgeschlagen wurden; es mangelte an gemeinsamen politischen Interessen und Institutionen, an denen nationales Bewußtsein sich hätte orientieren können. Die Träger der Aufklärung, die Gebildeten, waren materiell und institutionell nicht unabhängig genug, nicht hinreichend durch eine breitere, wohlhabende und selbstbewußte bürgerliche Mittelschicht abgestützt, um ihren Leitvorstellungen schnell politische Durchschlagskraft zu geben.

Eine »öffentliche Meinung« im Sinne dominierender Ansichten und Urteile, die sich in einer öffentlich geführten Diskussion entwickeln und durchsetzen und das Denken und Verhalten vieler Menschen leiten, eine Art Instanz, auf die man sich beruft – eine solche Meinung, die programmatisches Ziel und Ergebnis der sich formierenden bürgerlichen Gesellschaft war, entstand im politisch und konfessionell zerspaltenen Deutschland erst vergleichsweise spät. Nur langsam führten die Ansätze rationalistischer Argumentation und Kritik, die Entwürfe privater und politischer Klugheit und utilitaristischer Moral, die Vorschläge und Programme zur Verbesserung bestehender Institutionen in einem unübersichtlichen Diskurs zum Konsens, so daß erst im letzten Drittel des 18. Jahrhunderts die öffentliche Meinung von der Aufklärung stärker geprägt, wenn auch jetzt nicht gänzlich beherrscht wurde. Überblickt man ihre Entwicklung, dann kann eine frühe Phase der deutschen Aufklärungsphilosophie, die von etwa 1690 bis 1725 reichte und durch Christian Thomasius repräsentiert war, von einer zweiten bis zur Jahrhundertmitte unterschieden werden, für die der Name Christian Wolffs steht; einer dritten Phase gehörten Mendelssohn und Garve, vor allem aber Kant an. Sie endete nicht mit dem Erscheinen der »Kritik der reinen Vernunft« im Jahr 1781, so sehr der Kritizismus Kants einen Weg zur Philosophie des deutschen Idealismus eröffnete.

Nach Absicht und Wirkung ist die Aufklärung mehr und anderes gewesen als eine Richtung oder Schule der Philosophie, nämlich eine umfassende Denkweise mit praktischen Zielen. Über die rationale, widerspruchsfreie Erklärung der Welt hinaus drängte sie zur Anwendung vernünftigen Denkens in allen Bereichen des sozialen und kulturellen Lebens. Damit wurden die Kritik der bestehenden Verhältnisse und ihre Reform zum Zweck der Aufklärung. Daß dieser auf dem Weg nicht des Umsturzes, sondern nur der Verbesserung durch den Gebrauch der Vernunft erreicht werde, war selbstverständliche Überzeugung aller Aufklärer. Insofern besaß die Aufklärung eine konservative Komponente; sie schloß Revolution als irrationales, von Leidenschaften beherrschtes Handeln aus und vertraute auf das vernünftige Tun von Menschen, die zunehmend über ihre Bestimmung aufgeklärt sind und sich ihres Verstandes zu bedienen gelernt haben. Die deutschen Aufklärer waren davon um so mehr durchdrungen, als für sie der Prozeß der Aufklärung ein pädagogischer war, der durch Wissenschaft angeleitet und durch Gesetzgebung und Verwaltung gefördert werden sollte.

Einen so umfassenden Begriff der Aufklärung, wie er hier über Kants Definition hinaus benutzt wird, hat das 18. Jahrhundert selbst nicht gekannt. Aufklärung soll hier verstanden werden als der aus vielen Einzelbewegungen sich zusammensetzende Prozeß der intellektuellen und emotionalen Ablösung der Menschen von Traditionen, Institutionen und Konventionen, die der kritischen Überprüfung durch die Vernunft nicht standhalten, deshalb ihre Autorität verlieren und allmählich verschwinden müssen. Endzweck dieses Prozesses ist die »Glückseligkeit« der Menschen in einer Gesellschaft, einem Staat, der ausschließlich dem Gemeinwohl dient. Dazu bedarf es der vernünftigen Praxis in der Politik wie im Privatleben. Das Leitbild solcher Praxis war allen Aufklärern gemeinsam, so unterschiedlich sie die Mittel und Wege dahin beurteilten. Durchweg glaubten sie, praktische Vernunft müsse zunächst in der Tugend zur Geltung kommen und ihre Wirkung auch dann entfalten, wenn die bestehenden Institutionen und das geltende Recht den Anforderungen der Vernunft noch entgegenstehen. Aufgeklärtes moralisches Bewußtsein und vernunftgeleitetes, an der allgemeinen Wohlfahrt orientiertes Handeln, das mit dem Ziel individueller Glückseligkeit prinzipiell harmoniert, schaffe auch in einem politischen System, das noch durch Herkommen, Privilegien und Gewalt bestimmt ist, Bezirke für die moralische Ordnung, die dann in der gesamten Gesellschaft gelten werde, wenn sie zum regulativen Prinzip aller Erziehung, Gesetzgebung und Verwaltung geworden ist.

Von dieser Utopie her – denn um eine solche handelt es sich – erklärt sich die starke Betonung der moralischen Besserung der Menschen als notwendige Voraussetzung alles politisch-sozialen Fortschritts und, bei zunehmender politischer Resignation, als einzige Hoffnung auf glücklichere Zeiten. Alles, was zur moralischen Besserung beitragen sollte, konnte sich deshalb als praktische Aufklärung ausgeben, wobei die Vorstellungen, was solcher Besserung diene, und die praktisch gemeinten Verhaltensvorschriften nicht selten unvereinbar waren. Ökonomische Nützlichkeit und soziale Gerechtigkeit, Glückseligkeit des Einzelnen und Wohlfahrt des Ganzen, Eigenliebe und Menschenliebe harmonierten nicht so selbstverständlich miteinander, wie es die Theorie gebot; die Vermittlung zwischen Freiheit und Natur, zwischen Vernunft und affektbestimmtem Willen, zwischen den natürlichen Rechten des Menschen und seinen politischen Pflichten blieb ein offenes Problem. Seine Lösung wurde von den deutschen Aufklärern immer wieder an die Erziehung verwiesen und in die Zukunft verlegt, während ihre Kritiker die Lösbarkeit für illusorisch erklärten. In der Tat blieben die inneren Widersprüche der Aufklärung gewaltig. Aus ihnen resultierte ihre vieldiskutierte Dialektik: einerseits der Glaube an die progressive Macht der autonomen Vernunft und das vernünftige Tun der über ihre wahren Interessen aufgeklärten Menschen, andererseits die Tendenz, den Menschen diese Aufklärung aufzunötigen; auf der einen Seite die Zielvorstellung des Selbstdenkens, auf der anderen die Überzeugung, daß auf sehr lange Zeit nur eine Minderheit dieses Ziel erreichen werde, also der Mehrheit Selbständigkeit des Denkens nicht zugestanden werden könne, sondern nur ein pädagogisch angemessener Anteil; hier emanzipatorische Absage an überlieferte Autorität, dort besorgte Kontrolle über den rechten Gebrauch der neugewonnenen Freiheit. Die Praxis erwies sich als erheblich widerständiger, als die aufgeklärten Theoretiker annahmen, was sie zu weitgehenden Anpassungen nötigte oder zur Beschränkung auf die private Sphäre veranlaßte.

Anpassung aber bedeutete nicht immer Kapitulation. Eifrig registrieren die aufgeklärten Schriftsteller Fortschritte in der Zunahme der Schulen, der Zeitschriften und Bücher, im Erlaß zahlreicher Polizeiordnungen wohlwollender Fürsten und Minister, in der Entstehung und Ausweitung der öffentlichen Diskussion über moralische, pädagogische und politische Probleme. Oft überschätzten sie ihre Beobachtungen; manchmal strichen sie sie heraus, um indirekten Meinungsdruck auszuüben. Sie alle hofften, trotz Ungeduld und Enttäuschungen, auf den Lernprozeß bei Regierenden und Regierten, dem sie als Schriftsteller, Lehrer, Beamte die Richtung weisen und weiterhelfen wollten durch die Verbreitung von Kenntnissen, die Anleitung zu klugem Handeln, die rationale Erklärung der Wirklichkeit und die moralische Belehrung.

Vieles, was sich auf ungezählten Druckseiten ausbreitete, mag von heute gesehen trivial und geschwätzig, als penetrantes Moralisieren und plattes Räsonnieren erscheinen. Man muß indes bedenken, daß die Erweiterung des Wahrnehmungshorizontes und die Vermittlung von Weltkenntnissen durch Lektüre, das Bekanntwerden mit vorher fremden moralischen Argumentationen, mit pädagogischen Anweisungen und politischer Diskussion bewußtseinsverändernd wirkten. Auch wenn modische Neugier und Unterhaltungsbedürfnis die Leser zu Zeitungen, Zeitschriften und Büchern greifen ließen, konnte ihre Lektüre sie an den Aufklärungsdiskurs anschließen. Ausgeprägter als das vorhergehende war das 18. Jahrhundert eine neugierige und schulmeisterliche, vor allem eine schreibende und lesende, eine »tintenkleksende« und publikationssüchtige Epoche. Es verwirklichte den alten Gedanken der Enzyklopädie in großen Konversationslexika. Von 1732 bis 1754 erschien in Halle und Leipzig in vierundsechzig Bänden und vier Supplementbänden das von dem Verleger Johann Heinrich Zedler herausgegebene »Große vollständige Universal-Lexicon aller Wissenschaften und Künste«, ein zwischen barocker Gelehrsamkeit und aufgeklärter Publizität stehendes Riesenkompendium alles Wissenswerten von erstaunlichem Informationsgehalt. An anderen verlegerischen Großunternehmen, die von der für die Aufklärung charakteristischen Hochschätzung des positiven Wissens getragen wurden, können die auf dreißig Bände angelegte Übersetzung der englischen »Allgemeinen Weltgeschichte«, die ab 1744 in Halle erschien, und die von 1763 an auf fünfunddreißig Bände anwachsende »Sammlung der besten und neuesten Reisebeschreibungen, in einem ausführlichen Auszuge« genannt werden. Reisebeschreibungen erfreuten sich überhaupt schnell wachsender Beliebtheit, erlaubten sie doch dem Autor die lockere Mitteilung von vielfältigen Beobachtungen, die den Reiz des tatsächlich oder angeblich Neuen besaßen, und von Meinungen, die seine Weltläufigkeit beweisen konnten. Obwohl mancher Text am Schreibtisch zusammenfabuliert war, dürfen diese Beschreibungen als symptomatischer Ausdruck für das Interesse an faktischem Wissen über die Lebensverhältnisse in anderen Landschaften, Nationen und Kulturen, die besseren und solideren unter ihnen als wichtige Quellen der Bildung angesehen werden. Was von ihnen erwartet wurde, läßt sich im Artikel »Reisen« des Zedlerschen Lexikons nachlesen: In einundneunzig Punkten ist hier aufgelistet, was beim Reisen zu beachten ist und welchen Nutzen es für den einzelnen wie für die gesamte Gesellschaft erbringen kann.

Diesen Sparten aufgeklärter und aufklärender Literatur lassen sich die belehrenden und popularwissenschaftlichen Werke und Zeitschriften zurechnen, die in steigender Zahl für alle Stände, Berufe und Interessenten erschienen. 1754 begann Anton Friedrich Büsching seine elfbändige »Erdbeschreibung«, in der er unter klaren Gliederungsprinzipien aus zahlreichen deutschen und ausländischen Werken zusammengetragene Informationen ausbreitete. Wenig später, 1757, eröffnete Friedrich Nicolai, der Prototyp des aufgeklärten Verlegers, gemeinsam mit Moses Mendelssohn sein erstes Zeitschriftenprojekt, die »Bibliothek der schönen Wissenschaften und der freyen Künste«, neben das beide zusammen mit Lessing 1759 die »Briefe, die neueste Literatur betreffend« stellten. 1765 folgte ihnen die »Allgemeine deutsche Bibliothek«, in deren zweihundertfünfzig Bänden bis zu ihrer Einstellung 1806 mehr als achtzigtausend Neuerscheinungen aus allen Gebieten, zum Teil ausführlich angezeigt worden sind – eine in ihrer Bedeutung gar nicht zu überschätzende Quelle der Information und der Urteilsbildung. In starkem Maße griffen deutsche Leser zu französischen, seit der Mitte des Jahrhunderts auch vermehrt zu englisch geschriebenen Werken, die durch den Buchhandel beschafft oder in Deutschland gedruckt wurden. Zunehmend kamen auch Übersetzungen auf den Markt. Daß Deutschland von der westeuropäischen Aufklärung abgeschlossen gewesen wäre, kann wirklich nicht behauptet werden. Die Übersetzung des »Dictionnaire« Bayles unter Gottscheds Leitung wurde bereits erwähnt. 1753 erschien die erste deutsche Übersetzung von Montesquieus »Esprit des lois«. John Lockes »Two treatises of government« lagen schon 1718 unter dem Titel »Die Kunst wohl zu regieren« vor, der »Essay concerning human understanding« 1757, David Humes »Enquiry concerning human understanding« 1755.

Die Lektüre dieser und anderer Grundwerke der westeuropäischen Aufklärung bedeutete selbstverständlich nicht deren volle Rezeption. Selbst wenn sie mit Zustimmung aufgenommen wurden, war eine unmittelbare Übertragung in den sozialen und kulturellen Vorstellungs- und Lebenszusammenhang der Leser nicht möglich, zumal dann nicht, wenn politische und soziale Institutionen angesprochen wurden, die sie in derselben Form in ihrem Land nicht kannten. Deshalb muß über die bloße Feststellung des Umfangs der Lektüre hinaus gefragt werden, wie die Lehren der westeuropäischen Aufklärung verstanden wurden und was davon unbeachtet blieb. Der englische Deismus ist in Deutschland erst spät, der französische Materialismus nicht rezipiert worden; der klassische Empirismus von Bacon bis zu Hume hatte hier keine Parallele, und der kritische Skeptizismus Voltaires fand keine literarische Vertretung von gleicher Brillanz. Wohl wurde die deutsche Aufklärung von den philosophischen Konzepten Westeuropas früher oder später angeregt und beeinflußt, aber sie ging andere Wege, weil sie ältere Probleme noch aufzuarbeiten hatte. Logik und Metaphysik standen lange im Vordergrund; das Verhältnis von menschlicher Vernunft und Offenbarung, Philosophie und Theologie wurde intensiv diskutiert, während in Westeuropa die Probleme vernünftiger Erkenntnis zunehmend im Hinblick auf die Ergebnisse der Naturwissenschaften behandelt wurden. Auch die praktische Philosophie blieb lange den theoretischen Anforderungen der Wolffschen Systematik verhaftet, was sie zu vergleichsweise abstrakten Themenstellungen und Argumentationen nötigte.

Die Philosophie Wolffs und seiner Schule hat – unbeschadet ihrer heute wiederentdeckten formalen Bedeutung – erheblich dazu beigetragen, daß die politische Diskussion stark theoretisch und allgemein geführt wurde. Erst die Popularphilosophen der zweiten Jahrhunderthälfte fanden einen pragmatischen Zugriff auf die konkrete Lebenswelt. Sie überschritten die Grenze zur philosophierenden Schriftstellerei, indem sie mit zunehmendem psychologischen und anthropologischen Interesse Fragen der praktischen Lebensbewältigung diskutierten. Daneben entfaltete sich eine pragmatische politische Literatur. Einerseits bediente sie sich noch der überlieferten Form des Staatsromans, aber auch dieser wurde auf seinem Weg von Johann Gottfried Schnabels »Insel Felsenburg« und Johann Michael von Loens »Redlichem Mann am Hofe« bis zu Albrecht von Hallers »Usong« und Christoph Martin Wielands »Goldenem Spiegel« zum bewußten Instrument politischer Erziehung. Andererseits kamen zahlreiche »staatswissenschaftliche« Schriften auf den Markt, die gleichsam als Handreichungen für praktische Politik dienen wollten, so unter anderen Jakob Friedrich von Bielfelds »Institutions politiques«, die 1761, ein Jahr nach ihrem Erscheinen, in deutscher Sprache unter dem Titel »Lehrbegriff der Staatskunst« erschienen. Daneben vermehrten sich die Artikel, Abhandlungen und selbständigen Schriften politischen Inhalts, die auf konkrete Verhältnisse eingingen. Größeres Ausmaß nahm der literarische Diskurs zwar erst nach dem Siebenjährigen Krieg an; doch bereits in seinem Verlauf verdichtete er sich um das Problem des Patriotismus und des »Nationalgeistes« der Deutschen.

1758 hatte der Schweizer Arzt Johann Georg Zimmermann mit seiner Schrift »Vom Nationalstolz« das Thema angeschnitten, das in den nachfolgenden Jahren unter dem Eindruck des Krieges deutsche Gemüter bewegte und Federn in Gang setzte. Der Reichsstädter und Rintelner Professor Thomas Abbt, ein Freund Lessings, Nicolais und Mendelssohns und ein Bewunderer des Preußenkönigs, argumentierte in seiner aufsehenerregenden Schrift »Vom Tode fürs Vaterland« gegen Zimmermann, daß nicht nur in einer Republik Patriotismus möglich sei, sondern auch eine gut eingerichtete Monarchie Vaterland sein könne. Neben solchem aufgeklärten Staatspatriotismus, der in den folgenden Jahrzehnten sowohl von gebildeten Schriftstellern gefordert als auch von aufgeklärten Regierungen angesprochen wurde, beschwor Friedrich Karl von Moser in seiner 1765 anonym veröffentlichten Schrift »Von dem deutschen Nationalgeist« einen Reichspatriotismus, der gerade von den Monarchien mit ihrem Absolutheitsanspruch behindert werde. Im Rückgriff auf die Geschichte und in Anknüpfung an Montesquieu verstand Moser die Reichsverfassung in ihrer idealen Gestalt als vollkommenen Ausdruck des deutschen Nationalgeistes – eine Verfassung, durch die die Freiheiten der Reichsstände und aller Stände gesichert seien oder doch sein könnten, wenn nicht durch den Egoismus der Einzelstaaten »deutsche Freiheit« verdorben und »nationale Denkungsart, allgemeine Vaterlandsliebe« abhanden gekommen wären.

Kann solcher Reichspatriotismus noch der Aufklärung zugerechnet werden?

Der Jurist Moser lebte in der Vorstellungswelt des Reichs- und Landesrechts, des ständischen Wesens und des Pietismus. Seine Zeitkritik aber berührte sich in vielem mit derjenigen der Aufklärung und stand ihr an Schärfe des Urteils in nichts nach. Im Gegenteil: Sein politischer Moralismus reichte noch weiter. Er wünschte politische Reform – aber eine solche, die die Rechte und Freiheiten sichern, die ständischen Institutionen des Reiches wieder funktionsfähig machen sollte. Voraussetzung für die Verwirklichung dieses konservativen Reformkonzepts jedoch war, wie allgemein für die aufgeklärten Reformer, der patriotische, also am Gemeinwesen teilnehmende Bürger.

Im Spektrum des politisch-sozialen Denkens der deutschen Aufklärung lagen fortschrittliche und beharrende Elemente, rationalistische und historische Argumente dicht beieinander und haben ihr ein im Vergleich mit Westeuropa stärker konservatives Gepräge gegeben. Da dieselbe Feststellung für den deutschen Mehrheitsliberalismus des 19. Jahrhunderts getroffen werden kann, muß in diesem »Konservatismus« ein spezifisches, historisch bedingtes Element der deutschen politischen Kultur gesehen werden.

Besucher im Atelier eines an einer Herkules-Gruppe arbeitenden Bildhauers. Gemälde von Johann Georg Platzer, Mitte des 18. Jahrhunderts. Wien, Historisches Museum

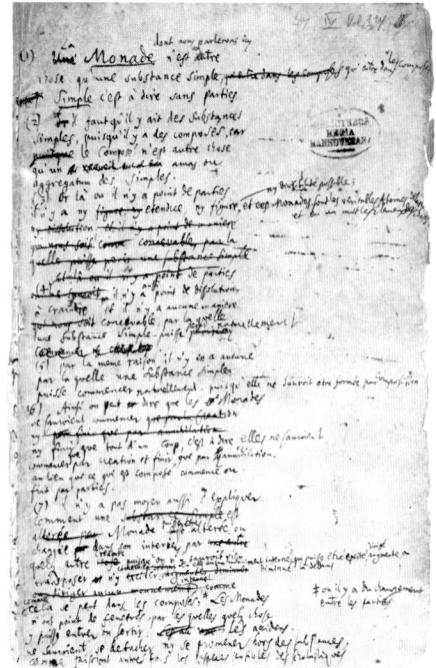

Gottfried Wilhelm Leibniz. Gemälde eines Unbekannten. Hannover, Niedersächsische Landesbibliothek. – Leibniz' Monaden-Theorie. Erste Seite des eigenhändigen Manuskripts zu dem 1714 gedruckten Systementwurf der Monadologie. Hannover, Niedersächsische Landesbibliothek

1763. XIV.
Jahr. Stück.
den 8. April

# Tübingische Berichte von gelehrten Sachen.

## Tübingen.

Da mit Anfang dieser Woche die Anzeige von den Vorlesungen, die auf das bevorstehende Sommerhalbjahr auf hiesiger hohen Schule gehalten werden sollen, im Drucke erschienen ist: so haben wir, unserer Gewohnheit nach, solche auszugsweise auch in diesen Berichten mitzutheilen.

### Theologische Facultät.

Herr Canzler D. Jeremias Fried. Reuß, liest die Dogmatik, öffentlich, und in einer besondern Stunde, und erbietet sich auch Disputirübungen anzustellen, oder ein anders seinen Zuhörern beliebiges Stük der Theologie abzuhandeln.

Herr D. Johann Fried. Cotta, fährt fort die schweren Stellen heil. Schrift von 9–10. öffentlich zu erklären, und wird von 3–4. die neueste Kirchengeschichte des 18. Jahrhunderts besonders vortragen, auch, so es beliebt, die Pastoraltheologie.

Herr D. Christoph Fried. Sartorius setzt seine öffentliche Stunde über die Polemik nach Baumgartens kurzem Begriff fort, in gleichem seine Einleitung in die heil. Schrift.

Herr D. Joh. Gottlieb Faber, lehrt öffentlich die Moral, und besonders die Antideistische Theologie.

Herr D. Christoph Fried. Schott, wird sein ausserordentlich theol. Lehramt nächstens durch eine Rede antreten, und erbietet sich entweder die dogmatische oder die catechetische Theologie zu erklären, oder Disputirübungen zu halten.

### Juridische Facultät.

Herr D. Wolfgang Adam Schöpff, wird die Criminalrechtsgelehrsamkeit erklären.

Herr D. Christoph Fried. Harppecht, liest ein Collegium Institutionum, in 2. Stunden, und wird öffentlich entweder Floerkii prænotiones Jurispr. Eccles. oder Aug. Leyseri breves Jur. Canon. Instit. erklären, oder Disputierübungen anstellen.

Herr D. Joh. Fried. Mögling, bietet Vorlesungen über die Pandecten, oder über den Text der Institutionen an, und wird zugleich über das Würtembergische Landrecht lesen.

Herr D. Ludwig Cunr. Smalkalder, gedenket entweder über den stilum forensem oder über das Lehenrecht zu lesen.

Herr D. Gottf. Daniel Hofmann, setzt um 11. sein Collegium über das Staatsrecht fort, wird es auch um 10. öffentlich, sodenn um 9. Uhr das Jus feudale Mascovianum vortragen, und die ältere Reichshistorie bis auf K. Friedrich III. erklären, wobey er sich noch erbietet auch über die güldene Bulle, oder den 5ten Artickel des Westphäl. Friedens, oder über Schmausens Staaten von Europa zu lesen.

Herr D. Eberhard Christoph Canz, liest öffentlich die Institutionen nach Gebauers Handbuch, besonders aber entweder ein Collegium Actionum nach Frommanns Grundriß, oder eines über das Würtemberg. Landrecht.

Herr D. Fried. Wilhelm Tafinger, wird von 8–9. das Compendium Juris Canonicoeccles. Engaviarum, von 9–10. des Hrn von Justi Grundsätze der Policeywissenschaft, und, wenn es verlangt wird, auch Heineccii Elementa Juris civ. oder Koppii Historiam Juris erklären, dabey aber alle Donnerstage disputieren lassen.

### Aus dem Collegio illustri.

Herr D. Joh. Fried. Helfferich, wird die Würtembergische Geschichte vortragen, auch so es verlangt wird die Reichshistorie oder Wappenkunst lehren.

### Ferner von der Universität

Herr D. Sixt Jacob Kapff, ausserordentl. öffentl. Lehrer setzt seine Vorlesungen über die Pandecten fort, und wird auch das deutsche Recht und die Institutionen vortragen.

### Medicinische Facultät.

Herr D. Georg Friedrich Sigwart liest öffentlich die Institutionen und besonders die Chirurgie.

Herr D. Philipp Friedrich Gmelin wird öffentlich die Kräuterlehre erklären, und besonders ein Collegium Chemico-experimentale halten.

Herr D. Fried. Christoph Oetinger wird in dem practischen Collegio die Lehre von den Krämpfen vortragen, öffentlich aber fortfahren zu zeigen, wie man Recepte schreiben solle.

Herr D. David Mauchart, ausserordentl. öffentl. Lehrer, setzt seine physiologische Vorlesungen fort, und wird sodann die Materiam medicam erklären.

---

Theologische, juristische und medizinische Vorlesungen an der Universität Tübingen. Auszug aus dem Vorlesungsverzeichnis für das Sommerhalbjahr 1763. Tübingen, Städtische Sammlungen

Verkündung des Emigrationspatentes vom Balkon der erzbischöflichen Residenz in Salzburg am 31. Oktober 1731. Zeichnung von Johann Penzel. Salzburg, Museum Carolino Augusteum

# Lebensformen und Mentalitäten

Geschichte ist Wandel und Veränderung, aber auch Dauer und Kontinuität. In jeder Gegenwart wird Vergangenheit tradiert und Zukunft antizipiert. Die Gleichzeitigkeit des Ungleichzeitigen ist ein elementarer, schwer zu entwirrender Tatbestand des sozialen Lebens, nicht anders die prägende Macht von Überlieferung und Gewohnheit, die eben deshalb für den Geschichtsschreiber so schwierig zu fassen sind, weil das Selbstverständliche und Zuständliche eines Zeitalters vergleichsweise wenig bekannt ist. Große Bereiche historischer Wirklichkeit, das alltägliche Leben in der Vergangenheit liegt im Dunkel oder ist nur undeutlich erkennbar, weil die meisten Menschen keine Zeugnisse hinterlassen haben oder ihre Zeugnisse zu wenig beachtet worden oder unverständlich geblieben sind. Was wissen wir vom »normalen« Leben im Dorf und in der Kleinstadt des 17. und 18. Jahrhunderts, also in der vor-industriellen und vordemokratischen Welt? Verstehen wir, warum die Menschen sich so verhalten haben, wie sie es taten? Können wir ihre Erfahrungen, ihre Hoffnungen und ihre Leidensfähigkeit, ihre Unruhen, Ängste und Freuden hinreichend erklären? Vermögen wir ihr Wissen von ihrer Welt so zu rekonstruieren, daß uns ihre Vorstellungen einsehbar werden?

Skepsis ist angebracht. Die Meinung, menschliches Denken und Tun zu allen Zeiten und in allen Kulturen sei verständlich, weil der Mensch im Laufe der Geschichte immer derselbe geblieben sei, kann allenfalls prinzipielle Geltung beanspruchen. Je dichter man an bestimmte Verhaltensweisen und emotionale Reaktionen von Bergbauern oder städtischen Dienstboten im 17. Jahrhundert herankommt, um so fremder können sie erscheinen. Die Annahme, daß ein in der Gegenwart noch geübter Festbrauch in der Vergangenheit dieselbe Bedeutung gehabt habe, stellt sich leicht als irrig heraus. Es trifft auch nicht zu, daß sich der Alltag in vor-industriellen Zeiten nie geändert habe, und noch weniger trifft es zu, daß die damaligen Lebensformen »einfach« gewesen seien. Jedes Dorf war ein mehr oder weniger komplexes Gebilde. Vielfältige Unterschiede, Rollenzuweisungen und Handlungssanktionen bestimmten das Verhalten des reichen Bauern wie des landlosen Armen, und sie waren selbstverständlich jedermann bekannt. Privatheit gab es kaum: Was in den einzelnen Familien geschah – Geburt und Tod, Krankheit und Not, Streit und Sexualität –, lag offen zutage, was einen für nachträgliche Betrachter schwer verständlichen Mangel an emotionaler Empfindlichkeit und Geniertheit zur Folge hatte. Die große Mehrheit der Bevölkerung, nicht nur der Teil, der rechtlich an den Boden gebunden war, verließ nie den Ort der Geburt und der engeren Umgebung, wenn nicht Kriege, Seuchen, Hunger oder religiöse Bedrückung dazu nötigten. Auch das Einsickern in die Städte erfolgte in der Regel aus dem Umland. Man heiratete am Ort oder in der Nachbarschaft, und es dauerte lange, bis ein Fremder integriert wurde. Die soziale Stabilität war ebenfalls eng begrenzt: Man blieb in der Regel in dem Stand, in den hinein man geboren war.

Es muß jedoch erneut betont werden, daß der agrarisch-ständischen Gesellschaft dynamische Elemente nicht fehlten. Zwar bewirkten diese keine strukturellen Veränderungen, aber ein so starres Gefüge, wie oft angenommen wird, war die vor-industrielle Gesellschaft nicht. Auch nach Überwindung der schlimmsten Folgen des Dreißigjährigen Krieges blieben Mißernten und Hungerkrisen, epidemische Krankheiten und regionale Kriegszerstörungen nicht aus. Abwanderungen und Neuansiedlungen erzeugten lokale und regionale Bewegung. Handwerksgesellen wanderten und ließen sich gelegentlich an anderem Ort nieder. Sozialer Aufstieg war im Hof- und Verwaltungsdienst, in Wissenschaft und Kunst, in Handel und Gewerbe keine Seltenheit. Doch verbreiteter noch, und deshalb stets gefürchtet, war der Abstieg: Verarmung, das selbst- oder unverschuldete In-Not-Geraten konnte zum Herausfallen aus der gesellschaftlichen Ordnung führen. Völlig verschuldete Adelige, verstoßene Höflinge, abgemeierte Bauern, invalide Soldaten fanden häufig den Weg nicht wieder zurück. Mochte das Gefüge der Gesellschaft stabil sein, so erfuhren doch einzelne Menschen und Familien das Leben als extrem ungesichert und stets von Schicksalsschlägen bedroht. Glaubenskämpfe und Krieg ließen im 17. Jahrhundert ein Lebensgefühl des Ausgeliefertseins an die Mächte des Glücks und des Unglücks entstehen, das sich in der Dichtung in den beiden Begriffen »Vanitas« und »Fortuna« artikulierte. Sinn und Wert des irdischen, zeitlichen Lebens wurden in Frage gestellt, das Streben nach dem ewigen Leben als das allein Wichtige, das Vertrauen auf Gott als das allein Sichere dagegengestellt. In der Lebenspraxis reichte der Pendelschlag von Lebensgier und derbem Genuß zu Zerknirschung, Sündenangst und Weltfluchtsehnsucht.

Dem setzte die Kirche ihr religiöses Erziehungsprogramm, der Pietismus die Gemeinschaftskultur der Wiedergeborenen, die Aufklärung das Vertrauen in die Vernunftbegabtheit des Menschen und seine Fähigkeit zur rationalen Erklärung der Welt entgegen. Allerdings kann selbst das Lebensgefühl der frühen Aufklärer keineswegs optimistisch genannt werden. Daß der »redliche Mann« sich am Hofe nur mit stärkster Selbstdisziplin und stoischer Gelassenheit den Launen der Regierenden und den Anfeindungen der Neider und Opportunisten gegenüber behaupten könne; daß das Landleben auf eigenem Besitz moralisch leichter und wertvoller sei als das Hofleben; daß der Bürger seine Tugend und den Respekt seiner Mitbürger nur bei angestrengter Selbstkontrolle bewahren könne; daß, wer in niedrigem Stande geboren war, kaum durch Verdienst, allenfalls durch Gunst daraus aufsteigen könne; daß es im bestehenden Herrschafts- und Rechtssystem keine Garantie für gerechte Behandlung gebe; daß jeder leicht in Not geraten könne – das waren alltägliche Erfahrungen, an denen auch diejenigen nicht vorbeisahen, die eine allgemeine Verbesserung der menschlichen Gesellschaft für möglich hielten und eine solche für eine ferne Zukunft anstrebten. Die Lichtmetapher der Aufklärung besaß doppelte Bedeutung: Das Licht der Erkenntnis leuchtete über einem künftigen Land der Ordnung und Schönheit, des Friedens und der Gerechtigkeit; das Licht der Kritik deckte die Unzulänglichkeit der vorhandenen Realität auf, die als Folge der Unzulänglichkeit des Denkens und Handelns der Menschen verstanden wurde. Trotz Nützlichkeitsdenkens und Glückseligkeitsphilosophie, galanter Romane, anakreontischer Lyrik war das 18. Jahrhundert kein glückliches. Die sinnenfrohe Heiterkeit des Rokoko machte nur einen spielerischen und illusionistischen Ausschnitt der Wirklichkeit aus.

# Das Land

Eine Bevölkerung, die zu weit mehr als achtzig Prozent auf dem Lande und von der ländlichen Wirtschaft lebte, mußte weitgehend durch die Daseinsform des oft sehr kleinen Dorfes, des Vorwerks oder Einzelhofs geprägt und von dem Rhythmus landwirtschaftlicher Arbeit bestimmt sein – einer Arbeit, die in den stetigen Ablauf der Jahres- und Tageszeiten eingespannt, von den Bedingungen der Natur abhängig war und deren Ertrag weniger durch den Fleiß als durch das Wetter diktiert wurde. Jedermann kannte die Folgen von Mißernten, und für viele stellte Hunger eine konkrete Erfahrung dar. Man nahm eine regelmäßige Wiederkehr schlechter Jahre an, ohne ihnen mit Vorsorge und Bevorratung wirksam begegnen zu können. In Notzeiten mußte nicht selten auch das Saatgut aufgezehrt werden. Daß dann die Sterblichkeit von Kindern und Alten schnell stieg, während die Geburtenzahl sank, ist statistisch gesichert. Im 18. Jahrhundert konnten solche Schwankungen durch den Getreidehandel und die Wirtschaftspolitik der Landesregierungen zwar nicht ausgeglichen, jedoch in einigen Fällen gemildert werden, insbesondere, wenn sie Abgaben- und Steuermoratorien durchsetzen konnten oder gar, wie in Preußen, eine vorsorgende Magazinisierungspolitik betrieben. Der Not durch die Abwanderung in die Stadt zu entgehen, war einerseits aus rechtlichen, andererseits aus wirtschaftlichen Gründen kaum möglich; denn in den Städten stiegen bei schlechter Ernte sogleich die Nahrungsmittelpreise. Immerhin verfügten die einzelnen Familien in Land und Stadt über unterschiedliche Möglichkeiten, Notzeiten zu überdauern. Auch in den Städten, zumal den sogenannten Ackerbürgerstädten, erfolgte die Versorgung nicht allein über den Markt, sondern ergänzend aus eigenem Garten und Feld. In den Dörfern hing es von den Betriebsgrößen ab, ob der Anschluß an die nächste Getreideernte erreicht werden konnte. Auf andere Nahrungsmittel auszuweichen, war, zumal für die Armen, kaum möglich. Der Anteil von Bodenfrüchten neben dem Getreide blieb gering. Der Gartenbau war – sieht man von Städten oder stadtnahen Bezirken ab – wenig entwickelt. Noch im letzten Drittel des 18. Jahrhunderts trafen die aufgeklärten Gutsbesitzer und Pfarrer, die die Bauern vom Vorteil des Anbaus neuer Früchte, der Veränderung der Fruchtfolge und des Obstbaus zu überzeugen versuchten, oft auf Spott und auf Widerstand, der sich auf Gewohnheit und altes Recht berief. Selbst mutwillige Verwüstungen von Kulturen, die als Beispiel dienen sollten, kamen mehrfach vor. Die Kartoffel, diese für die erfolgreiche Bekämpfung des Hungers so wichtige Pflanze, wurde zwar in der Jahrhundertmitte vermehrt angebaut, setzte sich jedoch erst nach der Hungerkrise von 1771/72 durch.

Hier wird ein Verhaltenskonservatismus erkennbar, der sich keineswegs auf die bäuerliche Bevölkerung beschränkte. Die ungeduldigen Klagen der Aufklärer

*Roggenpreise seit 1650 (nach Abel)*

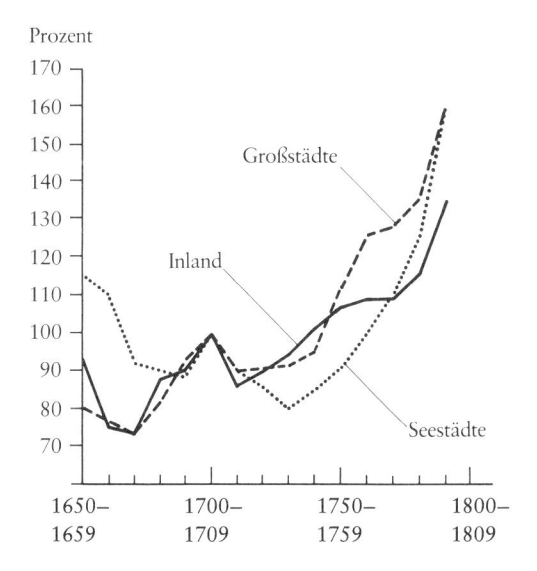

(Zehnjahresdurchschnitte; 1690–1719 = 100)

*Preise und Löhne in Deutschland seit 1650 (nach Franz)*

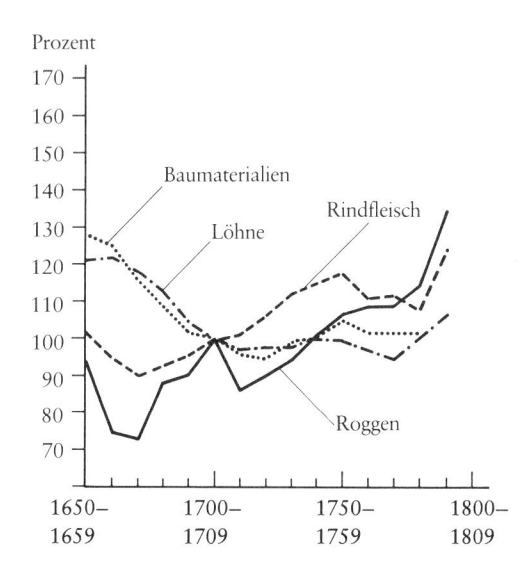

(Zehnjahresdurchschnitte; 1690–1719 = 100)

darüber sind zwar begreiflich, machen aber auch ihr mangelndes Verständnis für die Erfahrungswelt des Volkes deutlich. In einer Wirtschaft, die so sehr auf überlieferter Erfahrung beruhte, und in einem Arbeitssystem, das so wenig Eigeninitiative herausforderte, blieb der Ansporn zu Neuerungen schwach. Bei engem Nahrungsspielraum scheute man Risiken, zumal manche Versuche des Anbaus neuer Früchte infolge unsachgemäßer Behandlung fehlschlugen. Außerdem darf man in engen Lebensgemeinschaften, in denen die Menschen auf Wohl und Wehe miteinander verbunden sind, die tiefe Scheu vor Abweichungen vom Gewohnten nicht unterschätzen. Es blieb nämlich nicht bei Mißtrauen und Schadenfreude, wenn Neuerer von Fehlschlägen getroffen wurden; sie mußten mit Schikanen und Ächtung rechnen – nicht anders die zünftigen Handwerker in den Städten. Die Solidarität des Dorfes oder der Zunft wog schwerer als unsichere Vorteile. So ist es denn vor allem entweder die Not gewesen, die Veränderungen in der Feldbestellung und in der Gartenkultur in Gang setzte, oder der Eingriff der Grund- und Landesherrschaft. Die Erfolge blieben allerdings begrenzt. Flurzwang, Gemengelage der Äcker, schlechtes bäuerliches Besitzrecht und geringe Kreditfähigkeit behinderten die Neuerungen, die deshalb am ehesten auf Domänen und großen Gütern vorangebracht werden konnten. Durchgreifende Wirkungen lassen sich erst seit dem späten 18. Jahrhundert erkennen.

Stellt sich der ökonomische Traditionalismus der Bauern bei genauerem Hinsehen als durchaus verständlich dar, so auch ihre nüchtern und hart erscheinende Haltung zu allen Dingen des täglichen Lebens. Hinter den immer wiederholten Klagen von Pfarrern über die geringe Bereitschaft der Gemeinden, die pflichtmäßigen Abgaben und Dienste für die Kirche zu leisten, die Kinder zur Schule anzuhalten, an Abendmahl und Messe teilzunehmen, standen zweifellos bittere Erfahrungen. Die Unterhaltung von Pfarr-, Küster- und Schulhaus wurde oft vernachlässigt, die Dienstleistungen für die Bestellung des Pfarrackers mußten häufig angemahnt werden. Zwar blieben gerade in Notzeiten die Religion der Trost und die Kirche die Institution, Hoffnung zu erhalten; wie die Kirche den wichtigsten Stationen im Leben Weihe gab, so regelten die kirchlichen Feste und Feiertage den Jahresablauf. Aber die Kirche war zugleich selbst viel zu tief in das alltägliche Leben und das soziale System des Dorfes eingelassen, als daß sie die Gewohnheiten der Menschen und ihren Umgang miteinander hätte wesentlich ändern können. Die Pfarrer teilten mehr oder weniger die Not ihrer Gemeinden; auch sie waren auf das Wohlwollen der Grundherren angewiesen, denen gegenüber sie – oft mehr als wohlhabende Bauern – zur Ehrerbietung genötigt waren, wenn diese das Patronatsrecht ausübten. Alle Tage begegneten die Pfarrer der hohen Kindersterblichkeit, der Armut, dem Zank, der Spannung zwischen den Generationen. Nur zu oft mußten sie feststellen, daß sie vergeblich gegen Hartherzigkeit und Geiz predigten und daß das Wettern gegen die Sünde,

Dreschen in der Scheune und Schuppen mit Geräten für den Acker- und Feldbau. Kupferstiche in dem 1750/51 in Nürnberg erschienenen Erziehungswerk für den Pfalzgrafen Franz Philipp von Sulzbach, dem sogenannten Florinus. Berlin, Staatliche Museen Preußischer Kulturbesitz, Kunstbibliothek

Markt auf dem Meßberg in Hamburg. Gemälde von Elias Galle, 1660. Hamburg, Museum für Hamburgische Geschichte

die Aufforderung zur Buße und die Drohung mit dem Jüngsten Gericht ohne tiefere Wirkung blieben, da sich die Lebensverhältnisse nicht änderten.

Erhellende Informationen über das innere Leben der Dörfer stammen meist von den Pfarrern. Aus ihren Eintragungen in Kirchenbüchern, aus Berichten an die Konsistorien und Regierungen, aus Protokollen über Rügenverfahren und manchmal aus persönlichen Aufzeichnungen lassen sich Daten gewinnen, die bei quantifizierender Auswertung viel über die Menschen sagen, die selber keine Aufzeichnungen oder andere Zeugnisse hinterlassen haben. Gestattet die Überlieferung eine Auswertung für einen längeren Zeitabschnitt, dann lassen sich auch langsame Veränderungen feststellen, etwa in einem württembergischen Dorf, in das der Pietismus eindrang und dominant wurde, oder in einem ravensbergischen Dorf, in dem hausgewerbliche Leineweberei für den Fernhandel sich ausweitete. Für eine pfälzische Dorfgemeinde bedeutete es nicht viel, wenn einzelne Personen, wohl aber, wenn ganze Familien abwanderten, wenn Grund- und Landesherren – nach dem Dreißigjährigen Krieg – die Fronen und die Gesindezwänge verschärften, oder wenn im 18. Jahrhundert der Bevölkerungsdruck im Dorf zunahm und Unterbeschäftigung eintrat.

Es ist eine wichtige, noch nicht hinreichend beantwortbare Frage, wie die von alters her mit gewissen Selbstverwaltungsaufgaben ausgestattete Dorfgemeinde, sofern sie noch funktionierte, auf solche und andere Veränderungen, vor allem auf zunehmende Leistungsanforderungen der Grundherren und sich verstärkende Kontrolle durch die landesherrlichen Verwaltungsorgane reagiert hat. Zweifellos wurde die doppelte Untertanenschaft der allermeisten Bauern spürbarer als früher, wenn die Grundherren neue landesherrliche Steuern auf sie abwälzten und wenn landesherrliche Polizeiordnungen die Dienst- und Gesindpflicht einschärften. Da solcher zunehmende Druck von keiner Lockerung der ländlichen Sozialverfassung begleitet wurde, vermehrten sich mit der wachsenden Bevölkerung einseitig die besitzlosen »unterbäuerlichen« Schichten. Wie weit sie ein Unruheelement in den Dörfern darstellten, kann beim derzeitigen Stand der Forschung nicht mit Sicherheit gesagt werden. Allerdings gilt auch hier, daß nicht die Ärmsten und Eigentumslosen sich gegen die Verschlechterung ihrer Lage wehrten, sondern solche, die gewohnte Rechte und Besitzstände verteidigten.

Insgesamt hat es erheblich breiteren und wohl auch wirksameren Widerstand gegen verschärfte herrschaftliche Anforderungen gegeben, als lange angenommen wurde. Die bäuerliche Bevölkerung hat sich jedenfalls nicht fatalistisch der Ausbeutung ergeben. Dienstverweigerungen und -verzögerungen, bewußte Nachlässigkeit, Widersätzlichkeiten wenn nicht gegenüber dem Grundherrn, so doch seinen Aufsehern, Flucht, auch Arbeitsstreiks ganzer Dörfer und begrenzte Tumulte kamen immer wieder vor. In einzelnen Fällen lassen sich besondere Motive erkennen. So richtete sich der Aufstand von 1705 in Bayern hauptsächlich gegen die österreichische Besatzung, während hinter den »Salpeterer«-

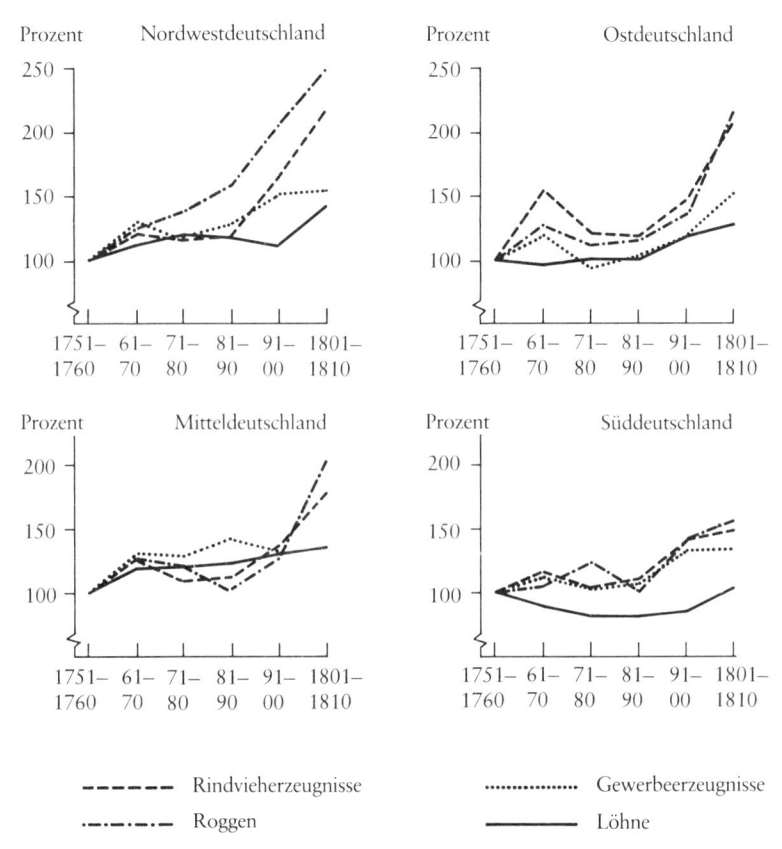

*Preis- und Lohnentwicklung in Deutschland 1751/60 bis 1801/10 (nach Abel)*

- - - - - Rindviehzeugnisse        ............ Gewerbeerzeugnisse
-·-·-·- Roggen                   ———— Löhne

(Zehnjahresdurchschnitte; Silberäquivalente der Münzsummen, 1751–1760 = 100)

Aufständen im 18. Jahrhundert im südlichen Schwarzwald genossenschaftliche Traditionen wie religiöses Sektierertum standen. Überlokale Unruhen hat es im 17. und 18. Jahrhundert im einstigen Verbreitungsgebiet des Großen Bauernkrieges von 1525 gegeben, ferner in der Grafschaft Schönburg, im Fürstentum Schwarzburg-Rudolstadt, in der Lausitz und in Schlesien. Ihre Antriebe müssen im Einzelfall sorgfältig geprüft werden. Auch wenn man dabei keine sozialrevolutionären Ziele entdecken kann, beweisen sie doch, daß die bäuerliche Bevölkerung nicht apathisch und geduldig jeden Druck hingenommen hat. Es gab indes auch eine andere Form der Auseinandersetzung zwischen Herren und Bauern: die gerichtliche. Dieser Weg ist offensichtlich häufiger beschritten worden, als man bisher angenommen hat. Die Landesherren haben ihn begünstigt, um »den Konflikt zwischen Herrschaft und bäuerlichen Untertanen zu normalisieren« (W. Schulze). Dazu erließen sie zahlreiche Landes- und Polizeiordnungen zum Bauernschutz und erleichterten die Untertanenklage. Wie weit davon Gebrauch gemacht worden ist und wie die Berufungsprozesse ausgegangen sind, läßt sich bislang nur punktuell beantworten. Es darf indes angenommen werden, daß bäuerliche Kläger durchaus Aussicht hatten, recht zu bekommen. Das hat die Ausbildung jener prozeßfreudigen Mentalität befördert, die seit dem 19. Jahrhundert den Bauern nachgesagt wird.

Man muß sich davor hüten, Nachlässigkeit und Arbeitsverweigerung, selbst mutwillige Zerstörung von Arbeitsgeräten in jedem Fall als Widerstand und sozialen Protest zu deuten. Ebenso wird bei genauerem Hinsehen die Wirksamkeit herrschaftlicher Kontrolle über die ländliche Arbeit zweifelhaft – eine Arbeit, die sehr weit von modernen Effizienzerwartungen entfernt war. Der ökonomische Wert der Frondienste darf ohnehin nicht zu hoch veranschlagt werden. Bäuerliche Arbeit im System der Grund- und Gutsherrschaft ließ sich durch die Heraufsetzung der Dienste und Abgaben, das strikte Festhalten an der Schollenbindung der Arbeitskräfte und die Verschärfung der Aufsicht kaum rentabler machen, solange keine durchgreifenden agrartechnischen Neuerungen erfolgten. Diese aber hat es im 17. und 18. Jahrhundert nicht gegeben.

Die Belastungen – Leistungen und Dienste – der Bauern und der unterbäuerlichen Schichten waren im einzelnen unterschiedlich in Höhe und Art; sie können deshalb nur bedingt verglichen werden. »Immerhin mußten in manchen Gegenden Mitteleuropas bis zu 40 v. H. des Ertrags an den Feudalherrn übertragen werden« (F.-W. Henning). Der größte Teil davon fiel an die Landesherren, mit Abstand folgten die adeligen Grundherren und wiederum mit großem Abstand die örtlichen Institutionen: Kirche, Schule, Armenkasse, wobei die Anteile sich dort erheblich verschieben konnten, wo der Landesherr oder die Kirche zugleich der Grundherr war. Insgesamt fiel die Belastung der bäuerlichen Erträge in Deutschland von Osten nach Westen, allerdings nicht in gleichmäßiger Rate. Auch der Anteil der Geldzahlungen, Materialabgaben, Hand- und Spanndienste differierte im einzelnen stark, wobei die Frondienste im ostdeutschen Gutsherrschaftsgebiet besonders augenfällig Abhängigkeit demonstrierten, häufig von den Herren heraufgesetzt wurden und am meisten Ärger erregten. Deshalb haben die Landesherren gerade hier regulierend eingegriffen, obschon nicht immer mit Erfolg.

Ihre ökonomische und rechtliche Abhängigkeit war den Bauern selbstverständlich stets bewußt, aber nicht überall in gleicher Weise spürbar. Der selbstwirtschaftende adelige Gutsherr im Osten, der über seine Felder ritt und dessen Haus oft nahe bei seinem oder einem seiner Dörfer lag, war in ganz anderer Weise präsent als der in der Stadt lebende, rentenverzehrende Grundherr. Wo die Dienste durch Geldzahlungen abgelöst waren, wie in manchen westdeutschen Gebieten, lebte man möglicherweise zwar nicht in besseren materiellen Verhältnissen als im Bereich der Erbuntertänigkeit, jedoch im konkreten Sinne freier, genauer gesagt: weniger in der Haltung der Untertänigkeit.

*Das Land* 195

Geistliche Grundherrschaft in katholischen Regionen unterschied sich in ihren Anforderungen an die Bauern nicht von weltlicher, aber man stand ihr anders gegenüber – kaum mit größerer Achtung, denn klösterliches Wohlleben wurde immer wieder kritisiert, doch mit der Erwartung größerer Milde in der Handhabung der Herrschaftsrechte. Daß man »unter dem Krummstab« gut lebe, war im 18. Jahrhundert ein geflügeltes Wort, das sich nicht nur auf geringeren Steuerdruck infolge fehlender Militärausgaben bezog.

Die jeweiligen besonderen lokalen und regionalen Verhältnisse machen generelle Aussagen über die bäuerlichen Lebensverhältnisse nahezu unmöglich. Auf ostpreußischen Domänen dürften sich die bäuerlichen Lebensbedingungen nicht von denen auf größeren adeligen Gütern unterschieden haben, dennoch konnte ein nüchterneres Verhältnis der Bauern zu den Domanialbeamten bestehen. Domänen wurden oft effektiver und moderner bewirtschaftet, und das bedeutete im allgemeinen auch eine korrektere Behandlung der Bauern. Ein fränkisches Dorf, dessen Einwohner alle der gleichen Herrschaft dienstpflichtig waren, wies andere Verhaltensweisen und eine andere Einstellung zur Obrigkeit auf als ein solches, an dem mehrere Herrschaften Rechte besaßen. Und in einer wohlhabenden Marschgemeinde an der Nordseeküste lebte erheblich mehr Selbständigkeitsbewußtsein, mehr Besitzerstolz als im wenige Meilen entfernten ärmeren Geestdorf. Der Bildungsstand der Marsch- und der Geestbewohner wies ähnliche Unterschiede auf wie ihre Wohnkultur, und die familiären Beziehungen zwischen ihnen blieben schwach. Daß zwischen stadtnahen Dörfern, die den lokalen Markt versorgten, und abgelegenen Berg-, Heide- oder Walddörfern beträchtliche Abstände in Weltkenntnis und Umgangserfahrung bestanden, versteht sich von selbst; dagegen dürften die Unterschiede zwischen kleinen Städten und nahegelegenen Dörfern im Hinblick auf die Vorstellungs- und Verhaltensweisen ihrer Bewohner relativ gering gewesen sein. Zwar gab es die rechtliche Bindung der bäuerlichen Bevölkerung an den Boden, die den Abzug allenfalls gegen hohe Gebühr erlaubte, in der Stadt nicht; praktisch aber konnte selbst der wandernde Handwerksgeselle nicht bleiben, der Kaufmann sich nicht niederlassen, wo er wollte, ohne erhebliche Aufnahmegebühren oder bei der Bürgerannahme erhebliches Bürgergeld zu zahlen. Das Hausgesinde konnte sich nur durch Flucht dem Dienst entziehen, und der Arme hatte nur in seinem Heimatort Anspruch auf Fürsorge. Das Weggehen, um an anderer Stelle sein Glück zu machen, war also für die große Mehrheit der Menschen entweder praktisch unmöglich oder doch riskant.

Ihren sozialen Status besaßen die Menschen – auf dem Lande noch mehr als in der Stadt – nicht als Personen, sondern als Mitglieder von Familien. In wirtschaftlicher wie in rechtlicher Hinsicht waren Familien und Haushalt die konstitutiven Elemente der vor-industriellen Gesellschaft; in ihnen vollzog sich nicht nur die biologische Reproduktion der Gattung, die Sozialisation der

Kinder und die materielle Erhaltung und emotionale Bedürfnisbefriedigung der einzelnen Mitglieder, sondern auch die Güterproduktion, die gemeinsame Erwirtschaftung eines Einkommens, von dem die Existenz und der Wohlstand der Familie abhing. Geburt und Tod, Heirat, Krankheit, Arbeitsunfähigkeit und Not gehörten in den Raum der Familie. Historische Grundlage der Familienexistenz war die Hufe. Sie war ursprünglich so bemessen, daß sie die Erhaltung einer bäuerlichen Familie ermöglichte; sie umschloß auch Nutzungsrechte an der Allmende und diente als Berechnungsgrundlage für Abgaben und Dienste. Durch Teilungen oder Zusammenfassung mehrerer Hufen in einer Hand galt die Hufengliederung in der frühen Neuzeit nur noch idealiter; aber es war bei der grundsätzlichen Vorstellung der Familie als Lebens- und Wirtschaftsgemeinschaft geblieben. Die ganze Familie war dem Grundherrn leistungspflichtig; von der Arbeitskraft aller ihrer Mitglieder hing die familiäre Lebenshaltung ab, auch und gerade dort, wo Nebenerwerb erforderlich war oder Heimgewerbe die einzige Subsistenzgrundlage ausmachte.

Die Realität der älteren Familie, die leicht eine idealistische Überhöhung erfährt, wenn man vom »ganzen Haus« als Modell der gesamten Gesellschaft spricht, in dem Herrschaft, Produktion und Konsum zusammengefaßt sind, wies neben Sicherheiten heute nur noch schwer vorstellbare Härten auf. Daß Kinder sehr frühzeitig in den Arbeitsprozeß eingeschaltet wurden – neben der Aufsicht über jüngere Geschwister und der Hilfe bei der Hausarbeit gehörten das Hüten des Viehs und die Garnspinnerei zu ihren Aufgaben –, war ebenso selbstverständlich wie das Mitdurchziehen von debilen und arbeitsunfähigen Familienmitgliedern und die Versorgung der Alten, und dies alles ohne jede Sentimentalität und besondere Rücksichtnahme. Wer nicht erbte und nicht einheiratete, mußte oft mit lebenslanger innerfamiliärer Abhängigkeit und mit Ehelosigkeit rechnen, zumal die grundherrliche Heiratserlaubnis nur bei Nachweis einer ausreichenden Nahrungsbasis gegeben wurde. So konnten in der älteren Familie drei Generationen zusammenleben, dazu unverheiratete Brüder und Schwestern und das meist nicht blutsverwandte Gesinde – häufig auf engem Raum in dürftigen Verhältnissen. Die Annahme, die Großfamilie sei der Normalfall gewesen, hat sich jedoch als falsch erwiesen. Schon die »typische Kombination von hohem Heiratsalter und geringer Lebenserwartung« (H. Rosenbaum) ließ drei Generationen nur selten und für kurze Zeit zusammensein. Obwohl die Zahl der Geburten relativ hoch lag, lebten infolge der hohen Säuglings- und Kindersterblichkeit – sie lag zu Beginn des 18. Jahrhunderts noch bei fünfzig Prozent – keineswegs immer mehrere Kinder gleichzeitig in einer Familie. Vor allem in Realteilungsgebieten herrschte schon wegen der geringen Besitzgröße die Kleinfamilie vor, und hier war die Festlegung eines Altenteils schwierig. Wo Anerbenrecht galt, tendierten die Besitzer dazu, spät zu übergeben; nicht selten mußte der Erbe bis zum Tod der Eltern warten und seine Eheschließung bis dahin aufschieben. Wo hingegen frühere Übergabe die Regel war, wurde das Altenteil bis ins Detail vertraglich festgelegt – Zeichen der nüchternen ökonomischen Ratio bäuerlichen Lebens und Warnung vor seiner Idyllisierung. Es trifft sicher nicht zu, daß die ältere Familie ein reiner Zweckverband war, in dem individuelle Gefühle keinen Platz fanden, aber es ist nur zu verständlich, daß man sich in einer Gesellschaft, die die Abtrennung einer privaten häuslichen Sphäre von der Arbeitswelt nicht kannte und unter den Bedingungen enger Nahrungsspielräume und geringer Lebenserwartung stand, den Luxus der Empfindsamkeit nicht erlauben konnte. Das Kindersterben belastete die Eltern emotional weniger als in späteren Zeiten; es gibt Zeugnisse, daß bei zu vielen Heranwachsenden der Tod weiterer Kinder erwünscht und ihm sogar nachgeholfen wurde. Man dachte auch hier ökonomisch und verfolgte eine vor- und nachgeburtliche Familienplanung, der die soziale Logik nicht abgesprochen werden kann.

Das gilt in gleicher Weise für die innerfamiliäre Arbeitsteilung, die der Frau eine Vielzahl von Aufgaben und oft ein Übermaß von Belastungen zuwies, nicht zuletzt durch regelmäßige Geburten bei relativ hohem Alter. Starb einer der Ehepartner, so war schnelle Wiederverheiratung ökonomisch zwingend geboten, wobei erheblicher Altersabstand, auch höheres Alter der Frau, kein Hindernis bedeutete. Dadurch wuchsen nicht selten leibliche Kinder mit Stiefgeschwistern und verwaisten Pflegekindern auf, in größeren Haushalten auch mit Gesindekindern, die von ihren Eltern gegen Kost und Logis verdingt waren. Im ostdeutschen Gutsherrschaftsgebiet mußten die erbuntertänigen Bauern ihre Kinder zum Gesindedienst bei der Herrschaft zur Verfügung halten.

Unter solchen Umständen blieb für eine Erziehung, die über das Hineinwachsen in die Rollenverteilung des Haushalts hinausgegangen wäre, wenig Zeit. Die Kinder lernten von den Eltern, den Geschwistern und vom praktischen Alltag; bei Versäumnissen wurden sie hart gestraft, da die Eltern davon überzeugt waren, daß kindlicher Eigensinn gebrochen werden müsse. Von der Notwendigkeit eines regelmäßigen Schulbesuchs konnte man sich in der bäuerlichen Familie nur schwer überzeugen. Man sah darin für die häusliche Wirtschaftsführung nur Nachteile. Schulisches Wissen schien für die zu erwartende berufliche Tätigkeit der Kinder nicht erforderlich zu sein. Entsprechend gering war die Achtung gegenüber den Schulmeistern. Von der Hinwendung zum Kind und der verstärkten Aufmerksamkeit für die kindliche Erziehung, die in der pädagogischen, moralischen und medizinischen Literatur des 18. Jahrhunderts breiten Niederschlag fanden, wurde die bäuerliche Bevölkerung allenfalls über die Pfarrer erreicht.

Welchen Einfluß die Kirche auf das Denken und Verhalten der ländlichen Bevölkerung ausübte, ist kaum genauer zu bestimmen. Auf der einen Seite kann er gar nicht überschätzt werden, weil die christliche Religion für die Sinngebung des Lebens und die moralische Handlungsorientierung im Alltag unbestrittene Autorität besaß; allenfalls konnten in protestantischen Gebieten pietistische Gruppen und Sekten einen eigenen Weg der Erweckung suchen. Auf der anderen Seite war die Kirche zu sehr in die Realität des Alltags eingewoben, als daß sie die Mentalität der Bauern hätte wesentlich verändern können. Für die Dorfbewohner gehörte der Pfarrer zur Obrigkeit. Die Kirche war ihnen eine Einrichtung zur Kontrolle ihres Lebenswandels und zur religiösen Belehrung, auch zur Verkündigung einer Wahrheit, die für alle galt und mit der man recht und schlecht leben konnte. Für die oft krassen Widersprüche zwischen Sollen und Sein lieferte die Kirche die Erklärung aus der Sündhaftigkeit der Menschen, zugleich aber auch die Verheißung der Erlösung und einer höheren Gerechtigkeit. Es waren die Sprache und die Symbolik der christlichen Religion in ihrer jeweiligen konfessionellen oder mystisch-spiritualistischen Ausprägung, in denen gerade das »einfache« Volk sein Leid und seine Hoffnungen, seine Not und sein Vertrauen ausdrückte, was jedoch keineswegs derb-sinnliche Bräuche, unflätige Rede und Wunderglauben ausschloß. Wie hoch selbst von aufgeklärten Regierungen der Einfluß der Religion und der Kirchen auf die Masse der Bevölkerung eingeschätzt wurde, läßt schon die Tatsache erkennen, daß in allen Landschulordnungen die religiöse Unterweisung bei den Unterrichtsgegenständen obenan stand. Von ihr wurde die größte Wirkung auf die Erziehung gehorsamer und fleißiger Untertanen erwartet.

# Die Stadt

Der Unterschied zwischen Stadt und Land, der aus fiskalischen Gründen von den Landesherren rechtlich beibehalten und im 18. Jahrhundert zum Teil noch verschärft wurde, muß unter verhaltens- und mentalitätsgeschichtlichem Aspekt relativiert werden. Durch den Zuzug vom Lande – denn auch in Zeiten des Friedens und ohne epidemische Krankheiten reichte bei hoher Sterblichkeitsrate das Selbstergänzungspotential der städtischen Bevölkerung nicht aus – erfolgte ein stetiger Einstrom von Erfahrungen und Vorstellungen aus der dörflichen Welt. Hier aber hatte das Leben einen anderen Zuschnitt. Die soziale Struktur war vielfältiger, die Berührung mit Menschen aus unterschiedlichen Schichten und Berufen enger, ohne daß soziale und rechtliche Unterschiede deshalb weniger spürbar gewesen wären. Längst nicht alle Einwohner waren Bürger; die vielen Unselbständigen – Tagelöhner, Hausgesinde, aber auch die Handwerksgesellen – besaßen kein Bürgerrecht. Hinzu kamen diejenigen, die nur vorübergehend in der Stadt wohnten, aber nicht zur Bürgerschaft zählten: Adelige, fremde Kaufleute, landesherrliche Beamte. Die vielen Armen, Unterbeschäftigten und Arbeitsunfähigen stellten für die Magistrate einen immer neuen Anlaß zu Regulierungs- und Unterstützungsmaßnahmen dar.

Schon infolge des dichten Zusammenlebens existierten in der Stadt zahlreiche formelle und informelle Verhaltensvorschriften, deren Nichtbeachtung Nachteile eintrug und durch Rügeverfahren, soziale Diskreditierung oder Spott geahndet wurde. Die dem Alter, dem Beruf, dem Stand, dem Amt angemessene Rolle und das ihr entsprechende Verhalten zu beherrschen, sie aber auch nicht zu überschreiten, wurde von jedermann selbstverständlich erwartet. Zwischen dem jungen Meister und dem alten Gesellen bestand der unüberbrückbare soziale Abstand des Selbständigen vom Nichtselbständigen, der auch dann erhalten blieb, wenn der Meister in nur dürftigen Verhältnissen existierte und allein oder allenfalls mit einem Lehrjungen arbeitete. Je prekärer seine ökonomische Situation war, um so mehr bedeutete ihm der Rückhalt an der Zunftorganisation. Sie war zugleich ein wirtschaftlicher Zweckverband und ein städtisches gesellschaftliches Subsystem, ein tragendes Element der Stadtverfassung und eine Interessenvereinigung mit stark ritualisierten Verhaltensweisen zur Pflege einer Handwerker-Kultur, die das Ehrbewußtsein der Dazugehörenden ebenso stützte, wie sie ihnen ein Verhaltensdiktat auferlegte, das vornehmlich Lehrlinge, Gesellen und angehende Meister zum Wohlverhalten nötigte. Brauchtümliche Rede und Handlung bei besonderen Vorgängen des Arbeitslebens wie bei kommunalen und kirchlichen Feiertagen manifestierten »Ehre« und Status der Zünfte, prägten die sozialen Anschauungen und wirkten disziplinierend vor allem auf das potentiell unruhige Element der unverheirateten Gesellen.

Je nach der Gewerbestruktur der Stadt und dem Alter der Zünfte bestand unter ihnen eine stark gestaffelte Rangfolge, die in den von den Zünften regierten Städten in der Repräsentanz bei Rat und Magistrat ihren Ausdruck fand. Nur die vorderen Zünfte stellten den Magistrat, und auch in ihnen waren es angesehene und wohlhabende Meisterfamilien, aus denen die Amtsträger kamen. Die in der gesamten alten Gesellschaft wirksamen oligarchischen Tendenzen sind auch hier zu erkennen. Trotz der gleichartigen Organisation des Handwerks in den Städten ist das Zunftwesen stets ein lokales System geblieben. Man dachte im Horizont der örtlichen Wirtschaft und schloß sich gegen Ortsfremde wie gegen nachdrängende Gesellen, die Meister werden wollten, möglichst ab, zumal dann, wenn die Zahl der »Betriebe« weit über den lokalen Bedarf hinaus gestiegen war. Deshalb auch die hohen Kosten für die Verfahren – mußten die jungen Meister doch Abgaben an die Zunft, den Rat, die Kirche und den Landesherrn entrichten, außerdem ein opulentes Festmahl für die anderen Meister ausrichten. Landesherrliche Verordnungen, die solchen Aufwand einzuschränken versuchten, dürften indes kaum erfolgreicher gewesen sein als jene, die die bevorzugte Aufnahme von Meistersöhnen begrenzen sollten.

Solche und andere Beobachtungen lassen im Kleinbürgertum deutscher Städte eine Wirtschaftsmentalität erkennen, die nicht unternehmerisch und expansiv orientiert, sondern primär von der Erfahrung und Vorstellung der örtlichen Bedarfsdeckung und von dem Interesse der Statuserhaltung und der Konkurrenzausschaltung geprägt war. Sie war auch bei den meisten kleinen Händlern und Krämern anzutreffen, im Unterschied zu den großen Kaufleuten, die über den lokalen Horizont hinausblickten. Aus dieser traditionell höher angesehenen Gruppe war im 15. und 16. Jahrhundert das Patriziat der Handelsstädte hervorgegangen. Große Kaufleute gaben auch im 18. Jahrhundert in Leipzig und Frankfurt, in Hamburg und Nürnberg den Ton an. Unter ihnen befanden sich unternehmende Naturen mit Weitblick und Weltkenntnis. Manche von ihnen lebten reicher und aufwendiger als viele Adelige, und einzelne erwarben mit Grundbesitz den Adelstitel. Andere machten als Hoflieferanten ihr Glück, wieder andere als Verlegerkaufleute. Welche Stellung sie in ihrem Wohnort einnahmen, läßt sich nur von Fall zu Fall genau beschreiben.

Die Annahme, daß die Stadtbürger, anders als die Bauern, keine Untertanen und in ihren politischen und sozialen Vorstellungen vom Geist der Selbstverwaltung bestimmt gewesen seien, muß für das 17. und 18. Jahrhundert erheblich differenziert werden. Abgesehen von den Reichsstädten, deren Stadtherr der Kaiser war, griff in fast allen Land- und grundherrlichen Mediatstädten die Herrschaft verstärkt in das innerstädtische Leben ein. Bezeichnenderweise wurden nun die Stadtbewohner, die Bürger, wie die Bauern in landesherrlichen Verordnungen und in der politischen Literatur »Untertanen« genannt. Damit sollte angezeigt werden, daß sie gleich der Landbevölkerung »einer Obrigkeit unterworfen und deren Gesetzen und Befehlen zu gehorchen verbunden« seien, wie es in Zedlers Lexikon heißt. Seit der Mitte des 18. Jahrhunderts wurde die Formulierung »Bürger und Untertanen« häufiger; der ursprünglich allein der Stadt zugeordnete Begriff des Bürgers weitete sich zum allgemeinen politischen Bürgerbegriff aus. Für das Bewußtsein der vollberechtigten städtischen Bürger selber blieb es allerdings auch dann noch von großer Bedeutung, daß sie persönlich frei, nicht schollengebunden, zwar steuerpflichtig, aber nicht in gleicher Weise abgaben- oder gar dienstpflichtig waren wie die Bauern gegenüber ihren Grundherren.

Man kann nicht sagen, daß die städtische Bevölkerung insgesamt besser gelebt hätte als die Landbevölkerung, obwohl sich in Kriegs- und Notzeiten der Drang in die Stadt verstärkte. Soweit Untersuchungen vorliegen, zeigen sie den hohen Anteil derjenigen, die materiell der Unterschicht zugerechnet werden müssen. In Braunschweig, einer Residenz-, Gewerbe- und Handelsstadt, gehörte um die Mitte des 18. Jahrhunderts mehr als die Hälfte der Bevölkerung dieser sich aus Lohnhandwerkern, Tagelöhnern, Soldaten und Armen zusammensetzenden Schicht an; der untere Mittelstand, also vor allem Handwerker und kleine Händler, machte ein Drittel, der obere Mittelstand der wohlhabenden Handwerker, Kaufleute, Brauer etwa acht Prozent, die Oberschicht der Beamten, Großkaufleute und Adeligen 4,3 Prozent der rund 27.000 Einwohner aus. In einer kleinen Residenzstadt wie Weimar, die ohne den Hof nicht viel mehr als eine Ackerbürgerstadt gewesen wäre, kam die übliche städtische Mittelschicht zahlenmäßig weder an die Bediensteten und Tagelöhner noch an die Beamten und das Hofpersonal heran.

Besaß jede Stadt ihre strukturellen Eigentümlichkeiten, so bestand doch in allen ein starkes soziales Gefälle, das noch deutlicher hervortritt, wenn nach Grund- und Hausbesitz oder nach dem Einfluß auf die Verwaltung der Stadt gefragt wird. Zwischen der kleinen Gruppe derer, die das Sagen hatten und die wichtigen Ämter besetzten, und denen, die für kein Amt in Betracht kamen, war der Unterschied gewaltig und manifestierte sich alltäglich in der Ehrerbietung, die jenen entgegengebracht werden mußte, und in den Ansprüchen, die sie auf Anrede und Vortritt, auch auf besondere Plätze in der Kirche zu erheben berechtigt erschienen. Dazwischen standen die Inhaber der zahlreichen kleineren Ämter in der städtischen Verwaltung oder in den Zünften – Ämter, die vielleicht unbedeutend waren, jedoch Ansehen und Status verliehen, die über das Vermögen hinaus den Platz eines jeden in der städtischen Gesellschaft definierten. Mit welcher Selbstverständlichkeit in der frühneuzeitlichen Ständegesellschaft gerade auch in den Städten in Statusvorstellungen gelebt wurde, läßt sich heute kaum nachvollziehen. Jeder Einwohner wuchs von Kindheit auf in sie hinein und erfuhr tagtäglich, wohin er gehörte, wer höher oder niedriger gestellt war. Status bedeutete nichts Abstraktes, sondern etwas durch Kleidung und Habitus sichtbar Gemachtes. Was man war – oder sein wollte –, mußte man darstellen und wachsam darauf achten, sich nichts zu vergeben, aber auch vermeiden, zu beanspruchen, wozu man nicht berechtigt war. Die fiskalische Klassifizierung der Einwohner bei den Zählungen zum Zweck der Steuerverteilung mag die soziale Geltungsordnung nur unvollkommen widerspiegeln, sie ist jedoch ein Dokument des sozialen Denkens in Statuskategorien. Das gilt noch mehr für die vielen überlieferten Kleiderordnungen. In einer solchen, die 1731 für die Reichsstadt Frankfurt erlassen wurde, sind fünf »Stände« unterschieden. Zum ersten gehören der Schultheiß, die Schöffen, die Ratsherren der zweiten Bank, weitere Regimentsangehörige, Syndici und Doktoren, die Angehörigen des Stadtadels, sofern ihre Familien seit mehr als hundert Jahren am Stadtregiment teilgenommen haben. Der zweite Stand umfaßt die Ratsherren der dritten Bank, geadelte und nichtadelige Kaufleute und Bankiers mit einem Vermögen von mindestens 20.000 Talern, ferner eingewanderte Adelige. Zum dritten Stand zählen Notare, Prokuratoren, größere Krämer und Künstler, zum vierten die kleinen Krämer, Handelsdiener und Handwerker, zum fünften schließlich die Tagelöhner und Dienstboten. Bemerkenswert für eine Handelsstadt ist der soziale Rang der adeligen Familien, die allerdings weitgehend aus dem Kaufmannsstand aufgestiegen waren. In Leipzig, das von den Zünften beherrscht wurde, mußte der Landesherr die Aufnahme von Kaufleuten in den Magistrat durchsetzen, in Köln dagegen sperrten sich die Zünfte erfolgreich gegen die Kaufleute.

In Städten, die keinen Groß- und Fernhandel kannten, nicht Mittelpunkte größerer Gewerbegebiete, Sitze von Regierungen, großen Verwaltungen, Universitäten waren, dominierte zahlenmäßig und mentalitär das Kleinbürgertum – der »Mittelstand« der Handwerksmeister und der kleinen Kaufleute und Händler mit ihren Familien. Gerade diese Schicht aber wies, wie Helmut Möller gezeigt hat, Grenzfälle auf: den verarmten Handwerker, der am Zunftethos, der Kleinunternehmer, der an der kleinbürgerlichen Lebensführung festhielt, die Angehörigen unterbürgerlicher Schichten, die zwar deren Lebensführung erreichten, aber nicht den Zünften und Gilden angehörten und nicht an der durch sie garantierten »Ehrbarkeit« Anteil hatten. Der Blick dieses Kleinbürgertums reichte kaum über den Wohnort hinaus; der Handwerksmeister, der einst auf der Wanderschaft etwas von der Welt gesehen hatte, ging im lokalen Denken auf, wenn er sich selbständig gemacht und eine Familie gegründet hatte. Geschah das außerhalb des Geburtsortes durch Heirat einer Meisterstochter oder – was nicht selten vorkam – einer Meisterswitwe, so war völlige Anpassung an die lokalen Verhältnisse eine Voraussetzung für geschäftlichen Erfolg. Von der Norm des Verhaltens abzuweichen, Neuerungen einführen und Konkurrenz entfesseln zu wollen, war wenn nicht unmöglich, so doch ungebührlich. Tradition galt mehr als Veränderung, und wer dieser zuneigte, sah sich leicht kollektivem Widerstand, auch direkter Anfeindung ausgesetzt. Solcher Konfor-

*Die Stadt* 203

mitätsdruck gerade in kleineren Städten ohne stärkeren Außenbezug prägte den Typus des lokalistisch denkenden, biederen und konservativen Kleinbürgers, von dem sich die lokale Oberschicht abzusetzen bemühte.

Diese Oberschicht hob sich durch Ansehen, Wohlstand und Einfluß heraus, vor allem durch einstige oder gegenwärtige Teilnahme am Stadtregiment. Als Großbürgertum kann man sie nur in seltenen Fällen bezeichnen. Frankfurter Verhältnisse, wie Goethe sie in »Dichtung und Wahrheit« schildert, bilden eine Ausnahme, ebenso die gesellschaftlichen Beziehungen zwischen Kaufleuten, Buchhändlern, Beamten und Professoren in Leipzig oder zwischen Kaufleuten, Gelehrten, Hauptpastoren und gebildeten Privatleuten in Hamburg. Normalerweise war diese Gruppe enger und einheitlicher. Ihr soziales Selbstverständnis war geprägt von der Gewohnheit, im Ort den Ton anzugeben, von der praktischen Erfahrung in der Regelung örtlicher Angelegenheiten und nicht zuletzt von dem Niveau der Lebenshaltung. Nicht ausschließlich, doch mit Vorzug heiratete man innerhalb dieser Gruppe. Familien, die ihr nicht eigentlich angehörten, aber durch Verwandtschaft mit ihr verbunden waren, nahmen an ihrem Ansehen teil. Die Reputation der Honoratioren beruhte letztlich auf ihren sozialen Leistungen. Dazu gehörten die Förderung begabter Söhne aus ärmeren Familien und vor allem die Wahrnehmung städtischer und kirchlicher Ehrenämter, insbesondere solcher der Armenpflege. Wie weit sich dieses städtische Honoratiorentum gesellschaftlich für Einwohner, die nicht zur Bürgerschaft zählten – landesherrliche Beamte, Offiziere der Garnison –, oder für Fremde öffnete, die die Stadt besuchten, läßt sich nicht allgemein bestimmen. Daß in einer Residenzstadt Hofstaat, Beamtenschaft und Militär, in einer Universitätsstadt Professoren und Studenten eigenem Recht unterstanden, konstituierte auch gesellschaftliche Schranken. In Residenzstädten hing es vom Hof ab, wie starr auf Unterschiede geachtet wurde. Hier stellten sich häufiger Fremde ein, die allerdings, wenn sie am Hofe empfangen wurden, mit den örtlichen Bürger-Honoratioren kaum Kontakt fanden. Offene Bürgerhäuser sind noch am Ende des 18. Jahrhunderts selbst in großen Städten selten gewesen. Um so mehr sind deshalb in Berlin und Wien einige reiche jüdische Häuser als gleichsam sozial exterritoriale Treffpunkte besucht worden.

Während der hier behandelten Zeit ist in Deutschland noch wenig gereist worden. Die adelige Kavalierstour führte in der Regel ins Ausland, und die bürgerliche Bildungsreise wurde erst im späten 18. Jahrhundert häufiger. Allerdings suchten Bürger schon früh Badeorte auf, wo sich, sozusagen unter Ausnahmebedingungen, eine offenere Geselligkeit entwickelte als in den Heimatstädten. Dafür ist Bad Pyrmont, das deutsche Modebad des 18. Jahrhunderts, ein eindrucksvolles Beispiel. Hier trafen sich nicht nur Kaufleute aus Bremen und Hamburg, Professoren aus Göttingen, hohe bürgerliche und adelige Beamte aus Hannover und Kassel, sondern auch holländische, dänische und englische Badegäste. Zu Hause dagegen hielt sich die bürgerliche Geselligkeit in engeren Grenzen, die jedoch in Orten mit einer differenzierten Oberschicht durch die Entstehung besonderer Formen nichtfamiliärer Geselligkeit allmählich gelockert worden sind.

Die Skala dieser Formen, die als frühe Erscheinungen der sich ausbildenden »bürgerlichen Gesellschaft« angesehen werden müssen, reichte vom Kaffeehaus über Klubs und Freimaurerlogen bis zu Lesegesellschaften. Während letztere erst in der zweiten Hälfte des 18. Jahrhunderts vermehrt auftraten und sich fast ausschließlich aus jenen »Gebildeten« zusammensetzten, die nach gesellschaftlicher Stellung und Mentalität nicht mehr dem alten Stadtbürgertum zugerechnet werden dürfen, besaßen die Kaffeehäuser einen offeneren Charakter. Die erste Einrichtung dieser Art entstand schon 1677 in Hamburg nach englischem Muster und unter englischer Leitung; in Wien scheint das Kaffeehaus wenig später nach türkischem Vorbild eingeführt worden zu sein. Der Erfolg muß durchschlagend gewesen sein, denn bald fand man solche offenen Häuser in vielen Städten; bei der Gründung der Göttinger Universität zum Beispiel wurde die Anlage eines Lokals dieser Art als notwendig und selbstverständlich erachtet. Seine Funktion bestand darin, »eine ganze Reihe von Konventionen vorübergehend in den Hintergrund treten« zu lassen (P. Albrecht), die Möglichkeit zu bieten, über die normalen Standesschranken hinweg Gespräche zu führen, sich zu informieren, ausliegende Zeitungen zu lesen, durchreisende Fremde kennenzulernen. Häufig wurden Kaffeehäuser von den lokalen Obrigkeiten kritisch beobachtet und bekämpft. Freimaurerlogen – um einen zweiten Typ geselliger Institutionen zu nennen – blieben prinzipiell geschlossene Gesellschaften, aber sie wußten sich einer größeren internationalen Verbindung zugehörig. In ihnen gab es grundsätzlich nicht die Möglichkeit einer zufälligen Begegnung und die Ungezwungenheit im Umgang, doch konnten sich auch hier Kaufleute und Beamte, Adelige und Bürger treffen, und »Maurer« aus anderen Städten und Ländern fanden selbstverständliche Aufnahme. Auch hier erfolgte Information und Meinungsbildung, die sich über den alltäglichen Erfahrungsbereich hinaus erstreckte. Allerdings beschäftigte man sich in der frühen Freimaurerei in erster Linie mit moralischer Selbstbildung.

Als charakteristisch und folgenreich für die soziale und kulturelle Entwicklung in Deutschland erweist sich im Rückblick auf das 18. Jahrhundert die Gruppe der »Gebildeten«: ein Bürgertum neuer Art, bestehend aus bürgerlichen landesherrlichen und ständischen akademisch ausgebildeten Beamten, Professoren, Gymnasiallehrern, Pfarrern. Für die in ihren Reihen sich formierende Vorstellungs- und Verhaltensweise spielte die Erfahrung der Diskrepanz zwischen Kompetenzbewußtsein und intellektueller Selbsteinschätzung einerseits, sozialer Position und Abhängigkeit andererseits eine wesentliche Rolle. Nicht zu den traditionell Privilegierten der ständischen Gesellschaft gehörend, in der

Regel darauf angewiesen, ein Amt anzustreben und in Dienste einzutreten, an gelehrter und akademischer Ausbildung interessiert, geltungsbedürftig und bildungsstolz, hoben sie sich stark von den Nichtgebildeten ab und versuchten, sich höfischen Verhaltensstandards anzupassen, wobei sie freilich immer aufs neue die Erfahrung machen mußten, hinter den adelig Geborenen zurückzustehen. Obwohl der Bedarf an wissenschaftlichen Erkenntnissen und an entsprechend ausgebildetem Personal stieg, verringerten sich im Laufe des 18. Jahrhunderts die Aufstiegschancen der bürgerlichen Gebildeten in dem Maße, wie im Adel die Bereitschaft wuchs, sich den Loyalitäts- und Leistungsanforderungen der Landesherren zu stellen. Damit machte sich eine »Refeudalisierungstendenz« bemerkbar, zumal dem Interesse des Adels am landesherrlichen Dienst das Interesse der Landesherren an der Förderung eines loyalen Adels entgegenkam. Der im späten 17. Jahrhundert noch häufig zu beobachtende Aufstieg eines Nichtadeligen zu höchsten Ämtern kam hundert Jahre später nur noch selten vor.

Trotzdem hielt der Andrang zu den Gelehrtenschulen und Universitäten durch das ganze Jahrhundert an und führte schließlich zu einer »Akademikerschwemme«. Lehrer schickten ihre Söhne zur Universität, um ihnen den Weg zu höheren Positionen zu öffnen. Auch Kaufmanns- und Handwerkersöhne und selbst begabte Söhne aus unterbürgerlichen Schichten gab es unter den Studierenden. Vor allem unter den Theologiestudenten befanden sich viele, die ihre Schul- und Studentenzeit unter dürftigsten Bedingungen durchliefen, angewiesen auf Stipendien, Freitische, kleine Einkünfte aus dem Kurrendesingen. Nach dem Studium mußten sie oft lange auf ein Amt, eine Pfarrstelle warten, die sie nicht selten erst spät und unter demütigenden Umständen erreichten, um weiterhin von schmalen Einkünften zu leben. Das bedeutete späte Heiratsmöglichkeit. Wenn ein junger Pfarrer die ältere Witwe seines Vorgängers heiratete, um sein Amt zu erhalten, entsprach er einem Usus auch in anderen Berufen, der sich sowohl aus der begrenzten Zahl von Stellen als auch aus dem kaum lösbaren Problem der Witwen- und Waisenversorgung erklärt. In der Regel investierten die »Gebildeten« in die Ausbildung ihrer Kinder. Nicht alle Töchter waren gut zu verheiraten, und nicht wenige blieben ledig; nicht alle Söhne vollendeten ihr Studium. »Abgebrochene« und mittellose Studiosi schlugen sich mit untergeordneten Tätigkeiten, etwa als Winkelschullehrer und Winkelschreiber, durch, ließen sich für das Militär anwerben oder gerieten unter die umherziehenden Leute. Mancher von ihnen mochte wohl für das Studium ungeeignet gewesen sein; gab es doch noch keine geregelten Ausbildungsgänge und Examina. Über die Zulassung zur Universität entschieden die Rektoren und Dekane, und oft waren es nur die Lateinkenntnisse, die sie oberflächlich prüften. Eine Regulierung des Universitätszugangs, um dadurch eine Begrenzung der Studentenzahlen zu erreichen, hat erst im ausgehenden 18. Jahrhundert eingesetzt.

Für die intellektuelle Prägung und soziale Mentalität der »Gebildeten« war es wichtig, daß sie durch Lektüre, Korrespondenz und Publikationen am gelehrten und literarischen Diskurs teilnahmen und sich einem internationalen Kommunikationszusammenhang zugehörig fühlten. In Gedanken zumindest hoben sie sich über den engen Horizont ihres lokalen und beruflichen Daseins hinaus, und viele von ihnen versuchten, ihre Kenntnisse, ihre Kritik und ihre Vorschläge literarisch zu vermitteln und in moralische und moral-philosophische Reflexionen und pädagogische Anweisungen umzusetzen. Nicht zufällig nahmen im 18. Jahrhundert die didaktische Literatur, der utopische Roman und die Satire starken Aufschwung. In ihnen trifft man auf die spezifische Denkweise der bürgerlichen Gebildeten, die bestehende Verhältnisse nicht abrupt verändern, sondern mit den Mitteln der Kritik und der Belehrung verbessern wollten und sich dabei die wichtige Funktion derjenigen zuschrieben, welche an der vorderen Front der Bewußtseinsentwicklung stehend den Weg der zukünftigen Entwicklung anzeigen. Viel Eitelkeit und Wissensstolz war im Spiel und viel literarische und pädagogische Geschäftigkeit. Die »Gebildeten« neigten dazu, ihre gesamtgesellschaftliche und politische Bedeutung weit zu überschätzen und ihr Schreiben für politisches Tun anzusehen. Wie erfolgreich sie gleichwohl ihre Bildungsvorstellungen und ihre spezifischen Standesinteressen durchgesetzt haben, das erwies sich später, als in den deutschen Staaten für höhere Ämter und Funktionen bestimmte Ausbildungsanforderungen festgelegt wurden und Bildung zu einem wesentlichen Faktor sozialer Statuszuweisung wurde.

# Die Welt des Adels und der Höfe

Niemand verspürte den absoluten sozialen Vorrang und die politische Herrschaft des Adels empfindlicher als die bürgerlichen »Gebildeten«, und zwar gerade diejenigen, die in die Nähe der Herrschenden, an den Hof und in die »Bedienungen« drängten, die höheren Positionen jedoch selbst bei redlichstem Eifer und größter Tüchtigkeit nicht erreichten und dem Adel gesellschaftlich nicht gleichgeachtet wurden. Sie erhielten keines der angesehenen Hofämter, gehörten nicht zur engeren Hofgesellschaft, konnten ihre Frauen nicht zu Hofe bringen. Selbst Nobilitierung, zumal in der ersten Generation, glich das Defizit der Geburt nicht aus, und die Hochschätzung durch den Fürsten behielt stets den Charakter der besonderen Gunst. Es ist also nicht verwunderlich, daß in der Literatur der Zeit, in autobiographischen Aussagen und Briefen sehr häufig beide Themen unmittelbar nebeneinander angesprochen sind: das höfische Verhalten und das Glück, das derjenige machen kann, der es beherrscht, und die Verführungen und Gefahren des Hoflebens, die gerade dem redlichen Mann drohen. So klischeehaft, so satirisch oder moralisch-didaktisch diese Themen behandelt wurden, sie spiegelten vielfältige Erfahrung wider. Diese beschränkte sich selbstverständlich nicht auf Deutschland, denn die Höfe mit der ihnen zugehörigen Konfiguration der höfischen Gesellschaft waren eine europäische Erscheinung. Als Ideal des Hofmannes galt der »Cortegiano«, wie ihn der italienische Graf Baldassare Castiglione 1528 vor dem geschichtlichen Hintergrund des Wandels von der bürgerlich-feudalen kapitalistischen Kultur reicher Handelsstädte zur aristokratisch-höfischen Kultur italienischer Stadtstaaten gezeichnet hatte. Das lange wirksame Beispiel für die Hofkritik dagegen hatte fast zur gleichen Zeit der spanische Adelige Antonio de Guevara gegeben. Daran hatte eine breite Übersetzungs- und Folgeliteratur, auch in Deutschland, angeknüpft, in der »neben der Propagierung höfisch-absolutistischer Ideale... die hofkritische Tradition weiterhin wirksam« blieb und, »wo immer es möglich war, zur Geltung gebracht« wurde (H. Kiesel).

Beide Dimensionen des Themas »Hof« mußten in Deutschland besondere Resonanz finden, wo es so viele Höfe, Regierungen, Hof- und Staatsämter und so zahlreiche Adelige und Bürgerliche von geringem Wohlstand gab, die dahin strebten. Für sie, vor allem die Bürgerlichen, bedeutete die Kenntnis der Hofmanier die Vorbedingung, sich im Umgang mit den Herrschenden oder auch nur in ihrem Umkreis behaupten zu können. Thomasius und seine Schüler verbanden mit der Einübung in die »Hof-Manier oder Höflichkeit« die weitergehende Absicht, die natürliche »Bildung« des Menschen durch erlernbare »Kunst« zu erweitern und der akademischen »Pedanterey oder Schulfüchserey« die französische Hofkultur als Vorbild entgegenzuhalten. Angesichts des mangelnden gesell-

Brautzug ins Ulmer Münster. Gemälde von Jonas Arnold, 1659. Ulm, Museum der Stadt

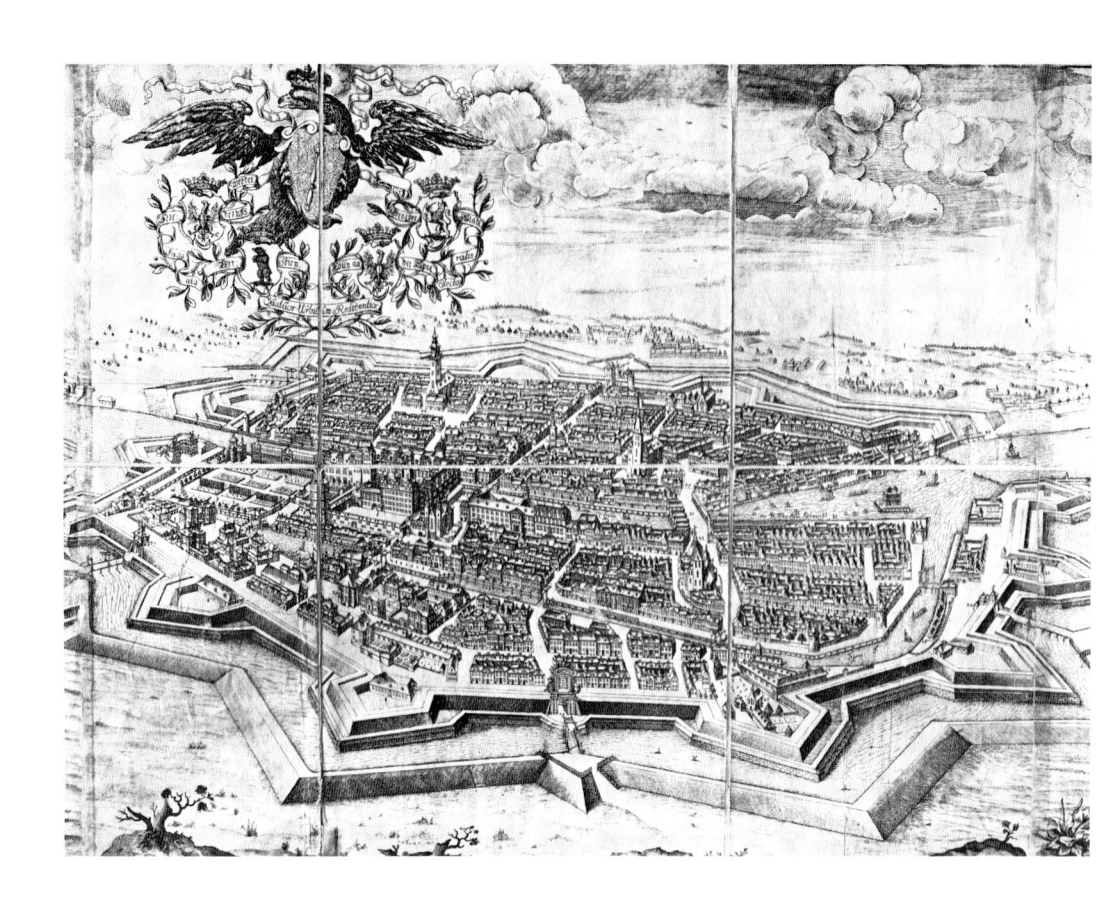

Die Festung und Residenzstadt Berlin im Jahr 1688. Aus dem Kupferstich von Johann Bernhard Schulz, 1688. Berlin, Landesarchiv

schaftlichen Schliffs an deutschen Universitäten um 1700 und der umständlich-gespreizten Sprache deutscher Gelehrter war dies ein durchaus verständliches Bemühen; es rief indes gelehrte Gegner auf den Plan, die sich auf christliche Tugend und das Ideal humanistischer Gelehrsamkeit beriefen und den Hof als Stätte der Sündhaftigkeit und Leichtfertigkeit anprangerten. Der alte Gegensatz zwischen Universität und Hof, Gelehrtem und Höfling blieb auch im 18. Jahrhundert wirksam, obwohl akademische Ausbildung in steigendem Maße Voraussetzung für höhere Ämter wurde und umgekehrt das Interesse der Fürsten und ihrer Regierungen an Wissenschaft wuchs.

Dieser Gegensatz hat für die deutsche Sozial- und Bildungsgeschichte erhebliche Bedeutung gehabt. Obschon Landesinstitutionen, die gleichwohl mit kaiserlichem und päpstlichem Privileg ausgestattet waren, hatten die Universitäten eine weitgehende korporative Autonomie behauptet. Durch Reformation und Gegenreformation war ihnen eine ganz neue theologische und kirchenpolitische Bedeutung zugewachsen, die ihre Sonderstellung und damit ihren Abstand von der Zentrale weltlicher Herrschaft stärkte. Unter den Bedingungen der politischen Herrschaft des Adels und angesichts des gesellschaftlichen Grabens, der sie vom Adel trennte, entwickelten die bürgerlichen Bildungsschichten eine von der höfischen sich unterscheidende »spezifische Kultur« (N. Elias), die ihr geistiges Zentrum in der Universität besaß, gelehrt-wissenschaftlichen Charakter trug und in einer von der höfischen sich deutlich abgesetzten Sprache Ausdruck fand. Auf die Geringschätzung von seiten der höfischen Welt reagierten jene Bürgerlichen mit Bildungs- und Tugendstolz, aber auch mit zunehmender Anpassungsbereitschaft. Auf der anderen Seite öffnete sich der Adel für eine nichtaristokratische wissenschaftliche Ausbildung, als sie für höhere staatliche Dienste erforderlich wurde, und bevorzugte dann solche Universitäten, an denen ein weltläufiger und eleganter Stil herrschte – also Leipzig und Straßburg – und wo im Hinblick auf Studenten »von Stande« Einrichtungen des standesgemäßen Vergnügens – Reitställe, Fechtböden – vorhanden waren, wie in Göttingen.

Die Grenzlinie zwischen Adel und Nichtadel ist damit allerdings nur an einer besonders sensitiven Stelle angesprochen. Sie blieb während des 18. Jahrhunderts die im Prinzip festeste, nicht wirklich in Frage gestellte soziale Schranke in Deutschland. Die nicht seltene, mit der Zeit sogar häufige Nobilitierung hat sie eher noch schärfer bewußt gemacht. Blieb doch der Neugeadelte in den Augen des alten Adels ein Parvenü – wie Paul von Fuchs, Johann Christoph von Bartenstein, Johann Heinrich Kasimir von Carmer, um nur einige zu Ministern aufgestiegene Bürgerliche zu nennen. Zugleich bedeutete die Nobilitierung die Diskreditierung des vorherigen Standes des Erhobenen, insofern ihm damit gesellschaftliche Vorzüge zuteil wurden, die er zuvor, trotz aller Leistungen, nicht besessen hatte. Dem ritterschaftlichen Adel konnte er rechtlich erst angehören, wenn er auch ein Rittergut erworben hatte; in den Fällen jedoch, in denen

*Die Welt des Adels und der Höfe*

der Nachweis von acht oder sechzehn Ahnen erforderlich war, genügte nicht einmal solcher Besitz. Das galt insbesondere für den katholischen Stiftsadel, der dadurch die Anwartschaft auf reiche Dompfründen und den möglichen Zugang zu einem Bischofsstuhl beschränkte. Der protestantische Adel besaß derartige Chancen nicht, abgesehen von dem Eintritt in adelige Damenstifte und in den Deutschen Orden, für die ebenfalls der Ahnennachweis gefordert wurde.

Wie strikt die Unterscheidung zwischen altem und neuem, »rezipiertem« Adel praktisch aufrechterhalten wurde, läßt sich nicht generell sagen; das hing nicht zuletzt von der Aussterbe-Rate der alten Familien ab, und die konnte sehr hoch sein. Töchter reicher bürgerlicher Kaufleute zu heiraten war für ritterbürtige Adelige nur unter Einschränkung möglich, da solche Frauen nicht hoffähig waren. Dagegen besaßen die Töchter ritterbürtiger Familien mit »reinem« Stammbaum günstige Heiratschancen auch nach »oben«. Die Frage der Ebenbürtigkeit, also der ständischen Heiratskreise, spielte überhaupt eine zentrale Rolle in der alteuropäischen Adelsgesellschaft, hing doch die soziale Position einer Familie nicht allein von ihrem Besitz und von den amtlichen Positionen ihrer Mitglieder ab, sondern auch von verwandtschaftlichen Verbindungen. Für die unverheiratet bleibenden Töchter boten Klöster und Damenstifte, für die Söhne in erster Linie der Militärdienst standesgemäße Versorgungen, von denen der alte Adel Bürgerliche und Nobilitierte auszuschließen bemüht war. Die Rücksichtslosigkeit, mit der dies geschah, ist erklärlich, war doch die große Mehrheit des alten grundbesitzenden Adels in Deutschland nicht eben reich, oft schwer verschuldet und vom Statusverlust bedroht. Daß Familien die Mittel für eine standesgemäße Lebensführung nicht mehr aufbrachten und deshalb auf den Adelstitel verzichteten, dürfte öfter vorgekommen sein. So stand der hohe Anspruch des Adels auf Vorrecht und Vorrang in vielen Einzelfällen in krassem Widerspruch zur Dürftigkeit der materiellen Lage.

Landbesitz und Herrschaft über Menschen, die an das Land gebunden waren und es bearbeiteten, machte noch immer die Grundlage des Adels als eines besonderen, nicht arbeitenden Standes aus, der frei war für den Militär-, Hof- und Staatsdienst, in katholischen Gebieten auch für den Kirchendienst. Grundherrschaft verlieh ihm eine gewisse Unabhängigkeit gegenüber den Landesherren und eine prinzipielle Gleichheit mit allen Herrschaft Ausübenden. Praktisch aber kann im 17. und 18. Jahrhundert von solcher Gleichheit nur noch in reduzierter Weise gesprochen werden. Mitglieder des alten Adels, die auf Dienst und Ämter angewiesen waren, und Familien, die aus Gründen des Prestiges sich in den Residenzen aufhielten und deshalb zu erheblichem Aufwand genötigt waren, besaßen nicht mehr die Unabhängigkeit, sich jederzeit auf ihr Eigenes zurückzuziehen und mit ihrer eigenen »Freiheit« die Freiheiten des Volkes zu verteidigen, was ihnen die Adelskritik des 18. Jahrhunderts als Pflicht und Legitimation ihrer Privilegien vorhielt. Hatte der ritterbürtige Adel nicht selbst Schuld am

Niedergang der landständischen Vertretungen in vielen Staaten? Aus Desinteresse und Kostenscheu habe er – so warf ihm die Kritik vor – die Teilnahme an den Landtagen vernachlässigt und um der Behauptung seiner Vorrechte willen auf Kosten der Bauern und Bürger dem Landesherrn politische Zugeständnisse gemacht.

Läßt sich in der hier behandelten Zeit der Adel in Deutschland wirklich noch als Einheit begreifen? Neben dem Unterschied zwischen regierendem und nichtregierendem, hohem und niederem, unmittelbarem und mittelbarem, geistlichem und weltlichem Adel, Geburts- und Amtsadel bestanden erhebliche Gegensätze in der Verhaltensweise und der Vorstellungswelt von selbstwirtschaftenden Gutsherren und in der Residenz lebenden Hofleuten, von militär-adeligen Familien in Brandenburg und stiftsadeligen Familien im Bistum Paderborn, von protestantischen thüringischen Adeligen im fürstlichen und württembergischen Reichsrittern im kaiserlichen Dienst. Bei genauerem Hinsehen läßt sich erkennen, daß der Adel durch die von ihm nicht mehr beherrschte wirtschaftliche und politische Entwicklung als Stand desintegriert wurde. Das macht es schwierig, noch von einer gemeinsamen Adelskultur, einem einheitlichen adeligen Gesittungskodex zu sprechen. »Ethos und Bildungswelt des europäischen Adels« (O. Brunner) lebten zwar noch fort und erfuhren literarisch und pädagogisch sogar eine Neubewertung. So unter anderem in der 1682 erschienenen »Georgica curiosa, das ist umständlicher Bericht und klarer Unterricht von dem adeligen Land- und Feldleben auf alle in Teutschland übliche Land- und Forstwirtschaften gerichtet...« des niederösterreichischen und protestantischen Freiherrn Wolfgang Helmhard von Hohberg – einem Werk der sogenannten Hausväterliteratur aus dem Kreis der »Fruchtbringenden Gesellschaft«, in dem das Ideal des auf eigenem Grund lebenden, patriarchalisch, tugendhaft und praktisch wirkenden Adeligen noch einmal entfaltet ist. Auch an die nach dem Dreißigjährigen Krieg erneuerten Ritterakademien ist hier zu erinnern. Den Kern ihres Ausbildungsprogramms machte noch immer die »Erringung und Bewahrung der adeligen Tugend« aus (N. Conrads). Doch je mehr sich Teile des Adels vom Landleben abgewandt und zu einer rentenverzehrenden Klasse gewandelt hatten, der durch Standesehre und Gesetze der Übertritt in Handel und Gewerbe verschlossen blieb, je stärker die Orientierung des Adels am höfischen Stil, und das hieß im 18. Jahrhundert am Typus des honnête et galant homme, hervortrat und der Luxus zunahm, um so weniger wurde der Adel noch von seinen ursprünglichen Funktionen getragen. Und je häufiger er in landesherrliche Dienste trat und seine privilegierte Herkunft als Karrierevorteil gegenüber den bürgerlichen »Gebildeten« ausspielte, um so fragwürdiger erschien seine politische Dominanz. Deshalb verschärfte sich die bürgerliche Hofkritik und erweiterte sich zur Adelskritik.

Dabei kehrten die moralischen Vorwürfe des Scheinwesens, der Libertinage

*Die Welt des Adels und der Höfe*

und der Verschwendung, des Günstlingswesens und auch der Unbildung regelmäßig wieder. Friedrich Karl Moser bezeichnete die Irreligiosität als Hauptgrund für die moralische Verderbnis der Höfe, die so groß sei, »daß man das anbetet, was man verachtet, und das verachtet, was man innerlich verehrt«. Bei ihm kam Erfahrung hinzu: »Wer den wichtigen Mann bey einem großen Herrn machen will, muß im Stande seyn, ihn entbehren zu können, oder doch Muth und Größe des Geistes genug haben, sich auf Ungnade und Undank gefaßt zu machen.« Von solcher Kritik darf selbstverständlich nicht unvermittelt auf die Wirklichkeit des höfischen Lebens schlechthin geschlossen werden. Doch nicht zu bestreiten ist der mit der Größe des Landes und dem Wohlstand seiner Einwohner auch nach zeitgenössischen Maßstäben im Mißverhältnis stehende Aufwand und Leerlauf höfischen Lebens, der freilich als Demonstration fürstlicher Willkür und adeliger Gleichgültigkeit gegenüber dem Volk nicht hinreichend erklärt werden kann. Es handelt sich vielmehr um die unausbleiblichen Begleiterscheinungen eines sozialen Systems, das auf Repräsentation von Macht und Status angelegt war. Der Hof stellte eine für jene Zeit charakteristische Lebensform dar, die wie alle Lebensformen für die Darinstehenden eine innere Rationalität und deshalb Selbstverständlichkeit besaß. Am Hofe zu leben bedeutete nicht nur Genuß, sondern auch Anstrengung; der Zwang der Konvention verlangte Disziplin und Kontenance. Gunst und Schmeichelei, stilisiertes Auftreten und routinierte Konversation hatten hier andere Funktionen als im bürgerlichen Verkehr. Das Mätressenwesen bildete das Pendant zur politischen Eheschließung, während das Überlassen der Kinderpflege und -erziehung an dazu bestellte Personen dem Usus auch in wohlhabenden landadeligen oder bürgerlichen Häusern entsprach. Daß sich hinter der schönen Fassade einer anscheinend mühelos lebenden Gesellschaft die Dürftigkeit beengter und ungesunder Wohnverhältnisse, der Zwang zum Schuldenmachen und das Bewußtsein der Abhängigkeit von der Gnade Höhergestellter verbargen, ist aus zahlreichen Memoiren und Beschreibungen bekannt. Von der mühseligen Arbeit zahlloser Domestiken aber sprachen auch sie kaum, ebensowenig davon, wie die Mittel für die Hofhaltung aufgebracht wurden.

Norbert Elias hat die unerbittlichen Nötigungen sehen gelehrt, die in der höfischen Gesellschaft wirksam waren, und zwar nicht, weil sie der Fürst angeordnet hätte, sondern weil sie dem System inhärent waren. Er hat die »Zusammenhänge von Herrschafts- und Gesellschaftsstrukturen und Werthaltungen« herausgearbeitet und auf die Tatsache hingewiesen, daß manche Werthaltungen der höfischen Gesellschaft diese lange überdauert haben und von anderen sozialen Schichten aufgenommen worden sind. In der Tat fanden Affektkontrollen, Umgangs- und Sprachformen, die zuerst in der höfischen Gesellschaft und von dort aus im Adel zur Geltung gekommen sind, Eingang in die bürgerliche Gesellschaft, freilich ohne daß diese sie gleich voll beherrscht und sicher angewandt hätte. Das hat dem Adel im Umgang mit bürgerlichen »Gebildeten« jene von diesen oft empfundene Verhaltensüberlegenheit gegeben, die bewußt oder unbewußt hochmütig wirken konnte.

Ob der Grundherr im Umgang mit »seinen« Bauern patriarchalisch streng und gerecht oder gleichgültig und rücksichtslos oder ein Schinder und Ausbeuter war, hing ganz von ihm ab; denn ein wirksamer Bauernschutz konnte von den Landesherren nicht überall durchgesetzt werden. Bewirtschaftete er sein Gut selber, so lebte er räumlich und wirtschaftlich eng mit der bäuerlichen Bevölkerung zusammen, sozial freilich abgrundtief von ihr getrennt. Hier hatte sich das Bewußtsein der Distanz von Herr und Untertan so tief internalisiert, daß sie das Verhalten der einzelnen Menschen bis in ihren Habitus hinein bestimmte. Dem adeligen Gutsherrn galten seine Untertanen als Eigentum, über das er selbständig verfügen könne, und diesen war ihre Abhängigkeit jederzeit bewußt. Ein Schlaglicht auf diese Verhältnisse wirft eine Anzeige von 1744 im »Königsberger Wöchentlichen Nachrichten- oder Intelligenzblatt«, in der ein namentlich nicht genannter Besitzer mehrere seiner Untertanen öffentlich zum Verkauf stellte. Als Friedrich II. darüber Bericht anforderte, antwortete der zuständige Beamte, es sei »ausgemachte Sache... daß die zu denen adeligen Gütern gehörige Untertanen... mit denen Gütern selbst verkauft werden mögen«, wie sie auch von den Besitzern – mit oder ohne formellen Loskauf – in Freiheit entlassen werden könnten; unstatthaft sei nur, sie unabhängig von den Gütern zu verkaufen, also »gleichsam einen in denen christlichen Ländern jederzeit detestirten Handel mit Menschen zu treiben«. Der König ist demgemäß nur gegen solchen Verkauf eingeschritten. Daß in Mecklenburg der »Landesgrundgesetzliche Erbvergleich« von 1755 der »Ritter- und Landschaft inclusive der Klöster und Rostockschen Gemeinschafts-Örter« das Eigentumsrecht an ihren »leibeigenen Guts-Untertanen« und das Recht des Bauernlegens erneut bestätigte, zeigt, wie zäh die adeligen Besitzer am vollen Umfang ihrer Gutsherrschaft festhielten, während gleichzeitig nicht nur die Rechtsform der Leibeigenschaft, sondern auch ihr wirtschaftlicher Nutzen heftig in Frage gestellt wurde, so unter anderen von dem Kameralisten Johann Heinrich Justi, der die Frondienste geradezu als Hindernis für eine blühende Landwirtschaft bezeichnete. Der ostdeutsche Adel aber verteidigte seine Gutsherrschaft nicht bloß aus ökonomischen Gründen, sondern um seine gewohnte herrschaftliche Lebensform zu erhalten.

Friedrich II., der die harte Herrenmentalität seines Adels kannte, kam ihm dennoch weit entgegen. Im Politischen Testament von 1752 bezeichnete er die Erhaltung des Adels als wichtigen Gegenstand der preußischen Innenpolitik. Damit dieser sich in seinem Besitz behaupten könne, müsse der Verkauf adeliger Güter an Bürgerliche verhindert werden; zugleich aber müsse dem Adel verboten werden, fremde Dienste zu nehmen. Statt dessen müsse ihm Standesbewußtsein und »patriotischer Sinn« eingeflößt werden. Mehr noch als andere Staatsbürger

*Die Welt des Adels und der Höfe*

habe der landsässige Adel die Pflicht, dem Vaterland zu dienen, denn er besitze seine Auszeichnungen und Vorzüge nur als Gegenleistung für seine Dienste. Diese Uminterpretation adeliger Privilegien zur Belohnung für patriotische Leistungen änderte gewiß nichts am Verhältnis zwischen Herren und Untertanen, aber sie zeigt deutlich den Prozeß der Integration des Adels in den absolutistisch regierten Staat an, einen Vorgang, in dessen Verlauf der Adel »seine ständische Entmachtung als Preis für die Sicherung seines privilegierten Sozialstatus und seine Herrenstellung auf dem Lande hingenommen« hat (G. Birtsch). Diese Hinnahme ist für ihn im monarchischen Adelsstaat Preußen deshalb nicht zur politischen Niederlage geworden, weil er sich im Militär- und Verwaltungsdienst auf Dauer einen beträchtlichen politischen Einfluß und die Anerkennung als Staatsstand par excellence sicherte. So abgestützt, kultivierte er ein ausgeprägtes und arrogantes Standesbewußtsein und die Vorstellung, daß der Staat Preußen eigentlich sein Werk sei und deshalb in seiner Erhaltung den Hauptzweck seiner Politik sehen müsse. Diese Selbsteinschätzung hat in den Kriegen Friedrichs II. starken Auftrieb erhalten. Außergewöhnlich groß wie die Zahl der Offiziere, die der eingesessene Adel der preußischen Armee stellte, war auch der Blutzoll, den er entrichtete. Ihn mit Stolz vorzuweisen, hat lange zum Prestigehabitus und zur Demonstration des Patriotismus der Familien des Militäradels gehört, der im preußischen Militärstaat ein überlegenes Ansehen beanspruchte und auch besaß. Spezifische, der Armee eigentümliche Werthaltungen und Sprachformen drangen weit über den Adel hinaus in die Staatsdienerschaft vor.

Vergleichbare Erscheinungen hat es vereinzelt auch in anderen deutschen Ländern gegeben, allerdings kein militärisches System wie das preußische. Überall galt militärischer Dienst als standesgemäße Lebensform und Versorgung, die nicht nur im eigenen Land gesucht wurde. Auch im 18. Jahrhundert hatte das Militär – die Söldnermannschaften wie die Offiziere – internationalen Charakter; der Übergang von einem Dienst in einen anderen kam häufig vor. Solcher Mobilität entsprach eine gewisse soziale Fluktuation. Den Militärdienst suchte der Landjunker ebenso wie der Prinz; und daß selbst regierende Fürsten als Kriegsherren oder im Dienst mächtiger Monarchen kriegerischen Ruhm suchten, wertete das Militär sozial auf. Hier waren Karrieren zu machen, hier konnte politischer Einfluß erworben werden, und hier war am leichtesten der Aufstieg des Nichtadeligen möglich, glichen sich doch beim Militär, und zumal im Krieg, die Unterschiede in der Herkunftserfahrung und der Wertvorstellung aus.

Mit der Entstehung permanenter Heere wurde der Militärdienst zum Beruf, für den junge Adelige schon früh in Kadettenanstalten, Militärschulen oder in der Umgebung von kommandierenden Verwandten ausgebildet wurden. Das Uniformtragen kam in Mode. Militärische Revuen erhielten den Charakter gesellschaftlicher Ereignisse. Militärisches Auftreten und Gehabe breitete sich aus und konnte vor allem an kleineren Höfen absurde Formen annehmen. Dadurch vertiefte sich die Kluft zwischen der adeligen und der bürgerlichen und bäuerlichen Welt. Dasselbe gilt für die fürstliche und adelige Jagd, die im 17. und 18. Jahrhundert größeren Umfang und ein weiter entfaltetes Zeremoniell annahm. Als spezifisch adeliges Vergnügen, das den Waffenkampf unter veränderten Bedingungen fortsetzte und zugleich Sport war, bedeutete sie die demonstrative Wahrnehmung von Privilegien, die für die Landbevölkerung besonders spürbar, besonders wenig einsichtig und deshalb besonders anstößig waren.

Hohberg hatte in der »Georgica curiosa« das exklusive herrschaftliche Jagdrecht damit begründet, daß das Waidwerk »eine tapfere und ritterliche Übung und dem Adel gleichsam ein Praeludium belli« sei, damit aber eine schon »verlorene Wirklichkeit beschworen« (H.W. Eckardt). Denn inzwischen war aus der Fangjagd oft ein Abschießen von eingesperrtem oder zugetriebenem Wild geworden; im 18. Jahrhundert kamen aufwendige Parforcejagden in Mode. Die Jagd war zu einem degenerierten höfischen Dauervergnügen geworden, für das große Wildgatter angelegt wurden, zahlreiches Personal gehalten, eine umfangreiche Literatur produziert und in alle Adelsbibliotheken eingestellt wurde. Jagdmotive und Tierbilder gehörten zu den beliebtesten Themen der darstellenden Kunst, nicht nur zur Dekoration der in großer Zahl entstehenden Jagdschlösser des hohen Adels. Daneben nahm sich die Jagd des niederen Adels bescheiden aus, obwohl sie die gleiche Funktion eines exklusiven Vergnügens des nichtarbeitenden Teils der Bevölkerung hatte, von dem der andere Teil unmittelbar betroffen war. Denn die Landbevölkerung mußte Treiber, Wächter und Fuhrleute stellen und es hinnehmen, daß die Jagd über ihre Felder ging. Wild, das die Felder verwüstete, durfte sie allenfalls mit Lärm vertreiben, nicht aber fangen, abschießen oder erschlagen, geschweige denn selber jagen. Jagdfrevel und Wilderei wurden als Verstöße gegen besonders hoch bewertete Exklusivrechte des Adels und als Aktionen des Widerstandes übermäßig hart bestraft. Die gleiche abschreckende Wirkung hatten die ebenfalls hohen Strafen bei Fisch- und Holzfrevel. Kein anderes adeliges Privileg ist bis tief ins 19. Jahrhundert so zäh verteidigt worden wie das Jagdrecht, kein anderes hat bei der Landbevölkerung so nachhaltig Haß ausgelöst.

Bis in das späte 18. Jahrhundert hinein sind der Adel als Institution und sein sozialer Vorrang in Deutschland nicht grundsätzlich bestritten worden. Gleichwohl verschärfte sich die Kritik unter dem Einfluß der Aufklärung, für die ein Vorrang allein auf Grund der Geburt nicht als naturgegeben und vernünftig begründbar gelten konnte. Auch die Nützlichkeit eines Standes, der – anders als der englische Adel – von dem Vorurteil lebte, er würde durch Gewerbe und Handel verunehrt, wurde bestritten und wenn nicht seine Abschaffung, so doch seine Reform verlangt. Unter dem Eindruck solcher aufgeklärten Kritik hätte sich der Adel selbst ebenso für einen Mißbrauch halten müssen wie der absolute Monarch von Gottes Gnaden. Wie es aber Monarchen gegeben hat, die aufgeklärten Grundsätzen zustimmten und sie in die Praxis ihrer Politik umzusetzen versuchten, so haben sich auch Angehörige des Adels der Aufklärung geöffnet und ihr Tun unter die Devise der Nützlichkeit gestellt. Zu den Gründen, warum der Adel – wie die Monarchie – in Deutschland so lange Ansehen und politischen Einfluß behalten hat, gehört die Tatsache, daß einzelne seiner Mitglieder als reformfreudige Landwirte, Schulreformer, als Minister und hohe Beamte ihren Einfluß und ihre Mittel eingesetzt haben, Verbesserungen durchzuführen und aufgeklärte Männer zu fördern.

Personen- und Güterverkehr auf dem Rhein bei Speyer. Gemälde von Jacobus Storck, 1683. Speyer, Historisches Museum der Pfalz. – Spaziergänger vor den Toren Danzigs. Gemälde von Andreas Stech, nach 1662. Braunschweig, Herzog Anton Ulrich-Museum

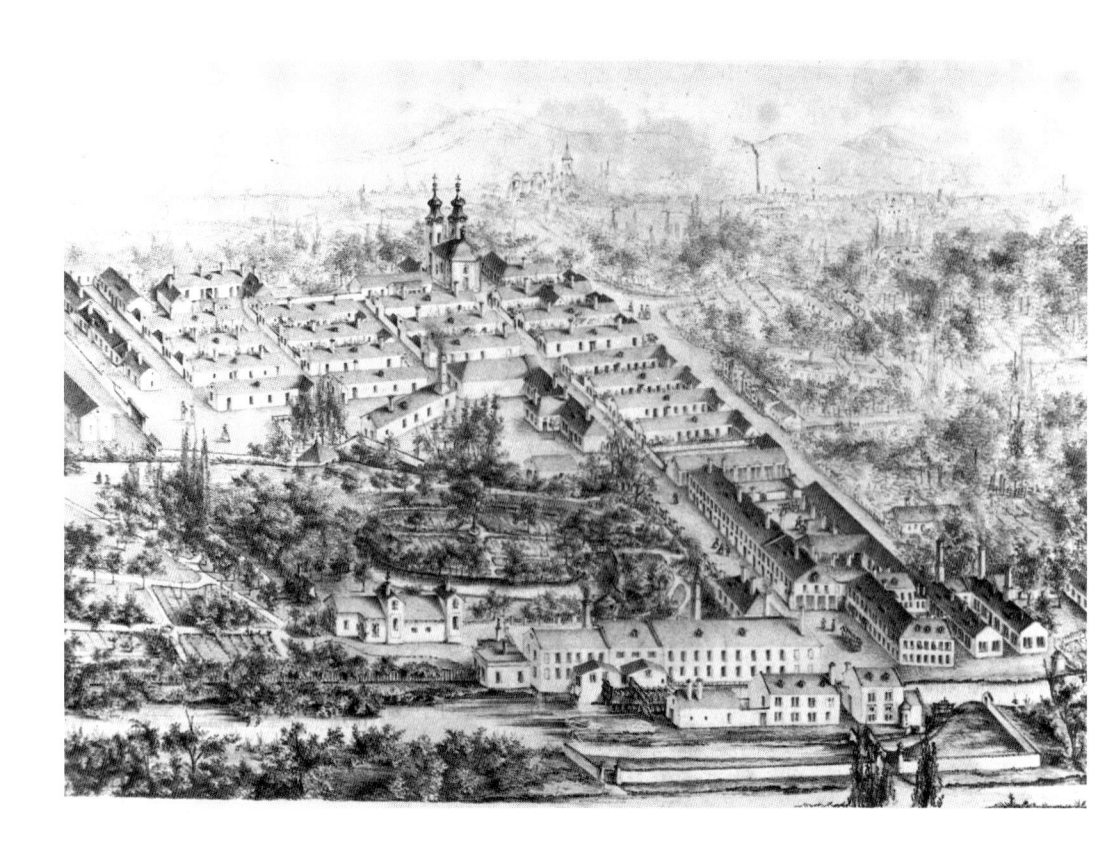

Die frühindustrielle Siedlung »Nadelburg« zu Lichtenwörth bei Wiener Neustadt. Lithographie von M. Smech nach der 1756 vollendeten Konzeption der Wohnanlage um die Metallwarenfabrik. Wiener Neustadt, Stadtmuseum

Das Schloß Ludwigsburg vor seiner Fertigstellung als Zentrum der Residenzstadt. Lavierte Zeichnung von Leopold Retti, 1726, zwei Jahre nach Baubeginn unter Donato Giuseppe Frisoni. Stuttgart, Staatsgalerie, Graphische Sammlung

Höfische Unterhaltung bei Konzert und Kartenspiel: Kurfürst Max III. Joseph von Bayern mit Familie und seine sächsischen Gäste, der Kurprinz Friedrich Christian mit Familie und Hofstaat. Gemälde von Peter Horemans, 1761. München, Schloß Nymphenburg

# Alltag und Volkskultur

»Ein verständiger Mann aus dem Württembergischen wurde kürzlich gefragt«, so liest man in den »Pennsylvanischen Berichten« unter dem 1. Dezember 1754, »was ihn bewogen habe, die weite, gefährliche und beschwerliche Reise übers Meer vorzunehmen. Er antwortete: ›Wer sein Lebtag noch nie Hunger gelitten und Mangel gehabt, der kann nicht begreifen, was die Ursache ist, daß sich dieses Jahr so viele tausend Menschen auf die beschwerliche Reise begeben haben. Die herrschaftlichen Beschwerden sind gar so groß! Das Schaffen will nicht mehr helfen. Die Menschen werden in solcher Not wie verzweifelt und denken: Komm ich um, so komm ich um!... Man hat mir gesagt, daß wer nach Preußen ziehen wolle, der bekomme Reisegeld und Land, wie in Amerika. Ach, ach! Was ist ein freier Einwohner gegen einen Sklaven oder Leibeigenen? Was für ein Vergnügen kann ein Mensch haben in einem Land, da er sich für die Herrschaften zu Tode arbeiten muß, und wo die Söhne vor dem elenden Soldatenleben nicht sicher sind?‹«

Hunger und Mangel, herrschaftliche Bedrückung und bäuerliche Verzweiflung waren alltägliche Erfahrungen der einfachen Leute, die das gewohnte Ausmaß überschritten haben mußten, ehe sie sich zur Auswanderung nach Amerika entschlossen. Nicht eine einmalige Mangellage konnte sie dazu bewegen, sondern die Wiederkehr des Hungers und die Dauer der Beschwernisse ließen sie resignieren und annehmen, daß alles »Schaffen nicht mehr helfen« will. Der »verständige Mann aus dem Württembergischen« gehörte zu denen, die den Mut zum Neuanfang aufbrachten, nachdem er zwischen Freiheit in Amerika und Leibeigenschaft und Soldatenwesen in Preußen gewählt hatte. Die Mehrheit dagegen hatte weder die Möglichkeit noch die Entschlußkraft zur Auswanderung, und es fehlte ihr die Gelegenheit, Klagen über die Plackerei des täglichen Lebens an die Öffentlichkeit zu bringen, obwohl es ihr gewiß nicht besserging.

In den Alltag jener einfachen Leute hat die neuere historische, volkskundliche, sozial- und kulturanthropologische Forschung tieferen Einblick verschafft, dabei allerdings auch erkennen müssen, daß generelle Aussagen nur bei größter Vorsicht zulässig sind. Denn auch im Leben der Unterschichten spielten lokale und regionale Unterschiede eine erhebliche Rolle, nicht nur ökonomische, sondern ebenso Abweichungen in der Rechts- und Eigentumsordnung und im politischen System. So bedeuteten, um ein Beispiel zu nennen, für die Landbevölkerung in den preußischen Ostprovinzen die rabiate Werbungs- und Rekrutierungspraxis, die durch die Einführung des Kantonalsystems (1733) nicht gemildert, sondern nur reguliert wurde, der strenge Drill und die barbarischen Disziplinarmethoden in der preußischen Armee eine Verdoppelung ihrer Abhängigkeit und einen schweren Eingriff in ihr gesamtes Leben, dem sich nicht wenige junge Leute durch Flucht oder – wenn sie bereits vereidigt waren – durch Desertion zu entziehen versuchten. Als zweites Beispiel diene die nordwestdeutsche Holland-Gängerei. Wie das proto-industrielle Heimgewerbe entlastete sie, offiziell geduldet, das System der nordwestdeutschen Grundherrschaft, das nachgeborenen Bauernsöhnen, die nicht einheiraten konnten, Kätnern und Instleuten keine Chance bot. Nur wenige freilich, die für mehrere Monate oder Jahre ins Nachbarland gingen, konnten ihren Familien das Leben wesentlich erleichtern; manche kehrten nicht zurück. Und ein drittes Beispiel: der Zwang zum Nebenerwerb im württembergischen Realteilungsgebiet. Als im 18. Jahrhundert heimgewerbliche Tätigkeit nicht mehr ausreichte, die wachsende Bevölkerung aufzufangen, setzte verstärkte Auswanderung ein.

Solche und andere Erscheinungen lassen Rückschlüsse auf enge, dürftige und bedrückende Lebensumstände der Unterschichten, also derjenigen zu, die unter dem bäuerlichen und bürgerlichen Existenzminimum lebten. Um die Schwere dieser Umstände, aber auch das Ausmaß der Gewöhnung an sie richtig einzuschätzen, müssen mehrere grundlegende Faktoren in ihrem Ineinanderwirken gesehen werden: die Aufnahme- und Mobilitätsgrenzen der vor-industriellen Gesellschaft, in der es, zumal bei wachsender Bevölkerung, kaum Ausweichmöglichkeiten und neu zu entdeckende Tätigkeitsfelder gab; die rechtlichen Bindungen der noch bestehenden Agrarverfassung, deren hemmende Wirkung für einen Aufschwung der Landwirtschaft und für die Verbreiterung der Nahrungsbasis zwar theoretisch erkannt, aber noch nicht praktisch überwunden werden konnten; die relativ niedrige Produktionsrate der Landwirtschaft; die Überbesetzung des städtischen Handwerks und die zunehmende Erstarrung seiner zünftischen Organisation; die Einschnürung des Handels durch Zollgrenzen und territorialistische Wirtschaftspolitik. Andere Sachverhalte lassen sich in ihren Auswirkungen noch weniger genau bestimmen. So ist, neben dem geringen Eigeninteresse abgaben- und dienstpflichtiger Arbeitskräfte, ein oft niedriger Gesundheitsstand gerade in den Unterschichten und deshalb eine nur begrenzte Arbeitsfähigkeit anzunehmen. Einseitige und zumindest zeitweilig unzureichende Ernährung, frühzeitige schwere Arbeit unter ungünstigsten Bedingungen, kärgliche Wohnverhältnisse, mangelnde Hygiene trugen dazu noch mehr bei als akute Krankheiten, bei denen es häufig an ärztlicher Versorgung ganz und gar fehlte. Mit der Pest war nur die schlimmste und am meisten Schrecken erregende Form tödlich verlaufender Seuchen zu Beginn des 18. Jahrhunderts gebannt, andere, vor allem die »Rote Ruhr« (Dysenterie) und die Pocken (Blattern), traten immer wieder epidemisch auf, rafften, zumal in den Städten, zahlreiche Menschen dahin oder zeichneten sie fürs Leben. Entstellte, gichtverkrümmte, ausschlagbedeckte Gestalten waren ein vertrauter Anblick. Fehlende ärztliche Behandlung bei Kriegsverwundungen führte vielfach zu Verstümmelungen, zu dauernder Arbeitsunfähigkeit und nicht selten zu Armut und Bettlerdasein, denn eine Invalidenversorgung kannte das militärfreudige Jahrhundert nicht.

In den wenigsten Fällen dürften solche Opfer des Krieges oder der Arbeit dauerhafte Aufnahme in einem der Spitäler gefunden haben, die es in allen Städten gab. Diese Einrichtungen waren oft aus geistlichen Stiftungen hervorgegangen und in ehemaligen Klostergebäuden oder alten, unhygienischen Gemäuern untergebracht. Meist dienten sie nicht der Krankenpflege, sondern waren Heime für alte, arme, alleinstehende und hilfsbedürftige Leute, sofern sie ortsansässig waren und als unbescholten galten. Kranke dagegen pflegte man normalerweise in der Familie; man behandelte sie mit Hausmitteln und nur in Sonderfällen mit Apothekerarzneien. Apotheken gab es auch in kleineren Städten, daneben Bader, Wundärzte und Chirurgen – meist Männer, die lediglich eine praktische Ausbildung hatten, also im eigentlichen Sinne des Wortes Handwerker waren. Studierte und approbierte Ärzte, die sich mit innerer Medizin befaßten, gab es erheblich weniger; sie herbeizuziehen war für die allermeisten Menschen zu kostspielig, und ins Dorf kamen sie schon gar nicht. In den Unterschichten lebte vielfach tiefes, mit Scheu vermengtes Mißtrauen gegenüber der Schulmedizin. Die einfachen Leute ließen sich noch immer leicht von Kurpfuschern und Scharlatanen ansprechen, die ihre Heilmethoden und Medizinen hausierend und auf Jahrmärkten anpriesen, und nahmen im übrigen, wie die Menschen aller Schichten, Krankheit und dauerndes Siechtum gottergeben als Schicksal hin, das durch Gebet und Kommunion, Wallfahrt und das Abbrennen geweihter Kerzen wenn nicht gewendet, so doch erleichtert werden mochte.

Charakteristisch für die Zeit, bevor Landesherren und Magistrate sich verstärkt der Verbesserung der Hygiene und der ärztlichen Versorgung der Bevölkerung zuwandten, was in Deutschland erst seit der Mitte des 18. Jahrhunderts geschah, ist der enge Zusammenhang von Krankheit und Armut. Er war nicht nur in den Spitälern sichtbar, sondern auch in einer Dauererscheinung der »alten« Welt: im Bettlerwesen. Menschen, denen infolge unverschuldeter Armut Almosen gereicht wurden, gehörten allerorten zur sozialen Wirklichkeit. Für sie zu sorgen war vornehmlich Aufgabe der Kirche, aber auch der städtischen Magistrate. Daneben gab es den Kirchen-, Straßen- und Hausbettel. In protestantischen Gebieten energisch, wenngleich ohne durchschlagenden Erfolg bekämpft, wurde er in katholischen durch den Glauben an die Verdienstlichkeit guter Werke und die größere Bereitschaft zum Almosengeben begünstigt. Alle Berichte über den Bettel in den Städten und die umherziehenden Bettler auf dem Lande stimmen darin überein, daß sich unter ihnen viele Kranke und Invalide befanden. In fast allen wird auch behauptet, diese Menschen würden mitgeführt, um Mitleid zu erwecken, ja, mancher Leibesschaden werde simuliert, manche Verstümmelung, insbesondere an Kindern, sei absichtlich herbeigeführt. Damit ist in der Regel der Vorwurf der Arbeitsunwilligkeit und der selbstverschuldeten

*Alltag und Volkskultur*   219

Armut, schließlich der Kriminalität verbunden. Entsprechend unterschieden die Behörden bei ihren Gegenmaßnahmen scharf zwischen unverschuldeter Armut, die möglichst gelindert werden sollte, und selbstverschuldeter, die bestraft werden müßte. Praktisch aber wurde dann doch kein Unterschied gemacht, wenn man – aus fiskalischen und pädagogischen Gründen – die Funktion des Armen- und Waisenhauses mit der des Arbeits- und Zuchthauses verband, manchmal auch mit der des Irrenhauses.

Obwohl in Franckes Anstalten in Halle längst ein Beispiel hilfreicher Erziehung armer Kinder bestand, hat es Zeit gebraucht, ehe aufgeklärte Vorstellungen in der Behandlung von Kindern, Armen, Kranken und Kriminellen wirksam wurden. An der Unterscheidung aber zwischen verschuldeter und unverschuldeter Armut und an der Überzeugung, daß im ersten Fall erzieherischer Zwang ausgeübt werden dürfe, hielten selbst die Aufklärer strikt fest, da ihnen Unwissenheit nicht nur als Anfang aller Not, sondern auch aller Laster galt. Zwar erkannten sie den Zusammenhang zwischen sozialem System und menschlichem Verhalten; für sie blieb jedoch die Besserung der Menschen der einzige Weg, auch die Verhältnisse zu bessern, in denen sie lebten; und ihre Bemühungen, die Quellen der Armut zu verschütten, blieben so lange illusorisch, als nicht das gesamte System in Bewegung geriet. Mit polizeilichen Überwachungs-, Straf- und erzieherischen Zwangsmaßnahmen allein war nicht gegen Armut und Bettelei, auch nicht gegen das Gauner- und Räuberwesen anzukommen. Ein klarer Trennungsstrich läßt sich hier nicht ziehen, zumindest nicht bei den durchs Land streifenden besitz-, beschäftigungs- und herrenlosen Leuten, die sich oft zu Gruppen und Banden zusammenfanden. Ihre Zahl scheint sich im letzten Drittel des 18. Jahrhunderts mit der wachsenden Bevölkerung vermehrt zu haben. Jedenfalls beschäftigten sich mehr als zuvor die Publizisten und die Regierungen mit ihnen, wobei die wiederholten oder neuen landesherrlichen Polizeiverordnungen über verschärfte Kontrollen hinaus auch Hilfsmaßnahmen anordneten, diese allerdings strikt auf die einheimischen Bettler begrenzten, während die anderen abgeschoben werden sollten.

Gegeben hat es in Banden herumziehende Bettler, Gauner und Banditen jedoch auch vorher. Insbesondere in Mitteldeutschland, Franken, Südwestdeutschland und dem Rhein-Gebiet auftretende Räuberbanden zogen regional erhebliche Aufmerksamkeit auf sich. Sie konnten sich vor allem in territorial zersplitterten Gebieten halten, wo jederzeit Grenzen überschritten werden konnten und das Militär der einzelnen Landesherren für eine wirksame Kontrolle nicht ausreichte. Bauernbanditen mit sozialrevolutionären Zielen befanden sich nicht unter ihnen; sie gehörten zum Typ des internationalen Vaganten- und Gaunertums. Zigeuner, Juden und Angehörige sogenannter unehrlicher Berufe liefen ihnen zu, also Menschen, die gesellschaftlich an den Rand gedrängt waren und keinen legalen Ausweg aus ihrer Situation sahen. Während eine Minorität –

die Räuberbanden im engeren Sinne – zur direkten Gewaltanwendung bereit war, suchte die Mehrheit durch Hausier- und Gelegenheitshandel, durch die Ausübung als unehrenhaft geltender Arbeit – Kesselflicken, Bürstenbinden, Scherenschleifen und dergleichen –, durch Betrügerei, Diebstahl, Hehlerei, Wilderei sich zu behaupten. Soweit sich die Vagierenden zu regelrechten Banden zusammenschlossen, für die es keine Rückkehr in ein gesetzliches Leben gab, entwickelten sie enge Solidarität und spezifische Verhaltensregeln, zu denen es gehören konnte, die kleinen Leute zu schonen, die Besitzenden zu schröpfen. Mit den harmloseren kleinen Gaunern lebte die Landbevölkerung oft in einem Verhältnis, das aus Furcht und Sympathie bestand – Furcht vor Nötigung und Verlust, Sympathie für Menschen, die unsicher und unter harten Bedingungen, aber frei lebten. Offenbar herrschte in der bäuerlichen Bevölkerung nicht selten eine neugierige Gutmütigkeit gegenüber dem fahrenden Volk der Hausierer, Musikanten, Landstreicher, von denen man abenteuerliche Geschichten erfahren, oft allerdings auch hören konnte, daß sie im Zuchthaus geendet seien.

Mit dem Problem der vagierenden, mehr oder minder kriminellen Gruppen ist der frühneuzeitliche Staat ebensowenig fertig geworden wie mit dem Bettel. Es fehlten ihm wirksame Mittel der Fahndung und der Strafverfolgung, an der die Bevölkerung kaum mitarbeitete. Es ist dies einer der Gründe, weshalb er lange an der Abschreckungsfunktion der Strafe und an der Öffentlichkeit ihrer Ausführung festgehalten hat. Auf solche Öffentlichkeit – sei es des Prangerstehens oder der Hinrichtung unter Beachtung ausführlicher Rituale – hatte indes das Volk einen durch Gewohnheit begründeten Anspruch. Nur so erhielt die Strafprozedur, die weit über die Exekution eines Rechtsspruches hinaus symbolische Bedeutung als Vorgang besaß, durch den das gestörte Recht wiederhergestellt wird, in den Augen des Volkes ihre volle Rechtsgültigkeit. Gewiß war die aufgeklärte Kritik, daß Hinrichtungen zum Vergnügen der Masse geworden seien, ihre Sensationslust befriedigten und das Gegenteil einer Besserung bewirkten, nicht unberechtigt, aber sie traf nicht die eigentliche Bedeutung der Prozedur. Hinter allem Spektakel und Aufwand der öffentlichen Hinrichtung – einschließlich reichhaltiger Henkersmahlzeiten des ganzen Gerichts – stand doch auch für die Obrigkeit der Zwang, dem Delinquenten wie dem »unehrlichen« Henker, den beteiligten Richtern und Beisitzern wie der Gemeinde und ihren Erwartungen gerecht zu werden. Ging es der Obrigkeit vor allem um die belehrende und abschreckende Wirkung des Hinrichtungs-Schauspiels, so dem Volk um sein Recht, dabeizusein. Damit demonstrierte es seine Vorstellung, daß Rechtsspruch und Strafvollzug öffentliche Vorgänge seien, über die die Obrigkeit nicht allein verfüge.

Das beharrliche Festhalten an überlieferten Formen und Ritualen öffentlicher Handlungen, denen Rechtsverbindlichkeit zukam, selbst nachdem sie ihre ursprüngliche Bedeutung verloren hatten und ihre Symbolik vielen schon unbekannt zu werden begann – es sei hier an Goethes Schilderung des »höchst bedeutsamen Ereignisses« der Krönung Josephs II. zum Römischen König Anfang April 1764 in »Dichtung und Wahrheit« erinnert –, war beides zugleich: das Beharren auf sinnfälliger Verbürgung der bestehenden Rechtsordnung und das Geltendmachen des Anspruchs auf Teilnahme – nicht bloß als Zuschauer, sondern auch als aktiv oder symbolisch Beteiligter. Das gilt ebenso für die jährlichen Schwörtage in den Reichsstädten wie für Gesellenfreisprechung und Meisterannahme in den Zünften, für die Errichtung eines neuen Galgens vor den Toren wie für traditionelle Dank-Wallfahrten. Daß alle solche Handlungen auch Feste waren, daß sie arbeitsfreie Tage und besondere Vergünstigungen eintrugen, unterstreicht ihre soziale und politische Funktion in einer Zeit, in der weltliches Regiment noch nicht zum Handeln hinter verschlossenen Amtstüren, zur rationalen Verwaltung nach abstrakten Grundsätzen und zur Kammerjustiz geworden war. Zwar war solches Regiment im 18. Jahrhundert überall auf dem Wege, aber es fehlte viel daran, daß es allerorten durchgesetzt worden wäre. Zudem erkannten die Regierenden, wie vorteilhaft es sein konnte, wenn man den Regierten die älteren Formen und Rituale der Mitwirkung beließ, obwohl sich die politische Machtverteilung zu ihren Ungunsten verändert hatte.

Erweitert man den Kreis der Beobachtungen, dann wird die große Zahl und die fundamentale soziokulturelle Bedeutung der Feste sichtbar, die das Leben der Menschen aller Stände und Gruppen in Dorf und Stadt gliederten, ihm Sinn gaben und es für die Masse der einfachen Leute erträglich machten. Anlässe waren einmal die Daten des persönlichen und beruflichen Lebens: Geburt, Heirat, Tod, Lossprechung und Meisterannahme des Handwerkers, Hofübernahme des Bauern, Feldumgang, Erntefest, Almabtrieb, Weinlese. Daneben standen lokale Feste, die oft kirchliche Bedeutung hatten oder durch kirchlichen Weiheakt sanktioniert waren: Gildenumzüge, Kirchweihfeste und Jahrmärkte. Wichtiger noch war der Rhythmus des Kirchenjahres mit seinen religiösen Festen. Alle diese Feste unterschieden sich in den Formen, dem Sinn und dem Gewicht, das ihnen beigelegt wurde, nach beruflichen, ständischen und konfessionellen Kriterien, »doch die Teilkulturen… standen in den vertikalen Bindungen einer klar gestuften, relativ geschlossenen Gesellschaft« (W. K. Blessing). Vor allem an kirchlichen Festen, von denen die stärkste kulturelle Prägung ausging, nahmen alle Gruppen der lokalen Gesellschaft teil, freilich nicht ohne feine Unterschiede, die vom Sitz in den Kirchenbänken über die Wahrnehmung bestimmter Festfunktionen bis zur Reihenfolge bei Umzügen reichten, ganz zu schweigen von dem Unterschied zwischen denen, die gaben, und anderen, die etwas erhielten. Die soziale Rangordnung schlug auch hier durch, unbeschadet der Gemeinsamkeit des festlichen Anlasses. Ebenso gruppen- und schichtenspezifisch differenzierte sich die Festmentalität. Monastische Gemeinschaften und pietistische Gemeinden erlebten die großen Kirchentage selbstverständlich anders als »normale« Gemeinden, Wohlhabende und Nichtarbeitende anders als diejenigen, für die der Feiertag in erster Linie ein freier Tag war, ein Tag vitaler, entspannender Ausgelassenheit.

Den vielen moralisierenden und vorwurfsvollen Berichten von Pfarrern, später von aufgeklärten Schriftstellern, über Schwelgerei, Trunksucht, rohe Genüsse der Unterschichten, über ihre unfromme Neigung zum Vergnügen und zur Verschwendung bei Hochzeiten und Beerdigungen, über Mißbrauch von Wallfahrten und Fastengottesdiensten zur Belustigung und zu unzüchtigem Verhalten fehlte es nicht an Berechtigung. Für die Motive zu solchem Verhalten und seine symbolische Bedeutung aber mangelte es den Kritikern an Verständnis. Handelte es sich doch um das ephemere Sich-frei-Machen von den Zwängen des Alltags, um eine Art Protest, um die symbolische Überschreitung von sonst geltenden Verhaltensschranken, um die unerlaubte Vermischung von Glaube und Aberglaube. Die Verhaltens- und Gewissenskontrolle durch Kirche und weltliche Obrigkeit wurde dadurch allerdings nicht prinzipiell in Frage gestellt, so sehr die Vertreter beider Institutionen es behaupteten. Gerade die Unterschichten blieben auf kirchlichen Trost angewiesen und rechneten mit der Nachlässigkeit und Nachsichtigkeit der weltlichen Herrschaft.

In keinem Bereich sind Kirche und Staat so wenig erfolgreich gewesen wie beim Versuch, die Fest- und Freizeitgewohnheiten der Bevölkerung, vor allem der Unterschichten, zu disziplinieren. Fast völlig wirkungslos blieben landesherrliche Eingriffe in die religiöse und kirchlich sanktionierte Volkskultur der katholischen Gebiete. Als Joseph II. nach 1780 in den österreichischen Erblanden mit bestem Gewissen daranging, aus merkantilistischen Erwägungen die Zahl der Feiertage zu verringern, Wallfahrten abzuschaffen, kontemplative Klöster aufzuheben, dagegen Seelsorge, Priesterausbildung, Schul- und Krankenwesen zu verbessern, da haben seine Reformen offenen Widerstand in der Landbevölkerung gefunden.

Zu den Reformen Josephs II., die die größte Zustimmung des aufgeklärten deutschen Publikums fanden, gehört in erster Linie das Toleranzpatent von 1781, das Lutheranern, Calvinisten und Griechisch-Orthodoxen in den Ländern des Hauses Österreich die private Religionsausübung gestattete, ohne sie mit der römisch-katholischen Religion gleichzustellen. Noch seine Mutter hatte eine solche Maßnahme als Ausdruck religiösen Indifferentismus weit von sich gewiesen, wobei ihr der verhaßte Preußenkönig als abschreckendes Beispiel galt: Wollte dieser doch in seinem Staat jeden »nach seiner Facon« selig werden lassen, vorausgesetzt, er gab keinen Anlaß zu öffentlicher Unruhe. Aber auch in Preußen war die konfessionelle Prägung der religiösen Vorstellungswelt und des moralischen und sozialen Bewußtseins der großen Mehrheit der Menschen im 18. Jahrhundert noch selbstverständlich. Sie kam in ihren alltäglichen Gebeten, Segenswünschen und Flüchen, in ihren sprichwörtlichen Reden und Gleichnis-

*Alltag und Volkskultur*

sen, in der sie umgebenden Bilderwelt, in der Art, Feste zu feiern, und im Verhältnis zwischen Laien und Geistlichen zur Geltung, und noch immer in der Fremdheit und dem Mißtrauen gegenüber den Angehörigen einer anderen Konfession, denen man wechselweise Häresie und Abgötterei, vor allem böse Absichten unterstellte. »Mischehen« kamen im Volk praktisch nicht vor, es sei denn nach vorheriger Konversion eines Partners. In vielen ländlichen Gegenden und kleineren Städten aber bekam man normalerweise nie einen Andersskonfessionellen zu Gesicht, so daß tradierte Vorurteile leicht fortleben konnten. Zwar wurden sie nicht mehr im gleichen Maße wie im Zeitalter des Konfessionalismus von Kirche und Staat unterstützt und gefördert, besaßen aber durchaus Rückhalt am Wahrheitsanspruch der jeweiligen Kirche, an dem gerade die kleinen Leute nicht zweifelten. Noch immer waren konfessionelle Verhaltensmotive so unmittelbar mit politischen Rechten und ökonomischen Interessen verknüpft, daß es zum Beispiel für einen katholischen Handwerker unmöglich war, der Zunft einer rein protestantischen Stadt anzugehören; ein evangelischer Kaufmann konnte nicht Bürger der Reichsstadt Köln werden und kein evangelischer Bettler sich hier halten.

Trotz solcher Divergenzen aber – und trotz mancher, der Kontrolle durch Kirche, Schule und weltliche Gewalt sich entziehenden Elemente des Aberglaubens – blieb das Christentum die grundlegende Bildungsmacht für alle Schichten. Über jede Sonderkultur hinaus stellte es Gemeinsamkeit des Verständnisses der Welt, der Natur des Menschen und des Wirkens Gottes an den Menschen her. Dieser Sachverhalt läßt erkennen, was die prinzipielle Kritik der Aufklärer an diesem Verständnis bedeutete. Allerdings blieb sie auf eine Minderheit begrenzt und hat die Unterschichten erst im 19. Jahrhundert in politischer Vermittlung erreicht. Daß die Aufklärer sich auch der Juden annahmen, also derjenigen Gruppe, die zwar unter den Christen aller Konfessionen lebte, doch keine Gemeinsamkeit mit ihnen hatte, lag in der Konsequenz ihres Denkens. Juden gab es überall in Mitteleuropa, aber als Nichtchristen und »Christusmörder« waren sie schlechterdings nicht integrierbar. Ob sie in größeren Städten in Gettos wohnten oder in kleineren Orten und Dörfern – sie blieben unter sich, unterstanden besonderem Recht, durften keinen Grundbesitz erwerben, hatten keinen Zutritt zu Zünften, keinen Anspruch auf Unterstützung und konnten ihren Lebensunterhalt in der Regel bloß durch Hausierhandel und Geldgeschäft verdienen. Besonderer landesherrlicher Schutz – die Bedingung ihrer Existenz in einer Umwelt latenter Abneigung und gelegentlich offenen Hasses – wurde ihnen nur auf jeweils befristete Dauer verliehen, so daß sie stets in einem Zustand der Unsicherheit lebten, der sich im 17. und 18. Jahrhundert allerdings dadurch stabilisierte, daß die Landesherren aus Finanzgründen auf die jüdischen Schutzgelder und die Darlehen jüdischer Hoffaktoren nicht verzichten konnten. Mitglieder dieser jüdischen Oberschicht konnten es als Heereslieferanten, Münzun-

# Salzburger Emigranten im Zwischenquartier bei Augsburg

## Aquarell eines Unbekannten in einem Album
## Augsburg, Evangelisch-lutherisches Dekanat St. Anna

Die Vertreibung von über 20.000 Protestanten aus dem Fürstbistum Salzburg in den Jahren 1731/32 hat ganz Europa bewegt. Über fünfhundert zeitgenössische Veröffentlichungen sind uns zu diesem Ereignis bekannt, darunter mehrere ausführliche Emigrationsbeschreibungen, in denen von der Verfolgung der evangelischen Salzburger seit Beginn der Reformation berichtet wird, von dem Emigrationspatent vom 31. Oktober 1731, mit dem der Salzburger Fürstbischof Leopold Freiherr von Firmian seine evangelischen Untertanen zwang, das Land kurzfristig zu verlassen, von der ziellosen Wanderung der Glaubensflüchtlinge durch Süddeutschland und von dem Edikt Friedrich Wilhelms I. vom 2. Februar 1732, mit dem der Preußenkönig sich bereit erklärte, diese Menschen in sein Land aufzunehmen und sie in Preußisch-Litauen, dem späteren Ostpreußen, anzusiedeln. Für mindestens 18.000 Salzburger wurde Preußen zur neuen Heimat, etwa 300 folgten der Einladung der britischen Kronkolonie Georgia in Nordamerika, 800 wanderten nach Holland aus und kleinere Gruppen blieben in Süddeutschland.

Auch in der Druckgraphik hat dieses Ereignis einen außergewöhnlich großen Niederschlag gefunden. Zahlreiche Kupferstecher beteiligten sich an der Berichterstattung und hielten in Bildern fest, was sie selber gesehen, Vorgänge, von denen ihnen Augenzeugen erzählt oder über die sie in den gedruckten Veröffentlichungen gelesen hatten. Sie illustrierten Emigrationsbeschreibungen, gaben Flugblätter, Bilderfolgen, Porträtstiche einzelner Emigranten, Gedenkblätter, kleine Andachtsbilder, Faltbriefe, Bilderzyklen für Schraubmedaillen und Landkarten heraus. Diese Kupferstiche wurden auf Messen und Märkten, in Buch- und Kunsthandlungen oder durch die von Ort zu Ort ziehenden Bilderhändler verkauft. Es waren Druckgraphiken mit vorwiegend volkstümlichem Charakter. Sie fanden großen Absatz, vor allem in Gegenden, durch die die Vertriebenen auf ihrem Weg in die neue Heimat gekommen waren.

Augsburg war in der ersten Hälfte des 18. Jahrhunderts das deutsche Zentrum des Kupferstiches, der europäische Mittelpunkt für die religiöse Graphik. Was lag für die Augsburger Kupferstecher näher, als nun auch dieses protestantische, erfolgversprechende Thema aufzugreifen?

Eines der lebendigsten Bilddokumente zur Emigrationsgeschichte ist das Album mit elf farbigen, doppelseitigen Aquarellbildern in der Größe von 40,5 × 80 cm, das von der Ankunft und dem Aufenthalt der Salzburger in Augsburg berichtet. Den Bildern vorangestellt ist ein handschriftlicher Bericht vom Emigrationsgeschehen und eine Aufstellung der durch Augsburg gereisten Emigrantenzüge. Die Aquarellbilder zeigen unter anderem, wie einer der Flüchtlingstransporte, angeführt von einem Kommissar, die Augsburger Stadtgrenze erreicht, die Emigranten zu ihren Quartieren geführt oder in einem Gasthaus bewirtet werden, Pfarrer Urlsperger und andere Pastoren ihnen einen Gottesdienst halten, auf dem Gottesacker, am Schützenhaus und in der Kirche St. Anna.

Auf dem elften, verkleinert faksimilierten Bild ist die Einquartierung auf einem Bauernhof im Dorf Oberhausen in der Nähe von Augsburg wiedergegeben. Es handelt sich hier um den dritten Flüchtlingstreck, der mit 886 Personen am 17. Mai 1732 Augsburg erreichte. Wie bei den vorangegangenen Transporten hatte auch hier wieder der katholische Teil des aus Katholiken und Protestanten bestehenden Rates eine Unterbringung in der Stadt abgelehnt und nur einer Einquartierung in Oberhausen zugestimmt.

Auf dem Aquarell ist zu sehen, wie sich die Salzburger für einige Tage ausruhen. Da wird Wäsche gewaschen; Frauen kämmen sich die Haare; ein alter Mann raucht seine Pfeife; andere lesen in evangelischen Erbauungsbüchern oder in der Bibel. Im linken Stall legt die Mutter ihr Neugeborenes in die Wiege, während sich die Hebammen die Ärmel hochkrempeln. Zwischen den Salzburgern, die durch ihre fremdartige Tracht auffallen, sieht man einige Augsburger Bürger. Sie kamen, wie es in den Berichten heißt, in Scharen zu den Quartieren und brachten Lebensmittel, Geld und Medikamente.

Weder Text noch Bilder geben Aufschluß über die Entstehung und den Hersteller des Albums. Es kann aber mit ziemlicher Sicherheit angenommen werden, daß die volkstümlichen Bilder, die genaue Ortskenntnisse des Herstellers verraten, Augsburger Provenienz sind. Der heutige Standort des Albums läßt vermuten, daß es sich einst im Besitz von Samuel Urlsperger – Pastor an St. Anna, Senior des Evangelischen Ministeriums und Schüler von August Hermann Francke – befand. Urlsperger hatte sich in einem besonderen Maße um die Salzburger Glaubensflüchtlinge gekümmert.

Lit.: G. Florey, Geschichte der Salzburger Protestanten und ihrer Emigration 1731/32, Wien, Köln und Graz 1977; A. Marsch, Die Salzburger Emigration in Bildern, Weißenhorn ²1980; Reformation, Emigration, Protestanten in Salzburg, Ausstellungskatalog Schloß Goldegg/Pongau, Land Salzburg 1981.

(Angelika Marsch)

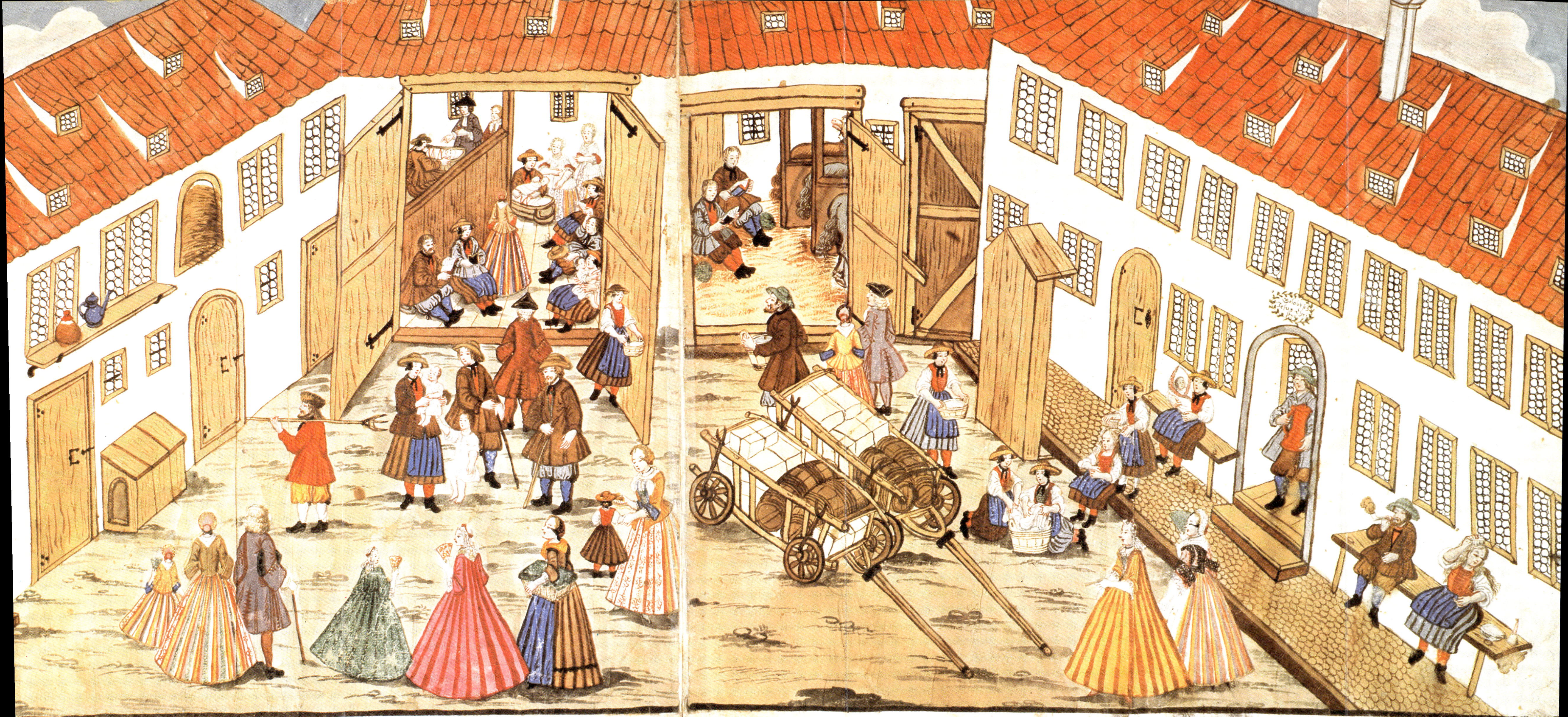

ternehmer und Hofbankiers weit bringen, so Samuel Oppenheimer und Samson Wertheimer in Wien, Veitel Ephraim, Daniel Itzig und Herz Gompertz in Berlin; sie konnten aber auch stürzen wie Süß-Oppenheimer in Württemberg. Ihre Geschäftsmethoden mochten nach den Maßstäben der Zeit unmoralisch und ökonomisch fragwürdig sein – ihr Erfolg beruhte auf dem Geldbedarf der frühmodernen Staaten und den ehrgeizigen Zielen ihrer Politik.

Konnten Geld, unternehmerische Risikobereitschaft und außerordentliche Dienste einigen jüdischen Familien gewaltigen Reichtum, Titel, auch Haus- und Grundbesitz einbringen, so war dies doch prinzipiell die Ausnahme. Diese Familien haben zwar für ihre Glaubensgenossen Erleichterung, aber nicht einmal für sich selbst die rechtliche Gleichstellung mit den Christen erreichen können. Auch in Berlin blieb die Zahl der Juden eng begrenzt, und in München erhielten sie bis 1762 nicht einmal das Zuzugsrecht. So lebten die jüdischen Mittel- und Unterschichten in bedrückenden Umständen, von der christlichen Umgebung durch Wohnung, Religion, Sprache und durch Gewohnheiten getrennt, die zum großen Teil die Folge der abgesonderten und gefährdeten Existenz waren, in die sie die Umwelt hineingedrängt hatte. Kein Wunder, daß arme, verachtete und schutzlose »Betteljuden« leicht in die Kriminalität hineingerieten, und kein Zweifel, daß das Rotwelsch der Gauner so manches jiddische Wort enthielt.

Im Gefüge der feudal-ständischen Gesellschaft und ihrer kulturellen Traditionen war eine bürgerliche Gleichstellung der Juden nicht möglich. Ihre Emanzipation konnte nur im Zusammenhang der Emanzipation der gesamten Gesellschaft in Gang kommen. Dazu hat die Aufklärung den Weg bereitet, zu deren bedeutendsten Vertretern der Jude Moses Mendelssohn gehörte.

# Deutschland in den europäischen Konflikten
(1680–1720)

# Kriege Ludwigs XIV. und Türkenkriege

Auch eine Geschichtsschreibung, die den Prozeß des gesellschaftlichen Lebens und seiner kulturellen Manifestationen in den Vordergrund stellt, kann nicht an der Tatsache vorbeisehen, daß dieser Prozeß in vieler Hinsicht bedingt, gelenkt, in seiner Dynamik mitbestimmt ist durch Machtverhältnisse, Staatenkriege und -bündnisse, durch das, was verkürzt »Politik« genannt zu werden pflegt. Selbst wenn mit gewissem Recht gesagt werden kann, daß die europäische Staatenpolitik, die »Kabinettskriege« und ständig wechselnden Allianzen des 17. und 18. Jahrhunderts auf das konkrete alltägliche Leben in einem oberschwäbischen Dorf oder einer sächsischen Kleinstadt keinen Einfluß gehabt haben, so trifft diese Behauptung doch nur bedingt zu. Es war nicht ohne Bedeutung, in welchen Bündnisverbindungen der Landesherr stand, in dessen Territorien das Dorf oder die kleine Stadt lag, ob dieses Territorium schutzlos fremden Angriffen oder Durchmärschen offen lag oder verteidigt wurde, ob ein Friedensschluß das Gebiet oder einen Teil davon unter neue Herrschaft brachte, die vielleicht konfessionellen Druck ausübte oder schärfere Preiskontrolle praktizierte. Es machte sich, zumindest auf längere Dauer, für jeden Landbewohner bemerkbar, ob der Landesherr in der Lage war, Bauern gegen ihre Grundherren zu schützen, oder ob er durch ehrgeizige auswärtige Politik genötigt war, den Landständen auf lokaler Ebene die Macht weitgehend zu überlassen, und es wirkte sich in den Städten aus, welche Steuer- und Gewerbepolitik die Landesregierung verfolgte. Das Politische ist nicht nur äußere Folge langfristiger sozialer Entwicklungen, sondern hat eigene Dynamik. Dennoch kann politische Geschichte nicht als bloße Ereignisgeschichte geschrieben werden; muß doch auch von den Trägern und Akteuren des Geschehens im einzelnen, von Gruppen und Institutionen, von den Motiven der Handelnden und den Umständen, unter denen sie agierten, gesprochen werden. Die Geschichte eines Staates, einer Nation, eines Volkes ist die Geschichte eines vom politischen Geschehen gemeinsam erfaßten, betroffenen, geformten Gemeinwesens.

Den Deutschen des ausgehenden 17. und des anhebenden 18. Jahrhunderts rückte die große und kleine, die äußere und innere Politik bedrohlich nahe auf den Leib. Hier ist der Blick zunächst auf die äußere zu richten, denn auch die innere Politik der deutschen Staaten wurde wesentlich durch das Bestreben der Landesherren mitbestimmt, ihre Libertät zu bewahren, ihre Reputation und ihren territorialen Besitz durch dynastische Verbindungen – Heiraten und Erbverträge – zu erweitern, durch Bündnisse die Neutralität oder die Aussicht auf Gebietszuwachs oder die Füllung ihrer Kassen zu erreichen. Auch die Bevölkerungs- und Gewerbepolitik größerer Staaten hatte in dem Interesse, die militärische und finanzielle Kraft des Landes nach außen nutzen zu können, eines ihrer stärksten Motive. Angesichts der Diskrepanz zwischen Zielen und Mitteln, Erwartung und Realität mag solche »Außenpolitik« nicht selten grotesk, kraß egoistisch, habgierig, kurzatmig erscheinen, was sie zumeist gewesen ist. Daß sie vielfach den angestrebten Erfolg nicht erreichte und, trotz der Berufung auf berechtigte Interessen des Staates, sich gegen die Interessen der Bevölkerung kehrte, ist den damals Handelnden kaum zur Lehre geworden; dem rückblickenden Betrachter dagegen will es wie eine Konsequenz vorkommen.

Er muß indes fragen, welche Alternativen die damals Regierenden vor sich sahen oder hätten sehen können. Von einem Gleichgewicht der großen Mächte in Europa war noch keine Rede. Frankreich hatte sich von der spanischen Bedrohung freigemacht und befand sich im erfolgreichen Gegenangriff, für den sich angesichts des zu erwartenden Aussterbens der spanischen Habsburger im Mannesstamm weitreichende, ebenso gefährliche wie aussichtsreiche Perspektiven ergaben. Als Philipp IV. von Spanien 1665 starb, war ihm sein vierjähriger, schwächlicher, zeitlebens infantil bleibender Sohn, Karl II., aus der zweiten Ehe mit Maria Anna, der Tochter Kaiser Ferdinands III. und Schwester Kaiser Leopolds I., gefolgt. Als im Pyrenäen-Frieden 1659 der Heiratsvertrag zwischen Ludwig XIV. und Philipps ältester Tochter Maria Theresia geschlossen wurde, hatte niemand mit dieser Nachfolge gerechnet, und auch nun erwartete man nicht, daß Karl lange leben oder gar Nachkommen haben werde. In der Tat sind seine beiden Ehen, zunächst mit einer französischen, dann mit einer von Österreich empfohlenen pfalz-neuburgischen Prinzessin, kinderlos geblieben. Für Ludwig XIV. mußte es zwingendes politisches Gebot sein, die – durch Hausverträge vorbereitete – Vereinigung des Gesamterbes der spanischen Habsburger mit dem österreichischen Hause zu verhindern. Die Wiederentstehung des universalen Reiches Karls V. hätte Frankreich erneut einer existenzbedrohenden Umklammerung ausgesetzt; sie hätte überdies die politischen Kräfteverhältnisse Europas völlig umgestürzt. Das zu verhindern war auch das Interesse Englands und noch mehr Hollands.

Noch allerdings ließ der Erbfall auf sich warten. Während Ludwig im Reunionskrieg und im Niederländischen Krieg unter Ausnutzung der Schwäche Spaniens bereits Tatsachen zu schaffen suchte, konnte Österreich seine Aufmerksamkeit nicht in gleicher Weise auf das Freiwerden des spanischen Erbes richten und sich nicht mit ganzer Kraft Frankreich an der Westgrenze des Reiches entgegenstellen, da seit 1663 ein neuer Vorstoß der Türken nach Mitteleuropa eingesetzt hatte und die Südostgrenze des habsburgischen Herrschaftsbereichs bedrohte. Zwischen dem Geschehen an beiden Fronten bestanden vielfältige direkte und indirekte Zusammenhänge. Wie der Türkenkrieg den Kaiser als Herrn der österreichischen und böhmischen Erblande und als König von Ungarn beanspruchte und damit die Politik Ludwigs begünstigte, hat später, nach dem Zurückschlagen der Türken, der Ausbau der Machtstellung Habsburgs im Südosten diejenige Frankreichs geschwächt. Das Reich sah sich in diesen Jahrzehnten den Anforderungen der Verteidigung nach zwei Seiten ausgesetzt. Die Unterstützung des Kaisers aber bedeutete stets auch eine Stärkung Habsburgs, dessen politische Ziele eben nicht mit dem Interesse der Reichsstände identisch waren. Bot demgegenüber nicht der Anschluß an Frankreich Sicherheit gegen den habsburgischen Expansionswillen wie gegen die Stärkung der Kaisergewalt und darüber hinaus materielle Vorteile? Hinzu kam die Faszination, die vom Herrschaftsstil und vom gesellschaftlichen Leben in Versailles ausging und an deutschen Höfen wirksam zu werden begann. Vor allem aber: Für die größeren, zumal für die an Frankreich, Holland, Schweden, Polen grenzenden deutschen Staaten war es gar nicht möglich, sich aus den europäischen Konflikten herauszuhalten. Oft spielten dynastische Interessen, oft Bündnispflichten eine Rolle. Stärker noch wirkten Verlockungen und unverhüllte Drohungen der großen Mächte auf die stets geldbedürftigen und ihrer Schwäche bewußten Landesherren. Noch fehlten auch den mächtigsten unter ihnen die Mittel für eine eigenständige Politik und die Instrumente eines effektiven Finanzsystems. Für die Mobilisierung der Ressourcen ihrer Länder und ein ausbalanciertes Verhältnis von Einnahmen und Ausgaben verfügten sie über nur geringe Möglichkeiten, ganz abgesehen davon, daß – ehe noch die Folgen des großen Krieges überwunden waren – neue Kriege neue Ausgaben nötig machten. Zwar hat während des krisengeschüttelten 17. Jahrhunderts der europäische Kreditmarkt funktioniert; für ehrgeizige und verschuldete Fürsten aber war es schwierig, weitere Kredite zu erhalten, wenn ihre Landstände nicht die Bürgschaft oder die Schuldenverwaltung übernahmen, wozu sie sich nur bei der Bestätigung oder Erweiterung ihrer Privilegien bereitfanden. Um so lieber ließen sich die Landesherren von auswärtigen Mächten ihre Neutralität oder die Stellung von Truppen bezahlen oder Geschenke machen, um Schulden abzutragen, Prinzen und Prinzessinnen auszustatten, ihren Dienern Pensionen auszusetzen. Nationale, konfessionelle und moralische Bedenken fehlten nicht, sie wurden indes leicht überwunden, wenn die Staatsklugheit es zu verlangen schien. In manchmal noch kruden und widersprüchlichen Formen bildete sich eine politische Handlungsrationalität aus, die bei den Regierungen kleiner Staaten, zumindest zeitweilig, das Niveau des blanken Opportunismus nicht überschritt. In Versailles wußte man das und nutzte es aus.

Nach dem Frieden von Nymwegen befand sich Ludwig XIV. auf dem Höhepunkt seiner Macht, und er war entschlossen, sie zu nutzen. Er wußte, wo er den geringsten Widerstand erwarten durfte. »Die deutschen Fürsten werden mir keinen Krieg mehr machen«, soll er damals gesagt haben. Die nun einsetzende Politik der Reunionen in Lothringen, im Elsaß und in der Freigrafschaft Burgund bestand in einer Kette scheinlegal begründeter Inbesitznahmen im Frieden. Absicht dabei war die Vervollständigung der französischen Herrschaft in diesem territorial so vielfältig zersplitterten Grenzgebiet. Um dem Vorgehen den Anschein der Rechtmäßigkeit zu geben, wurden in Metz, Breisach, Besançon und Tournay von 1679 ab sogenannte Reunionskammern errichtet beziehungsweise vorhandene Gerichtshöfe mit der Vorbereitung der Besetzung beauftragt. Unter Berufung auf eine dem mittelalterlichen Lehnsrecht entnommene Auslegung beanspruchten sie alle Orte und Territorien, die einstmals von den Gebieten abhängig gewesen waren, die im Westfälischen und im Nymwegener Frieden an Frankreich abgetreten wurden, für die französische Krone. Sobald solche Territorien ausgemacht oder zum Beispiel von den lothringischen Bischöfen rekla-

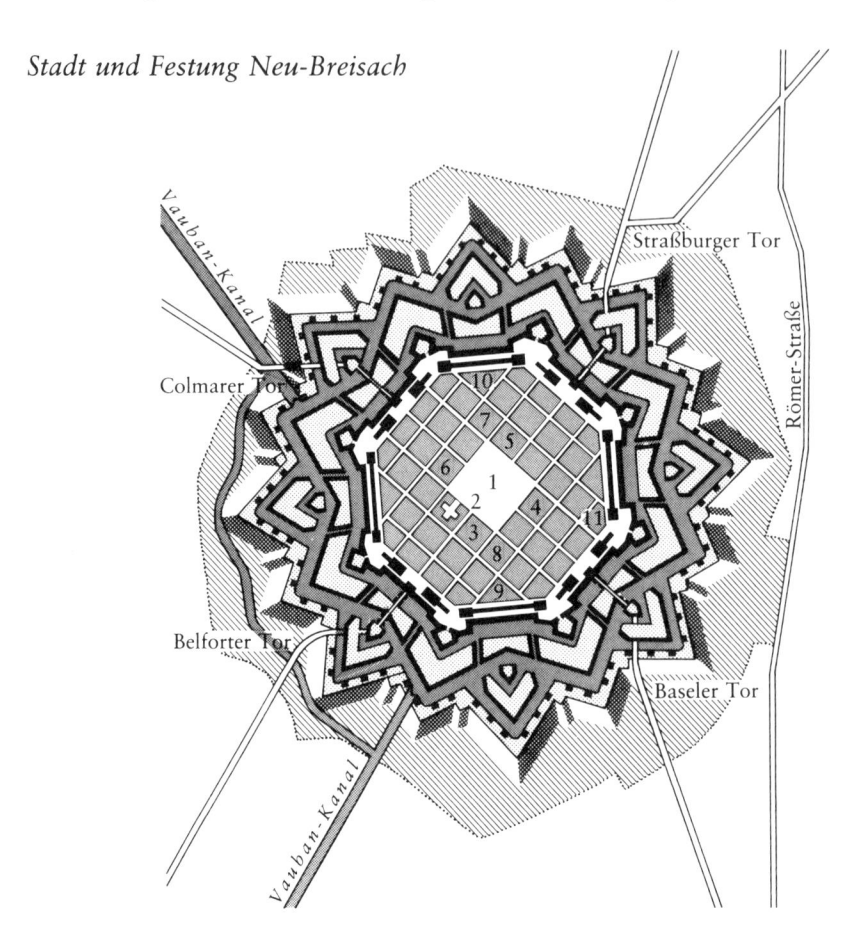

*Stadt und Festung Neu-Breisach*

1 Exerzierplatz
2 Kirche und Friedhof
3 Pfarrei
4 Rathaus, Gefängnis und Hafenkommandantur
5 Gouverneurs- und Offizierswohnungen
6 Intendantur und Zivilverwaltung
7 Zeughaus
8 Markt und Markthalle
9 Verpflegungslager
10 Holzlager
11 Kloster

miert waren, wurden ihre Besitzer, also deutsche Fürsten und Herren, aufgefordert, dem König von Frankreich den Lehnseid zu leisten. Einspruch und Vorlage von Gegenbeweisen waren möglich, blieben aber in der Regel unbeachtet; die Entscheidungen der Kammern galten als unwiderruflich, und ihnen folgte unverzüglich die Inbesitznahme, gegebenen Falles militärisch und unter Beschlagnahme der Einkünfte des bisherigen Landesherrn.

Mit diesem Verfahren, das sich über seine rechtliche Fragwürdigkeit hinaus durch seine rücksichtslose Durchführung als Gewaltakt erwies, wurden zahlreiche Gebiete im Bistum Lüttich, im Erzbistum Trier, in der Pfalz, am Oberrhein beansprucht. Unterwarfen sich die bisherigen Besitzer, so blieben ihre privaten Besitzrechte und die Institutionen der »wiedervereinigten« Gebiete bestehen, allerdings wurden diese in die militärische Planung und insbesondere in das Fortifikationssystem des genialen Sébastien de Vauban einbezogen, und das war einer der Hauptgründe für diese Politik, von der selbst König Karl XI. von Schweden als Landesherr des Herzogtums Zweibrücken betroffen wurde. In ihrem Zusammenhang erfolgte 1681 auch der »Raub« Straßburgs. Das ganze Elsaß befand sich nun fest in französischer Hand, und die gerade hier massierten Festungsanlagen beherrschten den Oberrhein von Basel bis zur Pfalz; nördlich davon hatte Frankreich seine Positionen an vielen Stellen bis nach Luxemburg vorgeschoben. Kein Zweifel, daß die französische Verwaltung im Elsaß eine in vieler Hinsicht fortschrittliche Tätigkeit entfaltete, die von der Bevölkerung auch anerkannt wurde. In einer Hinsicht allerdings bekam diese, zumal in Straßburg, den Wechsel bedrückend zu spüren: in der Förderung der katholischen Kirche, die in wenigen Jahren zu einer starken Veränderung der Konfessionsstruktur führte.

Auf eine Rechtsverwahrung des Reichstages antwortete man in Paris mit der Darlegung des französischen Rechtsstandpunktes. Offenbar befürchtete man keine weitergehende Reaktion, und darin täuschte man sich nicht, denn die Reform der Kriegsverfassung, über die sich die Reichsstände jetzt in Regensburg mit dem Kaiser einigten, beschränkte sich auf rein defensive Ziele und würde nach aller Erfahrung unvollkommen bleiben. Frankreich konnte überdies selbst in diesen Jahren mit einer Klientel unter den Reichsständen rechnen, zumal mit dem Kurfürsten von Brandenburg, der ebenso wie der Herzog von Hannover auf den Erwerb schwedischer Gebiete hoffte, nachdem es über die Reunionspolitik im März 1681 zu einer Entfremdung zwischen Frankreich und der nordischen Vormacht gekommen war. So blieben die Ansätze zum Widerstand gegen die französische Politik ohne weiterreichende Konsequenzen. Interessant sind sie gleichwohl insofern, als sie die möglichen Frontstellungen und Organisationsformen zeigen, die in Europa und im Reich gegen das Hegemoniestreben des Roi soleil zur Verfügung standen. Wilhelm III. von Oranien, der große Gegner Ludwigs, versuchte erneut, eine Koalition zusammenzubringen. Einer 1681 gebildeten holländisch-schwedischen Allianz schlossen sich Spanien und der Kaiser an, während innerhalb des Reiches der ständische Einungsgedanke neuen Auftrieb erhielt. Als einer seiner energischsten Befürworter trat der aus brandenburgischem in niederländischen Dienst übergetretene Graf Georg Friedrich von Waldeck, ein Vertrauter Wilhelms III., hervor. Die Union kleiner nassauischer, wetterauischer und rheinischer Fürsten und Grafen, die er zusammenführte, wurde zum Ausgangspunkt für die Laxenburger Allianz (1682).

Aber auch als Frankreich in Regensburg ultimativ die Anerkennung der Reunionen forderte und Spanien wegen der Reunion in den südlichen Niederlanden den Krieg erklärte, trat kein Umschwung ein. Die Einnahme der Festung Luxemburg im Juni 1684 demonstrierte erneut die militärische Überlegenheit Frankreichs, das zugleich die holländische Friedenspartei unterstützte und das Bündnis mit Brandenburg befestigte, also mit der Macht, die im Kurfürstenkolleg den Ausschlag für eine Verständigung mit Frankreich gab. Der »Regensburger Stillstand« vom 15. August 1684 sicherte dem König von Frankreich auf die Dauer von zunächst zwanzig Jahren den ungestörten Besitz aller vor dem 1. August 1681 vorgenommenen Reunionen, ferner Straßburgs und der Kehler Schanze zu. Offiziell war damit eine endgültige Entscheidung offengehalten, kein Reichsrecht aufgegeben worden, und angesichts der unsicheren Verhältnisse im damaligen europäischen Staatenverein mochte dieses Ergebnis durchaus tragbar erscheinen, da die Alternative nur neuer Krieg hätte sein können, den der Kaiser und das Reich mit der Türkengefahr im Rücken nicht riskieren wollten.

Nach ihrer ersten vergeblichen Belagerung Wiens im Jahr 1529 hatten die Türken große Teile Ungarns behauptet. Über die Fürstentümer Siebenbürgen und Moldau übten sie lange eine Oberherrschaft aus. Obwohl als Reich der »Ungläubigen« nicht zum christlichen Europa gehörend und als Despotie verurteilt, spielte das Osmanische Reich in der europäischen Politik doch eine bedeutende Rolle. Nach einer langen, im späten 16. Jahrhundert einsetzenden Phase der inneren Wirren und der Stagnation, der Kämpfe im Osten mit Persien und der erfolgreichen Restabilisierung der staatlichen Gewalt unter dem Großwesir Mehmed Köprülü ging es 1663 im Westen erneut zum Angriff über. Anlaß dazu boten Verwicklungen mit Polen und Machtkämpfe in Siebenbürgen. Trotz Montecuccolis Erfolg bei St. Gotthard an der Raab mußte Österreich im 20jährigen Waffenstillstand von Vasvár (20. August 1664) die Oberhoheit der Türken über Siebenbürgen und den von ihnen dort eingesetzten Michael Apáfy als Fürsten anerkennen, dazu eine beträchtliche Geldzahlung leisten. Während sich die Türken in Kriege mit Polen und Rußland verstrickten, bekam Wien immerhin eine Hand frei für die Auseinandersetzungen mit Frankreich, allerdings nur vorübergehend. Nicht nur drängte Versailles den neuen Großwesir Kara Mustafa zum direkten Angriff auf die österreichischen Erblande; die Wiener Politik gab auch selber Anlaß für den türkischen Vorstoß. Seit dem

Reichstag zu Preßburg 1662 hatte sich im habsburgischen Ungarn der Konflikt zwischen den von Wien gestützten Katholiken und den Protestanten verschärft. Die Malkontenten, vor allem calvinistische Kleinadelsfamilien, versuchten mit Unterstützung Siebenbürgens, des Osmanenreiches und Frankreichs eine Adelsrepublik nach polnischem Beispiel mit einem unabhängigen Wahlmonarchen zu errichten. Zwar konnte ihre Verschwörung 1670 niedergeschlagen, aber keine Ruhe hergestellt werden. Vielmehr verschärften die habsburgischen Bestrebungen, das Land nach böhmischem Beispiel zentralistisch zu verwalten und die Protestanten systematisch zu verdrängen, die Gegensätze im Bürgerkrieg zwischen den Kuruzzen (Kreuzfahrern) unter Imre Tököly, dem Sohn eines der 1671 hingerichteten Malkontenten, und den habsburgisch gesinnten Labanczen. Zugeständnisse Leopolds I. auf dem Reichstag zu Ödenburg 1681 fruchteten nichts. Tököly ließ sich von den Türken zum Fürsten, von einem oberungarischen Reichstag 1682 sogar zum König ausrufen.

Als der Waffenstillstand von Vasvár ablief, begannen die Türken mit einer gewaltigen, sich auf angeblich 200.000 Mann verstärkenden Armee den Angriff mit dem Ziel der Eroberung Wiens, um damit an die Zeit Suleimans des Prächtigen anzuknüpfen und die Überlegenheit des Islam zu demonstrieren. Anfang Mai 1683 standen sie bei Belgrad, von wo sie über Stuhlweißenburg und Raab vorrückten. Das ihnen gegenüberstehende, weit unterlegene kaiserliche Heer unter dem Oberbefehl Karls von Lothringen zog sich unter Zurücklassung von Besatzungen in den Grenzfestungen und von Verteidigungskräften für die Hauptstadt nach Westen zurück, um sich mit den erwarteten Truppen aus dem Reich und aus Polen zu vereinen. In Wien organisierte Graf Rüdiger Ernst Starhemberg die Verteidigung, während der Hof und viele wohlhabende Bürger nach Passau flohen. Am 14. Juli erschienen die Türken vor der Stadt, die sie in den folgenden Tagen völlig einschlossen. Bis zum 12. September hat die denkwürdige, in Wort und Bild gefeierte Belagerung und die ebenso geschickte wie aufopferungsvolle Verteidigung der Stadt durch reguläre Truppen und Bürgerschaft gedauert. Dann stieß das auf über 70.000 Mann angewachsene Entsatzheer in das Zentrum der türkischen Aufstellung hinein und zwang in der Schlacht am Kahlenberg den Gegner zum fluchtartigen Rückzug. Es war eine bunt zusammengesetzte, aber gut geführte Armee, die diesen spektakulären Sieg erfocht; neben den kaiserlichen Truppen gehörten ihr rund 26.000 Polen unter König Johann III. Sobieski, ferner ansehnliche bayerische und sächsische Kontingente sowie Kreistruppen an. Aus Ranggründen führte der Polenkönig den Oberbefehl; den gleichen Anteil am Sieg aber hatte Karl von Lothringen, der eigentliche Planer der Schlacht. An ihr nahmen auch die Männer teil, die in den folgenden Jahren und Jahrzehnten im Südosten und Westen als militärische Führer europäisches Ansehen erwarben: Markgraf Ludwig Wilhelm von Baden, der »Türkenlouis«, Kurfürst Max Emanuel von Bayern und allen voran Prinz

Eugen von Savoyen, der kurz zuvor aus französischem in kaiserlichen Dienst getreten war und hier zum leitenden Feldherrn und Staatsmann aufsteigen sollte.

Ohne diplomatische Vorbereitung wäre diese Wendung nicht möglich gewesen. Eine gemeinsame christliche Front gegen die Ungläubigen, wie sie vor allem Papst Innozenz XI. anstrebte, war nicht zu erreichen gewesen. Spanien war erschöpft, Holland kriegsunlustig, Frankreich sah alle Schwierigkeiten des Kaisers als Vorteil an, und die französisch orientierte Gruppe der deutschen Reichsstände machte ihre Unterstützung von der Verständigung des Kaisers mit Ludwig XIV. abhängig. Doch gelang es, Polen und zahlreiche einzelne Reichsstände zu praktischer Hilfe zu veranlassen. Mit diesem Rückhalt, beflügelt vom Erfolg und vorangetrieben von der Entschlossenheit Karls von Lothringen ging die siegreiche Armee unmittelbar zur Offensive über. In Wien gab man nun der Eroberung ganz Ungarns den Vorrang vor einer neuen Auseinandersetzung mit Frankreich – eine folgenreiche, für Habsburg erfolgreiche Entscheidung. Am 5. März 1684 kam zwischen dem Kaiser, Venedig und Polen auf Vermittlung und unter Garantie des Papstes eine »Heilige Liga« zustande, die sich zur Fortführung des Krieges zu Lande und zur See bis zum siegreichen Ende verband und sich insbesondere für den Beitritt des Zaren offenhielt, der 1686 auch erfolgte. Hier wird sichtbar, was die Zukunft bestätigt hat: Die Zurückdrängung des Osmanischen Reiches mußte eine ganz neue politische Konstellation in Südosteuropa schaffen, in der Rußland eine zunehmend wichtiger werdende Rolle spielte.

Zu keiner Zeit ist der Türkenkrieg allein von habsburgischen Kräften bestritten worden; stets haben Kräfte aus dem Reich daran teilgenommen. Er gehört ebenso zur deutschen Geschichte wie die Kämpfe um die Westgrenze. Wenn er gleichwohl im deutschen Geschichtsbewußtsein weniger gegenwärtig ist, so deshalb, weil er für das 19. Jahrhundert abgeschlossen zurücklag und für den Prozeß der Nationalstaatsbildung keine aktuelle Bedeutung mehr hatte, zumal wenn dieser aus preußischer Perspektive gesehen wurde. Für das Verständnis der so schwer in den Rahmen der »Nation« einpaßbaren deutschen Geschichte aber ist es wichtig, einen Vorgang wie den Türkenkrieg auf seine geschichtliche Bedeutung hin zu befragen. Zunächst indes noch ein Blick auf seinen weiteren Verlauf. Die erste Belagerung von Ofen (Buda) mußte wieder aufgegeben werden; dann aber brach der Aufstand der Kuruzzen in Oberungarn in sich zusammen, und Ende 1686 konnte Karl von Lothringen die Stadt einnehmen. Im August des folgenden Jahres siegten Max Emanuel und der Türkenlouis bei Mohácz. Damit fiel ganz Ungarn Leopold zu, der auf dem Preßburger Reichstag 1687 die Erblichkeit der ungarischen Krone durchsetzte und seinen Sohn Joseph krönen ließ. Auch der Siebenbürgische Landtag erkannte nun die Oberhoheit des Königs von Ungarn an, nachdem Leopold I. zuvor die Apáfys als

Fürsten von Siebenbürgen bestätigt hatte. Michael II. hat dann 1697, nach einem erneuten Aufstandsversuch Tökölys, zugunsten der Habsburger auf seine Herrschaft verzichtet. 1688 wurde Belgrad von Max Emanuel eingenommen, während Ludwig von Baden nach Bosnien vorstieß und im türkischen Lager der Großwesir einem Janitscharenaufstand zum Opfer fiel. In diesem Moment eröffnete Ludwig XIV. mit seinem Einfall in die Pfalz erneut den Krieg im Westen.

Die bisherigen Erfolge gegen die Türken waren doch nicht so durchschlagend, daß man sich in Wien ganz dem Krieg mit Frankreich hätte zuwenden können. Gegen die Vorstellungen der Seemächte setzte die habsburgische Politik den Feldzug im Osten fort. Zwar ging Belgrad 1690 wieder verloren, aber im August des folgenden Jahres erfocht der Türkenlouis den wichtigen Sieg bei Szlankamen an der Theiß-Mündung und eroberte 1692 Großwardein. Trotzdem hat es noch bis zum September 1697 gedauert, ehe die nun von Eugen von Savoyen reorganisierte und geführte Armee die Türken bei Zenta entscheidend schlagen konnte. Das auch von Rußland, Polen und Venedig bedrängte Osmanenreich nahm nun die Friedensvermittlung der Seemächte an. Im Frieden von Karlowitz (26. Januar 1699) fiel Siebenbürgen definitiv an Österreich. Habsburg erhielt ferner Slawonien bis zur Save, und seine Herrschaft über Ungarn – außer dem Banat – wurde von der Pforte anerkannt; diese behielt Belgrad und Bosnien. Österreich hat den erreichten Besitzstand behauptet und in der Folgezeit noch weiter ausbauen können. Bis zu ihrem Untergang 1918 ist die Habsburger Monarchie auch eine Macht des europäischen Südostens gewesen, wo zunächst noch Polen, das im Frieden von Karlowitz Podolien und Teile der Ukraine erhielt, Venedig, das Morea behauptete, und Schweden, später dann das Zarenreich und, mit seinen expandierenden Handelsinteressen, England mitsprachen. Einen Rückschlag aber hatte Frankreich erlitten, das nicht mehr wie vorher die Türkei als antihabsburgisches Eisen ins Feuer seiner Politik legen konnte – und dies in einem Augenblick, da sich ihr die größten Aussichten zu eröffnen schienen.

Hier ist ein kurzer Rückblick unumgänglich. Hatten sich doch inzwischen wenn nicht die politischen Kräfteverhältnisse in Deutschland, so immerhin die Bündniskonstellationen erneut verändert und infolge des rücksichtslosen Vorgehens der Franzosen im Pfälzischen Krieg antifranzösische Stimmungen verstärkt. Aus einem Erbstreit um pfälzische Gebiete wurde schnell ein europäischer Konflikt, in dem sich eine große Koalition gegen Frankreich formierte, die auch das Geschehen im Spanischen Erbfolgekrieg noch bestimmt hat.

Als nach kurzer Regierung dem schwächlichen und kinderlosen Kurfürsten Karl II. aus der protestantischen Linie Pfalz-Simmern der katholische Pfalzgraf Philipp Wilhelm von Neuburg folgte, ergriff Ludwig XIV. die Gelegenheit, für seine Schwägerin, die mit Philipp von Orléans vermählte Schwester des verstorbenen Kurfürsten, Anspruch auf dessen Privatvermögen und den simmernschen Allodialbesitz zu erheben. Ziel war es, diesen Besitz dem Herzog von Orléans zukommen zu lassen und ihn als Herzog von Simmern und Lautern in den Reichsfürstenrat zu bringen. Eine förmliche Klage gegen Philipp Wilhelm auf Herausgabe der beanspruchten Gebiete wurde vom Reichstag in gewohnter Langsamkeit behandelt. Wie das Verfahren ausgegangen wäre, wenn keine anderen Umstände eingetreten wären, ist nicht auszudenken. Zu diesen Umständen, welche die Lage zu Ludwigs XIV. Ungunsten veränderten, gehörte die Reaktion auf die mit der Aufhebung des Edikts von Nantes im Jahr 1685 ihren Höhepunkt erreichende Unterdrückung des Protestantismus in Frankreich, die zur Massenauswanderung der Hugenotten führte. Viele fanden Aufnahme in den Niederlanden und in England, aber auch evangelische deutsche Staaten öffneten ihre Grenzen für sie. Religiöse Solidarität verband sich dabei mit populationistischen und ökonomischen Interessen. Vor allem Kurfürst Friedrich Wilhelm von Brandenburg, noch im Bündnis mit Frankreich, bot den Flüchtlingen mit dem Potsdamer Edikt vom 8. November 1685 eine Freistatt in seinen Ländern. Auf die erboste Reaktion Ludwigs antwortete der Kurfürst, er fordere nicht Franzosen auf, ihr Land zu verlassen, sondern wende sich an Flüchtlinge, die bereits ihre Heimat verlassen hatten. Und seinem Gesandten Spanheim schrieb er: »Gleichwie J. K. May. durch so viele ecclatante actiones aller Welt zu erkennen geben, daß Sie ein Eiferer in ihrer Religion sein, so werden Sie uns nicht verdenken, wann wir in der unsrigen nicht indifferent sein, sondern gegen unsere arme Glaubensgenossen – unsere Arme auftun und dasjenige beobachten, wozu uns unser Gewissen verbindet.« Gewiß ist die Hugenottenvertreibung nicht der einzige Anlaß für den erneuten Frontwechsel des Kurfürsten gewesen; aber sie hat dazu beigetragen.

Mindestens ebenso wichtig war die Enttäuschung über die ausbleibende französische Unterstützung für den Erwerb Vorpommerns. Das Bündnis hatte nur Frankreich Vorteile eingebracht, insofern Brandenburg jahrelang die Bildung einer starken Front der Reichsstände gegen die Politik Ludwigs verhinderte. Nach dem »Regensburger Stillstand« aber verlor Paris das Interesse daran. Deshalb suchte Friedrich Wilhelm nach einer einträglicheren politischen Liaison. Als ersten Schritt dazu erneuerte er die alte Verbindung mit den Niederlanden, wo sich als Reaktion auf die Hugenottenvertreibung in Frankreich und den Regierungsantritt des katholischen Jakob II. in England ein Stimmungswandel zu Gunsten Wilhelms III., des Enkels Karls I. und Gemahls Marias, der evangelischen Tochter Jakobs, und der oranistischen antifranzösischen Politik vollzog. Der nächste Schritt war die Annäherung an den Kaiser. Gegen Subsidienzahlung verpflichtete sich Friedrich Wilhelm Anfang 1686 zur Stellung eines Hilfskorps von 7.000 Mann gegen die Türken. Damit erlangte er allerdings noch kein Bündnis, vielmehr mußte er von seinem weitgesteckten Ziel des Erwerbs der schlesischen Herzogtümer abrücken und sich mit dem des Schwiebuser Kreises in der Lausitz begnügen – ein Zugeständnis, das der Kaiser erst machte, nachdem es seinem Gesandten in Berlin gelungen war, vom österreichfreundlichen und geldbedürftigen Kurprinzen Friedrich die Unterschrift unter einen Revers zu erhalten, in dem dieser die Rückgabe des Gebiets nach seinem Regierungsantritt versprach. Ein skandalöser Vorgang, der später zum »Aufhänger« für die preußische Besitzergreifung Schlesiens geworden ist. Indem er jedoch die geheime Defensiv-Allianz zwischen Brandenburg und Österreich vom 1. April 1686 ermöglichte und damit für mehrere Jahrzehnte ein stabiles Verhältnis zwischen den beiden deutschen Mächten schuf, hat er sich für die Handlungsfähigkeit des Reiches in Kriegszeiten vorteilhaft ausgewirkt. Das Bündnis enthielt keine Klauseln, die einem der Partner bei den absehbaren weiteren Konflikten mit Frankreich einen Rückzugsweg offengelassen hätten. Falls das Reich »von einiger auswertigen potentz gewaltthätiger weise angegriffen und bekrieget, oder unter dem titul der reunionen, dependentzen, oder was sonst practiciren möchte, in seinen habenden landen und rechten bekümmert und angefochten werden sollte«, so solle gegenseitige Verständigung erfolgen. Die Frontrichtung war eindeutig, ebenso das Interesse des Brandenburgers an kaiserlichen Subsidien, um seine »Armatur« erhalten zu können: 100.000 Rheinische Gulden während des Friedens, 100.000 Reichstaler während des Krieges. Auch mit Schweden verständigte sich der Kurfürst jetzt und gab damit kurz vor seinem Tod sein hartnäckig verfolgtes pommersches Ziel auf.

Zur gleichen Zeit entstand eine neue Formation der Reichsstände in Süddeutschland. Als die Laxenburger Allianz auslief, gelang es der kaiserlichen Diplomatie, den Bund zu erweitern. Der Augsburger Allianz (9. Juli 1686) traten neben dem Kaiser, dem Fränkischen Kreis und den sächsisch-thüringischen Staaten auch Bayern, Spanien und Schweden bei; die Pfalz und der Oberrheinische Kreis folgten später. Die Beunruhigung in Versailles über diese Entwicklung hat sich bald als übertrieben erwiesen; aber man konnte dort nun nicht mehr so sicher mit einer starken Partei unter den Reichsständen rechnen. Das verstärkte diplomatische Werben um den ehrgeizigen und selbstbewußten Kurfürsten Max Emanuel von Bayern blieb erfolglos, ebenso das drängende Verlangen, Kaiser und Reich sollten den »Regensburger Stillstand« in einen definitiven Friedensvertrag umwandeln, also die Reunionen als endgültig anerkennen; und auch der Versuch, nach dem Tod des Kurfürsten Max Heinrich (1688) ihrem Parteigänger, dem Kardinal Wilhelm von Fürstenberg, die Nachfolge in Köln zu verschaffen, schlug fehl. Trotz starker französischer Einflußnahme erreichte Fürstenberg – obwohl schon zum Koadjutor gewählt, aber vom Papst nicht bestätigt – nicht die erforderliche Stimmenzahl im Domkapitel. Gestützt auf französische Truppen bemächtigte er sich nun der Regierung, während Innozenz XI. die Wahl für ungültig erklärte und den Bayernprinzen Joseph Klemens, den Bruder Max

Emanuels, als Erzbischof anerkannte. Da Ludwig XIV. nicht nachgab und die Aufnahme Fürstenbergs in das Kurfürstenkollegium forderte, mündete auch diese Frage in den neuen Krieg ein, den der französische König in seinem Manifest vom 24. September 1688 hauptsächlich damit begründete, daß ihm sein Recht auf die pfalz-simmernschen Gebiete vom Reich verweigert werde.

In Wirklichkeit war damit eine neue Runde in der großen Auseinandersetzung zwischen dem zur europäischen Hegemonie strebenden ludovizianischen Frankreich und denjenigen Mächten eröffnet, die dies verhindern wollten, deren gemeinsames Interesse allerdings über dieses eine Ziel nicht hinausging und deren Koalitionen deshalb stets labil blieben. Die politische Gesamtkonstellation stellte sich indes in einer für Frankreich unvorteilhaften Weise dar: In England beendete die Glorious Revolution das Stuart-Regiment und machte Wilhelm III. von Oranien zum neuen Monarchen (Februar 1689) – den hartnäckigen Gegner Ludwigs und Architekten europäischer Allianzen. Schon am 12. Mai 1689 kam in Wien ein Bündnis zwischen dem Kaiser und den Generalstaaten mit dem Ziel zustande, die Verhältnisse, die im Westfälischen und im Pyrenäen-Frieden festgelegt worden waren, wiederherzustellen. England, Spanien, Schweden und Savoyen traten bei. Eine noch weitere Dimension erhielt das Geschehen durch den englisch-französischen See- und Handelskrieg. Es begann, nur von der kurzen Friedensphase zwischen 1697 und 1701 unterbrochen, eine Auseinandersetzung, die mit gewissem Recht als »Weltkrieg« bezeichnet werden darf. An ihrem Ende, also nach den Friedensschlüssen von Utrecht (1713/14) und Stockholm (1719–1721), waren die europäischen Machtverhältnisse tief verändert. Das gilt auch für das Reich, das zwar als Ganzes nur eine Nebenrolle spielte, dessen einzelne Glieder jedoch vielfältig in die Konflikte dieser Jahrzehnte verwickelt waren. Wenn gleichwohl die Kriegsfolgen mit denen des Dreißigjährigen Krieges nicht vergleichbar sind, so lag das nicht allein daran, daß die Kämpfe sich nur zum Teil auf deutschem Boden abspielten, sondern auch in dem Wandel, den die Kriegführung erfahren hatte. Sie war rationaler und planvoller, mehr als vorher zu einem Mittel kalkulierender Politik geworden. Stehende Heere und auch solche, die zeitweilig zusammengehalten wurden, waren kostspielig, Verluste nicht leicht zu ersetzen. Als Söldnerheere während der Feldzüge stets von Desertion bedroht, mußten sie regelmäßig besoldet und versorgt werden. Ihr militärischer Wert hing mehr als früher von Übung, Ausrüstung und Disziplin ab, da die Kriegführung steigende operative Ansprüche stellte. Märsche, die schnelle Einnahme von strategisch wichtigen Positionen, die Beobachtung der Bewegungen des Gegners, um ihm zuvorzukommen, die Sicherung von Nachschub- und Operationslinien erhielten größere Bedeutung als der offene Kampf; die Anlage von Festungen beziehungsweise die Belagerung solcher Festungen des Gegners bis zu seiner Kapitulation wurden zunehmend wichtiger. Entsprechend gewann die Theorie der Truppen- und Kriegführung an Gewicht.

Die Entscheidungsschlacht am Kahlenberg am 12. September 1683: Sieg des Entsatzheeres über die Türken und Befreiung Wiens. Mittelstück des Gemäldes eines Unbekannten, Ende des 17. Jahrhunderts. Wien, Heeresgeschichtliches Museum

Die Brandschatzung Heidelbergs durch französische Truppen im Winter 1688/89. Kupferstich eines Unbekannten auf einem pfälzischen Flugblatt, 1689. Nürnberg, Germanisches Nationalmuseum

Die an die antike Kriegslehre anknüpfende, vom Geist der Mathematik beherrschte Heeresreform, die Moritz von Oranien und sein Bruder Friedrich Heinrich in den Niederlanden durchführten, wurde zum Vorbild für Frankreich, Schweden und Brandenburg-Preußen. Auch Raimondo di Montecuccoli strebte eine wissenschaftliche, das heißt mathematische Begründung der Kriegskunst an; seine defensive Strategie am Rhein allerdings war mehr von der Knappheit der Mittel als vom operativen Kalkül diktiert.

In höherem Maße als zuvor hing der Erfolg solcher Kriegführung von der Finanzkraft und der administrativen Organisation der Staaten ab. Es machte die Überlegenheit Frankreichs aus, daß die Erschließung der reichen Ressourcen des Landes durch Colberts merkantilistische Politik mit konsequenter Förderung des Militärs und überlegener Truppen- und Kriegführung Hand in Hand ging. Allerdings nur so lange, wie die anhaltenden Kriege nicht zur völligen Zerrüttung der Staatsfinanzen führten und die Monarchie mit Problemen belasteten, deren ausbleibende Lösung einer der Hauptgründe für die Krise des Ancien régime und den Ausbruch der Revolution von 1789 geworden ist. In Deutschland entwickelte sich Brandenburg-Preußen zum paradigmatischen Beispiel für die Konsequenzen der organisatorischen und materiellen Veränderungen des Krieges. Ähnliches gilt, wenn auch nicht so extrem, für andere deutsche Staaten. Daß der Wandel in der Militärpolitik und Kriegführung auch eine Disziplinierung und Einhegung des Krieges mit sich gebracht hat, ist nicht zu bestreiten, ohne daß mit solcher Feststellung die tatsächlichen Schrecken des rationalen Krieges verharmlost werden sollen. Gerade als politische Maßnahme erscheinen die planmäßigen Zerstörungen in der Pfalz durch französische Truppen im Jahr 1689 furchtbar. Aufs Ganze gesehen aber trafen die militärischen Operationen die Zivilbevölkerung nicht mehr im gleichen Umfang wie früher. Schon aus Gründen der Disziplin wurde das Plündern und Marodieren möglichst unterdrückt und eine Magazinversorgung der Truppen entwickelt. Auf die äußere Erscheinung der Truppe wurde mehr geachtet und ihr Kampfwert wesentlich danach beurteilt. Eine gut gehaltene und leistungsfähige Armee stellte somit einen ebenso kostbaren wie kostspieligen Besitz, ihr Einsatz ein finanzielles Risiko dar.

Die Eroberung der Festung Philippsburg und die Besetzung des Erzbistums Köln, mit denen Ludwig XIV. den neuen Krieg eröffnete, dazu die Vorstöße französischer Truppen nach Franken und Schwaben, wo ihnen Eßlingen, Stuttgart und Tübingen in die Hand fielen, führte Brandenburg, Hannover, Sachsen und Hessen-Kassel in der Magdeburger Allianz zusammen (22. Oktober 1688), bewirkte die Kriegserklärung des Kaisers und schließlich die des Reiches (Februar 1689). Die sich für deutsche Verhältnisse in sehr kurzer Zeit sammelnde Reichsarmee bestand weitgehend aus Kontingenten der großen »armierten« Stände, die auf diese Weise nicht nur ihrer Pflicht nachkamen, sondern auch an den Reichskriegssteuern partizipierten. Angesichts dieser Entwicklung zogen sich die Franzosen an den Rhein zurück. Dabei kam es zur systematischen Zerstörung der befestigten Orte und zur Brandschatzung der besetzten Gebiete beiderseits des Rheins. Am schlimmsten betroffen wurde die Pfalz, aber auch Festungen und Städte in Kurköln, Burgen und Orte an der Mosel wurden verwüstet. Damals brannten Heidelberg und Mannheim, Worms und Speyer, von wo das Reichskammergericht nach Wetzlar auswich, um bis zum Ende des Reiches dort zu bleiben. Nicht um Racheakte oder Übergriffe untergeordneter Truppenkommandeure handelte es sich, sondern um eine von Louvois empfohlene Maßnahme. Soweit sie der Verteidigung dienen sollte, war sie maßlos übertrieben; sofern sie einen späteren Angriff erleichtern sollte, weil dem Gegner keine festen Plätze zur Verfügung standen, war sie weitgehend nutzlos. Barbarisch war sie in jeder Hinsicht und hat tiefe Erbitterung hinterlassen.

Im Laufe des Jahres 1689 gelang die Einnahme von Kaiserswerth und Bonn, vorwiegend durch brandenburgische Truppen, und von Mainz durch eine Armee unter dem Kommando Karls von Lothringen. Zur Ausnutzung dieser Erfolge und zum Nachstoßen fehlten jedoch Entschlossenheit und Kräfte. Während der Krieg europäische Dimensionen annahm und sich hauptsächlich in den Spanischen Niederlanden, in Oberitalien und Katalonien abspielte, wo die französischen Armeen zunächst das Feld behaupteten, geschah am Rhein nichts Entscheidendes. Der Kaiser konnte die patriotische Empörung für die Königswahl seines Sohnes Joseph nutzen (1690), viel weiter aber reichte die Gemeinsamkeit der Reichsstände nicht. In Nord- und Mitteldeutschland ging erneut der Gedanke einer dritten Partei um, und Herzog Ernst August von Braunschweig-Lüneburg schloß sogar, mitten im Reichskrieg, ein Bündnis mit Ludwig XIV., um seinem vom Kaiser zunächst abgelehnten Wunsch nach Erhebung in den Kurfürstenstand Nachdruck zu verleihen. Gegen das Versprechen, ein Hilfskorps für den Türkenkrieg zu stellen, die hannoversche Kurstimme immer dem Hause Österreich zu geben und für dessen Ansprüche im spanischen Erbfall einzutreten, ging Leopold mit dem braunschweig-lüneburgischen Hause eine »Enge Union« ein und unterzeichnete den »Kurtractat« vom 22. März 1692. Am 19. Dezember desselben Jahres wurde Ernst August mit der neuen Würde belehnt. Dieser reichsrechtlich fragwürdige Vorgang aber wurde Anlaß zu erbitterten Streitigkeiten im Kurfürstenkollegium und im Fürstenrat, die die Arbeit des Reichstages schwer belasteten, neue Ständeverbindungen entstehen ließen und mit dazu beitrugen, die Handlungsfähigkeit im Reichskrieg gegen Frankreich zu lähmen.

Der Feldzug von 1693 brachte noch einmal schwere Verwüstungen in Württemberg – auch Heidelberg wurde erneut heimgesucht –, militärisch aber brachte er keine Wendung. Im folgenden Jahr drängte Ludwig Wilhelm von Baden die Franzosen zurück, danach blieb es an dieser Front bei gegenseitiger

Beobachtung und vorsichtigen Manövern. Mehr Aufmerksamkeit verdienen die Versuche, die Abwehrkraft der Reichsarmee, genauer gesagt: der Truppen der vorderen Reichskreise, denn darum handelte es sich praktisch, zu stärken. Wieder griff man auf das Mittel der Assoziation der Kreise zurück. Der Schwäbische und der Fränkische Kreis beschlossen, ihre Truppen auch in Friedenszeiten beizubehalten; der Oberrheinische Kreis schloß sich an, ebenso der Kurfürst von Mainz, Lothar Franz von Schönborn. Den Frankfurter »Associationsrezeß« (Januar 1697) unterzeichneten dann auch der Kurrheinische und der Westfälische Kreis. Noch einmal also ein Versuch, der insbesondere von den kleineren Reichsständen getragen wurde, eine übergreifende Organisation in strikt föderativem Sinne zu schaffen. Militärisch erzielte sie, zumindest zeitweilig und auf Verteidigung beschränkt, einige Wirkung; politisch konnte sie sich ebensowenig wie bei vorhergehenden und folgenden Versuchen dieser Art zwischen dem Kaiser und den großen Reichsständen behaupten. Außerdem ließ die Bereitschaft der Mitglieder zu gemeinsamen Anstrengungen mit dem sich abzeichnenden Kriegsende erheblich nach.

Mehr oder weniger geheime, zum Teil kaum seriös zu nennende Friedensgespräche gab es schon seit Jahren. Sie blieben ohne Ergebnis, bis es der französischen Diplomatie gelang, die Koalition der Gegner aufzusprengen. 1696 schied der Herzog von Savoyen aus. Am 20. September 1697 schloß Frankreich unter schwedischer Vermittlung in Ryswijk, einem Dorf zwischen Den Haag und Delft, Frieden mit England, am gleichen Tag mit Holland. Beide Seiten gaben ihre Eroberungen zurück und verzichteten auf alle Ansprüche. Ludwig XIV. erkannte Wilhelm III. als König von England an, verzichtete auf die Unterstützung des Stuart-Prätendenten und gab das Fürstentum Oranien zurück. Noch am 20. September wurde der Friedensvertrag mit Spanien unterzeichnet, in dem Frankreich die seit dem Frieden von Nymwegen besetzten Gebiete zurückerstattete. Nun blieb dem Kaiser nichts übrig, als am 30. Oktober dem Frieden, zugleich für das Reich, beizutreten, obwohl Frankreich die Reunionen im Elsaß einschließlich Straßburgs behielt; andere Eroberungen, auch die rechtsrheinischen Brückenköpfe, gab es zurück. Leopold Joseph von Lothringen, Sohn Herzog Karls V., erhielt sein Herzogtum in dem Umfang von 1670 unter dem Vorbehalt französischer Durchmarschrechte zurück; der Kardinal Fürstenberg wurde amnestiert, mußte jedoch auf das Erzbistum Köln verzichten, wo der Wittelsbacher Joseph Klemens anerkannt wurde. In der pfälzischen Erbfrage gab sich Ludwig schließlich mit einer Geldzahlung an die Herzogin von Orléans zufrieden. Die vielberufene zusätzliche »Ryswijker Klausel« wurde nicht allein von der französischen Diplomatie durchgesetzt, sondern war das Ergebnis von Verhandlungen mit dem Kaiser und vor allem mit dem pfälzischen Kurfürsten. In allen zurückgegebenen Orten sollte der während der französischen Herrschaft erreichte Stand der katholischen Kirche erhalten bleiben. Bis zu ihrer Aufhebung durch den Kaiser im Jahr 1734 hat diese Klausel nicht nur den Widerspruch der protestantischen Reichsstände gefunden, sondern in den betreffenden Orten viel böses Blut gemacht und in der Pfalz der rücksichtslosen Rekatholisierungspolitik des Kurfürsten Johann Wilhelm Vorschub geleistet.

Gemessen an ihren Zielen mußte die französische Politik in Ryswijk einen Rückschlag einstecken; aber auch die Koalition der Gegner hatte ihr Ziel, die Friedensordnung von 1648 und 1659 wiederherzustellen, nicht erreicht, jedenfalls nicht an der Westgrenze des Reiches. Frankreich blieb die militärisch stärkste und politisch handlungsfähigste Macht, und für den Eintritt der spanischen Erbfolge war keine Vorentscheidung gefallen. Im Reich hatten die Reunionen Empörung erregt, aber keinen durchgreifenden Wandel der Politik der Reichsstände bewirkt. Dennoch war etwas geschehen, das für das europäische Staatensystem, insbesondere für Mitteleuropa, eine bedeutsame Veränderung ausmachte: »die tatsächliche Begründung des Donaureiches der Habsburger, das über zwei Jahrhunderte lang einen Hauptpfeiler der europäischen Ordnung darstellen sollte« (H. Holborn).

# Der Aufstieg des Hauses Österreich

Obwohl im 18. Jahrhundert oft in abgekürzter Weise von »Österreich« gesprochen wurde, bildeten die Länder der deutschen Linie des Hauses Habsburg oder – wie die Diplomaten sich ausdrückten – des Hauses Österreich, der Casa d'Austria, vor der Errichtung des Kaisertums Österreich 1804 keine Einheit in staatsrechtlichem Sinne. Sie waren durch die Dynastie in Personalunion verbundene, mehr oder weniger selbständige Territorien mit eigener Verfassung. Von den deutschen Erblanden – dem Erzherzogtum Österreich, den Herzogtümern Steiermark, Kärnten, Krain und der Grafschaft Tirol – hob sich das, auch noch zum Reich gehörende, Königreich Böhmen mit der Markgrafschaft Mähren und dem Herzogtum Schlesien ab; das Königreich Ungarn dagegen war nicht Teil des Reiches. Mit Recht hat man von einer »monarchischen Union von Ständestaaten« (O. Brunner) gesprochen, deren Unteilbarkeit erst im Jahr 1713 durch die »Pragmatische Sanktion« hausgesetzlich festgelegt worden ist.

Ein wichtiger Schritt auf dem Weg zur Stärkung der monarchischen Zentralgewalt und zur festen Verbindung der Länder war nach der Niederschlagung des böhmischen Aufstandes 1620 getan worden, als Ferdinand II. die Wenzelskrone für erblich erklärte und Böhmen und Mähren fest mit den deutschen Erblanden verknüpfte (1627/28). Die ständisch-konfessionelle Opposition wurde durch die Vertreibung des alten und die Schaffung eines neuen Adels und durch rücksichtslose Rekatholisierung gebrochen. Doch behielten hier wie in den anderen Ländern die Stände weitgehende administrative, finanzielle und militärische Zuständigkeiten. Die Landtage schrieben die Steuern aus und verwalteten sie; sie waren – neben anderem – für die Aufbringung von Rekruten zuständig, sofern diese nicht im Ausland angeworben wurden. Als zentrale Einrichtungen fungierten der Geheime Rat, ein Beratungsorgan des Herrschers, und die bedeutendere österreichische Hofkanzlei mit dem Hofkanzler an der Spitze. 1654 wurde diese Kanzlei zur kollegialisch arbeitenden Behörde für innere Verwaltung, Justiz und Außenpolitik. Neben ihr gab es in Wien eine böhmische und eine ungarische Hofkanzlei. Als zentrale Finanzbehörde wirkte die Wiener Hofkammer, als Militärbehörde der Hofkriegsrat. Die Regierungen und Kammern auf der Länderebene blieben dagegen weitgehend in den Händen der Stände, also des Adels, und die lokalen Behörden waren überhaupt keine Bestandteile der staatlichen Verwaltung; in ihnen bestimmten die Grundherren, die obrigkeitliche, gerichtsherrliche und polizeiliche Rechte wahrnahmen.

Für dieses historisch gewordene vielgliedrige Gebilde ohne einheitliche Verwaltung, in dem die Macht der Zentrale nur an wenigen Stellen direkt bis zur Masse der Bevölkerung reichte, bedeutete der gegenreformatorische Katholizismus eine wichtige Klammer, ebenso das durch die Kaiserkrone erhöhte Ansehen des Hauses Habsburg. Das Oberhaupt des Hauses, der gemeinsame Landesherr, führte, nicht nur im internationalen Verkehr, den Kaisertitel, und so gering auch die tatsächlichen – nicht die formellen – Reichsaufgaben des Kaisers geworden sein mochten, der Kaiserhof und der kaiserliche Dienst übten im Reich erhebliche Anziehungskraft insbesondere auf den Adel aus. Die Kräfte der Länder des Hauses Österreich aber ließen sich nur sehr mühsam von Wien aus mobilisieren. Verglichen mit der relativ stark zentralisierten französischen Monarchie wirkte Österreich im letzten Drittel des 17. Jahrhunderts schwerfällig und unmodern. Insofern wies es Ähnlichkeiten mit dem Reich auf.

Der Unterschied zwischen Frankreich und Österreich erscheint geradezu beispielhaft repräsentiert von Ludwig XIV. und Leopold I. Jener ein selbstbewußter, prachtliebender, aktiver, reaktionsschneller, zugleich planvoll handelnder und bedenkenloser Politiker, dieser ein frommer, schwerfälliger, entscheidungsscheuer, vom spanischen Zeremoniell des Hofes eingeengter und von seinen Beratern abhängiger Mann, der gleichwohl von der universalen Sendung des Hauses Habsburg überzeugt war. Die vielen kritischen Situationen seiner langen, fast ein halbes Jahrhundert überspannenden Regierungszeit hat er, der als nachgeborener Sohn zunächst für den geistlichen Stand bestimmt war, weniger gemeistert als mit Zähigkeit überstanden. Zäh hielt er an den spanischen Ansprüchen seines Hauses fest, und so auch an den Rechten der ungarischen Krone. Die Interessen Habsburgs rangierten bei ihm stets vor denen des Reiches; aber indem jene Widerstand gegen die Politik Ludwigs XIV. geboten, kamen sie auch dem Reich zugute, so kraftlos seine Reichspolitik im übrigen blieb.

Schon 1663 hatte Leopold in Regensburg die Hilfe des Reiches gegen »des Erb-Feindes Christlichen Nahmens Blutdürstiges Vorhaben« erbeten, und, obwohl damals wie später kein Reichskrieg gegen die Türken erklärt wurde, diese Hilfe auf vielfältige Weise erhalten. Nach der Befreiung Wiens 1683 ließ er dem Reichstag durch den kaiserlichen Prinzipalkommissar diesen Erfolg hochförmlich mitteilen, der nächst dem Allerhöchsten Beistand der »Cooperation derer Christlichen, insonderheit aber von Theils des Heiligen Römischen Reichs Churfürsten, Fürsten und Ständen zum Succurs geschickter Völcker« zu danken sei. In der Tat hat der Kampf gegen die Ungläubigen christliche Solidarität mobilisiert und dem Hause Habsburg den Ruhm eingetragen, das Abendland gegen den Ansturm der Feinde der Christenheit verteidigt zu haben – einen Ruhm, der das mythische Selbstverständnis dieser Dynastie, in dem Hausmachtinteresse und Religiosität sich völlig durchdrangen, weiter verstärkte. Nicht zu übersehen sind allerdings die Folgen dieses Mythos. Im Westfälischen Frieden hatte der Kaiser die Bestimmungen des erneuerten Religionsfriedens für seine Länder nicht übernommen. Die nach der Niederschlagung des böhmischen

Aufstandes begonnene Protestantenvertreibung wurde fortgesetzt. Nur der schwedischen Intervention verdankten die Evangelischen in Teilen Schlesiens ihre Duldung. Konfessionelle Motive haben auch das Vorgehen des streng religiösen Leopold in Siebenbürgen und Ungarn mitbestimmt und dort die antizentralistische und antikatholische Opposition bis zu Aufstand und Anlehnung an die Gegner Habsburgs getrieben. Tököly wie zuvor Georg II. Rákóczy, führende Köpfe dieser Opposition und Calvinisten, suchten die Unterstützung der Schweden und selbst der Türken. Und daß innerhalb des Reiches nicht allein ständisches Libertätsinteresse, sondern ebenso begründetes konfessionelles Mißtrauen der protestantischen Stände gegenüber Habsburg den Handlungsspielraum kaiserlicher Politik beschränkte, ist ein Bestandteil der Verfassungswirklichkeit des Reiches bis zu seinem Ende geblieben.

Der gegenreformatorische Katholizismus war im Österreich Leopolds I., Josephs I. und Karls VI. mehr als eine Staatskirche; er war Staatsideologie, politische Integrationskraft, die Vorstellungswelt der Menschen prägende Mentalität. Seine wichtigsten und wirksamsten Protagonisten besaß er in den Orden, vor allem in den Jesuiten, den Franziskanern und Kapuzinern, die auf verschiedenen Wegen und mit besonderer Aufmerksamkeit für unterschiedliche Bevölkerungsgruppen, aber stets mit Unterstützung durch die Dynastie eine breit angesetzte und energische Mission betrieben. Ihnen wie auch dem hohen Weltklerus gegenüber blieb das Herrscherhaus, bei allem religiös-kirchlichen Eifer, ja eben wegen dieses Eifers, der stärkere Teil, obwohl das Verhältnis zu Kirche und Papst gerade zur Zeit Leopolds keineswegs spannungsfrei war. Die Selbstverständlichkeit, mit der der Landesherr seinen Einfluß bei Besetzungen von Bischofsstühlen geltend machte, finanzielle Leistungen des Klerus beanspruchte und in das kirchliche Leben eingriff, gab vielfachen Anlaß zu Konflikten. Vermittelt wurden sie nicht zuletzt durch die hohe Aristokratie, die ebenso mit der Dynastie wie mit der Kirche eng verbunden war. Zwar waren die österreichischen Bischöfe und Äbte nicht selber Landesherren wie ihre Amtsbrüder im Reich, aber der gewaltige Grundbesitz der Kirche und das Ansehen der hohen kirchlichen Ämter machte die Kirche auch hier zur Domäne der großen Adelsfamilien. Dieses Standesinteresse konnte sich jedoch gerade im ausgehenden 17. Jahrhundert mit einer der Pietas austriaca entsprechenden tätigen und erzieherischen Religiosität verbinden, sowohl im Hinblick auf die Bevölkerung als auch gegenüber dem niederen Klerus.

Aus Aristokratie und Kirche kam auch die engste Umgebung der Dynastie, wobei ihre Internationalität für die Casa d'Austria ebenso charakteristisch war wie das starke Element von Jesuiten und Kapuzinern. Zunehmend wurde der Hof, die Residenz, als Mittelpunkt des habsburgischen Länderbündels, als Zentrum eines administrativ noch wenig, rechtlich gar nicht einheitlich zusammengefaßten »Staates« bedeutsam. Dieser Entwicklung hat vor allem Karl VI.

auch baulich Ausdruck gegeben. Wien wurde zu einer der europäischen Großstädte, zudem zu einer Stadt des höfischen und kirchlichen Barock, in der sich um den Hof herum spanische, italienische und – durch Eugen von Savoyen gefördert – französische Kultureinflüsse mischten, wobei der Katholizismus verhinderte, daß die Kluft zwischen höfischer, bürgerlicher und Volkskultur unüberbrückbar wurde.

Die militärischen Erfolge im Türkenkrieg und die Rückgewinnung der Herrschaft über ganz Ungarn und Siebenbürgen haben das äußere Ansehen und Selbstgefühl des Hauses Österreich erheblich gestärkt. Auch in der inneren, staatlichen Entwicklung bewirkte dieser Krieg wie die im Spanischen Erbfolgekrieg kulminierende Auseinandersetzung mit Frankreich einen deutlichen Entwicklungsschub. Sein Ausmaß darf allerdings nicht überschätzt werden, was leicht geschieht, wenn man den Aufstieg Habsburgs zur europäischen Großmacht um 1700 zu unproblematisch an Schlachtensiegen, Gebietserwerbungen und am Wirken einzelner Persönlichkeiten abliest. Zum einen resultierte dieser Aufstieg aus Veränderungen in den europäischen Machtverhältnissen, die nicht von Österreich selber ausgingen, sondern von der Überziehung des französischen Machtstrebens und der zunehmenden Bedeutung Englands als Seemacht; zum anderen beruhte er in der wachsenden Zustimmung der verschiedenen Länder und sozialen Gruppen zur habsburgischen Herrschaft, in der Ausbildung einer gemeinsamen katholisch-barocken Kultur sowie in verstärkter administrativer Durchdringung und politischer Zentralisierung. Obwohl die Haupt- und Residenzstadt Wien mit dem Hof als Zentrum zunehmend wichtiger wurde, da von ihr stilprägende und politisch zusammenhaltende Kräfte ausgingen, blieb der im Osten und am Ende des Spanischen Erbfolgekrieges auch im Süden und Westen vergrößerte Länderkomplex in weit stärkerem Maße als die anderen großen Mächte in sich heterogen. Die habsburgischen Herrscher entsprachen wenig dem Typus des tätigen Staatsmannes; sie repräsentierten Würde und Anspruch ihres Hauses. Der moderne Begriff der Politik will so wenig zu ihnen passen wie der Begriff des Staates zu ihrem Herrschaftsbereich. Während ihre universalistisch-katholischen Leitvorstellungen über die Ebene des Staates hinausgriffen, blieben ihre dynastischen Interessen gleichsam darunter.

Gab es aber in Wien nicht doch Minister und Räte moderner Prägung? Gab es nicht vor allem den Prinzen Eugen von Savoyen, den überragenden Feldherrn, der immer mehr auch zum leitenden Staatsmann wurde? 1697 übernahm er an Stelle des Kurfürsten Friedrich August I. von Sachsen den Oberbefehl in Ungarn und reorganisierte in kurzer Zeit die heruntergekommene Armee. Schon vor dem Beginn des Spanischen Erbfolgekrieges drängte er auf energische Rüstung und trat für die vollen österreichischen Ansprüche ein. Als Mitglied des Geheimen Rates, als Präsident des Hofkriegsrates seit 1703 und später als Vorsitzender der Geheimen Staatskonferenz wurde er zum maßgebenden Staatsmann, vor allem zur Zeit Josephs I. Allerdings vermochte auch er Widerstände am Hofe nicht völlig zu überwinden, zumal zwischen seiner rational geprägten Staatsauffassung und seinem planend-kalkulierenden Vorgehen und dem barocken Herrscherselbstverständnis Karls VI. eine nie ganz geschlossene Kluft bestand. Eugen verkörperte die in der frühneuzeitlichen Geschichte Europas nicht seltene Verbindung von Feldherr und Staatsmann in einer so vollkommenen Weise, wie sie sonst nur bei Friedrich II. von Preußen anzutreffen ist – mit dem wichtigen Unterschied, daß dieser als Herrscher auch die letzte Entscheidung besaß. Die Autorität des landfremden, allerdings mit den Habsburgern verwandten Savoyer-Prinzen beruhte zunächst allein auf seinen militärischen Siegen und auf der Energie, mit der er die Voraussetzungen für diese Siege schuf und Vertrauen in kompetente Führung weckte. Nachdem er als Hofkriegsratspräsident zunehmend zum Mittelpunkt energischer Kriegspolitik wurde, wies die österreichische Politik größere Zielsicherheit und Entschlossenheit auf. Das zeigte sich am deutlichsten vielleicht in der Schlußphase des Spanischen Erbfolgekrieges seit 1709, in der weniger militärische als politische Entscheidungen und diplomatische Aktionen den Gang des Geschehens bestimmten und Eugen nun auch die auswärtige Politik Österreichs vertrat. Den »Atlas«, der die Geschicke der österreichischen Monarchie auf seinen Schultern trug, hat Friedrich II. ihn genannt und damit treffend die Bedeutung dieses schmächtigen, aber willensstarken Mannes bezeichnet, der aus dem habsburgischen Länderkonglomerat ein »Totum« zu machen strebte, aber doch kein eigentlicher Reformer, kein Erneuerer war. In mancher Hinsicht auf den politischen Rationalismus eines Wenzel Kaunitz vorausweisend, blieb er ein Repräsentant des barocken Absolutismus österreichischer Prägung. Für die Ausgestaltung eines österreichisch-habsburgischen Staatsbewußtseins hat er mehr getan als die Landesherren; und auch für die Ausformung des österreichischen Reichsstils ist dieser große Kunstmäzen und Bauherr von kaum zu überschätzender Bedeutung gewesen. Wesentliche strukturelle Schwächen der Habsburger Monarchie aber konnte selbst er nicht beseitigen. Sie wurden durch den Aufstieg dieses barocken Staates nicht überwunden, sondern nur überdeckt. Die dynastisch-katholischen Integrationskräfte und der Großmachtwille allein genügten nicht, ständische, konfessionelle und nationale Differenzen wirksam zu übergreifen und die wirtschaftlichen und sozialen Potentiale der Gesamtmonarchie zu aktivieren. Die theresianisch-josephinischen Staatsreformen seit der Mitte des 18. Jahrhunderts lassen rückwirkend die staatlichen Defizite erkennen, mit denen Österreich 1740 in die schwere Krise des sogenannten Österreichischen Erbfolgekrieges eingetreten ist.

Für ein Herrschaftsgebilde so vielfältiger und lockerer Art wie die Habsburger Monarchie mußte es zum existentiellen Problem werden, wenn die regierende Dynastie nur über eine schwache männliche Nachkommenschaft verfügte. Die

Folgen eines solchen Dilemmas hatten sich beim Erlöschen der spanischen Linie des Hauses Habsburg gezeigt. Unter ihrem Eindruck versuchte Leopold I., als 1703 sein zweiter Sohn, Karl, König von Spanien wurde und somit dort eine neue habsburgische Dynastie zu entstehen schien, durch ein Familienstatut – Pactum mutuae successionis – nicht nur die beiderseitigen Erbschaftsverhältnisse zu regeln, sondern auch für den Fall vorzusorgen, daß beide ohne männliche Erben blieben. Leopold, sein ältester Sohn Joseph und Karl vereinbarten, daß beim Aussterben des Mannesstammes der einen Linie der Mannesstamm der anderen folgen, bei dessen Auslaufen die weibliche Erbfolge eintreten solle. Und zwar sollten in diesem Falle die Töchter des ältesten Sohnes, Josephs, den Vorrang vor denen des jüngeren Sohnes, Karls, haben. Tatsächlich rückte dieser Fall mit dem plötzlichen Tod Kaiser Josephs 1711 näher. Da er nur die Töchter Maria Josepha und Maria Amalia hinterließ, beerbte ihn sein Bruder Karl, dessen Ehe mit Elisabeth Christine von Braunschweig-Wolfenbüttel lange kinderlos blieb. Deshalb bestimmte er 1711, in Abweichung vom Familienvertrag von 1703, testamentarisch, daß beim Ausbleiben ehelicher Söhne zunächst seine eigenen eventuell vorhandenen Töchter folgen sollten. Zwei Jahre später, in für Österreich bedrängter Zeit, wurde am 19. April 1713 ein neues Hausgesetz verkündet, das die bisherigen rechtlichen Bestimmungen zusammenfaßte beziehungsweise ersetzte, um die Unteilbarkeit der habsburgischen Monarchie zu sichern. Beim Nichtvorhandensein ehelicher männlicher Erben Karls sollten zunächst seine ehelichen Töchter und deren Nachkommen und erst dann die Töchter Josephs I. und ihre Kinder, danach die übrigen Linien des Erzhauses – nach dem Recht der Erstgeburt – folgen. Diese »immerwährende Satzung, Ordnung und Pacta«, die nach ihrer notariellen Bekundung »Pragmatische Sanktion« genannt wird, blieb zunächst Staatsgeheimnis, zumal durchaus noch mit männlichen Nachkommen Karls gerechnet werden durfte. Der 1716 geborene Erzherzog Leopold aber lebte nur kurze Zeit; ihm folgten nur Töchter.

Mit der Wahrscheinlichkeit einer weiblichen Erbfolge ergab sich die Notwendigkeit, dem Hausgesetz allgemeine Anerkennung innerhalb des habsburgischen Länderkomplexes wie bei den auswärtigen Mächten, vor allem bei denen zu sichern, die irgendwelche Ansprüche geltend machen konnten. Im folgenden Jahrzehnt war die österreichische Politik von dieser Absicht beherrscht. Die Landstände der deutschen und böhmischen Erblande, denen der Vertrag nur mitgeteilt wurde, gaben 1720 die Zusicherung, für ihn einzutreten; einige Jahre später folgten Kroatien, Siebenbürgen, Ungarn und die Niederlande, so daß am 6. Oktober 1724 die »Pragmatische Sanktion« zum Staatsgrundgesetz erklärt werden konnte. Als erstem gemeinsamen Gesetz für alle habsburgischen Länder kommt ihr eine erhebliche Bedeutung für die Ausbildung des habsburgischen Gesamtstaates zu. Als Karl VI. 1740 starb, konnte seine älteste Tochter, Maria Theresia, unangefochten die Herrschaft in allen ihren Ländern antreten. Die in zähen Verhandlungen erreichten Garantien fast aller europäischen Mächte dagegen erwiesen sich weithin als Makulatur – auch die mehrerer deutscher Staaten und des Reiches als Ganzem. Die beiden Töchter Josephs I. beschworen bei ihrer Vermählung zwar die Erbfolgeordnung der »Pragmatischen Sanktion« und verzichteten damit auf abweichende Ansprüche, ihre Ehemänner jedoch, der sächsische und vor allem der bayerische Kurprinz, sahen keineswegs alles für entschieden an. In dem europäischen Konflikt über die österreichische Erbfolge, der 1740 ausbrach, standen Bayern und Sachsen auf der Seite der Feinde Maria Theresias.

Während die Erbfolgefrage Karl VI., seine Minister und Diplomaten in Anspruch nahm, sah sich Österreich genötigt, den Krieg gegen die Türken wieder aufzunehmen. In den Krieg um Spanien hatten diese nicht eingegriffen, wohl aber im Nordischen Krieg mehrfach, allerdings erfolglos interveniert. Nun eroberten sie die venezianischen Besitzungen Morea und Candia und belagerten die Insel Korfu, die unter dem Grafen Matthias von der Schulenburg erfolgreich verteidigt wurde. In Wien setzte Eugen von Savoyen die österreichische Kriegserklärung durch und übernahm selber den Oberbefehl. Nach dem Sieg bei Peterwardein am 5. August 1716 und der erfolgreichen Belagerung der Festung Temesvár errang er mit der Einnahme von Belgrad am 16. August 1717 den populärsten Erfolg seines glanzvollen Feldherrenlebens, den das Lied vom »edlen Ritter«, das vermutlich von einem bayerischen Soldaten im Lager vor Belgrad zuerst gesungen wurde, festgehalten hat. Infolge französischer Bemühungen, den Sultan zur Fortsetzung des Krieges zu bewegen, kam es erst im Juli 1718 unter englischer und holländischer Vermittlung zum Friedensschluß von Passarowitz auf der Grundlage des militärischen Besitzstandes. Mit dem Gewinn des Banats, von Teilen der Walachei und Sirmiens, ferner Nordserbiens bis zur Morava und Drina und eines bosnischen Grenzstreifens erreichte Österreich seine größte Ausdehnung im Südosten.

Die planmäßige, weitgehend staatlich gelenkte Besiedlung der in den Türkenkriegen gewonnenen Gebiete, insbesondere des als kaiserlicher Domanialbesitz verwalteten Banats, stellt eine bedeutende Leistung dar. Neben deutschen Siedlern, den »Donau-Schwaben«, wurden Serben, Ungarn, Albaner, auch Italiener ins Land gezogen, wobei das Militär bei der Landvermessung wie auch sonst beim Landesausbau Hilfestellung leistete. Allerdings blieben Rückschläge nicht aus. Als im erneuerten, gemeinsam mit Rußland zu ungünstigem Zeitpunkt geführten Türkenkrieg 1737 bis 1739 Belgrad und die Provinz Serbien wieder verlorengingen, mußten die Neusiedler diese Gebiete räumen (Friede von Belgrad, 18. September 1739).

Angesichts des großen, populationistischen und kameralistischen Grundsätzen folgenden Unternehmens des Landesausbaus im Südosten drängt sich die Frage auf, in welchem Maße und auf welche Weise der Aufstieg Österreichs zur

Großmacht ein Prozeß der inneren Staatsbildung und der wirtschaftlichen Entwicklung gewesen ist. Der Befund ist widersprüchlich: Obwohl die verschiedenen habsburgischen Länder näher aneinanderrückten und sich eine gemeinsame habsburgisch-katholische Mentalität entfaltete, blieben weiterreichende innere Reformen aus. Landwirtschaft, Agrarverfassung und bäuerliche Lebensverhältnisse änderten sich nicht. Schutz- und Fürsorgemaßnahmen der Regierung kamen über zaghafte Ansätze nicht hinaus und hatten kaum Konsequenzen. Wirksamer und energischer wurde der »Kommerz« gefördert und dafür 1705 die Kommerzdeputation, 1714 die Merkantilkommission eingerichtet. Die Theorie der frühen Merkantilisten Johann Joachim Becher, Philipp Wilhelm von Hörnigk und Wilhelm von Schröder, alle drei konvertierte Protestanten aus dem Reich, stellte die Förderung von Manufakturen, den Außenhandel und den Bankenkredit in den Mittelpunkt. Ihre Überzeugung, daß Österreich über besonders günstige Voraussetzungen für eine blühende Wirtschaft verfüge, kam am deutlichsten in Hörnigks Hauptwerk mit dem pathetischen Titel »Österreich über alles, wenn es nur will« (1684) zu Wort, und sie war nicht unberechtigt. Bestand doch in den Alpenländern ein älteres Berg- und Hüttenwesen und eine beachtliche Eisen-, Glas- und Salzproduktion, die weiterentwickelt werden sollten. Zudem gab es einen vielfältigen, kaum voll überblickbaren Regional- und Fernhandel, der nicht selten in den Händen von Ausländern, Juden und Protestanten lag. Da der staatliche Gewinn daraus gering blieb, strebte man in Wien eine stärkere Lenkung und Kontrolle an. Für den Handel mit der Türkei wurden in Passarowitz günstige Vereinbarungen getroffen, für den Mittelmeer-Handel Triest und Fiume 1719 zu Freihäfen erklärt, von wo aus man im bis dahin von Venedig beherrschten Levante-Handel Fuß zu fassen versuchte. Auch die im gleichen Jahr gegründete zweite Orientalische Kompanie und die Unterstellung der von flämischen Kaufleuten gegründeten Kompanie von Ostende – sie unterhielt einige Faktoreien in Indien – unter den Schutz des Kaisers lassen ebenso wie der Ausbau der Straßen, die Verstaatlichung der Post und die Bemühungen um den Abbau von Binnenzöllen die Umrisse einer weit über Manufakturgründungen und Einfuhrkontrolle hinausreichenden merkantilistischen Politik erkennen. Nach dem Ende des Spanischen Erbfolgekrieges und des zweiten Türkenkrieges erreichte sie ihre weitesten Dimensionen. Die Kluft zwischen Absicht und Wirklichkeit allerdings blieb gewaltig. Es fehlte an Erfahrung, an einer korrekt arbeitenden Bürokratie und an Kapital, so daß mit zum Teil unseriösen Aushilfen gearbeitet wurde. Zwar funktionierte die 1705 eingerichtete Wiener Stadtbank solide; die zehn Jahre später gegründete staatliche »Universalbancalität« hingegen stellte sich schon bald als Fehlschlag heraus.

So haftet der österreichischen Wirtschaftspolitik der Zeit Karls VI. ein Flair von barocker Projektemacherei an – im krassen Gegensatz zur gleichzeitigen

Pfennigfuchserei und Bevormundung in Brandenburg-Preußen. Wie in der Spätzeit Ludwigs XIV. in Frankreich haben auch in Österreich die anhaltenden Kriege – daneben die aufwendige Hofhaltung – die Ansätze zur Konsolidierung und Aufbesserung der Staatsfinanzen weitgehend zunichte gemacht. Von einem ausbalancierten Staatshaushalt war man weit entfernt, ja, es fehlten entscheidende Voraussetzungen dafür. Überall auf dem Kontinent blickte man damals fasziniert auf den Wohlstand der Seemächte England und Holland und erhoffte vom Handel, insbesondere vom Überseehandel schnelle und hohe Gewinne. In Österreich trafen die merkantilistischen Vorstellungen der leopoldinischen Zeit mit Eindrücken zusammen, die Karl VI. und seine Berater in Spanien gewonnen hatten, aber auch mit scheinbar neuen Chancen, nachdem Zugang zur Adria und zum Atlantik gewonnen war. Besonders auf die südlichen Niederlande setzte Wien große Hoffnungen. Zwar besaß Flandern längst nicht mehr seine alte Bedeutung als eine der wichtigen europäischen Gewerbelandschaften, und die Holländer hatten im Frieden von Utrecht nicht nur das Recht erhalten, eine Reihe von Festungen als »Barriere« zu besetzen, sondern hielten auch die Schließung der Schelde und damit die Abschnürung Antwerpens aufrecht. Dennoch gab die Entwicklung des Handels über Ostende zunächst zu großen Erwartungen Anlaß, allerdings auch zu massiven englischen und holländischen Protesten und Bedrängungen. 1727 mußte sich Karl VI. beugen und die Ostender Kompanie für sieben Jahre suspendieren, 1731 sich sogar – gegen die englische Anerkennung der »Pragmatischen Sanktion« – zu ihrer endgültigen Auflösung verpflichten.

Ob die einstigen Spanischen Niederlande als ein Nebenland der Habsburger Monarchie sich überhaupt zu einer ihrer wirtschaftlichen Schwerpunkte hätten entwickeln lassen, erscheint zumindest fraglich. Daß sie dem Druck der Seemächte nachgeben mußte, zeigt nicht nur die dominierende Stellung Englands im internationalen Handel und zunehmend auch im diplomatischen Kräftespiel Europas an; es macht auch die inneren und äußeren Schwächen der an so vielen Stellen des Kontinents engagierten Casa d'Austria erkennbar, deren »weitläufige und herrliche Monarchie« noch lange nicht das »Totum« war, das dem Prinzen Eugen vor Augen stand.

# Kaiser, Reich und Reichsstände

Es kennzeichnet die deutsche Geschichte im 17. und 18. Jahrhundert, daß sich ihre Darstellung, zumindest scheinbar, immer wieder von dem eigentlichen Gegenstand entfernen muß. Hat sie einerseits auf europäische Konflikte einzugehen, an denen das Reich nur einen untergeordneten Anteil nahm, so muß sie sich andererseits mit einzelnen deutschen Staaten befassen, die dabei doch eine bedeutendere Rolle spielten – insbesondere mit der Habsburger Monarchie. Gerade ihre Interessen und ihre Politik aber folgten immer mehr eigenen Zielsetzungen, einer eigenen Staatsräson; für Wien war das Reich nur ein Gegenstand der Politik neben anderen. Und die anderen größeren Reichsstände handelten im Prinzip nicht anders, nur war das Ausmaß ihrer Interessen enger, ihr Bewegungsspielraum ungleich begrenzter. Deshalb erscheint ihre Politik, wenn sie ehrgeizige Gebietsgewinne, aussichtsreiche Heiratsverbindungen, Erbverträge, Subsidienzahlungen anderer Mächte anstrebten und mit den Landständen um Steuern und Schuldenübernahmen stritten, oft so deprimierend kleinlich und nicht selten vergeblich. Rückblickend gewinnt man den Eindruck, als seien vor allem im Ausgang des 17. und zu Beginn des 18. Jahrhunderts die Wogen des reichsständischen Partikularismus besonders hoch gegangen.

Dieser Eindruck ist nicht unberechtigt; denn wenngleich sich die Politik dieser Zeit nicht grundsätzlich von der vorangegangenen und späteren unterschied, taten sich für sie im Kräftespiel des europäischen Staatensystems erwartete und noch mehr unerwartete Chancen auf, die von besonders energischen und ehrgeizigen Fürsten genutzt wurden – nicht immer zum Segen ihrer Länder. Unter ihnen war der brandenburgische Kurfürst, der sich 1701 die Krone eines Königs in Preußen aufsetzte, noch keineswegs der mächtigste. Um diese Zeit standen die Kurfürsten von Bayern und von Sachsen weit mehr im Vordergrund. Nachdem die Welfen in Hannover 1692 mit der Erwerbung der Kurwürde eine Rangerhöhung erreicht und ihrem Prestigestreben und politischen Ehrgeiz damit repräsentativen Ausdruck gegeben hatten, erwarb Kurfürst Friedrich I. August von Sachsen 1697 die polnische Krone, und für Bayern schienen sich unabsehbare Perspektiven zu öffnen, als 1698 Karl II. den Kurprinzen Joseph Ferdinand zum Alleinerben der Länder der spanischen Krone einsetzte. In allen diesen Fällen handelte es sich um Vorgänge nicht allein der deutschen, sondern auch der europäischen Politik; sie alle verweisen auf die heterogene Verfassungswirklichkeit des Reiches, in der sich um 1700 manche Veränderungen vollzogen.

Zweifellos ist der Macht- und Ansehensgewinn des Hauses Österreich, dessen Oberhaupt die Kaiserkrone trug, indirekt auch dem Reich als Ganzem zugute gekommen; der Nachweis für diese Behauptung wäre indes im einzelnen schwer zu führen. Obwohl der Kampf mit den Türken nicht als Reichskrieg geführt wurde, haben stets Kontingente, einzelne Fürsten und Herren aus dem Reich mitgekämpft. Die Kriege mit Frankreich dagegen waren auch eine Sache des Reiches, insbesondere der vorderen Reichskreise, in denen das Reichsbewußtsein am lebendigsten war. Auf sie begann sich eben in jener Zeit der Name des Reiches im engeren Sinne zu konzentrieren. Der Spanische Erbfolgekrieg ist, nach den ersten Erfolgen des Prinzen Eugen in Italien und des Markgrafen Ludwig Wilhelm von Baden am Oberrhein, schon im September 1702 zum Reichskrieg erklärt worden. Joseph I., der 1705 seinem Vater Leopold I. als Kaiser folgte, ging entschlossen daran, die militärischen Erfolge der Anfangsjahre zugleich für die Machtausdehnung Österreichs wie für die Stärkung des Kaisertums im Reich zu nutzen. Er setzte am Reichstag die Verhängung der Reichsacht über die vertriebenen wittelsbachischen Kurfürsten Max Emanuel von Bayern und Joseph Klemens von Köln, die Parteigänger Ludwigs XIV., durch, ebenso die Einziehung ihrer Reichslehen und die Rückgabe der bayerischen Kur, der Oberpfalz und der Grafschaft Cham an den Pfälzer. Der feierliche Vollzug in der Hofburg in Wien – die letzte Achtserklärung über einen Reichsfürsten – wurde in bewußter Demonstration des oberrichterlichen Amts des Kaisers ausgeführt; die Lehensbriefe wurden zerrissen, die Geächteten aus dem Kreis der Reichsstände ausgestoßen, Max Emanuel für vogelfrei erklärt, wovor seinen Bruder in Köln allein sein geistliches Amt bewahrte.

Daß der Kriegsausgang diese außerordentliche Entscheidung wieder rückgängig machen würde, konnte 1706 nicht vorausgesehen werden. Der Reichstag hatte ihrem Inhalt zugestimmt, wenn auch das Fürstenkollegium dem Verfahren widersprach; die von Joseph ins Auge gefaßte Annexion Bayerns für das Haus Österreich wäre jedoch nicht durchzusetzen gewesen. So behielt der Kaiser nur das bayerische Inn-Viertel; die bayerischen Gebiete und das Kurfürstentum Köln blieben zunächst besetzt. Bei den Beratungen über eine permanente Wahlkapitulation, die 1709 wieder in Gang, aber erst nach Josephs Tod zum Abschluß kamen, ist dann festgelegt worden, daß der Kaiser auch im Falle einer Ächtung keine eingezogenen reichsfürstlichen Lehen seinem Hause zuwenden dürfe. Denn die schärfere Gangart des neuen Kaisers in der Reichspolitik erregte bei den Reichsständen erhebliches Mißtrauen. Joseph versuchte, den Reichstag zu ungewohnter Zügigkeit des Arbeitens anzutreiben, mahnte rückständige Matrikularbeiträge scharf an und drohte mit gewaltsamer Eintreibung. Gesteigertes kaiserliches Selbstgefühl vor dem Hintergrund des österreichischen Aufstiegs wurde spürbar – zur gleichen Zeit, als auch die Prestigeempfindlichkeit der großen Reichsstände hoch entwickelt war. Diese mußten sich allerdings fragen, ob sie ihre Ziele gegen den habsburgischen Kaiser oder nicht doch eher in Abstimmung mit ihm würden erreichen können.

Bayern bietet dafür ein lehrreiches Beispiel. Früher als in anderen deutschen Staaten hatte der energische Herzog und erste Kurfürst, Maximilian I., den

Einfluß der Landstände zurückgedrängt und die zentrale Verwaltung ausgebaut; früher als in Österreich hatte er seine Politik in den Dienst der Gegenreformation, aber auch die Kirche in den Dienst der Politik gestellt und als Führer der von ihm zustande gebrachten Liga nach der Niederschlagung des böhmischen Aufstandes die pfälzische Kur übertragen erhalten. Er war aber außerdem der Wortführer der Reichsstände gewesen, die beim Kaiser 1630 die Absetzung Wallensteins durchsetzten. Bei gemeinsamen konfessionspolitischen Interessen und gegenseitigen dynastischen Verbindungen behauptete Bayern seine Selbständigkeit gegenüber Habsburg, und dieses Bestreben hat dann, als Ludwig XIV. sich um deutsche Bündnispartner für seine expansive Politik bewarb, zu einem ersten Sieg der französischen Partei am Hofe des Kurfürsten Ferdinand Maria geführt. 1670 verständigte man sich über gemeinsames Handeln im Falle des Erlöschens der spanischen und der österreichischen Linien des Hauses Habsburg, auch, im gegebenen Falle, über eine Kaiserwahl Ludwigs und eine Königswahl des bayerischen Kurfürsten. Der Gedanke einer wittelsbachischen Kandidatur ist nicht wieder aus der bayerischen Politik verschwunden – und schließlich, nach 1740, Realität geworden. Man darf in ihm nicht bloß den Ausdruck dynastischen Ehrgeizes erkennen, sondern einen Ausdruck der bedeutenden Rolle Bayerns im Reich, die durch die Tatsache noch unterstrichen wurde, daß seit 1583 der Erzstuhl von Köln von wittelsbachischen Prinzen besetzt war und bis 1761 geblieben ist. Daß übrigens die 1648 wiederhergestellte pfälzische Kurwürde ebenfalls in Händen einer Linie des wittelsbachischen Hauses lag und seit 1685, als das Haus Neuburg dem Haus Simmern folgte, die pfälzischen Kurfürsten auch Landesherren der niederrheinischen Herzogtümer Jülich-Berg waren, läßt das Ausmaß wittelsbachischer Möglichkeiten erkennen. Zwar ist das wittelsbachische Kaisertum (1742–1745) eine erfolglose Episode geblieben, und die 1777 eintretende Vereinigung der bayerischen Territorien mit den pfälzischen Ländern kam zu spät, als daß sie im Reich eine entscheidende Kräfteverlagerung bewirkt hätte. Für das neue Bayern nach 1803 allerdings hat sowohl die territoriale Entwicklung als auch die politische Kooperation mit Frankreich grundlegende Bedeutung gehabt.

Chancen und Risiken wittelsbachischer Großmachtpolitik lagen nie so dicht beieinander wie um 1700 während der Regierung des Kurfürsten Maximilian II. Emanuel. Ein hochbegabter, phantasievoller, ehrgeiziger und prachtliebender Barockfürst wie sein Zeitgenosse August der Starke in Sachsen, drängte er über den Rahmen seines Landes hinaus und brachte es dabei an den Rand seiner Existenz; er machte seinen Hof zu einem der glänzendsten im Reich, war aber auch lange Zeit gezwungen, außerhalb seines Landes zu leben. Im Türkenkrieg hatte er Feldherrnruhm geerntet und die Kaisertochter Maria Antonia geheiratet. 1691 war er Generalstatthalter der noch Spanischen Niederlande geworden und damit in eine Rolle eingetreten, die »für die Niederlande... kein Segen, für

Kaiser Leopold I. Silbermedaille vermutlich schlesischer Herkunft, 1683. Wien, Kunsthistorisches Museum. – Die Rückführung der österreichischen Erblande zum christlichen Glauben durch Kaiser Leopold I. nach der Befreiung von der Türkenherrschaft. Bronzemedaille von Giovanni Vismara, 1686. Hamburg, Kunsthalle

Prinz Eugen beim Kunsthändler Zomer in Amsterdam. Lavierte Zeichnung von Pieter van den Berge, Anfang des 18. Jahrhunderts. Amsterdam, Rijksmuseum. – »Prinz Eugen, der edle Ritter...«. Älteste Aufzeichnung des Volksliedes in der 1719 entstandenen Handschrift »Musikalische Rüstkammer auf der Harfe«. Leipzig, Stadt- und Universitätsbibliothek

Der Kaiser, die Kurfürsten und die Stände des Reiches. Kolorierter Kupferstich nach einer Zeichnung von Anton Wierinx, 17. Jahrhundert. Münster, Westfälisches Landesmuseum für Kunst und Kulturgeschichte

Erbhuldigung der preußischen Stände vor Friedrich Wilhelm, dem Großen Kurfürsten, am 18. Oktober 1663 im Schloß zu Königsberg. Kupferstich nach einer Zeichnung von Christoph Gercke, 1664. Berlin, Staatsbibliothek Preußischer Kulturbesitz

seine bayerischen Stammeslande ein Unglück« war (M. Doeberl). Schon in seinem Ehevertrag hatte Max Emanuel die Spanischen Niederlande von der Verzichtserklärung seiner Gemahlin auf Erbfolgerechte in Österreich und Spanien ausgenommen und vom Kaiser das Versprechen erhalten, daß er sich noch zu Lebzeiten Karls II. für die Überlassung dieser Provinz einsetzen werde. Dazu ist es nicht gekommen, wohl aber, dank diplomatischer Unterstützung Englands und Hollands, zur Statthalterschaft in Brüssel, wo der Kurfürst den Befehl über die spanischen Truppen übernahm und mit wechselndem Erfolg gegen die Franzosen kämpfte. Hier geriet er vollends in die Verstrickungen der großen Politik. Über die Niederlande hinaus schien auch die spanische Krone erreichbar zu sein, da eine Partei am Madrider Hof für das uneingeschränkte Erbrecht seiner Gemahlin eintrat. Diese Chance erhöhte sich, als Ende 1692 der Kurprinz Joseph Ferdinand geboren und wenige Jahre später von Karl II. testamentarisch zum Erben bestimmt wurde. Im Blick auf das spanische Erbe lehnte der Kurfürst 1696 nach dem Tod Johann Sobieskis die ihm angetragene Kandidatur für die polnische Königskrone ab. Als nach dem Frieden von Ryswijk Frankreich sich der politischen Linie der Seemächte näherte, die in einer Aufteilung des spanischen Erbes die einzige Möglichkeit zur Erhaltung des Friedens sahen, kam – ohne Beteiligung Österreichs – im Oktober 1698 ein Plan zustande, wonach dem bayerischen Kurprinzen, bei dessen Ableben seinem Vater der Löwenanteil, nämlich Spanien, die Südlichen Niederlande und die Kolonien, zufallen sollte. Kurz darauf setzte Karl II. in einem zweiten Testament Joseph Ferdinand zum Universalerben ein, während Max Emanuel auf Lebzeiten die Statthalterschaft der Niederlande verbleiben sollte.

Gewiß wäre diese Lösung, die dem Hause Wittelsbach kaum absehbare Aussichten eröffnete, ohne Abtretungen an Frankreich und Österreich nicht realisierbar gewesen. Dazu aber kam es nicht, denn am 6. Februar 1699 starb der Kurprinz nach kurzer Krankheit in Brüssel, von wo er zu seiner weiteren Erziehung nach Spanien gebracht werden sollte. Alle Hoffnungen Max Emanuels fanden damit ein abruptes Ende; in einem neuen Teilungsplan war Bayern nicht mehr berücksichtigt. Als nach dem Tod Karls II. am 1. November 1700 es dann doch zum Krieg kam, schlug sich Max Emanuel, der von Anfang an Frankreich zuneigte, schon bald ganz auf dessen Seite. Dazu bewog ihn nicht nur das tiefe Mißtrauen gegenüber Habsburg, sondern noch mehr die opportunistische Erwägung, wo der größere Gewinn zu erwarten sei. Den Ausschlag gaben die französischen Angebote: Neben hohen Subsidien wurde der Erwerb der Rheinpfalz, Neuburgs und der Königswürde, im Falle der Nichterreichbarkeit die erbliche Statthalterschaft in den Niederlanden und der erbliche Besitz von Geldern und Limburg, im Falle des Verlustes von Bayern die souveräne Herrschaft in den Niederlanden zugesichert.

Das Bündnis von 1702 mit Frankreich hat sich als die schwerste Fehlrechnung

Max Emanuels und zugleich seines in Köln regierenden Bruders Joseph Klemens erwiesen. Bayern wurde durch Krieg und Besatzung stark mitgenommen, und die Niederlande gingen verloren. Selbst nach diesen Erfahrungen ließ Max Emanuel nicht von seinen ehrgeizigen Zielen ab. In dem labilen und flexiblen Zustand des deutschen und europäischen politischen Systems lag geradezu eine Herausforderung, sie weiter zu verfolgen. Einerseits durch die Vermählung seines Sohnes Karl Albrecht mit der Kaisertochter Maria Amalia, andererseits durch eine erneute Annäherung an Frankreich bereitete er die Ausgangslage für den nächsten bayerischen Großmachtversuch nach dem Tod Kaiser Karls VI. vor.

Ein zusätzlicher Anstoß für Max Emanuels Ehrgeiz ging von der Rangerhöhung des sächsischen und des brandenburgischen Kurfürsten zu Königen aus. Anders als bei der Errichtung einer neunten Kur für die hannoversche Linie des Hauses Braunschweig-Lüneburg, die eine reichsinterne Angelegenheit war, handelte es sich in den beiden erstgenannten Fällen um den Erwerb von Kronen für Gebiete, die nicht zum Reich gehörten. Die verfassungsmäßige Stellung ihrer Träger im Reich änderte sich dadurch nicht, Titel, Rang und Rangfolge aber bedeuteten in der Zeit des dynastischen Erbrechts und der »absoluten« Monarchie mehr als nur Äußerlichkeiten. Für eine Diplomatie, die die Reputation der Fürsten und ihrer Häuser mit dem Ansehen ihrer Länder identifizierte, galten die dynastischen Verbindungen, die Größe des Hofstaates und der Glanz der Residenz als politisch relevante Tatsachen ersten Ranges. Nicht nur persönlichen Ehrgeiz und Prestigedenken darf man dem Streben nach Rangerhöhung bei Max Emanuel, Ernst August von Hannover, August dem Starken von Sachsen und Friedrich III. von Brandenburg-Preußen unterstellen, sondern vor allem politisches Kalkül. Für einen Welfen, der durch den Tod von zwei Brüdern zur Herrschaft im Herzogtum Calenberg-Hannover gelangt und als Nachfolger eines weiteren Bruders auch Herzog von Lüneburg geworden war, bedeutete die Erhebung in den Kurfürstenstand die äußere Absicherung der Unteilbarkeit seiner Lande und der Nachfolge nach dem Erstgeburtsrecht. Sie krönte eine bedeutende Staatsbildung in Nordwestdeutschland, der es durchaus nicht vorausbestimmt war, hinter Brandenburg-Preußen zurückzustehen. Im Gegenteil: Durch die Ehe mit der Stuart-Enkelin Sophie von der Pfalz erwarb Ernst August eine Anwartschaft auf den englischen Thron, die sich dann 1714 für seinen Sohn Georg Ludwig realisierte – für das Welfenhaus ein gewaltiger Ansehensgewinn, für das junge Kurfürstentum allerdings der Beginn des Absinkens zu einem Nebenland.

Auch dem 1694 zur Herrschaft gelangten Kurfürsten Friedrich August I. von Sachsen bot sein Stammland keinen hinreichenden Raum für die Entfaltung seines Ehrgeizes. Mit geringem Erfolg suchte er Feldherrnruhm im Türkenkrieg. Unter ihm begann der Ausbau Dresdens zu einer prachtvollen Residenz. 1697 schaltete er sich energisch und geschickt in die turbulente Königswahl nach dem Tod Johann Sobieskis ein. Schon lange versetzten die Wahlen in der polnischen Adelsrepublik die europäische Politik in Bewegung, zumal die Rivalität der polnischen Magnatenfamilien und ihrer Klientelen zur Intervention auswärtiger Mächte geradezu einlud. In der gespannten Atmosphäre des ausgehenden 17. Jahrhunderts geriet die Wahl unvermeidlich in das Spannungsfeld des Gegensatzes zwischen Österreich und Frankreich hinein. Obwohl nicht eigentlich der Kandidat Wiens, fand Friedrich August doch die Unterstützung des Kaisers gegen den französischen Kandidaten, den Prinzen François Louis Conti. Letztlich waren es sein eigenes schnelles Handeln, die Bestechungsgelder, die er aufbrachte, und sein persönliches Erscheinen mit einer Armee, die die Doppelwahl zu seinen Gunsten entschieden. Voraussetzung war der Übertritt zur katholischen Kirche – ein aufsehenerregender Schritt für den Herrn des Kernlandes der Reformation und den Führer des Corpus Evangelicorum auf dem Reichstag. Allerdings haben sich weder die Sorgen noch die Erwartungen erfüllt, die sich an die Konversion dieses religiös indifferenten Fürsten knüpften. Sachsen blieb ganz und gar lutherisch; für die Landstände wurde es ein Element ihres Selbstverständnisses, darüber zu wachen, und das hat ihre Position gestärkt. Landesherrlicher Absolutismus in Sachsen reichte über die Ebene der zentralen Verwaltung nicht hinaus. Im übrigen hat die bis 1763 bestehende Personalunion Sachsen nicht zum Segen gereicht. Es wurde in die Wirren des Nordischen Krieges hineingezogen und geriet tiefer, als es sonst der Fall gewesen wäre, in die Konfrontation des Kaiserstaates mit dem aufsteigenden Preußen hinein.

Als Kurfürst Friedrich Wilhelm 1688 starb, waren »die ersten Voraussetzungen für einen modernen brandenburgisch-preußischen Staat« (G. Oestreich) geschaffen. Aus der vom großen Krieg schwer in Mitleidenschaft gezogenen Markgrafschaft Brandenburg mit ihren Außenposten Cleve-Mark und Ostpreußen war ein »considerables« Machtgebilde geworden, allerdings noch keineswegs ein konsolidierter Staat. Durch seine geographische Gestalt und den zeitgemäßen Vergrößerungsdrang seiner Herrscher vielfach in die Konflikte des deutschen und europäischen Staatensystems verwickelt, war es doch noch weit davon entfernt, eine wirklich selbständige Stellung einnehmen zu können. Das zeigte sich, als es unter dem schwächeren Nachfolger des Großen Kurfürsten im Spanischen Erbfolgekrieg im wesentlichen auf die Rolle einer Subsidien kassierenden Hilfsmacht der Seemächte und des Kaisers beschränkt blieb und seine Neutralität im Nordischen Krieg doch nicht die Sicherheit seiner Grenzen einbrachte. Hätte aber eine andere Politik einen Staat mit so begrenzten Ressourcen und erheblichen strukturellen Schwächen, wie es Brandenburg-Preußen noch war, nicht in größte Gefahren führen müssen?

Friedrich III. hatte ihn als ein Konglomerat von Ländern mit unterschiedlicher politischer und sozialer Verfassung übernommen. Zwar hatte sein Vater die

*Kaiser, Reich und Reichsstände* 259

Opposition der brandenburgischen und ostpreußischen, nicht allerdings der clevisch-märkischen Landstände gebrochen und die Zentralgewalt gestärkt. Wie weit er jedoch auch selber noch von den Vorstellungen einheitlicher Staatsgewalt entfernt war, das zeigte sich, als er kurz vor seinem Tod unter dem Einfluß seiner zweiten Gemahlin Dorothea – noch ganz im Sinne patrimonialer Herrscherauffassung – jedem seiner Söhne aus zweiter Ehe testamentarisch ein eigenes Fürstentum zusprach, vorbehaltlich der kurfürstlichen Hoheit im Heerwesen und in der auswärtigen Politik. Es war die erste Tat des Nachfolgers, diese Bestimmung für nichtig erklären zu lassen; die zweite, größere war die Krönung zum »König in Preußen« am 18. Januar 1701. Gewiß ein aufwendiges Prestigeunternehmen, zumal König Friedrich I. zur Unterstreichung seiner neuen Würde eine verschwenderische Hofhaltung entfaltete, obwohl bereits das übergroße Heer die finanziellen Kapazitäten des Landes überforderte. Intrigen, Günstlingswirtschaft und Veruntreuungen am Hofe lassen die Regierung des ersten preußischen Königs in der Tat wenig erfreulich erscheinen, auch wenn man sie nicht durch die Brille der Kritik seines sparsamen und prosaischen Sohnes Friedrich Wilhelm betrachtet. Dem steht gegenüber, daß die Königskrone den Zusammenhang der Länder des Hauses Brandenburg verstärkt und das äußere Ansehen des Staates erhöht hat. Ebenso darf die großzügige Kulturpolitik unter dem ersten König nicht vergessen werden, zu deren dauerhaften Leistungen die Begründung der Universität Halle (1694), die Förderung des Franckeschen Pietismus und die Einrichtung der Akademie der Wissenschaften in Berlin (1700) nach Vorschlägen des Philosophen Leibniz gehörten.

Obwohl die Königswürde der Hohenzollern auf einem Gebiet außerhalb des Reiches beruhte, hat man in Berlin von Anfang an die Zustimmung des Kaisers zwar nicht für rechtlich notwendig, praktisch jedoch für unerläßlich gehalten. In Wien verhielt man sich aus konfessionellen und allgemeinen politischen, nicht aus reichsrechtlichen Bedenken zunächst ablehnend. Dann aber trat hier das Interesse in den Vordergrund, sich für die zu erwartenden Kämpfe um das spanische Erbe die militärische Unterstützung des Kurfürsten mit seiner intakten Armee zu sichern. Die Zustimmung des Kaisers ist am selben Tag ergangen, an dem in Wien beschlossen wurde, den Unterzeichnern des zweiten Teilungsvertrags mitzuteilen, daß man nicht über die Sukzessionsfrage verhandeln werde, also am Anspruch auf das Gesamterbe festhalte. Als Gegenleistung verpflichtete sich Friedrich, für das volle Erbrecht des Hauses Österreich einzutreten und im Kriegsfall ein Hilfskorps von 8.000 Mann zu stellen, ferner bei künftigen Wahlen seine Kurstimme dem habsburgischen Kandidaten zu geben. Allen vertraglichen Anspielungen darauf, daß die Annahme des königlichen Titels die kaiserliche Approbation verlange, widersetzte er sich; für ihn war es ein Akt seiner souveränen Entscheidung. Die meisten deutschen und europäischen Staaten erkannten die neue Würde schnell an – Schweden allerdings erst 1703, Frankreich erst 1713 im Frieden von Utrecht. Obwohl sie offiziell nur auf Preußen ruhte, wurde sie in Brandenburg-Preußen selber wie in der europäischen Diplomatie für das gesamte Kurfürstentum und die ihm anhängenden Gebiete übernommen. Von nun an hieß es »königlich preußische Armee«; die Behörden und Beamten waren »königliche«; »Preußen« wurde der Name für die Gesamtmonarchie. Mit der Schaffung eines Oberappellationsgerichts in Berlin im Jahr 1703 entstand eine einheitliche Justizhoheit.

Die Entwicklungen in Hannover und Bayern, Sachsen und Preußen haben die Reichsverfassung nicht aufgesprengt. Sie machen auch nicht den wesentlichen Inhalt der deutschen Geschichte um 1700 aus. Sie zeigen gleichwohl in charakteristischer Weise an, wie viel an politischer Dynamik innerhalb des Reiches vorhanden war und auf diffus erscheinenden Wegen zur Wirkung zu kommen strebte. Deutsche Fürsten – und hinter ihnen ihre Minister und Berater – suchten die aus den Veränderungen im europäischen Staatensystem resultierenden Chancen zu nutzen – Chancen, die sich dann zum Teil als Chimären erwiesen und fast immer erhebliche Kosten und unvorhergesehene Folgelasten verursachten. Deshalb haben die Landstände der ausgreifenden Politik der Landesherren einen Widerstand geleistet, der bei mancher provinziellen Engstirnigkeit und Veränderungsscheu doch auch von der Sorge bestimmt war, das Land könnte in Kriege verwickelt und finanziell ruiniert werden. In Brandenburg haben ältere Minister lange von der Erwerbung der Königskrone abgeraten, unter anderem mit dem Argument, der Kurfürst gewinne nichts an tatsächlicher Macht hinzu. Aus Bayern sind Max Emanuel viele Bitten zugekommen, er möge von seinen weitgespannten Plänen ablassen und zurückkehren. Stets aber fanden sich auch Männer, die die ehrgeizigen Pläne der Fürsten nährten, und Frauen, die mit allen Mitteln für die Interessen ihrer Familien arbeiteten.

Die Reichsverfassung stellte solcher Politik kaum unüberwindbare Hindernisse entgegen, und das hat dazu beigetragen, den Bestand des Reiches zu erhalten. Grundsätzliche Entscheidungen ertrug es nicht, noch weniger ihre strikte Durchsetzung und Beachtung. Stets hat es mehr von politischen Verhältnissen im europäischen Staatensystem als vom Reichsrecht abgehangen, wie weit ein Landesherr partikularistische Politik treiben konnte. Daran hätte nur eine Stärkung der Kaisergewalt, wie sie Joseph I., unterstützt vom Prinzen Eugen und dem Reichsvizekanzler Friedrich Karl von Schönborn, anstrebte, etwas ändern können; gerade sie aber erschien den meisten Reichsständen nach dem Aufstieg des Hauses Österreich verständlicherweise noch bedrohlicher als vorher. Für die Ambivalenz einer solchen Politik ist die Amtsführung Schönborns charakteristisch. Die Reichshofkanzlei in Wien erreichte unter seiner Leitung einen Höhepunkt ihrer Wirksamkeit, indem sie die Rechtstitel des Kaisers voll zur Geltung zu bringen suchte. Daß sie dabei deutlich den Katholizismus unterstützte, hat den Widerstand der evangelischen Reichsstände gefunden, vor allem, als wegen der gewaltsamen Rekatholisierungsmaßnahmen in der Pfalz nach Beendigung des Spanischen Erbfolgekrieges die Arbeit des Reichstages fast zum Erliegen kam. Auf der anderen Seite geriet der Reichsvizekanzler immer wieder mit der österreichischen Regierung in Konflikt und mußte es schließlich hinnehmen, daß seine Befugnisse zugunsten der österreichischen Hofkanzlei beschnitten wurden. Erneut erwies sich, daß jeder Versuch einer energischen kaiserlichen Reichspolitik sich sowohl am Widerstand der Reichsstände als auch an den »staatlichen« Interessen Österreichs festlief. Als Bischof von Würzburg und Bamberg (seit 1729) hat Schönborn sich weiterhin für ein starkes Kaisertum der Habsburger eingesetzt; nun aber trat auch in ihm der Landesherr und Reichsstand in den Vordergrund. In Auseinandersetzung mit den Domkapiteln setzte er den Ausbau einer straff zentralisierten Verwaltung durch und gab ein eindrucksvolles Beispiel des fürstlichen Absolutismus auch in geistlichen Staaten – eines Absolutismus, der durch großzügige Förderung von Kunst und Wissenschaft seine besondere Note erhielt.

Denn auch in den außenpolitisch so turbulenten Jahrzehnten des beginnenden 18. Jahrhunderts nahm der Prozeß der inneren Staatsbildung in den einzelnen deutschen Territorien, in freilich sehr unterschiedlicher Weise, seinen Fortgang. In geistlichen Staaten hatten die Landesherren größeren Spielraum gewonnen, nachdem der Papst 1695 alle Wahlkapitulationen verbot, mit denen die Domkapitel die Kandidaten vor der Wahl festzulegen versuchten. Zwar hat es in einzelnen Bistümern auch danach noch Wahlkapitulationen und erhebliche Spannungen mit Domkapiteln und Landständen gegeben, insgesamt aber läßt sich zumindest für die größeren geistlichen Staaten sagen, daß sich ihre innere Entwicklung nicht grundsätzlich von derjenigen weltlicher Staaten unterschied. In der auswärtigen Politik hingegen spielten sie als nicht-armierte Stände nur im Ausnahmefall eine Rolle, wie das in die wittelsbachische Politik eingespannte Kurerzbistum Köln. Ihre Sicherheit hing ganz vom Bestand der Reichsverfassung ab, wie sie umgekehrt ein tragendes Element des Reiches bildeten. Je mehr sie indes, wie das Beispiel Kölns überdeutlich demonstrierte, in die große Politik hineingezogen und die Bischofsstühle zu Streitobjekten rivalisierender Dynastien wurden, um so mehr sank ihre politische Bedeutung.

# Spanischer Erbfolgekrieg und Nordischer Krieg

Von den beiden großen Kriegen des beginnenden 18. Jahrhunderts im Westen und im Norden Europas ist schon mehrfach die Rede gewesen. An ihnen nahm das Reich nur begrenzten Anteil, während sich einzelne deutsche Staaten engagiert daran beteiligten. Waren diese Konflikte also nur bedingt Vorgänge der deutschen Geschichte, so hatten sie doch für sie wesentliche Bedeutung. Denn die Ergebnisse, zu denen sie führten, veränderten auf einschneidende, zunächst noch gar nicht absehbare Weise den äußeren Bedingungsrahmen deutscher Politik.

Lange schon vor seinem Eintreten beschäftigte der spanische Erbfall die europäischen Kabinette. Ging es doch um nichts Geringeres als um die Zukunft der Monarchie, in der die Sonne nicht unterging, ja um die Möglichkeit der zumindest räumlichen Wiederherstellung des Reiches Karls V., also einer völligen Umgestaltung der europäischen Machtverhältnisse. Gewiß war die spanische Monarchie weit von der Höhe ihrer Macht unter Philipp II. herabgesunken, und der ungeteilte Anfall aller ihr zugehörenden Länder an die österreichische Linie des Hauses Habsburg hätte für diese nicht bloß Gewinn, sondern vielmehr eine gewaltige Belastung bedeutet, die äußeren Reibungsflächen vor allem mit Frankreich vermehrt und die inneren Probleme des Vielvölkerreiches und Konglomerats von unterschiedlichen Ländern unabsehbar anwachsen lassen. Dennoch konnte das Haus Österreich nach den Spielregeln erbrechtlicher Politik, aber auch aus Prestigegründen und im Sinne des hohen habsburgischen Selbstgefühls gar nicht darauf verzichten, das Gesamterbe zu beanspruchen. Aus denselben Gründen allerdings mußte Frankreich diese Lösung ablehnen, ganz abgesehen von der Gefahr der Wiederherstellung einer habsburgischen Umklammerung, der es sich in den Kämpfen eines vollen Jahrhunderts entzogen hatte. Den protestantischen Mächten Holland und England mußte eine Machtsteigerung Österreichs ebenso unerwünscht sein wie das Übergewicht Frankreichs. Deshalb strebten sie unter Wilhelm III. von Oranien, der seit 1689 die englische Königskrone trug, eine Teilung des Erbes an und brachten entsprechende Vorschläge ins Gespräch. Ihnen standen die Testamente entgegen, die dem letzten spanischen Habsburger von intrigierenden Hofparteien abgerungen waren.

Ein kurzer Blick auf die genealogischen Zusammenhänge ist hier unerläßlich. Der kinderlose Karl II. war Sohn der bis 1696 lebenden und am Madrider Hof starken Einfluß ausübenden Österreicherin Maria Anna, zugleich Vetter Leopolds I. und Ludwigs XIV., denn alle drei waren Enkel Philipps III. von Spanien. Ludwig hatte überdies Karls ältere Schwester, Maria Theresia, Leopold die jüngere, Margarethe Theresia, geheiratet; die einzige Tochter aus dieser Ehe, Maria Antonia, war vermählt mit dem Kurfürsten Max Emanuel von Bayern. So kam dem einzigen Kind aus dieser Ehe, dem Kurprinzen Joseph Ferdinand, das am besten begründete Erbrecht zu, nachdem heiratende Erzherzoginnen und Infantinnen jeweils auf ihre Erbrechte Verzicht geleistet hatten. Als der Kurprinz überraschend starb, standen sich die Ansprüche Ludwigs XIV. und Leopolds I. für ihre Nachkommenschaft gegenüber. Eine friedliche Lösung wäre wahrscheinlich noch immer auf der Linie der 1699/1700 in London und Den Haag, wieder ohne österreichische Mitwirkung, geschlossenen neuen Teilungsverträge möglich gewesen, denen zufolge Spanien mit den Kolonien und die Niederlande dem zweiten Sohn des Kaisers, Erzherzog Karl, die italienischen Gebiete dem Dauphin zufallen sollten. Wien jedoch, das jetzt mit einem neuen Testament zugunsten des Erzherzogs rechnete, verweigerte die Zustimmung, mußte dann aber die bittere Enttäuschung erfahren, daß Karl II. unmittelbar vor seinem Tod die Monarchie zwar für unteilbar erklärte und ihre Vereinigung mit einem anderen Staat ausschloß, als Universalerben indes Philipp von Anjou, den zweiten Sohn des Dauphin einsetzte. Im Widerspruch zu den von ihm selber unterschriebenen Teilungsverträgen nahm Ludwig diese Lösung an; zwei Wochen nach dem Tod Karls, am 16. November 1700, proklamierte er seinen Enkel zum König von Spanien. Da der Kaiser nicht nachzugeben bereit war, konnte der Krieg nicht mehr verhindert werden.

Seine hauptsächlichen Schauplätze lagen in Oberitalien und in den Niederlanden. Die Entscheidung des bayerischen Kurfürsten, auf der Seite Frankreichs die Niederlande zu behaupten und eine Königskrone zu gewinnen, ließ jedoch auch Süddeutschland zeitweilig zum Kriegsgebiet werden. Im Sommer 1702 überfiel Max Emanuel, der bis dahin Verhandlungen auch mit dem Kaiser geführt hatte, die Reichsstädte Ulm und Memmingen. Im folgenden Jahr vereinigte er sich mit dem französischen General Villars an der oberen Donau. Damit entstand, nach Anfangserfolgen des Prinzen Eugen in Oberitalien und des Markgrafen Ludwig Wilhelm von Baden am Oberrhein, für den Kaiser eine kritische Lage, zumal gleichzeitig in Ungarn unter Franz II. Rákóczy ein neuer Malkontentenaufstand ausbrach. Die kurz zuvor eingenommene Festung Landau ging wieder verloren; bei Höchstädt mußten die Österreicher eine Niederlage einstecken und es hinnehmen, daß Max Emanuel Regensburg und Passau eroberte. Der dürftige Zustand nicht nur der Reichsarmee, sondern ebenso der österreichischen Truppen war offen zutage getreten. Daß ausgerechnet in dieser Situation Kaiser Leopold seinen zweiten Sohn zum Universalerben der spanischen Länder proklamierte und ihn – im September 1703 – auf den Weg schickte, um den Bourbonen Philipp V. zu vertreiben, mag abenteuerlich oder verblendet erscheinen, zumal der junge Erzherzog Karl von Wien weder mit Truppen noch mit Geld ausgestattet wurde. Diese Aktion gehörte jedoch bereits zur diplomatischen Einleitung der Wende des Krieges.

Während sich der Herzog von Savoyen aus Sorge, von seinem übermächtigen

Bundesgenossen erdrückt zu werden, von Frankreich abwandte und auf die Gegenseite schlug, bewegten die Seemächte auch den portugiesischen König Peter II. zum Anschluß an die Große Allianz. Damit war die Errichtung einer Front auf der Iberischen Halbinsel möglich. Erzherzog Karl operierte hier mit englischen, holländischen und portugiesischen Mitteln, ohne allerdings auf den Gesamtverlauf des Krieges entscheidenden Einfluß nehmen zu können, obwohl sich die auf ihre Sonderstellung bedachte Provinz Katalonien für ihn erklärte. In Wien setzte jetzt Kaiser Joseph I., gemeinsam mit dem Prinzen Eugen und dem Grafen Wratislaw eine energischere Politik, vor allem eine bessere Abstimmung der Kriegführung mit den Seemächten durch. Damit begann das erfolgreiche Zusammenwirken der beiden bedeutendsten Feldherren ihrer Zeit, des Prinzen Eugen und des Engländers John Churchill, Herzog von Marlborough, der wie jener zugleich Politiker war und mit seiner Gemahlin am Hofe der Königin Anna ausschlaggebenden Einfluß besaß. Nach der Zusammenführung beider Armeen in Süddeutschland errangen sie am 13. August 1704 bei Höchstädt an der Donau einen glänzenden Sieg über die gleichstarke französisch-bayerische Armee, deren Reste sich zum Rhein zurückzogen. Max Emanuel mußte Bayern verlassen, das von österreichischen Kommissaren verwaltet und ausgesogen wurde. Ein Aufstand der Bauern dagegen blieb erfolglos, zeigt indes – wie schon die erfolgreiche Erhebung der Tiroler gegen bayerische Truppen 1703 –, daß die Kriegshandlungen im Zeitalter der »Kabinettskriege« die Bevölkerung doch nicht unberührt ließen.

Selbstverständlich entschied der Sieg der Alliierten bei Höchstädt nicht schon den Krieg. Erst die Erfolge Marlboroughs bei Ramillies und Eugens bei Turin im Mai und September 1706 nötigten die Franzosen, die Spanischen Niederlande und Oberitalien zu räumen; wenig später mußten die Spanier Süditalien aufgeben. Am 11. Juli 1708 siegten beide Feldherren gemeinsam bei Oudenaarde und setzten mit der Eroberung von Lille den Fuß nach Frankreich hinein, was zwei Jahre zuvor von Oberitalien aus mit der Belagerung von Toulon nicht gelungen war. In dieser Situation suchte auch der stolze Roi soleil den Frieden, der nur bei erheblichen Zugeständnissen erreichbar war. Bei den 1709 in Den Haag geführten Friedensverhandlungen stand der Verzicht der Bourbonen auf alle spanischen Erbschaftsgebiete zugunsten des 1706 in Madrid gekrönten Habsburgers Karl III. im Mittelpunkt. Darüber hinaus forderte der Kaiser die Wiederherstellung der alten Reichsgrenze am Oberrhein, also die Rückgabe des Elsaß, Straßburgs und der lothringischen Bistümer. Als dann allerdings Ludwig XIV. verpflichtet werden sollte, im Falle der Weigerung seines Enkels, Spanien aufzugeben, ihn dazu zu zwingen, hat diese so absurde Überziehung der Bedingungen zum Scheitern der Verhandlungen geführt. Erneut wandte sich das Blatt. Vorstöße der Alliierten vom Oberrhein und von Savoyen aus blieben erfolglos; der Triumph Eugens und Marlboroughs bei Malplaquet am 11. September 1709 über die letzte aufbietbare französische Armee aber kostete die Sieger weit mehr Opfer als die Unterlegenen. Eine militärische Entscheidung war wieder in die Ferne gerückt. Bei erneuter Anstrengung hätte sie wohl erzwungen werden können; Kriegsmüdigkeit in England und Holland, geschickte französische Diplomatie und unvorhergesehene Ereignisse verhinderten sie jedoch.

Am 17. April 1711 starb Kaiser Joseph I. im Alter von erst zweiunddreißig Jahren söhnelos an den Blattern. Die Nachfolge fiel seinem Bruder Karl zu, der sich – nach letzten Erfolgen seines Generals Guido von Starhemberg im Jahr zuvor – mühsam in Katalonien behauptete. Daß er auf der Vereinigung Spaniens und Österreichs in ihrem ungeteilten Bestand starr insistierte, ließ die Seemächte erneut in geheime Verhandlungen mit Frankreich über eine Teilung eintreten. Dabei kam der französischen Diplomatie der politische Umschwung in England zugute, wo Marlborough von den zum Frieden drängenden Tories gestürzt worden war. Die Große Koalition trat dem Gegner nicht geschlossen gegenüber, sondern England und Frankreich einigten sich bilateral über Friedenspräliminarien, denen die Generalstaaten dann nur unter englischem Druck zustimmten. In Wien, wo man soeben die Kaiserwahl Karls (VI.) unter Dach und Fach gebracht hatte, reagierte man empört, machte jedoch mit der Entsendung des Prinzen Eugen nach London einen letzten, allerdings vergeblichen Versuch, den Bundesgenossen bei der Stange zu halten. Als sich jetzt die in den Spanischen Niederlanden stehende Armee unter dem Herzog von Ormond zurückzog, gewannen die Franzosen unter Villars Handlungsspielraum und brachten den noch im Felde stehenden Holländern eine empfindliche Schlappe bei. Daraufhin gewann auch in den Generalstaaten die Friedenspartei die Oberhand.

Nach zähen Verhandlungen in Utrecht, wo schon seit Frühjahr 1712 ein Friedenskongreß tagte, kam es am 11. April 1713 zur Unterzeichnung von einzelnen Friedensverträgen zwischen Frankreich einerseits, Großbritannien, Holland, Preußen, Portugal und Savoyen andererseits, während Kaiser und Reich die vereinbarte Teilung des spanischen Erbes ablehnten und den Krieg am Oberrhein fortsetzten. Freilich nur wenige Monate, denn es zeigte sich schnell, daß ihre Armeen den noch immer kampffähigen französischen unterlegen waren. Am 17. März 1714 unterschrieben Villars und Eugen in Rastatt den Friedensvertrag zwischen Frankreich und dem Kaiser, am 7. September im schweizerischen Baden zwischen Frankreich und dem Reich. Die Bestimmungen des Vertragswerks, das als Ganzes verstanden werden darf, sind schnell aufgezählt. Philipp V. behält Spanien mit den Kolonien, doch soll die spanische Krone nie mit der französischen auf einem Haupt vereinigt werden. Von einem Erbrecht der österreichischen Habsburger ist keine Rede mehr; von englischen Plänen, die Bourbonen auszuschalten und den Herzog von Savoyen auf den Thron zu erheben, war nur die Anwartschaft des Hauses Savoyen auf die spanische Krone für den Fall übriggeblieben, daß Philipp V. ohne Nachkommen blieb. Österreich erhält Neapel, Mailand und Sardinien, ferner die Spanischen Niederlande, allerdings mit der Einschränkung, daß Holland zu seiner Sicherheit eine Reihe von festen Plätzen an der französischen Grenze – als »Barriere« – besetzen darf. Alt-Breisach, Kehl und Freiburg im Breisgau werden von Frankreich zurückgegeben, nicht dagegen Stadt und Festung Landau in der Pfalz. Preußen findet die Bestätigung seiner schon 1707 anerkannten Ansprüche auf Neuchâtel und Valangin und die zum Reichsgebiet gehörenden oranischen Grafschaften Lingen und Moers, ferner wird ihm das sogenannte Oberquartier Geldern zugesprochen. Dagegen muß es auf das Fürstentum Orange und auf die oranischen Besitzungen in der Franche-Comté und der Dauphiné verzichten. Frankreich und Spanien erkennen die preußische Königswürde, die kurfürstliche Würde des Hauses Hannover sowie dessen Sukzession auf den englischen Thron an. Max Emanuel von Bayern, der sowohl von Philipp V. als auch von Ludwig XIV. die Spanischen Niederlande zugesichert erhalten hatte und dessen ganzes Trachten auf eine Königskrone gerichtet war, für die er in Geheimverhandlungen mit dem Kaiser sogar sein Stammland gegen Sizilien zu tauschen bereit war, wird wie sein Bruder, der ebenfalls geächtete Kurfürst von Köln, die beide, gleich dem König von Frankreich, Karl VI. zunächst nicht als Kaiser anerkannt hatten, auf Druck Frankreichs in seine Länder wieder eingesetzt. Die zunächst in Utrecht vorgesehene Weitergabe Sardiniens durch den Kaiser an Max Emanuel, verbunden mit dem Königstitel, wird in Rastatt aufgehoben; dafür erhält der Bayer die Oberpfalz zurück.

Um das Bild abzurunden, müssen zwei eindeutige Gewinner des Krieges wenigstens erwähnt werden. Herzog Victor Amadeus II. von Savoyen erhielt das Königreich Sizilien, das er allerdings 1720 gegen Sardinien austauschen mußte. Für die große Rolle, die das Haus Savoyen in der künftigen italienischen Geschichte spielen sollte, war die Ausgangsstellung geschaffen. England setzte mit dem Erwerb von Gibraltar und Menorca den Fuß ins Mittelmeer; durch die Zerstörung Dünkirchens sicherte es sich die freie Bewegung im Ärmelkanal, durch die Bestätigung des Assiento-Vertrags von 1713 monopolisierte es den einträglichen Sklavenhandel in den spanischen Kolonien. Hinzu kam eine beträchtliche Ausweitung des englischen Besitzes in Kanada auf Kosten Frankreichs. Alles das waren wichtige Positionen für die weitere Entwicklung des englischen Handels und den Aufbau eines Imperiums ganz neuer Art.

Eines Nachspiels der Friedensregelung von Utrecht und Rastatt ist gleich hier zu gedenken, weil es die Stabilität der neuen Kräfteverhältnisse bestätigt. Als die ehrgeizige zweite Gemahlin Philipps V. von Spanien, Elisabeth Farnese von Parma, für ihre Kinder Anspruch auf die zum Reich gehörenden italienischen Fürstentümer Parma, Piacenza und Toskana erhob und der Kardinal Alberoni als leitender Minister 1717/18 den Angriff auf Sizilien und Sardinien begann, formierte sich schnell eine Front der Großmächte, die »Quadrupel-Allianz«, in der Großbritannien, Österreich und Frankreich – zu dem erwarteten Beitritt Hollands kam es nicht – zur Verteidigung der Friedensordnung von Utrecht und Rastatt gemeinsam den spanischen Plänen entgegentraten und sie zum Scheitern brachten. Zwar zeigen der Herrschaftswechsel in Sizilien und Sardinien wie die verschiedenen Versuche, für den Fall des Aussterbens regierender Häuser in Italien vertraglich vorzusorgen, wie liquide hier die staatlichen Verhältnisse geblieben waren; bei den großen Mächten jedoch dominierte das Interesse an der Erhaltung des Status quo.

Die Gründe dafür werden bei einer Abwägung der Ergebnisse des Krieges um die spanische Erbfolge erkennbar. Frankreich war durch lange Kriege finanziell erschöpft, und die Kritik an der Überspannung des monarchischen Absolutismus hatte in den letzten Jahren Ludwigs XIV. stark zugenommen. Gemessen an den Rückschlägen im Laufe des Krieges hatte sich Frankreich militärisch und politisch zwar glänzend behauptet, mit seinen Fernzielen aber war der König gescheitert. In der Führungskrise nach seinem Tod im Jahr 1715 war die Erhaltung des Erreichten zwingendes Gebot und die Akzeptierung des von England gestützten kontinentalen Gleichgewichtssystems eine Chance. Gegenüber der Behauptung vieler Historiker, mit dem Frieden von Utrecht sei die Prépondérance française von einer Prépondérance anglaise abgelöst worden, muß betont werden, daß Frankreich auch nach Utrecht die stärkste einzelne Macht in Europa blieb und daß das sogenannte europäische Gleichgewicht, soweit es im 18. Jahrhundert wirklich funktioniert hat und nicht nur eine – allerdings sehr nützliche – Fiktion der Diplomaten war, zumindest bis 1740 durch die französische Politik möglich gemacht worden ist. Österreich hatte, zur bitteren Enttäuschung vor allem Karls VI., auf die spanische Krone verzichten und ihren bourbonischen Träger anerkennen müssen. Wiederholt hatte es sich von den Bundesgenossen übergangen gesehen, allerdings selber wenig politische Anpassungsfähigkeit bewiesen. Gleichwohl hatte es die Kaiserwahl Karls VI. erstaunlich mühelos erreicht, einen – freilich prekären – Außenposten an der Nordsee gewonnen und vor allem sich in Italien festgesetzt. Der Südosten und der Süden, Ungarn und Italien, sind von nun an Schwerpunkte der Habsburger Monarchie, die, dadurch noch mehr als zuvor über den Rahmen des Reiches hinauswachsend, eine europäische Macht sui generis war. Das Reich dagegen trug aus dem Krieg keinen Gewinn davon: Weder das Elsaß noch die Stadt Straßburg konnten zurückgeholt werden. Die politische und militärische Handlungsschwäche des Reichsverbandes hatte trotz des erklärten Reichskrieges noch zugenommen, weil die großen Reichsstände sich allein von ihren eigenen politischen Zielen leiten ließen. Das gilt auch für Preußen, das während des ganzen Krieges einen Teil seiner Armee dem Kaiser zur Verfügung gestellt hatte, in Utrecht jedoch als selbständiger Vertragspartner aufgetreten war.

Die Erwähnung dieses Staates lenkt den Blick auf einen anderen gleichzeitigen europäischen Konflikt: den Nordischen Krieg. In ihn wurde Preußen politisch, nicht jedoch militärisch hineingezogen. Ebenfalls in ihn verwickelt wurde Hannover, während das Kurfürstentum Sachsen durch die Personalunion mit Polen in die Rolle einer kriegführenden Macht, allerdings auch in die Gefahr geriet, zum Opfer zu werden. Angesichts der Verflechtungen im europäischen Staatensystem ist es erstaunlich, daß zwischen den beiden Kriegen um die Vorherrschaft im Ostseeraum und um das spanische Erbe zwar ein Wirkungszusammenhang bestand, daß sie jedoch nicht direkt ineinandergriffen. Ihre Ergebnisse und Folgen müssen dennoch als Ganzes gesehen werden. Wie im Westen und Süden veränderte sich im Norden und Osten in den ersten beiden Jahrzehnten des 18. Jahrhunderts die politische Konstellation Europas und machte Entwicklungen möglich, die das vorangegangene Jahrhundert noch nicht kannte. Schweden verlor seine stets prekäre, allein auf militärische Kraft, Subsidien und Bündnisse gestützte Vormachtstellung um die Ostsee im Kampf mit Rußland, einer ungefügen, noch uneinschätzbaren, im Kampf mit dem Osmanenreich bereits vom Rande her in die europäische Politik eingreifenden, nun zur Ostsee vorstoßenden Macht. Inhalt dieses Kampfes war nichts Geringeres als »die Revision der durch die Schwedische Großreichsbildung geschaffenen Machtverhältnisse im Ostseeraum« (K. Zernack): Daß er überdies ganz im Zeichen zweier ungewöhnlicher Herrscher stand, verlieh ihm eine schon von Zeitgenossen verspürte Dramatik. Voltaire hat den Schwedenkönig Karl XII. aus dem Hause der wittelsbachischen Herzöge von Pfalz-Zweibrücken den wohl »außerordentlichsten Menschen, der je auf Erden gelebt hat«, genannt, einen Mann, »der alle Tugenden seiner Vorfahren in sich vereinte und dessen einziger unglücklicher Fehler es war, sie alle zu übertreiben«. Feldherr und diktatorisch regierender Monarch, setzte er das politische Schicksal seines Landes auf eine Karte und verlor nach bewundernswerten Siegen. Zar Peter I., barbarischer Autokrat und aufgeklärter Absolutist, mußte schwere Rückschläge einstecken, zwang jedoch sein Reich gewaltsam auf den Weg in die Moderne und zur neuen Vormacht im Osten.

Der Verlauf des Krieges ist hier nicht im einzelnen zu verfolgen. Seine unmittelbare Vorgeschichte begann 1697, im Jahr des Thronwechsels in Schweden, der Königswahl in Polen und dänischer diplomatischer Bemühungen um ein Bündnis mit Polen und Rußland, denen ähnliche Bestrebungen des Zaren wie des Kriegsruhm suchenden Königs August II. von Polen entgegenkamen. Es war eine leichtfertige Aktion, als der letztere 1700 sächsische Truppen in Livland einrücken ließ, um Riga zu überrumpeln; sie hatte verheerende Folgen für Polen. Nachdem Karl XII. Dänemark in einem kurzen Feldzug zum Frieden von Travendal (18. August 1700) genötigt hatte, landete er eine Armee in Livland, schlug die Russen bei Narwa (30. November 1700), eine sächsisch-russische Armee bei Riga (19. Juli 1701) und besetzte das polnische Lehnsherzogtum Kurland. Danach wandte er sich Polen zu, offensichtlich mit der Absicht, unter

Ausnutzung der Verfassung der Adelsrepublik August II. zu stürzen und Polen zum Bündnispartner gegen das Zarenreich zu machen. Als Verhandlungen mit einzelnen Adelsparteien nicht weiterführten, rückte Karl zunächst in Litauen ein, besetzte im Mai 1702 kampflos Warschau, schlug dann die sich zurückziehende sächsische Armee bei Klissow und rückte am 10. August 1702 in Krakau ein. In der anschließenden »Ära von Kriegen und Bürgerkriegen« (H. Roos) brachte Karl eine Konföderation polnischer Kräfte zusammen, die August II. für abgesetzt erklärte, und ließ Stanislaus I. Leszczyński als seinen Kandidaten wählen. Dem drohenden Doppelangriff russischer und sächsischer Truppen kam er mit Angriffen an beiden Fronten zuvor, verfolgte die Russen bis in die Ukraine, die Sachsen bis nach Schlesien. Im September 1706 besetzte er Kursachsen und zwang ihm den Friedensvertrag von Altranstädt (24. September 1706) auf. In ihm mußte Kurfürst Friedrich August auf die polnische Krone verzichten, Leszczyński als König anerkennen und allen Bündnissen gegen Schweden entsagen. Für ein Jahr blieb Sachsen von schwedischen Truppen besetzt. Aus dieser mächtigen Stellung konnte Karl XII. den Kaiser nötigen, vertraglich eine bessere Behandlung der Protestanten in Schlesien zuzusagen.

Gelang Karl die Ausschaltung Sachsens, so doch nicht die Befriedung Polens. Damit fehlte die entscheidende Voraussetzung für einen durchschlagenden Erfolg gegen den Hauptfeind Rußland. Peter hatte nach der Niederlage bei Narwa seine Armee neu organisiert, große Teile Livlands und Estlands besetzt, 1703 St. Petersburg gegründet und in hinhaltenden Operationen Teile Ostpolens und Westrußlands verwüstet, während er in Polen Verbündete gegen die harte Schwedenherrschaft fand. Als Karl 1708 seinen Großangriff gegen Rußland begann, wurde er durch die russische Kriegführung der verbrannten Erde nach Süden abgedrängt, wo er sich mit den aufständischen Kosaken Mazeppas vereinigte, nicht jedoch die erwartete Unterstützung der Tataren und Türken fand. Die Niederlage in der entscheidenden Schlacht von Poltawa am 8. Juli 1709 brachte mit einem Schlag die schwedische Machtstellung zum Einsturz. Während der verwundete König noch in der Türkei festsaß, zogen sich die schwedischen Besatzungstruppen aus Polen nach Vorpommern zurück, verließ Stanislaus I. das Land und kehrte Kurfürst Friedrich August – nun von Rußlands Gnaden – zurück. Rußland und Sachsen/Polen setzten den Kampf fort, da weder Karl XII. in der Türkei noch die schwedische Regierung in Stockholm um Frieden nachsuchten. Jetzt trat der Krieg aus der militärischen in eine politische Phase ein. Die von Karl XII. vernachlässigte und gering geschätzte europäische Diplomatie zog auch den »nordischen« Konflikt in ihr Netz von Verhandlungen, Zusagen, Frontwechseln und Verträgen. Allerdings drohte es zerrissen zu werden, als es Karl, der französischen Politik und dem Krim-Khan Ende 1710 gelang, die Türkei zum Krieg gegen Rußland zu treiben, in dem Zar Peter bald in verzweifelte Lage geriet. Aus ihr rettete ihn die Bereitschaft der Pforte zu einem sehr glimpflichen Frieden; offensichtlich wollte sie sich nicht weiter in den russisch-schwedischen Machtkampf hineinziehen lassen.

Da sich Karl XII. den Bemühungen Englands, Hollands und des Kaisers um eine Neutralisierung Norddeutschlands hartnäckig widersetzte, marschierten russische Truppen durch preußisches Gebiet bis nach Mecklenburg. Nun traten auch Hannover und Preußen auf die antischwedische Seite (1715) – nicht allerdings, um den Polenkönig oder gar den Zaren zu unterstützen, sondern mit handfesten eigenen Zielen, die sich auf Schwedens deutsche Provinzen richteten. Friedrich Wilhelm I. hätte die erstrebten Oder-Mündungen lieber in Verhandlungen mit Schweden gewonnen; erst Karls Ablehnung veranlaßte ihn zu einer entsprechenden Vereinbarung mit dem Zaren. Kurfürst Georg von Hannover – seit 1714 auch König von Großbritannien – ließ sich die Herzogtümer Bremen und Verden zusagen, wofür er die Unterstützung durch die englische Flotte in die Verhandlungen einbrachte. 1715 erklärte Preußen, danach Hannover, dem nach abenteuerlichem Gewaltritt von Adrianopel her in Stralsund aufgetauchten Schwedenkönig den Krieg. So aussichtslos die militärische Lage erschien – Karl konnte politisch mit der Uneinigkeit der Verbündeten rechnen. Dänemark, Hannover, selbst Sachsen/Polen fühlten sich durch das russische Vordringen in Norddeutschland bedroht. Die Einmischung des Zaren in den Streit zwischen Herzog Karl Leopold von Mecklenburg und seinen Landständen wie die Herstellung verwandtschaftlicher Beziehungen mit dem Mecklenburger und dem Hause Holstein-Gottorp wirkten alarmierend. Wollte Peter auf Dauer an der deutschen Ostseeküste Fuß fassen? Und was war an dem Gerücht, daß der Schweriner Herzog sein Land gegen Livland tauschen wolle? Jedenfalls zeichnete sich eine Operationsbasis für den Zaren ab, als er 1716 ein »Ewiges Bündnis« mit dem Mecklenburger schloß.

Es kennzeichnet die veränderte politische Konstellation in Europa, daß in den Verhandlungen, die schließlich zur Beendigung des Nordischen Krieges führten, Frankreich, der einstige Verbündete Schwedens, keine Rolle mehr spielte, eine um so bedeutendere dagegen England, das nicht nur die hannoverschen Interessen Georgs I. stützte, sondern vor allem – obwohl keine kriegführende Macht – die Vorherrschaft Rußlands in der Ostsee zu verhindern suchte. Eine europäische Koalition zusammenzubringen, gelang dem Leiter der englischen Außenpolitik, Stanhope, allerdings nicht, da der Kaiser sich zurückhielt und der Preußenkönig militärisch strikt neutral blieb. Noch weniger Erfolg war den hektischen Versuchen der schwedischen Politik beschieden, sich auf die Seite Rußlands zu schlagen und mit Preußen sowie Spanien, wo eben zu dieser Zeit Alberoni die Entscheidungen von Utrecht korrigieren wollte, eine Front aufzubauen. Der Tod Karls XII. vor der norwegischen Festung Frederikshall am 11. Dezember 1718 und der Sturz des leitenden Ministers Görtz, noch mehr die Entschlossenheit des Zaren, den Krieg militärisch zu entscheiden, ließen solche Pläne scheitern. Für

Schweden blieb nur der Verzichtfriede, um den sich Georg I. – in seiner Eigenschaft als Kurfürst von Hannover – besonders bemühte. So ist denn auch der Friedensschluß zwischen Schweden und Hannover am 9. November 1719 in Stockholm der erste einer Reihe weiterer Verträge mit Preußen, Dänemark, schließlich – erst am 10. September 1721 im finnischen Nystad – mit Rußland gewesen. Hannover gewann die Herzogtümer Bremen und Verden, Preußen Vorpommern bis zur Peene, damit vor allem die erstrebte Hafenstadt Stettin. Die Gewinne, die Schweden im Westfälischen Frieden an den deutschen Küsten gemacht hatte, waren verloren – bis auf einen Rest von Vorpommern, für den der schwedische König Sitz und Stimme auf dem deutschen Reichstag behielt, und die Stadt Wismar. Einen eigenen Vertrag mit Polen gab es nicht; vielmehr schloß der russische Vertrag – das beleuchtet die Machtlage – Krone und Republik Polen ein. Kurfürst Friedrich August II. wurde als König von Polen anerkannt, während Stanislaus Leszczyński den Königstitel behielt. An Rußland mußte Schweden Livland, Estland, Ingermanland, einen Teil Kareliens, die Inseln Ösel, Dagö und Moen abtreten und damit das Kernstück seiner einstigen Ostseeherrschaft aufgeben.

Im Hineinstoßen und Hineingeraten des Zarenreiches in die Verwicklungen des europäischen und des deutschen Staatensystems ist das wichtigste und folgenreichste Ergebnis des Nordischen Krieges zu sehen. Von dem Ausmaß dieses Prozesses geben die Gebietserwerbungen nur einen unvollständigen Eindruck. Dazu gehören auch die für das Zeitalter charakteristischen dynastischen Eheverbindungen: Peter verheiratete eine Nichte mit dem Herzog von Mecklenburg-Schwerin, eine andere mit dem Herzog von Kurland, den Thronfolger Aleksej mit einer braunschweigisch-wolfenbüttelschen Prinzessin und Schwester der Gemahlin Kaiser Karls VI., und er bahnte die Ehe der ältesten Tochter mit dem Herzog Karl Friedrich von Holstein an. Seither sind immer wieder Eheverbindungen zwischen dem Zarenhaus und deutschen fürstlichen Familien geknüpft worden – selten glückliche, was ohnehin gegenüber politischen Interessen und Prestigegesichtspunkten nicht ins Gewicht fiel, oft hingegen vorteilhafte. Die harte faktische Seite des Wandels, der sich im Norden und Osten Europas vollzogen hatte, wurde am deutlichsten in Polen, wo Rußland zum ausschlaggebenden Faktor der inneren Politik geworden war. Fast immer haben sich von nun an russische Truppen auf polnischem Staatsgebiet aufgehalten. Allerdings hat ihre Präsenz preußische Gebietswünsche und sächsische Pläne zur Umwandlung der Adelsrepublik in eine Erbmonarchie vereitelt, insofern also erhaltend gewirkt. Für Preußen galt seither, daß bei allen außenpolitischen Entscheidungen die Interessen und Reaktionen in St. Petersburg zu beachten waren. Friedrich II. hat in seinem Politischen Testament von 1752 von der russischen Politik gesagt, sie wolle ihr entscheidendes Übergewicht in Polen aufrechterhalten, mit Österreich in guten Beziehungen stehen, um sich seiner Hilfe gegen einen

Die auf dem Schellenberg von den Kaiserlichen und Alliierten geschlagenen französischen und bayerischen Truppen auf der Flucht nach Augsburg im Jahr 1704. Lavierte Zeichnung von Georg Philipp I. Rugendas, 1705. München, Staatliche Graphische Sammlung. – Die Schlacht bei Malplaquet am 11. September 1709: Sieg John Churchills, des Herzogs von Marlborough, über die französischen Truppen in der letzten bedeutenden Schlacht des Spanischen Erbfolgekrieges. Aus einem Brüsseler Wandteppich, erste Hälfte des 18. Jahrhunderts. Blenheim Palace, Oxon., Collection of Art

König Friedrich I. in Preußen, Kurfürst August der Starke von Sachsen und König Friedrich IV. von Dänemark während der Berliner Verhandlungen über ein Neutralitätsbündnis gegen Schweden im Juni 1709. Gemälde von Samuel Theodor Gericke, nach 1709. Ehemals Berlin, Schloß Charlottenburg

türkischen Angriff zu versichern, und möglichst großen Einfluß in den nordischen Staaten behalten; Preußen aber habe keine Streitfrage mit dem Zarenreich. Nur wenige Jahre später sollte es sich in einem Krieg befinden, in dem die Teilnahme dieses Reiches auf der Seite der Gegner seinen Staat an den Rand der Existenz brachte. Mit Österreich trat Rußland 1726 in ein förmliches Bündnis ein, in dem der Zar die »Pragmatische Sanktion« anerkannte und dafür die Garantie seiner Erwerbungen im Frieden von Nystad erhielt. Es war der Beginn einer lang andauernden politischen Kooperation, die durch die dramatische Kehrtwendung von 1761 auf folgenreiche, Preußen rettende und den deutschen Dualismus erhaltende Weise unterbrochen, nicht jedoch beendet worden ist. Zu erwähnen ist schließlich der Ansehens- und Bedeutungsgewinn Hannovers durch die Personalunion mit England, den Erwerb des Gebietes zwischen Weser und Elbe und die Rolle, die es bei der Reichsexekution in Mecklenburg gespielt hat. Die von dem hannoverschen Minister von Bernstorff betonte, durch gute Beziehungen zum Kaiser abgestützte Rivalität mit Brandenburg-Preußen ist seither eine latente Komponente der Politik in Norddeutschland gewesen.

# Staatliche Konsolidierung und innerdeutsche Konflikte (1720–1763)

# Diplomatie, Administration, Ökonomie

Als bedeutsamste Komponente in der deutschen Geschichte zwischen dem Dreißigjährigen und dem Siebenjährigen Krieg muß der Prozeß der Staatsbildung bezeichnet werden. Damit wird nicht behauptet, alle Dynamik der Entwicklung sei von den Staaten ausgegangen, und noch weniger wird der Staat mit der Regierung oder dem Herrscher gleichgesetzt. Vielmehr wird der Prozeß der Konsolidierung der Flächenstaaten hervorgehoben, die in der »großen« Politik zunehmend als selbständige Größen angesehen wurden und in ihrer inneren Entwicklung durch die sich ausweitende Zuständigkeit der zentralen Gewalt der Landesherren gekennzeichnet waren. Konfessioneller Bürgerkrieg und Staatenkriege hatten die Notwendigkeit handlungsfähiger Staatsgewalt bewußtgemacht. Da diese nicht mehr beim Reich lag, konnte sie sich in den einzelnen Staaten ausbilden, allerdings nur gegen den Widerstand ständischregionaler Gewalten, die zwar in erster Linie ihre Privilegien, doch damit auch Landesfreiheiten verteidigten und sich gegen das Hineingezogenwerden in auswärtige Konflikte infolge ehrgeiziger Ziele der Landesherren wehrten. Und das sicher nicht zu Unrecht; denn für die unter dem Eindruck der Souveränitätslehre stehenden Fürsten stellten die vielfältigen Konflikte im europäischen Staatensystem eine starke Verlockung dar, sich an ihnen zu beteiligen, um ihre Reputation nach außen zu stärken, ihren Handlungsspielraum im Innern zu erweitern und ihren Herrschaftsbereich möglichst zu vergrößern. Dabei unterlagen sie infolge der Instabilität der zwischenstaatlichen Verhältnisse und der noch unvollkommenen inneren Konsolidierung ihrer eigenen Staaten nicht selten schweren Fehleinschätzungen der realen Machtverhältnisse und Chancen.

In derartigen Fehlern, dem oft leichtfertigen Machtegoismus der Regierenden wie ihrem oft ökonomisch unsinnigen Umgang mit den Ressourcen ihrer Länder, lassen sich typische Entwicklungskrisen des frühmodernen Staates erkennen. Sie traten in den Auseinandersetzungen zwischen Landesherren und Landständen ebenso in Erscheinung wie im schnellen Aufstieg und Fall von Ministern und Günstlingen oder in der Neigung zu ökonomischen Experimenten, unverhältnismäßigen Militärausgaben und hektischem diplomatischen Stellungswechsel. Nur allmählich bildete sich in den Beziehungen der Staaten untereinander und in ihrer inneren Politik eine Handlungsrationalität aus. Obwohl solche Rationalität vom wissenschaftlichen Geist der Zeit gefordert und in zahlreichen Schriften zum Regulativ guter Politik erhoben wurde, hat ihr die tatsächliche Politik nur zu oft widersprochen, wofür neben dem Mangel an Einsicht und gutem Willen im einzelnen Fall vor allem das Fehlen der Mittel und Instrumente vernünftiger Politik und die Unausgewogenheit zwischen ökonomischen Ressourcen und politischen Ambitionen verantwortlich waren. Ob sich die Rationalität in deutschen Klein- und Kleinststaaten überhaupt erreichen ließ oder ob diesen nur der Verzicht auf eigene Politik übrigblieb, ob eine äußerlich ungestörte Existenz der Kleinen im Windschatten der Großen möglich war, ob andererseits Wohlstand und Bürgerfreiheit nicht nur in kleinen Staaten erreichbar waren, während die großen »armierten« Staaten zwangsläufig beim Despotismus enden mußten – das waren Fragen, die im Deutschen Reich um 1720 noch der Beantwortung harrten.

Nach dem Abschluß einer jahrzehntelangen Epoche europäischer Kriege – man hat von einem zweiten Dreißigjährigen Krieg gesprochen – stellte sich bald heraus, wie wenig der äußere Machtaufstieg des Hauses Habsburg und der Prestigegewinn einzelner deutscher Dynastien im Innern ihrer Länder schon abgesichert waren. Im Verhältnis der deutschen Staaten untereinander wie in ihren Beziehungen zu anderen europäischen Mächten gab es noch zahlreiche nicht abgetragene und viele neue Konfliktstoffe. Während sich am Reichstag Streitfälle, insbesondere solche konfessionellen Ursprungs, zäh hinschleppten und die Arbeit behinderten, wechselten die zwischenstaatlichen Kombinationen schnell. Immer neue Verträge und Bündnisse kamen zustande und blieben oft ohne jede Folge. Verhandlungen nach vielen Seiten wurden geführt, in denen sich nur schwer klare Linien erkennen lassen. Mehr noch als zuvor wurde auswärtige Politik zur Diplomatie, zum Geschäft der Diplomaten, wie sich innere Politik zunehmend als permanente Verwaltung, als Tätigkeit der Beamten realisierte. Das bedeutete eine meist in verworrenem Prozeß voranschreitende Verstaatlichung und eine zunehmende Professionalisierung der Politik.

Nicht zufällig hatte sich die klassische Diplomatie im 15. Jahrhundert in Ober- und Mittelitalien ausgebildet, wo sich dicht nebeneinanderliegende, miteinander konkurrierende, weitgespannte Handelsbeziehungen pflegende Stadtstaaten drängten und auswärtige Interessen sich kreuzten. Sie war als ein ständiges Gesandtschaftswesen von anderen Staaten nachgeahmt worden, und mit der Zeit hatte sich ein Netz von diplomatischen Kontakten herausgebildet, das durch militärische Konflikte allenfalls vorübergehend unterbrochen, nicht aber völlig aufgelöst wurde. Denn noch während der kriegerischen Handlungen wurde über Bündniswechsel, Neutralität, Waffenstillstände und Friedensschlüsse verhandelt. Und da nicht die Vernichtung des Gegners, sondern der durchsetzbare Gewinn das Ziel eines Krieges war, entschied letztlich mehr die Diplomatie als die Kriegführung über den Ertrag der Kämpfe. Die Diplomaten traten indes nicht nur bei Friedensschlüssen in Aktion, wenngleich gelungene Friedensverträge, bis an die Gegenwart heran, die Meisterleistungen ihres Metiers blieben; sie waren auch im Frieden tätig. Ihre Anwesenheit in den Zentren der Herrschaft anderer Staaten gab ihnen die Möglichkeit, Personen und Regierungspraktiken zu beobachten und vielfältige Informationen zu sammeln. Das mochte in manchen Fällen oberflächlich bleiben, in anderen die Diplomaten in Intrigen und Bestechungsaffären verstricken – insgesamt jedoch machte die Diplomatie die auswärtige Politik berechenbarer und rationaler, weil man die Interessen, die entscheidenden Kräfte an den Höfen und die Ressourcen der Staaten richtiger einzuschätzen lernte. Erst mit der Diplomatie als permanentem Instrument der Politik funktionierte das europäische Staatensystem, und in der Theorie eines »Gleichgewichts« unter den Mächten besaßen die Diplomaten eine trotz ihrer Abstraktheit praktikable Leitvorstellung. Offiziell wurde der Begriff »Balance of Europe« zum ersten Mal von der englischen Diplomatie im Utrechter Friedenswerk gebraucht. Gewiß zeigt er eine sehr mechanistische Auffassung von der Politik an, die von der realen Politik immer wieder in Frage gestellt worden ist. Dennoch darf seine geschichtliche Wirkung nicht unterschätzt werden.

Besser als das deutsche Wort »Gleichgewicht« kennzeichnet das englische »Balance« das Bewegliche und Riskante des politischen Kräfteverhältnisses, das hergestellt oder erhalten oder nach Erschütterungen wiederhergestellt werden sollte. Gleichgewicht als regulative Idee der Politik schrieb vor, daß die Gewichte der großen Mächte in einem Verhältnis zueinander zu halten seien, durch das das Übergewicht einer einzelnen Macht oder einer Machtkoalition und damit die Unterdrückung der anderen, insbesondere der kleinen Mächte, verhindert werde. In seinem einflußreichen »Handbuch der Geschichte des europäischen Staatensystems« hat der Göttinger Historiker Arnold Hermann Ludwig Heeren später, 1809, als Napoleons Hegemonie das europäische Staatensystem definitiv aus der Balance gebracht zu haben schien, die Aufrechterhaltung des Gleichgewichts »die jedesmalige Aufgabe für die höhere Politik« genannt. Solche Politik führe zu einer »stets regen Aufmerksamkeit der Staaten auf ein ander«, und daraus ergäben sich »mannigfaltige Verbindungen durch Bündnisse und Gegenbündnisse, besonders der entfernteren Staaten; größere Wichtigkeit der Staaten vom zweyten und dritten Range im politischen System; überhaupt die Erhaltung des Gefühls vom Werth der Selbständigkeit; und Erhebung der Politik über den platten Egoismus«. Manches davon war, jedenfalls prinzipiell, im 18. Jahrhundert erreicht worden. Es gab einige Grundsätze und Verfahrensweisen, die von der europäischen Diplomatie im großen und ganzen beachtet wurden, ebenso Regeln der Kriegführung, die jedenfalls im Prinzip allgemeine Anerkennung fanden, wozu nicht zuletzt der Gedanke gehörte, daß die Zivilbevölkerung vom kriegerischen Geschehen möglichst wenig betroffen werden sollte. Daß sich die Gleichgewichtsidee indes mit der Lehre von den berechtigten Interessen der Staaten, der zweiten Leitlinie europäischer Diplomatie, nur unvollkommen in Übereinstimmung bringen ließ, wurde in Deutschland spätestens seit dem Überfall Friedrichs II. auf Schlesien auch dem vernunftgläubigsten Juristen und Publizisten klar; die Diplomaten dürften sich darüber ohnehin nicht getäuscht haben.

In Deutschland hatte die Gleichgewichtsidee eine zusätzliche Komponente dadurch erhalten, daß dem Reich für die Erhaltung des Friedens in Europa eine grundlegende Bedeutung zugeschrieben wurde. »Auf daß aber das Gleichgewicht von Europa gerade bleibt, ... damit auch nicht einige von denen, so von dem Souveränitäts-Geiste aufgeblasen und von der Süßigkeit des Regiments trunken gemacht sind, die Autorität des Reiches an sich ziehen: so muß man solche Gränzen setzen, welche die Macht eines oder des anderen mäßigen, unter ihnen das Gleichgewicht ... halten und das nöthige Gegengewicht geben.« Solche Grenzen, so heißt es in der hier zitierten Schrift von 1745 weiter, habe die französische Politik oft verrücken und damit das Gleichgewicht abschaffen wollen »und diese vortreffliche Gleichheit, in deren Erhaltung hauptsächlich nicht nur die Glückseligkeit von Teutschland, sondern auch die Wohlfahrt von ganz Europa beruhe, zu Grunde zu richten versuchet«. Wiederholt der offensichtlich österreichfreundliche anonyme Verfasser den älteren Vorwurf französischer Absichten auf Errichtung einer Universalmonarchie, so warnt er zugleich, ohne Preußen zu nennen, vor der gleichgewichtsstörenden Politik dieses Staates und richtet einen vorher meist gegen Habsburg gebrauchten Verdacht nun gegen die Reichsstände – ein Beispiel dafür, daß die Gleichgewichtsidee nicht nur eine Theorie der Diplomaten war, sondern auch zum Argument völkerrechtlicher und publizistischer Auseinandersetzungen wurde. Ein anderes, damals bekannter gewordenes Beispiel dafür ist die Dissertation des Göttinger Juristen Ludwig Martin Kahle »Commentatio iuris publici de trutina Europae, quae vulgo appellatur Die Balance von Europa« von 1744, in der aus dem übergeordneten Interesse an der Erhaltung des europäischen Gleichgewichts gefolgert wird, daß die Interessen der einzelnen Staaten eingeschränkt werden dürfen. Konkret trat diese Publikation für die britische Politik ein, wie sich andere für die preußische, die wittelsbachische, die sächsische Politik engagierten. Die bedeutendste unter diesen war die 1758 im dänischen Altona veröffentlichte Schrift »Die Chimäre des Gleichgewichts von Europa« des Kameralisten Johann Heinrich Justi. In ihr diskreditierte er die Idee des Gleichgewichts als bloßes Propagandainstrument, trat für das Wachstum und die Handlungsfreiheit jedes Staates im Sinne seines wahren Vorteils ein und plädierte damit für die preußische Politik. In dieser Kontroverse um das europäische und deutsche Gleichgewicht spiegeln sich die Anfänge des österreichisch-preußischen Dualismus, also die Ausbildung einer mitteleuropäischen Machtkonstellation, in der ein Übergewicht des Hauses Österreich nicht mehr möglich war, aber auch Preußen die Erfahrung machen mußte, daß der Umsturz der innerdeutschen Machtverhältnisse, der zugleich das europäische Gleichgewicht aus den Angeln heben würde, die eigene Existenz gefährdete. In den blutigen Kriegen um Schlesien haben letztlich nicht die Waffen entschieden, sondern diplomatische Verhandlungen zu Ergebnissen geführt, die eine neue Stabilisierung des deutschen und die Bewahrung des europäischen Gleichgewichts bewirkten.

Die Diskussion um Theorie und Praxis des Gleichgewichts der Staaten und um die Feststellung und Geltendmachung ihrer Interessen bezeugt ebenso wie die mit ihr eng verknüpfte Diskussion um die Mittel und Wege zur Entfaltung der personellen und finanziellen Kräfte der einzelnen Staaten das zunehmende Interesse der Wissenschaft und der Publizistik an Fragen der Politik. »Politik« als Teil der praktischen Philosophie wurde damals in Deutschland zur Staatswissenschaft«. Juristen, Kameralisten, Historiker und »Statistiker« machten sich daran, auf der Grundlage von empirischen Daten die äußere und noch mehr die innere Politik systematisch zu bearbeiten, um eine praktikable Lehre der Diplomatie und der Verwaltung zu entwickeln. Zentren dieser Lehre wurden die neugegründete Universität Göttingen und seit der Mitte des 18. Jahrhunderts die Straßburger Diplomatenschule Johann Daniel Schöpflins. Dort wie hier erhielten die meist adeligen Hörer eine Ausbildung, die sie auf die künftige Tätigkeit als Beamte und Diplomaten vorbereiten sollte. Sie umfaßte neben der Geschichte und dem Staatsrecht – der Verfassung – der europäischen Staaten auch ihre Geographie und Ökonomie sowie die zwischen den Staaten bestehenden Verträge. Der Historiker Schöpflin verkörperte als »Hochschullehrer, Diplomat, Gelehrter und Wissenschaftsorganisator« (J. Voss) in besonders prägnanter Weise die Verbindung von Theorie und Praxis, die die Aufklärung anstrebte und die in der Politik so selten erreicht wurde.

Es ist kaum nötig zu betonen, daß auch die Politik aufgeklärter Regierungen nicht schlechthin vernünftigen Theorien folgte. Das Bemühen um mehr Planung und Rechenhaftigkeit, um gezielte Entwicklung der Wirtschafts- und Finanzkraft des Landes, um ein besseres Funktionieren der Behörden und Ämter resultierte meist aus ganz praktischen, vor allem finanziellen Bedürfnissen. Ob und wieweit dennoch theoretische Entwürfe und Lehrsysteme auf das Regierungshandeln entscheidenden Einfluß gewonnen haben, ist schwer zu entscheiden. Immerhin: Der Prozeß der Staatsbildung war in eine Phase eingetreten, in der Politik neuer Ziele und neuer Steuerungskapazitäten bedurfte, die in der deutschen Situation lediglich über den Staat und durch seine Behörden wirksam werden konnten. Dieser Prozeß läßt sich nur zum Teil an der Gesetzgebung, besser dagegen an der Regierungspraxis verfolgen. Zwar setzte sich der ältere Usus fort, »Ordnungen« für alle möglichen Bereiche der Verwaltung zu erlassen, doch kam in ihnen nun eine zunehmende Systematik und übergreifende politische Zielsetzung zur Geltung. In dem Maße, in dem die Aufgabe der Regierung nicht mehr allein in der Erhaltung guter Ordnung und gerechter Justiz, sondern in der aktiven Gestaltung der innerstaatlichen Verhältnisse gesehen wurde, erhielt Verwaltung die Aufgabe, Verbesserungen in Gang zu bringen, ältere Verhältnisse neu zu ordnen und dafür systematische Erhebungen anzustellen. Neue Behörden, insbesondere zur Beförderung der Wirtschaft, wurden eingerichtet und mit genauen Instruktionen ausgestattet. Überhaupt mehrten sich die direkten Anweisungen an einzelne Behörden und Beamte, und nicht selten schlugen sie einen schärfer befehlenden und fordernden Ton an. Häufiger als zuvor wurden die Staatsdiener für die schnelle Ausführung von Verwaltungsanordnungen verantwortlich gemacht, wurde laufende Berichterstattung von ihnen gefordert, Fleiß, Pünktlichkeit, Unparteilichkeit, Subordination verlangt.

Selbstverständlich vollzog sich die Intensivierung der Verwaltung nicht in allen deutschen Staaten mit gleichem Erfolg; nicht überall wurde sie in gleicher Weise von der Notwendigkeit des Landesausbaus oder vom Ehrgeiz der Monarchen vorangetrieben. Manche Ansätze blieben auch stecken, weil es den Landesherren oder ihren leitenden Ministern an anhaltender Energie mangelte. Dennoch läßt sich sagen, daß im 18. Jahrhundert die Ausbildung einer permanent arbeitenden Verwaltung und einer Staatsbeamtenschaft, die nach allgemeinen Verwaltungsvorschriften ihren Dienst versah, zum Durchbruch kam. Dazu gehörten zunehmende Resorttrennung, genauere Dienstaufsicht, geregelte Besoldung, aber auch vermehrte Disziplinierung der Beamten zu Organen der Regierung. Daß der Staat den Bürgern alltäglich in Gestalt einer Behördenorganisation und in der Anwesenheit von Polizei entgegentrat, ist zwar erst eine Erscheinung des 19. Jahrhunderts gewesen, die Entwicklung dahin hat jedoch früher eingesetzt. Der Begriff »Beamte« war in der hier behandelten Zeit ebenfalls noch nicht allgemein üblich; noch sprach man von fürstlichen »Bedienten«, womit das persönliche Dienstverhältnis zum Monarchen betont wurde. Die Versachlichung der Funktion der Bedienten aber setzte bereits ein. Gegen Ende des 18. Jahrhunderts ist in Preußen bereits vom »Stand der Beamten« die Rede, »die sich unmittelbar dem Dienste des Staates gewidmet haben« (C. G. Svarez). Auch in Preußen, das für die Entwicklung zum Behördenstaat gleichsam als Modell gelten kann, gingen dabei die Verwaltungsbeamten im engeren Sinne voran, während die Justizbeamten noch dem älteren Typ der Amtsträger angehörten. Friedrich Wilhelm I. hat Justizämter – und Ämter der städtischen Verwaltung, soweit sie schon »verstaatlicht« waren – oft meistbietend verkauft. Daß die einkommenden Mittel nicht für höfischen Aufwand verbraucht, sondern ausschließlich der Rekrutenkasse zugleitet wurden, ändert nichts an der Tatsache des Ämterkaufs, der auch in deutschen Staaten verbreitet war, wenngleich nicht in dem Ausmaß wie in Frankreich.

Das Ineinanderwirken von Praxis und Theorie charakterisiert auch die Entwicklung der Verwaltung. Voran ging in der Regel das Bemühen, die Einnahmen zu steigern, das heißt die vorhandenen Geldquellen stärker auszuschöpfen und neue zu erschließen, und zwar solche, die nicht der Kontrolle durch die Stände unterlagen. Dazu gehörten Einnahmen aus Regalien, Monopolen, Zöllen – meist keine Grenzzölle! – und Domänen. Hinter ihnen standen im 18. Jahrhundert die Einnahmen aus Steuern noch zurück, doch ihr Anteil wuchs. Dabei handelte es sich um Ertragssteuern, um direkte Grundsteuern (Kontributionen), die infolge der Steuerfreiheit des Adels, des Klerus, übrigens auch der Beamten, durchweg von der Bevölkerung auf dem Lande aufzubringen waren, und um Verbrauchssteuern (Akzisen), wie sie insbesondere von der Stadtbevölkerung durch Gebühren auf eingeführte Waren erhoben wurden. Gerade die Akzise verlangte eine staatliche Finanzverwaltung, während die Verteilung, Erhebung und Verwaltung noch weitgehend in den Händen lokaler, ständischer Instanzen blieb. Um ihren insgesamt eng bleibenden finanziellen Handlungsspielraum zu erweitern, der sich durch Schuldenmachen nur vorübergehend öffnete, haben die Regierungen selber in begrenztem Umfang unternehmerische Aktivitäten entfaltet oder private Unternehmungen gefördert und gelenkt, sowohl in der Gewerbe- und Handels- als auch in der Agrar- und Verkehrspolitik. Dazu bedurfte es der leitenden Organe, der Verwaltungsbeamten, die zwar eher nach fiskalischen als nach ökonomischen Gesichtspunkten handelten, aber durch ihre Tätigkeit die Wirtschaft ins Zentrum der Aufmerksamkeit der Innenpolitik absolutistisch regierter Staaten rückten. Daß der höhere Verwaltungsbeamte nicht nur eine juristisch-staatswissenschaftliche, sondern auch eine kameralistische Ausbildung erfahren sollte, wie es in Preußen vorgesehen war, entspricht dieser Entwicklung.

Die ökonomische Effizienz des sogenannten Merkantilismus, also der Wirtschaftspolitik absolutistisch regierter Staaten, muß allerdings insgesamt eher skeptisch beurteilt werden. Einzelne Zweige des Handels und des Gewerbes erfuhren kräftige Anregungen, ohne immer langfristig profitabel zu werden. Eine entsprechende Anregung des privaten Konsums über einen schmalen Luxussektor hinaus blieb aus. Mit Knut Borchardt muß man fragen, ob die »finanzwirtschaftliche Auskämmung des Landes« die ökonomische Entwicklung nicht behindert, Monopolerteilungen und Handelsverbote, also Planungs- und Steuerungsmaßnahmen, mögliche andere, ergiebigere Entwicklungen nicht gehemmt haben. Man kann zwar auch die hohen Militärausgaben als eine Förderung der Wirtschaft betrachten, aber eben als eine solche, die nur sehr begrenzte Wirkung für die Gesamtentwicklung hatte. Denn das Einkommensniveau des großen Teils der Bevölkerung blieb niedrig, so daß keine nennenswerte Nachfrage im Inland entstand, und die Produktionstechnik machte keine wesentlichen Fortschritte. So erscheint die merkantilistische Gewerbeförderungspolitik – für deren wachsende Bedeutung die Errichtung eines eigenen Departements für »Manufactur- und Kommerciensachen« in Preußen im Jahr 1740 symptomatisch war – als ein charakteristisches Beispiel für die Diskrepanz zwischen der schon erkannten Notwendigkeit wirtschaftlicher Entwicklung und den noch bestehenden systemspezifischen Grenzen der vor-industriellen, ständischen Gesellschaft und des monarchischen Obrigkeitsstaates.

# Der Aufstieg Preußens

»Ich stabiliere die suverenitet und setze die krohne fest in einen rocher von Bronce«, hielt Friedrich Wilhelm I., Markgraf und Kurfürst von Brandenburg und König in Preußen, den widerspenstigen ostpreußischen Ständen entgegen. Ein Wort, das unerschütterliches Herrscherbewußtsein und feste Entschlossenheit kundgab, die Regierungsgewalt mit niemandem zu teilen. So hätten – abgesehen von der Orthographie – auch andere Monarchen der Zeit sich äußern können; kein anderer aber hat so konsequent danach gehandelt wie der zweite preußische König, der seinem Vorgänger, Friedrich I., nur im Gefühl des Gottesgnadentums der Dynastie ähnelte und dessen Herrschaft schnell zum europäischen Skandal wurde. Man hat ihn verabscheut als kulturlosen Barbaren, der weder für die barocke Repräsentationsfreude und die Wissenschaftsförderung des Vaters noch für den philosophischen Geist und den Kunstsinn der Mutter Verständnis aufbrachte, gewalttätig und cholerisch seinen Willen durchsetzte, geizig und engstirnig, rechthaberisch und bar jeden Schönheitssinns sein Haus und seinen Staat mehr kontrollierte als regierte und Preußen zu einer großen Kaserne machte. Und man hat ihn gepriesen als den größten »inneren König« Preußens, als frommen und pflichtbesessenen Patriarchen, als Organisator der preußischen Verwaltung und als Erzieher seiner Untertanen zu Gehorsam und Fleiß, der die Voraussetzungen für den Aufstieg Preußens zur Großmacht schuf. Das Merkwürdige ist, daß sowohl das negative als auch das positive Urteil zutrifft. Nur Größe läßt sich an diesem Herrscher nicht erkennen, allerdings auch kein normales Mittelmaß; denn fast alles an ihm war bis zur Karikatur überzogen: die harte Behandlung seiner Kinder nicht weniger als die Sorge für die Langen Kerls seines Potsdamer Wachregiments.

Nun hat es unter den Fürsten des 18. Jahrhunderts gewiß andere exzentrische und manche tatkräftige Regenten gegeben. Sie haben die Entwicklung ihrer Länder und den Gang der Geschichte in der Regel weniger beeinflußt, als sie selber glaubten und eine persönlichkeitsorientierte Geschichtsschreibung es ihnen nachsagt. Friedrich Wilhelm I. aber hat durch seine Persönlichkeit und seine Willenskraft die innere Konfiguration und die auswärtige Politik seines Staates entscheidend bestimmt, und dasselbe gilt für seinen Nachfolger Friedrich II. Kein anderer europäischer Staat der frühen Neuzeit ist in so extremer Weise von oben gesteuert, persönlich regiert worden wie Preußen unter diesen beiden Königen. Auf keinen anderen Staat hätte die Formulierung »Travailler pour le roi« in gleichem Maße gepaßt, weil nirgendwo sonst der Wille der Monarchen so tief in das tägliche Leben der Untertanen eingriff. Kein anderer Staat wurde allein durch seine Herrscher so sehr auf ein einziges Ziel ausgerichtet: auf die Erhaltung einer im Verhältnis zur Größe und zu den finanziellen

Kräften des Staates überdimensionalen Armee. Es ist also unumgänglich, zuerst von den Monarchen zu sprechen, wenn die Entwicklung Preußens im 18. Jahrhundert verfolgt werden soll. Wie sehr gleichwohl in dieser Zeit der Staat als Institution Eigengewicht gewann, wird nicht zuletzt dadurch bestätigt, daß seine Entwicklung durch den Herrscherwechsel von 1740 nicht gestört wurde, obschon der Unterschied der Persönlichkeiten nicht größer gedacht werden kann. Der Sohn hielt am Imperativ der politischen Existenz der Monarchie fest: an der Priorität der Armee und am persönlichen Regiment des Herrschers. Die gefährlichen Folgen der Ausrichtung des gesamten politischen Systems dieses Staates auf ein solches Regiment ist unter Friedrichs schwächeren Nachfolgern offen zutage getreten. Während sich in Europa tief eingreifende politische Veränderungen vollzogen, geriet Preußen in eine Führungskrise, die sich in diesem Staat zu einer schweren Systemkrise ausweiten mußte.

Der vorhergegangene Aufstieg Preußens hatte den europäischen Zeitgenossen ein faszinierendes und zugleich erschreckendes Beispiel geboten. Über den spartanisch lebenden Friedrich Wilhelm I., der in Potsdam seine Soldaten drillte, die Monarchie wie einst als Kronprinz die Domäne Königs Wusterhausen verwaltete und aus Sparsamkeit und persönlicher Abneigung jede Eleganz von seinem Hofe verbannte, mochte man spotten, zumal er stets zögerte, seine kostspielige Armee ins Feld zu schicken, auf die er seine ganze Aufmerksamkeit richtete. Seinen Sohn hingegen beobachtete man mit einer Aufmerksamkeit, die bald den Charakter zwiespältiger Bewunderung annahm. Der Korrespondenzpartner Voltaires und Verfasser des »Antimachiavell« versprach, ein aufgeklärter Fürst zu werden, ein »Roi philosophe«, in dessen Person sich Geist und Macht verbanden. Zudem erwarb er in wenigen Jahren den Ruhm eines siegreichen Feldherrn, der seine unvergleichliche Armee einzusetzen wußte – einen Ruhm, der freilich verdunkelt wurde von der Sorge über den unruhigen Expansionismus seiner ehrgeizigen Politik, die auch das Mittel des Präventivkrieges nicht scheute, und von der Abneigung gegenüber dem preußischen System, das der aufgeklärte Sohn des rücksichtslosen Absolutisten Friedrich Wilhelm kaum lockerte. Alles in allem ein widerspruchsvoller Befund, der nicht verharmlost und unzulässig vereinfacht werden soll. Auch deshalb nicht, weil Preußen in der deutschen Forschung oft zum Paradigma frühneuzeitlicher Staatsbildung erhoben worden ist, obwohl seine Entwicklung allenfalls als extremer Fall gelten kann. Insoweit ein solcher Fall die strukturellen Komponenten dieses Prozesses überscharf hervortreten läßt, ist das preußische Beispiel zweifelsohne aufschlußreich. Überdies hat es bereits im 18. Jahrhundert anderen deutschen Staaten als Modell gedient.

Kurfürst Friedrich III., der sich 1701 in Königsberg zum König in Preußen gekrönt hatte, war ein schwacher, prunkliebender Monarch, der die Regierung weitgehend allmächtigen Ministern überließ: dem tüchtigen Eberhard von

Danckelmann, dann dem korrupten Johann Kasimir von Kolbe, Reichsgraf von Wartenberg. Am Hofe kämpften mehrere Parteien erbittert um Macht, Ämter, Pensionen, wobei Wartenberg es verstand, den verschwendungssüchtigen Monarchen durch die Beschaffung immer neuer Mittel bei Laune zu halten. Voll an den Tag kamen die Mißwirtschaft und die Ausbeutung des Landes, als 1709/10 Pest und Hungersnot in Ostpreußen zur Katastrophe führten. Am Sturz Wartenbergs und seiner Leute war der Kronprinz Friedrich Wilhelm bereits beteiligt. Nach weitgehend mißlungener Erziehung war er durch frühe Mitarbeit im Geheimen Staatsrat und im Geheimen Kriegsrat auf das Regierungsamt gut vorbereitet und durch die Beobachtung der Mißstände im Land und am Hof zu einer radikalen Abhilfe entschlossen. Die Art und Weise jedoch, in der er zugriff, als er 1713 die Herrschaft übernahm, verhieß mehr als einen Stilwandel. Vom ersten Tag an regierte er selbst, und von Anfang an erhielt das Militär absoluten Vorrang vor allen anderen Institutionen und Staatsaufgaben. Ein neues Hofreglement reduzierte die Ränge, rückte die Generäle an die Spitze und ordnete die Verwaltungsbedienten militärischen Rängen zu. Die Hofhaltung wurde drastisch beschnitten, die Gehälter der Verbleibenden wurden erheblich gekürzt, Pfründen und arbeitslose Einkünfte gestrichen und die Künste weitgehend verbannt. Für viele Existenzen in Berlin bedeutete das den wirtschaftlichen Ruin. Die Stadt erhielt einen anderen Charakter: Sie wurde eine Gewerbe-, Soldaten- und Beamtenstadt. Der neue Regierungsstil machte sich in der zunehmenden Distanz des Königs zu seinen Ministern bemerkbar. An die Stelle der Beratung trat der Befehl. Nicht Mitarbeiter brauchte er, sondern Instrumente, die er bevorzugt aus dem Bürgertum sowie dem niederen und dem neuen Adel heranzog. Im Jahr 1714 gründete er die Generalrechenkammer, die ihm direkt unterstand und das Generalfinanzdirektorium sowie das Generalkriegskommissariat kontrollierte. 1722/23 vereinigte er beide Gremien zum Generaldirektorium – genauer: zum General-, Ober-, Finanz-, Kriegs- und Domänendirektorium. Das Kriegswesen nahm er sofort nach dem Regierungsantritt selber in die Hand, indem er den Geheimen Kriegsrat auflöste und einen Rat für Staats- und auswärtige Affären schuf. 1728 bildete er dann für die Außenpolitik das Kabinettsministerium.

Allen diesen Schritten der Um- und Neuorganisation der Regierung und Verwaltung lag die Idée fixe zugrunde, jede nicht unbedingt erforderliche Ausgabe zu vermeiden und jeden Taler für die Stärkung der Armee zu verwenden oder zum Kriegsschatz zu legen. Dieses Ziel verfolgte Friedrich Wilhelm, der typische Repräsentant eines funktionalistischen Absolutismus, mit der ganzen Konsequenz seines ebenso rechthaberischen und prosaischen wie engstirnigen Wesens – und zwar, gemessen an seinen Zielen, mit erheblichem Erfolg. Gleich nach dem Regierungsantritt ging er daran, die Domänen dem Zugriff des Adels zu entziehen, indem er sie für unveräußerlich und unteilbar erklärte. Sie sollten hinfort nur noch auf Zeit und nicht an Adelige verpachtet werden. Das Bestreben, die Domänen, deren Hauptbestand in Ostpreußen lag, neu zu ordnen und besser zu nutzen, bildete auch den stärksten Antrieb für das Wiederaufbauwerk in dieser Region der Monarchie, das trotz vieler zum Teil durch seine eigene Ungeduld und Rechthaberei verschuldeten Rückschläge zu einer der großen Leistungen der inneren Politik Friedrich Wilhelms wurde. Weit über die Behebung von Schäden hinaus kam es »zu einem Gesamtaufbau in Wirtschaft, Kirchen- und Schulwesen, zu einem harten Erziehungswerk, das Verwaltungsausbau, Steigerung des Steueraufkommens, Bevölkerungsvermehrung, Religion und Elementarbildung vereinigte« (G. Oestreich). Daß dieses Werk von Gewaltsamkeiten aller Art begleitet wurde, gehörte zum Regierungsstil des Monarchen, der erzwingen wollte, was er für richtig hielt, und der nur mühsam aus seinen Fehlern lernte. Seine Zwangsansiedlungen drohten zeitweilig zu scheitern, und seine Hoffnungen auf schnelle Gewinne stellten sich bald als illusorisch heraus. Das Übermaß an detaillierten Anordnungen, die die lokalen Verhältnisse nicht beachteten, verursachte Verwirrungen aller Art, die den auf der ländlichen Bevölkerung lastenden harten Druck noch erschwerten. Mit schärfsten Maßnahmen mußte verhindert werden, daß die Neusiedler das Land wieder verließen. Unter solchen Umständen bedeutete die Einwanderung von mehr als 18.000 salzburgischen Exulanten 1732 in die Monarchie einen Glücksfall. Vom König öffentlich eingeladen, wurden die meisten von ihnen teils zur See, teils zu Lande nach Ostpreußen geleitet, wo sie – wie vorher einige Tausend Schweizer – nach äußerst schweren Anfangszeiten unter fremden Bedingungen ein besonders wertvoller Teil der bäuerlichen Bevölkerung wurden.

Die desolaten Verhältnisse, vor allem in Preußisch-Litauen, gaben dem Monarchen einen außerordentlichen Aktionsspielraum. Hier konnte er neben Siedlern auch landfremde Beamte einsetzen und einheimische Beamte verstärkt an seine Anordnungen binden. Als ein ganz und gar königliches, deshalb besonders prestigeempfindliches Unternehmen sollte das Retablissement ein Beispiel für agrarische Entwicklungspolitik wie für die Entschlossenheit des Monarchen geben, seinen Willen durchzusetzen. Gegenüber dem eingesessenen Adel gelang ihm dies allerdings nur bedingt, oder richtiger gesagt: Friedrich Wilhelm begnügte sich mit dem für Preußen charakteristischen Kompromiß zwischen der stärkeren staatlichen Inanspruchnahme des Adels und der Anerkennung seiner wirtschaftlichen Rechte und seiner politischen Macht auf lokaler Ebene. Zwar verpflichtete die 1722 eingeführte einheitliche Generalhufensteuer den Adel aller Provinzen, auch den ostpreußischen, zur jährlichen Zahlung von vierzig Talern für jedes Lehnspferd, wofür seine Lehen allodifiziert wurden, also in volles Eigentum übergingen, aber die adelige Grundherrschaft blieb als das beherrschende soziale Institut und als politische Ortsherrschaft bestehen, in die der Landesherr – etwa zum Schutz der Bauern – kaum eingriff.

Eine bemerkenswerte Komponente der Wiederaufbaupolitik, die nicht auf Ostpreußen beschränkt blieb und beibehalten wurde, bildete der Ausbau der vorher nur militärisch genutzten Getreidemagazinierung. Friedrich Wilhelm machte daraus ein wirtschaftspolitisches Instrument: In guten Erntejahren ließ er Korn aufkaufen und einlegen, um die Preise zu stabilisieren, in schlechten Jahren dagegen durch die Lieferung aus den Magazinen Preistreiberei verhindern und die ärmeren Schichten vor dem Hunger bewahren – was in seinen Augen stets bedeutete, sie abgabenfähig zu erhalten. Denn mit humanitären Absichten hatte die Magazinierung ebensowenig zu tun wie das gesamte Retablissement. Auch bei der Förderung des städtischen Gewerbes standen fiskalische und im weiteren Sinne militärische Interessen ganz im Vordergrund. Das sogenannte Königliche Lagerhaus, die manufakturelle Organisation der Berliner Textilproduktion, diente zugleich der Belieferung der Armee mit Uniformstoffen und der Unterstützung des Handwerks. Wollausfuhr- und Tucheinfuhrverbote sowie die rigorose Nötigung aller Schichten zum Kauf inländischer Tuche waren weitere Maßnahmen dieser Politik. Wie die neuorganisierten Domänen sollte das Lagerhaus Beispiel für Arbeitsorganisation und Warenqualität sein. Da jedoch in diesem Staat keine Entwicklung sich selbst überlassen blieb, ergoß sich auch auf die Wollmanufakturen eine Flut von Instruktionen. Praktisch zielten Friedrich Wilhelms Intentionen auf ein staatliches Wirtschaftsmonopol, dessen Funktionieren er freilich durch die einseitige Förderung des leichter kontrollierbaren Gewerbes, die Vernachlässigung des Handels und die Beschränkung des Geldumlaufs infolge der Ansammlung eines beträchtlichen Kriegsschatzes behinderte. Abermals ein Beispiel dafür, daß nicht der Wohlstand der Bürger Zweck der Gewerbeförderung und der Arbeitsbeschaffung war, sondern die Steigerung der Akziseeinkünfte. Nicht der unternehmende Kaufmann, der eigene Initiative entfaltete, war der Untertan, den der Monarch wünschte, sondern der funktionierende Produzent. Solchem Wirtschaftsdenken entsprachen die allmähliche Beseitigung der städtischen Selbstverwaltung und die Umwandlung der Ratsverfassung in eine Magistratsverfassung unter staatlicher Kontrolle.

Friedrich Wilhelms ökonomisches System war eigentlich ein Steuersystem, und dieses war allein zum Zweck der Heeresvermehrung entwickelt worden. Der König konnte nicht anders als funktionalistisch zu denken. Das gilt auch für seine durchaus von religiösen und pädagogischen Antrieben inspirierte Erziehungspolitik. Großgeworden in der calvinistischen Prädestinationslehre, wurde er von der aktiven Frömmigkeit und dem politisch-sozialen Reformgeist des hallischen Pietismus Franckes stark beeindruckt, an dem ihn allerdings in erster Linie das Nützlichkeitselement interessierte. Franckes Schüler wurden von ihm als Feldprediger, als Pfarrer, Lehrer, auch als Beamte und sogar als Offiziere bevorzugt und Franckes Anstalten in Halle als Vorbild für pädagogische Ein-

Kurfürst August der Starke von Sachsen und König Friedrich Wilhelm I. von Preußen.
Gemälde von Louis Silvestre, 1730. Dresden, Staatliche Kunstsammlungen

Kronprinz Friedrich (II.) von Preußen in der Gala-Uniform seines Infanterieregiments und der Kammermohr. Gemälde von Georg Wenzeslaus von Knobelsdorff, um 1735. Ehemals Berlin, Schloß Monbijou

richtungen und Wirtschaftsunternehmungen angesehen. Das Potsdamer Militärwaisenhaus wie die Berliner Kadettenanstalten lassen dies erkennen. Wenngleich die Wirkung des Pietismus in Preußen nicht allein dadurch erklärt werden kann, daß er tatkräftige Unterstützung durch den König erfuhr, so stimmen doch die pietistischen Tugenden der Arbeitsamkeit und der tätigen Frömmigkeit mit Friedrich Wilhelms Vorstellungen vom fleißigen, sparsamen und gehorsamen Untertanen weitgehend überein. Gleichwohl wäre die Behauptung, Staatsräson und Pietismus hätten die Verhaltensmoral und das Denken der preußischen Beamtenschaft und des Militärs entscheidend geprägt, in unzulässiger Weise verkürzt, wenn dabei übersehen würde, mit welch drakonischen Erziehungsmethoden die spezifische Mentalität dieser Schicht geformt und wie sehr der Pietismus dabei politisch in Dienst genommen und verengt wurde.

Völlig einig mit Francke war sich Friedrich Wilhelm in der hohen Einschätzung der Schule. Gerade hier aber läßt sich noch einmal erkennen, wo für ihn die Prioritäten lagen. Während des Retablissements in Litauen erklärte er: »Denn wenn ich baue und verbessere das Land und machte keine Christen, so hilfet mir alles nit.« Für ihn hieß das selbstverständlich, daß Christen wissen, was Gottes und was des Königs sei. Katechismuskenntnis und nützliches Grundwissen, so war er überzeugt, machten den besseren Menschen und den besseren Untertan. Unter Berufung auf die Versäumnisse der Eltern und die »große Unwissenheit« der Jugend, »so wohl was das lesen, schreiben und Rechnen betrifft, als auch in denen zu ihrem Heyl und Seeligkeit dienenden hoechstnötigen Stuecken«, ordnete das Generaledikt von 1717 an, »daß hinkünftig an denen Orten wo Schulen seyn, die Eltern bei nachdruecklicher Straffe gehalten seyn sollen Ihre Kinder ... im Winter taeglich und im Sommer wann die Eltern die Kinder bey ihrer Wirtschafft benötigt seyn, zum wenigsten ein oder zweymal die Woche... in die Schul zu schicken... Dann wollen und befehlen Wir auch allergnaedigst und ernstlich, daß hinfuero die Prediger insonderheit auf dem Lande alle Sonntage Nachmittage die Catechesation mit ihren Gemeinden ohnfehlbar halten sollen...«. 1734 folgte die Verordnung, daß kein Kind zur Konfirmation zugelassen werden solle, das nicht lesen könne, 1736 ein zweites Regulativ zur Durchsetzung der Schulpflicht, die dazu beitragen sollte. Der Erfolg indes blieb, selbst auf den Domänen, bescheiden, da der König, außer für das Militärwaisenhaus, kaum einen Taler für Schulhäuser und Lehrerbesoldung auszugeben bereit war. Immerhin war der Weg eingeschlagen, auf dem der Militär- und Verwaltungsstaat Preußen zum Erziehungsstaat wurde. Gleichzeitig jedoch ließ der Monarch verkommen, was zu seiner Zeit die Kultur der herrschenden Schichten anzeigte und was unter seinem Vater, vor allem durch die Initiative seiner Mutter Sophie Charlotte, in Berlin in Gang gekommen war: Die 1694/96 gegründete Akademie der Künste sank zu einer Zeichenschule herab, und selbst für die 1700 gegründete »Societät der Wissenschaften« mit ihrer praktischen

*Der Aufstieg Preußens*

Aufgabenstellung brachte er kein Interesse auf. Nicht allein seine Knauserigkeit und die böse Erinnerung an die Verschwendung seines Vorgängers, sondern auch sein Mangel an Verständnis für kulturelle Bedürfnisse machten seinen Hof zum europäischen Gespött und das Leben seiner Familie zu einer Tortur, welche die begabtesten seiner Kinder, den Kronprinzen und die Prinzessin Wilhelmine, psychisch schwer belasteten. Krassere Gegensätze lassen sich kaum ausdenken, als sie zwischen dem Herrschaftsstil dieses Königs und dem seiner Zeitgenossen – Karl VI. in Wien, Friedrich August II. in Dresden, Georg Ludwig in Hannover, aber auch Lothar Franz von Schönborn in Mainz – bestanden. Mit ausgemachtem Vergnügen entfaltete der Kurfürst von Sachsen und König von Polen die Pracht und die ganzen Verführungskünste des galanten Dresdener Hofes, als sein arbeitswütiger und hochmoralischer Nachbar aus dem Norden ihn 1728 besuchte. In einer Hinsicht freilich unterschieden beide sich nicht: in der unerschütterlichen Überzeugung ihres Gottesgnadentums, das sie jeder Verantwortung vor den Menschen enthebe. Die absolute Monarchie hatte recht unterschiedliche Gesichter: Hinter dem glänzenden stand wenig absolute Macht, hinter dem dürftig-strengen ein tatsächlich absolutes Regiment, eine reale Macht.

Daran konnte man in Europa nicht vorbeisehen, denn die preußische Armee wuchs von 40.000 Mann beim Regierungsantritt Friedrich Wilhelms auf die doppelte Größe an und war damit hinter der französischen, der russischen und österreichischen das viertstärkste Heer in Europa, obwohl der Staat, dem diese Last aufgebürdet war, nach seiner Größe erst an zehnter, nach der Bevölkerungszahl an dreizehnter Stelle rangierte. Überdies war sie die mit Abstand diszipliniertste und am besten ausgebildete Armee der Zeit – eine Armee, deren Angehörige bis zu ihrer Dienstuntauglichkeit verpflichtet blieben, den größten Teil des Jahres allerdings beurlaubt waren, um einem Broterwerb nachzugehen. Mit dem Kantonreglement von 1733 trat eine Zwangsrekrutierung der ländlichen Bevölkerung in Kraft, während die gewerblich tätige Bevölkerung befreit blieb, viele Städte jedoch zu Garnisonen wurden, in denen die Soldaten bei den Bürgern im Quartier lagen. Dem Adel wurde der Offiziersdienst zur Pflicht gemacht, der infolge geringer Besoldung, schwacher Beförderungsaussichten und eintöniger Aufgaben in Friedenszeiten wenig Verlockendes hatte. Insgesamt erhielt die Armee eine gewaltige Aufwertung, obwohl der einfache Soldat weiterhin unwürdig und brutal behandelt wurde, während die adeligen Offiziere eine Haltung eingeimpft bekamen, in der berufliche Kompetenz, soziale Arroganz und Subordination gegenüber Vorgesetzten sich auf problematische Weise verknüpften. Diese Armee wurde nicht zum Staat im Staate, weil der ganze Staat im Dienst ihrer Unterhaltung stand; sie konnte es nicht werden, weil der Monarch sie strikt im Griff hatte, bis ins letzte Detail Ausbildung und Ausrüstung vorschrieb, sie unablässig kontrollierte und, wie er zu sagen liebte, sein eigener Feldmarschall war. So blieb sie Instrument des sich mit der Staatsräson identifizierenden Herrscherwillens, der ihre Unterhaltung zum obersten Staatszweck machte und deshalb eine einzigartige »innere Militarisierung« (G. Oestreich) in Gang setzte, die alle Stände erfaßte.

Mit seiner jederzeit einsetzbaren Armee war Preußen eine konsiderable Macht, die gleichwohl zur Zeit Friedrich Wilhelms nur eine untergeordnete Rolle im europäischen Staatensystem spielte. Dem König fehlte es an Verständnis, Interesse und Mut für europäische Diplomatie wie für den internationalen und überseeischen Handel. Außerhalb des Bereiches, in dem er allein befahl, fühlte er sich unsicher. Sein Mißtrauen gegenüber fremden Höfen und ihren Diplomaten, seine Unfähigkeit, Intrigen zu durchschauen und Freund und Feind zutreffend zu beurteilen, machten ihn zum Objekt europäischer Interessengegensätze, die bis in den Berliner Hof hineinreichten. Aus Sorge vor einer hannoversch-englischen Partei durchkreuzte der König den sehnlichsten Wunsch seiner Gemahlin, den Kronprinzen mit einer englischen Prinzessin und seine Schwester mit dem Prince of Wales zu verheiraten. Dazu wurde er von seinem Vertrauten Friedrich Wilhelm von Grumbkow und dem österreichischen Gesandten Friedrich Henrich von Seckendorff bewogen, also von Vertretern einer österreichischen Partei, die ihn auch veranlaßten, sich von dem am 3. September 1725 geschlossenen Herrenhausener Vertrag mit Frankreich und England zu lösen und sich am 12. Oktober 1726 im Geheimvertrag von Wusterhausen mit dem Kaiser zu verbünden, um das einzige außenpolitische Ziel zu erreichen, das er mit verbohrter Hartnäckigkeit anstrebte, aber verfehlte: die Sicherung der Erbfolge in Jülich-Berg.

1666 hatte Kurfürst Friedrich Wilhelm mit dem Neuburger Pfalzgrafen einen Vergleich geschlossen, wonach im Falle des Aussterbens eines der beiden Häuser dem anderen der volle Besitz der Herzogtümer zufallen sollte. Dieser Vertrag war bei der Übernahme der pfälzischen Kurwürde durch die Neuburger selbstverständlich in Kraft geblieben. Als jedoch infolge der Söhnelosigkeit des Kurfürsten Karl Philipp und des geistlichen Standes seiner beiden Brüder das Erlöschen des Hauses Neuburg und der Übergang der Pfalz an das Haus Sulzbach sich abzeichneten, wurde von preußischer Seite behauptet, der im Vertrag von 1666 vorgesehene Fall trete damit ein, während die pfälzische Seite ein Erbrecht der ältesten Tochter Karl Philipps, die den Erbprinzen von Pfalz-Sulzbach geheiratet hatte, dagegen hielt, und Kaiser Karl VI. mit dem Hinweis auf die neuburgische Herkunft seiner Mutter ebenfalls Interesse anmeldete. In verwickelten Verhandlungen war Friedrich Wilhelm I. bereit, einer Teilung des pfälzischen Anteils zuzustimmen, die ihm das Herzogtum Berg ließ. Dafür die Unterstützung der europäischen Mächte zu gewinnen, wurde zur Leitidee seiner Außenpolitik. Sie wurde ihm von Frankreich und England zugesichert, als er dem Vertrag von Herrenhausen beitrat, und ein ähnliches Versprechen war es

*Der Aufstieg Preußens* 291

auch, das ihn im Wusterhausener Geheimvertrag auf die österreichische Seite führte, als ein großer Konflikt zwischen den westeuropäischen Mächten einerseits, Österreich und Rußland andererseits um die polnische Erbfolge drohte. Preußen band sich erneut an Österreich, wiederholte die Garantie der Pragmatischen Sanktion und erhielt die Zusicherung des Kaisers, mit dem Haus Pfalz-Sulzbach einen Vergleich über Jülich und Berg im Sinne Preußens zu erreichen. Erst wenn dieses geschehen und Berg an Preußen gefallen sei, solle der Vertrag ratifiziert werden. Doch kam die Vermittlung weder zustande, noch wurde sie ernsthaft angestrebt, und auch der Verzicht des Kaisers (1728) auf seine Ansprüche – soweit sie Berg betrafen, sollten sie auf den preußischen König übergehen – blieb vage, da im Falle der pfälzischen Ablehnung die Entscheidung dem Reichshofrat zufallen sollte. In den Verwicklungen des nächsten Jahrzehnts, insbesondere im polnischen Erbfolgekrieg, hat Friedrich Wilhelm treu am Bündnis mit dem Kaiser festgehalten. Dieser dagegen einigte sich 1738 mit Frankreich, England und den Niederlanden, die alle keine Stärkung Preußens im Westen wünschten, über einen Vergleichsvorschlag zugunsten des Pfalzgrafen. Da Preußen ablehnte, blieb diese Absprache ebenfalls ohne Folgen; dagegen fiel nun der französischen Politik unter dem klugen Kardinal Fleury die wichtigste Rolle zu. Enttäuscht über den Kaiser schloß Friedrich Wilhelm 1739 einen Geheimvertrag mit Frankreich, das jedoch gleichzeitig mit Österreich verhandelte. So stand der König vor einem Scherbenhaufen seiner Außenpolitik. Zu lange hatte er an dem Ziel einer Erwerbung festgehalten, die nicht mehr durchzusetzen war und auch nicht die Bedeutung für Preußen besaß, die er ihr beilegte, obwohl er – anders als der Große Kurfürst – keine größeren und zukunftsträchtigeren Pläne für den Ausbau der preußischen Position am Rhein verfolgte.

Als Friedrich Wilhelm I. – nur einundfünfzig Jahre alt – am 31. Mai 1740 starb, war Preußen, fast allein durch den Willen des Königs, tief verwandelt. Es verfügte über einen geordneten Haushalt, eine straff organisierte Verwaltung, eine vielfach geförderte Wirtschaft und eine eindrucksvolle Armee, in deren Unterhaltung jeder aus der schwer belasteten Bevölkerung herausgeholte Pfennig investiert wurde. Dennoch besaß es keine eigenständige Außenpolitik und spielte im europäischen Staatensystem nur eine untergeordnete Rolle, wie es der König gerade in seinen letzten Jahren erfahren mußte, gewiß nicht ohne eigenes Zutun. Zwar reagierte Friedrich Wilhelm wie alle Fürsten seiner Zeit empfindlich, wenn er seine Reputation mißachtet glaubte – »Affronts«, so erklärte er, wolle er nicht dulden –, aber es blieb bei Worten. Offensichtlich fürchtete der strenge Haushalter und Exerziermeister die Unwägbarkeiten des Krieges ebenso wie die Fallstricke der Diplomatie. Doch entbehrte diese timid erscheinende Politik nicht der inneren Logik. Ein so angestrengtes System wie das preußische vertrug wohl noch keine außenpolitischen Risiken, und Friedrich Wilhelm war nicht der Mann, sie einzugehen – um so weniger, als er sich von Widerständen, abweichenden Plänen und Intrigen in seiner nächsten Umgebung bedroht fühlte.

Daß die Gesandten fremder Mächte, unterstützt durch kräftige Zahlungen, auf den Hof und den Thronfolger, das geborene Haupt einer Fronde, Einfluß zu gewinnen suchten, gehörte zur Politik des monarchischen Zeitalters. Insofern war Friedrich Wilhelms Mißtrauen gegenüber den Diplomaten wie gegenüber seiner welfenstolzen, englisch orientierten Gemahlin, insbesondere jedoch seine Erbitterung über den Versuch des Kronprinzen, ins Ausland zu fliehen, nicht unberechtigt. Wie sehr die barbarische Härte seiner Erziehung, das Opfer an Lebensglück, das er aus mißverstandener Staatsräson seinen Kindern abverlangte, die Unfähigkeit, andere Ansichten und Verhaltensweisen anzuerkennen, und die Maßlosigkeit seiner Reaktion auf tatsächlichen oder vermeintlichen Ungehorsam an den familiären Zerwürfnissen Schuld trugen, hat er nicht einzusehen vermocht. Für ihn war es eine schlechthin unerträgliche Vorstellung, einen Nachfolger zu haben, der in allem das Gegenteil von dem zu schätzen schien, was er für wichtig hielt, und der sein mit unsäglichen Mühen errichtetes Werk, wie er glaubte, leichtfertig aufs Spiel setzen werde. Schwer zu entscheiden, was in dem Konflikt zwischen Vater und Sohn Ursache und was Wirkung war. Friedrich entwickelte sehr früh ein arrogantes intellektuelles Überlegenheitsgefühl, das oft in Spott oder Verstellung Ausdruck suchte. Sein unverantwortlicher, unüberlegter und dilettantischer Fluchtversuch brachte eine längst bestehende Spannung zur Entladung. Es trifft nicht zu, daß der Sohn erst durch die bis ins Detail vom Vater angeordnete grausame Küstriner Erziehung zum Herrscher gehärtet worden sei. Friedrich besaß schon als Jüngling ein hochgespanntes monarchisches Bewußtsein und einen harten Willen. So war es weniger Umkehr als Anpassung, wenn er sich nun dem väterlichen Willen unterwarf. Er wartete auf seine Stunde, die er zu nutzen entschlossen war.

Als sie kam, trat mit ihm der Repräsentant nicht nur einer neuen Generation, sondern eines neuen Zeitalters, einer neuen Denkweise, die Herrschaft an. Die Charakterisierung dieses Wechsels als Übergang zum »aufgeklärten Absolutismus« vereinfacht, trifft aber etwas Wesentliches: Die Regierungsweise blieb absolutistisch, doch die Ziele des Regierungshandelns änderten sich und wurden, zumindest prinzipiell, am Konzept der Aufklärung orientiert. Zu den ersten Maßnahmen Friedrichs II. gehörten die Abschaffung der Folter und der Beginn der Reform des Strafrechts, eine tolerantere Religionspolitik und die Lockerung der Zensur. Christian Wolff wurde in Ehren nach Halle zurückgeholt und der Akademie der Wissenschaften mit der Berufung der angesehenen Mathematiker Pierre Louis Moreau de Maupertuis und Leonhard Euler ein neuer Impuls gegeben. Der heitere, aufgeklärte und französisch geprägte Geist des Musenhofes von Rheinsberg zog in die preußische Hauptstadt ein und ließ sie nach einem Vierteljahrhundert kultureller Öde wieder interessant werden. Bezeichnend, daß

Friedrich als ersten Neubau von seinem Architekten Knobelsdorff ein Opernhaus errichten ließ. Dennoch brach kein Zeitalter des Friedens und des Lebensgenusses an. Während der junge König das Potsdamer Regiment der Langen Kerls, die kostspielige Marotte seines Vaters, sofort auflöste, vergrößerte er die Armee auf 100.000 Mann. Der Steuerdruck im Lande wurde um nichts erleichtert und der Vorrang der Armee um nichts zurückgenommen. Das persönliche Regiment des Monarchen erfuhr sogar noch eine Steigerung, da Friedrich auch die Außenpolitik in die eigene Hand nahm. Wie sein Vater war er davon überzeugt, daß nur ein einziger Wille im Staat herrschen dürfe; noch weniger als jener hat er bis zu seinem Lebensende seine Entscheidungen vom Rat und Einfluß anderer abhängig werden lassen. Allein eigenem Entschluß entsprang schon die erste und folgenreichste seiner militärischen Aktionen: der Überfall auf Schlesien unter Ausnutzung einer außerordentlichen Situation, in der, wie er glaubte, die »völlige Umwandlung des alten politischen Systems« möglich war.

Am 20. Oktober 1740 starb Kaiser Karl VI. Damit trat der Erbfall ein, dessen internationale Absicherung seit einem Vierteljahrhundert im Mittelpunkt der österreichischen Außenpolitik gestanden hatte. Aller feierlichen Verträge ungeachtet rechneten die europäischen Regierungen aus unterschiedlichen Gründen mit einer kritischen Situation, zumal sich Österreichs Finanzen in desolatem und seine Armee in vernachlässigtem Zustand befanden. Bekannt war auch, daß die Kurfürsten von Bayern und Sachsen auf die Erbansprüche ihrer habsburgischen Gattinnen nie ganz verzichtet hatten. Doch nicht ihr Protest gegen die Thronbesteigung Maria Theresias und nicht Frankreichs antihabsburgische Politik haben den Österreichischen Erbfolgekrieg ausgelöst, sondern Friedrichs Einfall in Schlesien am 16. Dezember. Er gab das Signal für eine europäische Konfliktsphase, in der der erste und zweite Schlesische Krieg zwar nur Teilvorgänge bildeten, der Erwerb Schlesiens für Preußen jedoch das entscheidende Ergebnis gewesen ist. Denn dadurch wurde dieser Staat eine wirklich bedeutende Macht und rückte in die Pentarchie der europäischen Mächte ein; die europäische Mitte erhielt ein neues politisches Gewicht, zugleich aber wurde der »Dualismus« zwischen Österreich und Preußen für mehr als ein Jahrhundert eine Konstante der deutschen Politik.

Das Außerordentliche der historischen Konstellation von 1740 ergab sich aus dem Zusammentreffen von langfristigen Entwicklungen, zufälligen Ereignissen und persönlichen Fähigkeiten und Entscheidungen. Das Friedenswerk von Utrecht hatte die Spannungen zwischen den großen Mächten nicht beseitigt: Spanien war in eine Allianz mit Frankreich und England getreten, Österreich hatte im Polnischen Erbfolgekrieg und im erneuten, diesmal gemeinsam mit Rußland geführten Türkenkrieg schlecht abgeschnitten. Und nun im Abstand von wenigen Monaten der Thronwechsel in Preußen und in Österreich, der in beiden Fällen außerordentliche Persönlichkeiten zur Herrschaft brachte. Beide waren unerschütterlich von den Rechten und Pflichten ihres Herrschertums überzeugt und eifersüchtig auf die Reputation ihres Hauses bedacht. In allem anderen lassen sich kaum größere Unterschiede denken, als sie zwischen ihnen bestanden. Maria Theresia war ganz in der katholischen, gegenreformatorischen und universalistischen Tradition der Habsburger aufgewachsen. Deshalb trieben sie nicht nur verletztes Rechtsbewußtsein und Empörung über die rücksichtslose und unchevaleréske Ausnutzung einer für sie kritischen Situation durch den preußischen Parvenü unter den europäischen Monarchen zum Kampf gegen Friedrich, sondern auch die Sorge vor einem Machtzuwachs des Protestantismus und ihre tiefe Abneigung gegen den aufgeklärten Skeptiker und Agnostiker in Berlin. Friedrich dagegen war ein intellektuell, literarisch und musikalisch hochbegabter, überheblicher und ehrgeiziger Fürst, der seinem Staat eine größere Rolle und sich selbst Ruhm erwerben wollte, ein Zyniker der Macht, dem Religion als Privatangelegenheit, aber auch als geeignetes Instrument der Erziehung galt, Patriotismus und Loyalität dagegen politische Tugenden bedeuteten, in denen sich Eigenliebe und Pflichtbewußtsein verbanden, ein Mann des nüchternen Kalküls, dem die Züge eines Hasardeurs nicht fehlten, der jedoch über außerordentliche Durchstehkraft verfügte. Ihm stand eine Frau gegenüber, die aus ganz anderen Voraussetzungen ebenso große Standfähigkeit bewies wie ihr Gegner, dazu weit mehr Gefühl für das Leid, das der Krieg über Land und Leute brachte, und weit mehr Sinn für das Werdenlassen in der Politik. Als Friedrich 1740 in Schlesien einfiel, unterschätzte er die dreiundzwanzigjährige Erzherzogin, Königin von Böhmen und Ungarn gewaltig; später hat er ihr seine Achtung nie versagt. Maria Theresia hingegen, diese so oft als warmherzig dargestellte Frau, hat ihn als »Ungeheuer« gehaßt; aber sie war nicht blind gegenüber den Ursachen der überlegenen Leistungsfähigkeit Preußens, so sehr sie die militärische Regierungsform dieses Staates verabscheute.

Ob Friedrich den Überfall auf Schlesien unternommen hätte, wenn ihm die Konsequenzen dieses Schrittes bekannt gewesen wären, ist eine nicht mit Sicherheit zu beantwortende Frage. 1740 handelte er keineswegs spontan, sondern nach vorbedachtem Plan, in den er niemandem Einblick gewährte. Entschlossen, sich auf langwierige Verhandlungen nicht einzulassen, für die ihm der Handel um Jülich und Berg als abschreckendes Beispiel erschien, wollte er mit einem Schlag Tatsachen schaffen. Dabei war, wie er selber bekannte, Verlangen nach Ruhm einer seiner stärksten Antriebe, und es ist auch später ein wesentliches Motiv für das Handeln des Feldherrn, Staatsmannes und Schriftstellers geblieben. Dahinter stand mehr als persönlicher Ehrgeiz oder typische Herrschertugend oder antikes Heldenideal; es war das Bestreben eines solitären, zugleich skeptischen und pathetischen Moralisten, seinem Tun Dauer zu verschaffen. Friedrich suchte 1740 das »Rendesvous des Ruhms«, zu dem er seine Offiziere aufforderte, und er wußte, wie er am 16. Dezember an den Minister von

Podewils schrieb, daß er »den Rubicon überschritten« und sich damit den Rückweg abgeschnitten hatte. Die Risiken dieses Schrittes nahm er auf sich, weil er sich – mit Recht – Erfolgsaussichten versprach und weil er sie seinem Ruhm schuldig zu sein glaubte. So wagte Friedrich einen hohen Einsatz; wenn er dabei gewann, so verdankte er diesen schnell gewonnenen und schwer behaupteten Erfolg vielen Umständen, nicht zuletzt jedoch sich selbst. Das allein reicht nicht aus, ihn »den Großen« zu nennen, aber es gehört dazu.

Um die Rechtsansprüche, die Preußen beim Angriff auf Schlesien geltend machte, war es schlecht bestellt. Zwar hatte das Piastenherzogtum Jägerndorf vor 1620 vorübergehend unter der Herrschaft der Hohenzollern gestanden, und für die Herzogtümer Liegnitz, Wohlau und Brieg konnte man sich auf eine ältere Erbvereinbarung berufen, doch war diese 1546 vom König von Böhmen für ungültig erklärt worden, wogegen Brandenburg beim Aussterben der piastischen Herzöge Einspruch erhob. 1686 hatte dann Kurfürst Friedrich Wilhelm auf alle schlesischen Ansprüche verzichtet und dafür den Kreis Schwiebus erhalten, dessen Rückgabe an den Kaiser sein Sohn in einem geheimen Revers zusicherte. Von diesem fragwürdigen Handel ließen sich gewiß keine soliden Ansprüche herleiten; für Friedrich besaßen sie auch nur beiläufige Bedeutung. Er wollte Schlesien als das am meisten erstrebenswerte Objekt einer territorialen Erweiterung gewinnen, die die strategische Lage der Monarchie gründlich verbessern und ihr politisches und materielles Gewicht entscheidend verstärken konnte. So zu denken war im frühneuzeitlichen Europa keineswegs ungewöhnlich; erstaunlich war dagegen das Vorgehen Friedrichs, dem offensichtlich wenig am Anschein des Rechts, am Urteil in Europa und an einer geschickten diplomatischen Vorbereitung gelegen war. In fremdes Land einzurücken und dann ein Ultimatum überreichen zu lassen, das die Abtretung verlangt, war ein massiver Erpressungsversuch, den die Wiener Politik auch sofort propagandistisch nutzte, um den Rechtsbruch durch den Preußenkönig herauszustreichen. Von allen Argumenten, die Friedrich zu seiner Rechtfertigung vorgebracht hat, bleibt eigentlich nur das der Staatsräson übrig, ein zwar zeitgemäßes, doch von anderen Herrschern nicht so rücksichtslos auf militärische Macht gestütztes Argument. Für keinen anderen Staat der Zeit bildete solche Macht in gleicher Weise das Prinzip seiner ganzen Existenz. Würde er – so lautete die geschichtliche Frage an diesen Staat und seinen König – Macht und Machterweiterung für humane Zwecke nutzbar machen?

Die preußische Diplomatie hat Wert darauf gelegt, den Einmarsch in Schlesien nicht als Akt des Protestes gegen die habsburgische Erbfolgeregelung erscheinen zu lassen. Sie widerrief die Anerkennung der Pragmatischen Sanktion nicht, sondern bot gegen die Abtretung Schlesiens sogar Hilfe zu ihrer Verteidigung, außerdem die brandenburgische Stimme für die Wahl des Gemahls Maria Theresias, des Großherzogs Franz Stephan von Lothringen, zum Kaiser an. Mit der Ablehnung dieses zynischen Vorschlags wurde die Besetzungsaktion zum Krieg, von dem Friedrich wußte, daß Preußen ihn nicht lange werde durchhalten können und deshalb zum schnellen Erfolg kommen müsse. Daher sein Drängen auf Schlachtenentscheidung, das sich in den ersten beiden Schlesischen Kriegen bewährte, im dritten jedoch nicht mehr. In seinem Verlangen nach Gloire und im Sinne seiner Auffassung vom Wesen und von den Notwendigkeiten der preußischen Militärmonarchie hat Friedrich in allen Kriegen seine Armee begleitet und persönlich den Oberbefehl geführt. Auf riskante Weise verknüpfte er sein Ansehen mit militärischem Erfolg. Daß dieser sich so schnell einstellte, hat mehr als alles andere seinen europäischen Ruhm begründet.

Unter dem Eindruck des ersten Sieges über die Österreicher bei Mollwitz (10. April 1741) – Friedrich, der den Tag schon verlorengab, verdankte ihn dem Feldmarschall Schwerin – garantierte das bis dahin zurückhaltende Frankreich im Juni Preußen gegen den Verzicht auf jülich-bergsche Eransprüche und gegen Zusicherung der Kurstimme für die Wahl des Wittelsbachers Karl Albrecht zum Kaiser den Besitz Niederschlesiens mit Breslau. Bereits vier Monate später jedoch ging Friedrich, beunruhigt über die Ziele Frankreichs, Bayerns, Sachsens und Spaniens, gegen Überlassung der von den Österreichern gehaltenen Festung Neiße in Klein-Schnellendorf einen Waffenstillstand ein, mit dem die Wiener Politik sich in Böhmen Luft verschaffen wollte, wo französische und bayerische Truppen auf Prag vorrückten. Als diese Stadt von den Verbündeten eingenommen wurde, eröffnete Friedrich den Krieg aufs neue, um nicht überspielt zu werden. Während Kurfürst Karl Albrecht von Bayern sich in Prag zum König von Böhmen krönen und am 14. Januar 1742 in Frankfurt zum Kaiser wählen ließ, hatte sich die Lage verändert. Die Österreicher gingen zum Großangriff über; sie rückten in Bayern ein und bedrängten die Franzosen in Böhmen. Unter diesen Umständen mußte ein schlecht vorbereiteter Vorstoß preußischer und sächsischer Truppen nach Mähren abgebrochen werden, doch konnte Friedrich seinem erneuten Verhandlungsangebot an Wien mit dem Sieg bei Chotusitz über die Armee von Maria Theresias Schwager Karl von Lothringen (17. Mai 1742) Nachdruck verleihen. Unter englischer Vermittlung kam am 11. Juni 1742 der Breslauer Präliminarfriede zustande, dem am 28. Juli der definitive Friedensschluß in Berlin folgte. Preußen erhielt Niederschlesien, große Teile Oberschlesiens sowie die Grafschaft Glatz; das Fürstentum Teschen, die Stadt Troppau, die Herrschaft Hennersdorf und große Teile des Herzogtums Jägerndorf blieben österreichisch. Mit Recht empörten sich Frankreich und seine Verbündeten über diesen Frieden und warfen Preußen Vertragsbruch vor. Ihre Position verschlechterte sich rapide: Prag ging verloren, Bayern wurde von österreichischen Truppen besetzt und der Kaiser aus seinem Land vertrieben; Sachsen schied aus dem Krieg aus. 1743 trat England offen in den Krieg ein, um seinen kolonialen Gegner Frankreich zu treffen, gegen das sich nun auch der

König von Sardinien wandte. Eine vorwiegend aus deutschen Kontingenten zusammengesetzte sogenannte Pragmatische Armee unter Führung Georgs II. von England operierte von den Niederlanden aus und besiegte am 27. Juni 1743 die Franzosen bei Dettingen.

Dieser völlige Wandel der militärischen Szenerie alarmierte die preußische Politik. Konnten doch der Gewinn Bayerns durch Österreich und die drohende Absetzung Karls VII. als Kaiser nicht in ihrem Interesse liegen, und schon gar nicht eine neue Gefährdung des schlesischen Erwerbs durch ein siegreiches Österreich. Deshalb schaltete sich Berlin intensiv in die diplomatischen Aktivitäten der Großmächte ein, die jetzt zur offiziellen Kriegserklärung an Österreich und England und am 5. Juni 1744 zu einer Offensiv-Allianz mit Preußen führten. Als Friedrich Mitte August vom Vorrücken der Österreicher im Elsaß erfuhr, ließ er – durch Nachrichten über eine österreichfreundliche Wendung in St. Petersburg zusätzlich beunruhigt – seine Truppen in Böhmen einmarschieren. Dadurch wurde Österreich genötigt, seine Truppen aus dem Elsaß zurückzuziehen und auch Bayern weitgehend wieder aufzugeben. Da die Franzosen gegen alle Erwartung nicht nachrückten, zwischen Österreich, den Seemächten und Sachsen eine Allianz zustande kam, der auch Rußland sich anzunähern schien, zudem Anfang 1745 Kaiser Karl VII. plötzlich starb und sein Sohn, Kurfürst Max Joseph, im Füssener Frieden (22. April 1745) auf österreichische Erbansprüche wie auf die Kaiserwürde verzichtete, sah Friedrich sich unerwartet in bedrohlicher Situation ganz auf sich allein gestellt. Mehr als im ersten Schlesischen Krieg sind es militärische Siege gewesen, die jetzt den Ausschlag gaben. Nachdem die preußische Armee sich zunächst aus Böhmen zurückziehen mußte, errang sie am 4. Juni 1745 bei Hohenfriedberg über die nachrückende österreichisch-sächsische Armee einen ihrer glänzendsten Siege. Nach weiteren preußischen Siegen, im September bei Soor und unter dem Befehl Leopolds von Dessau im Dezember bei Kesselsdorf über die sächsische Hauptarmee, sahen die Österreicher ihre Absicht durchkreuzt, durch Sachsen nach Brandenburg vorzustoßen. Angesichts der Fortdauer des Krieges mit Frankreich war Maria Theresia nun zum Friedensschluß bereit. Der am 25. Dezember 1745 in Dresden unterzeichnete Frieden bestätigte Preußen im Besitz Schlesiens; dafür erkannte Friedrich den inzwischen gewählten Franz Stephan als Kaiser, ebenso die böhmische Kurstimme Maria Theresias an. In den von England garantierten Frieden waren Hannover und Sachsen, die Pfalz und Hessen-Kassel ausdrücklich einbezogen. Am gleichen Tag und Ort schlossen Preußen und Sachsen Frieden.

Während der Erbfolgekrieg noch bis zum Frieden von Aachen im Oktober 1748 zwischen Österreich, den Seemächten und Sardinien einerseits, Frankreich, Spanien, Modena und Genua andererseits andauerte und die Dimensionen eines weltumspannenden Machtkampfes zwischen Frankreich und England annahm, war er in Deutschland beendet. Das Haus Habsburg hatte die Kaiserkrone zurückgewonnen und die bayerischen und sächsischen Erbansprüche erfolgreich abgewiesen; dagegen waren seine Hoffnungen auf den Erwerb Bayerns unerfüllt geblieben, obwohl nicht für immer begraben. Den Verlust Schlesiens als endgültig anzuerkennen, war Maria Theresia nicht bereit, aber sie mußte ihn zunächst hinnehmen. Ihr Gegner Friedrich kehrte aus dem zweiten Krieg um Schlesien als glanzvoll bestätigter Sieger zurück. Sein Staat hatte sich als eine der großen europäischen Mächte etabliert, und das hatte weder Österreich verhindern können noch Frankreich, dessen Rolle als Schützer und Stütze der »deutschen Liberät« damit ausgespielt war. Der Siebenjährige Krieg sollte die Veränderung, die die europäische Mächtekonstellation erfahren hatte, bestätigen.

Als Friedrich aus Schlesien nach Berlin zurückkehrte, wurde er als »der Große« gefeiert – nicht vom Hof, sondern von der Bevölkerung. Selbst hat er sich nie zu diesem Beinamen geäußert, ihn aber auch nicht abgelehnt. Das Beispiel außerordentlicher Handlungsentschlossenheit, ungewöhnlicher politischer und militärischer Begabung, das er gegeben hatte, vor allem der Erfolg, mußten eine Bevölkerung tief beeindrucken, die seit Jahrzehnten nur Anspannung für die Armee gekannt und nun ihre Siege erlebt hatte. Auch die Hoffnung auf langanhaltenden Frieden und Wohlstand, die der siegreiche Monarch nun schaffen werde, mochte bei dem »Vivat Fridericus Magnus« der Berliner mitspielen. Und nicht zuletzt ein Stück patriotischer Stolz, der sich in dem aus unterschiedlichen Teilen zusammengestückelten, bis dahin mehr zusammengezwungenen als politisch und bewußtseinsmäßig zu einem Ganzen verbundenen Staat nur auf den Monarchen als Integrationsgestalt richten konnte. Friedrich, der für solchen Patriotismus nicht unempfänglich war, dachte gleichwohl nüchtern und praktisch über ihn. Indem er sich zu ihm bekannte, nahm er ihn für den Staat in Anspruch. »Die erste Pflicht eines Bürgers ist, seinem Vaterland zu dienen«, so lautet der erste Satz seines Politischen Testaments, das er 1752 niederschrieb. Und er fuhr fort: »Ich habe sie in allen verschiedenen Lagen meines Lebens zu erfüllen gesucht. Als Träger der höchsten Staatsgewalt hatte ich die Gelegenheit und die Mittel, mich meinen Mitbürgern nützlich zu erweisen. Meine Liebe zu ihnen gibt mir den Wunsch ein, ihnen auch nach meinem Tode noch einige Dienst zu leisten.«

Das kühle Pathos solcher Sätze, das seinem literarischen Geschmack entsprach, verhüllte nicht seine Entschlossenheit, allein zu entscheiden, was den »Mitbürgern« nützlich sei – und das war in seinen Augen nicht ein Nachlassen in den Rüstungsanstrengungen. Denn er täuschte sich nicht über die prekär bleibende Situation Preußens, das ebenso mit österreichischen Revancheabsichten wie mit sich verändernden Konstellationen der europäischen Mächte rechnen mußte. Auch über die militärische Stärke seines Staates und über das Kriegsglück dachte er skeptisch. Das Fehlschlagen des böhmischen Feldzuges von 1744 war nicht vergessen. Dadurch, daß die österreichischen Generäle ihm eine entscheidende Schlacht verweigert und ihn durch kluge Operationen zum Rückzug genötigt hatten, waren ihm die Gefahren eines langen Krieges, zumal im eigenen Land, unmittelbar vor Augen gerückt worden: die Knappheit der preußischen Ressourcen, die Lockerung der harten Disziplin der preußischen Armee und die massenhafte Desertion – ganz abgesehen davon, daß in Schlesien noch starke österreichische Sympathien bestanden. Deshalb hat auch während des Friedensjahrzehnts zwischen dem zweiten und dritten Schlesischen Krieg die Armee den ersten Platz in der Innenpolitik der Monarchie behalten.

# Krise und Stabilisierung in Österreich

Die Länder des Hauses Habsburg, so hatte 1684 Philipp Wilhelm von Hörnigk geschrieben, »formieren gleichsam einen einigen natürlichen Leib. Es kann das eine des anderen Mangel mit seinem Überfluß ersetzen. Sie sind mit darinfallenden rohen Gütern und deren inländischer Konsumtion also erwünscht bevorteilt, daß sie sich mit Fug rühmen könnten, wofern einigen Staat in Europa es fürwahr ihnen zukommen müßte, beinahe wie eine kleine Welt in sich selbst bestehen zu können, indem sie ohne fremdes Zutun nicht nur zur Notdurft, sondern auch zu der Bequemlichkeit mit allen dahin erforderlichen Zeug reichlich versehen sind.« Diesem frühkameralistischen Wunschbild war das Haus Österreich in den Jahrzehnten seines Aufstiegs um 1700 zwar ein Stück nähergekommen, aber noch immer weit von seiner Verwirklichung entfernt. Wie wenig diese Länder-Union »einen einigen natürlichen Leib« bildete, zeigte sich, als die sie zusammenhaltende Dynastie in Nachfolgeschwierigkeiten geriet. Doch ist es gerade das später als »Pragmatische Sanktion« bezeichnete Hausgesetz von 1713 gewesen, das die Einheit der Länder gefestigt hat. Und zwar nicht nur durch die Bestimmung, daß sie hinfort »unteilbar und untrennbar« sein sollten, sondern durch die Zustimmung aller Landstände und schließlich durch die Bewährungsprobe in den Jahren des Erbfolgekrieges. Keines der habsburgischen Länder versuchte auszuscheren oder sich seiner Pflicht, zum Krieg beizutragen, zu entziehen – und ganz sicher hätte es auch Schlesien nicht getan. Diesen Krieg in erster Linie im Licht des Verlusts Schlesiens zu beurteilen, hieße seine politische Bedeutung und seine historische Dimension verkennen. War er einerseits ein europäischer, die überseeischen Kolonien umspannender Machtkampf, so andererseits die erfolgreiche Behauptung des Hauses Österreich, das auch die Kaiserkrone nach einer Unterbrechung von nur wenigen Jahren wiederzugewinnen vermochte. Im Laufe dieses Krieges zeigte sich indes, daß die Mängel, die Hörnigk für überwindbar gehalten hatte, wenn Österreich nur wolle, noch längst nicht behoben waren.

Hier ist ein kurzer Rückblick erforderlich. Karl VI., der das Erbe der spanischen Linie des Hauses Habsburg nicht hatte behaupten können, bemühte sich nach solchen Erfahrungen mit allen Kräften, für die österreichische Linie einen Erbfolgekrieg zu verhindern. Um der Zustimmung der europäischen Mächte zu der im Hausgesetz von 1713 vorgesehenen Erbregelung willen ließ er sich auf nicht endende diplomatische Verhandlungen ein, die zeitweilig alle anderen Aufgaben in den Hintergrund drängten. Auch im Polnischen Erbfolgekrieg (1733–1735) spielte diese Frage eine wesentliche Rolle. Erneut demonstrierte der Konflikt die komplizierten Machtverhältnisse in Europa und die Enge des Handlungsspielraums der Wiener Politik. Nach dem Tod König Augusts II. am

1. Februar 1733 wählte der polnische Reichstag mit großer Mehrheit – und nicht ohne französische Nachhilfe – erneut Stanislaus Leszczyński zum König, der inzwischen Schwiegervater Ludwigs XV. von Frankreich geworden war und deshalb als französischer Kandidat galt. Schon 1732 hatten sich Rußland und Österreich auf einen portugiesischen Infanten geeinigt, den sie nun, da er nicht durchzusetzen war, zugunsten des sächsischen Kurfürsten Friedrich August fallenließen, der der Zarin die Belehnung ihres Günstlings Ernst Johann von Biron mit dem Herzogtum Kurland, dem Kaiser die Anerkennung der Pragmatischen Sanktion versprach. Diese Wahl eines Gegenkönigs durch eine Minderheit eröffnete einen europäischen Krieg, der nicht von polnischen Truppen und nicht in Polen, sondern am Oberrhein und vor allem in Italien geführt wurde und an seinen Anlaß bald kaum noch erinnerte. Die in Utrecht nicht ausgeräumten Spannungen zwischen Habsburg und Bourbon kamen erneut zum Ausbruch, und zwar in einer Mächtekonstellation, die der des Spanischen Erbfolgekrieges glich.

Im April 1725 war es überraschend zu einer Annäherung zwischen Österreich und Spanien gekommen, wobei die ehrgeizigen Pläne der spanischen Königin Elisabeth, für ihre Söhne aus der zweiten Ehe Philipps V. in Italien Fürstentümer zu erwerben, ebenso eine Rolle spielten wie die Sorge Karls VI. vor einer Isolation Österreichs, zumal die guten Beziehungen zu England und den Generalstaaten sich unter dem Eindruck der österreichischen Handelspolitik, vor der Unterstützung der Ostender Handelskompanie, stark abgekühlt hatten. Daraufhin hatten England, Frankreich und Preußen zur Sicherung ihrer Interessen unter gegenseitiger Garantie ihres Besitzstandes im September den Vertrag von Herrenhausen geschlossen. Österreich vermochte seine Position dadurch zu stärken, daß es Rußland und eine Reihe von katholischen Reichsständen für sich gewann, schließlich Friedrich Wilhelm I. von Preußen zum Übertritt auf seine Seite bewegte. Zum Ausbruch eines großen Konflikts kam es jedoch noch nicht, da insbesondere Fleury von der Erhaltung des Friedens den größten Vorteil für Frankreich erwartete. Ihm ging es, als sich die weltweiten Spannungen mit England abzuzeichnen begannen, hauptsächlich um gute Beziehungen zum Inselstaat und um eine Verständigung mit Spanien, wo Philipp V. über die Ablehnung einer Vermählung der Gesamterbin Maria Theresia mit dem Infanten Carlos enttäuscht war. Nach dem Vertrag der drei Mächte in Sevilla am 9. November 1729 steckte die Wiener Politik im Interesse der Anerkennung der Pragmatischen Sanktion zurück. Als sie 1731 von englischer Seite erfolgte, die Pläne einer Vermählung Maria Theresias mit dem Herzog Franz Stephan von Lothringen bekannt wurden, suchte die durch diese Vorgänge alarmierte französische Politik verstärkt die Versöhnung mit Spanien. In dieser zugespitzten Situation wurden in Polen Königswahlen notwendig. Während russische Truppen Polen besetzten und Stanislaus nach Danzig flüchtete, um von dort nach mehrmonatiger Belagerung das Land zu verlassen, kaiserliche Truppen polnischen Boden noch gar nicht betreten hatten, erklärten Frankreich, Spanien und Sardinien Österreich den Krieg. In diesem ging es für Frankreich um seine Ostgrenze, insbesondere um Lothringen, für Spanien um den Ausbau seiner Stellung in Italien, in Mailand und Neapel. Die aktive Unterstützung der Seemächte, mit der man in Wien gerechnet hatte, beschränkte sich auf den Schutz der Österreichischen Niederlande, während die Hilfe aus dem Reich unbedeutend blieb, da die wittelsbachischen Kurfürsten an dem beschlossenen Reichskrieg nicht teilnahmen. Die von Friedrich Wilhelm I. angebotene preußische Hilfsarmee von 50.000 Mann wurde in Wien mißtrauisch abgelehnt und nur das Pflichtkontingent von 10.000 Mann akzeptiert.

Im Sommer 1733 rückten französische Truppen kampflos in Lothringen ein; sie nahmen die Festungen Kehl und im Juli 1734 Philippsburg, rückten dann aber nicht weiter vor. Das ihnen gegenüberstehende österreichische Heer mit der Reichsarmee unter dem Prinzen Eugen verhielt sich weitgehend passiv. Der siebzigjährige Feldherr, der von diesem Krieg abgeraten hatte, war nicht mehr der alte, und seine Armee hatte nicht mehr die Schlagkraft wie in den Türkenkriegen; auch das erst im August 1735 eintreffende russische Hilfskorps verlieh der Kriegführung keinen neuen Impuls. Die Entscheidung fiel nicht hier, sondern in Italien, wo die Österreicher den Franzosen und Sardiniern die Lombardei, den Spaniern Sizilien und Neapel, wo Don Carlos, Herzog von Parma, sich zum König ausrufen ließ, überlassen mußten. Es war eine militärische und politische Niederlage auf der ganzen Linie, die mit erschreckender Deutlichkeit die Unfähigkeit der Habsburgermonarchie offenbarte, seine Außenpositionen zu verteidigen. Schwere Mängel der militärischen Führung und der Kriegsfinanzierung waren sichtbar geworden, und das angesichts der Gefahren, mit denen, trotz aller Verträge, beim Tod des Kaisers gerechnet werden mußte. Damals gab Prinz Eugen in seiner letzten politischen Denkschrift, die die Lage Österreichs zum Gegenstand hatte, zu bedenken, ob eine Verständigung mit dem Hause Wittelsbach und die Eheschließung des Kurprinzen mit der Erzherzogin Maria Theresia nicht das geringere weltpolitische Übel sei. Um diese Zeit aber hörte man kaum noch auf Eugens Rat. Der zum wichtigsten außenpolitischen Berater Karls VI. aufgestiegene Johann Christoph von Bartenstein drängte auf eine direkte Verständigung mit Frankreich, zu der Fleury dann den ersten Schritt tat: ein Vorspiel des 1756 zustande gekommenen »Renversement des alliances«.

Der Wiener Präliminarfrieden vom 3. Oktober 1735 machte in seinen ersten Bestimmungen noch einmal den Zusammenhang des Krieges mit der polnischen Thronfolgefrage sichtbar: August III. wurde als König von Polen anerkannt, Leszczyński dagegen mit dem Herzogtum Bar und der Anwartschaft auf das Herzogtum Lothringen entschädigt, die beide nach seinem Tod an die Krone Frankreichs fallen sollten. Das Haus Lothringen sollte das Großherzogtum

Toskana erhalten, sobald dort der kinderlose letzte Medici-Herzog Gian Gastone starb. Damit hatte Fleury das französische Kriegsziel erreicht. In Italien erhielt Österreich mit der vorgesehenen Transferierung der Lothringer nach Toskana insofern eine reale neue Anwartschaft, als die lothringische Heirat Maria Theresias bevorstand; es mußte jedoch auf Neapel und Sizilien verzichten und den spanischen Infanten Carlos dort als König anerkennen, überdies einige toskanische Küstenplätze an Sardinien abtreten; dafür erhielt es die Herzogtümer Parma und Piacenza – und die französische Anerkennung der Pragmatischen Sanktion. Der definitive Friede vom 18. November 1736 ist erst 1737 unterzeichnet und Ende 1738 veröffentlicht worden, nachdem die Vermählung Maria Theresias mit Franz Stephan von Lothringen stattgefunden und das Haus Medici in Florenz erloschen war. Wenn Karl VI. geglaubt hatte, sein Schwiegersohn würde sich in dem inzwischen ausgebrochenen neuen Türkenkrieg auszeichnen, so war das ein Irrtum: Franz Stephans Fähigkeiten waren keine militärischen. Aber schon der Eintritt Österreichs in diesen Krieg auf russischer Seite – um die Verluste im Polnischen Erbfolgekrieg wettzumachen – war ein Fehler. Unzulängliches Zusammenwirken der Bündnispartner, unfähige Befehlshaber, Unterschätzung der von dem einstigen französisch-österreichischen Offizier de Bonneval reorganisierten türkischen Armee machten den Krieg zu einem einzigen Debakel. In dem am 18. September 1739 unter französischer Vermittlung geschlossenen Frieden mußte Österreich auf alle Gewinne des Friedens von Passarowitz, auch auf Belgrad, verzichten. Drei Jahre nach dem Tod des Prinzen Eugen war der Glanz seiner Siege verblaßt; das militärische Ansehen der habsburgischen Monarchie hatte stark gelitten, noch mehr das politische.

Als Karl VI. 1740 starb, trat Österreich also unter denkbar schlechten außenpolitischen Prämissen, mit zerrütteten Finanzen und einer schwer angeschlagenen Armee in die Krise ein, die der Kaiser so lange abzuwenden versucht hatte. Außenpolitisch erwies sich nun seine Diplomatie der Pragmatischen Sanktion als eine gigantische Fehlinvestition. Dennoch war die Bilanz seiner Herrschaft nicht bloß negativ. Der letzte männliche Habsburger, der nicht mit der politischen Energie seines Bruders Joseph I. ausgestattet war, hatte gleichwohl, bedächtiger und schwerfälliger, dessen Programm einer stärkeren Zentralisierung und Mobilisierung der Monarchie weiterverfolgt, während er, der für etliche Jahre den Titel eines Königs von Spanien geführt hatte, der »deutschen« Orientierung der Außenpolitik seines Vorgängers nicht dasselbe Gewicht gegeben hatte. Sein Versuch, Österreich in den Überseehandel einzuschalten, war ebenso gescheitert wie das Bemühen, gleichsam als Kompensation für die spanische Krone die 1713 beziehungsweise 1718 erworbenen Königreiche Neapel und Sizilien festzuhalten. Dennoch hat sich Österreich während seiner Herrschaft in Mailand und Toskana für lange Dauer festgesetzt. Daß sich der innere Zusammenhang des habsburgischen Länderkonglomerats in dieser Zeit

Maria Theresia im festlichen Zug durch Preßburg aus Anlaß der Krönung zur Königin von Ungarn am 24. Juni 1741. Aus einem Gemälde von Franz Moessmer und Wenzel Pohl, 1768.
Wien, Ungarische Botschaft

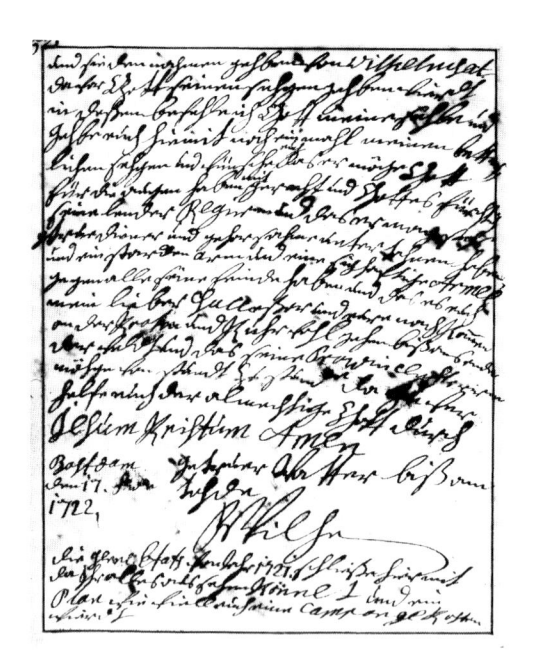

Das Politische Testament König Friedrich Wilhelms I. vom 17. Februar 1722. Letzte Seite mit der Unterschrift »Getreuer Vatter biß zum Tohde, Wilhelm«. Berlin, Geheimes Staatsarchiv Preußischer Kulturbesitz. – Die von Friedrich II. verfaßte Geschichte Brandenburgs. Titelseite der 1751 erschienenen Erstausgabe. Berlin, Staatliche Museen Preußischer Kulturbesitz, Kunstbibliothek

mehr gestärkt hatte, als die europäischen Höfe annahmen, zeigte sich unter den Belastungen des Erbfolgekrieges, in denen auch die junge Herrscherin auf unerwartete Weise Profil gewann, ohne daß man schon ahnen konnte, daß sie über die erfolgreiche Verteidigung ihres Erbes hinaus eine innere Erneuerung der Monarchie in Gang setzen werde.

Maria Theresia war nicht die einzige Frau ihrer Zeit, die aus eigenem Recht regierte, doch keine andere hat es so selbständig und mit gleichem moralischem Prestige getan. Um sie gab es kein Günstlingswesen wie um die Zarinnen Anna, Elisabeth und Katharina II., keine Intrigen, die an die Monarchin heranreichten. Allerdings hat sie nie in dem Maße persönlich regiert wie Friedrich II. Sie mit dem Preußenkönig zu vergleichen liegt historisch nahe, doch sollte es nicht unter unangemessener Perspektive geschehen. Die jeweiligen Bedingungen ihrer Herrschaft wichen weit voneinander ab, und ebenso stark unterschied sich der Regierungsstil. Maria Theresia, Herrscherin über die Länder der Monarchie des Hauses Österreich und nach ihrem ranghöchsten Titel meist als »Königin von Ungarn« bezeichnet, erhob ihren Gemahl, den Großherzog von Toskana, sofort zum Mitregenten: 1745 wurde er als Franz I. zum Kaiser gewählt. Nach seinem Tod trat Joseph II. 1765 an seine Stelle als Mitregent und als Kaiser; er wurde erst nach dem Tod seiner Mutter im Jahr 1780 auch Herrscher über die Länder des Hauses Österreich. Stets besaß die Kaiserin, anders als ihr preußischer Gegner, Berater, denen sie großes Vertrauen schenkte und deren Empfehlungen sie weitgehend annahm, vorrangig die ihres Gemahls. Franz Stephan verfügte über beachtliche Kenntnisse und Erfahrungen im Verwaltungs- und Finanzwesen und war ein ausgezeichneter Geschäftsmann, auch in privaten Dingen. Lebhaftes Interesse brachte er den angewandten Wissenschaften und der Industrie, kaum dagegen der Politik und der höfischen Repräsentation entgegen. In der Außenpolitik folgte Maria Theresia zunächst noch Bartenstein, einem konvertierten protestantischen Professorensohn aus Straßburg. An seine Stelle trat 1753 Wenzel Anton Graf von Kaunitz-Rietberg, der nach dem Tod Franz' I. als Leiter des auf seine Anregung errichteten Staatsrats auch in der Innenpolitik maßgeblichen Einfluß gewann. In diesem Bereich verdrängte er den ebenfalls konvertierten schlesischen Grafen Friedrich Wilhelm von Haugwitz, den Organisator der Staatsreform von 1748. Genannt werden muß auch der niederländische Arzt Gerard van Swieten, ein Vertreter des jansenistischen Reformkatholizismus, dessen europäische Bedeutung bis heute nicht recht abgeschätzt werden kann. Als Präfekt der Hofbibliothek und Leiter der Zensurkommission, der Österreich für die europäische Aufklärung öffnete, hat van Swieten wesentlichen Anteil an der Vorbereitung der modernisierenden Reformpolitik des Josephismus gehabt, die schon während der Regierung Maria Theresias einsetzte und auch in Kaunitz einen ihrer – ganz vom Rationalismus der französischen Aufklärung geprägten – Protagonisten hatte.

*Krise und Stabilisierung in Österreich*

Wie weit Maria Theresia die innere und auswärtige Politik Österreichs selber bestimmt hat und wie groß der Anteil ihrer Berater gewesen ist, muß eine offene Frage bleiben. Sie besaß die Fähigkeit, Vorschläge anzunehmen, sich überzeugen zu lassen und Vertrauen zu schenken. Kaunitz gegenüber hat sie oft nachgegeben, wenn sie sich nicht sicher fühlte; noch mehr gegenüber ihrem Sohn und Mitregenten, der ungeduldig und ehrgeizig seinen Wirkungskreis erweitern wollte. Dennoch hat sie die Zügel der Regierung bis zuletzt in den Händen behalten: eine fleißige Regentin, die die tägliche Arbeit am Schreibtisch und mit Ministern und Räten sehr ernst nahm, aber auch das höfische Leben nicht vernachlässigte und die Repräsentation liebte. Und das bei zahlreichen Schwangerschaften und einer großen Familie, deren Wohlergehen ihre stete Sorge blieb. Frömmigkeit und Pflichttreue verbanden sich bei ihr mit einem kräftig entwickelten Selbstbewußtsein, subjektive Vorlieben und die Neigung zu einer gewissen Largesse mit kühler Einsicht in Notwendigkeiten. Ihr dynastischer Ehrgeiz war beträchtlich und ihr Weltbild nicht frei von hausbackenen Zügen; doch sie verfügte über viel praktischen Verstand, mit dem sie die hochfliegenden und abstrakten Anschauungen ihres Sohnes Joseph besorgt verfolgte.

Bei aller Pietät gegenüber ihren Vorfahren hat Maria Theresia die Mißbräuche klar gesehen und ausgesprochen, unter denen die Monarchie seit langem litt: die verschwenderische Vergabe von Kameralgütern, Einkünften, Regalien; die übermäßige Begünstigung des Klerus, der seinen Pflichten oft nicht nachkomme, Müßiggänger an sich ziehe und die Bevölkerung bedrücke; schlechte Organisation der Verwaltung; unfähige und eigennützige »Ministris«; unzulängliche Organisation der Verwaltung; zu weitgehende Freiheiten der Stände. Dieses und anderes habe sie bewogen, so heißt es in der »Aus mütterlicher Wohlmeinung zu besonderem Nutzen meiner Posterität verfaßten Instructions-Puncta«, einer Denkschrift, die mit Recht als ihr Politisches Testament bezeichnet wird, »die völlige Abänderung in der Regierungsform vorzunehmen«. Wie sie selbst bekundet, habe sie nach dem Dresdener Frieden ihre Gedanken »allein auf das Innerliche deren Länder gewendet, umb die erforderliche Maßregeln zu ergreifen, wie die teutschen Erblande von denen so mächtigen beeden Feinden, Preußen und Türken, bei ermangelnden Festungen und baaren Geldes, auch geschwächten Armeen noch erhalten und zu beschützen wären«. Der Aachener Frieden sei so schnell geschlossen worden (1748), um das Werk der inneren Reform in Angriff nehmen zu können.

In der Tat: Bereits ein Jahr nach dem Friedensschluß, der den Erbfolgekrieg beendete und mit Ausnahme des von Preußen eroberten Schlesien die Besitzstände der Vorkriegszeit im wesentlichen bestätigte, erfolgte die sogenannte theresianische Staatsreform. Im Blick auf die Ergebnisse erscheint sie als ein zu anspruchsvoller Begriff; für das so weitgehend durch Herkommen bestimmte österreichische Regierungssystem jedoch bedeutete diese Reform einen entscheidenden Schritt vom dezentralisierten Ständestaat zur absolutistisch regierten Monarchie. Es war nicht der erste Schritt, denn mit der Übernahme burgundischer Verwaltungsgrundsätze zu Beginn des 16. Jahrhunderts und mit dem Sieg über die protestantische Ständeopposition 1620 hatten die Habsburger sogar früher als andere europäische Staaten diesen Weg betreten. Mit der Festlegung auf die Politik der Gegenreformation, vor allem aber unter den Belastungen der Kriege gegen Frankreich und die Türken, die sie zu immer neuen Zugeständnissen an die Landstände nötigten, waren sie jedoch darin steckengeblieben, und schließlich war es die Sorge um die Anerkennung der Pragmatischen Sanktion durch die Landstände, die die Regierung davon abhielt, den Widerstand der Länder gegen stärkere finanzielle Inanspruchnahme zu brechen. Im Krieg waren dann die Mängel des Systems im Vergleich mit der überlegenen Handlungsfähigkeit der preußischen Regierung drastisch offenbar geworden – einer Überlegenheit, die auf einem effektiveren Finanz- und Verwaltungssystem beruhte, das gleich nach der Besetzung auch in Schlesien eingeführt worden war. Haugwitz hatte bereits vor dem Krieg das preußische Vorbild beobachtet; nun reorganisierte er den verbliebenen österreichischen Teil Schlesiens nach preußischem und französischem Modell und entwickelte darüber hinaus Vorschläge für eine Verwaltungsreform in der gesamten österreichischen Monarchie, die er zunächst in den Herzogtümern Kärnten und Krain realisieren konnte. Daraufhin erhielt er von Maria Theresia den Auftrag, einen Finanzplan für die Aufstellung einer Armee von 108.000 Mann auszuarbeiten, der in hartnäckigen Verhandlungen mit den Landständen zu langfristigen Steuerabkommen führte. Die auf der Grundlage eines neuen Katasters vorgesehene allgemeine Besteuerung bezog den adeligen Grundbesitz, allerdings unter besonders günstigen Bedingungen, mit ein und überließ nur die Steuererhebung, unter staatlicher Aufsicht, den Ständen. Auch die Vermehrung der Armee erfolgte an den Ständen vorbei: 1754 wurde ein Konskriptionssystem, 1773 in Anlehnung an das preußische Kantonalsystem eine Einteilung der Länder in Werbebezirke durchgeführt. Diese Maßnahmen fanden ihre Abstützung durch eine umfassende Verwaltungsreform, obschon nur für die deutschen und böhmischen Erblande, also die zum Reich gehörenden Teile der Monarchie. Die abweichende Entwicklung der Länder der ungarischen Stephanskrone ist ein Grundproblem des habsburgischen Staates geblieben.

Die Reform, deren Initiator und Motor Haugwitz war, zielte auf die Einschränkung der ständischen Gewalt, die bis dahin durch die personelle Besetzung der für die einzelnen Länder zuständigen Hofkanzleien bis in die Wiener Zentrale hineinreichte. Angesetzt wurde bemerkenswerterweise nicht auf der zentralen, sondern der mittleren Ebene. Die Kreisämter wurden in staatliche Behörden umgewandelt, auf der Länderebene für Finanz-, Militär- und Handelsangelegenheiten »Repräsentationen« geschaffen, die 1763 den Namen »Gubernien« erhielten; und auf der zentralen Ebene wurden die österreichische und die böhmische Hofkanzlei unter der Bezeichnung »Directorium in publicis et cameralibus« zusammengelegt. Da die Justiz in den Ländern den Ständen überlassen blieb und in Wien eine selbständige »Oberste Justizstelle« geschaffen wurde, die zugleich als oberster Gerichtshof fungierte, trat, gleichsam als Nebenwirkung der Reform, die Trennung von Justiz und Verwaltung ein, die zur modernen Staatsbildung gehörte. Als dritte oberste Behörde entstand 1753 die für die Außenpolitik zuständige Haus-, Hof- und Staatskanzlei unter der Leitung des Staatskanzlers Graf Kaunitz. Er ist es gewesen, der 1760 in Verbindung mit der Ständeopposition während des Siebenjährigen Krieges das Haugwitzsche System zum Teil wieder auflöste, nachdem das Zentraldirektorium nach dem Hinzutreten der Kommerzienhofkommission und des Generalkriegskommissariats zu einer überdimensionierten und handlungsunfähigen Behörde geworden war. Zwar entstanden erneut mehrere nebengeordnete Hofstellen, über denen ein Staatsrat ohne exekutive Gewalt die Spitze der Regierung bildete. Die Vereinigung der österreichischen mit der böhmischen Hofkanzlei blieb jedoch erhalten, ebenso die Ausschaltung der Stände aus der politischen und der Steuerverwaltung.

Daß die theresianische Staatsreform von 1769 in mehr als einer Hinsicht dem preußischen Beispiel folgte, liegt offen zutage, eine bloße Nachahmung aber war sie nicht. Wirtschaftspolitische Ideen des österreichischen Kameralismus mündeten ebenso in sie ein wie der finanzpolitische Realismus Franz Stephans. Der Adel wurde steuerlich stärker herangezogen als in Preußen, wie auch in den siebziger Jahren des Jahrhunderts der Bauernschutz weiter vorangetrieben wurde als dort. Bei einer Beurteilung des Reformwerkes darf nicht übersehen werden, daß die in der schwerfälligen Struktur der Monarchie des Hauses Österreich liegenden Widerstände gegen eine Modernisierung des Staatsapparates erheblich größer waren als in Preußen. Für die Konsolidierung der Neuerungen blieb überdies wenig Zeit, ehe der dritte, siebenjährige Krieg um Schlesien Anforderungen stellte, unter denen das Haugwitzsche System sich nicht voll bewährte. Immerhin: Der Weg der Reformen war betreten und das Gerüst eines modernen Verwaltungsapparates geschaffen.

# Mittlere und kleine Staaten

Österreich und Preußen machten im 18. Jahrhundert selbstverständlich nicht Deutschland, und ihre Geschichte machte nicht die deutsche Geschichte aus. Es lassen sich zwar für die Beschränkung vieler Gesamtdarstellungen auf die beiden deutschen Vormächte, zumal von 1720 an, noch mehr seit 1740, mehrere Gründe anführen, unter denen sich ein sehr allgemeiner auf die unübersichtliche Vielfalt der deutschen Staatenwelt, ein spezifischer auf die Tatsache bezieht, daß die anderen deutschen Staaten weniger als zuvor zu eigenständiger auswärtiger Politik in der Lage waren. Als Bündnispartner der großen Mächte verloren sie an Bedeutung und gerieten auf gefährliche Weise in ihren Sog, wie Sachsen es im zweiten Schlesischen Krieg, Bayern im Spanischen und im Österreichischen Erbfolgekrieg erfahren hatten. Die kleineren Staaten versuchten deshalb, sich aus den Konflikten der großen möglichst herauszuhalten. Bezeichnend, daß in den Fällen, in denen der Reichskrieg erklärt wurde, nur noch Mehrheitsbeschlüsse des Reichstages zustande kamen und die Reichstruppen kaum noch militärische Bedeutung besaßen. Sobald man jedoch den Blick auf die innere Entwicklung der deutschen Staaten richtet, ergibt sich ein anderes Bild. Viele von ihnen, soweit sie überhaupt zu einer verfassungspolitischen Entwicklung fähig waren, beschritten ebenfalls den Weg der Ausweitung der landesherrlichen Gewalt, der Einschränkung oder Entmachtung der Landstände und des Ausbaus der Verwaltung – und dies mit unterschiedlichem Erfolg. Gehörte doch mehr zur modernen Staatsbildung als der Wille der Regenten und der Fleiß ihrer Diener; es bedurfte zudem der finanziellen Ressourcen und oft des Drucks harter Notwendigkeiten. Nicht selten hat auch das Beispiel anderer Staaten als Anregung und Herausforderung gewirkt.

Das letztgenannte Reformmotiv macht eine besondere Komponente der deutschen Verfassungsentwicklung aus, die in ihrer Bedeutung hoch veranschlagt werden muß. Die Folgen einer Nachahmung konnten allerdings problematisch sein oder zur Karikatur geraten, wenn zum Beispiel ein kleiner Staat das preußische Militärmodell zu kopieren versuchte; sie konnten wohltätig sein, wenn Fürsten und Minister sich durch erfolgreiche Beispiele in anderen Ländern zu einer Reformpolitik veranlaßt sahen. In den meisten Fällen handelte es sich nicht um bloße Nachahmungen, galt es doch überall ähnliche Probleme zu bewältigen. Und was die staatswissenschaftliche Literatur der Zeit lobte oder kritisierte, war den Regierenden und ihren Helfern durch Lektüre und Ausbildung gleichermaßen bekannt. Da zudem hohe Beamte nicht selten in den Dienst eines anderen Landesherrn überwechselten, gab es einen sich ausbreitenden Konsens darüber, wie eine Verwaltung funktionieren sollte und der Wohlstand eines Landes gehoben werden könnte. Im einzelnen freilich unterschieden sich die politischen, institutionellen, wirtschaftlichen und kulturellen Bedingungen für Reformen erheblich voneinander, wobei das personale Element – also Fähigkeiten, Energie und Bildung der Fürsten und ihrer Berater – noch immer ins Gewicht fiel.

Das Kurfürstentum Sachsen, das um 1700 durch seinen Landesherrn in das Abenteuer der großen Politik getrieben wurde, geriet dabei in den Machtkampf zwischen Preußen und Österreich, in dem es zerrieben zu werden drohte. Seit im Westfälischen Frieden die Anwartschaft auf das säkularisierte Erzbistum Magdeburg an Brandenburg fiel, war einer Ausdehnung Sachsens ein nördlicher Riegel vorgeschoben. Zwar weiteten die 1635 definitiv erworbenen Lausitzen das Territorium nach Osten aus, aber eine Landverbindung mit Polen, dessen Krone Friedrich August I. 1697 erwarb, kam im österreichischen und späteren preußischen Schlesien nicht zustande. Im Innern war die Entwicklung Sachsens durch den Aufstieg der Landstände charakterisiert, deren Bedeutung beim Übertritt des Landesherrn zum Katholizismus noch zunahm. Allerdings hatten sie schon unter Johann Georg III. die Bildung eines stehenden Heeres nicht verhindern können. Noch weniger gelang es ihnen, die weitausgreifenden phantastischen Pläne Augusts des Starken zu beschränken, für deren Ausführung die Kräfte Sachsens in der Tat nicht reichten, obwohl es den industriell am weitesten entwickelten Teil Deutschlands einschloß. Aufs Ganze gesehen war die Politik des Kurfürsten und seines Nachfolgers nachteilig, ja verheerend. Allein die Kosten der schwedischen Besatzung im Jahr 1706 sollen sich auf dreiundzwanzig Millionen Taler belaufen haben.

Die katastrophale Situation nach dem Altranstädter Frieden vom September 1706 ist dann zum Anlaß für eine im Vergleich mit anderen deutschen Staaten frühe Reorganisation der sächsischen Verwaltung geworden. Oberste Behörde wurde das Geheime Kabinett mit drei Departements: je eins für die innere Verwaltung, das Militär und die auswärtige Politik. Während den Ständen die Steuererhebung und -verwaltung blieb, wurde als landesherrliche Kontrollbehörde eine, allerdings ineffektiv bleibende, Oberrechnungskammer eingerichtet. 1707 kam es nach langer Vorbereitung durch ein Kollegium unter Adolf Magnus von Hoym zur Einführung einer von ständischer Bewilligung unabhängigen Generalkonsumptionsakzise für alle Städte und Marktflecken – eine Steuer, die freilich andere, ergiebigere ständisch gebundene Steuern nicht ersetzte und die Regierung von ständischen Bewilligungen doch nicht befreite. So ist trotz der Modernisierung der Regierung das Problem der Finanzierung ihrer Politik nicht gelöst, der Schuldenberg nie abgebaut worden. Sachsens Verwicklungen in die Schlesischen Kriege haben ihn weiter erhöht. Im Siebenjährigen Krieg wurde das Land dann erneut durch preußische Kontributionen und die Versorgung verbündeter Truppen in Anspruch genommen. Die Staatsverschuldung und die Wiederherstellung des Kredits sind deshalb das größte Problem der sächsischen Staatsreform nach Kriegsende gewesen. Der nicht abzuweisenden Feststellung finanzieller Mißwirtschaft und fragwürdiger Methoden der Geldbeschaffung – nicht zuletzt für überaus aufwendige Hofhaltung – kann allenfalls der großartige Ausbau der Residenzstadt Dresden entgegengestellt werden. Noch während des Nordischen Krieges ist der Zwinger als eins der schönsten Werke der europäischen Barockarchitektur entstanden. Ambivalent, überwiegend jedoch negativ muß auch die wirtschaftliche Entwicklung Kursachsens in der Phase der polnischen Politik seiner Landesherren beurteilt werden, obwohl seit etwa 1680 die manufakturelle Textilproduktion zunahm. Seit der Jahrhundertwende entstanden mit staatlicher Förderung Manufakturen für den Luxusbedarf und die Waffenherstellung. Die 1712 eingerichtete Commercien-Deputation konnte erst 1735 zu dauernder Tätigkeit gebracht werden, denn trotz des wirtschaftlichen Vorsprungs Sachsens und trotz mancher Ansätze kam keine konsequente Wirtschaftspolitik zustande. Ebensowenig ist unter Friedrich August II., der den ehrgeizigen und korrupten Grafen Heinrich von Brühl – er wurde 1746 auch nominell Premierminister – regieren ließ, die an sich gut organisierte Verwaltung mit den »Ämtern« als verhältnismäßig leistungsfähigen staatlichen Mittelinstanzen, in denen gleichwohl regionale Interessen zur Geltung kamen, für eine zielstrebige Landesentwicklungspolitik eingesetzt worden. Am Ende des Siebenjährigen Krieges, das mit einem Regierungswechsel und mit dem Ende der sächsisch-polnischen Personalunion zusammenfiel, war eine Staatsreform dringend nötig. Den Vorsprung, den Preußen inzwischen erreicht hatte, vermochte sie allerdings nicht aufzuholen.

Eine in vieler Hinsicht vergleichbare Entwicklung vollzog sich in Bayern. Schon vor dem Dreißigjährigen Krieg hatte Maximilian I., einer der markantesten Vertreter des Frühabsolutismus in Deutschland, in Fortführung der bereits von Albrecht V. verfolgten Politik die Macht der Landstände eingeschränkt und die landesherrliche Beamtenschaft weiter ausgebaut. Dabei kam ihm zugute, daß das den Ständen verbliebene Recht der Steuerbewilligung und Steuerverwaltung von einem Kleinen Ausschuß ausgeübt wurde und der Gesamtlandtag lange nicht berufen zu werden brauchte. Kurfürst Ferdinand Maria stärkte die »Landschaftsverordnung«, wie der Ausschuß jetzt genannt wurde, gegen den Widerstand der Stände und setzte durch, daß sie sich durch Kooptation selbst ergänzte, womit ihrer Oligarchisierung Tür und Tor geöffnet war. Sie bestand aus sechzehn Personen – acht Adeligen, vier Prälaten und vier Bürgern –, zu denen ein Viererausschuß für die Rechnungsablage hinzutrat. Diese Verordneten bewilligten die von der Regierung geforderten Steuern, brachten die Gravamina des Landes vor und kontrollierten die ständische Steuerverwaltung. Es entwickelte sich eine Zusammenarbeit, in der die Landschaftsverordnung durchaus Einfluß auf die Regierung ausübte, diese aber eindeutig die stärkeren Mittel in der Hand hielt, zumal sie mit der Berufung eines Generallandtags drohen konnte, der sicher die Befugnisse der Verordnung beschnitten hätte. Die Landschaftsverordnung wurde zur »repräsentierten, in den Staat integrierten Gesellschaft« (K. Bosl).

Während der österreichischen Besatzungen Bayerns – in den Jahren 1704 bis 1714 und 1742 bis 1745 – vertrat sie dann die Interessen des Landes und wurde überdies durch die permanente Finanzkrise des Staates in ihrer Stellung gestärkt. Indem sie 1721 erneut die Bürgschaft für die Landesschulden, 1729 die Tilgung einer hohen Schuldensumme übernahm, entstand für die Regierung die Notwendigkeit, sich mit der Verordnung zu arrangieren. Auch in Bayern waren es expansive Außenpolitik und extensive Militärausgaben, die zu schwerer Verschuldung und damit zu einer wachsenden Lähmung des staatlichen Lebens führten. Während auf der einen Seite die auf ihren Privilegien beharrenden Landstände und die mit der Regierung durch vielfache Interessen verbundene Landschaftsverordnung sich einer grundlegenden Änderung des Steuersystems widersetzten, kam auf der anderen Seite die oberste fürstliche Finanzbehörde, die Hofkammer, mit Reformversuchen, für die wiederholt besondere Kommissionen eingerichtet wurden, nicht voran. Charakteristisch ist das Schicksal des Kommerzkollegiums, das, 1689 gegründet, 1726 und 1745 zu neuem Leben erweckt wurde, aber auch dann keine feste Position fand.

Es zeigte sich, daß die Durchsetzungsfähigkeit der Landesherren in Bayern im 18. Jahrhundert erheblich geringer war, als es ihre ehrgeizigen Pläne voraussetzten. Die Nachfolger Maximilians I. hatten das von ihm etablierte System des persönlichen Regiments beibehalten, ohne seine Fähigkeiten zu besitzen. So gewann, vor allem während der Vormundschaft für Max Emanuel und während seiner vielen Abwesenheiten, der Geheime Rat, insbesondere unter dem Vizekanzler Kaspar von Schmid, zunehmende Bedeutung. Unter Kurfürst Karl Albrecht hob sich davon seit 1726 eine Geheime Konferenz ab, die den Charakter eines Ministeriums erhielt. Unter dieser, im Sinn der Zeit modernen oberen Ebene der Verwaltung behielten die mittleren Behörden, also die Rentämter, und die lokalen Behörden weitgehend ihre altertümliche Struktur bei. Lokaler Adel und landesherrliche Beamtenschaft wuchsen hier sozial zusammen und verteidigten die überkommenen Verhältnisse. Ein zunehmend lösungsbedürftiges Problem wurde im 18. Jahrhundert der sehr umfangreiche Güterbesitz der Kirche und der Klöster. Obwohl die Forderungen nach einer Besteuerung des Klerus und nach einer Beschränkung des kirchlichen Grundbesitzes – er umfaßte mehr als die Hälfte des gesamten Bodens – lauter wurden, geschah nichts Durchgreifendes. Auch der unter Max Emanuel stark eingerissene Verkauf von Ämtern und Anwartschaften konnte nicht abgeschafft werden. Die fürstliche Geldverlegenheit förderte die Neigung, Ämter als nutzbaren Besitz zu verstehen, was unvermeidlich die Qualität der administrativen Arbeit senkte. Gegen Ende der Regierung des Kurfürsten Karl Albert, der als Karl II. wenige und für

Bayern unglückliche Jahre die deutsche Kaiserkrone trug, drohte der Staatsbankrott.

In dieser Situation hätte auch eine besser funktionierende Verwaltung nicht genügt. Bayern mußte seine auswärtige Politik ändern, sich von der französischen Abhängigkeit distanzieren und mit dem übermächtigen Nachbarn Österreich arrangieren, obwohl das Mißtrauen ihm gegenüber unüberwindlich blieb. So lavierte Kurfürst Maximilian III. Joseph zwischen Wien und Paris, stets auf Subsidien angewiesen, die er sich 1750 in einem Vertrag mit Österreich und den Seemächten, 1756 in einem anderen mit Frankreich zusichern ließ. Daß sich Bayern 1757 der Reichsexekution gegen Preußen anschloß und zugleich eine Militärkonvention mit Frankreich einging, war weniger ein Resultat der inzwischen vollzogenen Annäherung Österreichs an Frankreich als eine Folge der Sorge des Kurfürsten vor einem Übergewicht des Protestantismus im Reich und seiner Loyalität gegenüber dem eng verwandten sächsischen Fürstenhaus. Der Ausgang des Krieges aber änderte nichts an der Lage Bayerns: Es blieb hinter den deutschen Vormächten eine Macht zweiten, im europäischen Konzert eine solche dritten Ranges, die sich nun mit Preußen gut zu stellen suchte, um Rückhalt gegenüber Österreich zu finden, und zugleich gezwungen war, mit dem Hause Österreich gute Beziehungen zu erhalten. Deshalb stimmte Maximilian III. Joseph nicht nur der Kaiserwahl Josephs II., sondern auch dessen Vermählung mit seiner Schwester Josepha zu – was diesen jedoch nicht daran hinderte, Ansprüche auf Niederbayern zu erheben, als 1777 die bayerische Linie des Hauses Wittelsbach ausstarb und ihr die pfälzische Linie folgte.

Bedeutsamer als die auswärtige war die innere Politik des 1745 zur Regierung gekommenen Kurfürsten Maximilian III. Joseph. Sie kann mit gewissem Recht durch den Hinweis auf seine Erziehung charakterisiert werden, die durch den Jesuiten Daniel Stadler und den aufgeklärten Juristen Johann Adam Ickstatt, einen Schüler Christian Wolffs, erfolgte. Wesentliche Verbesserungen der Finanzlage und eine höhere Effizienz der Verwaltung wurden während seiner Herrschaft nicht erreicht; dennoch breitete sich der Geist der Reform aus, am deutlichsten in der Rechtspflege – damals entstand das mit dem Namen Kreittmayr verknüpfte Kodifikationswerk –, in der Förderung der Landwirtschaft, des Gewerbes und Handels – wenngleich die Zahl der guten Absichten und Erlasse im Mißverhältnis zum Erfolg stand – und in der Förderung der Wissenschaft. Diese fand ihren Höhepunkt in der Gründung der Akademie der Wissenschaften in München im Jahr 1759, deren Satzung Johann Georg Lori, ein Schüler Ickstatts, entworfen hatte. Neben der Landesuniversität Ingolstadt wurde sie der modernere, aufgeklärte geistige Mittelpunkt Bayerns – eine Institution, der Mitglieder ohne Rücksicht auf Stand, Religion und Nation angehören sollten. Auch in einige der Klöster, die nach wie vor als Bildungszentren große Bedeutung besaßen, drang aufgeklärtes Reformdenken ein. Für die Einführung einer

## Die Reichsstände um 1755 (nach Oestreich/Holzer)

Kurfürsten	Mainz · Trier · Köln · Böhmen · Pfalz · Sachsen · Brandenburg · Bayern · Hannover

Fürsten	*Erzbischöfe* Magdeburg (Weltl. Brandenburg) · Salzburg · Besançon · Bremen (Weltl. 1648 Schweden; 1719 Hannover)
*Bischöfe* Bamberg · Würzburg · Worms · Speyer · Straßburg · Eichstätt · Augsburg · Konstanz · Hildesheim · Paderborn · Chur (Territorium 1648 eidgenössisch; Bischof Reichsstand ohne unmittelbares Land) · Halberstadt (Weltl. Brandenburg) · Verden (Weltl. Schweden; 1719 Hannover) · Münster · Osnabrück · Passau · Freising · Basel · Regensburg · Minden (Weltl. Brandenburg) · Lübeck (Mit evangelischen Bischöfen aus dem Hause Holstein-Gottorp) · Kammin (Weltl. 1648 Brandenburg) · Schwerin (Weltl. Mecklenburg) · Lüttich · Trient · Brixen · Ratzeburg (Weltl. 1648 Mecklenburg-Schwerin; 1701 Mecklenburg-Strelitz) · Fulda
*Äbte und Pröpste im Reichsfürstenrang* Kempten · Ellwangen · Murbach und Lüders · Johannitermeister · Berchtesgaden · Weißenburg · Prüm · Stablo · Corvey · Hoch- und Deutschmeister
*Weltliche Fürsten* König von Dänemark für die zum Reich gehörenden Länder · Haus Oldenburg (Holstein) · Bayern (Mehrere Linien) · Österreich · Burgund · Sachsen · Jülich und Berg sowie Cleve und Mark (Stimmen ruhten wegen Streites zwischen Kursachsen, Kurbrandenburg und Pfalz-Neuburg) · Brandenburg (Fränkische Linie) · Braunschweig (Verschiedene Linien) · Pommern (Vorpommern Schweden; Hinterpommern Brandenburg) · Mecklenburg · Lauenburg (1689 Braunschweig-Lüneburg) · Holstein (Holstein-Gottorp) · Hessen · Württemberg · Baden (Verschiedene Linien) · Leuchtenberg (1648/1717 Bayern) · Anhalt · Henneberg · Savoyen · Hersfeld (Hessen-Kassel) · Nomeny (Lothringen; Territorium französisch, Stimme 1736 für das Haus L. eingeführt als Entschädigung für den Verlust Lothringens) · Mömpelgard (Württemberg, seit 1559) · Aremberg · Hohenzollern · Lobkowitz · Salm · Dietrichstein · Nassau (Zwei Linien) · Auersberg · Ostfriesland · Fürstenberg · Schwarzenberg · Liechtenstein · Thurn und Taxis · Schwarzburg · Waldeck

Prälaten	*Äbte und Pröpste* Weingarten · Salmannsweiler · Weißenau · Schussenried · Roggenburg · Ochsenhausen · Gengenbach · Marchtal · Odenheim · Elchingen · Irsee · Isny · Petershausen zu Konstanz · Kaisersheim · St. Emmeram · Münchenroth · Kornelimünster · Werden · Ursprung (Ursberg) · Wettenhausen · Zwiefalten · St. Ulrich und Afra in Augsburg · Burscheid
*Äbtissinnen* Quedlinburg · Essen · Herford · Niedermünster · Thorn (Maas) · Obermünster · Gernrode (Stimme von Anhalt geführt) · Buchau · Rottmünster · Heggbach · Gutenzell · Baindt · Gandersheim
*Balleien des Deutschen Ordens* Koblenz · Elsaß und Burgund

Grafen und Herren	Helfenstein (Seit 1643/1753 von Bayern vertreten) · Kirchberg (Seit 1530 Fugger) · Werdenberg und Heiligenberg (Seit 1530 von Fürstenberg vertreten) · Montfort · Fürstenberg · Eberstein (Seit 1660 von Baden-Baden vertreten) · Hohengeroldseck und Kronberg (Seit 1692 von Grafen von der Leyen vertreten) · Öttingen · Sulz und Klettgau (Seit 1687 von Schwarzenberg vertreten) · Reichserbtruchsessen von Waldburg · Castell · Wertheim (Seit 1574 von Löwenstein vertreten) · Rieneck (Seit 1674 von Nostitz vertreten) · Hohenlohe · Limpurg

| | |
|---|---|
| Grafen und Herren | (Seit 1690 bzw. 1713 von verschiedenen Allodialerben vertreten) · Leiningen · Nassau · Erbach · Isenburg · Virneburg (Seit 1554 von Löwenstein vertreten) · Stöffeln und Justingen (Seit 1751 von Württemberg vertreten) · Rheineck (Seit 1654 von Sinzendorf vertreten) · Solms · Winneburg (Inhaber Grafen Metternich) · Wild- und Rheingrafen · Sayn (Seit 1606 von Brandenburg-Ansbach, Wittgenstein und Kirchberg vertreten) · Stolberg · Barby und Mühlingen (Seit 1659 von Kursachsen vertreten) · Reuß und Plauen · Wied und Runkel · Regenstein (Seit 1670 von Brandenburg vertreten) · Lippe · Oldenburg (Dänemark) · Hoya (Seit 1583 von Kur-Braunschweig vertreten) · Leiningen-Westerburg · Diepholz (Seit 1585 von Kur-Braunschweig vertreten) · Steinfurt (Besitzer Grafen von Bentheim) · Bentheim (Seit 1753 an Kur-Braunschweig verpfändet) · Wittgenstein · Spiegelberg (Seit 1557 von Kur-Braunschweig vertreten) · Reichenstein (Seit 1698 von Nesselrode vertreten) · Tecklenburg (Seit 1707 von Preußen vertreten) · Schaumburg und Gemen (Gemen seit 1640 von Limburg-Stirum, Schaumburg von Hessen-Kassel und Lippe-Bückeburg vertreten) · Ortenburg · Rietberg (Seit 1692 von Kaunitz vertreten) · Schönburg · Salm-Reifferscheidt · Königsegg zu Aulendorf · Pyrmont (Seit 1625 von Waldeck vertreten) · Alschhausen (Vom Landkomtur der Deutsch-Ordensballei Elsaß und Burgund vertreten) · Hohenems (Seit 1759 von Österreich vertreten) · Vaduz (Seit 1699 vom Fürsten von Liechtenstein vertreten) · Iller-Aichheim (Vom Grafen von Rechberg vertreten, später Limburg-Stirum; als reichsritterschaftlich wieder ausgeschlossen) · Eglof (Seit 1668 vom Grafen von Traun vertreten) · Bonndorf (Seit 1613 vom Abt von St. Blasien vertreten) · Thannhausen (Seit 1708 vom Grafen von Stadion vertreten) · Eglingen (Seit 1723 vom Fürsten von Taxis vertreten) · Hohen-Waldeck und Maxlrain (Vom Kurfürsten von Bayern vertreten. Bayern nahm Stimme nur auf Kreistagen, nicht im Grafenkollegium wahr) · Seinsheim (Vom Fürsten von Schwarzenberg vertreten) · Wolfsteinische Allodialerben (Vom Fürsten von Hohenlohe-Kirchberg und vom Grafen von Giech vertreten) · Reichsberg und Wiesentheid (Vom Grafen von Schönborn vertreten) · Grafen von Windischgrätz (Personalisten = Reichsstände ohne reichsunmittelbares Land) · Grafen Ursin von Rosenberg (Personalisten) · Grafen von Starhemberg (Personalisten) · Grafen von Wurmbrand (Personalisten) · Grafen von Giech (Personalisten) · Grafen von Grävenitz (Personalisten) · Grafen von Pückler (Personalisten) · Grafen von Gronsfeld (Seit 1719 von Törring-Jettenbach vertreten) · Reckum/Rekheim bei Tongern, Belgien (Seit 1623 vom Grafen von Aspremont vertreten) · Anholt (Vom Fürsten von Salm vertreten) · Holzappel (Vom Fürsten von Anhalt-Bernburg-Hoym vertreten) · Blankenheim und Geroldstein (Vom Grafen von Manderscheid-Blankenheim, seit 1780 vom Grafen von Sternberg vertreten) · Wittem (Vom Grafen von Plettenberg vertreten) · Gimborn-Neustadt (Vom Fürsten von Schwarzenberg, nach 1760 vom Grafen von Wallmoden vertreten) · Wykradt (Vom Grafen von Quadt vertreten) · Myllendonk (Vom Grafen von Ostein vertreten) · Schleiden (Vom Grafen zu der Mark vertreten) · Kerpen-Lommersum (Vom Grafen von Schaesberg vertreten) · Sassenburg/Saffenburg (Vom Grafen zu der Mark vertreten) · Hallermund/Hallermünde (Seit 1706 vom Grafen von Platen vertreten) |
| Reichsstädte | Regensburg · Nürnberg · Rothenburg/Tauber · Weißenburg/Nordgau · Windsheim · Schweinfurt · Wimpfen · Heilbronn · Schwäbisch Hall · Nördlingen · Dinkelsbühl · Ulm · Augsburg · Giengen/Brenz · Bopfingen · Aalen · Schwäbisch Gmünd · Eßlingen · Reutlingen · Weil der Stadt · Pfullendorf · Kaufbeuren · Überlingen · Wangen · Isny · Leutkirch · Memmingen · Kempten · Buchhorn/Friedrichshafen · Ravensburg · Biberach · Lindau · Speyer · Worms · Frankfurt/Main · Friedberg · Gelnhausen (1349 verpfändet. |

Reichsstädte    Die Pfandschaft kam durch Kauf und Vererbung 1436 an Kurpfalz und Hanau, später Hessen-Kassel. 1549 begann ein Reichskammergerichtsprozeß, der 1734 mit der Bestätigung der Reichsstandschaft endete. Die Stadt mußte sich 1745 den Pfandherrschaften völlig unterwerfen. 1746 wurde der kurpfälzische Anteil an Hessen-Kassel verkauft) · Wetzlar · Köln · Aachen · Rottweil · Offenburg · Gengenbach · Zell am Harmersbach · Lübeck · Hamburg (Nicht in Aktivität. 1618 bestätigte das Reichskammergericht die Reichsstandschaft. H. konnte Sitz und Stimme auf dem Reichstag erst seit 1770 führen) · Dortmund · Mühlhausen/Thüringen · Nordhausen · Goslar · Bremen (Bis 1639 Auseinandersetzungen über die Reichsstandschaft mit dem Erzbistum Bremen; seit 1640 wieder Einladungen zu den Reichstagen. 1521 unter Erzbistum Bremen geführt ) · Buchau am Federsee

auch nur maßvollen religiösen Toleranz jedoch war der Kurfürst nicht zu gewinnen. Es war in der Tat »ein zwiespältiges Bild« (V. Press), das Bayern unter der Regierung Maximilians III. Joseph bot: Absichten der Erneuerung liefen sich oft an den unbeweglichen älteren Strukturen des Staatswesens und der Gesellschaft fest; Ansätze zur Verbesserung kamen nicht weiter, weil es an den Mitteln und an vielen Stellen auch am Willen zur Ausführung mangelte.

Neben Sachsen und Bayern schlug Hannover im späten 17. und beginnenden 18. Jahrhundert den Weg entschiedener Staatsbildung und expansiver Außenpolitik ein. Mit der Regimentsordnung von 1670 hatte Herzog Johann Friedrich deutlich absolutistische Ansprüche angemeldet und die Zuständigkeit der Stände im wesentlichen auf die Finanzverwaltung eingeschränkt. Sein Nachfolger Ernst August entwickelte einen persönlichen Regierungsstil, durch den sein Kabinett zu einer vom Geheimen Rat unabhängigen Behörde wurde. Sein Sohn Georg Ludwig hielt prinzipiell an diesem Stil fest, wertete jedoch den Geheimen Rat durch seine häufige Teilnahme an den Sitzungen auf, neben dem zunehmend Kollegien mit besonderer Aufgabenstellung sich verfestigten. Als der Kurfürst 1714 den englischen Thron bestieg, erließ er für sein Stammland ein Reglement, das den Geheimen Räten in Hannover praktisch die Regierung überließ. Zur regelmäßigen Berichterstattung nach London verpflichtet, waren sie in der Lage, die Entscheidungen des Monarchen in ihrem Sinne vorzuformulieren. Die deutsche Kanzlei in London blieb auf die Funktion eines Kabinetts beschränkt, in dem die wenigen Angelegenheiten behandelt wurden, über die der Monarch sich die Alleinentscheidung ausdrücklich vorbehalten hatte. Je mehr das Kurfürstentum zu einem Nebenland der britischen Krone wurde, für das die englische Politik nur begrenztes Interesse aufbrachte, desto selbständiger regierten in Hannover eine Gruppe adeliger Familien und ein oligarchisiertes bürgerliches Staatspatriziat von Beamten, deren Macht jedoch durch die Kompetenzen der Landstände in den verschiedenen Landesteilen begrenzt wurde. Kein Wunder, daß in der inneren Politik alles auf Erhaltung abgestellt war, während sich die auswärtige Politik ganz im englischen Fahrwasser bewegte. Das trug Hannover 1719 mit den Herzogtümern Bremen und Verden den Zugang zur Nordsee und die Festigung seiner Stellung als stärkste Macht in Nordwestdeutschland ein, die freilich zunehmend in ein Konkurrenzverhältnis zu Preußen geriet, das selber verstärkt in diesen Raum ausgriff. Erbten doch die Hohenzollern 1744 nach dem Aussterben der Cirksenas und aufgrund einer kaiserlichen Zusage das Fürstentum Ostfriesland mit Emden, nachdem sie schon 1702 die Grafschaft Lingen, 1707 die Grafschaft Tecklenburg erworben hatten.

Brachte die Personalunion mit Großbritannien Hannover starke politische Rückendeckung ein, so doch auch stärkere Verwicklung in die europäischen Konflikte. Das zeigte sich bereits im Österreichischen Erbfolgekrieg, noch mehr dann im Siebenjährigen Krieg, als England in der weltweiten Auseinandersetzung mit Frankreich zum Schutz Hannovers in ein Bündnis mit Preußen eintrat und das Kurfürstentum – dennoch und deshalb – zum Kriegsschauplatz wurde. Der englische Einfluß auf die innere Entwicklung Hannovers blieb dagegen erstaunlich schwach. Weder der hohe juristische Standard der Appellationsgerichtsbarkeit noch die Konzeption der Universität Göttingen, die der Minister Gerlach Adolph Freiherr von Münchhausen entwarf und durchsetzte, beruhten auf englischen Erfahrungen, und daß es in Hannover, nach den frühen Schritten Ernst Augusts in diese Richtung, kein absolutistisches Regiment gab, war mehr die Folge der Abwesenheit des Herrscherhauses und des aristokratisch-ständischen Establishments als des Vorbilds englischen politischen Lebens und Denkens. Im viel kleineren Welfenherzogtum Braunschweig-Wolfenbüttel dagegen, in dem bereits im 16. Jahrhundert bedeutende Schritte zu einer vergleichsweise modernen Verwaltungsorganisation getan worden waren und im 18. Jahrhundert der Geheime Rat unter dem Vorsitz des Landesherrn als zentrale Behörde, als Ministerium, fungierte, war die einst aktive Mitwirkung der Stände praktisch zum Erliegen gekommen. Von 1682 bis 1768 fand kein offener Landtag statt; seit 1702 wurden die Landtagsabschiede, also die Vereinbarungen mit dem übriggebliebenen Schatzkollegium, als landesherrliche Resolutionen publiziert. Insbesondere seit dem Regierungsantritt Herzog Karls I. im Jahr 1735 kann man von kleinstaatlichem Absolutismus sprechen, dessen Aktivitäten vor allem an der Einrichtung zahlreicher Kommissionen und an den Maßnahmen zum Landesausbau abgelesen werden können, allerdings auch an der völligen Zerrüttung der Finanzen. Sie machte die Berufung eines Gesamtlandtags erforderlich, dem 1770 über das Steuerbewilligungsrecht hinaus eine gewisse Mitwirkungsbefugnis zugestanden werden mußte. Früh waren in Braunschweig Gedanken der Aufklärung zu praktischer Wirkung gekommen, vornehmlich in der Gründung des Collegium Carolinum im Jahr 1745, um das sich mit der Zeit ein Kreis von aufgeklärten Männern sammelte. In ihm ist, vor allem nach dem Regierungsantritt Karl Wilhelm Ferdinands (1780), das umfassendste

Konzept aufgeklärter Bildungsreform auf deutschem Boden entwickelt worden. Daß er mit der Berliner Aufklärung in Verbindung stand, spiegelt ebenso die außenpolitische Orientierung Braunschweigs wider wie die engen dynastischen und persönlichen Beziehungen des Herzogshauses mit dem preußischen Königshaus.

Am meisten unter allen deutschen Staaten hat sich die Landgrafschaft Hessen-Kassel am preußischen Beispiel orientiert. Die vom Landgraf Philipp 1567 vorgenommene Vierteilung Hessens war 1648 im sogenannten Einigkeitsvertrag zur definitiven Zweiteilung in die Linien Kassel und Darmstadt geworden. Unter energischen Regenten und die Vormundschaft führenden Regentinnen konnten in Kassel die Folgen des Dreißigjährigen Krieges erfolgreicher überwunden werden als in Darmstadt. Nachdem sich die Stände 1655 gegen Anerkennung ihrer Rechte zu einem jährlichen Zuschuß bereiterklärt hatten, behielten die Landgrafen ein stehendes Heer bei und sicherten sich damit einen gewissen außenpolitischen Handlungsspielraum. Um die Truppen zu vermehren, begann Landgraf Karl damit, nicht nur Subsidienverträge mit anderen Mächten zu schließen, sondern auch Soldaten in fremde Dienste zu schicken – eine Praxis, die später Anlaß zu schweren öffentlichen Vorwürfen gegen den hessischen Absolutismus gegeben hat. An fast allen militärischen Konflikten des späten 17. und des 18. Jahrhunderts nahm Kassel direkt oder indirekt mit seinen Truppen teil, wobei Landgraf Karl keine Scheu hatte, seine Regimenter gleichzeitig gegnerischen Mächten anzubieten. Mit dieser fragwürdigen, wenngleich zu jener Zeit kaum anstößigen Politik sicherte er sich eine Bedeutung, die über die Größe des Landes erheblich hinausging. Einen Erfolg dynastischer Machtpolitik für Kassel stellte der Gewinn der schwedischen Königskrone durch Landgraf Friedrich I. dar, der die Schwester Karls XII., Ulrike Eleonore, geheiratet hatte. Die Regierung in Kassel überließ er 1730 seinem Bruder Wilhelm VIII. als Stellvertreter, der die Subsidienpolitik mit ehrgeizigen Erwerbungsprojekten zu verknüpfen suchte. Im Österreichischen Erbfolgekrieg, in dem Kasseler Truppen auf beiden Seiten standen, schlug er sich schließlich auf die Seite Kaiser Karls VII., von dem er sich neben beträchtlichem Landesgewinn auch die Kurwürde versprach. Nach dem Scheitern dieser Pläne band er sich erneut mit Subsidienverträgen an England, auf dessen und Preußens Seite Kassel in den Siebenjährigen Krieg eintrat. Obwohl das Land mit der Hauptstadt mehrfach von den Franzosen besetzt und wieder geräumt wurde, hielt auch Wilhelms Nachfolger, Landgraf Friedrich II., am preußischen Bündnis fest. Er ist es gewesen, der die Nachahmung preußischer Verwaltungs- und Heereseinrichtungen auf die Spitze getrieben hat.

Wie Preußen hat die Landgrafschaft Hessen-Kassel nach der Aufhebung des Edikts von Nantes französische Glaubensflüchtlinge in größerer Zahl aufgenommen. Es war dies nicht bloß ein Akt der Hilfe des Landgrafen Karl für seine reformierten Glaubensbrüder, sondern eine der erfolgreichsten unter seinen weitgespannten Maßnahmen zur Förderung des Gewerbes; eine andere war die Errichtung einer Handels- und Kommerzienkammer schon 1710. Sein absolutistischer Herrschaftsanspruch fand spektakulären Ausdruck in großen Schloß- und Parkanlagen in Kassel, die mit dem 1712 vollendeten Herkules auf den Höhen des Habichtswaldes ihr pathetisches Symbol erhielten. 1709 gründete Karl das Collegium Carolinum, das Vorbild der braunschweigischen Schule gleichen Namens, mit stark naturwissenschaftlicher und künstlerischer Ausrichtung als zweites geistiges Zentrum neben der Universität Marburg, wohin er 1723 den aus Halle vertriebenen Christian Wolff berief. Nach dem Siebenjährigen Krieg hat Landgraf Friedrich II. an dieser Linie festgehalten, nun aber verstärkt im Sinne eines aufgeklärten Absolutismus preußischer Prägung. Daß allerdings auch seine eindrucksvolle merkantilistische Wirtschaftspolitik, die Förderung von Kunst und Wissenschaft, die Wohlfahrtspolitik wie der weitere Ausbau der Armee durch Subsidienverträge und Soldatenverkauf finanziert wurden, rückt solche Regierungspraxis ins Zwielicht. Es wird hier in besonders krasser Weise die Ambivalenz deutlich, die dem »aufgeklärt« genannten Absolutismus anhaftete.

Im benachbarten Thüringen verboten sich außenpolitische Aspirationen schon aufgrund der starken staatlichen Zersplitterung. Nach der Niederlage des sächsischen Kurfürsten Johann Friedrich im Schmalkaldischen Krieg, der Übertragung der Kurwürde von der ernestinischen auf die albertinische Linie und der Abtretung großer Gebiete an diese hatten die Angehörigen des ernestinischen Hauses bei zunehmendem Verfall politischer Gemeinsamkeit in Erbfällen den bequemeren Weg der Realteilung des Besitzes eingeschlagen – allerdings einer »Teilung zur gesamten Hand«, so daß die verschiedenen Fürstentümer durch Erbfolge immer wieder zusammenkommen konnten. Gemeinsam blieben die Universität und das Hofgericht in Jena. Im 17. und 18. Jahrhundert stabilisierten sich sieben reichsrechtlich anerkannte ernestinische Fürstentümer, die, nach den Sitzen der jeweiligen Zentralverwaltungen benannt, zeitweilig jedoch zu mehreren in Personalunion verbunden waren: Weimar, Eisenach, Gotha, Altenburg, Coburg, Meiningen, Hildburghausen. Ihre Behördenorganisation wies weitgehende Ähnlichkeit auf. Als Oberbehörden fungierten der Hofrat, der im 18. Jahrhundert auch zunehmend als Regierung bezeichnet wurde und Verwaltung und Justiz umfaßte, das Konsistorium für die Kirchen- und Schulverwaltung und die Kammer, die für die Verwaltung der fürstlichen Domänen zuständig war. Zu diesen drei »Landeskollegien« konnten im Einzelfall andere Behörden hinzutreten, sich auch über- oder nebengeordnete Geheime Ratskollegien bilden und besondere Immediatkommissionen eingerichtet werden. Die Steuern wurden von den Landständen verwaltet. Hier gab es keine stehenden Heere, keine schweren Konflikte mit den Ständen, keine Expansionspläne, dagegen beachtliche Aufmerksamkeit der Regierungen für die innere Verwaltung, das Kirchen- und Schulwesen und das Rechtswesen.

Besonders hervorzuheben ist das Fürstentum Gotha, das von 1672 an mit Altenburg verbunden war. Hier hatte zuerst Herzog Ernst der Fromme, »der Inbegriff eines deutschen landesherrlichen Administrators und Gesetzgebers im 17. Jahrhundert« (Th. Klein), eine umfassende und rastlose Regierungstätigkeit entfaltet; sie wurde von seinen Nachfolgern fortgesetzt, die sich aktiv an der Arbeit des Geheimen Ratskollegiums als oberster Behörde beteiligten. Die Schaffung von Gesundheits-, Berg- und Baukommissionen, einer Waisen-, Armen-, Arbeits- und Zuchthauskommission, einer Almosenkommission und einer Manufakturkommission zeigen den Umkreis einer mehr patriarchalischen als absolutistischen, pietistisch-aufgeklärten, wohlmeinenden Administration im Windschatten der großen Politik. Damit verband sich eine eindrucksvolle Entfaltung von Kunst und Wissenschaft in der Residenzstadt. Daß Gotha ein Vorort der pädagogischen Bewegung des 17. Jahrhunderts war, am Gothaer Hof schon früh die Oper gepflegt wurde und die Herzogin Luise Dorothee, Gemahlin Friedrichs III., mit Friedrich dem Großen und Voltaire korrespondierte, sind charakteristische Erscheinungen des kulturellen Lebens in den thüringischen Kleinstaaten, das im letzten Drittel des 18. Jahrhunderts seinen Schwerpunkt in Weimar fand, wo die jung verwitwete Herzogin Anna Amalie, die 1759 die Vormundschaft für ihren Sohn Carl August übernahm, den Grund für den dortigen »Musenhof« legte.

Zu den bemerkenswerten administrativen und kulturellen Zentren in der thüringischen Kleinstaatenwelt gehörte auch das mainzische Erfurt. Nach Belagerung und Unterwerfung der Stadt und nach voller Wiederherstellung der Herrschaft des Erzbischofs im Jahr 1664 wurde hier ein Vizedom eingesetzt, der wenig später den Titel eines Statthalters führte. Die Stadt erhielt eine ständige mainzische und kaiserliche Besatzung, aber auch volle Religionsfreiheit und in den ersten Jahrzehnten des 18. Jahrhunderts eine bauliche Ausgestaltung im Sinne des mainzischen Barock. Der Statthalter Philipp Wilhelm von Boineburg richtete 1704 eine Commerzien-Commission ein, und 1755 entstand eine Merkantil-Deputation. Wichtig wurde die Weiterentwicklung des älteren Gemüseanbaus um die Stadt zum gewerblichen Gartenbau. Der Samenhändler und städtische Ökonom Christian Reichardt, dessen sechsbändiger »Land- und Garten-Schatz« (1753–1755) zu den grundlegenden Werken der Landbauwissenschaft zählt, war Mitbegründer der »Kurfürstlich Mainzischen Akademie nützlicher Wissenschaften in Erfurt« (1754), deren Hauptaufgabe die theoretische und praktische Förderung von Gewerbe und Industrie sein sollte. Der Boden war also vorbereitet für den materiellen und kulturellen Aufschwung Erfurts unter Karl Theodor von Dalberg, der 1772 Statthalter wurde und Universität und Schulwesen im Geiste der Aufklärung zu reformieren begann.

Das Politische Testament der Kaiserin Maria Theresia von 1750/51. Erste und vorletzte Seite.
Wien, Haus-, Hof- und Staatsarchiv

Die Schlacht bei Soor in Böhmen am 30. September 1745: Sieg Friedrichs II. über die Österreicher und Sachsen unter Prinz Karl von Lothringen. Rechtes Drittel des Gemäldes von Ditmar Daegen. Berlin, Schloß Charlottenburg

Eine noch viel weitergehende politische Zersplitterung als Thüringen wies Franken auf. Selbst die größeren Staaten verfügten hier über keine geschlossenen Territorien; reichsgräfliche, reichsritterschaftliche und reichsstädtische Gebiete waren eingestreut, und nicht selten reichten die Rechte mehrerer Herren in ein und dasselbe Dorf hinein. Kein Wunder, daß hier das Reichsbewußtsein besonders lebendig und daß der fränkische Reichskreis eine relativ funktionsfähige Einrichtung geblieben war. Nach 1648 hat es hier keine wesentlichen territorialen Veränderungen mehr gegeben. Wie in Thüringen und in Schwaben zeigte sich indes, daß die Klein- und Kleinststaatlichkeit – man kann auch sagen: das Defizit an moderner Staatlichkeit, das durch die staatlichen Funktionen des Reichskreises nur bedingt ausgeglichen wurde – durchaus mit lokaler kultureller Entfaltung zusammengehen, ja diese sogar fördern konnte. Das Bestreben von Bischöfen, Fürsten, Grafen und manchen Reichsrittern, ihrer Herrschaft sichtbaren Glanz zu verleihen, aber auch die Einkünfte zu erhöhen, hat nicht nur zum Ausbau vieler Residenzen, sondern auch zur Förderung von Wissenschaft und Schule, von Gewerbe und Handel Anlaß gegeben – selbstverständlich mit charakteristischen Unterschieden. So fehlen in den protestantischen fränkischen Markgrafschaften die überschwengliche barocke Kirchenarchitektur, die großen Klosteranlagen und der umfängliche kirchliche Grundbesitz der Bistümer Würzburg, Bamberg und der Gebiete des Deutschen Ordens. Durch die Aufnahme von Glaubensflüchtlingen erfuhr dort das wirtschaftliche wie das geistliche Leben erhebliche Impulse. Am stärksten sichtbar wurden sie in Erlangen, wo 1701 für die Hugenotten eine streng geometrisch angelegte »Neustadt« entstand, in die später auch aus der Pfalz eingewanderte Reformierte einzogen. Erlangen entwickelte sich zur bayreuthischen Nebenresidenz, in der aus einer geplanten Ritterakademie auf Drängen der Markgräfin Wilhelmine, der Schwester Friedrichs des Großen, und ihres hugenottischen Beraters Daniel de Superville die 1743 eröffnete Landesuniversität hervorging und schon bald die alte Nürnberger Universität Altdorf in den Schatten stellte. Zur gleichen Zeit wurde Bayreuth von Markgraf Friedrich als Hauptresidenz im Rokokostil ausgebaut, als eine Stadt des Hofes und der Verwaltung neben Erlangen. Als 1769 die bayreuthische Linie der Hohenzollern ausstarb, fiel die Markgrafschaft an die ansbachische Linie. Aus ihr ragt im frühen 18. Jahrhundert die Markgräfin Christine Charlotte hervor. Während ihrer Regentschaft begann von 1723 ab der Ausbau der Ansbacher Residenz. Ihr Sohn Karl diskreditierte durch pathologische Grausamkeit und durch politische Extravaganzen, zu denen im Siebenjährigen Krieg die Parteinahme für Österreich gehörte, das markgräfliche Regiment. Sein Sohn Alexander, der Ansbach und Bayreuth noch einmal vereinigte, aber ohne legitime Erben blieb, hat 1791 beide Fürstentümer an Preußen verkauft, um sich mit seiner Mätresse nach England zurückzuziehen – ein wenig würdiges Ende der Selbständigkeit dieser hohenzollernschen Lande in

Franken, die zwar durch den Aufstieg des Hauses Brandenburg an politischem Rückhalt gewannen, jedoch unter völlig anderen territorialen und institutionellen Bedingungen existierten und die kleinstaatliche Diskrepanz zwischen landesherrlichen Ansprüchen, administrativen Intentionen, begrenzten Mitteln und überkommenen ständisch-regionalen Rechten nicht zu überwinden vermochten.

Eine größere Rolle im fränkischen Reichskreis spielten die Bistümer Würzburg und Bamberg. Ihre Entwicklung im 17. und 18. Jahrhundert zeigt, daß auch in geistlichen Staaten »absolutistische« Tendenzen zur Wirkung kommen konnten. Es machte sich bemerkbar, daß einige der großen Familien – neben den Schönborn die mit ihnen verwandten Seinsheim, Erthal und Dalberg – als geistliche Landesherren eine kontinuierliche Familien- und Pfründenpolitik mit territorial- und reichspolitischen Zielsetzungen verbanden, daß sie in den Domkapiteln starke Positionen besaßen und daß es in den Bistümern keine Landstände gab, da der grundbesitzende Adel der Reichsritterschaft angehörte. So konnte der Einfluß der Kapitel auf die Regierung eingeschränkt werden. Die innere Politik der geistlichen Landesherren unterschied sich kaum von der der weltlichen Fürsten der Zeit – mit der wichtigen Ausnahme, daß in Würzburg und Bamberg keine stehenden Heere unterhalten wurden. Bemühungen um eine effiziente Verwaltung und um die Förderung der Wirtschaft im Sinne des Merkantilismus sind auch hier zu beobachten, daneben ein großzügiger Ausbau der Residenzen. In das höhere Bildungswesen, das ganz in den Händen der Jesuiten lag, hat erst nach der Aufhebung des Ordens 1772 die katholische Aufklärung Einzug gehalten.

Im Jahr 1786, als die Diskussion um die politische Verfassung des Reiches und ihre Reform in vollem Gang war, stellte der Fuldaer Domkapitular und Herausgeber des »Journals von und für Deutschland«, Philipp Anton von Bibra, die Preisfrage: »Da die Staaten der geistlichen Reichsfürsten Wahlstaaten und überdies größtenteils die gesegnetsten Provinzen von ganz Deutschland sind, so sollten sie von Rechts wegen auch der weisesten und glücklichsten Regierung genießen; sind sie nun nicht so glücklich, als sie sein sollten, so liegt die Schuld nicht sowohl an den Regenten als an der inneren Grundverfassung. Welches sind also die eigentlichen Mängel, und wie sind solche zu heben?« Ein Vierteljahrhundert zuvor wäre diese Frage gewiß so nicht möglich gewesen; die Mängel der »inneren Grundverfassung«, auf die angespielt wird, waren indes älter, und sie hingen – im Gegensatz zu Bibras Annahme – zum Teil mit der Wahlstaatlichkeit zusammen. Daß zwar auch bei Ehelosigkeit und jeweils notwendigen Wahlen der Landesherren eine Kontinuität der inneren Politik möglich war, zeigen die Bistümer Würzburg und Bamberg, weil dort der politische Wille und das Amtsverständnis der Gewählten weitgehend übereinstimmten und sogar eine Art von informeller dynastischer Kontinuität zustande kam. In Köln dagegen hat die Besetzung des Erzstuhls von 1583 bis 1761 durch Mitglieder des Hauses

Wittelsbach die Einbeziehung in die expansive antihabsburgische Politik Bayerns mit sich gebracht, weshalb das Domkapitel als Nachfolger des letzten wittelsbachischen Kurfürsten Clemens August einen Domdechanten aus vergleichsweise bescheidenem gräflichen Hause wählte. Schon zu seinen Lebzeiten freilich wurde ihm als Koadjutor und Nachfolger, im Gegensatz zu einem von Preußen unterstützten Kandidaten, der Erzherzog Maximilian Franz beigegeben – ein spätes Beispiel dafür, wie »politisch« Bischofswahlen gewertet wurden. Gerade die aus großen Häusern stammenden geistlichen Fürsten – aber nicht nur sie allein – haben im 17. und 18. Jahrhundert eine bedeutende Bautätigkeit in ihren Residenzen entfaltet, so der Kölner in Bonn und Brühl, der Trierer in Koblenz, der Mainzer in Aschaffenburg, der Speyrer in Bruchsal. Auf dem Lande entstanden Jagdschlösser und Lusthäuser; die Hofjagden und rauschenden Hofbälle blieben hinter denen weltlicher Fürsten nicht zurück, oft auch nicht in ihrer Weltlichkeit.

Nepotismus, Günstlingswesen, Verschwendung, auch Bequemlichkeit und Indolenz mancher geistlicher Fürsten – sie dürften aufs Ganze gesehen keinen größeren Raum eingenommen haben als analoge Erscheinungen in weltlichen Staaten. Wo also lag die innere Schwäche der geistlichen Staaten? Daß die landesherrliche Würde ein erstrebenswertes Ziel für den Ehrgeiz großer Familien war, macht nur die eine problematische Seite der Wahlstaatlichkeit aus; auf der anderen standen die Domkapitel, in denen sich der katholische Stiftsadel wegen der einträglichen Pfründen festgesetzt hatte und die bei Sedisvakanzen zum Kampfplatz unterschiedlicher Interessen wurden. Ob nun Landstände existierten und wesentliche Rechte ausübten oder nicht – die Domkapitel bildeten eine erheblich wirksamere Schranke landesherrlicher Absichten. Da von den geistlichen Fürsten zumeist kein militärischer Ehrgeiz entfaltet wurde, fehlte der Antrieb, der von einem stehenden Heer für die Reorganisation der inneren Verwaltung ausgehen konnte. Allerdings fehlte auch der Druck, den die Rekrutierungspraktiken und hohen Steueranforderungen für das Militär auf die Bevölkerung ausübten. In Kriegszeiten freilich lagen die geistlichen Staaten, wie insbesondere die drei geistlichen Kurfürstentümer am Rhein erfahren mußten, widerstandslos allen Einfällen offen. Das Reich, von dessen Verfassung ihre Existenz abhing, vermochte sie davor nicht zu schützen.

Es sind vor allem zwei Gründe für das verfassungs- und verwaltungspolitische Zurückbleiben der geistlichen Staaten im 17. und 18. Jahrhundert zu nennen, wobei einzuschränken ist, daß diese Feststellung nur im Vergleich mit wenigen größeren und besonders energisch regierten weltlichen Staaten gilt. Der eine ist die – abgesehen von Würzburg, Bamberg und Münster – geringe Größe und Geschlossenheit des Territoriums, der zweite die Tatsache, daß die Herausforderungen für eine verändernde Regierungstätigkeit relativ klein und die Kräfte des Überlieferten weithin ungebrochen waren. Das Nebeneinander von älteren und neueingeführten, jene aber nicht verdrängenden Behörden hatte in Mainz, Köln und Trier einen Wirrwarr der Zuständigkeiten entstehen lassen. Die Bemühungen, durch eine Stärkung der Zentrale und die Schaffung einer effektiven Regierung das System zum besseren Funktionieren zu bringen, sind erst spät in Gang gekommen und nicht zum Erfolg gelangt.

Unter den kleinen weltlichen Territorien, den Reichsgrafschaften, gab es einige, die im 17. und 18. Jahrhundert ungewöhnliche Entwicklungen durchmachten. Hier von »Absolutismus« zu sprechen, wenn es die Landesherren vermochten, weitgehend selbständig zu regieren, erscheint unangemessen; allenfalls können Herrschaftsstil und Anspruch mancher Grafen »absolutistisch« genannt werden. In Lippe gelang es den Grafen in einem langen Prozeß, die Stände zurückzudrängen und als oberste Behörde eine allein von ihnen benannte Regierungskonferenz einzusetzen. Graf Friedrich Adolf stellte gegen den Widerstand der Stände, die er schließlich nicht mehr berief, ein Heer auf. Als es später infolge der schweren Verschuldung zum offenen Konflikt zwischen dem Grafen Simon August und den Landständen kam, erhielten diese vor dem Reichskammergericht 1746 recht und die ausdrückliche Bestätigung ihres Steuerbewilligungsrechts. Bereits 1720 hatten die Grafen für den Senior der Familie den Reichsfürstentitel, allerdings keinen Platz im Reichsfürstenrat erhalten. Dies hatten die Grafen von Waldeck schon früher erreicht. Die reformierte Grafschaft Sayn-Wittgenstein erfuhr in der ersten Hälfte des 18. Jahrhunderts eine Phase besonders intensiven religiösen Lebens, in der auch separatistische Gruppen ihr Wesen trieben, während in der Grafschaft Neuwied Reformierte, Lutheraner und Katholiken friedlich nebeneinander lebten, aber auch Mennoniten und schließlich Herrnhuter Aufnahme fanden. Eine in mancher Hinsicht außerordentliche Erscheinung boten die Nassauer Grafschaften. Das Erbteilungsprinzip hatte seit dem 13. Jahrhundert hier ebenfalls zu schwer übersehbaren Territorialbildungen geführt. Seit 1559 erhielten die nassau-dillenburgischen Grafschaften eine starke politische Aufwertung durch die Statthalterschaft der nassauischen Oranier in den Niederlanden. In der zweiten Hälfte des 17. Jahrhunderts erreichten die verschiedenen Linien die Aufnahme in den Reichsfürstenstand. Nach vielfältigen Wirren, auch religiöser Unterdrückung durch die katholisch gewordenen Landesherren, die 1706 in Siegen zum Aufstand der Bevölkerung und zur Enthebung des Landesherrn von der Regierung führten, kam es 1742 zur Beerbung aller »ottonischen« Linien durch die Dietzer Grafen und zur Schaffung einer Zentralbehörde in Dillenburg. Fürst Wilhelm IV. aber residierte von 1747 an als Generalstatthalter in Den Haag, wo ein »Deutsches Kabinett« für die Verständigung mit dem Stammland gebildet wurde. Unter einem toleranten Regiment und einer tüchtigen Beamtenschaft, die sich auch um die wirtschaftliche Förderung des Landes kümmerte, lebte eine konfessionell stark gemischte Bevölkerung. Im Siebenjährigen Krieg geriet das Land in die schwierige Lage, als Mitglied des Niederrheinisch-Westfälischen Kreises am Reichskrieg gegen Preußen teilnehmen zu müssen, während die Fürstin Anna als Vormünderin ihres Sohnes preußenfreundlich eingestellt war. Zwar konnte die Verpflichtung gegenüber dem Reich mit Geld abgelöst werden, dennoch ist das Land dann von den Kampfhandlungen in Mitleidenschaft gezogen und die Dillenburger Residenz von den Franzosen zerstört worden. Die zweite, die »walramische« Linie der Nassauer Grafen ist noch stärker von Erbteilungen betroffen worden. Von 1728 an bestanden jedoch nur noch zwei Hauptlinien: Nassau-Saarbrücken-Usingen, deren Residenz 1744 nach Biebrich verlegt wurde, während die Regierung in Wiesbaden saß, und Nassau-Weilburg. Im Gebiet der erstgenannten Linie entstand unter der Vormundschaftsregierung der Fürstin Charlotte Amalie 1728/29 eine moderne Verwaltungsorganisation, die auch Kirche, Schule und Armenwesen umfaßte.

So ließen sich viele andere deutsche Kleinstaaten nennen, in denen im 17. und vor allem im 18. Jahrhundert ohne wesentliche Veränderungen in der Sozialstruktur der Bevölkerung durch dynastische Wechselfälle, äußere Interventionen, absolutistische Neigungen der Landesherren und administrative Maßnahmen mancherlei geschah, was zwar den Gang der deutschen Geschichte kaum beeinflußt hat, aber zu jenem Prozeß der Staatsbildung gehört, der sich in Deutschland auf zahlreichen Wegen und mit sehr unterschiedlichen Ergebnissen vollzogen hat. Die Ziele dabei waren gemeinsam: Stärkung der Regierung, höhere Einkünfte, Mobilisierung der Ressourcen, Disziplinierung der Bevölkerung und stets auch Repräsentation der Landesherrschaft, die gerade dort, wo über die Wahrnehmung dynastischer Chancen hinaus eine selbständige auswärtige Politik nicht möglich war, in Architektur, Kunst und manchmal auch Wissenschaft Gestalt suchte. So in der Leyenschen Residenz Blieskastel und im nicht weit davon entfernten Zweibrücken, der Residenz des gleichnamigen pfälzischen Herzogtums, das von 1654 bis 1718 in Personalunion mit der schwedischen Krone verbunden war. Unter den Herzögen der Linie Pfalz-Birkenfeld, vor allem unter Christian IV., erlebte die Stadt eine kulturelle Entfaltung als Ort der Vermittlung französischer Kunst und Literatur – bei allerdings geringer Fürsorge des Herzogs für das Land. Viele deutsche Residenzstädte erhielten damals ein bis heute erkennbares Gepräge. Das gilt ebenso für Rastatt, das Markgraf Ludwig Wilhelm von Baden, der Türkenlouis, als Festung und Barocke Kunststadt ausbaute und wohin er 1705 seine Residenz verlegte, wie für Karlsruhe, wo Markgraf Karl Wilhelm von Baden-Durlach nach dem Spanischen Erbfolgekrieg ein Schloß und eine neue Stadt anlegte, für die Siedler aus anderen Teilen Deutschlands mit unterschiedlichen Konfessionen herbeigerufen wurden. Es gilt nicht weniger für Ludwigsburg, das Herzog Eberhard Ludwig von Württemberg 1724 zur alleinigen Residenz machte, wie für Hanau und Eutin, für Erbach, Oettingen und Ellwangen.

Die deutschen Mittel- und Kleinstaaten vollzählig zu erwähnen und ihre institutionelle und politische Entwicklung zu verfolgen, ist hier weder möglich noch nötig. Vielmehr sollte ein Eindruck vermittelt werden von der Vielfalt der deutschen Staatenwelt auch und gerade im 17. und 18. Jahrhundert, die so leicht übersehen wird, wenn Gesamtdarstellungen die deutsche Geschichte zu einlinig an den Ablauf des sogenannten großen Geschehens anbinden und unter dem Aspekt der Entwicklung in Preußen und Österreich betrachten. Erhebliche Teile Deutschlands nahmen an dem großen Geschehen nur am Rande und passiv teil, wohl aber an dem vielgliedrigen wirtschaftlichen, kulturellen und sozialen Leben der Deutschen, das noch in keiner gemeinsamen politischen Institution, keinem gemeinsamen Wirtschaftsraum und erst am Ende der hier behandelten Zeit in den Ansätzen einer gemeinsamen literarischen Kultur Gestalt fand. Man muß es an vielen Stellen, in vielen Staaten und staatsähnlichen Gebilden aufsuchen; dann allerdings wird ein überwältigender Reichtum an Erscheinungen erkennbar, der nicht am Maßstab der politischen Macht und der staatlichen Einheit, auch nicht der ökonomischen Fortschrittlichkeit allein gemessen werden darf.

# Der Siebenjährige Krieg

Im Jahr 1745, noch vor seiner Rückkehr nach Berlin, hatte Friedrich II. erklärt, daß er »in Zukunft keine Katze mehr angreifen« werde. Sicher glaubte er damals nicht, daß Preußen in absehbarer Zeit keinen Krieg mehr zu führen brauche, und er meldete auch keinen Verzicht auf weitere Gebietserwerbungen an. Das Sicherheitsbedürfnis wie der expansive Drang dieses Staates schlossen solche Annahme und solchen Verzicht aus. Zwar war es dem Preußenkönig gelungen, im weiteren Verlauf des Österreichischen Erbfolgekrieges neutral zu bleiben, aber er war sich darüber im klaren, daß Wien Schlesien nicht endgültig aufgegeben hatte und daß die europäischen Machtverhältnisse durch den Frieden von Aachen (1748) nicht auf längere Dauer konsolidiert wurden. Bereits 1746 hatte Rußland eine Defensiv-Allianz mit Österreich geschlossen, die einen geheimen Zusatzartikel über die Wiedereroberung Schlesiens enthielt. Entscheidender war, daß der weltpolitische Konflikt der Zeit, die Rivalität zwischen England und Frankreich auf den Meeren und in den Kolonien, unentschieden geblieben war. Bei seinem Wiederaufbrechen würde mit großer Wahrscheinlichkeit eine der Fronten auf dem europäischen Kontinent verlaufen, weil England in seinem hannoverschen Besitz am leichtesten getroffen werden konnte. Damit war eine Kräftekonstellation möglich, in der die Wiener Politik Schlesien wiederzugewinnen versuchen würde. Nie werde Österreich, so schrieb Friedrich 1752 in seinem ersten Politischen Testament, den Verlust dieses Gebietes verschmerzen, »nie vergessen, daß es sein Ansehen in Deutschland mit uns teilen muß«. Deshalb werde er so lange Frieden halten, bis Heer und Finanzen reorganisiert seien und eine günstige Bündniskonstellation eingetreten sei.

Die zehneinhalb Jahre zwischen dem Dresdener Frieden und dem Ausbruch des dritten Schlesischen Krieges waren also in den Augen des Königs alles andere als eine unbeschwerte, gesicherte Friedenszeit, und sie waren es auch nicht für die Bewohner Preußens. Zwar hatte sich dieser Staat aus einer Monarchie der Ansprüche zu einer solchen der realen Macht entwickelt, aber die Folgen des Schrittes von 1740 blieben eine schwere Hypothek auf seiner Politik. War er stärker geworden, so auch bedrohter. Der Cauchemar des coalitions, von dem Bismarck später im Blick auf die äußere Sicherheit des Hohenzollern-Reiches von 1871 gesprochen hat, lastete bereits auf dem Hohenzollern-Staat nach 1740. Bedroht war er indes auch von innen heraus: von der Dynamik des nicht saturierten Militär- und Machtstaates. Wenn Friedrich im Politischen Testament erklärte, sein derzeitiges System beruhe auf der Erhaltung des Friedens, »solange es möglich ist, ohne die Majestät des Staates zu verletzen«, und wenn er überzeugt war, daß Preußen nicht noch einmal einen Krieg anfangen solle, so blieben für ihn doch hohe Rüstung, stete Kriegsbereitschaft und die Nutzung günstiger Gelegenheiten zu weiteren Erwerbungen die Imperative preußischer Politik. Unter Berufung auf Machiavellis Satz, daß eine selbstlose Macht zwischen ehrgeizigen Nachbarn schließlich zugrunde gehen müsse, und mit der Mahnung, daß der Ehrgeiz der Fürsten von der Vernunft erleuchtet sein müsse, entwickelte er für seinen Nachfolger »Rêveries politiques«, die er zwar »chimärisch« nannte, deren Konkretheit jedoch die weitere preußische Politik bestätigt hat: Abrundung der Monarchie durch die Erwerbung von Sachsen, Preußisch-Polen und Schwedisch-Pommern.

Kann man die Politik eines Monarchen, der so denkt und für den »die Verstärkung und immer höhere Ausbildung des Heeres ... auch in der Friedenszeit der oberste Gesichtspunkt« blieb (O. Hintze), eine friedliche nennen? Ist es nicht richtiger, die Jahre von 1746 bis 1756 als »Zwischenkriegszeit« (I. Mittenzwei) zu verstehen? Kein Zweifel, daß auch die oft gerühmten, bedeutenden Friedenswerke des Königs der Vorbereitung auf einen neuen, vielleicht noch größeren Krieg dienten, der etwas früher ausbrach, als er vermutet hatte. Die Ambivalenz aller Politik, vor allem derjenigen des sogenannten Absolutismus, ist hier handgreiflich: Verwaltungsausbau, Wirtschaftsförderung und Justizreform, alles vorausschauende und bedeutende Werke der Staatsreform, sollten die verschiedenen Provinzen, insbesondere das neuerworbene Schlesien, enger miteinander verbinden und zu einem einheitlichen Verwaltungs-, Rechts- und Wirtschaftsraum machen, in dem die Bevölkerung in der Lage war, die gewaltigen Lasten einer übergroßen Rüstung zu tragen und die Ansammlung eines beträchtlichen Kriegsschatzes zu erlauben, ohne ruiniert zu werden. Eine solche Zielsetzung war nicht die eines Wohlfahrtsstaates, sie ließ keinen Wohlstand zu – ein Begriff, der auf das friderizianische Preußen noch schlecht paßt –, immerhin aber die Anhebung des materiellen Lebensniveaus von Teilen der Bevölkerung. Friedrich setzte die innere Politik seines Vaters fort, jedoch mit sich verändernden Mitteln, mit anderen Prinzipien und besseren Argumenten, mit größerer Zustimmung der Regierten und zunehmendem Beifall des internationalen Publikums. Damals, nach dem Dresdener Frieden, gewann die preußische Regierung das Ansehen, eine aufgeklärte Politik zu treiben und ein umfassendes Programm der modernisierenden Staatsreform zu verfolgen. Auf viele deutsche und europäische Schriftsteller übte Friedrich eine faszinierende Wirkung aus: Man huldigte einem König, der nach zwei siegreichen Kriegen, in denen er persönlich seine Armee geführt hatte, und neben einer ausgreifenden politischen Aktivität als Homo literatus und »Philosophe« im neuerbauten Schloß Sanssouci einen literarisch-wissenschaftlichen Freundeskreis um sich sammelte, dem unter anderen d'Argens, Maupertuis, Algarotti, Keith und von 1750 bis 1753 auch der große Voltaire angehörten. Damals begann er die Niederschrift der »Histoire de mon temps«, eines ursprünglich nicht für die Öffentlichkeit bestimmten Geschichtswerkes, dem an Klarheit des politischen

Urteils und an militärischer Kompetenz kein vergleichbares zeitgenössisches Werk an die Seite gestellt werden kann. Friedrich schrieb französisch; es war die Sprache und Intellektualität Sanssoucis, aber auch der Berliner Akademie. Sein von der westeuropäischen Aufklärung und dem niederländischen Neostoizismus geprägter Rationalismus und Skeptizismus, sein literarischer Geschmack und sein ästhetisches Gefühl ließen Friedrich den Esprit classique der französischen Literatur vorbildlich erscheinen. Welchen deutschen Philosophen hätte er, der mit Voltaire korrespondierte und diskutierte, sich zum Gesprächspartner wünschen können?

In die Verwaltungsstruktur, die sein Vorgänger geschaffen hatte, griff Friedrich kaum ein, aber er ergänzte sie und paßte sie neuen Bedürfnissen an. Mit den Fachdepartements, die er neben den älteren Provinzialdepartements im Generaldirektorium einrichtete, trat ein moderneres, gesamtstaatliches Verwaltungsdenken hervor. Auch die direkte Unterstellung des Provinzialministers für die neue Provinz Schlesien unter den König, nicht unter das Generaldirektorium, löste die Einheit der zentralen Verwaltung nicht auf, die ohnehin durch den persönlich regierenden König gewährleistet war. Schlesien sollte möglichst schnell in das preußische System integriert werden, wobei man überspringen wollte, was in den anderen preußischen Provinzen an älteren Institutionen noch vorhanden war. Mit der Ausnahme Ostpreußens wurde das Amt des Landrats überall eingeführt und den Kreisen, das heißt dem kreiseingesessenen Adel, das Recht zugesprochen, Kandidaten dafür vorzuschlagen. Die Magistrate in den Städten konnten wieder Vorschläge für die Zusammensetzung ihrer Kollegien machen, aber die weitgehenden Kompetenzen des Steuerkommissars blieben bestehen. Der Eingriff des Staates wurde nicht gelockert, allenfalls der harte Fiskalismus und die schikanöse Kontrolle der Bevölkerung eingeschränkt. Der gutsbesitzende ritterschaftliche Adel galt nun nicht mehr als Gegner des Landesherrn, sondern als privilegierter und zu besonderer Dienstleistung verpflichteter Stand im Lande, und das Land nicht mehr in erster Linie als landesherrliches Domanium, sondern als Staat.

Die stärksten Antriebe für solche Veränderungen in der Verwaltung gingen von der Wirtschaftspolitik aus, die nach 1754 in den Mittelpunkt der preußischen Politik rückte. Neben der Ansiedlung von Bauern in meist neuangelegten Dörfern auf Böden, die zu einem erheblichen Teil durch Melioration und Flußregulierung neu gewonnen waren, bemühte sich die Regierung, das Bauernlegen durch adelige Grundbesitzer zu unterdrücken, ungemessene Frondienste zu beschränken, Domänenvorwerke in Bauerngüter umzuwandeln, aber auch den Besitz des Adels durch Majoratsbildung zu erhalten. Größere Aufmerksamkeit galt, im Sinne des Merkantilismus, der Gewerbeförderung. Sie strebte die Verbesserung der bestehenden und die Einrichtung neuer Manufakturen an, ferner die Heranziehung von Ausländern, die über Kapital und technische

*Friderizianische Kolonisation im Oder-Bruch*

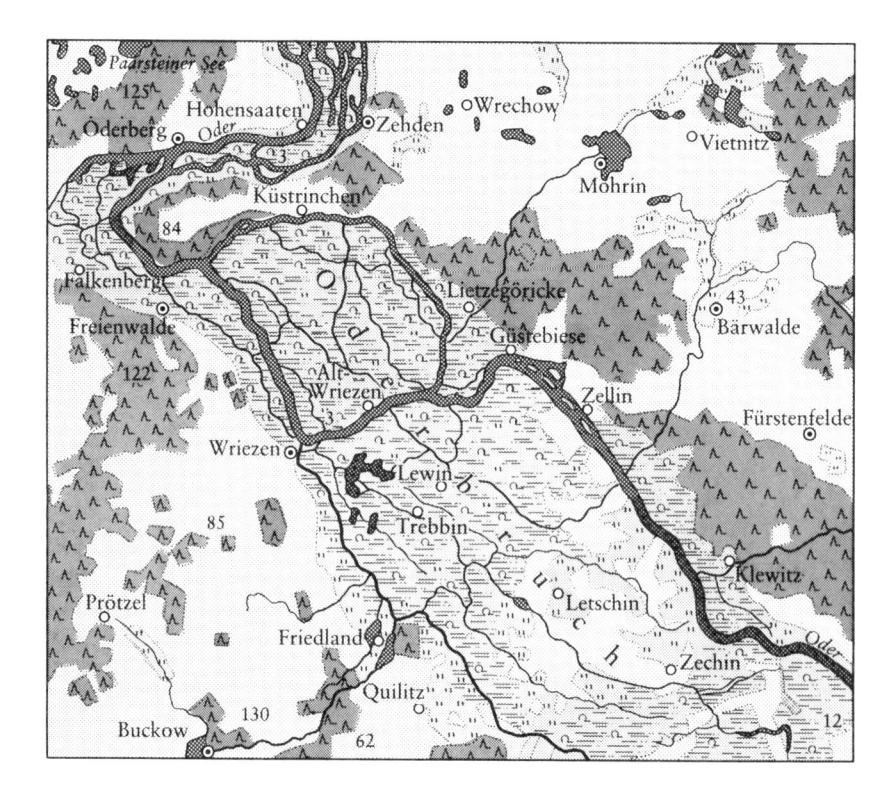

Spezialkenntnisse verfügten. Bis in die Einzelheiten hinein hat sich Friedrich um die Wirtschaftsförderung gekümmert und sie faktisch geleitet. Der Entwicklung des Binnenhandels sollten Kanalbauten und insbesondere die Oder-Regulierung dienen, dem Schutz der heimischen Produktion die hohen Zollschranken und ein rabiater Zollkrieg insbesondere mit Sachsen und Österreich. Die Erfolge dieser Politik lassen sich nur schwer zutreffend einschätzen, denn die steigenden Einkünfte wurden zum weitaus größten Teil für militärische Zwecke verwendet. Überdies fand das merkantilistische System seine Grenze an der ständischen Struktur der Gesellschaft, deren Veränderung aus politischen, militärischen und wirtschaftlichen Gründen für Preußen als gefährlich angesehen wurde.

Die Reform des Justizwesens, die Friedrich 1746 dem Juristen Samuel von Cocceji auftrug – 1747 erhielt er den Titel eines Großkanzlers –, gehört sicher zu den in der Intention bedeutendsten Reformmaßnahmen des Königs, wenngleich sie erst viel später als vorgesehen, im »Allgemeinen Landrecht der Preußischen Staaten« (1794), zu einer dann schon hinter der Zeit zurückgebliebenen Vollendung kam. Auch sie erwuchs nicht aus menschenfreundlichen Absichten oder

| | Sumpf, Moor |
|---|---|
| | Wald |
| | Wiese |
| | Ackerland |

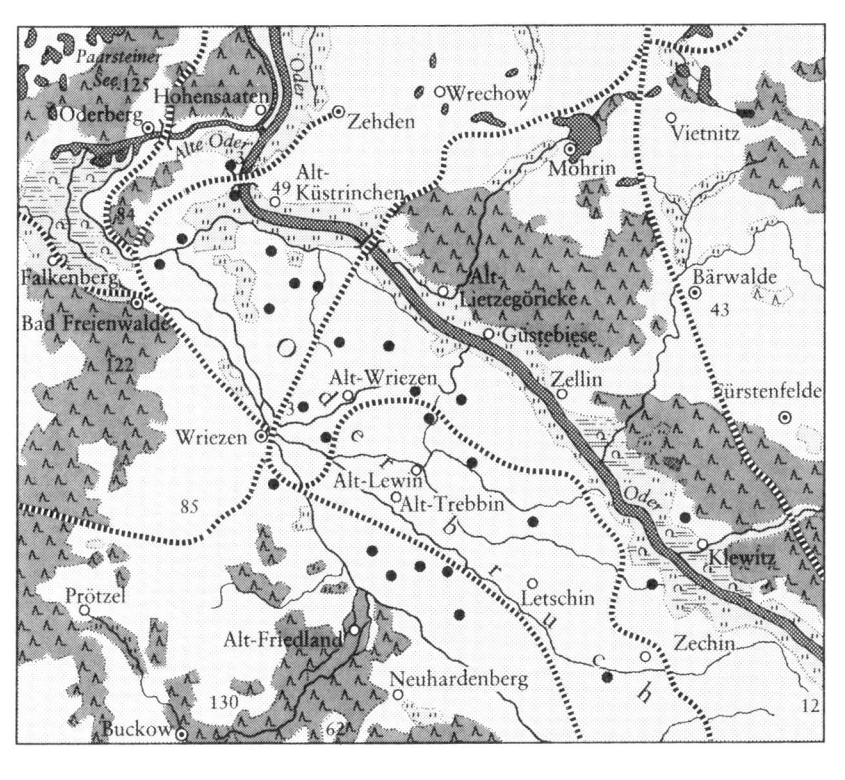

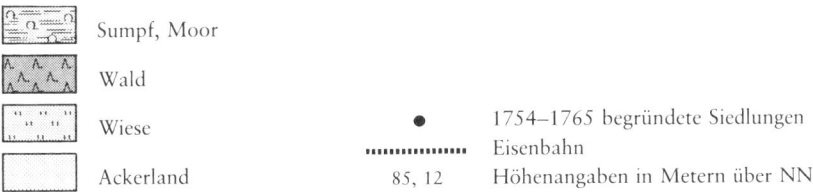

- 1754–1765 begründete Siedlungen
- ............... Eisenbahn
- 85, 12 Höhenangaben in Metern über NN

philosophischen Ideen und sollte weniger eine umfassende Reform als die Einheitlichkeit der Gerichtsorganisation in Preußen bewirken. Zu erreichen war dieses Ziel nur bei weiterem Zurückdrängen des ständischen Einflusses. Insofern gehörte die Reform zur Politik des Absolutismus. Sie sollte innerhalb des Staates Rechtssicherheit für alle Untertanen herstellen und damit der wirtschaftlichen Entwicklung dienen. An die Möglichkeit einer in sich konsistenten Kodifikation des gesamten Zivilrechts, wie Cocceji sie anstrebte und in einem ersten Entwurf 1749 bis 1751 vorlegte, glaubte der König nicht. Wenn es schließlich doch dazu gekommen ist, dann aus der inneren Konsequenz des aufgeklärten Naturrechts heraus, dem von Cocceji bis zu Carmer, Svarez und Klein die Männer der preußischen Rechtsreform im 18. Jahrhundert verpflichtet waren. Da eine im

*Der Siebenjährige Krieg*

Sinne des Naturrechts konsequent durchgeführte Reform des Rechts eine Reform der Gesellschaft vorausgesetzt hätte, blieb es jedoch beim Kompromiß mit der staatsbürgerlich uminterpretierten ständischen Gesellschaft. Immerhin: 1746 wurde die Reform des Rechtswesens als eine der wichtigsten staatlichen Aufgaben anerkannt, und sie blieb es trotz erheblicher Widerstände. Zunächst wurden die Obergerichte reorganisiert, die Hofgerichte und die geistliche Gerichtsbarkeit der Konsistorien beseitigt. Damit blieben in den Provinzen die Regierungen als oberste Justizbehörde übrig, über denen das Obertribunal in Berlin als Appellationsgerichtshof stand. Der »Codex Fridericianum« von 1748 faßte die Grundrechte des Prozeßverfahrens zusammen. Mindestens ebenso wichtig war die Verbesserung der personellen Zusammensetzung der Gerichtshöfe. Die Richter wurden damals zu einem »Stand von Staatsbeamten« (O. Hintze). Zu einer Trennung von Justiz und Verwaltung kam es indes noch nicht, allenfalls zu einer genaueren Abgrenzung.

»Alle Zweige der Staatsverwaltung (Gouvernement) stehen in innigem Zusammenhang. Finanzen, Politik und Heerwesen sind untrennbar...«, so faßt Friedrich im Politischen Testament von 1752 die Behandlung der Finanzwirtschaft und der inneren und äußeren Politik zusammen, ehe er zum letzten großen Abschnitt »Du militaire« übergeht. Ein Fürst, der selbst regiere und sich sein »politisches System« gebildet habe, werde stets handlungsfähig sein, weil er in der Lage sei, alle Entscheidungen mit dem Endziel zu verknüpfen, das er sich gesetzt habe. Unbedingt erforderlich sei es, daß er über genaueste Kenntnisse des Heerwesens verfüge, denn in Preußen müsse der König als »Prince-connétable« selbst Feldherr, oberster Erzieher und Vorbild seiner Armee sein. In der Tat hat Friedrich sich – souveräner als sein Vater Theorie und Praxis verbindend – um Einzelheiten der Ausbildung und Ausrüstung, der Truppenführung und – modern gesprochen – der Logistik gekümmert. 1748 verfaßte er für die Generalität eine Lehrschrift »Die Grundprinzipia vom Kriege«. An den großen Revuen, die in jedem Jahr in den einzelnen Provinzen abgehalten wurden, nahm er selbst teil und übte dabei scharfe Kritik an den Truppen und noch mehr an den Offizieren, von denen er, insbesondere von den Generälen, selbständiges und entschlossenes Handeln verlangte. Als 1756 der dritte Krieg um Schlesien ausbrach, der zum »Siebenjährigen« werden und Preußen an den »Rand des Untergangs« (Th. Schieder) führen sollte, war die rund 150.000 Mann starke Armee Friedrichs die am besten ausgerüstete und ausgebildete ihrer Zeit. Sie und ein Kriegsschatz von dreizehn Millionen Talern bildeten die Voraussetzung für den präventiven Angriff, den der König, im Widerspruch zu seinem Vorsatz von 1745, in einer allerdings dramatisch veränderten Mächtekonstellation unternahm.

Dem Begriff des Präventivkriegs wohnt eine Rechtfertigungstendenz inne, indem unterstellt wird, daß der Angreifer aus Gründen der Selbsterhaltung dem sicheren Angriff seiner Gegner zuvorkommen will. Im Fall des preußischen

Einmarsches 1756 in Sachsen kann mit großer Wahrscheinlichkeit gesagt werden, daß ein österreichisch-russischer in Vorbereitung war und daß dann Sachsen-Polen wohl auf der gegnerischen Seite gestanden hätte. Nicht zutreffend aber wäre die Behauptung, Friedrich habe, als er den Krieg eröffnete, keine Eroberungsabsichten verfolgt. Einen zeitlichen Vorsprung zu gewinnen und den Vorteil eines großen schlagkräftigen Heeres auszuspielen war für ein Land mit nicht zu verteidigenden Grenzen und beschränkten Ressourcen, das mit einer Koalition feindlicher Nachbarn zu rechnen hatte, eine militärisch und politisch kalkulierte Entscheidung. Die Gelegenheit zu nutzen, möglichst schnell ein Faustpfand in die Hand zu bekommen und eine längst erstrebte Eroberung zu machen, lag auf der politischen Linie, die Brandenburg-Preußen seit dem Großen Kurfürsten verfolgte und auf der es zu einer freilich noch immer unvollständigen Großmacht geworden war. Aber rechtfertigte alles das den Einfall in Sachsen? Nun ist der neue Krieg nicht allein ein preußisch-österreichischer gewesen; er stand vielmehr im unmittelbaren Zusammenhang mit dem weltweiten Konflikt zwischen England und Frankreich, der sich vom Zusammenstoß ihrer Expansions- und Handelsinteressen in Nordamerika und Indien zum Seekrieg und zum allgemeinen Krieg ausweitete. Um des Schutzes von Hannover willen suchte England die Unterstützung Österreichs, daneben verhandelte es mit Rußland und Sachsen-Polen, Frankreich dagegen mit Preußen. Zum Ziel gelangten zunächst nur die englisch-russischen Verhandlungen, die im September 1755 zu einem Berlin äußerst beunruhigenden Subsidienvertrag führten. Dennoch lehnte Friedrich die Aufforderung aus Paris ab, Hannover zu besetzen, nachdem er zuvor den Franzosen angeraten hatte, dies zu tun. In Wien dagegen verhielt man sich englischen Angeboten gegenüber zurückhaltend, zumal Kaunitz schon seit Jahren den Plan einer Verständigung mit Frankreich verfolgte. Zustande gekommen ist sie allerdings erst, als Friedrich auf englische Annäherungen einging, die am 16. Januar 1756 zur Westminster-Konvention führten. In ihr verpflichteten sich beide Mächte gegenseitig zur Neutralität und zur gemeinsamen Bekämpfung jeder Macht, die die Ruhe in Deutschland stören wolle. Damit glaubte der König, Rußland und auch Österreich zum Stillhalten zu zwingen, denn eine Verständigung zwischen den alten Gegnern Österreich und Frankreich hielt er für unwahrscheinlich und die Bindung Rußlands an England für stärker, als sie tatsächlich war. Verärgert über Preußen ging Frankreich nun auf Kaunitz' Vorschlag eines Neutralitäts- und Defensivbündnisses ein. Am 1. Mai 1756 kam in Versailles jener Vertrag zustande, der als »Renversement des alliances« in der Geschichte des frühneuzeitlichen Staatensystems Berühmtheit erlangt hat. Die vorher als Konstante der europäischen Politik geltende österreichisch-französische Feindschaft, der sich die Zusammenarbeit Österreichs mit den Seemächten einerseits, Frankreichs mit den Gegnern Österreichs andererseits zuordnete, wurde infolge des Aufstiegs Preußens zurückgestellt; es formierten sich ganz

*Der Siebenjährige Krieg*

neue Mächtekonstellationen, zumal auch Rußland mit seinem Interesse an Polen und seinem Druck auf die Türkei inzwischen tief in die europäischen Parteiungen verstrickt war.

Als sich nun die Zarin Elisabeth, eine erbitterte Gegnerin Preußens, Österreich zuwandte, ein auch Polen-Sachsen einschließendes Offensivbündnis anbot, sich damit eine große antipreußische Koalition abzeichnete und Friedrich Informationen über militärische Vorbereitungen seiner Gegner erhielt, ließ er am 29. August 1756 ohne Kriegserklärung seine Truppen die sächsische Grenze überschreiten. Zu dieser Zeit bestand das Bündnis zwischen Wien, St. Petersburg und Dresden noch nicht. Erst am 2. Februar 1757 kam es zur russisch-österreichischen Allianz; beide Mächte verpflichteten sich zu gegenseitiger militärischer Unterstützung und sahen die Aufteilung Preußens unter den Nachbarn vor. Am 1. Mai desselben Jahres wurde das Versailler Defensivbündnis in ein offensives umgewandelt; auch hier waren die vollständige Aufteilung Preußens, die Wiedergewinnung Schlesiens für Österreich vorgesehen, ferner die Abtretung der Österreichischen Niederlande an den spanischen Schwiegersohn Ludwigs XV., Don Philippe, der Anfall von Parma und Piacenza an Österreich und erhebliche französische Subsidien für Österreich. Auf Drängen Österreichs und Frankreichs beschloß die Mehrheit der Reichsstände – mit der Ausnahme von Hannover, Braunschweig, Hessen-Kassel und Gotha – die Reichsexekution gegen Preußen als Friedensbrecher. Bayern, Pfalz, Köln, Württemberg und Mecklenburg-Schwerin schlossen überdies Subsidienverträge mit Frankreich. Auch Schweden trat gegen französische Subsidien und die Aussicht auf Stettin in den Krieg ein. Die große antipreußische Koalition war Wirklichkeit geworden, während auf seiten Preußens neben Hannover, Braunschweig, Hessen-Kassel und Gotha allein England stand, ohne jedoch zu dieser Zeit zu energischer Unterstützung seines kontinentalen Bundesgenossen bereit zu sein.

Politisch war das Praevenire völlig mißlungen; militärisch verlief es nicht so erfolgreich wie erhofft. Die preußischen Armeen besetzten Sachsen sehr schnell, um es als Operationsbasis für das Vordringen nach Böhmen zu benutzen, aber auch, um es zum Übertritt auf die Seite Preußens zu nötigen und die sächsische Armee zu inkorporieren. Als Friedrich August II. dies ablehnte und Maria Theresia die dritte und ultimative Forderung nach einer Nichtangriffszusage zurückwies, befand sich Preußen im regulären Krieg. Noch während der Verhandlungen war die sächsische Armee im befestigten Lager von Pirna von den Preußen eingeschlossen worden. Friedrich scheute den Sturm wegen der Opfer und weil ihm an der Übernahme intakter Truppen gelegen war. Erst nachdem die zum Entsatz heranrückenden Österreicher bei Lobositz von den Preußen zurückgeschlagen worden waren, kapitulierten die Sachsen am 1. Oktober 1756. Das Land wurde der preußischen Militärverwaltung unterstellt, die damit begann, die Mittel für die Unterhaltung der Truppen aus der Bevölkerung herauszuholen. Da es für einen weiteren Vorstoß zu spät war, räumte Friedrich die schon besetzten Teile Böhmens, um das nächste Frühjahr abzuwarten. Wenn er gehofft hatte, Österreich werde jetzt noch den Frieden vorziehen, so hatte er sich getäuscht. Im Gegenteil: 1757 traten ihm seine Gegner von allen Seiten entgegen, und damit war entschieden, daß der Krieg lange dauern und es um Sein oder Nichtsein Preußens gehen würde. Allerdings wurde nun die englische Unterstützung wirksamer, da William Pitt in London die Leitung der Außenpolitik übernahm und auf energischere Kriegführung auch in Europa drängte, um hier französische Truppen zu binden.

Der Feldzug des Jahres 1757 begann mit dem gleichzeitigen Vorstoß der preußischen Armeen von Sachsen und Schlesien nach Böhmen. Am 6. Mai wurden die Österreicher bei Prag in einer für beide Seiten verlustreichen Schlacht geschlagen und anschließend in der Stadt eingeschlossen. Bei dem Versuch, eine Entsatzarmee unter Feldmarschall Daun zu zerschlagen, mußte Friedrich im Juni bei Kolin seine erste große Niederlage einstecken, die dem ganzen Krieg eine Wendung gab. Die preußischen Armeen mußten sich nach Sachsen und Schlesien zurückziehen, und da nun auch die anderen Gegner aktiv wurden, konnte Friedrich nicht mehr damit rechnen, durch Offensive und Schlachtenentscheidungen den Krieg bald zu Ende zu bringen; es blieben ihm nur die strategische Defensive mit einzelnen Vorstößen gegen Teile des Gegners und die Hoffnung auf das Ausscheiden des einen oder anderen Feindes. Inzwischen hatten die Franzosen die hannoversche Armee bei Hastenbeck geschlagen und den kommandierenden Herzog von Cumberland zur Konvention von Zeven gezwungen. Ein zweites französisches Korps vereinigte sich mit der Reichsarmee und rückte auf die Saale vor. Friedrich konnte sie überraschen und am 5. November bei Roßbach vernichtend schlagen, mußte sich jedoch sogleich nach Schlesien wenden, wo die Österreicher unter Karl von Lothringen den preußischen Truppen bei Breslau eine Niederlage beigebracht hatten. In glänzender militärischer Operation siegte Friedrich am 5. Dezember in der Schlacht bei Leuthen, worauf die Österreicher sich aus Schlesien zurückzogen. Ende 1757 standen keine Feinde mehr auf preußischem Boden. Die Lage Preußens aber war dadurch nicht besser geworden.

Zwar eröffnete Friedrich den Feldzug des folgenden Jahres noch einmal mit einem Angriff, diesmal auf Mähren, um von dort auf Wien vorzustoßen, doch die Festung Olmütz konnte nicht erobert werden. Die Preußen mußten sich nach Schlesien zurückziehen, zumal die Russen ganz Ostpreußen besetzt hatten und auf die Neumark und die Lausitz vorstießen, um sich dort mit den Österreichern zu vereinigen. Die Schlacht bei Zorndorf am 25. August brachte keinen eindeutigen preußischen Sieg, aber die Russen machten kehrt, so daß Friedrich zur Unterstützung seines Bruders Heinrich sich der Lausitz zuwenden konnte. Hier brachte ihm Daun am 13./14. Oktober bei Hochkirch erneut eine schwere

*Der Siebenjährige Krieg in Europa*

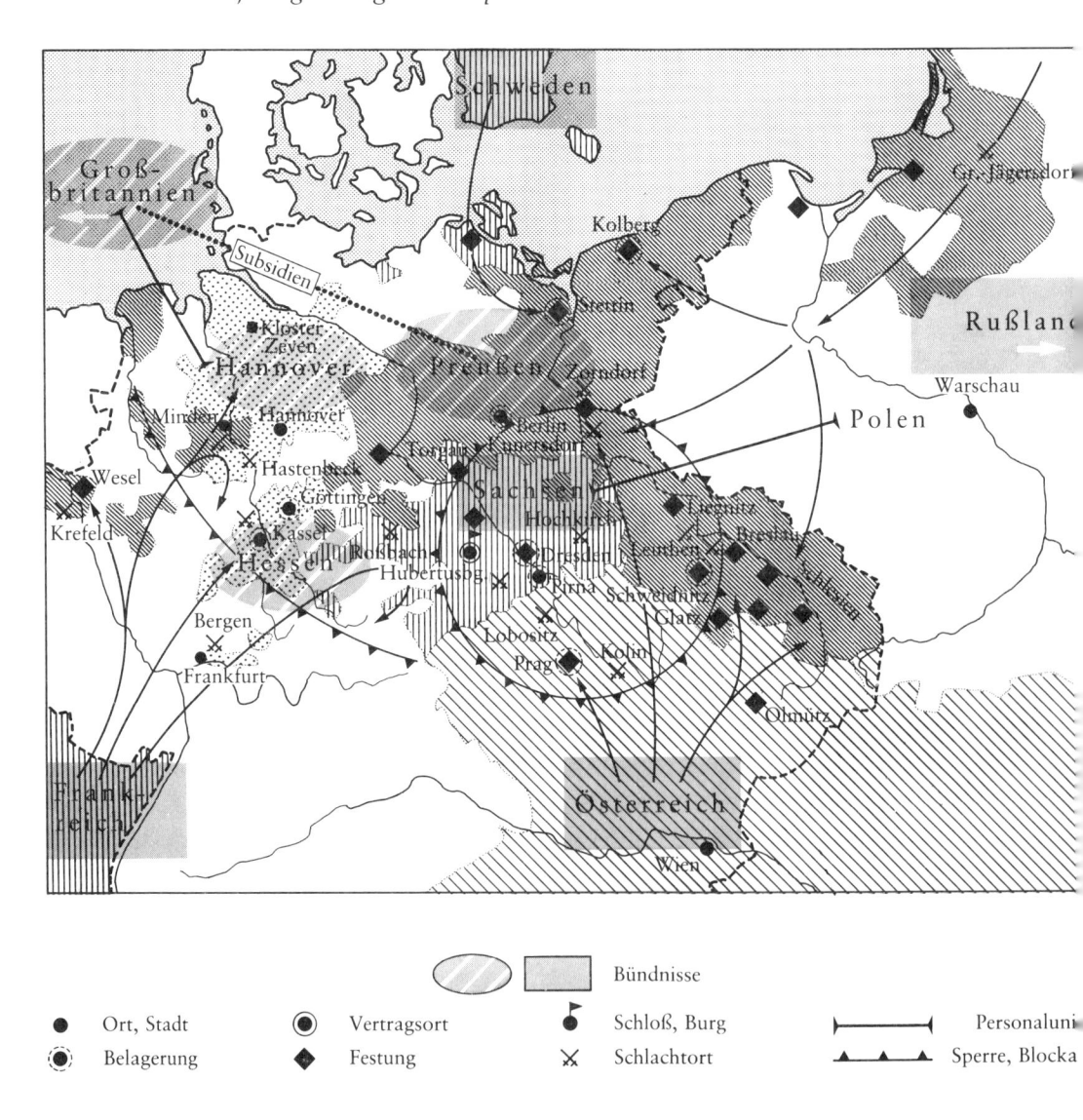

| | | | | | |
|---|---|---|---|---|---|
| | | | | Bündnisse | |
| ● Ort, Stadt | ◉ Vertragsort | ● Schloß, Burg | | | Personaluni |
| ◎ Belagerung | ◆ Festung | × Schlachtort | | ▲▲▲ | Sperre, Blocka |

Niederlage bei, ohne sie jedoch ausnutzen zu können. Noch einmal räumten die Österreicher Schlesien und Sachsen, während die Russen sich in Winterquartiere hinter die Weichsel, die Schweden nach Vorpommern zurückzogen. Im Westen hatte Prinz Ferdinand von Braunschweig bei Krefeld einen Sieg über die Franzosen erringen, diese aber nicht daran hindern können, sich in Hessen und am Rhein zu halten. Angesichts der Rückschläge in den Kolonien und auf den Meeren ließ das Interesse Frankreichs am Krieg in Deutschland merklich nach.

Die Trümmer der Kreuzkirche in Dresden nach der Beschießung durch preußische Truppen im Jahr 1760. Mittelstück des Gemäldes von Bernardo Bellotto, um 1761. Dresden, Staatliche Kunstsammlungen

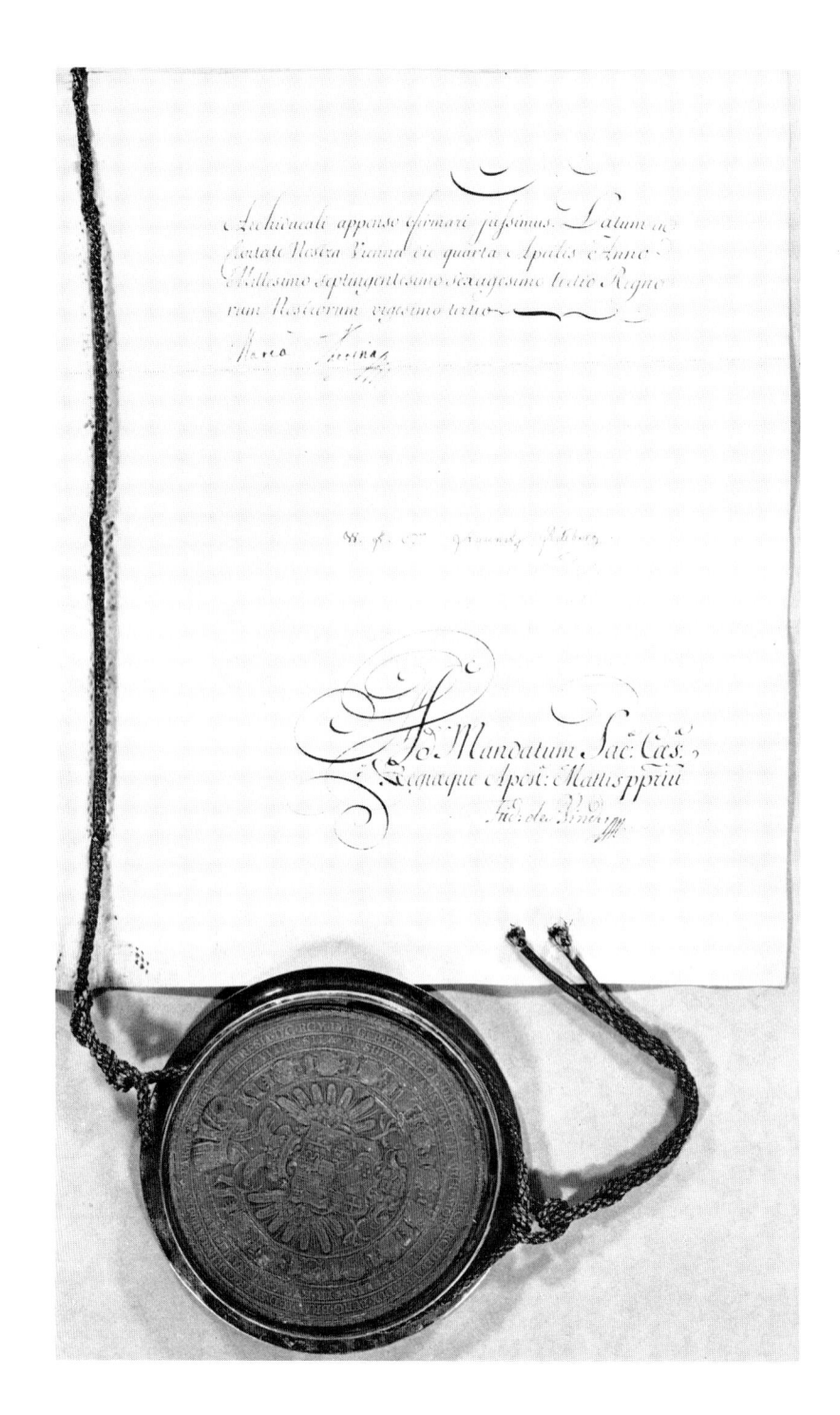

Die Beendigung des Siebenjährigen Krieges: der Friede von Hubertusburg bei Leipzig vom 15. Februar 1763. Schlußseite der Ratifikationsurkunde in der für Preußen bestimmten Ausfertigung vom 4. April 1763. Berlin, Geheimes Staatsarchiv Preußischer Kulturbesitz

Dennoch wurde das Jahr 1759 zum kritischen Jahr für die preußische Kriegführung. Das zahlenmäßige Übergewicht der verbündeten, freilich nicht immer koordiniert vorgehenden österreichischen und russischen Truppen machte sich ebenso bemerkbar wie die infolge großer Verluste und jahrelanger Kämpfe nachlassende Qualität der preußischen.

Als Friedrich nach langem Abwarten auf beiden Seiten die vorrückenden Russen, die sich mit einer österreichischen Armee unter dem hochbegabten General Laudon vereinigt hatten, angriff, erlitt er am 12. August 1759 bei Kunersdorf an der Oder die schwerste militärische Niederlage und seine dunkelste Stunde, in der er seinen Staat verlorengab und daran dachte, seinem Leben ein Ende zu setzen. Er überwand den Tiefpunkt bald, und da der erwartete Angriff auf Berlin nicht erfolgte und die Verbündeten sich trennten, wandte er sich nach Sachsen, wo Dresden an die Reichsarmee verlorengegangen war und eine preußische Armee bei Maxen kapituliert hatte. In diesem Jahr bezogen Österreicher und Preußen ihre Winterquartiere in Schlesien. Daß Ferdinand von Braunschweig im ganzen erfolgreich operiert und Hannover, Hessen und Teile Westfalens wieder in der Hand hatte, änderte wenig an der bedrückenden Lage für Preußen. Als nun englische und preußische Friedensfühler ausgestreckt wurden, trafen sie in Wien und St. Petersburg auf glatte Ablehnung. Rußland und Österreich verständigten sich über eine energischere Kriegführung, wobei Maria Theresia der Zarin den künftigen Erwerb Ostpreußens zusichern mußte.

Zu Beginn des Feldzuges 1760 konnte Laudon die niederschlesische Festung Landshut einnehmen, sich mit den aus Sachsen heranrückenden Truppen Dauns und Lacys in Schlesien vereinigen. Friedrichs Sicg am 15. April bei Liegnitz vermochte den Vormarsch der Russen und Österreicher zunächst aufzuhalten, ihn aber nicht zu verhindern. Anfang Oktober wurde Berlin für wenige Tage besetzt. Noch einmal konnte Friedrich die Österreicher unter Daun am 3. November 1760 bei Torgau besiegen. Nichts war damit entschieden, nur eine preußische Niederlage noch einmal abgewehrt. Auch in Pommern und in Westdeutschland waren keine Entscheidungen gefallen. So ließ die zunehmende Kriegsmüdigkeit auf allen Seiten 1761 eine Bereitschaft zu Friedensverhandlungen entstehen, die dennoch nicht zustande kamen, da Preußen auf keine Abtretungen einzugehen bereit war und seine Gegner nicht ohne Grund mit der definitiven Erschöpfung Preußens rechneten, zumal der Thronwechsel in England, die Verdrängung Pitts und die Kriegserklärung Spaniens ein sinkendes Interesse der Briten an der Fortführung des Krieges in Deutschland mit sich brachten.

Es war ein arg zusammengewürfeltes Heer, über das Friedrich noch gebot; die Zahl der Ausländer und der Anteil der Freibataillone war erheblich gestiegen, ebenso der der bürgerlichen Offiziere und der kaum dem Kindesalter entwachse-

*Der Siebenjährige Krieg* 337

nen Junker. Friedrich mußte sich darauf beschränken, im befestigten Lager von Bunzelwitz die Bewegungen der Gegner zu beobachten, deren Vereinigung er nicht verhindern konnte. Statt anzugreifen zogen die Russen zur Belagerung und Einnahme Kolbergs ab, während die Österreicher Schweidnitz nahmen, als Friedrich das dortige Lager aus Versorgungsgründen aufgab. Die Russen überwinterten in Pommern, die Österreicher in Schlesien. Friedrich hoffte vergeblich auf einen türkischen oder tartarischen Angriff auf Rußland und Österreich. Statt dessen brachten der Tod der Zarin Elisabeth und der Regierungsantritt Peters III. aus dem Hause Holstein-Gottorp, der ein Bewunderer des Preußenkönigs war, die Wende: das »Mirakel des Hauses Brandenburg«. In abrupter Abkehr von der bisherigen russischen Politik schloß der junge Zar unter Verzicht auf alle Erwerbungen Frieden. Schweden folgte schon bald diesem Schritt. Am 19. Juni 1762 ging Rußland sogar ein Offensivbündnis mit Preußen ein, das Katharina II. jedoch wenige Wochen später, nach der Ermordung Peters, wieder aufkündigte. In den Krieg kehrte Rußland nicht zurück. Noch einmal errangen die Preußen Erfolge bei Burkersdorf und Reichenbach über die Österreicher und bei Freiberg in Sachsen über die Reichsarmee; die Franzosen konnten aus Hessen verdrängt werden, während Dresden in österreichischer Hand blieb.

Jetzt schloß eine Reihe von Reichsständen in Regensburg Neutralitätsabkommen mit Preußen. Wichtiger war am 3. November 1762 die Unterzeichnung des Präliminarfriedens zwischen Frankreich und England in Fontainebleau, dem am 10. Februar 1763 der definitive Friede von Paris folgte: einer der größten Erfolge Englands. Frankreich zog seine Truppen aus Deutschland ab, England ließ das verbündete Preußen nun völlig fallen. Allerdings sah sich nun auch Österreich, das vor dem finanziellen Kollaps stand, nicht mehr in der Lage, den Krieg fortzuführen. Da beide Parteien den großen Mächten nicht trauten, übernahmen es sächsische Diplomaten, die Vermittlung zwischen Wien und Berlin herzustellen in der Hoffnung, das eigene Land nach bitteren Kriegsjahren endlich frei von fremden Truppen zu sehen. Am 30. Dezember 1762 begannen die Verhandlungen auf Schloß Hubertusburg in der Nähe von Leipzig; sie endeten am 15. Februar des folgenden Jahres mit dem Friedensschluß auf der Grundlage des Status quo ante. Schlesien und die Grafschaft Glatz blieben preußisch; beide Mächte garantierten sich gegenseitig ihre Besitzstände und schlossen Sachsen in den Vertrag ein. In einem Geheimartikel sicherte Preußen dem Erzherzog Joseph die brandenburgische Kurstimme für die Kaiserwahl zu.

Angesichts der gewaltigen Anstrengungen und Opfer, die in sieben Kriegsjahren von den beiden Hauptgegnern und von Sachsen – zunächst als Opfer des preußischen Einfalls, dann als Operationsgebiet und Kampffeld – erbracht worden waren, stellte dieser Frieden ein absurd erscheinendes Ergebnis dar. Darf es aber nicht doch in historischer Perspektive ein gerechtes genannt werden? Der Krieg endete ohne Sieger und Besiegte. Das bedeutete für Preußen einen Mißerfolg, insofern Friedrich gehofft hatte, die Sicherheit seines Staates durch Gebietseroberungen zu stärken; es bedeutete einen Erfolg, insofern sich Preußen gegen eine übermächtige Koalition behaupten konnte. Für Österreich war es ein Mißerfolg, da es sein Hauptziel, die Wiedergewinnung Schlesiens, nicht erreichte; als einen Erfolg dagegen konnte es verbuchen, daß seine Armeen und Feldherren sich bewährt, den Nimbus der militärischen Überlegenheit der Preußen zerstört und nach den ersten Jahren den Krieg vorwiegend außerhalb der Erblande geführt hatten. In beiden Staaten hatten Regierung und Verwaltung eine erhebliche Handlungsfähigkeit bewiesen und die vorausgegangenen Reorganisations- und Reformmaßnahmen sich im Ganzen bewährt. Beide standen am Ende des Krieges als Staaten stärker und geschlossener da, wenngleich zwischen ihnen auch dann noch ein erheblicher, historisch begründeter verfassungsstruktureller Unterschied bestehen blieb. Mehr noch als zuvor waren beide als europäische Großmächte über den Rahmen des Reichsverbandes hinausgewachsen. In Zukunft würde es ganz von ihnen abhängen, ob das Reich als politischer Körper noch funktionieren konnte.

Die Bedeutung des Siebenjährigen Krieges für Deutschland und Europa läßt sich kaum überschätzen. Er war – mehr als alle Kriege seit dem Dreißigjährigen – ein deutscher Krieg, der ausschließlich auf deutschem Boden geführt wurde, allerdings unter Aussparung Süd- und Südwestdeutschlands. Er war ein Krieg, in dem die eine Seite ein vorrangig katholisches, die andere ein dominant protestantisches Profil trug, so daß sein Ergebnis als Stärkung der protestantischen Stände im überwiegend katholisch geführten Reich verstanden werden konnte. Eine nationale Angelegenheit war er noch nicht, oder allenfalls insofern, als sich in seinem Verlauf das Bewußtsein für die Probleme der politischen Verfassung Deutschlands, für seine Stellung unter den anderen europäischen Staaten und für seine nationale Identität verstärkte. Wie sehr ein anderer Ausgang des Krieges den Weg der deutschen und europäischen Geschichte verändert hätte, mag am Kriegsziel der Gegner, der »Déstruction totale« und Aufteilung Preußens, ermessen werden. Schon Anfang 1761 jedoch hatte der junge Erzherzog Joseph geschrieben: »Welchen Frieden dürfen wir hoffen? Der vorteilhafteste wird ohne Zweifel der sein, der den König von Preußen in den Grenzen hält, die er vor dem Kriege inne hatte. Vordem war man von der Überlegenheit der heute verbündeten Mächte, Frankreichs, Rußlands, Schwedens, des Reiches, Österreichs, so überzeugt, daß sie nur zu drohen brauchten, ohne erst das Schwert zu ziehen, um Genugtuung von ihren Nachbarn zu erhalten. Heute hat der König von Preußen ganz Europa gezeigt, woran er selber nicht geglaubt hat, daß er nicht nur imstande ist, ihrer vereinten Macht zu trotzen, sondern sie sogar zu zwingen, einen nachteiligen Frieden zu suchen.«

Daß es wirklich zu einem solchen, in österreichischen Augen nachteiligen Frieden gekommen ist, kann freilich nicht allein der Überlegenheit Friedrichs zugeschrieben werden, denn ohne das »Wunder des Hauses Brandenburg«, das Ausscheiden Rußlands aus dem Krieg, wäre Preußen mit allergrößter Wahrscheinlichkeit der Übermacht seiner Feinde erlegen. Vermutlich wäre es, nach den Spielregeln der bis dahin geltenden europäischen Politik, nicht von der Landkarte verschwunden, denn die Praktiken der Teilung Polens waren noch nicht erreicht, aber erhebliche Abtretungen und der Verlust der Königswürde, also das Absinken zur Rolle einer Macht zweiten oder dritten Ranges, wären unvermeidlich gewesen. Das wiederum hätte eine stärkere Stellung Österreichs, Sachsens, Hannovers, ein Vorrücken Rußlands nach Westen bedeutet. Ob Preußen dann bereits 1763 und nicht erst 1806/07 in die Lage gekommen wäre, auf eine Rumpfexistenz zurückgeworfen, zur Anstrengung eines Neuaufstiegs gezwungen zu sein und ob dieser gelungen wäre – die Antwort auf solche Fragen kann nur Spekulation sein. Tatsache dagegen ist, daß das letztlich erfolgreiche, durch unvorhergesehene Wechselfälle der Politik begünstigte Durchstehen des Krieges Preußen und seinem Monarchen mehr als einen Prestigegewinn eintrug: nämlich die unbestrittene Stellung einer zweiten Vormacht in Deutschland, die ihrerseits zum politischen Gravitationspunkt für andere deutsche Staaten, insbesondere für alle anti-österreichischen Tendenzen wurde. Neben der Abneigung gegenüber seinem militärischen System, das auch nach dem Krieg keine Einschränkung erfuhr, und neben der Sorge vor seinen weiteren expansionistischen Absichten, zog Preußen zunehmende Achtung und die Erwartung auf sich, es werde nun in Friedenszeiten das Beispiel eines modernen aufgeklärten Regiments bieten. Zunächst jedoch standen schwierige Aufgaben des Wiederaufbaus im Vordergrund, für die in Preußen der nüchterne Name des »Rétablissements« und eine energische Verwaltung zur Verfügung standen. Denn die Folgen des Krieges waren verheerend.

Dieser Befund gibt Anlaß, noch einmal an das zu erinnern, was der preußischen Bevölkerung und den Bewohnern in besetzten Gebieten zugemutet worden war. Die Art der Kriegführung – taktische Operationen und offene Feldschlachten – und die lange Dauer des Krieges hatten schwere personelle Verluste verursacht, die durch Zwangsrekrutierung ersetzt werden mußten. Durch die zeitweilige Besetzung preußischer Gebiete und ihre Brandschatzung waren erhebliche Einkünfte weggefallen; um so rabiater hatte die preußische Militärverwaltung die besetzten Gebiete ausgepreßt. Die Geldforderung an Sachsen war von anfänglich fünf Millionen auf zwölf Millionen Taler im Jahr 1760 gesteigert, und aus Mecklenburg waren jährlich ein bis zwei Millionen Taler herausgeholt worden. Als das übelste Kapitel der preußischen Kriegsfinanzierung muß die Münzpolitik bezeichnet werden. Gutes Geld wurde in minderwertiges umgeschmolzen, neues von vornherein unterwertig ausgeprägt, zuerst in den sächsischen, dann auch in den preußischen Münzstätten, die gegen hohe Zahlung an ein jüdisches Konsortium verpachtet waren. Durch solche »staatlich sanktionierte

Falschmünzerei« (W. Treue), von der auch die verbündeten oder neutralen Nachbarländer – durch den Aufkauf guter Münzen gegen minderwertige – in Mitleidenschaft gezogen wurden, waren fünfundzwanzig Prozent der gesamten preußischen Kriegskosten bestritten worden. Die Folge waren Inflation, Flucht in Sachwerte, verstärkte Produktion von Luxusgütern und Erwerb von adeligem Grundbesitz durch bürgerliche Kriegslieferanten gewesen. Als 1762/63 ein Umschlag eintrat, der übrigens weniger mit dem Kriegsende in Deutschland als mit einer europäischen Finanzkrise infolge des Zusammenbruchs holländischer Kreditgeber zusammenhing, setzte in Preußen ein Deflationsprozeß ein, der zum Münzgesetz von 1764 und damit zur Herabsetzung des Wertes barer Kapitalien um mehr als fünfzig Prozent führte. Davon wurden in erster Linie Fabrikanten, Kaufleute und Gehaltsempfänger betroffen, denen nun sozusagen eine verspätete Kriegssteuer aufgebürdet wurde. Der Versuch, die Wirtschafts- und Finanzkrise durch rabiate, zum Teil fragwürdige staatliche Maßnahmen zu überwinden, machte eine der wichtigsten Komponenten des Wiederaufbaus aus.

Wie der zu Ende gegangene Krieg kein Heldenkampf gewesen war, der Monarch und Volk zu einer Gemeinschaft zusammengeschlossen hatte, so wurde das Rétablissement kein Werk frohen Wiederaufbaus. Tiefe Erschöpfung und Ausbeutung der Bevölkerung, Korruption, Kriegsgewinnlertum, aber auch die Rücksichtslosigkeit einer immer nur fordernden Regierung hatten Gleichgültigkeit und Mißtrauen hinterlassen. Umgekehrt blickte der König mit der bei ihm nun verstärkt hervortretenden Menschenverachtung auf diejenigen, die während des Krieges gute Geschäfte gemacht und sich mit den Besatzern arrangiert hatten. Tatsächlich brachte die Zeit nach dem Krieg keine Erleichterung, sondern neue Anforderungen an die Bevölkerung, die weniger den Segen des Friedens als die Folgen des Krieges verspürte. In Preußen mehr als in Österreich, mehr als in Sachsen, wo der Neuanfang durch Thronwechsel, Auflösung der Personalunion mit Polen, Entlassung des allmächtigen Ministers Brühl erleichtert wurde und Staatsreform und Rétablissement, nicht zuletzt dank der Wirtschaftskraft des Landes und des Einstroms wirtschaftsbürgerlicher Elemente in die oberste Verwaltung, schon bald einen beträchtlichen Aufschwung bewirkten.

# Reichsbewußtsein, Staatspatriotismus und Nationalgeist

Die Frage nach der Entstehung des deutschen Nationalbewußtseins – des politischen Gemeinschaftsbewußtseins einer Nation, die im Unterschied zu anderen europäischen Nationen staatliche Einheit erst spät und unvollkommen erreicht hat – ist oft erörtert worden. Zu oft, weil eben wegen der »Verspätung« diese Einheit eine überdimensionale politische Bedeutung für die Deutschen erhielt und der Weg dahin zum überragenden Thema der Geschichtsschreibung erhoben wurde. Nach dem Verlust dieser Einheit stellt sich das Thema notwendig anders und neu als Frage nach den geschichtlichen Grundlagen der nationalen Identität der Deutschen. Wie immer die Antwort lauten mag – sie wird nicht an der Feststellung vorbeikommen, daß die frühneuzeitliche deutsche Geschichte weder durch die Idee noch durch die Realität nationalstaatlicher Einheit beherrscht wurde, ganz gewiß nicht in der hier behandelten Epoche. Im Gegenteil: In ihr hat die politische Vielgliedrigkeit ihre stärkste Ausprägung gefunden, die bis in die Gegenwart nachwirkt. In ihr gewannen die größeren weltlichen Staaten jenes Maß an eigener Staatlichkeit, das ihre Re-Integration in einen übergreifenden politischen Verband, der handlungsfähiger war als das alte Reich in der letzten Phase seiner Existenz, so schwierig gemacht hat. Deshalb die Zeit zwischen 1648 und 1763 unter dem Aspekt des nationalen Defizits zu betrachten, wäre völlig unhistorisch. Die Probleme, vor die sich die damaligen Regierungen und die politischen Schriftsteller gestellt sahen, waren andere. Ihr Handeln und Denken orientierte sich nicht primär an einem nationalen Interesse, das, wenn überhaupt, allenfalls als Reichsinteresse formuliert werden konnte. Mit ihm aber identifizierten sich, um ihrer eigenen Existenz willen, nur die geistlichen und weltlichen Kleinstaaten.

Aus dieser Welt der kleinen Staaten, insbesondere im deutschen Südwesten, kamen denn auch die Stimmen des Reichspatriotismus und des frühen nationalen Bewußtseins. In den meisten Fällen waren es Äußerungen der Betroffenheit über die militärische Abwehrschwäche gegenüber Frankreich und über den künstlerischen und wirtschaftlichen Vorsprung Westeuropas. Daneben aber gab es andere des Stolzes, zum Beispiel auf militärische Erfolge über Türken und Franzosen und auf die Entwicklung der Wissenschaften in Deutschland im 18. Jahrhundert, und schließlich solche, die sich auf die Geschichte der Deutschen, auf die großen Kaiser des Mittelalters und die Blüte der Städte im 15. Jahrhundert beriefen. Ihr meinungsbildendes politisches Gewicht darf man nicht überschätzen; dennoch läßt sich an ihnen seit etwa 1720 eine allmähliche Zunahme des kulturellen Selbstbewußtseins ablesen. Wichtigster Träger dieses Prozesses war die deutsche literarische Sprache, und zwar in doppelter Hinsicht. Die

Entwicklung einer »nationalen Sprachnorm des Deutschen« (D. Kimpel) drängte die Überfremdung der deutschen Sprache zurück, überwand ihren Regionalismus und stellte ein Instrument des gehobenen Ausdrucks zur Verfügung, dessen sich alle Deutschen bedienen konnten und das manche mit nationalem Stolz schon bald für vollkommen hielten, so auch Gottsched, der mehr für diese Entwicklung getan hat als jeder andere. Die nationale Sprache diente zugleich der Überwindung ständischer Schranken, insbesondere der Stützung des Selbstbewußtseins der bürgerlichen Bildungsschichten. War es doch im spezifischen Sinne ihr Kommunikationsmedium, das sie zu einem allgemeinen zu machen versuchten. Daß sie damit – zumindest für ihre Zeit – die Kluft zwischen Gebildeten und Nichtgebildeten vertieften, hat ihnen kein Kopfzerbrechen bereitet, da für sie Bildungsprozeß und Sozialprozeß in langfristiger Perspektive zusammenfielen.

Im wesentlichen sind es die bürgerlichen Gebildeten gewesen, die die Entwicklung des nationalen Bewußtseins – oder in der Sprache der Zeit: des Nationalgeistes – vorangetragen haben. Mit gelehrtem und patriotischem Eifer zogen sie Vergleiche zwischen Gegenwart und Vergangenheit, Deutschland und Frankreich, politischer Öffentlichkeit und Bürgertugend in ihrer Zeit und in der ihnen literarisch so vertrauten Antike. Sie registrierten die sich vermehrende deutschsprachige Buchproduktion und die Zahl der deutschen Gelehrten, und nicht wenige von ihnen lasen Klopstocks germanenbegeisterte Bardendichtung. Die Tatsachen der deutschen politischen Wirklichkeit freilich stießen sich immer wieder mit ihren Wunsch- und Sollensvorstellungen. Bewies nicht gerade der Siebenjährige Krieg, wie weit Deutschland noch immer davon entfernt war, sich als politische Nation mit anderen vergleichen zu können?

»Wir sind Ein Volk, von Einem Nahmen und Sprache, unter Einem gemeinsamen Oberhaupt, unter Einerley unsere Verfassung, Rechte und Pflichten bestimmenden Geseze, zu Einem gemeinschaftlichen großen Interesse der Freiheit verbunden, auf einer mehr als hundertjährigen national-Versammlung zu diesem wichtigen Zweck vereinigt, an innerer Macht und Stärke das erste Reich in Europa, dessen Königs-Cronen auf Deutschen Häuptern glänzen und so, wie wir sind, sind wir schon Jahrhunderte hindurch ein Räthsel politischer Verfassung, ein Raub der Nachbarn, ein Gegenstand ihrer Spöttereyen, ausgezeichnet in der Geschichte der Welt, uneinig unter uns selbst, kraftlos durch unsere Trennungen, stark genug, uns selbst zu schaden, ohnmächtig, uns zu retten, unempfindlich gegen die Ehre unsers Nahmens, gleichgültig gegen die Würde der Geseze, eifersüchtig gegen unser Oberhaupt, mißtrauisch unter einander, unzusammenhängend in Grundsätzen, gewalthätig in deren Ausführung, ein großes und gleichwohl verachtetes, ein in der Möglichkeit glückliches, in der That selbst aber sehr bedaurenswürdiges Volck.« So schrieb Friedrich Karl Moser 1765 in seinem Büchlein über den »deutschen Nationalgeist«. Fast genau hundert Jahre nach Samuel Pufendorf wiederholte er dessen kritische Analyse der Verfassungswirklichkeit des Reiches. Das Bedauern des enttäuschten Reichspatrioten und national empfindenden Reichsjuristen Moser aber war tiefer, die Anklage des politischen Moralisten schärfer. Im Widerspruch zu den vorherrschenden Tendenzen der Zeit betonte er die ständische Freiheit als Grundprinzip der deutschen Verfassung, auf das sich die Regierenden wie die Regierten besinnen sollten. War es unmöglich, es wieder zur Geltung zu bringen, eine Rückkehr der Regierungen der Einzelstaaten zu ihrer Funktion als Reichsstände und eine Wiederbelebung der Landstände, nun aber als Vertreter der gesamten Bevölkerung, zu erreichen?

Als Moser seine Schrift über den Nationalgeist veröffentlichte und damit eine politische Diskussion in Gang setzte, wie es sie in Deutschland seit dem Humanismus nicht gegeben hatte, stand jedoch seinem Reformkonzept bereits das Konzept – und die Realität – der zur Staatsreform bereiten, auf unbeschränkte Herrschergewalt gestützten aufgeklärten Regierung gegenüber. Wenn das erste, zumal nach der Herausentwicklung Österreichs und Preußens aus dem Reich, keine Chance auf Verwirklichung besaß, so blieb die entscheidende Frage an das zweite, ob absolute monarchische Gewalt und aufgeklärte Regierung in der Praxis einer Politik der politischen und sozialen Reform vereinbar seien und ob aus Reformen in vielen Einzelstaaten eine politische Erneuerung der deutschen Nation hervorgehen könne. Oder würde sich – neben Österreich und Preußen – ein drittes Deutschland mit modifizierter ständischer Verfassungsstruktur bilden, ein Staatenbund der mittleren und kleineren Staaten?

Die Frage der politischen Verfassung des Reiches und der Einzelstaaten war aufgeworfen, und – was 1763 noch niemand absehen konnte – ein Vierteljahrhundert äußeren Friedens bot günstige Bedingungen für den vielsträhnigen Prozeß sowohl einer sich nun rapide entfaltenden öffentlichen Diskussion über Probleme der sozialen und politischen Ordnung als auch zahlreicher staatlicher Verbesserungs- und Reformmaßnahmen. Nur auf einige symptomatische Erscheinungen sei abschließend hingewiesen: Im Jahr 1764 wurden die Ökonomische Societät in Leipzig, die Landwirtschaftsgesellschaft in Celle, 1765 die Gesellschaft für nützliche Wissenschaften in Karlsruhe, die Landesökonomiegesellschaft in Altötting, die Ackerbaugesellschaft in Klagenfurt und die neue Patriotische Gesellschaft in Hamburg gegründet. Ihnen folgten andere. In Österreich machte Maria Theresia die Einrichtung solcher gemeinnützigen Gesellschaften den Landesbehörden zur Aufgabe. 1763 gründete der Frankfurter Arzt Johann Christian Senckenberg aus eigenen Mitteln eine Stiftung für medizinisch-naturwissenschaftliche Forschung und Ausbildung und ein Spital, 1765 die sächsische Regierung in Freiberg eine Bergakademie, die schnell zu großem Ansehen kam. Zahlreiche finanzpolitische Maßnahmen, Gründungen von Versicherungsgesellschaften und Krediteinrichtungen wurden in Gang gebracht. Als charakteristisches einzelnes Gesetz dieser Jahre mag das preußische »General-Land-Schulreglement« vom 12. August 1763 gelten. »Denn so angelegentlich Wir nach wiederhergestellter Ruhe und allgemeinem Frieden«, heißt es in der Präambel, »das wahre Wohlseyn Unserer Länder in allen Ständen uns zum Augenmerk machen: so nöthig und heilsam erachten Wir es auch zu sein, den guten Grund dazu durch eine vernünftige sowohl als christliche Unterweisung der Jugend zu wahrer Gottesfurcht und andern nützlichen Dingen in den Schulen legen zu lassen.« Hebung des »Wohlseins« in allen Ständen durch »vernünftige sowohl als christliche« öffentliche Unterweisung – eine Landesherrschaft, die dies als ihr Ziel verkündete, konnte in Anspruch nehmen, eine aufgeklärte und patriotische Regierung genannt zu werden. Aufgeklärter Patriotismus bei den Regierenden, die mit der Bildung der Zeit gehen, und bei den Regierten, die in wachsender Zahl, aus Einsicht, Menschenrecht und Bürgerpflicht selbständig am Wohl und Wehe ihrer Stadt, ihres Staates, der gesamten Nation Anteil nehmen und sich ohne Gängelung und Zensur der Obrigkeit öffentlich betätigen – das war das politische Credo, mit dem die deutschen Gebildeten in eine Zeit großer Erwartungen eintraten. Würden sie Erfüllung finden und die Deutschen als politische Nation Selbstgewißheit, innere Stärke und äußere Achtung gewinnen?

Bibliographie

Personen- und Ortsregister

Quellennachweise der Abbildungen

## Vorbemerkung

Die folgenden Angaben beschränken sich auf die wichtige, überwiegend neuere Literatur. Eine vollständige Bibliographie für die hier behandelte Zeit, auf die verwiesen werden könnte, liegt bis heute nicht vor. Doch enthalten manche der genannten Werke nützliche und weiterführende bibliographische Hinweise. Für die Geschichte einzelner deutscher Länder, Regionen und Städte können Spezialbibliographien herangezogen werden, die aber hier nicht genannt werden, da sie zeitlich übergreifend angelegt sind. Quellenpublikationen werden nur ausnahmsweise angegeben, da sie zum Teil als übergreifende Sammelwerke, zum Teil sehr speziell angelegt sind.
Die Anordnung der ausgewählten Titel ist notwendig in mancher Hinsicht inadäquat. Nicht wenige der genannten Bücher und Aufsätze sind für mehrere Kapitel einschlägig; um jedoch den Umfang der Bibliographie nicht noch mehr auszuweiten, werden sie nur an einer Stelle genannt. Ebenso ist darauf verzichtet worden, die Beiträge zu Sammelwerken, die als ganze einschlägig sind, einzeln zu nennen.
Der Verfasser dankt Frau Andrea Hofmeister-Hunger für die Hilfe bei der Erstellung der Bibliographie.

## Reihenwerke, Handbücher und Gesamtdarstellungen

### Europa

E. HINRICHS, Einführung in die Geschichte der Neuzeit (Becksche Elementarbücher), München 1980.
I. MIECK, Europäische Geschichte der frühen Neuzeit, Eine Einführung, Stuttgart ²1977.
*Handbuch der Europäischen Geschichte*, Bd 4: F. WAGNER (Hg.), Europa im Zeitalter des Absolutismus und der Aufklärung, Stuttgart 1968.
*Propyläen Geschichte Europas*, Bd 3: R. MANDROU, Staatsräson und Vernunft, 1649–1775, Berlin 1976.
*The New Cambridge Modern History*, Bd 5: F. L. CARSTEN (Hg.), The ascendancy of France, 1648–1688, Cambridge 1961; Bd 6: J. S. BROMLEY (Hg.), The rise of Great Britain and Russia, 1688–1725, Cambridge 1970; Bd 7: J. O. LINDSAY (Hg.), The old regime, 1713–1763, Cambridge 1957.

*Histoire Générale des Civilisations*, Bd 4: R. Mousnier, Les XVIe et XVIIe siècles, Paris ⁴1963; Bd 5: R. MOUSNIER und E. LABROUSSE, Le XVIIIe siècle, Paris ⁴1963.
*Fischer Weltgeschichte*, Bd 25: G. BARUDIO, Das Zeitalter des Absolutismus und der Aufklärung, 1648–1779, Frankfurt am Main 1981.
*A General History of Europe:* D. H. PENNINGTON, Seventeenth-Century Europe, London 1970; ST. ANDREWS, Eighteenth-Century Europe, The 1680s to 1815, London 1965.
*History of Modern Europe:* R. S. DUNN, The age of religious wars, 1559–1689, London 1971; L. KRIEGER, Kings and philosophers, 1689–1789, London 1971.
*The Fontana History of Europe:* J. STOYE, Europe unfolding, 1648–1688, London 1969; D. OGG, Europe of the ancien régime, 1715–1783, London 1965.
W. HUBATSCH, Das Zeitalter des Absolutismus, 1600–1789 (Geschichte der Neuzeit), Braunschweig ⁴1975.
M. IMMICH, Geschichte des europäischen Staatensystems, 1660–1789 (Handbuch der mittelalterlichen und neueren Geschichte, Abt. 2,1), München und Berlin 1905.
F. HARTUNG, Neuzeit von der Mitte des 17. Jahrhunderts bis zur Gegenwart, Erste Hälfte: Bis zur Französischen Revolution 1789 (Handbuch für den Geschichtslehrer 5,1), Wien 1932.
F. BRAUDEL, Civilisation matérielle, économie et capitalisme, XVe-XVIIIe siècle, 3 Bde, Paris 1979.
W. NÄF, Die Epochen der neueren Geschichte, Staat und Staatengemeinschaft vom Ausgang des Mittelalters bis zur Gegenwart, Bd 1, Aarau ²1959.
F. v. BEZOLD, E. GOTHEIN und R. KOSER, Staat und Gesellschaft der neueren Zeit (Die Kultur der Gegenwart, Teil 2, Abt. 5,1), Berlin und Leipzig 1908.
G. N. CLARK, The seventeenth century, Oxford ²1947.
M. S. ANDERSON, Eighteenth century Europe, 1713–1789, Oxford 1966.
F. WAGNER, Europa im Zeitalter des Absolutismus, 1648–1789, München 1948.
R. W. HARRIS, Absolutism and enlightenment, 1660–1789, Poole ²1967.
M. ASHLEY, The age of absolutism, London 1974.
TH. R. RABB, The struggle for stability in early modern Europe, Oxford 1975.
*Handbuch der Geschichte der böhmischen Länder*, Bd 2, Stuttgart 1974.

Deutschland

Gebhardt-Grundmann, Handbuch der deutschen Geschichte, Bd 2, Stuttgart ⁹1970.
*Lehrbuch der deutschen Geschichte,* Bd 4: A. Schilfert, Deutschland, 1648–1789, Berlin ³1975.
*Deutsche Geschichte,* Bd 6: R. Vierhaus, Deutschland im Zeitalter des Absolutismus, Göttingen 1978.
B. Erdmannsdörffer, Deutsche Geschichte vom Westfälischen Frieden bis zum Regierungsantritt Friedrichs des Großen, 1648–1740, 2 Bde, Berlin 1892/93.
H. Holborn, Deutsche Geschichte in der Neuzeit, Bd 1: Das Zeitalter der Reformation und des Absolutismus, Stuttgart 1960.
R. Vierhaus, Deutschland im 18. Jahrhundert, Soziales Gefüge, politische Verfassung, geistige Bewegung, in: Lessing und die Zeit der Aufklärung, Göttingen 1968, 12–29.
W. H. Bruford, Germany in the eighteenth century, The social background of the literary revival, Cambridge 1935, deutsche Ausgabe Berlin und Wien 1975.
O. Brunner, W. Conze und R. Kosellek (Hg.), Geschichtliche Grundbegriffe, Historisches Lexikon zur politisch-sozialen Sprache in Deutschland, 4 Bde, Stuttgart 1972–1978.
*Die Religion in Geschichte und Gegenwart,* Handwörterbuch für Theologie und Religionswissenschaft, 6 Bde und Registerbd, Tübingen ³1957–1965.
*Lexikon für Theologie und Kirche,* 10 Bde und Registerbd, Freiburg i. Br. ²1957–1967.

## *Profil und Charakter einer Epoche*

### Deutschland in Europa

H. Gollwitzer, Europabild und Europagedanke, Beiträge zur deutschen Geistesgeschichte des 18. und 19. Jahrhunderts, München ²1964; L. Dehio, Gleichgewicht oder Hegemonie, Betrachtungen über ein Grundproblem der neueren Staatengeschichte, Krefeld 1948; E. Kaeber, Die Idee des europäischen Gleichgewichts in der publizistischen Literatur vom 16. bis zur Mitte des 18. Jahrhunderts, Berlin 1907; K. von Raumer, Ewiger Friede, Friedensrufe und Friedenspläne seit der Renaissance, Freiburg und München 1953; C. Schmitt, Der Nomos der Erde im Völkerrecht des Ius Publicum Europaeum, Köln 1950; E. Reibstein, Völkerrecht, Eine Geschichte seiner Ideen in Lehre und Praxis, Bd 1: Von der Antike bis zur Aufklärung, Freiburg und München 1957; G. Zeller, Le principe d'équilibre dans la politique internationale avant 1789, in: Revue Historique 215, 1956, 25–37; E. N. Williams, The ancien régime in Europe, Government and society in the major states, 1648–1789, London 1970; G. Fabian und W. Schmidt-Biggemann (Hg.), Studien zum 18. Jahrhundert, Bd 1: Das 18. Jahrhundert als Epoche, Nendeln 1978; U. Scheuner, Die großen Friedensschlüsse als Grundlage der europäischen Staatenordnung, 1648–1815, in: Spiegel der Geschichte, Festschrift für M. Braubach, Münster 1964, 220–250; W. Hahlweg, Barriere, Gleichgewicht, Sicherheit, Eine Studie über die Gleichgewichtspolitik und die Strukturwandlung des Staatensystems in Europa, 1646–1715, in: HZ 187, 1959, 54–89; H. Duchhardt, Gleichgewicht der Kräfte, Convenance, Europäisches Konzert, Friedenskongresse und Friedensschlüsse vom Zeitalter Ludwigs XIV. bis zum Wiener Kongreß (Erträge der Forschung, Bd 56), Darmstadt 1976; Ders., Studien zur Friedensvermittlung in der frühen Neuzeit (Schriften der Mainzer Phil. Fakultätsgesellschaft, Bd 6), Wiesbaden 1979; J. Kunisch, Staatsverfassung und Mächtepolitik. Zur Genese von Staatenkonflikten im Zeitalter des Absolutismus (Hist. Forsch., Bd 15), Berlin 1979.

### Das deutsche Staatensystem

*Reichsverfassung:* H. H. Hofmann (Hg.), Quellen zum Verfassungsorganismus des Heiligen Römischen Reichs Deutscher Nation (Frhr.-vom-Stein-Gedächtnisausgabe, Bd 13), Darmstadt 1976; F. Hartung, Deutsche Verfassungsgeschichte vom 15. Jahrhundert bis zur Gegenwart, Stuttgart ⁹1950; H. Conrad, Deutsche Rechtsgeschichte, Ein Lehrbuch, Bd 2: Neuzeit bis 1806, Karlsruhe 1966; H. E. Feine, Zur Verfassungsentwicklung des Heiligen Römischen Reiches seit dem Westfälischen Frieden, in: ZSRG (germ.) 52, 1932, 65–133; H. Angermeier, Die Reichskriegsverfassung in der Politik der Jahre 1679–1681, in: ZSRG (germ.) 82, 1965, 190–222; H. Weber (Hg.), Politische Ordnungen und soziale Kräfte im Alten Reich (Veröff. des Instituts für Europ. Gesch., Abt. Universalgeschichte, Beiheft 8), Wiesbaden 1980; H. Duchhardt, Protestantisches Kaisertum und Altes Reich, Die Diskussion über die Konfession

des Kaisers in Politik, Publizistik und Staatsrecht (Veröff. des Instituts für Europ. Gesch., Bd 87), Wiesbaden 1977.
*Reichsinstitutionen:* R. SMEND, Das Reichskammergericht, Bd 1: Geschichte und Verfassung, Weimar 1911; L. GROSS, Die Geschichte der deutschen Reichshofkanzlei, 1559–1806, Wien 1933; O. v. GSCHLIESSER, Der Reichshofrat, Bedeutung und Verfassung, Schicksal und Besetzung einer obersten Reichsbehörde, 1559–1806, Wien 1942; F. H. SCHUBERT, Die deutschen Reichstage in der Staatslehre der frühen Neuzeit, Göttingen 1966; F. HARTUNG, Die Wahlkapitulationen der deutschen Kaiser und Könige, in: DERS., Volk und Staat in der deutschen Geschichte, Leipzig 1940; R. VIERHAUS (Hg.), Herrschaftsverträge, Wahlkapitulationen, Fundamentalgesetze (Veröff. des Max-Planck-Instituts für Gesch., Bd 56), Göttingen 1977; F. HERTZ, Die Rechtsprechung der höchsten Reichsgerichte im römisch-deutschen Reich und ihre politische Bedeutung, in: MIÖG 69, 1961, 331–362; G. SCHEEL, Die Stellung der Reichsstände zur Römischen Königswahl seit den westfälischen Friedensverhandlungen, in: Forschungen zu Staat und Verfassung, Festgabe für F. Hartung, Berlin 1958, 113–132; K. S. BADER, Der Schwäbische Kreis in der Verfassung des alten Reiches, in: Mitt. des Vereins für Kunst und Altertum in Ulm und Oberschwaben 37, 1964, 9–24; H. H. HOFMANN, Reichsidee und Staatspolitik, Die vorderen Reichskeise im 18. Jahrhundert, in: ZBLG 33, 1970, 3, 969–985; H. KESTING, Geschichte und Verfassung des niedersächsischen Reichsgrafenkollegiums, in: Westfäl. Zs. 106, 1956, 175–246.
*»Moderner« Staat:* H. H. HOFMANN (Hg.), Die Entstehung des modernen souveränen Staates (Neue wiss. Bibl., Bd 17), Köln und Berlin 1967; O. HINTZE, Staat und Verfassung, Gesammelte Abhandlungen zur allgemeinen Verfassungsgeschichte, Göttingen ²1962; F. HARTUNG, Staatsbildende Kräfte der Neuzeit, Gesammelte Aufsätze, Berlin 1961; G. OESTREICH, Geist und Gestalt des frühmodernen Staates, Ausgewählte Aufsätze, Berlin 1969; O. BRUNNER, Vom Gottesgnadentum zum monarchischen Prinzip, Der Weg der europäischen Monarchie seit dem hohen Mittelalter, in: Das Königtum, Seine geistigen und rechtlichen Grundlagen (Vorträge und Forschungen, Bd 3), Lindau und Konstanz 1956, 279–305; G. OESTREICH, Von der deutschen Libertät zum deutschen Dualismus, 1648–1789, in: C. HINRICHS und W. BERGES (Hg.), Die deutsche Einheit als Problem der europäischen Geschichte, Stuttgart 1960, 125–140; E. R. HUBER, Reich, Volk und Staat in der Reichsrechtswissenschaft des 17. und 18. Jahrhunderts, in: Zs. für die ges. Staatswiss. 102, 1942, 593–627; G. MASUR, Deutsches Reich und deutsche Nation im 18. Jahrhundert, in: Preuß. Jbb. 229, 1932, 1–23; F. MEINECKE, Die Idee der Staatsräson in der neueren Geschichte, München ³1929; H. O. MEISNER, Staats- und Regierungsformen in Deutschland seit dem 16. Jahrhundert, in: Arch. des öffentl. Rechts 77, 1951, 225–265; R. VIERHAUS, Land, Staat und Reich in der politischen Vorstellungswelt deutscher Landstände im 18. Jahrhundert, in: HZ 223, 1976, 40–60; G. OESTREICH, Justus Lipsius als Theoretiker des neuzeitlichen Machtstaats, in: HZ 181, 1956, 31–78; DERS., Calvinismus, Neustoizismus und Preußentum, Eine Skizze, in: Jb. für die Gesch. Mittel- und Ostdeutschlands 5, 1956, 157–181.

Die mitteleuropäische Wirtschaft

*Allgemeines:* The Cambridge Economic History of Europe, Bd 4: E. E. RICH und C. H. WILSON (Hg.), The economy of expanding Europe in the sixteenth and seventeenth centuries, Cambridge 1967; Bd 5: E. E. RICH und C. H. WILSON (Hg.), The economic organization of early modern Europe, Cambridge 1977; C. M. CIPOLLA (Hg.), *The Fontana Economic History of Europe,* Bd 2: The sixteenth and seventeenth centuries, London 1974; Bd 3: The industrial revolution, London 1976; P. LÉON, Economics et sociétes préindustrielles, Bd 2: 1650–1780, Paris 1970; W. TREUE, Wirtschaftsgeschichte der Neuzeit im Zeitalter der industriellen Revolution, 1700–1960, Stuttgart 1962; C. M. CIPOLLA und K. BORCHARDT, Bevölkerungsgeschichte Europas, Mittelalter bis Neuzeit (Serie Piper 19), München 1971; W. ABEL, Massenarmut und Hungerkrisen im vorindustriellen Deutschland, Göttingen 1972; P. KRIEDTE, Spätfeudalismus und Handelskapital, Grundlinien der europäischen Wirtschaftsgeschichte vom 16. bis zum Ausgang des 18. Jahrhunderts, Göttingen 1980; F. BLAICH, Die Epoche des Merkantilismus, Sozial- und Wirtschaftsgeschichte, Wiesbaden 1973; J. VAN KLAVEREN, Die Manufakturen des Ancien Régime, in: VSWG 51, 1964, 145–191.
*Deutschland:* K. BORCHARDT, Grundriß der deutschen Wirtschaftsgeschichte, Göttingen 1978; H. AUBIN und W. ZORN (Hg.), Handbuch der deutschen Wirtschafts- und Sozialgeschichte, Bd 1:

Von der Frühzeit bis zum Ende des 18. Jahrhunderts, Stuttgart 1971; F. LÜTGE, Deutsche Sozial- und Wirtschaftsgeschichte, Berlin, Heidelberg und New York ³1966; H. MOTTEK, Wirtschaftsgeschichte Deutschlands, Bd 1: Von den Anfängen bis zur Zeit der Französischen Revolution, Berlin ⁵1968; H. KELLENBENZ, Deutsche Wirtschaftsgeschichte, Bd 1: Von den Anfängen bis zum Ende des 18. Jahrhunderts, München 1977; F.-W. HENNING, Das vorindustrielle Deutschland, 800–1800 (Wirtschafts- und Sozialgesch., Bd 1), Paderborn ²1976; K. O. SCHERNER und D. WILLOWEIT (Hg.), Vom Gewerbe zum Unternehmen, Studien zum Recht der gewerblichen Wirtschaft im 18. und 19. Jahrhundert, Darmstadt 1982; R. S. ELKAR (Hg.), Deutsches Handwerk in Spätmittelalter und früher Neuzeit (Göttinger Beitr. zur Wirtschafts- und Sozialgesch., Bd 9), Göttingen 1983; F.-W. HENNING, Landwirtschaft und ländliche Gesellschaften in Deutschland, Bd 1: 800–1750, Paderborn 1979; M. J. ELSAS, Umriß einer Geschichte der Preise und Löhne in Deutschland vom ausgehenden Mittelalter bis zum Beginn des 19. Jahrhunderts, 2 Bde in 3 Teilen, Leiden 1936–1949; E. SCHREMMER, Die Wirtschaft Bayerns, Vom hohen Mittelalter bis zum Beginn der Industrialisierung, Bergbau, Gewerbe, Handel, München 1970; E. GOTHEIN, Wirtschaftsgeschichte des Schwarzwaldes und der angrenzenden Landschaften, 1892, Nachdruck New York 1970; F. TREMEL, Wirtschafts- und Sozialgeschichte Österreichs, Wien 1969.

*Agrargeschichte:* W. ABEL, Geschichte der deutschen Landwirtschaft vom frühen Mittelalter bis zum 19. Jahrhundert (Deutsche Agrargesch., Bd 2), Stuttgart ³1978; G. FRANZ, Geschichte des deutschen Bauernstandes vom frühen Mittelalter bis zum 19. Jahrhundert (Deutsche Agrargesch., Bd 4), Stuttgart ²1976; F. LÜTGE, Geschichte der deutschen Agrarverfassung vom frühen Mittelalter bis zum 19. Jahrhundert (Deutsche Agrargesch., Bd 3), Stuttgart ²1967; R. KRZYMOWSKI, Geschichte der deutschen Landwirtschaft, Stuttgart ³1961; W. ABEL, Agrarkrisen und Agrarkonjunkturen, Eine Geschichte der Land- und Ernährungswirtschaft Mitteleuropas seit dem hohen Mittelalter, Hamburg ³1978; F.-W. HENNING, Dienste und Abgaben der Bauern im 18. Jahrhundert, Stuttgart 1969; W. A. BOELKE, Wandlungen der dörflichen Sozialstruktur während Mittelalter und Neuzeit, in: Wege und Forsch. der Agrargesch., 1967, 80–103; G. FRANZ, W. ABEL und G. CASCORBI, Der deutsche Landwarenhandel, Hannover 1960.

Das Gefüge der Gesellschaft

*Allgemeines:* K. BIEDERMANN, Deutschland im 18. Jahrhundert, 2 Teile in 4 Bdn, Leipzig 1854, Neudruck 1969; K. BOSL und E. WEIS, Die Gesellschaft in Deutschland, Bd 1: Von der Fränkischen Zeit bis 1848, München 1976; O. BRUNNER, Neue Wege der Verfassungs- und Sozialgeschichte, Göttingen ²1968; R. ENGELSING, Sozial- und Wirtschaftsgeschichte Deutschlands, Göttingen 1973; E. KEYSER. Bevölkerungsgeschichte Deutschlands, Leipzig ³1943; E. KIRSTEN, E. W. BUCHHOLZ und W. KÖLLMANN (Hg.), Raum und Bevölkerung in der Weltgeschichte, Bd 2, Würzburg 1956; W. RUPPERT, Bürgerlicher Wandel, Die Geburt der modernen deutschen Gesellschaft im 18. Jahrhundert, Frankfurt am Main 1981; J. KUNISCH, Die deutschen Führungsschichten im Zeitalter des Absolutismus, in: H. H. HOFMANN und G. FRANZ (Hg.), Deutsche Führungsschichten in der Neuzeit, Eine Zwischenbilanz, Boppard 1980, 111–141.

*Adel:* A. GOODWIN (Hg.), The European nobility in the eighteenth century, London 1953; R. VIERHAUS (Hg.), Der Adel vor der Revolution, Zur sozialen und politischen Funktion des Adels im vorrevolutionären Europa, Göttingen 1971; H. RÖSSLER (Hg.), Deutscher Adel, 1555–1740 (Schriften zur Problematik der deutschen Führungsschichten in der Neuzeit, Bd 2), Darmstadt 1965; O. BRUNNER, Adeliges Landleben und europäischer Geist, Leben und Werk Wolf Helmhards von Hohberg, 1612–1688, Salzburg 1949; P. U. HOHENDAHL und P. M LÜTZELER (Hg.), Legitimationskrisen des deutschen Adels, 1200–1900 (Literaturwissenschaft und Sozialwissenschaften, Bd 11), Stuttgart 1979; F. LÜTGE, Die bayerische Grundherrschaft, Untersuchungen über die Agrarverfassung Altbayerns im 16. bis 18. Jahrhundert, Stuttgart 1949; DERS., Die mitteldeutsche Grundherrschaft und ihre Auflösung, Stuttgart ²1957; R. WOHLFEIL, Adel und Heerwesen, in: H. RÖSSLER (Hg.), Deutscher Adel, 1555–1740, Darmstadt 1965, 315–343.

*Bürgerliche Gesellschaft:* R. VIERHAUS (Hg.), Bürger und Bürgerlichkeit im Zeitalter der Aufklärung (Wolfenbütteler Stud. zur Aufklärung, Bd 7), Heidelberg 1981; H. RÖSSLER (Hg.), Deutsches Patriziat, 1430–1740 (Schriften zur Problematik der deutschen Führungsschichten in der Neuzeit, Bd 3), Limburg 1968; M. WALKER, German home towns, community, state and general estate, 1648–1871, Ithaca und London 1971; M. RIEDEL, Bürgerliche Gesellschaft, in: O. BRUNNER, W. CONZE und R. KOSELLECK (Hg.), Geschichtliche Grundbegriffe, Historisches Lexikon zur politisch-sozialen Sprache in Deutschland, Bd 2, Stuttgart 1975, Sp. 672–725; G. SCHULZ, Die Entstehung der bürgerlichen Gesellschaft, in: DERS., Das Zeitalter der Gesellschaft, München 1969, 13–111; H. MEDICK, Naturzustand und Naturgeschichte der bürgerlichen Gesellschaft (Krit. Studien zur Geschichtswiss., Bd 5), Göttingen 1973; U. A. J. BECHER, Politische Gesellschaft, Studien zur Genese bürgerlicher Öffentlichkeit in Deutschland (Veröff. des Max-Planck-Instituts für Gesch., Bd 59), Göttingen 1978; O. DANN, Gleichheit und Gleichberechtigung, Das Gleichheitspostulat in der alteuropäischen Tradition und in Deutschland bis zum ausgehenden 19. Jahrhundert (Hist. Forsch., Bd 16), Berlin 1980; R. REINALTER (Hg.), Freimaurer und Geheimbünde im 18. Jahrhundert in Mitteleuropa, Frankfurt am Main 1983; R. VIERHAUS, Umrisse einer Sozialgeschichte der Gebildeten in Deutschland, in: Quellen und Forsch. aus italien. Archiven und Bibliotheken 60, 1980, 395–418.

Die kulturelle Entwicklung

*Allgemeines:* P. CHAUNU, Europäische Kultur im Zeitalter des Barock, München und Zürich 1968; N. ELIAS, Über den Prozeß der Zivilisation, Soziogenetische und psychogenetische Untersuchungen, 2 Bde, Frankfurt am Main 1976; E. THURNHER (Hg.), *Handbuch der Kulturgeschichte:* W. FLEMMING, Deutsche Kultur im Zeitalter des Barock, Konstanz ²1960; E. ERMATINGER (E. THURNHER und P. STAPF als Bearb.), Deutsche Kultur im Zeitalter der Aufklärung, Frankfurt am Main 1969; H. SCHÖFFLER, Deutscher Geist im 18. Jahrhundert, Essays zur Geistes- und Religionsgeschichte, Göttingen ²1967; E. BLÜHM, J. GARBER und K. GARBER (Hg.), Hof, Staat und Gesellschaft in der Literatur des 17. Jahrhunderts (Daphnis 11, 1/2), Amsterdam 1982; P. CHAUNU, La civilisation de l'Europe des lumières, Paris 1971.
*Höfische Kultur:* N. ELIAS, Die höfische Gesellschaft, Untersuchungen zur Soziologie des Königtums und der höfischen Aristokratie (Soziologische Texte, Bd 54), Neuwied und Berlin 1969; J. v. KRUEDENER, Die Rolle des Hofes im Absolutismus (Forsch. zur Sozial- und Wirtschaftsgesch., Bd 19), Stuttgart 1973; H. KIESEL, »Bei Hof, bei Höll«, Untersuchungen zur literarischen Hofkritik von Sebastian Brant bis Friedrich Schiller, Tübingen 1979; E. STRAUB, Repraesentatio maiestatis oder churbayerische Freudenfeste, Die höfischen Feste in der Münchener Residenz vom 16. bis zum Ende des 18. Jahrhunderts, München 1969; A. G. DICKENS (Hg.), The courts of Europe, Politics, Patronage and royalty, 1400–1800, London 1978; A. BUCK, G. KAUFFMANN, B. L. SPAHR und C. WIEDEMANN (Hg.), Europäische Hofkultur im 16. und 17. Jahrhundert, 3 Bde, Hamburg 1981.
*Bürgerliche Kultur:* W. DILTHEY, Studien zur Geschichte des deutschen Geistes (Gesammelte Schriften, Bd 3), Göttingen ³1962; E. TROELTSCH, Aufsätze zur Geistesgeschichte und Religionssoziologie (Gesammelte Schriften, Bd 4), Tübingen 1925; L. BALET und E. GERHARD, Die Verbürgerlichung der deutschen Kunst, Literatur und Musik im 18. Jahrhundert, Frankfurt am Main 1973; L. KOFLER, Zur Geschichte der bürgerlichen Gesellschaft, Versuch einer verstehenden Deutung der Neuzeit, Darmstadt ⁶1976; R. KOSELLEK, Kritik und Krise, Ein Beitrag zur Pathogenese der bürgerlichen Welt, Freiburg i. Br. 1959.
*Sondergruppen:* D. J. COHEN, Die Landjudenschaften in Hessen-Darmstadt bis zur Emanzipation als Organe der jüdischen Selbstverwaltung, in: Neunhundert Jahre Geschichte der Juden in Hessen, Beiträge zum politischen, wirtschaftlichen und kulturellen Leben, Wiesbaden 1983, 151–214; H. SCHNEE, Die Hoffinanz und der moderne Staat, Geschichte und System der Hoffaktoren an deutschen Fürstenhöfen im Zeitalter des Absolutismus, 6 Bde, Berlin 1953–1967; S. STERN, The court Jew, A contribution to the history of the period of absolutism in central Europe, Philadelphia 1950; *Juifs et Judaisme* (Dix-Huitème Siècle, Numéro special 13), Paris 1981; H. ERBE, Die Hugenotten in Deutschland, Essen 1937.

## Nach dem Dreißigjährigen Krieg

Die Herstellung des Friedens und die Bilanz des Krieges

G. FRANZ, Der Dreißigjährige Krieg und das deutsche Volk, Untersuchungen zur Bevölkerungs- und Agrargeschichte, Stuttgart ⁴1979; H. KAMEN, The economic and social consequences of the Thirty Years War, in: Past and Present 39, 1968, 44–61; K. V. RAUMER, Das Erbe des Westfälischen Friedens, in: E. HÖVEL (Hg.), Pax Optima Rerum, Münster 1948, 73–97; DERS., Westfälischer Friede, in: HZ 195, 1962, 596–621; TH. K. RABB, The effects of the Thirty Years War on the German economy, in: Journ. of Mod. Hist. 34, 1962, 40–51; H. RÖSSLER, Der deutsche Hochadel und der Wiederaufbau nach dem Westfälischen Frieden, in: Bll. für deutsche Landesgesch. 101, 1965, 129–146.

Wirtschaftliche Stagnation und beginnender Wiederaufbau

*Landwirtschaft:* W. ACHILLES, Die steuerliche Belastung der braunschweigischen Landwirtschaft und ihr Beitrag zu den Staatseinnahmen im 17. und 18. Jahrhundert, Hildesheim 1972; D. SAALFELD, Bauernwirtschaft und Gutsbetrieb in der vorindustriellen Zeit, Stuttgart 1960; K. WINKLER, Landwirtschaft und Agrarverfassung im Fürstentum Osnabrück nach dem Dreißigjährigen Kriege, Stuttgart 1959; V. V. ARNIM, Krisen und Konjunkturen der Landwirtschaft in Schleswig-Holstein vom 16. bis zum 18. Jahrhundert, Neumünster 1957; K. BLASCHKE, Soziale Gliederung und Entwicklung der sächsischen Landbevölkerung im 16. bis 18. Jahrhundert, in: Zs. für Agrargesch. und Agrarsoz. 4, 1956, 144–155; DERS., Grundzüge und Probleme einer sächsischen Agrarverfassungsgeschichte, in: ZSRG (germ.) 82, 1965, 223–287; DERS., Bevölkerungsgeschichte von Sachsen bis zur industriellen Revolution, Weimar 1967; G. GRUELL, Bauernhaus und Meierhof, Zur Geschichte der Landwirtschaft in Oberösterreich, Linz 1975; F. MAGER, Geschichte des Bauerntums und der Bodenkultur im Lande Mecklenburg, Berlin 1955; G. HEITZ, Die sozialökonomische Struktur im ritterschaftlichen Bereich Mecklenburgs zu Beginn des 18. Jahrhunderts, Eine Untersuchung für vier Ämter, in: Beitr. zur Wirtschafts- und Sozialgesch., 1962, 1–80; J. NICHTWEISS, Das Bauernlegen in Mecklenburg, Eine Untersuchung zur Geschichte der Bauernschaft und der zweiten Leibeigenschaft in Mecklenburg bis zum Beginn des 19. Jahrhunderts, Berlin 1954; F.-W. HENNING, Herrschaft und Bauernuntertänigkeit, Beiträge zur Geschichte der Herrschaftsverhältnisse in den ländlichen Bereichen Ostpreußens und des Fürstentums Paderborn vor 1800, Würzburg 1964; DERS., Bauernwirtschaft und Bauerneinkommen im Fürstentum Paderborn im 18. Jahrhundert, Berlin 1970; DERS., Bauernwirtschaft und Bauerneinkommen in Ostpreußen im 18. Jahrhundert, Würzburg 1969; H. GOLDSCHMIDT, Die Grundbesitzverteilung in der Mark Brandenburg und in Hinterpommern vom Beginn des Dreißigjährigen Krieges bis zur Gegenwart, Berlin 1910; A. SKALWEIT, Das Dorfhandwerk vor Aufhebung des Städtezwanges, Frankfurt am Main 1942.

*Gewerbe, Handel:* H. MAUERSBERG, Wirtschafts- und Sozialgeschichte zentraleuropäischer Städte in neuerer Zeit, dargestellt an den Beispielen von Basel, Frankfurt am Main, Hamburg, Hannover und München, Göttingen 1960; E. WIEST, Die Entwicklung des Nürnberger Gewerbes zwischen 1648 und 1806 (Forsch. zur Sozial- und Wirtschaftsgesch., Bd 12), Stuttgart 1968; K. H. KAUFHOLD, Das Handwerk der Stadt Hildesheim im 18. Jahrhundert, Eine wirtschaftsgeschichtliche Studie, Göttingen ²1980; W. TROELTSCH, Die Calwer Zeughandlungskompagnie und ihre Arbeiter, Studien zur Gewerbe- und Sozialgeschichte Altwürttembergs, Jena 1897; E. SCHREMMER, Standortausweitung der Warenproduktion im langfristigen Wirtschaftswachstum, Zur Stadt-Land-Arbeitsteilung im Gewerbe des 18. Jahrhunderts, in: VSWG 59, 1972, 1–40; H. KISCH, The textile industries in Silesia and the Rhineland, A comparative study in industrialisation, in: Journ. of Econ. Hist. 19, 1959, 541–564; DERS., From monopoly to laissez faire, The early growth of the Wupper Valley textile trades, in: Journ. of Europ. Econ. Hist. 1, 1972, 298–407.

*Manufakturen, Proto-Industrie:* G. SCHMOLLER und O. HINTZE, Die Preußische Seidenindustrie im 18. Jahrhundert und ihre Begründung durch Friedrich den Großen, 3 Bde, Berlin 1892; C. HINRICHS, Die Wollindustrie in Preußen unter Friedrich Wilhelm I. (Acta Borussia 2,5), Berlin 1933; H. KRÜGER, Zur Geschichte der Manufakturen und Manufakturarbeiter in Preußen, Die mittleren Provinzen in der zweiten Hälfte des 18. Jahrhunderts, Berlin 1958; P. KRIEDTE, H. MEDICK und J. SCHLUMBOHM, Industrialisierung vor der Industrialisierung, Gewerbliche Warenproduktion auf dem Land in der Formationsperiode des Kapitalismus (Veröff. des Max-Planck-Instituts für Gesch., Bd 53), Göttingen 1977; W. ZORN, Unternehmer und Aristokratie in Deutschland, Ein Beitrag zur Geschichte des sozialen Stils und Selbstbewußtseins in der Neuzeit, in: Tradition 8, 1969, 241–254; H. MEDICK, Privilegiertes Handelskapital und »kleine Industrie«, Produktion und Produktionsverhältnisse im Leinengewerbe des alt-württembergischen Oberamts Urach im 18. Jahrhundert, in: Arch. für Sozialgesch. 23, 1983, 267–310; P. KRIEDTE, Proto-Industrialisierung und großes Kapital, Das Seidengewerbe in Krefeld und

seinem Umland bis zum Ende des Ancien Régime, in: Arch. für Sozialgesch. 23, 1983, 219–266.
*Wirtschaftspolitik:* J. BOG, Der Reichsmerkantilismus, Studien zur Wirtschaftspolitik des Heiligen Römischen Reiches im 17. und 18. Jahrhundert, Stuttgart 1959; F. LÜTGE, Reich und Wirtschaft, Zur Reichsgewerbe- und Reichshandelspolitik vom 15. bis 18. Jahrhundert, Dortmund 1961; F. BLAICH, Die Wirtschaftspolitik des Reichstags im Heiligen Römischen Reich, Ein Beitrag zur Problemgeschichte wirtschaftlichen Gestaltens, Stuttgart 1970; H. PROESLER, Das Gesamtdeutsche Handwerk im Spiegel der Reichsgesetzgebung von 1530 bis 1806, Berlin 1954; F. FACIUS, Wirtschaft und Staat, Die Entwicklung der staatlichen Wirtschaftsverwaltung in Deutschland vom 17. Jahrhundert bis 1945, Boppard 1959; G. JAHN, Zur Gewerbepolitik der deutschen Landesfürsten vom 16. bis zum 18. Jahrhundert, Leipzig 1909; W. SÖLL, Die staatliche Wirtschaftspolitik in Württemberg im 17. und 18. Jahrhundert, Tübingen 1934; M. BARKHAUSEN, Staatliche Wirtschaftslenkung und freies Unternehmertum im westdeutschen und im nord- und südniederländischen Raum bei der Entstehung der neuzeitlichen Industrie im 18. Jahrhundert, in: VSWG 45, 1958, 168–241; U. MUHLACK, Physiokratie und Absolutismus in Frankreich und Deutschland, in: ZHF 9, 1982, 15–46.

Reich und reichsständische »Libertät«

*Politisches Geschehen:* C. HINRICHS, Das Reich und die Territorialstaaten im Zeitalter des Absolutismus, 1648–1789, in: P. RASSOW (Hg.), Deutsche Geschichte im Überblick, Stuttgart ³1973, 316–355; R. SCHNUR, Der Rheinbund von 1658 in der deutschen Verfassungsgeschichte, Bonn 1955; K. O. V. ARETIN (Hg.), Der Kurfürst von Mainz und die Kreisassoziationen, 1648–1746, Zur verfassungsmäßigen Stellung der Reichskreise nach dem Westfälischen Frieden (Veröff. des Instituts für Europ. Gesch., Abt. Universalgesch., Beiheft 2), Wiesbaden 1975; W. KOHL, Christoph Bernhard von Galen, Politische Geschichte des Fürstbistums Münster, 1650–1678, Münster 1964; M. GÖHRING, Kaiserwahl und Rheinbund von 1658, Ein Höhepunkt des Kampfes zwischen Habsburg und Bourbon um die Beherrschung des Reiches, in: Geschichtliche Kräfte und Entscheidungen, Festschrift für O. Becker, Wiesbaden 1954, 65–83.

*Reichskirche:* H. E. FEINE, Die Besetzung der Reichsbistümer vom Westfälischen Frieden bis zur Säkularisation, 1648–1803, Stuttgart 1921; H. JEDIN, Die Reichskirche der Schönbornzeit, in: Trierer Theol. Zs. 65, 1956, 202–216; R. VIERHAUS, Wahlkapitulationen in den geistlichen Staaten des Reiches im 18. Jahrhundert, in: Herrschaftsverträge, Wahlkapitulationen, Fundamentalgesetze (Veröff. des Max-Planck-Instituts für Gesch., Bd 56), Göttingen 1977, 205–219; E. KRAUSEN, Die Herkunft der bayerischen Prälaten des 17. und 18. Jahrhunderts, in: ZBLG 27, 1964, 259–285; A. v. REDEN-DOHNA, Reichsstandschaft und Klosterherrschaft, Die schwäbischen Reichsprälaten im Zeitalter des Barock (Veröff. des Instituts für Europ. Gesch., Vorträge 78), Wiesbaden 1982; H. H. HOFMANN, Der Staat des Deutschmeisters, Studien zu einer Geschichte des Deutschen Ordens im Heiligen Römischen Reich deutscher Nation, München 1964.
*Reichsstädte:* O. BRUNNER, Souveränitätsprobleme und Sozialstruktur in den deutschen Reichsstädten der früheren Neuzeit, in: VSWG 50, 1963, 329–360; R. HILDEBRANDT, Aachen, Rat contra Bürgerschaft, Die Verfassungskonflikte in den Reichsstädten des 17. und 18. Jahrhunderts, in: Zs. für Stadtgesch., Stadtsoz. und Denkmalpfl. 1, 1974, 221–241; I. BATORI, Die Reichsstadt Augsburg im 18. Jahrhundert, Verfassung, Finanzen und Reformversuche (Veröff. des Max-Planck-Instituts für Gesch., Bd 22), Göttingen 1969; H. VOELCKER (Hg.), Die Stadt Goethes, Frankfurt am Main im 18. Jahrhundert, Frankfurt am Main 1932; F. HERRE, Das Augsburger Bürgertum im Zeitalter der Aufklärung, Augsburg und Basel 1951; W. ZORN, Augsburg, Geschichte einer deutschen Stadt, München und Zürich 1975; L. LENK, Augsburger Bürgertum im Späthumanismus und Frühbarock, 1580–1700, Augsburg 1968; C.-H. HAUPTMEYER, Verfassung und Herrschaft in Isny, Untersuchungen zur reichsstädtischen Rechts-, Verfassungs- und Sozialgeschichte, vornehmlich in der frühen Neuzeit (Göppinger Akad. Beitr., Bd 97), Göppingen 1976.
*Reichsritterschaft:* K. H. ROTH V. SCHRECKENSTEIN, Geschichte der ehemaligen freien Reichsritterschaft in Schwaben, Franken und am Rheinstrome, Tübingen ²1886; G. PFEIFFER, Studien zur Geschichte der fränkischen Reichsritterschaft, in: Jb. für fränk. Landesforsch. 22, 1962, 173–280.

## Institutionen und gesellschaftliche Kultur

### Fürstlicher Absolutismus und landständischer Widerstand

*Absolutismus:* G. OESTREICH, Strukturprobleme der frühen Neuzeit, Ausgewählte Aufsätze, Berlin 1980; R. VIERHAUS, Absolutismus, in: Sowjetsystem und demokratische Gesellschaft, Eine vergleichende Enzyklopädie, Bd 1, Freiburg i. Br. 1966, Sp. 17–38; W. HUBATSCH (Hg.), Absolutismus (Wege der Forschung, Bd 314), Darmstadt 1973; R. WITTRAM, Formen und Wandlungen des europäischen Absolutismus, in: Glaube und Geschichte, Festschrift für F. Gogarten, Gießen 1948, 278–299; ST. SKALWEIT, Das Zeitalter des Absolutismus als Forschungsproblem, in: DVjs 35, 1961, 298–315; DERS., Das Herrscherbild des 17. Jahrhunderts, in: HZ 184, 1957, 65–80; F. HARTUNG, Die Epochen der absoluten Monarchie in der neueren Geschichte, in: HZ 145, 1932, 46–52; F. HARTUNG und R. MOUSNIER, Quelques problèmes concernant la monarchie absolue, in: Relazioni del X congr. internaz. di scienze storiche Rom 1955, Firenze 1955, Bd 4, 1–55; K. V. RAUMER, Absoluter Staat, korporative Libertät, persönliche Freiheit, in: HZ 183, 1957, 55–96; G. OESTREICH, Geist und Gestalt des frühmodernen Staates, Berlin 1969; J. KUNISCH (Hg.), Der dynastische Fürstenstaat, Zur Bedeutung von Sukzessionsordnungen für die Entstehung des frühmodernen Staates, Berlin 1982; H. H. HOFMANN, Adelige Herrschaft und souveräner Staat, Studien über Staat und Gesellschaft in Franken und Bayern im 18. und 19. Jahrhundert, München 1962; CH. LINK, Herrschaftsordnung und bürgerliche Freiheit, Grenzen der Staatsgewalt in der älteren deutschen Staatslehre (Wiener rechtsgeschichtliche Arbeiten, Bd 12), Wien 1979; K. O. V. ARETIN (Hg.), Der Aufgeklärte Absolutismus (Neue wiss. Bibl., Bd 67), Köln 1974; F. HARTUNG, Der aufgeklärte Absolutismus, in: HZ 180, 1955, 15–42; J. G. GAGLIARDO, Enlightened despotism, London 1968; L. KRIEGER, An essay on the theory of enlightened despotism, Chicago und London 1975; E. WALDER, Zwei Studien über den aufgeklärten Absolutismus, in: Schweizer Beitr. zur Allgemeinen Gesch. 15, 1957, 134–171; H. DOLLINGER, Die historisch-politische Funktion des Herrscherbildes in der Neuzeit, in: Weltpolitik, Europagedanke, Regionalismus, Festschrift für H. Gollwitzer, Münster 1982, 19–45.

*Ständewesen:* O. BRUNNER, Die Freiheitsrechte in der altständischen Gesellschaft, in: Aus Verfassungs- und Landesgeschichte, Festschrift für Th. Mayer, Bd 1, Lindau 1954, 293–303; F. L. CARSTEN, Princes and Parliaments in Germany, From the fifteenth to the eighteenth century, Oxford 1959; DERS., Die Ursachen des Niedergangs der deutschen Landstände, in: HZ 192, 1961, 273–281; G. OESTREICH, Ständetum und Staatsbildung in Deutschland, in: Der Staat 6, 1967, 61–73; D. GERHARD, Regionalismus und ständisches Wesen als ein Grundthema europäischer Geschichte, in: HZ 174, 1952, 307–337; DERS., Amtsträger zwischen Krongewalt und Ständen, Ein Europäisches Problem, in: Alteuropa und die moderne Gesellschaft, Festschrift für O. Brunner, Göttingen 1963, 230–247; DERS., Ständische Vertretungen und Land, in: Festschrift für H. Heimpel (Veröff. des Max-Planck-Instituts für Gesch., Bd 36/I), Göttingen 1971, 447–472; DERS. (Hg.), Ständische Vertretungen in Europa im 17. und 18. Jahrhundert (Veröff. des Max-Planck-Instituts für Gesch., Bd 27), Göttingen ²1974; R. VIERHAUS, Ständewesen und Staatsverwaltung in Deutschland im späten 18. Jahrhundert, in: Dauer und Wandel der Geschichte, Festgabe für K. v. Raumer, Münster 1966, 337–360; DERS., Montesquieu in Deutschland, Zur Geschichte seiner Wirkung als politischer Schriftsteller im 18. Jahrhundert, in: Collegium philosophicum, Studien, Joachim Ritter zum 60. Geburtstag, Basel und Stuttgart 1965, 403–437.

### Heere und Verwaltungen

*Militär:* M. JAEHNS, Geschichte der Kriegswissenschaft in Deutschland, Bde 3 und 4, München und Leipzig 1890/91; H. DELBRÜCK, Geschichte der Kriegskunst im Rahmen der politischen Geschichte, Bd 4: Die Neuzeit, Nachdruck Berlin 1962; *Handbuch zur deutschen Militärgeschichte, 1648–1939*, in Bd 1: G. PAPKE, Von der Miliz zum Stehenden Heer, Wehrwesen im Absolutismus, 1648–1789, München 1979; K. DEMETER, Das deutsche Offizierskorps in Gesellschaft und Staat, 1650–1945, Frankfurt am Main ⁴1965; G. RITTER, Staatskunst und Kriegshandwerk, Das Problem des »Militarismus« in Deutschland, Bd 1: Die altpreußische Tradition, 1740–1890, München 1954; L. DEHIO, Um den deutschen Militarismus, in: HZ 180, 1955, 43–64; J. KUNISCH, Der kleine Krieg, Studien zum Heerwesen des Ab-

solutismus (Frankf. Hist. Abh., Bd 4), Wiesbaden 1973; H. EICHBERG, Militär und Technik, Schwedenfestungen des 17. Jahrhunderts in den Herzogtümern Bremen und Verden (Bochumer Hist. Stud., Bd 7), Düsseldorf 1976; O. REGELE, Der österreichische Hofkriegsrat, 1556–1848, Wien 1949.
*Verwaltung, Beamte:* K. G. A. JESERICH, H. POHL und G.-CHR. V. UNRUH (Hg.), Deutsche Verwaltungsgeschichte, Bd 1: Vom Spätmittelalter bis zum Ende des Reiches, Stuttgart 1983; O. HINTZE, Der Beamtenstand (Vortr. der Gehe-Stiftung zu Dresden, Bd 3), Leipzig 1911; W. BLEEK, Von der Kameralausbildung zum Juristenprivileg, Studium, Prüfung und Ausbildung der höheren Beamten des allgemeinen Verwaltungsdienstes in Deutschland im 18. und 19. Jahrhundert, Berlin 1972; B. WUNDER, Die Sozialstruktur der Geheimratskollegien in den süddeutschen protestantischen Fürstentümern, 1660–1720, Zum Verhältnis von sozialer Mobilität und Briefadel im Absolutismus, in: VSWG 58, 1971, 145–220; C. A. AGENA, Der Amtmann im 17. und 18. Jahrhundert, Ein Beitrag zur Geschichte des Richter- und Beamtentums, Diss. jur. Göttingen 1972; J. LAMPE, Aristokratie, Hofadel und Staatspatriziat in Kurhannover, Die Lebenskreise der höheren Beamten an den kurhannoverschen Zentral- und Hofbehörden, 1714–1760, 2 Bde, Göttingen 1963; H. LIERMANN, Die rechtsgelehrten Beamten der fränkischen Fürstentümer Ansbach und Bayreuth im 18. Jahrhundert, in: Jb. für fränk. Landesgesch. 8/9, 1943, 255–292.

## Recht und Rechtswahrung

H. COING, Epochen der Rechtsgeschichte in Deutschland, München ²1971; F. WIEACKER, Privatrechtsgeschichte der Neuzeit, Göttingen ²1967; E. DOEHRING, Geschichte der deutschen Rechtspflege seit 1500, Berlin 1953; E. SCHMIDT, Einführung in die Geschichte der deutschen Strafrechtspflege, Göttingen ³1965; E. WOLF, Große Rechtsdenker der deutschen Geistesgeschichte, Tübingen ³1951; M. STOLLEIS (Hg.), Staatsdenker im 17. und 18. Jahrhundert, Reichspublizistik, Politik, Naturrecht, Frankfurt am Main 1977; G. BIRTSCH (Hg.), Grund- und Freiheitsrechte im Wandel von Gesellschaft und Geschichte, Beiträge zur Geschichte der Grund- und Freiheitsrechte vom Ausgang des Mittelalters bis zur Revolution von 1848 (Veröff. zur Gesch. der Grund- und Freiheitsrechte, Bd 1), Göttingen 1981; H. WELZEL, Die Naturrechtslehre Samuel Pufendorfs, Ein Beitrag zur Ideengeschichte des 17. und 18. Jahrhunderts, Berlin 1958; C. LINK, Herrschaftsordnung und bürgerliche Freiheit, Grenzen der Staatsgewalt in der älteren deutschen Staatslehre (Wiener Rechtsgesch. Arbeiten, Bd 12), Wien, Köln und Graz 1979; D. KLIPPEL, Politische Freiheit und Freiheitsrechte im deutschen Naturrecht des 18. Jahrhunderts (Rechts- und Staatswiss. Veröff. der Görres-Gesellschaft, N.F. Bd 23), Paderborn 1976; O. V. GIERKE, Johannes Althusius und die Entwicklung der naturrechtlichen Staatstheorien, zugleich ein Beitrag zur Geschichte der Rechtssystematik, Aalen ⁵1958; M. RAEFF, The well-ordered police state, Social and institutional change through law in the Germanies and Russia, 1600–1800, New Haven und London 1983; H. RABE, Naturrecht und Kirche bei S. v. Pufendorf (Schriften zur Kirchen- und Rechtsgesch., Bd 5), Tübingen 1958; K. WOLZENDORFF, Der Polizeigedanke des modernen Staats, Ein Versuch zur allgemeinen Verwaltungslehre, unter besonderer Berücksichtigung der Entwicklung in Preußen, Breslau 1918; H. MAIER, Die ältere deutsche Staats- und Verwaltungslehre, München ²1980; DERS., Ältere deutsche Staatslehre und westliche politische Tradition (Recht und Staat, Bd 321), Tübingen 1966; N. HAMMERSTEIN, Jus Publicum Romano-Germanicum, in: Diritto e potere nella storia Europea, Florenz 1982, 717–753; R. SCHULZE, Policey und Gesetzgebungslehre im 18. Jahrhundert (Schriften zur Rechtsgesch. 25), Berlin 1982; M. STOLLEIS (Hg.), Hermann Conring, 1606–1681, Beiträge zu Leben und Werk, Berlin 1983; J. BRÜCKNER, Staatswissenschaften, Kameralismus und Naturrecht, Ein Beitrag zur Geschichte der politischen Wissenschaften in Deutschland im späten 17. und frühen 18. Jahrhundert (Münchner Stud. zur Politik, Bd 27), München 1977.

## Kirchenverfassung und kirchliches Leben

*Allgemeines:* H. JEDIN (Hg.), *Handbuch der Kirchengeschichte*, Bd 5: W. MÜLLER, Die Kirche im Zeitalter des Absolutismus und der Aufklärung, Freiburg 1970; K. BIHLMEYER, Kirchengeschichte, Neu besorgt von H. TÜCHLE, Bd 3: Die Neuzeit und die neueste Zeit, Paderborn ¹⁵1956; *Handbuch der Kirchengeschichte für Studierende,* Bd 4: Die Neuzeit, Neubearbeitet von H. STEPHAN und H. LEUBE, Tübingen ²1931; H. W. KRUMWIEDE,

Geschichte des Christentums, Bd 3: Neuzeit, 17.–20. Jahrhundert, Stuttgart und Berlin 1977; K. D. SCHMIDT, Grundriß der Kirchengeschichte, Göttingen ³1960; J. WALLMANN, Kirchengeschichte Deutschlands, Bd 2: Von der Reformation bis zur Gegenwart, Frankfurt am Main 1973; H. LEHMANN, Das Zeitalter des Absolutismus, Gottesgnadentum und Kriegsnot (Christentum und Gesellschaft, Bd 9), Stuttgart 1980; H. RUMPEL, Das Staatskirchentum des Absolutismus und die Französische Revolution, in: W. P. FUCHS (Hg.), Staat und Kirche im Wandel der Jahrhunderte, Stuttgart 1966, 130–145; W. GROSSMANN, Religious toleration in Germany, 1648–1750, in: Studies on Voltaire and the eighteenth century 201, 1982, 115–141; DERS., Städtisches Wachstum und religiöse Toleranzpolitik am Beispiel Neuwied, in: AKG 62/63, 1980/81, 207–222.

*Katholizismus:* F. HEYER, Die katholische Kirche vom Westfälischen Frieden bis zum ersten Vatikanischen Konzil (Die Kirche in ihrer Geschichte, Bd 4,1), Göttingen 1963; S. MERKLE, Die kirchliche Aufklärung im katholischen Deutschland, Berlin 1910; G. *Schnürer,* Katholische Kirche und Kultur in der Barockzeit, Paderborn 1937.

*Protestantismus:* C. M. SCHRÖDER (Hg.), Klassiker des Protestantismus, Bd 5: W. ZELLER, Der Protestantismus des 17. Jahrhunderts, Bremen 1962; Bd 6: W. JANNASCH, Das Zeitalter des Pietismus, Bremen 1962; Bd 7: W. PHILIPP, Das Zeitalter der Aufklärung, Bremen 1963; F. W. KANTZENBACH, Protestantisches Christentum im Zeitalter der Aufklärung (Evangelische Enzyklopädie, Bde 5 und 6), Gütersloh 1965; E. HIRSCH, Geschichte der neueren evangelischen Theologie im Zusammenhang mit den allgemeinen Bewegungen des europäischen Denkens, 2 Bde, Gütersloh 1949–1951; W. PHILIPP, Das Werden der Aufklärung in theologiegeschichtlicher Sicht (Forsch. zur system. Theologie und Religionsphilosophie, Bd 3), Göttingen 1957; K. ANER, Die Theologie der Lessingzeit, Halle 1929; K. SCHOLDER, Grundzüge der theologischen Aufklärung, in: Geist und Geschichte der Reformation, Festschrift für H. Rükkert, Berlin 1966, 460–486.

*Pietismus:* A. RITSCHL, Geschichte des Pietismus, 3 Bde, Bonn 1880–1886, Nachdruck Berlin 1966; M. SCHMIDT, Pietismus, Stuttgart 1972; J. WALLMANN, Philipp Jakob Spener und die Anfänge des Pietismus (Beitr. zur hist. Theologie, Bd 42), Tübingen 1970; H. LEHMANN, Pietismus und weltliche Ordnung in Württemberg vom 17. bis zum 20. Jahrhundert, Stuttgart 1969; C. HINRICHS, Preußentum und Pietismus, Der Pietismus in Brandenburg-Preußen als religiös-soziale Reformbewegung, Göttingen 1971; DERS., Das Bild des Bürgers in der Auseinandersetzung zwischen Christian Thomasius und August Hermann Francke, in: Hist. Forschungen und Probleme, Peter Rassow zum 70. Geburtstag, Wiesbaden 1961, 88–121; K. DEPPERMANN, Der hallische Pietismus und der preußische Staat unter Friedrich III. (I.), Göttingen 1961; E. BEYREUTHER, A. H. Francke und die Anfänge der ökumenischen Bewegung, Leipzig 1957; DERS., Zinzendorf und die Christenheit, 1732–1760, Marburg 1961; G. BONDI, Der Beitrag des hallischen Pietismus zur Entwicklung des ökonomischen Denkens in Deutschland, in: JbW 1964, 2/3, 24–48; G. KAISER, Pietismus und Patriotismus im literarischen Deutschland, Ein Beitrag zum Problem der Säkularisation (Veröff. des Instituts für Europ. Gesch., Bd 24), Wiesbaden 1961; MARY FULBROOK, Piety and politics, Religion and the rise of absolutism in England, Württemberg and Prussia, Cambridge 1983; G. MÄLZER, Johann Albrecht Bengel, Leben und Werk, Stuttgart 1970; P. BAUMGART, Leibniz und der Pietismus, Universale Reformbestrebungen um 1700, in: AKG 48, 1966, 364–386; H. LEHMANN und D. LOHMEIER (Hg.), Aufklärung und Pietismus im dänischen Gesamtstaat, 1720–1820 (Kieler Stud. zur deutschen Literaturgesch., Bd 16), Kiel 1983; H. LEHMANN, Der Pietismus im Alten Reich, in: HZ 214, 1972, 58–95; DERS., »Absonderung« und »Gemeinschaft« im frühen Pietismus, in: Pietismus und Neuzeit 4, 1979, 54–82; G. MASUR, Naturrecht und Kirche, Studien zum Problem der evangelischen Kirchenverfassung im 18. Jahrhundert, in: HZ 148, 1933, 29–70.

## Wissenschaft und Gelehrsamkeit

*Allgemeines:* J. MITTELSTRASS, Neuzeit und Aufklärung, Studien zur Entstehung der neuzeitlichen Wissenschaft und Philosophie, Berlin 1970; G. E. GRIMM, Literatur und Gelehrtentum in Deutschland, Untersuchungen zum Wandel ihres Verhältnisses vom Humanismus bis zur Frühaufklärung (Stud. zur deutschen Literatur, Bd 75), Tübingen 1983; K. G. FABER, Zum Verhältnis von Absolutismus und Wissenschaft (Abh. der geistes- und sozialwiss. Klasse der Akademie der Wissenschaften und der Literatur Mainz, Jg 1983, Nr 5), Mainz 1983; J. O. FLECKENSTEIN, G. W. Leibniz, Barock und Universalismus, München 1958.

*Akademien, Universitäten:* F. HARTMANN und R. VIERHAUS (Hg.), Der Akademiegedanke im 17. und 18. Jahrhundert (Wolfenbütteler Forsch., Bd 3), Bremen und Wolfenbüttel 1977; A. HARNACK, Geschichte der königlich preußischen Akademie der Wissenschaften zu Berlin, 4 Bde, Berlin 1900; L. HAMMERMAYER, Gründungs- und Frühgeschichte der Bayerischen Akademie der Wissenschaften (Münchener hist. Studien, Abt. Bayerische Gesch., Bd 4), Kallmünz 1959; M. STEINMETZ (Hg.), Geschichte der Universität Jena, 1548/58–1958, Festgabe zum vierhundertjährigen Universitätsjubiläum, 2 Bde, Jena 1958–1962; W. SCHRADER, Geschichte der Friedrichs-Universität zu Halle, 2 Bde, Berlin 1894; E. F. RÖSSLER, Die Gründung der Universität Göttingen, Entwürfe, Berichte und Briefe der Zeitgenossen, Göttingen 1855; G. V. SELLE, Die Georg-August-Universität zu Göttingen, 1737–1937, Göttingen 1937; R. HAASS, Die geistige Haltung der katholischen Universitäten Deutschlands im 18. Jahrhundert, Ein Beitrag zur Geschichte der Aufklärung, Freiburg 1952; F. EULENBURG, Die Frequenz der deutschen Universitäten von ihrer Gründung bis zur Gegenwart (Abh. der K. Sächs. Gesellschaft der Wissenschaften, Phil.-hist. Klasse, Bd 24,2), Leipzig 1904; H. SCHNEPPEN, Niederländische Universitäten und deutsches Geistesleben, Von der Gründung der Universität Leiden bis ins späte 18. Jahrhundert (Neue münstersche Beitr. zur Geschichtsforsch., Bd 6), Münster 1960; H. RÖSSLER und G. FRANZ (Hg.), Universität und Gelehrtenstand, 1400–1800 (Deutsche Führungsschichten in der Neuzeit, Bd 4), Limburg 1970; L. HAMMERMAYER, Akademiebewegung und Wissenschaftsorganisation, in: E. AMBURGER, M. CLEŚLA und L. SZLKLAY (Hg.), Wissenschaftspolitik in Mittel- und Osteuropa, Wissenschaftliche Gesellschaften, Akademien und Hochschulen im 18. und beginnenden 19. Jahrhundert (Stud. zur Gesch. der Kulturbeziehungen in Mittel- und Osteuropa, Bd 3), Berlin 1976.
*Geschichtswissenschaft:* E. C. SCHERER, Geschichte und Kirchengeschichte an den deutschen Universitäten, Ihre Anfänge im Zeitalter des Humanismus und ihre Ausbildung zu selbständigen Disziplinen, Freiburg i.Br. 1927; N. HAMMERSTEIN, Jus und Historie, Ein Beitrag zur Geschichte des historischen Denkens an deutschen Universitäten im späten 17. und im 18. Jahrhundert, Göttingen 1972; P. H. REILL, The German enlightenment and the rise of historicism, Berkeley 1975; JÜRGEN VOSS, Universität, Geschichtswissenschaft und Diplomatie im Zeitalter der Aufklärung, Johann Daniel Schöpflin, 1694–1771 (Veröff. des Hist. Instituts der Universität Mannheim, Bd 4), München 1979.

Erziehung und Bildung

*Allgemeines:* R. VIERHAUS, Bildung, in: O. BRUNNER, W. CONZE und R. KOSELLEK (Hg.), Geschichtliche Grundbegriffe, Historisches Lexikon zur politisch-sozialen Sprache in Deutschland, Bd 1, Stuttgart 1972, 508–551; G. DOHMEN, Bildung und Schule, Die Entstehung des deutschen Bildungsbegriffs und die Entwicklung seines Verhältnisses zur Schule, 2 Bde, Weinheim 1964/65; F. K. RINGER, Education and society in modern Europe, Bloomington und London 1979; F. PAULSEN, Das deutsche Bildungswesen in seiner geschichtlichen Entwicklung, 1908, Neudruck mit einem Nachwort von W. Flitner, Stuttgart 1966; DERS., Geschichte des gelehrten Unterrichts auf den deutschen Schulen und Universitäten vom Ausgang des Mittelalters bis zur Gegenwart, 2 Bde, Leipzig 1921; A. HEUBAUM, Geschichte des deutschen Bildungswesens seit der Mitte des 17. Jahrhunderts, Bd 1, Berlin 1905; TH. BALLAUF und K. SCHALLER, Pädagogik, Eine Geschichte der Bildung und Erziehung, Bd 2: Vom 16. bis zum 19. Jahrhundert, Freiburg und München 1970; H. BLANKERTZ, Geschichte der Pädagogik von der Aufklärung bis zur Gegenwart, Wetzlar 1982; W. ZORN, Hochschule und höhere Schule in der deutschen Sozialgeschichte der Neuzeit, in: Spiegel der Geschichte, Festgabe für M. Braubach, München 1964, 321–339; H. A. HORN, Christian Weise als Erneuerer des deutschen Gymnasiums im Zeitalter des Barock, Der »Politicus« als Bildungsideal, Weinheim 1966.
*Bürgerliche Welt- und Lebensanschauung:* U. HERRMANN (Hg.), »Die Bildung des Bürgers«, Die Formierung der bürgerlichen Gesellschaft und die Gebildeten im 18. Jahrhundert (Gesch. des Erziehungs- und Bildungswesens in Deutschland, Bd 2), Weinheim und Basel 1982; J. HABERMAS, Strukturwandel der Öffentlichkeit, Untersuchungen zu einer Kategorie der bürgerlichen Gesellschaft, Neuwied und Berlin ⁵1971; A. SCHÖNE (Hg.), Stadt, Schule, Universität, Buchwesen und die deutsche Literatur im 17. Jahrhundert, München 1976.
*Buchwesen, Presse:* R. ENGELSING, Analphabetentum und Lektüre, Zur Sozialgeschichte des Lesens

in Deutschland zwischen feudaler und industrieller Gesellschaft, Stuttgart 1973; F. KAPP und J. GOLDFRIEDRICH, Geschichte des deutschen Buchhandels, Bde 2 und 3, Leipzig 1908/09, Neudruck München 1970; H. WIDMANN (Hg.), Der deutsche Buchhandel in Urkunden und Quellen, 2 Bde, Hamburg 1965; J. KIRCHNER, Das deutsche Zeitschriftenwesen, Seine Geschichte und seine Probleme, 2 Bde, Wiesbaden 1958–1962; M. LINDEMANN, Deutsche Presse bis 1815 (Gesch. der deutschen Presse, Teil 1), Berlin 1969.

Sprache und Literatur

*Sprache:* E. A. BLACKALL, Die Entwicklung des Deutschen zur Literatursprache, 1700–1775, deutsche Ausgabe Stuttgart 1966; W. BARNER, Barockrhetorik, Untersuchungen zu ihren geschichtlichen Grundlagen, Tübingen 1970; V. SINEMUS, Poetik und Rhetorik im frühmodernen deutschen Staat, Sozialgeschichtliche Bedingungen des Normenwandels im 17. Jahrhundert (Palaestra, Bd 269), Göttingen 1978; G. FRÜHSORGE, Der politische Körper, Zum Begriff des Politischen im 17. Jahrhundert und in den Romanen Christian Weises, Stuttgart 1974; J. GESSINGER, Sprache und Bürgertum, Zur Sozialgeschichte sprachlicher Verkehrsformen im Deutschland des 18. Jahrhunderts, Stuttgart 1980; H. SCHÖFFLER, Deutsches Geistesleben zwischen Reformation und Aufklärung, Von Martin Opitz zu Christian Wolff, Frankfurt am Main ²1956.
*Literaturgeschichte:* A. SCHÖNE (Hg.), Das Zeitalter des Barock (Die deutsche Literatur, Texte und Zeugnisse, Bd 3), München 1963; W. KILLY (Hg.), Das 18. Jahrhundert (Die deutsche Literatur, Texte und Zeugnisse, Bd 4, 2 Teile), München 1983; H. HETTNER, Literaturgeschichte des 18. Jahrhunderts, 3 Teile, Braunschweig 1856–1870; *Neues Handbuch der Literaturwissenschaft,* Bd 11: W. HINCK (Hg.), Europäische Aufklärung 1, Frankfurt am Main 1974; R. NEWALD, Vom Späthumanismus zur Empfindsamkeit, 1570–1750 (Gesch. der deutschen Literatur von den Anfängen bis zur Gegenwart, Bd 5), München ⁶1967; DERS., Von Klopstock bis zu Goethes Tod, 1750–1832, Teil 1: Ende der Aufklärung und Vorbereitung der Klassik (Gesch. der deutschen Literatur von den Anfängen bis zur Gegenwart, Bd 6,1), München ⁵1967; R. GRIMMINGER (Hg.), Deutsche Aufklärung bis zur Französischen Revolution, 1680–1789 (Hansers Sozialgesch. der deutschen Literatur vom 16. Jahrhundert bis zur Gegenwart, Bd 3), München und Wien 1980; G. KAISER, Aufklärung, Empfindsamkeit, Sturm und Drang (Gesch. der deutschen Literatur von den Anfängen bis zur Gegenwart, Bd 3), München ²1976; V. ŽMEGAČ (Hg.), Geschichte der deutschen Literatur vom 18. Jahrhundert bis zur Gegenwart, Bd 1/1, 1700–1848, Königstein 1979; R. ALEWYN (Hg.), Deutsche Barockforschung, Dokumentation einer Epoche (Neue wiss. Bibl., Bd 7), Köln ⁴1970; DERS. und andere (Hg.), Aus der Welt des Barock, Stuttgart 1957; F. VAN INGEN, Vanitas und memento mori in der deutschen Barocklyrik, Groningen 1966; D. KIMPEL, Der Roman der Aufklärung, Stuttgart ²1977; H. SINGER, Der galante Roman, Stuttgart ²1966; H. STEINMETZ, Die Komödie der Aufklärung, Stuttgart ²1971; W. VOSSKAMP, Romantheorie in Deutschland, Von Martin Opitz bis Friedrich von Blanckenburg, Stuttgart 1973; W. RIECK, Gottsched, Berlin 1972; W. BENDER, J. J. Bodmer und J. J. Breitinger, Stuttgart 1973; K. S. GUTHKE, Das deutsche bürgerliche Trauerspiel (Sammlung Metzler 116), Stuttgart ³1980.
*Literatur und Gesellschaft:* H. KIESEL und P. MÜNCH, Gesellschaft und Literatur im 18. Jahrhundert, Voraussetzungen und Entstehung des literarischen Markts in Deutschland, München 1977; K. S. GUTHKE, Literarisches Leben im 18. Jahrhundert in Deutschland und in der Schweiz, Bern und München 1975; W. LEPENIES, Melancholie und Gesellschaft, Münster 1969; H. J. SCHINGS, Melancholie und Aufklärung, Melancholiker und ihre Kritiker in Erfahrungsseelenkunde und Literatur des 18. Jahrhunderts, Stuttgart 1977; W. MARTENS, Die Botschaft der Tugend, Die Aufklärung im Spiegel der deutschen moralischen Wochenschriften, Stuttgart 1968; G. V. GRAEVENITZ, Innerlichkeit und Öffentlichkeit, Aspekte deutscher »bürgerlicher« Literatur im frühen 18. Jahrhundert, in: DVjs, Sonderheft 49, 1975, 1–82; R. ENGELSING, Der Bürger als Leser, Lesergeschichte in Deutschland, 1500–1800, Stuttgart 1974.

Bildende Kunst und Musik

*Allgemeines:* A. HAUSER, Sozialgeschichte der Kunst und Literatur, 2 Bde, München 1953; R. STAMM (Hg.), Die Kunstformen des Barockzeitalters, Vierzehn Vorträge, Bern und München 1956; W. PINDER, Deutscher Barock, Königstein ²1965; J. NEUMANN, Der böhmische Barock, deutsche

Ausgabe Prag 1970; B. HUBENSTEINER, Vom Geist des Barock, Kultur und Frömmigkeit im alten Bayern, München 1967; *Propyläen Kunstgeschichte*, Bd 9: E. HUBALA, Die Kunst des 17. Jahrhunderts, Berlin 1970.
*Architektur:* A. E. BRINKMANN und M. WACKERNAGEL, Die Baukunst des 17. und 18. Jahrhunderts in den romanischen und germanischen Ländern (Die Baukunst des 17. und 18. Jahrhunderts, Bde 1 und 2), Berlin ⁴1922; W. HAGER, Barock, Architektur, Baden-Baden 1968; DERS., Barock, Skulptur und Malerei, Baden-Baden 1969; E. HEMPEL, Baroque art and architecture in Central Europe, Harmondsworth 1965.
*Musik:* R. HAAS, Die Musik des Barock (Hb. der Musikwissenschaft), Wildpark-Potsdam 1934; P. RUMMENHÖLLER, Die musikalische Vorklassik, Kulturhistorische und musikgeschichtliche Grundrisse zur Musik im 18. Jahrhundert zwischen Barock und Klassik, München und Kassel 1983; G. J. BUELOW und H. J. MARX (Hg.), New Mattheson studies, Cambridge 1983.
*Theater:* H. TINTELNOT, Barocktheater und barocke Kunst, Die Entwicklungsgeschichte der Fest- und Theater-Dekoration in ihrem Verhältnis zur barocken Kunst, Berlin 1939; R. ALEWYN und K. SÄLZLE, Das große Welttheater, Die Epoche der höfischen Feste in Dokument und Deutung, Hamburg 1959.

## Aufklärung

*Allgemeines:* H. STUKE, Aufklärung, in: O. BRUNNER, W. CONZE und R. KOSELLEK (Hg.), Geschichtliche Grundbegriffe, Historisches Lexikon zur politisch-sozialen Sprache in Deutschland, Bd 1, Stuttgart 1972, 243–342; F. VALJAVEC, Geschichte der abendländischen Aufklärung, Wien und München 1961; P. PÜTZ (Hg.), Erforschung der deutschen Aufklärung (Neue wiss. Bibl., Bd 94), Königstein 1980; H. M WOLFF, Die Weltanschauung der deutschen Aufklärung in geschichtlicher Entwicklung, Bern ²1965; F. DIEKMANN, Themen und Struktur der Aufklärung, in: DERS., Diderot und die Aufklärung, Aufsätze zur europäischen Literatur des 18. Jahrhunderts, Stuttgart 1972, 1–28; R. VIERHAUS, Zur historischen Deutung der Aufklärung, Probleme und Perspektiven, in: Judentum im Zeitalter der Aufklärung (Wolfenbütteler Stud. zur Aufklärung, Bd 4), Bremen und Wolfenbüttel 1977; W. KRAUSS, Perspektiven und Probleme, Zur französischen und deutschen Aufklärung und andere Aufsätze, Berlin 1965; F. ENGEL-JANOSI, G. KLINGENSTEIN und H. LUTZ (Hg.), Formen der europäischen Aufklärung, Untersuchungen zur Situation von Christentum, Bildung und Wissenschaft im 18. Jahrhundert (Wiener Beitr. zur Gesch. der Neuzeit, Bd 3), Wien 1976; U. IM HOF, Aufklärung in der Schweiz, Bern 1970; R. TOELLNER (Hg.), Aufklärung und Humanismus (Wolfenbütteler Stud. zur Aufklärung, Bd 6), Heidelberg 1980; F. KOPITZSCH, Die Aufklärung in Deutschland, Zu ihren Leistungen, Grenzen und Wirkungen, in: Arch. für Sozialgesch. 23, 1983, 1–21; P. BROCKMEIER, R. DESNÉ und J. VOSS (Hg.), Voltaire und Deutschland, Quellen und Untersuchungen zur Rezeption der Französischen Aufklärung, Stuttgart 1979.
*Philosophie:* E. CASSIRER, Die Philosophie der Aufklärung, Tübingen 1932; P. HAZARD, Die Herrschaft der Vernunft, Das europäische Denken im 18. Jahrhundert, deutsche Ausgabe Hamburg 1949; F. BRÜGGEMANN (Hg.), Das Weltbild der deutschen Aufklärung, Philosophische Grundlagen und literarische Auswirkungen: Leibniz, Wolff, Gottsched, Brockes, Haller (Deutsche Literatur, Reihe 14, Aufklärung, Bd 2), Leipzig 1930; W. SCHNEIDERS, Zwischen Welt und Weisheit, Zur Verweltlichung der Philosophie in der frühen Neuzeit, in: Studia Leibnitiana 15, 1983, 2–18; E. HOCHSTETTER (Hg.), Leibniz zu seinem dreihundertsten Geburtstag, 1646–1946, 8 Teile, Berlin 1946–1952; W. TOTOK und C. HAASE (Hg.), Leibniz, Sein Leben, sein Wirken, seine Welt, Hannover 1966; W. SCHNEIDERS, Sozietätspläne und Sozialutopie bei Leibniz, in: Studia Leibnitiana 7, 1975, 58–80; DERS. (Hg.), Christian Wolff, 1679–1754, Interpretationen zu seiner Philosophie und deren Wirkung (Stud. zum 18. Jahrhundert, Bd 4), Hamburg 1983; W. FRAUENDIENST, Christian Wolff als Staatsdenker (Hist. Stud., Bd 171), Berlin 1927; W. SCHNEIDERS, Recht, Moral und Liebe, Untersuchungen zur Entwicklung der Moralphilosophie und Naturrechtslehre des 17. Jahrhunderts bei Thomasius, Münster 1961; M. WUNDT, Die deutsche Schulmetaphysik des 17. Jahrhunderts (Heidelberger Abh. zur Philosophie und ihrer Geschichte 23), Tübingen 1939; DERS., Die deutsche Schulphilosophie im Zeitalter der Aufklärung (Heidelberger Abh. zur Philosophie und ihrer Geschichte 32), Tübingen 1945, Neudruck Hildesheim 1964.
*Frühaufklärung:* E. WINTER, Der Kampf gegen den Konfessionalismus in Mittel- und Osteuropa und die deutsch-slavische Begegnung (Beitr. zur

Gesch. des relig. und wiss. Denkens, Bd 6), Berlin 1966; E. BLOCH, Christian Thomasius, Ein deutscher Gelehrter ohne Misere, Berlin 1953; W. RIECK, Literarische Prozesse in der ersten Phase der deutschen Frühaufklärung, in: Weimarer Beiträge 17, 1971, 115–138; U. C. KETELSEN, Die Naturpoesie der norddeutschen Frühaufklärung, Poesie als Sprache der Versöhnung, Alter Universalismus und neues Weltbild, Stuttgart 1974; H. J. GABLER, Geschmack und Gesellschaft, Rhetorische und sozialgeschichtliche Aspekte der frühaufklärerischen Geschmackskategorien, Frankfurt am Main und Bern 1982; W. SCHNEIDERS, Aufklärung durch Geschichte, Zwischen Geschichtstheologie und Geschichtsphilosophie, in: Studia Leibnitiana, Sonderheft 10, Wiesbaden 1981, 79–99; DERS., Vernunft und Freiheit, Christian Thomasius als Aufklärer, in: Studia Leibnitiana 11, 1979, 3–21; N. HAMMERSTEIN, Thomasius und die Rechtsgelehrsamkeit, in: Studia Leibnitiana 9, 1979, 22–44.

*Aufklärung und Gesellschaft:* F. KOPITZSCH (Hg.), Aufklärung, Absolutismus und Bürgertum in Deutschland, München 1976; R. VIERHAUS (Hg.), Deutsche patriotische und gemeinnützige Gesellschaften (Wolfenbütteler Forsch., Bd 8), München 1980; F. KOPITZSCH, Grundzüge einer Sozialgeschichte der Aufklärung in Hamburg und Altona (Beitr. zur Gesch. Hamburgs, Bd 21, 2 Teile), Hamburg 1982; O. DANN (Hg.), Lesegesellschaften und bürgerliche Emanzipation, Ein europäischer Vergleich, München 1981; F. VENTURI, Utopia and reform in the enlightenment, Cambridge 1971; CHR. BÜRGER, P. BÜRGER und J. SCHULTE-SASSE (Hg.), Aufklärung und literarische Öffentlichkeit, Frankfurt am Main 1980; P. GRAPPIN (Hg.), L'Allemagne des lumières, Périodiques, correspondances, témoignages, Paris 1982; W. MARTENS, Bürgerlichkeit in der frühen Aufklärung, in: Jb. für Gesch. der oberdeutschen Reichsstädte 16, 1970, 106–120; H. BRANDES, Die »Gesellschaft der Maler« und ihr literarischer Beitrag zur Aufklärung, Eine Untersuchung zur Publizistik des 18. Jahrhunderts, Bremen 1974; H. A. GÖPFERT, Vom Autor zum Leser, Beiträge zur Geschichte des Buchwesens, München 1977; M. WELKE, Zeitung und Öffentlichkeit im 18. Jahrhundert, Betrachtungen zur Reichweite und Funktion der periodischen deutschen Tagespublizistik, in: Presse und Geschichte, Beiträge zur historischen Kommunikationsforschung (Stud. zur Publizistik, Bremer Reihe 23), München 1977, 71–99; R. JENTZSCH, Der deutsch-lateinische Büchermarkt nach den Leipziger Ostermeß-Katalogen von 1740, 1770 und 1800 in seiner Gliederung und Wandlung (Beitr. zur Kultur- und Universitätsgesch., Bd 22), Leipzig 1912; H. HAIDER-PREGLER, Des sittlichen Bürgers Abendschule, Bildungsanspruch und Bildungsauftrag des Berufstheaters im 18. Jahrhundert, Wien und München 1980; H. STEINMETZ, Literaturgeschichte und Sozialgeschichte in widersprüchlicher Verschränkung, Das Hamburger Nationaltheater, in: Int. Arch. für Sozialgesch. der deutschen Literatur 4, 1979, 24–36; U. IM HOF, Das gesellige Jahrhundert, Gesellschaft und Gesellschaften im Zeitalter der Aufklärung, München 1982; P. ALBRECHT, Kaffee, Zur Sozialgeschichte eines Getränks (Veröff. des Braunschweigischen Landesmuseums, Nr 23), Braunschweig 1980; R. VIERHAUS, Aufklärung und Freimaurerei, in: Das Vergangene und die Geschichte, Festschrift für R. Wittram, Göttingen 1973, 23–41; B. J. KRASNOBAEV, G. ROBEL und H. ZEMAN (Hg.), Reisen und Reisebeschreibungen im 18. und 19. Jahrhundert als Quellen der Kulturbeziehungsforschung (Stud. zur Gesch. der Kulturbeziehungen in Mittel- und Osteuropa, Bd 6), Berlin 1980; A. MACZAK und H. J. TEUTEBERG (Hg.), Reiseberichte als Quellen europäischer Kulturgeschichte (Wolfenbütteler Forsch., Bd 21), Wolfenbüttel 1982.

## Lebensformen und Mentalitäten

### Allgemeines

P. LASLETT, The world we have lost, London 1966; W. LEPENIES, Probleme einer historischen Anthropologie, in: R. RÜRUP (Hg.), Historische Sozialwissenschaft (Kleine Vandenhoeck-Reihe 1431), Göttingen 1977, 126–159; Mentalitäten und Lebensverhältnisse, Beispiele aus der Sozialgeschichte der Neuzeit, Festschrift für R. Vierhaus zum 60. Geburtstag hg. von Mitarbeitern und Schülern, Göttingen 1982; U. HERRMANN, Probleme und Aspekte historischer Ansätze in der Sozialisationsforschung, in: K. HURRELMANN und D. ULRICH (Hg.), Handbuch der Sozialisationsforschung, Weinheim und Basel 1980, 227–252; E. HINRICHS und W. NORDEN, Regionalgeschichte, Probleme und Beispiele – darin: E. HINRICHS, Mentalitätsgeschichte und regionale Aufklärungsforschung (Veröff. der Hist. Komm. für Niedersachsen und Bremen, Bd 34,6), Hildesheim 1980; R. M. BERDAHL u. a., Klassen und Kultur, Sozialanthropologische Perspektiven in der Geschichtsschreibung, Frankfurt am Main 1982; A. NITSCHKE, Historische Verhaltensforschung, Analysen gesellschaftlicher Verhaltensweisen, Stuttgart 1981; P. BLICKLE, Untertanen in der Frühneuzeit, Zur Rekonstruktion der politischen Kultur und der sozialen Wirklichkeit Deutschlands im 17. Jahrhundert, in: VSWG 70, 1983, 483–522; Sozialgeschichte der Familie in der Neuzeit Europas (Industrielle Welt, Bd 21), Stuttgart 1976; M. MITTERAUER und R. SIEDER (Hg.), Historische Familienforschung, Frankfurt am Main 1982; DIES., Vom Patriarchat zur Partnerschaft, Zum Strukturwandel der Familie, München 1977; J. GOODY u. a. (Hg.), Family and inheritance, Rural society in Western Europe, 1200–1800, Cambridge 1976; A. E. IMHOF, Die gewonnenen Jahre, Von der Zunahme unserer Lebensspanne seit dreihundert Jahren, Ein historischer Essay, München 1981; H. REIF (Hg.), Die Familie in der Geschichte, Göttingen 1982; I. HARDACH-PINKE, Kinderalltag, Aspekte von Kontinuität und Wandel der Kindheit in autobiographischen Zeugnissen, 1700–1900, Frankfurt am Main 1980; I. WEBER-KELLERMANN, Die Kindheit, Frankfurt am Main 1979; J. SCHLUMBOHM (Hg.), Kinderstuben, Wie Kinder zu Bauern, Bürgern, Aristokraten wurden, 1700–1850, München 1983; W. NORDEN, Eine Bevölkerung in der Krise, Die oldenburgische Küstenmarsch, 1600–1850, in: Sozialer und politischer Wandel in Oldenburg, Stud. zur Regionalgeschichte vom 17. bis 20. Jahrhundert, Oldenburg 1981; C. GEBAUER, Geistige Strömungen und Sittlichkeit im 18. Jahrhundert, Beiträge zur deutschen Moralgeschichte, Berlin 1931; W. SCHIEVELBUSCH, Das Paradies, der Geschmack und die Vernunft, Eine Geschichte der Genußmittel, München 1980.

### Das Land

E. HINRICHS und G. WIEGELMANN (Hg.), Sozialer und kultureller Wandel in der ländlichen Welt des 18. Jahrhunderts (Wolfenbütteler Forsch., Bd 19), Wolfenbüttel 1982; H. W. ECKARDT, Herrschaftliche Jagd, bäuerliche Not und bürgerliche Kritik, Zur Geschichte der fürstlichen und adeligen Jagdprivilegien vornehmlich im südwestdeutschen Raum (Veröff. des Max-Planck-Instituts für Gesch., Bd 48), Göttingen 1976; F. W. SCHAER, Die ländlichen Unterschichten zwischen Weser und Ems vor der Industrialisierung, Ein Forschungsproblem, in: Niedersächs. Jb. für Landesgesch. 50, 1978, 45–69; K. S. KRAMER und U. WILKENS, Volksleben in einem holsteinischen Gutsbezirk (Stud. zur Volkskunde und Kulturgesch. Schleswig-Holsteins, Bd 4), Neumünster 1979; W. SCHULZE (Hg.), Aufstände, Revolten, Prozesse, Beiträge zu bäuerlichen Widerstandsbewegungen im frühneuzeitlichen Europa (Geschichte und Gesellschaft, Bochumer Hist. Stud., Bd 27), Stuttgart 1983.

### Die Stadt

W. RAUSCH (Hg.), Städtische Kultur in der Barockzeit (Beitr. zur Gesch. der Städte Mitteleuropas, Bd 6), Linz 1982; H. MÖLLER, Die kleinbürgerliche Familie im 18. Jahrhundert, Verhalten und Gruppenkultur (Schriften zur Volksforschung, Bd 3), Berlin 1969; O. K. ROLLER, Die Einwohnerschaft der Stadt Durlach im 18. Jahrhundert in ihren wirtschaftlichen und kulturgeschichtlichen Verhältnissen, dargestellt aus ihren Stammtafeln, Karlsruhe 1907; R. ENGELSING, Zur Sozialgeschichte deutscher Mittel- und Unterschichten (Krit. Stud. zur Geschichtswiss., Bd 4), Göttingen ²1978; W. LAUFER, Die Sozialstruktur der Stadt Trier in der frühen Neuzeit, Bonn 1973; F. DREYFUS, Sociétés et mentalités à Mayence dans la seconde moitié XVIIIe siècle, Paris 1968; P. E. SCHRAMM, Neun Generationen, Dreihundert Jahre deutscher Kulturgeschichte im Lichte der Schicksale einer Hamburger Bürgerfamilie, 1648–1948, Bd 1, Göttingen 1963.

### Die Welt des Adels und der Höfe

R. VIERHAUS, Höfe und höfische Gesellschaft in Deutschland im 17. und 18. Jahrhundert, in: K. BOHNEN u. a. (Hg.), Kultur und Gesellschaft in Deutschland von der Reformation bis zur Gegenwart (Text und Kontext, Sonderreihe, Bd 11), Kopenhagen und München 1981, 36–56; H. L. MIKOLETZKY, Hofreisen unter Karl VI., in: MIÖG 60, 1952, 265–285; H. CH. EHALT, Ausdrucksformen absolutistischer Herrschaft, Der Wiener Hof im 17. und 18. Jahrhundert (Sozial- und wirtschaftsgesch. Stud., Bd 14), Wien 1980; G. ZANG, Sozialstruktur und Sozialisation des Adels im 18. Jahrhundert, Exemplarisch dargestellt an Kurbayern, Diss. phil. Konstanz 1972; N. HAMMERSTEIN, Fürstenerziehung der frühen Neuzeit am Beispiel Hessen-Homburg, in: Bad Homburg vor der Höhe, 782–1982, Beiträge zur Geschichte, Kunst und

Literatur, Homburg 1983, 133–190; *Arte et Marte,* Studium zur Adelskultur des Barockzeitalters in Schweden, Dänemark und Schleswig-Holstein (Kieler Stud. zur deutschen Literaturgesch., Bd 13), Neumünster 1978.

Alltag und Volkskultur

R. VAN DÜLMEN und N. SCHINDLER (Hg.), Volkskultur, Zur Wiederentdeckung des vergessenen Alltags, Frankfurt am Main 1983; R. VAN DÜLMEN (Hg.), Die Kultur der einfachen Leute, Bayerisches Volksleben vom 16. bis 19. Jahrhundert, München 1983; P. BURKE, Popular culture in early modern Europe, London 1978; H. MOMMSEN und W. SCHULZE (Hg.), Vom Elend der Handarbeit, Probleme historischer Unterschichtenforschung (Geschichte und Gesellschaft, Bochumer Histor. Stud., Bd 24), Stuttgart 1981; C. KÜTHER, Räuber und Gauner in Deutschland, Das organisierte Bandenwesen im 18. und frühen 19. Jahrhundert (Krit. Stud. zur Geschichtswiss., Bd 20), Göttingen 1976; K. S. KRAMER, Volksleben im Fürstentum Ansbach und seinen Nachbargebieten, 1500–1800 (Beitr. zur Volkstumsforsch., Bd 13), Würzburg 1961; DERS., Volksleben im Hochstift Bamberg und im Fürstentum Coburg, 1500–1800 (Beitr. zur Volkstumsforsch., Bd 15), Würzburg 1967; G. WIEGELMANN (Hg.), Geschichte der Alltagskultur (Beitr. zur Volkskultur in Nordwestdeutschland, H. 21), Münster 1980; DERS., Kulturelle Stadt-Land-Beziehungen in der Neuzeit (Beitr. zur Volkskultur in Nordwestdeutschland, H. 9), Münster 1978; Stadt-Land-Beziehungen, Verhandlungen des 19. Volkskundekongresses in Hamburg vom 1. bis 7. Oktober 1973, Göttingen 1975; M. SCHARFE, Die Religion des Volkes, Kleine Kultur- und Sozialgeschichte des Pietismus, Gütersloh 1980; F. M. PHAYER, Religion und das gewöhnliche Volk in Bayern in der Zeit von 1750 bis 1850, München 1970.

*Deutschland in den europäischen Konflikten*

Kriege Ludwigs XIV. und Türkenkriege

P. E. HÜBINGER, Die Anfänge der französischen Rheinpolitik als historisches Problem, in: HZ 171, 1951, 21–45; K. V. RAUMER, Der Rhein im deutschen Schicksal, Reden und Aufsätze zur Westfrage, Berlin 1936; DERS., Die Zerstörung der Pfalz von 1689 im Zusammenhang der französischen Rheinpolitik, München 1930; H. WEBER, Frankreich, Münster und Kurtrier 1692/93, in: Spiegel der Geschichte, Festgabe für M. Braubach, Münster 1964, 501–549; H. V. SRBIK, Wien und Versailles, 1692–1697, Zur Geschichte von Straßburg, Elsaß und Lothringen, München 1944; M. BRAUBACH, Kurfürst Joseph Clemens zu Köln als Vermittler zwischen Versailles und Wien, in: Ann. des Hist. Vereins am Niederrhein 146/147, 1948, 228–238; P. WENTZKE, Straßburg und das Elsaß als deutsches Friedensziel um die Wende des 17./18. Jahrhunderts, in: Schicksalswege am Oberrhein, 1952, 298–350; P. O. HÖYNCK, Frankreich und seine Gegner auf dem Nymwegener Friedenskongreß (Bonner hist. Forsch., Bd 16), Bonn 1960; A. SCHULTE, Markgraf Ludwig Wilhelm von Baden und der Reichskrieg gegen Frankreich, 1693–1697, 2 Bde, Karlsruhe 1892; J. STOYE, The siege of Vienna, London 1964.

Der Aufstieg des Hauses Österreich

*Allgemeines:* O. REDLICH, Das Werden einer Großmacht, Österreich von 1700 bis 1740 (Geschichte Österreichs, Bd 7), Brünn ²1942; H. HANTSCH, Die Geschichte Österreichs, 1648–1918, Graz ²1953; E. ZÖLLNER, Geschichte Österreichs von den Anfängen bis zur Gegenwart, München ⁵1974; E. C. HELBLING, Österreichische Verfassungs- und Verwaltungsgeschichte, Wien 1956; A. WANDRUSZKA, Das Haus Habsburg, Wien 1956; H. BENEDIKT, Die Monarchie des Hauses Österreich, Wien 1968; H. L. MIKOLETZKY, Österreich, Das große 18. Jahrhundert von Leopold I. bis Leopold II., Wien und München 1967; R. A. KANN, A study in Austrian intellectual history, From late baroque to romanticism, New York 1960; A. WANDRUSZKA, Österreich und Italien im 18. Jahrhundert, Wien 1963; F. K. MARTINY, Über die Hauptzüge der niederösterreichischen Adelsgeschichte in den letzten Jahrhunderten, in: Dt. Arch. für Landes- und Volksforsch. 4, 1940, 480–493.
*Politisches Geschehen:* K. O. V. ARETIN, Kaiser Joseph I. zwischen Kaisertradition und österreichischer Großmachtpolitik, in: HZ 215, 1972, 529–606; A. LHOTSKY, Kaiser Karl VI. und sein Hof im Jahre 1712/13, in: MIÖG 66, 1958, 52–80; I. ZIEKURSCH, Die Kaiserwahl Karls VI. (Geschichtliche Studien, Bd 1,1), Gotha 1902; G. TURBA, Die

Grundlagen der pragmatischen Sanktion, 1. Ungarn, 2. Die Hausgesetze (Wiener staatswissenschaftliche Studien 10,2; 11,1), Wien 1911/12; E. SCHÖNBAUER, Die Pragmatische Sanktion, Zur Geschichte und zur Deutung eines Rechtsbegriffs, in: Forsch. u. Fortschr. 35, 1961, H. 6, 179–183; W. MICHAEL, Zur Entstehung der pragmatischen Sanktion Karls VI., Basel 1939; A. v. ARNETH, Prinz Eugen von Savoyen, 3 Bde, Wien 1864; M. BRAUBACH, Prinz Eugen von Savoyen, Eine Biographie, 5 Bde, Wien 1963–1965; DERS., Geschichte und Abenteuer, Gestalten um den Prinzen Eugen, München 1950; G. OTRUBA, Prinz Eugen und Marlborough, Weltgeschichte im Spiegel eines Briefwechsels (Österreich-Reihe 137/138), Wien 1961; K. WESSELY, Die österreichische Militärgrenze, Der deutsche Beitrag zur Verteidigung des Abendlandes gegen die Türkei (Der Göttinger Arbeitskreis, Schriftenreihe 43), Kitzingen 1954.

*Wirtschaft:* H. HASSINGER, Die erste Wiener orientalische Handelskompanie, 1667–1683, in: VSWG 35, 1942, 1–53; G. OTRUBA, Zur Geschichte der Frauen- und Kinderarbeit im Gewerbe und den Manufakturen Niederösterreichs, in: Jb. für Landeskunde von Niederösterr., N.F. 34, 1958/60, 143–179.

Kaiser, Reich und Reichsstände

M. BRAUBACH, Die Politik des Kurfürsten Max Emanuel von Bayern im Jahre 1702, in: Hist. Jb. 43, 1923, 53–92; J. WYSOCKI, Kurmainz und die Reunionen, Die Beziehungen zwischen Frankreich und Kurmainz von 1679 bis 1688, Mainz 1961; H. SCHMIDT, Kurfürst Karl Philipp von der Pfalz als Reichsfürst, 1716–1742 (Forsch. zur Gesch. Mannheims und der Pfalz, N.F. Bd 2), Mannheim 1963; G. A. SÜSS, Geschichte des oberrheinischen Kreises und der Kreisassoziationen in der Zeit des Spanischen Erbfolgekrieges, 1697–1714, in: Zs. für die Gesch. des Oberrheins 103, 1955, 317–425; H. H. HOFMANN, Reichskreis und Kreisassoziation, Prolegomena zu einer Geschichte des fränkischen Kreises zugleich als Beitrag zur Phänomenologie des deutschen Föderalismus, in: ZBLG 25, 1962, 377–413.

Spanischer Erbfolgekrieg und Nordischer Krieg

*Spanischer Erbfolgekrieg:* PRINZ ADALBERT VON BAYERN, Das Ende der Habsburger in Spanien, 2 Bde, München 1929; E. HASSINGER, Preußen und Frankreich im Spanischen Erbfolgekrieg, in: Forsch. zur brandenburgischen und preußischen Gesch. 54, 1943, 43–68; M. BRAUBACH, Versailles und Wien von Ludwig XIV. bis Kaunitz, Die Vorstadien der diplomatischen Revolution im 18. Jahrhundert (Bonner hist. Forsch., Bd 2), Bonn 1952; W. S. CHURCHILL, Marlborough, His life and armes, 4 Bde, London 1967.

*Nordischer Krieg:* O. HAINTZ, König Karl XII. von Schweden, 3 Bde, Berlin 1958; G. v. RAUCH, Zur Geschichte des schwedischen dominium maris Baltici, in: Welt als Geschichte 12, 1952, 132–144; W. MEDIGER, Mecklenburg, Rußland und England-Hannover, 1706–1721, Ein Beitrag zur Geschichte des Nordischen Krieges (Quellen und Darstellungen zur Geschichte Niedersachsens, Bd 70), Hildesheim 1967; E. HASSINGER, Brandenburg-Preußen, Schweden und Rußland, 1700–1713 (Veröff. des Osteuropa-Institutes München, Bd 2), München 1953; R. WITTRAM, Peter I., Czar und Kaiser, Zur Geschichte Peters des Großen in seiner Zeit, 2 Bde, Göttingen 1964; G. v. RAUCH, Moskau und die europäischen Mächte des 17. Jahrhunderts, in: HZ 178, 1954, 25–46.

## Staatliche Konsolidierung und innerdeutsche Konflikte

Diplomatie, Administration, Ökonomie

M. BRAUBACH, Diplomatie und geistiges Leben im 17. und 18. Jahrhundert, Gesammelte Abhandlungen (Bonner hist. Forsch., Bd 33), Bonn 1969; K. MALETTKE (Hg.), Ämterkäuflichkeit, Aspekte sozialer Mobilität im europäischen Vergleich (Einzelveröff. der Hist. Komm. zu Berlin, Bd 26), Berlin 1980; M. HUMBERT, Bibliographie der Kameralwissenschaften, Köln 1937; K. ZIELENZIGER, Die alten deutschen Kameralisten, Ein Beitrag zur Geschichte der Nationalökonomie und zum Problem des Merkantilismus (Beitr. zur Geschichte der Nationalökonomie, H. 2), Jena 1913, Nachdruck Frankfurt am Main 1966; L. SOMMER, Die österreichischen Kameralisten in dogmengeschichtlicher Darstellung, 2 Teile (Stud. zur Sozial-, Wirtschafts- und Verwaltungsgesch., H. 12/13), Wien 1920–1925; E. DITTRICH, Die deutschen und österreichischen Kameralisten (Erträge der Forschung, Bd 23), Darmstadt 1974; H. HASSINGER, Johann Joachim Becher, 1635–1682, Ein Beitrag zur Geschichte des Merkantilismus (Veröff. der Komm. für Neuere Gesch. Österreichs, Bd 38), Wien 1951; E. F. HECKSCHER, Der Merkantilismus, 2 Bde., Jena 1932/33; F. BLAICH, Die Epoche des Merkantilismus, Wiesbaden 1973; F. EULEN, Vom Gewerbefleiß zur Industrie, Ein Beitrag zur Wirtschaftsgeschichte des 18. Jahrhunderts, Berlin 1967; E. KLEIN, Staatsdirigismus und Handelsfreiheit in der merkantilistischen Wirtschaftstheorie, in: Jb. für Nat. und Stat. 180, 1966, 7, 72–90.

### Der Aufstieg Preußens

*Allgemeines:* C. HINRICHS, Preußen als historisches Problem (Veröff. der Hist. Komm. zu Berlin, Bd 10), Berlin 1964; D. BLASIUS (Hg.), Preußen in der deutschen Geschichte (Neue wiss. Bibl., Bd 111), Königstein 1980; H.-J. PUHLE und H.-U. WEHLER (Hg.), Preußen im Rückblick (Geschichte und Gesellschaft, Sonderheft 6), Göttingen 1980; *Preußen, Versuch einer Bilanz*, Bd 2: M. SCHLENKE (Hg.), Preußen, Beiträge zu einer politischen Kultur, Reinbek 1981; Bd 3: P. BRANDT u.a. (Hg.), Preußen, Zur Sozialgeschichte eines Staates, Eine Darstellung in Quellen, Reinbek 1981; R. v. THADDEN, Fragen an Preußen, Zur Geschichte eines aufgehobenen Staates, München 1981; O. HINTZE, Die Hohenzollern und ihr Werk, Fünfhundert Jahre vaterländische Geschichte, Berlin 1915; O. BÜSCH und W. NEUGEBAUER (Hg.), Moderne preußische Geschichte, 1648–1947, Eine Anthologie, 3 Bde, Berlin 1981; G. KÜNTZEL, Die drei großen Hohenzollern und der Aufstieg Preußens im 17. und 18. Jahrhundert, Stuttgart 1922; F. L. CARSTEN, Die Entstehung Preußens, Neuausgabe Frankfurt am Main 1981; P. BAUMGART, Epochen der preußischen Monarchie im 18. Jahrhundert, in: ZHF 6, 1979, 287–316; DERS. (Hg.), Ständetum und Staatsbildung in Brandenburg-Preußen (Veröff. der Hist. Komm. zu Berlin, Bd 55), Berlin 1983; H. THIEME (Hg.), Humanismus und Naturrecht in Berlin-Brandenburg-Preußen, Ein Tagungsbericht (Veröff. der Hist. Komm. zu Berlin, Bd 48), Berlin 1979; H. BÖRSCH-SUPAN, Die Kunst in Brandenburg-Preußen, Ihre Geschichte von der Renaissance bis zum Biedermeier, dargestellt am Kunstbesitz der Berliner Schlösser, Berlin 1980.
*Militär:* C. JANY, Geschichte der preußischen Armee, Bd 1: Von den Anfängen bis 1740, Berlin ²1967; G. A. CRAIG, The politics of the Prussian army, 1640–1955, Oxford 1955; CH. DUFFY, The army of Frederick the Great, New York 1974.

*Sozialstruktur:* H. ROSENBERG, Bureaucracy, aristocracy and autocracy, The Prussian experience, 1660–1815, Cambridge, Mass., 1958; O. BÜSCH, Militärsystem und Sozialleben im alten Preußen, 1713–1807, Die Anfänge der sozialen Militarisierung der preußisch-deutschen Gesellschaft (Veröff. der Hist. Komm. zu Berlin, Bd 7), Berlin 1962; R. v. THADDEN, Die brandenburgisch-preußischen Hofprediger im 17. und 18. Jahrhundert, Ein Beitrag zur Geschichte der absolutistischen Staatsgesellschaft in Brandenburg-Preußen (Arbeiten zur Kirchengesch., Bd 32), Göttingen und Berlin 1959; F. L. CARSTEN, Entstehung des Junkertums, in: R. DIETRICH (Hg.), Preußen, Epochen und Probleme seiner Geschichte, Berlin 1964, 57–76; W. GÖRLITZ, Die Junker, Adel und Bauern im deutschen Osten, Glücksburg ²1957; E. OPGENOORTH, Ausländer in Brandenburg-Preußen als leitende Beamte und Offiziere, 1604–1871, Würzburg 1967; C. F. ARNOLD, Die Vertreibung der Salzburger Protestanten und ihre Aufnahme bei den Glaubensgenossen, 2 Bde, Leipzig 1900/01; S. STERN, Der preußische Staat und die Juden, 3 Bde in 7 Teilen und Registerbd, Tübingen 1962–1975; L. GEIGER, Die jüdische Gesellschaft Berlins im 18. Jahrhundert, in: Jb. für jüdische Geschichte und Literatur 1, 1898, 190–215; S. JERSCH-WENZEL, Juden und Franzosen in der Wirtschaft des Raumes Berlin/Brandenburg zur Zeit des Merkantilismus (Einzelveröff. der Hist. Komm. zu Berlin, Bd 23), Berlin 1978.
*Wirtschaft:* W. TREUE, Wirtschafts- und Technikgeschichte Preußens (Veröff. der Hist. Komm. zu Berlin, Bd 50), Berlin 1984; H.-H. MÜLLER, Domänen und Domänenpächter in Brandenburg-Preußen im 18. Jahrhundert, in: JbW 1965, 4, 152–192; J. PETERS, Ostelbische Landarmut, Sozialökonomisches über landarme und landlose Agrarproduzenten im Spätfeudalismus, in: JbW 1967, 3, 255–302; G. SCHMOLLER, Das Städtewesen unter Friedrich Wilhelm I., in: Deutsches Städtewesen in älterer Zeit, Bonn und Leipzig 1922, Neudruck Aalen 1964, 231–428; G. V. GLINSKY, Die Königsberger Kaufmannschaft des 17. und 18. Jahrhunderts, Marburg 1964; K. HINZE, Die Arbeiterfrage zu Beginn des modernen Kapitalismus in Brandenburg-Preußen, Berlin 1927; H. EICHLER, Zucht- und Arbeitshäuser in den mittleren und östlichen Provinzen Brandenburg-Preußens, Ihr Anteil an der Vorbereitung des Kapitalismus, Eine Untersuchung für die Zeit vom Ende des 17. bis zum Ausgang des 18. Jahrhunderts, in: JbW 1970, 1, 127–147; W. O. HENDERSON, The state

and the industrial revolution in Prussia, 1740–1870, Liverpool ²1967; DERS., The Berlin commercial crisis of 1763, in: Econ. Hist. Revue 15, 1962, 89–102.
*Verwaltung, innere Entwicklung:* G. SCHMOLLER, Umrisse und Untersuchungen zur Verfassungs-, Verwaltungs- und Wirtschaftsgeschichte besonders des preußischen Staates im 17. und 18. Jahrhundert, Leipzig 1898; DERS., Preußische Verfassungs-, Verwaltungs- und Finanzgeschichte, 1640–1888, Berlin 1921; O. HINTZE, Gesammelte Abhandlungen zur Staats-, Rechts- und Sozialgeschichte Preußens, Bd 3: Regierung und Verwaltung, Göttingen ²1967; F. HARTUNG, Studien zur Geschichte der preußischen Verwaltung, in: DERS., Staatsbildende Kräfte der Neuzeit, Berlin 1961, 178–344; H. HAUSSHERR, Verwaltungseinheit und Ressorttrennung, Vom Ende des 17. bis zum Beginn des 19. Jahrhunderts, Berlin 1953; W. MERTINEIT, Die Fridericianische Verwaltung in Ostpreußen, Ein Beitrag zur Geschichte der preußischen Staatsbildung (Stud. zur Geschichte Preussens, Bd 1), Göttingen und Heidelberg 1958; F. TERVEEN, Gesamtstaat und Retablissement, Der Wiederaufbau des nördlichen Ostpreußen unter Friedrich Wilhelm I., 1714–1740 (Göttinger Bausteine zur Geschichtswissenschaft, Bd 16), Göttingen und Frankfurt am Main 1954; F. HARTUNG, Der preußische Staat und seine westlichen Provinzen, in: DERS., Staatsbildende Kräfte der Neuzeit, Berlin 1961, 414–430; E. SCHMIDT, Rechtsentwicklung in Preußen, Berlin ²1929; M. LACKNER, Die Kirchenpolitik des Großen Kurfürsten (Untersuchungen zur Kirchengesch., Bd 8), Witten 1973.
*Kurfürst Friedrich Wilhelm:* F. SCHEVILL, The great elector, Chicago 1947; G. OESTREICH, Friedrich Wilhelm, der Große Kurfürst (Persönlichkeit und Geschichte, Bd 65), Göttingen 1971; E. OPGENOORTH, Friedrich Wilhelm, Der große Kurfürst von Brandenburg, Eine politische Biographie, 2 Bde, Göttingen 1971/78; A. BERNEY, König Friedrich I. und das Haus Habsburg, 1701–1707, München 1927.
*Friedrich Wilhelm I.:* G. OESTREICH, Friedrich Wilhelm I., Preußischer Absolutismus, Merkantilismus, Militarismus (Persönlichkeit und Geschichte, Bde 96 und 97), Göttingen 1977; F. WAGNER, Friedrich Wilhelm I., Tradition und Persönlichkeit, in: HZ 181, 1956, 79–95; C. HINRICHS, Friedrich Wilhelm I., König in Preußen, Eine Biographie, Bd 1, Hamburg ²1943.
*Friedrich II.:* Friedrich der Große, Die Politischen Testamente (Klassiker der Politik, Bd 5), Berlin 1921; R. KOSER, Geschichte Friedrichs des Großen, 4 Bde, Stuttgart 1912–1914; A. BERNEY, Friedrich der Große, Entwicklungsgeschichte eines Staatsmannes, Tübingen 1934; G. P. GOOCH, Friedrich der Große, Herrscher, Schriftsteller, Mensch, deutsche Ausgabe Göttingen 1951; G. RITTER, Friedrich der Große, Ein historisches Profil, Heidelberg ³1954; I. MITTENZWEI, Friedrich II. von Preußen, Berlin o.J., Köln 1980; TH. SCHIEDER, Friedrich der Große, Ein Königtum der Widersprüche, Berlin ²1984; ST. SKALWEIT, Das Problem von Recht und Macht und das historiographische Bild Friedrichs des Großen, in: GWU 2, 1951, 91–106; H. ROTHFELS, Friedrich der Große und der Staat, in: GWU 13, 1962, 625–636; W. HUBATSCH, Das Problem der Staatsräson bei Friedrich dem Großen, Göttingen und Berlin 1956.

Krise und Stabilisierung in Österreich

*Politische Ereignisse:* H. WEBER, Die Politik des Kurfürsten Karl Theodor von der Pfalz während des österreichischen Erbfolgekrieges, 1742–1748 (Bonner hist. Forsch., Bd 6), Bonn 1956; M. OLBRICH, Die Politik des Kurfürsten Karl Theodor von der Pfalz zwischen den Kriegen, 1748–1756 (Bonner hist. Forsch., Bd 27), Bonn 1966; H. RABE, Pfälzische Reichs- und Außenpolitik am Vorabend des österreichischen Erbfolgekriegs, 1740–1742 (Mainzer Abh. zur mittleren und neueren Gesch., Bd 6), Meisenheim 1961; H. BENEDIKT, Die europäische Politik der Pforte vor Beginn und während des österreichischen Erbfolgekrieges, in: MÖStA 1, 1948, 137–192; F. WAGNER, Kaiser Karl VII. und die großen Mächte, 1740–1745, Stuttgart 1938; G. PREUSS, Der Friede von Füssen 1745 (Hist. Abh., Bd 6), München 1894.
*Innere Entwicklung:* Die österreichische Zentralverwaltung, 2. Abt., Bd 1: F. WALTER, Die Geschichte der österreichischen Zentralverwaltung in der Zeit Maria Theresias, 1740–1780, Wien 1938; F. HARTUNG, Die Ausbildung des absoluten Staates in Österreich und Preußen, in: Das Reich und Europa, Leipzig 1941, 75–90; H. O. MEISNER, Das Regierungs- und Behördensystem Maria Theresias und der preußische Staat, in: Forsch. zur brandenburgischen und preußischen Gesch. 53, 1941, 324–357; F. WALTER, Die theresianische Staatsreform von 1749 (Oesterreich-Arch.), München 1958; R. REINHARDT, Zur Kirchenreform in Österreich unter Maria Theresia, in: Zs. für Kir-

chengesch. 77, 1966, 105–119; H. HASSINGER, Die Landstände der österreichischen Länder, Zusammensetzung, Organisation und Leistung im 16. bis 18. Jahrhundert, in: Festschrift zum hundertjährigen Bestand des Vereins für Landeskunde von Niederösterr. und Wien, Bd 2, Wien 1964, 989–1035; G. GRUELL, Bauer, Herr und Landesfürst, Sozialrevolutionäre Bestrebungen der oberösterreichischen Bauern, 1650–1848, Graz und Köln 1963; W. STARK, Die Abhängigkeitsverhältnisse der gutsherrlichen Bauern Böhmens im 17. und 18. Jahrhundert, in: Jb. für Nat. und Stat. 164, 1952, 270–292, 348–374, 440–453; E. M. LINK, The emancipation of the Austrian peasant, 1740–1798, New York 1949, Nachdruck New York 1974; TH. M. BARKER, Army, aristocracy and monarchy, Essays on war, society, and government in Austria, 1618–1780, New York 1982; J. KUNISCH, Feldmarschall Loudon oder das Soldatenglück, in: HZ 236, 1983, 49–72.
*Maria Theresia:* B. KALLBRUNNER (Hg.), Kaiserin Maria Theresia, Politisches Testament, München 1952; A. RITTER V. ARNETH, Geschichte Maria Theresias, 10 Bde, Wien 1863–1879; E. GUGLIA, Maria Theresia, Ihr Leben und ihre Regierung, 2 Bde, München 1917; H. KRETSCHMAYR, Maria Theresia (Die deutschen Führer, Bd 3), Gotha 1925; A. WANDRUSZKA, Maria Theresia und der österreichische Staatsgedanke, in: MIÖG 76, 1968, 174–188; F. WALTER, Männer um Maria Theresia, Wien 1951.
*Kaunitz:* G. KLINGENSTEIN, Der Aufstieg des Hauses Kaunitz, Studien zur Herkunft und Bildung des Staatskanzlers Wenzel Anton (Schriftenreihe der Hist. Komm. bei der Bayerischen Akademie, Bd 12), Göttingen 1975; G. KÜNTZEL, Fürst Kaunitz-Rietberg als Staatsmann, Frankfurt am Main 1923.

Mittlere und kleine Staaten

*Der Norden:* O. KLOSE (Hg.), Geschichte Schleswig-Holsteins, Bd 5: H. KELLENBENZ, Die Herzogtümer vom Kopenhagener Frieden bis zur Wiederherstellung Schleswigs, 1660–1721, Neumünster 1960; Bd 6: O. KLOSE und CHR. DEGN, Die Herzogtümer im Gesamtstaat, 1721–1830, Neumünster 1960; H. I. BALLSCHMIETER, Andreas Gottlieb von Bernstorff und der mecklenburgische Ständekampf, 1680–1720, Köln und Graz 1962; M. HAMANN, Das staatliche Werden Mecklenburgs, Köln und Graz 1962; P. WICK, Versuche zur Errichtung des Absolutismus in Mecklenburg in der ersten Hälfte des 18. Jahrhunderts, Ein Beitrag zur Geschichte des deutschen Territorialabsolutismus, Berlin 1964; H. BACKHAUS, Reichsterritorium und schwedische Provinz, Vorpommern unter Karls XI. Vormündern, 1660–1672 (Veröff. des Max-Planck-Instituts für Gesch., Bd 25), Göttingen 1969.
*Der Nordwesten:* H. PATZE (Hg.), Geschichte Niedersachsens, Bd 3,2: Kirche und Kultur von der Reformation bis zum Beginn des 19. Jahrhunderts, Hildesheim 1983; F. V. MEIER, Hannoversche Verfassungs- und Verwaltungsgeschichte, 1680–1866, 2 Bde, Leipzig 1898/99; G. SCHNATH, Geschichte Hannovers im Zeitalter der neunten Kur und der englischen Sukzession, 1674–1714, Bd 1 (Veröff. der Hist. Komm. für Hannover, Oldenburg, Braunschweig, Schaumburg-Lippe und Bremen, Bd 18), Hildesheim und Leipzig 1938; Bde 2–4 (Veröff. der Hist. Komm. für Niedersachsen und Bremen, Bd 18), Hildesheim 1976–1982; P. ALBRECHT, Die Förderung des Landesausbaues im Herzogtum Braunschweig-Wolfenbüttel im Spiegel der Verwaltungsakten des 18. Jahrhunderts, 1671–1806 (Braunschweiger Werkstücke, Reihe A, Bd 16), Braunschweig 1980; R. RENGER, Landesherr und Landstände im Hochstift Osnabrück in der Mitte des 18. Jahrhunderts, Untersuchungen zur Institutionengeschichte des Ständestaates im 17. und 18. Jahrhundert (Veröff. des Max-Planck-Instituts für Gesch., Bd 19), Göttingen 1968; H. LÜCKE, Die landständische Verfassung im Hochstift Hildesheim, 1643–1802, Ein Beitrag zur territorialen Verfassungsgeschichte (Quellen und Darstellungen zur Gesch. Niedersachsens, Bd 73), Hildesheim 1968.
*Der Westen:* W. KOHL (Hg.), Westfälische Geschichte, Bd 1: Von den Anfängen bis zum Ende des Alten Reiches, Düsseldorf 1983; F. PETRI und G. DROEGE (Hg.), Rheinische Geschichte, Bd 2: Neuzeit, Düsseldorf 1976; H. AUBIN, J. HANSEN und J. HASHAGEN (Hg.), Die Geschichte der Rheinlande von der ältesten Zeit bis zur Gegenwart, 2 Bde, Essen 1922; A. SCHULTE (Hg.), Tausend Jahre deutsche Geschichte und deutsche Kultur am Rhein, Düsseldorf 1925.
*Hessen:* K. E. DEMANDT, Geschichte des Landes Hessen, Kassel und Basel 1959; U. SCHULTZ (Hg.), Die Geschichte des Landes Hessen, Stuttgart 1983; K. E. DEMANDT, Die hessischen Landstände im Zeitalter des Frühabsolutismus, in: Hessisches Jb. für Landesgesch. 15, 1965, 38–108; R. SCHMIDMANN, Die Kolonien der Réfugiés in Hessen-Kassel

und ihre wirtschaftliche Entwicklung im 17. und 18. Jahrhundert, in: Zs. für den Verein für Hessische Gesch. 57, 1929, 115–224.
*Sachsen, Thüringen:* R. KÖTZSCHKE und H. KRETZSCHMAR, Sächsische Geschichte, Werden und Wandlungen eines deutschen Stammes und seiner Heimat im Rahmen der deutschen Geschichte, Bd 2: Geschichte der Neuzeit seit der Mitte des 16. Jahrhunderts, Dresden 1935; G. SCHMIDT, Die Staatsreform in Sachsen in der ersten Hälfte des 19. Jahrhunderts, Eine Parallele zu den Steinschen Reformen in Preußen (Schiftenreihe des Staatsarchivs Dresden, Bd 7), Weimar 1966; P. HAAKE, August der Starke, Berlin 1927; H. PATZE und W. SCHLESINGER (Hg.), Geschichte Thüringens, Bd 4: Kirche und Kultur in der Neuzeit (Mitteldeutsche Forsch., 48,4), Köln und Wien 1972; R. LEHMANN, Geschichte der Niederlausitz (Veröff. der Berliner Hist. Komm., Bd 5), Berlin 1963; J. ZIEKURSCH, Sachsen und Preußen um die Mitte des 18. Jahrhunderts, Ein Beitrag zur Geschichte des österreichischen Erbfolgekrieges, Breslau 1904.
*Bayern:* M. SPINDLER (Hg.), Handbuch der bayerischen Geschichte, Bd 2: Das alte Bayern, Der Territorialstaat vom Ausgang des 12. Jahrhunderts bis zum Ausgang des 18. Jahrhunderts, München 1969; Bd 3: Franken, Schwaben, Oberpfalz bis zum Ausgang des 18. Jahrhunderts, 2 Teilbde, München 1971; M. DOEBERL, Entwicklungsgeschichte Bayerns, Bd 2: Vom Westfälischen Frieden bis zum Tode König Maximilians I., 1648–1825, München ³1928; A. KRAUS, Geschichte Bayerns, Von den Anfängen bis zur Gegenwart, München 1983; H. RALL, Kurbayern in der letzten Epoche der alten Reichsverfassung, 1745–1801 (Schriftenreihe zur bayerischen Landesgesch., Bd 45), München 1952; L. HÜTTL, Max Emanuel, Der Blaue Kurfürst, 1679–1726, Eine politische Biographie, München 1976; K. BOSL, Die Geschichte der Repräsentation in Bayern, Landständische Bewegung, landständische Verfassung, Landesausschuß und altständische Gesellschaft, München 1974; W. FÜRNROHR, Kurbaierns Gesandte auf dem Immerwährenden Reichstag, Zur baierischen Außenpolitik 1663 bis 1806, Göttingen 1971; P. C. HARTMANN, Geld als Instrument europäischer Machtpolitik im Zeitalter des Merkantilismus, Studien zu den finanziellen und politischen Beziehungen der Wittelsbacher Territorien Kurbayern, Kurpfalz und Kurköln mit Frankreich und dem Kaiser (Stud. zur bayerischen Verfassungs- und Sozialgesch., Bd 8), München 1978; G. SLAWINGER, Die Manufaktur in Kurbayern, Die Anfänge der großgewerblichen Entwicklung in der Übergangsepoche vom Merkantilismus zum Liberalismus, 1740–1833 (Forsch. zur Sozial- und Wirtschaftsgesch., Bd 8), Stuttgart 1966; CH. PROBST, Lieber bayrisch sterben, Der Bayrische Volksaufstand der Jahre 1705 und 1706, München 1978.
*Württemberg:* W. GRUBE, Der Stuttgarter Landtag, 1457–1957, Von den Landständen zum demokratischen Parlament, Stuttgart 1957; F. WINTTERLIN, Geschichte der Behördenorganisation in Württemberg, 2 Bde, Stuttgart 1902/06; M. HASSELHORN, Der altwürttembergische Pfarrstand im 18. Jahrhundert (Veröff. der Komm. für geschichtliche Landeskunde in Baden-Württemberg, Reihe B, Bd 6), Stuttgart 1958; M. LEUBE, Geschichte des Tübinger Stifts, 3 Teile, Stuttgart 1921–1936; DERS., Das Tübinger Stift, 1770–1950, Stuttgart 1954.
*Pfalz:* L. HÄUSSER, Geschichte der rheinischen Pfalz nach ihren politischen, kirchlichen und literarischen Verhältnissen, Bd 2, Heidelberg 1845; H. SCHMIDT, Kurfürst Karl Philipp von der Pfalz als Reichsfürst (Forsch. zur Gesch. Mannheims und der Pfalz, N.F., Bd 2), Mannheim 1964.
*Der Südwesten:* K. S. BADER, Der deutsche Südwesten in seiner territorialstaatlichen Entwicklung, Stuttgart 1950; F. METZ (Hg.), Vorderösterreich, Eine geschichtliche Landeskunde, Freiburg i. Br. ²1967; K. V. WOGAU, Die landständische Verfassung des vorderösterreichischen Breisgaus, 1679–1752, Freiburg i. Br. 1973; F. QUARTHAL, Landstände und landständisches Steuerwesen in Schwäbisch-Österreich (Schriften zur südwestdeutschen Landeskunde, Bd 16), Stuttgart 1980.
*Geistliche Staaten:* G. MENTZ, Johann Philipp von Schönborn, Kurfürst von Mainz, Bischof von Würzburg und Worms, 1605–1673, Ein Beitrag zur Geschichte des 17. Jahrhunderts, 2 Teile, Jena 1896/99; M. DOMARUS, Würzburger Kirchenfürsten aus dem Hause Schönborn, Wiesentheid 1959; O. MEYER, Kurfürst Lothar Franz von Schönborn inmitten der Geschichte seiner Zeit und seines Hauses, Bamberg und Wiesbaden 1957; M. BRAUBACH, Kurköln, Gestalten und Ereignisse aus zwei Jahrhunderten rheinischer Geschichte, Münster 1949; DERS., Kurkölnische Miniaturen, Münster ²1954; DERS., Kölner Domherren des 18. Jahrhunderts, in: Zs. für Gesch. und Kunst im Erzbistum Köln, 1960, 233–238; F. KEINEMANN, Das Domkapitel zu Münster im 18. Jahrhundert, Verfassung, persönliche Zusammensetzung, Par-

teiverhältnisse, Münster 1967; A. L. VEIT, Mainzer Domherren vom Ende des 16. bis zum Ausgang des 18. Jahrhunderts im Leben, Haus und Habe, Mainz 1924; H. CASPARY, Staat, Finanzen, Wirtschaft und Heerwesen im Hochstift Bamberg, 1672–1693, Bamberg 1976.

### Der Siebenjährige Krieg

H. BUTTERFIELD, The reconstruction of an historical episode, The history of the enquiry into the origins of the Seven Years' War, Glasgow 1951; H. ROTHFELS, Friedrich der Große in den Krisen des Siebenjährigen Krieges, in: HZ 134, 1926, 14–30; R. KOSER, Die preußische Kriegführung im Siebenjährigen Krieg, in: HZ 92, 1904, 239–273; J. KUNISCH, Das Mirakel des Hauses Brandenburg, Studium zum Verhältnis von Kabinettspolitik und Kriegführung im Zeitalter des Siebenjährigen Krieges, Wien 1978; W. ANDREAS, Friedrich der Große, der Siebenjährige Krieg und der Hubertusburger Friede, Eine historische Rückschau, in: HZ 158, 1938, 265–307.

### Reichsbewußtsein, Staatspatriotismus und Nationalgeist

F. HERTZ, The development of the German public mind, A social history of German political sentiments, aspirations and ideas, Bd 2: The age of enlightenment, London 1962; L. KRIEGER, The German idea of freedom, History of a political tradition, From the Reformation to 1871, Chicago 1972; DERS., Germany, in: O. RANUM (Hg.), National consciousness, history and political culture in Early-Modern Europe, Baltimore und London 1975, 67–97; P. JOACHIMSEN, Zur historischen Psychologie des deutschen Staatsgedankens, in: Die Dioskuren 1, 1922, 106ff.; DERS., Vom deutschen Volk zum deutschen Staat, Eine Geschichte des deutschen Nationalbewußtseins, Göttingen 1956; R. WITTRAM, Das Nationale als europäisches Problem, Göttingen 1954; R. VIERHAUS, »Patriotismus« – Begriff und Realität einer moralisch-politischen Haltung, in: DERS. (Hg.), Deutsche patriotische und gemeinnützige Gesellschaften (Wolfenbütteler Forsch., Bd 8), München 1980, S. 9–29.

# Personen- und Ortsregister

Aachen 73, 91, 298, 306, 316, 327
Aalen 315
Abbt, Thomas 183
Achenwall, Gottfried 150
Achmed Pascha siehe Bonneval, Claude Alexandre
Addison, Joseph 154
Adrianopel 271
Alberoni, Giuglio 267, 271
Albrecht, Peter 205
Algarotti, Francesco 328
Alschhausen 315
Altenburg 319
Altona 280
Altötting 344
Altranstädt 270, 310
Amerika 217
Amorbach 170
Andechs 170
Andreae, Johann Valentin 135, 161
Anhalt 67, 314
Anhalt-Bernburg-Hoym 315
Anhalt-Dessau, Leopold, Fürst 298
Anhalt-Köthen, Ludwig, Fürst 162
Anholt 315
Ansbach 31, 172, 315, 321
Ansbach-Bayreuth
– Christine Charlotte 321
– Markgrafen:
– Alexander 321
– Karl 321
Antwerpen 253
Aremberg 314
Argens, Jean Baptiste de Boyer, Marquis d' 328
Aristoteles 22, 85, 147f.
Arndt, Johann 135, 137
Arnold, Gottfried 139
Arnstadt 174
Asam, Cosmas Damian 171
Asam, Egid Quirin 171
Aschaffenburg 323
Aspremont, Grafen von 315

Assiento 267
Aubery, Antoine 91
Auersberg 314
Augsburg 25, 60, 62, 239, 314f.
Aulendorf 315

Bach, Carl Philipp Emanuel 175f.
Bach, Johann Christian 175
Bach, Johann Sebastian 135, 173ff.
Bacon, Francis 182
Baden 56, 314
Baden-Baden 314
– Ludwig Wilhelm, Markgraf 235ff., 242, 255, 264, 325
Baden-Durlach
– Karl Wilhelm, Markgraf 325
Baden/Schweiz 266
Bad Pyrmont 204
Bähr, Georg 171
Baindt 314
Balde, Jakob 161
Bamberg 24, 41, 60, 90, 168, 171, 262, 314, 321ff.
– Friedrich Karl von Schönborn, Fürstbischof 261f.
Banat 237, 251
Banz 170
Bar 303
Barby 315
Barelli, Agostino 171
Bartenstein, Johann Christoph von 209, 303, 305
Basel 66, 233, 314
Bauer, Friedrich von 57
Baumgarten, Siegmund Jakob 144
Bayern 17, 26, 56f., 60, 65, 67, 76, 83, 89, 90f., 93, 96, 119f., 128, 142, 168, 171, 193, 235, 239, 251, 254, 255–258, 261, 264f., 267, 297ff., 309, 311–313, 314ff., 323, 334
siehe auch Köln
– Albrecht V., Herzog 311
– Josepha siehe Habsburg
– Joseph Ferdinand, Kurprinz 254, 257, 264
– Kurfürsten:
– Ferdinand Maria 90, 93, 96, 256, 311
– Karl Albrecht, als Karl VII. König von Böhmen und Kaiser 83, 89, 258, 297f., 312f., 318
– Maximilian I. 100, 116, 255, 311f.
– Maximilian II. Emanuel 235ff., 239f., 255ff., 261, 263ff., 267, 294, 312
– Maximilian III. Joseph 298, 313, 316
Bayle, Pierre 152, 165, 182
Bayreuth 321
siehe auch Brandenburg-Bayreuth
Becher, Johann Joachim 148, 157, 252
Belgien 20, 315
Belgrad 235, 237, 251, 304
Bellotto, Bernado, gen. Canaletto 172
Benediktbeuren 168
Bengel, Johann Albrecht 107, 138
Bentheim 315
Berchtesgaden 314
Berg siehe Jülich-Berg
Berlin 25, 61, 73f., 137, 142, 159, 168, 171, 175f., 204, 225, 260f., 286, 288f., 291, 293, 295, 297, 299, 318, 327, 329, 332, 337
Bern 66
Bernstorff, Andreas Peter von 273
Besançon 232, 314
Biberach 315
Bibra, Philipp Anton von 322
Biebrich 325

Bielfeld, Jakob Friedrich von 183
Birnau 170
Biron, Ernst Johann von 302
Birtsch, Günter 214
Bismarck, Otto von 327
Blankenheim 315
Blessing, Werner K. 222
Blieskastel 325
Blumenbach, Johann Friedrich 147
Bodmer, Johann Jakob 154, 165
Boerhaave, Herman 142
Böhme, Jakob 135, 163
Böhmen 21, 23, 59, 63, 67, 230, 235, 245 f., 250, 256, 295 ff., 308, 314, 334 f.
Boineburg, Philipp Wilhelm von siehe Erfurt
Bonn 93, 242, 323
Bonndorf 315
Bonneval, Claude Alexandre (später Achmed Pascha) 304
Bopfingen
Borchardt, Knut 283
Bosl, Karl 312
Bosnien 237, 251
Bourbon, Herrscherhaus 264 ff., 268, 302
  siehe auch Frankreich, Sizilien, Spanien
Bournonville, Alexander von 93
Brandenburg-Bayreuth 321
– Friedrich, Markgraf 321
– Wilhelmine von Preußen 290 f., 321
Brandenburg-Preußen 17, 20 f., 23, 26 ff., 31, 34 f., 43, 45, 50, 56 f., 59, 66 f., 69, 73 f., 75, 78, 80 f., 83 ff., 89, 92 ff., 98, 106 ff., 110, 114, 116, 118–125, 128, 131, 133 f., 137 ff., 146, 149, 157, 159 f., 183, 190, 196, 211, 213 f., 217, 223, 233 f., 236, 238 f., 241 f., 253 f., 258, 259–261, 266 ff., 271 ff., 280, 282 f., 284–300, 302 f., 306 ff., 309 ff., 313 ff., 317 ff., 321 ff., 325 f., 327–341, 344 f.

– Friedrich Wilhelm, der Große Kurfürst 50, 67, 74, 78, 81, 92 f., 95, 100 f., 120, 123, 238, 259, 291 f., 296, 333
– Heinrich, Prinz von 335
– Sophie Charlotte von Hannover 284, 289
– Sophie Dorothea von Braunschweig-Hannover 260, 291, 293
– Wilhelmine siehe Brandenburg-Bayreuth
– Könige:
– Friedrich (III.) I. 239, 258 ff., 284 ff., 289 ff., 296
– Friedrich Wilhelm I. 120, 122, 124, 144, 157, 260, 271, 282, 284–293, 294, 302 f., 328 f., 332
– Friedrich II. 22, 45, 121 ff., 128 f., 131, 133, 144, 146, 177, 213 f., 249, 272, 279, 284 f., 290 f., 293–300, 305, 320 f., 327–332, 333 ff., 337 ff.
Braunschweig 125, 202, 318
Braunschweig-Lüneburg 242, 258, 314
  siehe auch Hannover
Braunschweig-Wolfenbüttel 80, 89, 105, 141, 157, 272, 314, 317 ff., 334
– Anna Amalia siehe Sachsen-Weimar
– Ferdinand, Prinz von 336 f.
– Herzöge:
– August d. Jüngere 141
– Karl I. 317
– Karl Wilhelm Ferdinand 317
Breisach 52, 232, 267
Breitinger, Johann Jakob 154, 165
Bremen 17, 51, 56, 67, 80, 95, 138, 165, 171, 204, 271 f., 314, 316 f.
Breslau 297, 335
Brieg/Schlesien 61, 95, 296
Brixen 314
Brockes, Barthold Heinrich 154, 161, 164
Bruchsal 171, 323
Brühl/Rhein 171, 323

Brühl, Heinrich von 117, 311, 341
Brunner, Otto 211, 245
Brüssel 257
Buchau 314, 316
Buchhorn/Friedrichshafen 315
Bückeburg 168
Bunzelwitz 338
Burgund 53, 231, 307, 314 f.
Burkersdorf 338
Burscheid 314
Büsching, Anton Friedrich 181
Buxtehude, Dietrich 135, 174

Caldara, Antonio 174
Calenberg 80, 258
Calvin, Johann 54, 223, 235, 247
Calus 74
Calzabigi, Raniero di 175
Candia 251
Carmer, Johann Heinrich Kasimir von 209, 331
Carpzow, Benedikt 130
Castell 314
Castiglione, Baldassare 208
Celle 80, 89, 94, 174, 344
Cham 255
Champagne 52
Chotusitz 297
Chur 314
Cirksena 317
Cleve 80, 89, 259 f., 314
Coburg 59, 319
Cocceji, Samuel von 128, 330 f.
Colbert, Jean Baptiste 101, 241
Comenius, Johann Amos 156 f., 159
Conrads, Norbert 211
Conring, Hermann 127, 149
Conti, François Louis, Prinz 259
Corelli, Arcangelo 174
Corvey 56, 314
Créqui, François de Bonne, Marquis de 95
Crüger, Johann 135
Crusius, Christian August 146
Cruz, Juan de la 136
Cumberland, William August(us), Herzog von 335

Dach, Simon 162
Dagö 272
Dalberg 322
- Karl Theodor siehe Erfurt
Danckelmann, Eberhard von 285f.
Dänemark 23, 51, 67, 69, 93, 95, 107, 149, 204, 269, 271f., 280, 314f.
Danzig 56, 302
Darjes, Joachim Georg 128, 146
Darmstadt 59, 114, 171
Daun, Leopold, Joseph Maria von 335, 337
Dauphiné 267
Delft 243
Den Haag 243, 264f., 324
Dessau 41
Dettingen 298
Dickmann, Fritz 49
Dientzenhofer, Christoph 171
Dientzenhofer, Kilian Ignaz 171
Diepholz 315
Dietrichstein 314
Dietz 324
Dillenburg 324f.
Dinkelsbühl 315
Dithmar, Justus Christoph 125
Doeberl, Max 257
Dortmund 316
Dorwern 95
Dresden 41f., 135, 142, 168, 170ff., 174, 258, 290, 298, 306, 311, 327f., 337f.
Dünkirchen 267

Eberhardt, Johann August 146
Eberstein 314
Effner, Joseph 171
Eglingen 315
Eglof 315
Eichstätt 314
Einbeck 56, 60
Eisenach 174, 319
Elchingen 314
Elias, Norbert 209, 212
Ellwangen 314, 325
Elsaß 52, 56f., 60, 66, 93, 95, 231, 233, 243, 265f., 268, 298, 314f.
Elsfleth/Weser 51

Emden 56, 75, 317
Engel, Johann Jakob 146
England 10, 20f., 30, 34, 36, 39, 45, 51, 63, 75, 91f., 94, 107, 127, 136, 146, 178, 205, 215, 230, 237f., 240, 243, 248, 251, 253, 257, 263, 265ff., 271, 273, 279f., 291f., 294, 297f., 302, 316ff., 321, 327, 333ff., 337f.
- Könige/Königinnen:
- Anna 265
- Georg I. 61, 258, 271f., 290, 316
- Georg II. 298
- Jakob II. 238
- Karl I. 238
- Karl II. 93
- Maria II. 238
- Wilhelm III. 20, 92f., 233f., 238, 240, 243, 263
Eosander, Johann Friedrich 171
Ephraim, Veitel 225
Erbach 66, 315, 325
Erdmannsdörffer, Bernhard 94
Erfurt 59, 320
- Statthalter:
- Philipp Wilhelm von Boineburg 320
- Karl Theodor von Dalberg 320
Erlangen 321
Erthal 322
Essen 314
Eßlingen 241, 315
Estland 270, 272
Ettal 170
Eugen von Savoyen, Prinz 45, 236f., 248f., 251, 253, 255, 261, 264ff., 303f.
Euler, Leonhard 293
Eutin 325

Feder, Johann Georg Heinrich 146
Fehrbellin 93
Felbiger, Johann Ignaz 160
Fénelon, François de 136
Finnland 69, 272
Fischer von Erlach, Johann Bernhard 171

Fiume 252
Flandern 66, 91, 93, 136, 252f.
Fleury, André Hercule de 101, 292, 302ff.
Florenz 304
Fontainebleau 95, 338
Franche-Comté 91, 93f., 267
Francke, August Hermann 137f., 158f., 220, 260, 288f.
Franken 56, 59, 66f., 88, 93, 96, 168, 196, 220, 239, 241, 243, 314, 321f.
Frankenthal 50, 74
Frankfurt/Main 25, 89f., 96, 125, 139, 176, 201, 203f., 243, 315, 344
Frankfurt/Oder 61, 125, 127
Frankreich 10, 15ff., 20f., 26, 30, 36, 40, 42f., 44f., 49ff., 62f., 80, 89ff., 101f., 127, 136, 151, 167, 172, 178, 208, 230ff., 238ff., 246, 248, 251, 253, 255ff., 263ff., 280, 282, 290ff., 294, 297ff., 302ff., 307, 313f., 317f., 325, 327, 329, 333ff., 338f., 342
Frankreich
- Napoleon I. 43, 279
- Könige:
- Heinrich IV. 30
- Ludwig XIV. 15, 20, 30, 45, 52, 60, 90ff., 95f., 229ff., 233, 236ff., 240ff., 246, 253, 255f., 263ff., 267f.
- Ludwig XV. 302, 334
Franz, Günther 69
Frederikshall 271
Freiberg 338, 344
Freiburg im Breisgau 94, 267
Freising 314
Friedberg 59, 315
Friedrichstadt/Weser 171
Friesland 56
Fritsch, Thomas von 117
Fuchs, Paul von 209
Fugger 314
Fulda 24, 171, 314
Fürstenberg/Weser 74
Fürstenberg, Fürstentum 314
Fürstenberg, Franz Egon von 92, 94

Fürstenberg, Wilhelm von 239f., 243
Fürst und Kupferberg, Karl Joseph Maximilian von 129
Füssen 298
Fux, Johann Joseph 174f.

Gabrieli, Andrea 174
Gabrieli, Giovanni 174
Galen, Christoph Bernhard von 24
Gandersheim 314
Garve, Christian 146, 179
Gatterer, Johann Christoph 150f.
Gawlick, Guenter 146
Gebert, Diether 143
Geldern 257, 267
Gellert, Christian Fürchtegott 161, 165f., 176
Gelnhausen 315f.
Gemen 315
Generalstaaten siehe Vereinigte Niederlande
Genf 22
Gengenbach 314, 316
Genua 298
Gerhard, Dietrich 37, 115
Gerhardt, Paul 135
Gernrode 314
Geroldstein 315
Gessner, Salomon 166
Gibraltar 267
Giech, Grafen von 315
Giengen/Brenz 315
Gimborn-Neustadt 315
Glatz 297, 338
Glaucha 158
Gleim, Johann Wilhelm Ludwig 161
Gluck, Christoph Willibald 175
Glückstadt 51
Goethe, Johann Wolfgang 173, 204, 222
Görtz, Georg Heinrich Freiherr von Schlitz, gen. von G. 271
Goslar 316
Gotha 99, 137, 157, 159, 319f. siehe auch Sachsen-Gotha
Göttingen 56, 60, 125, 142, 147, 150f., 204f., 209, 281, 317

Gottorp 51
Gottsched, Johann Christoph 154, 161f., 164f., 182, 343
Göttweig 171
Graff, Anton 172
Graun, Karl Heinrich 175
Grävenitz, Grafen von 315
Greifswald 93
Grimmelshausen, Hans Jakob Christoffel von 55
Gronsfeld, Grafen von 315
Groß, Johann Friedrich 159
Großbritannien siehe England
Groß-Friedrichsburg 74
Großwardein 237
Grotius, Hugo 130, 145
Grube, Walter 108
Grumbkow, Friedrich Wilhelm von 291
Gryphius, Andreas 49, 161, 163
Gschliesser, Oswald von 86
Guericke, Otto von 142
Guevara, Antonio de 208
Gumpertz, Elias 225
Günther, Johann Christian 164
Gutenzell 314
Guyon, Jeanne Marie de 136

Habenhausen 51
Habsburg 9, 15ff., 21, 23, 53f., 80f., 83, 89f., 92f., 96, 133, 168, 230f., 235ff., 245–253, 254ff., 260ff., 263–268, 278, 280, 294ff., 298f., 301–308, 323
– Elisabeth Christine von Braunschweig-Wolfenbüttel 250
– Josepha von Bayern 313
– Margarethe Theresia 263
– Maria Amalia 250, 258
– Maria Anna 230, 263
– Maria Antonia 256, 263
– Maria Josepha 250
– Maria Theresia, Erzherzogin, Königin von Böhmen und Ungarn 129, 133, 136, 160, 249ff., 263, 294f., 296ff., 302ff., 305–308, 334, 337, 344
– Kaiser:
– Ferdinand I. 296

– Ferdinand II. 15, 83, 245
– Ferdinand III. 76, 81f., 89f., 230
– Franz I. (Franz Stephan von Lothringen) 296, 298, 302, 304f., 308
– Joseph I. 236, 242, 247, 249ff., 255, 261, 265f., 304
– Joseph II. 222f., 305f., 313, 338f.
– Karl V. 230, 263
– Karl VI. 247, 249ff., 258, 266ff., 272, 290ff., 294, 301ff.
– Leopold I. 88, 90f., 230, 235f., 242, 246f., 250, 253, 255, 263f.
– Erzherzöge:
– Maximilian Franz 323
– Karl 264f.
– Leopold 250
– spanische Linie: siehe unter Spanien
Hagedorn, Friedrich von 161, 164
Hagenau 52
Hagenow/Pommern 57
Halberstadt 50, 314
Halle 100, 125, 127, 137ff., 144f., 158f., 165, 181, 220, 260, 288, 293, 319
Haller, Albrecht von 142, 161, 165, 183
Hallermund/Hallermünde 315
Hamburg 9, 25, 42, 51, 56, 135, 137, 141, 154, 173ff., 201, 204f., 316, 344
Hanau 157, 171, 316, 325
Händel, Georg Friedrich 175
Hannover 51, 56, 89, 91, 93, 105, 114, 142, 149, 204, 233, 241, 254, 258, 261, 267, 269, 271ff., 290f., 298, 314f., 316–318, 327, 333ff., 337, 340
siehe auch England
– Johann Friedrich, Herzog 316
– Sophie Charlotte siehe Brandenburg-Preußen
– Sophie Dorothea siehe Brandenburg-Preußen

- Kurfürsten:
- Ernst August I. 242, 258, 316f.
- Georg Ludwig, als Georg I. König von England siehe England
Harsdörffer, Georg Philipp 161f.
Hasse, Johann Adolf 174f.
Hastenbeck 335
Haugwitz, Friedrich Wilhelm von 305, 307f.
Haydn, Joseph 175
Hecker, Johann Julius 159f.
Heeren, Arnold Hermann Ludwig 151, 279
Hegel, Georg Wilhelm Friedrich 138
Heggbach 314
Heidelberg 45, 85, 242
Heilbronn 315
Heiligenberg 314
Heinrich VI., Kaiser 43
Helfenstein 314
Helmstedt 149
Henneberg 59, 314
Hennersdorf 297
Henning, Friedrich-Wilhelm 70, 195
Herford 314
Herrenhausen 171, 291, 302
Herrnhut 138f.
Hersfeld 59, 314
Hessen 314, 318, 336ff.
Hessen-Darmstadt 114, 318
Hessen-Kassel 31, 45, 56, 59, 73, 80, 88f., 114, 123, 133, 157, 241, 298, 314ff., 318f., 334
- Landgrafen:
- Friedrich I., als F. I. König von Schweden 318
- Friedrich II. 318f.
- Karl 318f.
- Philipp I. 318
- Wilhelm VIII. 318
Heyne, Christian Gottlob 151
Hildburghausen 319
Hildebrandt, Johann Lukas von 171
Hildesheim 80, 314
Hiller, Johann Adam 175

Hinterpommern siehe Pommern
Hintze, Otto 78, 118, 328, 332
Hochkirch 335
Hochmann von Hochenau, Ernst Christoph 139
Höchst 74
Höchstädt/Donau 264f.
Hofmann von Hofmannswaldau, Christian 163
Hohberg, Wolfgang Helmhard von 211, 215
Hohenems 315
Hohenfriedberg 298
Hohengeroldseck 314
Hohenlohe 314
Hohenlohe-Kirchberg 315
Hohen-Waldeck 315
Hohenzollern 51, 69, 95, 260, 296, 314, 317, 321, 327
siehe auch Brandenburg-Bayreuth und Brandenburg-Preußen
Holborn, Hajo 244
Hölderlin, Friedrich 138
Holland 20, 34, 45, 66f., 74f., 91ff., 130, 204, 218, 230f., 234, 236, 243, 251, 253, 257, 263, 265ff., 271
siehe auch Niederlande
Holstein 51, 56, 67, 314
- Karl Friedrich, Herzog 272
Holstein-Gottorp 271, 314, 338
Holzappel 315
Hörnigk, Philipp Wilhelm von 148, 252, 301
Höxter 56
Hoya 315
Hoym, Adolf Magnus von 310
Hubala, Erich 167
Hume, David 182
Hüningen 94

Ickstatt, Johann Adam 313
Iller-Aichheim 315
Indien 252, 333
Ingermanland 272
Ingolstadt 313
Innozenz XI., Papst 236, 239
Irsee 314
Isenburg 315
Isny 314f.

Italien 20f., 40, 42, 53, 63, 90, 167, 172ff., 208, 242, 248, 251, 255, 264f., 267f., 278, 302ff.
Itzig, Daniel 225

Jägerndorf 296f.
Jansen, Cornelius 136
Jena 159, 319
Jesús, Teresa de 136
Johannitermeister 314
Jülich-Berg 57, 80f., 89, 114, 256, 291f., 295, 297, 314
- Wolfgang Wilhelm, Herzog 80
Justi, Johann Heinrich 149, 213, 280
Justingen 315

Kahle, Ludwig Martin 280
Kahlenberg 235
Kaisersheim 314
Kaiserslautern 59, 238
Kaiserswerth 242
Kammin 314
Kanada 267
Kant, Immanuel 144, 177ff.
Karelien 272
Karlowitz 237
Karlshafen/Weser 171
Karlsruhe 171, 325, 344
Kärnten 245, 307
Kassel 125, 171, 204, 318f.
siehe auch Hessen-Kassel
Katalonien 242, 265f.
Kaufbeuren 315
Kaunitz 315
Kaunitz-Rietberg, Wenzel Anton von 129, 249, 305f., 308, 333
Kearney, Hugh 141
Kehl/Rhein 234, 267, 303
Keiser, Reinhard 174
Keith, George 328
Keith, Jakob 328
Kempten 314f.
Kerpen-Lommersum 315
Kesselsdorf 298
Kimpel, Dieter 164, 343
Kirchberg 314f.
Klagenfurt 344
Klein, Ernst Ferdinand 331
Klein, Thomas 320

*Personen- und Ortsregister* 375

Klein-Schnellendorf 297
Kleist, Ewald Christian
  von 165
Klettgau 314
Klissow 270
Klopstock, Friedrich Gottlieb
  165 f., 343
Knobelsdorff, Georg Wenzes-
  laus von 171, 294
Koblenz 314, 323
Kolberg 338
Kolin 335
Kolmar 52
Köln 24, 89, 92 f., 203, 224,
  239, 241 ff., 255 f., 262, 267,
  314, 316, 322 ff., 334
- Fürsterzbischöfe:
- Clemens August von
  Bayern 323
- Joseph Klemens von Bay-
  ern 239, 243, 255, 258
- Maximilian Heinrich von
  Bayern 92 f., 239 f.
Königsberg 56, 74, 162, 213,
  285
Königsmarck, Hans Christoffer
  von 51
Königs Wusterhausen 285,
  291 f.
Konstanz 41, 314
Köprülü, Mehmed 234
Korfu 251
Kornelimünster 314
Köthen 174
Krain 245, 307
Krakau 270
Krause, Christian Gottfried 176
Krefeld 73 f., 336
Kreittmayr, Wiguläus Xaverius
  Aloysius von 128, 313
Kriedte, Peter 35, 72
Kroatien 250
Kronberg 314
Kuhlmann, Quirinus 164
Kuhnau, Johann 174
Kunersdorf 337
Kurland 269, 272, 302
Kurrheinischer Reichskreis 80,
  88, 243
Küstrin 293

Lacy, Franz Moritz von 337
Lambert, Johann Heinrich 146

Landau 264, 267
Landshut 337
Laudon, Gideon Ernst von
  337
Lauenburg 314
Lausitz 59, 67, 194, 239, 310,
  335
Lautern siehe Kaiserslautern
Laxenburg 96, 234, 239
Leibniz, Gottfried Wilhelm 91,
  128, 141 ff., 165, 260
Leiden 142
Leiningen 315
Leiningen-Westerburg 315
Leipzig 25, 42, 61, 85, 125,
  130, 137, 152, 154, 165,
  172 ff., 176, 181, 201, 203 f.,
  209, 338, 344
Lessing, Gotthold
  Ephraim 145 f., 164, 166,
  173, 182 f.
Leuchtenberg 314
Leuthen 335
Leutkirch 315
Leyen 314, 325
Liechtenstein 314 f.
Liegnitz 95, 296, 337
Lille 265
Limburg 257
Limburg-Stirum 315
Limpurg 314 f.
Lindau 315
Lingen 267, 317
Linz 74
Lippe 56 f., 315, 324
- Grafen:
- Friedrich Adolf 324
- Simon August 324
Lippe-Bückeburg 315
Lippstadt 95
Lipsius, Justus 100
Lisola, Franz von 91
Litauen 270, 287, 289
Livland 269 ff.
Lobkowitz 314
Lobositz 334
Locke, John 182
Loen, Johann Michael von 41,
  183
Lohenstein, Daniel Casper 161,
  163
Logau, Friedrich von 54
Lombardei 303

London 41, 154, 175, 264,
  266, 316
Longwy 94
Lori, Johann Georg 313
Lothringen 53, 57, 60, 81, 92,
  94 f., 231 f., 265, 302 ff., 314
- Franz Stephan siehe Habs-
  burg
- Karl Alexander, Prinz
  von 297, 335
- Herzöge:
- Leopold Joseph 243
- Karl IV. 92, 235 f.
- Karl V. Leopold 94, 242 f.
Löwenstein 314 f.
Lübeck 56, 74, 162, 174, 314,
  316
Lüders 314
Ludwigsburg 171, 325
Lüneburg 242, 258
Luther, Martin 27, 54, 66,
  137, 162, 175, 223
Lüttich 94, 233, 314
Luxemburg 233 f.
Luzern 66

Machiavelli, Niccolò 98, 328
Madrid 257, 263, 265
Magdeburg 50, 64, 67, 142,
  157, 241, 310, 314
Mähren 59, 63, 67, 245, 297,
  335
Mailand 175, 267, 303 f.
Mainz 23, 60, 89 f., 242, 290,
  314, 320, 323 f.
siehe auch Erfurt
- Fürsterzbischöfe:
- Johann Philipp von Schön-
  born 90 f.
- Lothar Franz von Schön-
  born 243, 290
Malplaquet 265
Manderscheid-Blankenheim,
  Grafen von 315
Mannheim 134, 171, 242
Marburg 59, 144, 319
Marchtal 314
Mark, Grafschaft 92, 259 f.,
  314 f.
Marlborough, John Churchill,
  Herzog von 265 f.
Martens, Wolfgang 154
Mattheson, Johann 174

Maupertuis, Pierre Louis Moreau de 293, 328
Maxen 337
Maxlrain 315
Mazarin, Jules (eigentlich Giulio Mazarini) 52, 90f., 101
Mazeppa, Iwan 270
Mecklenburg 31, 51, 57, 65, 69, 105f., 109, 113ff., 121, 213, 271ff., 314, 340
Mecklenburg-Schwerin 314, 334
– Herzöge:
– Christian Ludwig II. 105
– Friedrich Wilhelm 105
– Karl Leopold 105, 271
Mecklenburg-Strelitz 105f., 314
Medici 304
Medick, Hans 72
Meiners, Christoph 146
Meiningen 319
Meißen 74, 162
Melanchthon, Philipp 156
Melk 170
Memmingen 60, 264, 315
Mencke, Johann 152
Mencke, Otto 152
Mendelssohn, Moses 146, 179, 181, 183, 225
Mengs, Raphael 172
Menorca 267
Metastasio, Pietro 175
Metternich, Grafen 315
Metz 52, 232
Michaelis, Johann David 151
Milton, John 165
Minden 50, 95, 314
Mittenzwei, Ingrid 328
Modena 298
Moeller, Bernd 136
Moen 272
Moers 267
Moháćz 236
Moldau, Fürstentum 234
Möller, Helmut 203
Mollwitz 297
Mömpelgard 314
Monschau 73
Montecuccoli, Raimondo di 92ff., 234, 241
Montesquieu, Charles de Secondat, Baron de la Brède et de 111, 182f.
Monteverdi, Claudio 174
Montfort 314
Monzambano, Severinus de (Pseudonym) siehe Pufendorf, Samuel
Morea 237, 251
Moser, Friedrich Karl von 110ff., 183f., 212, 343f.
Moser, Johann Jakob 107ff.
Moskau 15
Mozart, Wolfgang Amadeus 175
Mühlhausen 174, 316
Mühlingen 315
München 60, 168, 171f., 225, 313
Münchenroth 314
Münchhausen, Gerlach Adolph von 317
Münden 56
Münster 15f., 24, 49, 51ff., 76f., 81, 89, 93ff., 171, 314, 323
– Christoph Bernhard, Fürstbischof 92f.
Murbach 314
Mustafa, Kara 234
Myllendonk 315

Näf, Werner 114
Nancy 94
Nantes 67, 238, 318
Narwa 269f.
Nassau 234, 314f., 324f.
Nassau-Dietz 324
Nassau-Dillenburg 324f. siehe auch Oranien
Nassau-Oranien siehe Oranien
Nassau-Saarbrücken-Usingen 325
– Charlotte Amalie 325
Nassau-Weilburg 325
Naumburg/Saale 59, 61
Neapel 267, 303f.
Neiße 297
Neresheim 170
Nesselrode 315
Neu-Breisach 232
Neuchâtel 267
Neumann, Balthasar 171
Neumark 59, 68, 335
Neuwied 324
Nicolai, Friedrich 181, 183
Niederlande 17, 20, 23, 39, 53, 63, 90ff., 94, 138, 167, 172, 178, 230, 234, 238, 241, 250, 253, 257f., 264, 292, 298, 329, 341 siehe auch Holland und Oranien
– Generalstaaten/Vereinigte Niederlande 53, 266, 302, 324
– Spanische Niederlande, ab 1713 österreichisch 15, 23, 91, 93, 95, 242, 253, 256f., 265ff., 303, 334
Niederlausitz siehe Lausitz
Niedermünster 314
Niederschlesien siehe Schlesien
Nomeny 314
Nordamerika 333
Nordhausen 316
Nördlingen 60, 315
Northeim 56
Norwegen 271
Nostitz 314
Nürnberg 25, 50, 73, 76, 150, 162, 201, 315
Nymphenburg 74
Nymwegen 94f., 231f., 243
Nystad 272f.

Oberitalien siehe Italien
Oberlausitz siehe Lausitz
Obermünster 314
Oberpfalz siehe Pfalz
Oberrheinischer Reichskreis 80, 88, 96, 233, 239, 243, 255, 264f., 302
Oberschwaben 142, 168, 171, 229
Ochsenhausen 170, 314
Ödenburg 235
Odenheim 314
Oeser, Adam Friedrich 172f.
Oestreich, Gerhard 84, 122, 259, 287, 291, 314
Oetinger, Friedrich Christoph 138
Oettingen 325
Ofen (Buda) 236
Offenburg 316

*Personen- und Ortsregister* 377

Oldenburg 51, 56, 158, 314f.
Oliva 95
Olmütz 335
Opitz, Martin 161ff.
Oppenheimer, Samuel 225
Orange 267
Oranien 92, 94, 238, 243, 267, 324
- Anna 325
- Statthalter der Niederlande:
- Friedrich Heinrich 241
- Moritz 241
- Wilhelm III., König von England siehe England
- Wilhelm IV. 324
- Wilhelm V. 325
Orléans
- Philipp I., Herzog 91, 237f.
- Elisabeth Charlotte von der Pfalz 91, 243
Ormonde, James Butler, Herzog von 266
Ortenburg 315
Ösel 272
Osmanisches Reich 234ff. siehe auch Türkei
- Suleiman II. 235
Osnabrück 15f., 49, 51ff., 76f., 81, 94, 314
Ostein, Grafen von 315
Ostende 252f., 302
Österreich 9, 15ff., 21, 31, 35, 43, 52f., 57, 66f., 83, 86, 93f., 108, 117, 119, 123, 128f., 136, 148f., 160, 171, 174, 193, 211, 223, 230, 234–237, 239, 242, 245–253, 254ff., 259ff., 263–268, 272f., 280, 290ff., 294, 297ff., 301–308, 309f., 312ff., 317, 321, 326f., 330, 333ff., 344
siehe auch Habsburg
Ostfriesland 314, 317
Ostpreußen siehe Brandenburg-Preußen
Öttingen 314
Otto d. Gr., Kaiser 43
Oudenaarde 265
Oxenstierna, Axel 57

Paderborn 56, 80, 211, 314

Paris 91, 136, 138, 154, 176, 338
Parma 267, 303f., 334
- Carlos, Infant von Spanien, Herzog von siehe Sizilien
- Elisabeth Farnese siehe Spanien
Pascal, Blaise 136
Passarowitz 251f., 304
Passau 77, 235, 264, 314
Persien 234
Petersen, Johann Wilhelm 139
Peterwardein 251
Pfalz 17, 56, 59f., 66f., 76, 80f., 91, 93, 96, 134, 193, 233, 237, 239ff., 255ff., 262, 267, 298, 314, 316, 321, 325, 334
- Elisabeth Charlotte siehe Orléans
- Sophie 258
- Kurfürsten:
- Johann Wilhelm 244
- Karl Ludwig 134
Pfalz-Birkenfeld 325
siehe auch Pfalz-Zweibrücken
Pfalz-Neuburg 80f., 89, 114, 134, 256f., 291, 314
- Philipp Wilhelm, Pfalzgraf 237f.
- Karl Philipp, Kurfürst 291
Pfalz-Simmern 237f., 240, 256
- Karl II., Kurfürst 237f.
Pfalz-Sulzbach 291f.
Pfalz-Zweibrücken 60, 233, 269, 325
- Herzöge:
- Christian IV. 325
- Karl XI. siehe Schweden
- Karl XII. siehe Schweden
- Karl Gustav, als Karl X. Gustav König von Schweden 50
Pfullendorf 315
Philippsburg 52, 94, 241, 303
Piacenza 267, 304, 334
Piasten 296
Piccolomini, Ottavio 50
Pinerolo (Piemont) 52
Pirna 334
Pitt d. Ä., William 335, 337
Platen, Grafen von 315
Plauen 315

Plessner, Helmuth 44
Plettenberg, Grafen von 315
Podewils, Heinrich Otto von 295f.
Podolien 237
Polen 17, 20f., 63, 89, 95f., 174, 231, 234ff., 257, 259, 269ff., 292, 294, 301ff., 310f., 328, 333f., 340f.
- Könige:
- August II. siehe Sachsen
- August III. siehe Sachsen
- Johann III. Sobieski 235, 257f.
- Stanislaus I. Leszczyński 270, 272, 302f.
- Stanislaus II. Poniatowski 20
Poltawa 270
Pommern 17, 50f., 57, 69, 81, 93ff., 238f., 270, 272, 314, 328, 336ff.
Pommersfelden 171
Pöppelmann, Matthäus Daniel 171
Portugal 265f., 302
- Peter II., König 265
Potsdam 135, 171f., 176, 238, 284, 289, 294
Prag 171, 297, 335
Prandtauer, Jakob 171
Preßburg 235f.
Preußen siehe Brandenburg-Preußen
Prüm 314
Pückler, Grafen von 315
Pufendorf, Samuel 22, 85, 88, 100, 127, 130, 145, 344
Pyrmont 315

Quadt, Grafen von 315
Quantz, Johann Joachim 175
Quedlinburg 314

Raab 235
Rabener, Gottlieb Wilhelm 165
Raeff, Marc 100
Rákóczy
- Franz II. 264
- Georg II. 247
Ramillies 265
Rastatt 41, 171, 266ff., 325

Ratzeburg 314
Ravensberg 193
Ravensburg 315
Rechberg, Grafen von 315
Recklinghausen 56
Reckum/Rekheim 315
Regensburg 80, 83, 93, 105, 142, 233 f., 238 f., 246, 264, 314 f., 338
Regenstein 315
Reger, Max 173
Reichardt, Christian 320
Reichenbach 338
Reichenstein 315
Reichsberg 315
Reill, Peter Hanns 151
Reimarus, Hermann Samuel 146
Reuß 315
Reuter, Christian 164
Reutlingen 315
Reyher, Andreas 157
Rheineck 315
Rheinsberg 293
Richelieu, Armand-Jean du Plessis, Herzog von 101
Rieneck 314
Rietberg 315
Riga 269
Rinteln 125, 183
Rist, Johann 161 f.
Roggenburg 314
Rom 167
Roos, Hans 270
Rosenbaum, Heidi 197
Roßbach 335
Rostock 51, 105, 213
Rothenburg/Tauber 315
Rottmünster 314
Rottweil 316
Rüdiger, Andreas 146
Rudolstadt siehe Schwarzburg-Rudolstadt
Rügen 50, 93
Runkel 315
Rußland 20 f., 139, 234, 236 f., 251, 269 ff., 290, 292, 294, 298, 302 ff., 327, 333 ff., 337 ff.
– Zaren/Zarinnen:
– Aleksej Michajlovič 272
– Anna Iwanowna 302, 305

– Elisabeth I. 305, 334, 337 f.
– Katharina II. 305, 338
– Peter I. 20, 269 ff.
– Peter III. 20, 338
Ryswijk 243 f., 257

Saarbrücken 325
Sachsen 26, 56, 67, 69, 73, 85, 96, 116 f., 120 f., 139, 156, 162, 174, 229, 235, 239, 241, 251, 254, 258 f., 261, 269 ff., 280, 297 ff., 309 ff., 313 ff., 316, 319, 328, 330, 333 ff., 340 f., 344
– Kurfürsten:
– Friedrich August I., als August II. König von Polen 117, 120, 174, 248, 254, 256, 258 f., 269 f., 290, 301, 310
– Friedrich August II., als August III. König von Polen 117, 272, 294, 302 f., 310 f., 334
– Johann Friedrich I. 319
– Johann Georg II. 65, 96
– Johann Georg III. 310
Sachsen-Altenburg 319 f.
Sachsen-Coburg 319 f.
Sachsen-Eisenach 319 f.
Sachsen-Gotha 99, 157, 319 f., 334
– Luise Dorothee 320
– Herzöge:
– Ernst d. Fromme 99, 157, 320
– Friedrich III. 320
Sachsen-Hildburghausen 319 f.
Sachsen-Meiningen 319 f.
Sachsen-Weimar 319 f.
– Anna Amalia von Braunschweig-Wolfenbüttel 320
– Carl August, Herzog 320
Sagan 160
Salm 314 f.
Salmannsweiler 314
Salm-Reifferscheidt 315
Salzburg 31, 67, 69, 134, 170 f., 287, 314
Sardinien 267 f., 298, 303 f.
siehe auch Savoyen
Sassenburg/Saffenburg 315

Savoyen 52 f., 66, 240, 243, 264 f., 266, 314
siehe auch Eugen v. Savoyen
– Victor Amadeus II., Herzog, als Victor Amadeus I. König von Sizilien, später König von Sardinien 264 f., 267
Sayn 315
Sayn-Wittgenstein 324
Scarlatti, Alessandro 174
Schaesberg, Grafen von 315
Schaumburg 315
Schelling, Friedrich Wilhelm Joseph von 138
Schieder, Theodor 120, 122, 332
Schiller, Friedrich 161
Schlaun, Johann Conrad 171
Schleiden 315
Schleiermacher, Friedrich Daniel 139
Schleißheim 171
Schlesien 20, 59, 61, 67, 73, 95, 135, 160, 163, 194, 239, 245, 247, 270, 279 f., 294–300, 301, 306 ff., 309 f., 327 ff., 332, 334 ff., 339
Schleswig 23, 51, 56
Schlettstadt 52
Schlözer, August Ludwig 150
Schlözer, Ludwig Timotheus 151
Schlumbohm, Jürgen 72
Schlüter, Andreas 171
Schmid, Kaspar von 312
Schmolck, Benjamin 135
Schnabel, Johann Gottfried 165, 183
Schönborn, Grafen von 315, 322
siehe auch Bamberg, Mainz und Würzburg
Schönburg 194, 315
Schöpflin, Johann Daniel 281
Schottelius, Justus Georg 163
Schröder, Wilhelm von 252
Schulenburg, Matthias von der 251
Schulze, Winfried 194
Schussenried 314
Schütz, Heinrich 135, 174
Schütz, Johann Jakob 139

*Personen- und Ortsregister* 379

Schwaben 66, 73, 88, 241, 243, 321
Schwäbisch Gmünd 315
Schwäbisch Hall 315
Schwarzburg-Rudolstadt 194, 314
Schwarzenberg 314f.
Schweden 15f., 20, 23, 49ff., 53, 56f., 60, 67, 69, 80f., 85, 89ff., 93ff., 231, 233f., 237, 239ff., 243, 247, 260, 269–272, 310, 314, 318, 325, 334, 336, 338f.
– Ulrike Eleonore 318
– Könige/Königinnen:
– Christine 15
– Friedrich I. 318
– Karl XI. 233
– Karl XII. 269–271, 318
– Karl X. Gustav siehe Pfalz-Zweibrücken
Schweidnitz 338
Schweinfurt 315
Schweiz 53, 57, 63, 66f., 137, 183
Schwerin 314
Schwerin, Kurt Christoph von 297
Schwetzingen 171
Schwiebus 239, 296
Scriver, Christian 135
Seckendorff, Friedrich Heinrich von 291
Seckendorff, Veit Ludwig von 99f., 125, 157
Seinsheim 315, 322
Semler, Christoph 159
Semler, Johann Salomo 144f.
Senckenberg, Johann Christian 344
Serbien 251
Sevilla 302
Shakespeare, William 164
Siebenbürgen 15, 234–237, 247f., 250
– Fürsten:
– Michael I. Apáfy 234, 236
– Michael II. Apáfy 237
Silbermann, Andreas 174
Silbermann, Gottfried 174
Sinzendorf 315
Sirmien 251
Sizilien 267f., 303f.
– Don Carlos, Infant von Spanien, Herzog von Parma, König beider Sizilien 302ff.
– Victor Amadeus I., König, siehe Savoyen
Slawonien 237
Soest 56
Solms 315
Sömmerring, Samuel Thomas 147
Soor 298
Sorau/Schlesien 59
Spandau 131
Spanheim, Ezechiel von 238
Spanien 15ff., 20f., 40, 49f., 52f., 63, 80f., 89f., 93f., 96, 119, 167, 208, 230, 234, 236f., 239f., 242ff., 246, 248ff., 254ff., 259f., 262–268, 271, 294, 297f., 301ff., 309, 325, 334, 337
siehe auch Habsburg
– Elisabeth Farnese von Parma 267, 302
– Maria Theresia, Infantin 15, 230
– Könige:
– Karl II. 230, 250, 254, 257, 263f.
– Karl III. (Erzherzog Karl von Habsburg) 265
– Karl III. (Don Carlos, Infant, Herzog von Parma, König beider Sizilien) siehe Sizilien
– Philipp II. 20, 263
– Philipp III. 263
– Philipp IV. 15, 230
– Philipp V. 264, 266f., 302
Spener, Philipp Jakob 137, 139
Speyer 45, 66, 90, 242, 314f., 323
Spiegelberg 315
Spittler, Arnold Ludwig Hermann 151
Stablo 314
Stade 51
Stadion, Grafen von 315
Stadler, Daniel 313
Stamitz, Johann 175
Stanhope, James 271
Starhemberg, Grafen von 315
– Guido 266

– Rüdiger Ernst 235
Stavenhagen/Pommern 57
St. Blasien 315
Steele, Richard 154
Steiermark 245
Steinfurt 315
Steinhausen 170
St. Emmeram 314
Sternberg, Grafen von 315
Stettin 50, 93, 272, 334
St.-Germain-en-Laye 95
St. Gotthard an der Raab 234
Stockholm 240, 270, 272
Stöffeln 315
Stolberg 315
Stolleis, Michael 148
St. Petersburg 142, 270, 298
Stralsund 93, 271
Straßburg 92, 96, 209, 233f., 243, 265, 268, 305, 314
– Wilhelm Egon von Fürstenberg, Fürstbischof 92, 94
Stryck, Samuel 127
Stuart 240, 243, 258
Stuhlweißenburg 235
Stuttgart 241
Sulz 314
Sundgau 52
Süß-Oppenheimer, Joseph 107, 225
Svarez, Carl Gottlieb von 282, 331
Swieten, Gerard van 136, 305
Szlankamen/Theiß 237

Tecklenburg 315, 317
Telemann, Georg Philipp 174f.
Temesvár 251
Tersteegen, Gerhard 138
Teschen 297
Tetens, Johannes Nikolaus 146
Thannhausen 315
Thedinghausen 95
Thomasius, Christian 100, 125, 127f., 145ff., 152f., 178, 208
Thorn 314
Thüringen 58, 67, 73, 149, 211, 239, 319ff.
Thurn und Taxis 314f.

Tiepolo, Giovanni Battista 172
Tirol 9, 245, 265
Tischbein, Johann Heinrich 172
Tököly, Imre 235, 237, 247
Tongern 315
Torgau 337
Törring-Jettenbach 315
Toskana 267, 304
– Gian Gastone de' Medici, Großherzog 304
Toul 52
Toulon 265
Tournay 232
Traun, Grafen von 315
Travendal 269
Treue, Wilhelm 341
Trient 314
Trier 60, 89f., 233, 314, 323f.
Triest 75, 252
Troppau 297
Tübingen 107, 125, 138, 241
Turenne, Henri de la Tour d'Auvergne, Vicomte de 52, 92
Turin 265
Türkei 21, 45, 91, 205, 229, 230, 234–237, 238, 242, 246ff., 251f., 254, 256, 258, 270, 272, 294, 303f., 306f., 334, 338, 342
Türkenlouis siehe Ludwig Wilhelm Baden-Baden

Überlingen 315
Ukraine 237, 270
Ulm 60, 264, 315
Ungarn 17, 31, 94, 230, 234–237, 245ff., 250f., 264, 268, 295, 305, 307
Ursin von Rosenberg, Grafen 315
Ursprung (Ursberg) 314
Utrecht 20, 240, 253, 261, 266ff., 271, 279, 294, 302

Vaduz 315
Valangin 267
Vasvár 234f.
Vauban, Sebastien de 233
Venedig 236f., 251f.
Verden 17, 51, 67, 80, 95, 271f., 314, 316

Verdun 52
Versailles 41, 231, 333f.
Vierzehnheiligen 170
Villars, Claude Louis Hector, Herzog von 264, 266
Virneburg 315
Voltaire (eigentlich François Marie Arouet) 182, 269, 285, 320, 328f.
Vorpommern siehe Pommern
Voss, Jürgen 281
Vossem 93

Wagenseil, Georg Christoph 175
Walachei 251
Waldburg 314
Waldeck 314f., 324
Waldeck, Georg Friedrich von 89, 123, 234
Wallenstein (Waldstein), Albrecht Eusebius Wenzel von, Herzog von Friedland 256
Wallmoden, Grafen von 315
Wallonien 66
Wangen 315
Warnemünde 51
Warschau 270
Wartenberg, Johann Kasimir von Kolbe, Reichsgraf von 286
Wehlau 95
Weigel, Erhard 159
Weil der Stadt 315
Weilerbach/Pfalz 59
Weimar 59, 157, 174, 202, 319f.
Weingarten 170, 314
Weise, Christian 153
Weißenau 314
Weißenburg 314f.
Weißenfels 153
Welfen 56, 65, 89, 94, 142, 254, 258
Weltenburg 170
Wendland 56
Werden 314
Werdenberg 314
Wertheim 314
Wertheimer, Samson 225
Wesel 95

Westfalen 56, 73, 89, 92, 95, 133, 243, 310, 325, 337
Westminster 333
Wettenhausen 314
Wetterau 234
Wetzlar 59, 242, 316
Wieacker, Franz 127
Wied 315
Wieland, Christoph Martin 166, 183
Wien 21, 40f., 73ff., 82, 105, 108, 113, 125, 136, 142, 160, 170f., 174f., 204f., 225, 234f., 240, 245f., 252, 290, 303, 307f., 335
Wies 170
Wiesbaden 325
Wiesentheid 315
Willoweit, Dietmar 132
Wimpfen 315
Winckelmann, Johann Joachim 173
Windischgrätz, Grafen von 315
Windsheim 315
Winneburg 315
Wismar 51, 272
Wittelsbach 24, 83, 89, 243, 255–258, 262, 269, 280, 297, 303, 313, 323
siehe auch Bayern und Köln
Wittem 315
Wittenberg 127, 138
Wittgenstein 315
Wohlau 95, 296
Wolfenbüttel 95, 163, 168, 250
siehe auch Braunschweig-Wolfenbüttel
Wolff, Christian 144ff., 165, 179, 182, 293, 313, 319
Wolfstein 315
Wollin 50
Worms 90, 96, 242, 314f.
Wratislaw, Johann Wenzel 265
Wurmbrand, Grafen von 315
Württemberg 9, 56f., 60, 65, 91, 106–109, 113, 135, 138, 193, 211, 217f., 225, 242, 314f., 334
– Herzöge:
– Eberhard Ludwig 107, 325
– Karl Alexander 107

*Personen- und Ortsregister* 381

– Karl Eugen 107f.
Würzburg 24, 90, 171f., 262, 314, 321ff.
– Friedrich Karl von Schönborn, Fürstbischof 261f.
Wykradt 315

Zedler, Johann Heinrich 181, 202
Zell am Harmersbach 316
Zenta 237
Zernack, Klaus 269
Zesen, Philipp 161
Zeven 335
Zimmermann, Dominikus 171f.
Zimmermann, Johann Baptist 171f.
Zimmermann, Johann Georg 183
Zincke, Georg Heinrich von 149
Zinzendorf, Nikolaus Ludwig von 138f.
Zittau 153
Zorndorf 335
Zucalli, Enrico 171
Zürich 154, 165
Zweibrücken siehe Pfalz-Zweibrücken
Zwiefalten 170, 314

# Quellennachweise der Abbildungen

Auf dem Schutzumschlag:
Die Stadt Karlsruhe von Süd. Kupferstich von Johann Matthias Steudlin nach dem Plan von Christian Thraun, 1739. Karlsruhe, Badisches Generallandesarchiv.

Das ausschlagbare Faksimile zwischen den Seiten 224 und 225 wurde nach einem Ektachrome von Georg Bachschmid & Co., Großlabor Schwaben, Augsburg, reproduziert.

Die Vorlagen für die Bilddokumente stammen von:
Jörg P. Anders, Berlin 72, 168 innen, 321; Archiv Dr. Hans Bleckwenn, Münster 112; Bildarchiv Preußischer Kulturbesitz, Berlin 64 oben re., 257, 337; Deutsche Fotothek, Dresden 288; Fischer-Daber, Hamburg 193; Fotoarchiv Kulturamt Tübingen 185 innen; Reinhard Friedrich, Berlin 137 innen oben; B. P. Keiser, Braunschweig 216 unten; Ralph Kleinhempel, Hamburg 136, 256 unten; Lichtbildwerkstätte »Alpenland«, Wien 320; Mühlensiep, Neu-Ulm 208; Karl-Heinrich Paulmann, Berlin 113, 305 oben re.; Pfauder, Dresden 169 oben, 336; Elsa Postel, Berlin 161; S. Rebsamen, Bern 72 innen; Rheinisches Bildarchiv, Köln 81, 128, 137 innen oben; Sindhöringer, Wien 168, 169 unten; Rudolf Stepanek, Wien 145, 184; Studio Strauss, Altötting 137; Verlagsarchiv 64 oben li., 129 oben und unten li., 136 innen, 160 unten, 160 innen oben, 161 innen oben, 184 innen oben li.; Verwaltung der Staatlichen Schlösser und Gärten, Berlin 97, 177, 273, 289; Verwaltung der Staatlichen Schlösser, Gärten und Seen, München 169 Mitte, 217; Wagmüller, Regensburg 96; Wanke, Wiener Neustadt 216 innen; Jeremy Whitaker, Headley Down 272 unten; Dorothea Zwicker, Würzburg 176. – Alle übrigen Aufnahmen lieferten die in den Bildunterschriften erwähnten Archive, Bibliotheken, Museen und Sammlungen.

Die Erlaubnis zur Wiedergabe von Originalen erteilten freundlicherweise die in den Bildunterschriften und Fotonachweisen genannten Institutionen und privaten Besitzer.

CIP-Kurztitelaufnahme der Deutschen Bibliothek
Propyläen Geschichte Deutschlands
hrsg. von Dieter Groh unter Mitw. von Hagen Keller...
Berlin : Propyläen Verlag
NE: Groh, Dieter [Hrsg.]
Bd. 5. → Vierhaus, Rudolf: Staaten und Stände

Vierhaus, Rudolf:
Staaten und Stände : Vom Westfäl. bis zum Hubertusburger Frieden 1648–1763 / Rudolf Vierhaus. – Berlin : Propyläen Verlag, 1984.
(Propyläen Geschichte Deutschlands ; Bd. 5)
ISBN 3-549-05815-2